장사(葬事) 등에 관한 법률 총론

(ACT ON FUNERAL SERVICES, ETC.)

고덕기 著

도서출판 대학서림

머 리 말

장례는 사람의 일생에서 마지막 통과하는 죽음에 따르는 통과의례이다. 이 장제(葬制)는 그 민족의 생사관(生死觀) 내지는 조영관(祖靈觀)을 잘 나타내는 의례이며 동시에 전통이 장기간 지속되는 관습으로 민족, 시대, 문화에 따라 그 방법이 다양하며, 거기에는 복잡한 문화요소가 혼재하고 있다(정종수, 1990). 죽음의 문제를 처리하는 과정인 장사문화는 그 국가와 민족, 그리고 문화권마다 다양하게 나타나고 있지만, 세 가지 측면으로 구성되어 있다는 것이다, 첫째, 죽은 자에 대한 애도와 함께 죽은 이를 보내는 의례라는 것이고 둘째, 유족들로 하여금 다시 정상적인 생활을 하도록 도와준다는 것이다. 셋째, 죽음에 대한 인식을 통해 현재의 삶을 더욱 의미 있게 만든다는 것이다(신광철, 2000).

한 개인의 죽음을 다루는 장례는 과거에는 사적인 영역에 속해지만 현대에는 공적인 영역으로 전환되면서 국가나 사회에서 그 책임과 역할이 점차 커져가고 있다. 우리나라는 전통적인 유교사상으로 기본적인 골격은 가족주의적으로 유지되면서 장사방법으로 매장위주가 중심이 되었다. 그로 인해 묘지의 지속적인 증가로 국토의 잠식, 자연환경 훼손, 설치 지역 주민과의 갈등 등으로 보건위생적, 국토의 효율적, 공공복지 등을 저해하는 주요한 요인이 되어 왔다. 그러나 현대에서 들어서면서 국토의 효율성 및 환경보존, 개인의 재산권 보호 등의 영향으로 매장으로 인한 묘지 등은 문제는 공적인 영역측면에서 접근하여 국가의 개입 및 규제가 진행되었다.

장사문화는 사망자 그리고 사망자의 유족, 사망자와 둘러싼 모든 사회현상으로 모든 국민과 직간접적으로 관련이 있다고 할 수 있으며, 특히 현대 복지국가 목표를 "요람에서 무덤까지"의 모든 복지를 실현하는 것으로 규정하고 있다. 이러한 의미는 국가 및 지방자치단체의 역할과 책임으로 인간의 존중과 복지적인 차원에서 장사문제를 해결해야 한다는 의미이다. 국가 및 지방자치단체의 주요 역할은 묘지증가 억제하고 화장·봉안, 자연장을 장려함으로써 국토의 효율성을 제고하는 한편, 장사정책에 따른 장사시설의 종합계획의 방향에서 지역주민의 다양한 장사수요에 대한 중장기 장사시설의 수급계획을 수립하여 적정한 수준의 장사시설을 설치하고 있으며, 특히 저소득층 등 사회적 취약층 등에 대하여 우선적인 사용권 및 사용료 감면 등 공공복지 행정을 다루고 있다. 또한 장사행정에서 가장 중요한 사항 중에 하나가 사망자를 처리하는 장사방법 및 장사시설 설치·운영에 있어 사망자뿐만 아니라 살아 있는 자를 대한 보건위생적인 문제이다. 시신의 처리방법상 매·화장 및 개장 등 행위에 있어서 발생할 수 있는 보건위생적인 위해(危害)요인을 사전에 예방함으로써 국민의 건강을 보호하는 것이다.

우리나라 장사제도는 1961년에 「매장 등 묘지 등에 관한 법률」이 제정되면서 2000년, 2007년도 두 차례에 거쳐 전부 개정을 통해 현행 제도인 「장사 등에 관한 법률」의 기본적인 틀이 마련되었다고 할 수 있다. 1961년의 법률의 주요내용은 매장 및 묘지, 개장 등이 주요내용이었으며, 2000년도에는 한시적 분묘설치기간 및 이행강제금 제도 도입, 2007년도에는 자연친화적인 자연장(自然葬) 제도 및 자연재해에 대비하기 위한 관리금의 적립의무를 신설, 2015년도에는 자유업인 장례식장영업을 신고제로 전환하고, 장사시설의 예약·이용 및 관리업무를 전자적으로 처리할 수 있는 장사정보시스템 구축·운영 등이 주요골자이다. 장사제도는 앞에서도 언급했듯이 그 당시의 사회문화적 요인에 많은 영향을 받기 때문에 향후에 현행 법령도 현 시대상황에 맞도록 제도 설계를 보완하여야 할 시점이 왔다고 본다. 핵가족화 등 가족구성원의 변화, 국민의식 수준 등으로 현재의 사회상을 반영할 수 있도록 하여야 하며, 무엇보다 장사제도는 사회적, 국민적 공감대 형성이 중요하므로 충분한 시간을 두면서 단계적으로 제도개선을 추진하여야 할 것이다.

본 책자는 「장사 등에 관한 법률」의 주요내용에 대한 해설 등을 수록하였으며, 해당 규정과 관련한 각종 관련법령, 판례, 유권해석 등을 수록하여 본 규정의 취지와 목적 등을 이해를 높이고자 하였다. 아무쪼록 본 책자가 국민들의 장사제도를 이해하는데 조금이나마 도움이 되어 올바른 장사문화에 정착하는데 기여하는 바램이며, 일선 행정기관의 장사업무 담당자, 학계 및 연구계, 장사관련 종사자 등에게도 참고자료로 활용되기를 기대한다.

이 책자를 작성함에 있어 많은 조언들 해준 관계자 여러분에게 감사드리며, 끝으로 본 책자에 수록된 모든 내용은 어디까지나 저자의 개인적인 의견임을 밝혀둔다.

2015년 4월

고덕기

차 례

Ⅰ. 장사관련 통계

▣ 기본통계

○ 현행 법령[1] 현황

(2015. 02. 02 현재, 법제처)

구 분		건 수
헌 법		1
법 령	법 률	1,350
	대통령령	1,554
	총리령	118
	부 령	1,098
	기타(국회 규칙 등)	331
	소 계	4,451
계		4,452

○ 사망자 수와 조사망률

(단위 : 천 명, %, 인구 천 명당 명, 명)

구 분		2003	2004	2005	2006	2007	2008	2009	2010	2011	2012	2013
사망자 수		244.5	244.2	243.9	242.3	244.9	246.1	246.9	255.4	257.4	267.2	266.3
전년 대비	증감	-0.8	-0.3	-0.3	-1.6	2.6	1.2	0.8	8.5	2.0	9.8	-0.9
	증감률	-0.3	-0.1	-0.1	-0.7	1.1	0.5	0.3	3.4	0.8	3.8	-0.4
조사망률		5.1	5.0	5.0	5.0	5.0	5.0	5.0	5.1	5.1	5.3	5.3
1일평균 사망자 수		670	667	668	664	671	672	677	700	705	730	729

자료: 통계청, 2013년

1) 법령이란 법률과 법률의 위임에 따라 만들어진 대통령령과 총리령 또는 부령을 의미함. 법령 및 법규와 구분할 때의 법률은 입법형식을 기준으로 보는 개념임. 즉 법률은 대한민국 규범체계 전체를 놓고 보았을 때 헌법 다음의 지위를 가지는 규범으로서 반드시 입법권을 가진 국회를 통과한 것만을 의미하는 것임. 따라서 법률과 법령은 서로 다른 개념이며, 이러한 전제에서 법률은 법령의 하나에 해당할 뿐임. 법규란 재판규범이 되는 법규범을 총칭하는 개념임. 즉 어떤 규범이 재판규범이 될 수 있는지에 따라 그것이 재판규범이 될 수 있는 것이면 법규이고 그렇지 않으면 법규가 아님(그렇기 때문에 법규는 통상적으로 법규성이 인정되지 않은 행정규칙과 함께 비교의 대상이 됨). 조례와 규칙을 자치법규라고 총칭하는 것은 비록 조례와 규칙이 법령에는 해당되지 않을지라도 그것이 재판규범에는 포함되기 때문이라고 이해할 수 있음(법제처, 「2014년 제3기 법령입안 기본과정(공공)」, 2014).

○ 사망 장소별 사망 구성비

(단위: %)

구 분		2003	2004	2005	2006	2007	2008	2009	2010	2011	2012	2013
전체	계	100.0	100.0	100.0	100.0	100.0	100.0	100.0	100.0	100.0	100.0	100.0
	의료기관	45.0	46.6	49.8	54.7	60.0	63.7	65.9	67.6	68.5	70.1	71.5
	주 택	42.7	38.8	35.3	30.5	26.0	22.4	20.1	20.3	19.8	18.8	17.7
	기 타	12.3	14.7	15.0	14.9	14.1	13.9	14.0	12.1	11.7	11.1	10.8

자료: 통계청, 2013년 사망원인통계결과, 2014.

〈 사망 장소별 사망 구성비 〉

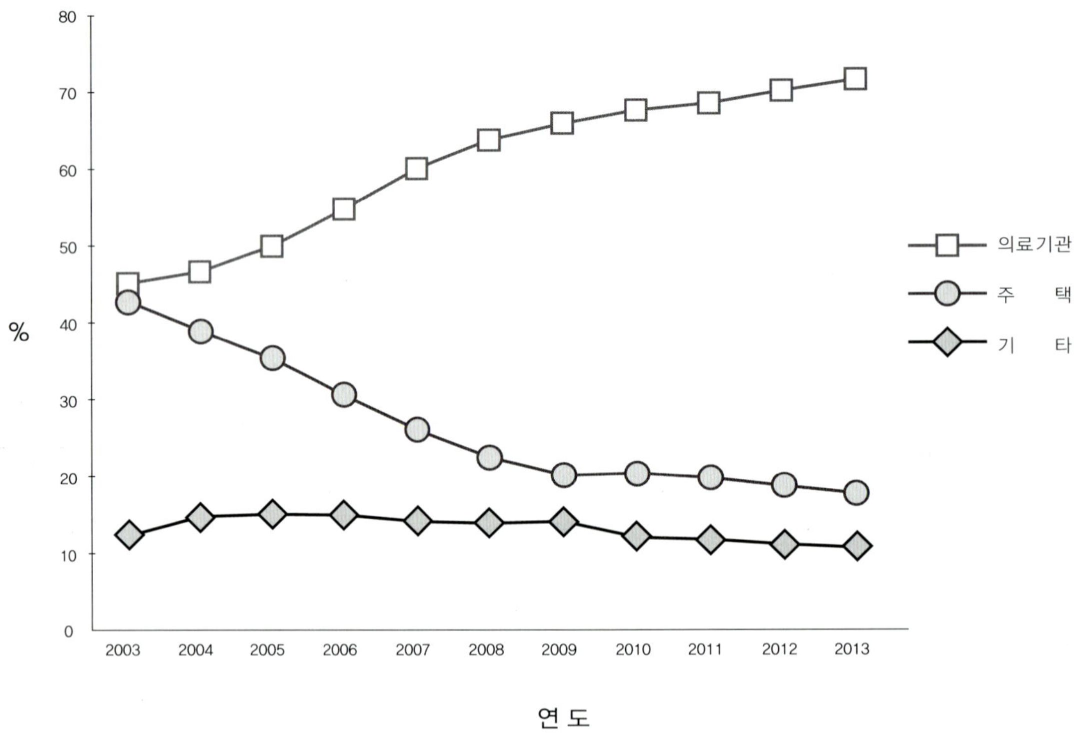

▣ 장사관련 통계

○ 연도별 화장률 현황

(단위 : %)

연도별	'54	'55	'70	'81	'91	'92	'93	'94	'95	'96	'97	'98	'99
화장률	3.6	5.8	10.7	13.7	17.8	18.4	19.1	20.5	22.0	23.0	23.2	27.5	30.3
매장률	96.4	94.2	89.3	86.3	82.2	81.6	80.9	79.5	78.0	77.0	76.8	72.5	69.7

연도별	'00	'01	'02	'03	'04	'05	'06	'07	'08	'09	'10	'11	'12	'13
화장률	33.7	38.5	42.6	46.4	49.2	52.6	56.5	58.9	61.9	65.0	67.5	71.1	74.0	76.9
매장률	66.3	61.5	57.4	53.6	50.8	47.4	43.5	41.1	38.1	35.0	32.5	28.9	26.0	23.1

〈 연도별 화장률 현황 〉

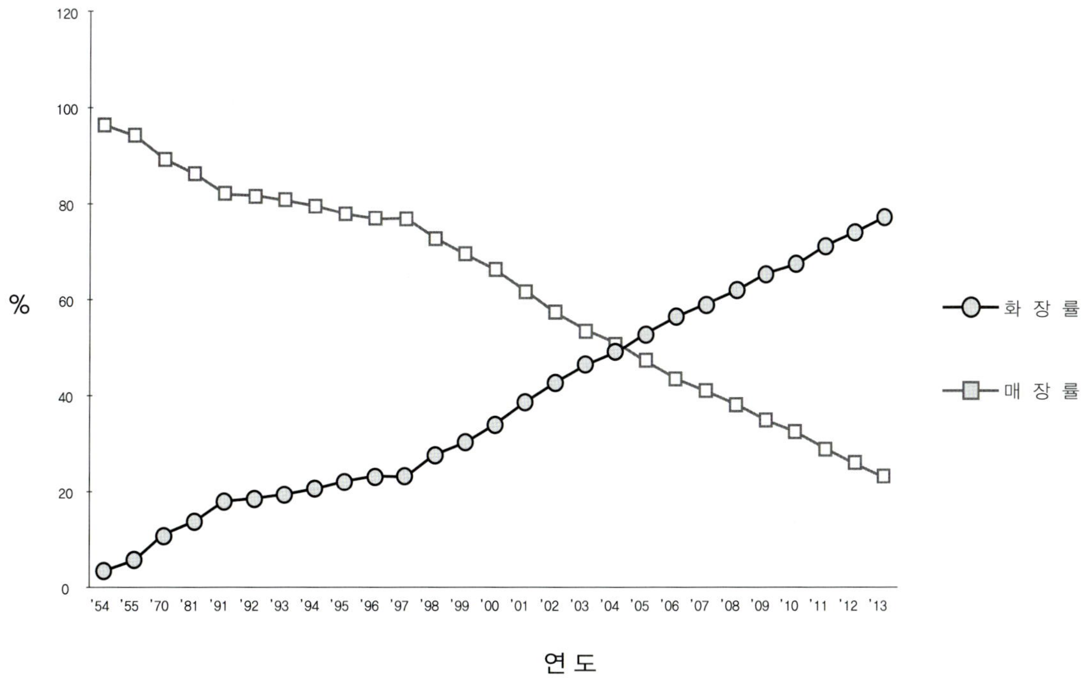

○ 지역별 화장률 현황(2013년)

구 분	사망자수(명)	화장자수(명)	화장률(%)
계	266,257	204,750	76.9
서 울	42,063	35,431	84.2
부 산	20,096	17,916	89.2
대 구	12,531	9,669	77.2
인 천	13,039	11,445	87.8
광 주	6,891	5,121	74.3
대 전	6,634	5,015	75.6
울 산	4,871	4,111	84.4
세 종	812	579	71.3
경 기	50,959	42,046	82.5
강 원	10,756	7,607	70.7
충 북	10,371	6,553	63.2
충 남	13,854	8,220	59.3
전 북	13,492	9,314	69.0
전 남	16,332	9,925	60.8
경 북	20,245	13,022	64.3
경 남	19,994	16,688	83.5
제 주	3,317	1,986	59.9

※ 총 화장자수(지역미상 102명 포함)

○ 장사시설 현황(2013.12.31.)

구 분	묘 지	봉안당	자연장지	장례식장
계	532	373	68	1,055
공 설	373	134	38	47
사 설	159	239	30	1,008

※ 묘지, 봉안당, 자연장의 사설시설은 법인, 종교단체 시설

○ 화장시설 및 화장실적 현황 (단위: 개소수, 건수, ' 13.12.31 현재)

화장시설(화장로)※				화장실적 ('13.1.1~12.31)			
시·도	공 설	사 설	화장로수	계	시 신	죽은태아	개장유골
계	55	–	314	259,576	205,951	5,419	48,206
수도권	6	–	88	96,939	86,307	1,410	9,222
지 방	49	–	226	16,2637	119,644	4,009	38,984

※ 화장시설('14.7) 55개소, 314로(운영화장로 273로, 예비화장로 41로)

○ 전국 묘지 설치 현황 (2013. 12. 31.)

구 분	개소수	조성면적 (㎡)	총안치능력 (구)	기안치구수 ('13년 포함)	향후 안치 가능구수	'13년 실적 (구수)
계	532	45,758,624	2,277,784	1,385,634	891,860	18,694
공 설	373	21,072,599	691,259	482,726	208,373	5,356
사 설	159	24,686,025	1,586,525	902,908	683,487	13,338

○ 전국 봉안당 설치 현황 (2013.12.31.)

구 분		개소수	총봉안능력(구)	기봉안구수 ('13년 포함)	향후 봉안 가능구수	'13년 실적 (구수)
합 계		373	3,695,642	1,124,053	2,571,589	89,315
공설봉안당		134	1,553,987	648,524	905,463	53,969
사 설 봉안당	소 계	239	2,141,655	475,529	1,666,126	35,346
	법 인	56	975,892	263,120	712,772	17,782
	종교단체	183	1,165,763	212,409	953,354	17,564

○ 전국 자연장지 설치 현황 (2013.12.31.)

구 분	개소수	조성면적(㎡)	총자연장능력 (구)	기자연장 안치구수 ('13년 포함)	향후 자연장 가능구수	'13년 실적 (구수)
계	864	1,263,307	479,109	32,977	446,132	10,260
공 설	38	536,533	311,980	21,663	290,317	6,312
사 설	826	726,774	167,129	11,314	155,815	3,948

○ 전국 장례식장 설치 현황 (2013.12.31.)

구 분	개소수	빈소수(개소)	안 치 능 력 (구)	공·사설		종 류	
				공설	사 설	전 문	병 원
합계	1,055	4,788	7,856	47	1,008	415	640

Ⅱ. 장사제도 변천

1. 묘지관련 법규의 변천[2)]

가. 고려시대

□ 묘지관련 법규로서 문헌을 확인할 수 있는 가장 오래된 것은 고려 경종2년(976년)에 제정된 문무백관(文武百官)의 묘제임.

- 그 당시 전시과로 분급된 산지의 개인점유가 풍수지리설에 의한 묘역의 확대로 그 폐단이 극심해지자 문무백관의 묘역크기를 제한함으로써 폐해를 줄이고자 한 것임.
- 그러나 이 제도는 고려말 토지제도의 문란과 함께 권문세가의 횡포로 실효성이 없었던 것으로 판단됨.

〈표 1〉 고려시대 신분에 따른 묘역크기 제한

신분에 따른 묘역크기					
1품관	2품관	3품관	4품관	5품관	6품관이하
사방 90보	사방 80보	사방 70보	사방 60보	사방 50보	사방 30보

나. 조선시대

□ 태종 4년(1,404년)에 정치적으로 권력이 안정되고 사회적으로 민심이 수습되자 문란한 제도를 정비할 필요를 느끼게 되자 예조에 명하여 묘제를 정비토록 하였음.

- 그러나 예조의 묘제는 고려 경종2년의 묘제와 거의 같고 다만 서민의 묘제를 사방5보(11평)로 규정하여 유교에 의한 조상숭배사상을 일반서민에 이르기까지 제도적으로 권장하였음.

□ 태종 6년(1,406년)에 양반과 서민의 묘제는 확립되었으나 왕능에 대해서는 그 기준이 없고 종친 및 형제들의 묘역은 산지사점이 성행하여 민원이 발생함에 따라 묘제를 한정하였음.

- 능(陵), 원(園)묘는 사방 161보(약 11,276평)로 하고 종친들의 묘도 문무백관의 예와 같이 품계에 따라 1품 사방 100보(약 4,350평)로 하여 품계에 따라 10보(步)씩 체감토록 하였음.
- 묘는 인가에서 100보(步)이내에는 설치하지 못하도록 하는 등 이들 규정은 경국대전에 수록하게 하여 조선조의 묘제를 확립하였음.
  ① 묘역내의 경작과 목축을 금하였음.

2) 산지 소유와 묘지제도 연구, 한국농촌경제연구원, 1990.12. p166~170 (재정리)

② 분묘의 화소(火巢) 밖 경계선 안에는 묘를 쓸 수 없음.

③ 세도가가 협박이나 감언이설로 타인의 묘역에 묘를 쓰거나 몰래 묘를 써서는 안 되며, 타인의 분묘지역에 묘를 쓴 자는 중죄에 처하고, 특히 화소(火巢), 금표(禁標)내에 묘를 쓴 자는 유배를 보냄.

다. 일제시대

□ 근대적 묘지관련 법규의 시작은 일제의 식민지정책의 일환으로 시작되었음. 일제는 합방이전인 1902년부터 1916년까지 10차에 걸쳐 전국의 임야를 조사하여 식민지 임업정책을 수립·시행하는데 문제가 되는 우리 고유의 묘제를 정비하기 위하여

- 소위 '백골의 난'이라 불리는 「묘지·화장장, 매장 및 화장취체규칙」을 1912년 6월 조선총독부령 제123호로 공포하여 명치유신으로 받아들인 서구식 공동묘지제도를 우리에게 강요하였음.
- 이때부터 우리나라에 공동묘지와 화장장제도가 도입되었음.

□ 일제에 의해 도입된 공동묘지제도는 그때까지 지켜온 우리 민족고유의 장법과 마찰을 일으키게 되었을 뿐만 아니라 반일민족감정까지 자극하게 되어 유림들이 크게 반발하게 되었음.

- 따라서 1919년 3·1만세 운동이 일어나자 일제는 무력통치에서 문화통치로의 유화정책을 표방하는 과정에서 「묘지·화장장, 매장 및 화장취체규칙」을 1919년 8월 9월 두 차례에 걸쳐 개정하였음.

□ 주요 개정내용은, 제1조 공공묘지 이외에 있어 조선(祖先) 또는 배우자의 분묘를 가진 자는 그 경역(境域)에 의하거나 또는 그것과 접속된 자기의 소유지내에 묘지를 설치할 수 있음. 이 경우 묘지면적은 3,000평 이하로 하고 일가(一家)에 1개소에 함.

- 묘지를 설치할 때에는 10일 이내에 묘지의 위치 및 도면을 도지사에게 제출하여야 한다고 규정함으로써 가족, 종중, 문중묘지를 설치할 수 있도록 완화한 것임.

□ 일제는 공공묘지제도를 시행하면서 임야 조사시 확보된 국유림에 거의 행정 리·동 단위로 묘지를 설치하였음. 일제가 이렇게 공공묘지제도를 시행하게 된 이유는 2가지로 해석할 수 있음.

- 첫째, 식민지 임야 정책에 걸림돌이 되는 우리고유의 분산형 묘지제도를 정비하려는 의도임.
- 둘째, 일본국내에서 시행하고 있던 법규를 식민지에 적용하려 했던 것으로 판단됨.

□ 이와 같은 배경 하에서 시행된 공동묘지제도는 오늘날에도 공공묘지에 대한 거부반응으로 나타나게 되는 주요 원인이 된 것으로 생각됨. 1945년 해방과 더불어 시행된 미군정치 기간에도 이 규칙을 준용하였고 1948년 정부수립에 이은 6·25사변 등의 혼란기에도 이 규칙이 준용되었음.

□ 1961년 12월 5일 법률 제799호로 「매장등 및 묘지등에 관한 법률」을 제정하여 그 다음해인 1962년 1월 1일부터 시행하였지만 동법률의 시행령은 1969년 4월 17일 대통령령

제3886호로 제정·공포함으로써 실질적으로 법이 공포된 지 8년이 지난 후에야 모양을 갖추어 시행됨.

〈표 2〉 시대별 묘제 관련법규

시대별	제정연도	규정명	주요내용
고려	경종 2년 (976년)	묘제	○ 문무백관의 묘제: 금한보수제(禁限步數制) –일품관: 사방 90보, 이품관: 사방 80보 –삼품관: 사방 70보, 사품관: 사방 60보 –오품관: 사방 50보, 육품관이하: 사방 30보
조선	태종 4년 (1404년)	묘제	○ 문무양반 및 서민의 묘제: 금한보수제 –양반: 고려때와 같음 –서민: 사방 5보
	태종 6년 (1406년)	경국대전 (經國大典) 예전상전조 (禮典喪典條)	○ 능(陵), 원(園)묘의 묘제 및 종친의 묘제 –능, 원묘: 사방 161보 –종친: 일품관: 사방 100보, 일품관: 사방 90보 삼품관: 사방 80보, 사품관: 사방 70보 오품관: 사방 60보, 육품관: 사방 50보 ○ 인가에서 100보이내에는 묘를 써서는 안됨 ○ 묘역내에서는 경작과 목축을 금함 ○ 분묘의 화소(火巢) 바깥경계선 안쪽에 묘를 써서는 안됨
		경전(經典) 형전금제조 (形典禁第條)	○ 분묘의 화소(火巢) 바깥경계선 안쪽에 묘를 써서는 안됨 ○ 세도가가 협박이나 감언이설로 타인의 묘역에 묘를 쓰거나 몰래 묘를 쓰는 것을 금함 ○ 타인의 분묘지역에 묘를 쓴자는 중죄에 처함. 특히 화소(火巢) 금표(禁標)안에 묘를 쓴자는 정배의 형에 처함.
일제	1912. 6	묘지·화장장 매장 및 화장취체규칙	○ 공공묘지 및 화장장 설치 ○ 공공묘지외의 묘지설치금지
	1919	개정	○ 3,000평이내의 가족, 종중, 문중묘지 설치허가(도지사)

2. 묘지, 화장장, 매장 및 화장취체규칙(墓地, 火葬場, 埋葬 및 火葬取締規則)

제정	明治45년6월	총령	제 123호
개정	大正 4년7월		제 73호
개정	大正 7년1월		제 8호
개정	大正 8년8월		제 133호
개정	大正 8년9월		제 152호
개정	昭和 2년4월		제 36호

제1조 ① 공동묘지이외의 장소에 조상 또는 배우자의 분묘를 가지고 있는 자는 그 경계 또는 그것과 접속된 자신의 소유지내에 묘지를 설치할 수 있다.

② 전항의 묘지의 면적은 3,000평 이하로 하고 1가(家)당 1개소에 한한다. 다만, 다음 각호의 1에 해당하는 경우로 도지사의 허가를 받은 경우에는 그러하지 아니하다.

1. 묘지에 매장여지가 없게 된 때
2. 토지상황의 변경에 의하여 묘지로 적합하지 않게 된 때
3. 전 2호 외에 특별한 사유가 있을 때

③ 제1항의 규정에 의하여 묘지를 설치하고자 하는 자는 10일 이내에 묘지의 위치 및 면적을 도지사에게 신고하여야 한다.

제2조 전조에서 규정하는 경우를 제외한 그 외의 묘지를 신설하려고 하는 때에는 당해 묘지의 위치 및 면적을 기재한 서류와 도면을 도지사에게 제출하여 허가를 받아야 한다. 이를 변경하고자 하는 때에도 또한 같다.

제3조 삭제

제4조 ① 화장장을 설치하려고 하는 때에는 위치, 구조를 알기 쉽도록 서면 및 도면을 구비하여 도지사에게 제출하여 허가를 받아야 한다. 개축 또는 증축을 하려고 하는 때에도 또한 같다.

② 화장장 사업을 중지하거나 또는 폐지하려고 하는 때에는 경찰서장에게 신고하여야 한다.

제5조 ① 화장장을 설치하는 경우에는 다음 각호의 규정에 의하여 제한된다.

1. 도로, 철도 및 하천으로부터 60칸 이상, 인가 및 공중시설의 장소로부터 120칸 이상일 것
2. 시가 및 부락으로 주로 바람이 불어오는 쪽에 위치한 토지일 것
3. 화로연통을 설비하여 냄새나 연기를 방지하는 장치를 할 것
4. 화장장 주위에는 높이 6척 이상의 담장을 설치할 것. 다만, 산림, 들판 등 인가에서 떨어져 있는 장소인 경우에는 그러하지 아니하다.

② 도지사는 토지 또는 설비의 상황에 의하여 지장이 없다고 인정되는 때에는 전항 제1호의 제한에 의하지 아니할 수 있다.

제6조 화장장의 설치를 완료한 때에는 경찰서장에게 신고하여 검사를 받아야 하며 그 인가를 얻은 경우가 아니면 이를 사용할 수 없다.

제7조 묘지 및 화장장의 주위에는 나무를 심어야 한다.

제8조 ① 공동묘지의 관리자는 그 관리에 속하는 묘지의 도면 및 묘적부를 작성하여야 한다.

② 화장장에는 화장대장을 비치하여야 한다.

제9조 묘지 및 화장장은 항상 청결을 유지하여야 하며 손괴된 곳이 있을 때에는 즉시 수선하여야 한다.

제10조 ① 사체 또는 유골은 묘지이외의 장소에서 매장 또는 개장할 수 없다.

② 사체의 화장은 화장장 이외의 장소에서 할 수 없다. 다만, 화장장이 없는 부, 면의 경우에는 그러하지 아니하다.

제11조 사체는 사후 24시간을 경과하지 아니한 경우에는 매장 또는 화장을 할 수 없다. 다만, 전염병자 사체의 경우에는 그러하지 아니하다.

제11조의2 전염병자의 사체 매장 또는 화장에 관하여는 경찰관리 또는 검역위원의 지휘에 따라야 한다.

제12조 매장, 개장 또는 화장을 하고자 하는 자는 부윤, 면장의 인허증을 받아야 한다.

제13조 화장장의 경영자는 전조의 인허증을 받지 아니하고는 화장을 하여서는 아니 된다.

제14조 삭제

제15조 화장은 일몰 후에 이를 행하여야 한다. 다만, 경찰관리의 인가를 얻은 경우에는 그러하지 아니하다.

제16조 삭제

제17조 삭제

제18조 도지사는 묘지 또는 화장장이 공중위생상의 위해 또는 토지의 상황변경에 의하여 묘지 또는 화장장으로서 적합하지 않다고 인정되는 때에는 그 이전을 명할 수 있다.

제19조 경찰서장은 필요하다고 인정하는 때에는 화장장의 개량, 일시정시 또는 사용정지를 명할 수 있다.

제20조 ① 관리자를 알 수 없는 분묘가 있을 때에는 경찰서장은 6월 이상의 기간을 정하여 그 기간 내에 신고를 하여야 함을 고시하여야 한다.

② 전항의 기간 내에 신고하지 아니한 분묘는 무연분묘로 본다.

제21조 ① 타인의 묘지 또는 묘지이외의 장소에 매장한 사체 또는 유골에 대하여 경찰서장은 그 개장을 명할 수 있다.

② 전항의 경우에 매장자를 알 수 없는 때에는 토지의 소유자 또는 그 관리자는 경찰서장의 허가를 얻어 개장할 수 있다.

제22조 무연분묘에 대하여는 전조의 규정을 준용한다.

제22조의2 타인의 묘지 또는 묘지이외의 토지에 승낙없이 사체 또는 유골을 매장 또는 개장한 자는 1년 이하의 징역 또는 2백원 이하의 벌금에 처한다.

제23조 다음 각호의 1에 해당하는 자는 3월 이하의 징역 또는 백원 이하의 벌금에 처한다.

1. 삭제
2. 제10조제2항에 위반한 자
3. 사체 또는 사체를 넣은 관을 산림, 들판 기타의 장소에 방치한 자
4. 제18조, 제19조 또는 제21조제1항의 명령을 위반한 자

제24조 다음 각호의 1에 해당하는 자는 구류 또는 과료에 처한다.

1. 제1조제3항, 제4조, 제6조, 제8조제2항, 제11조 내지 제13조 또는 제15조의 규정에 위반한 자
2. 매장, 화장, 개장 또는 시체이송을 방해한 자
3. 경찰관리의 독촉을 받고도 묘지 또는 화장장의 청소를 하지 않은 자

부 칙

① 본령의 시행 지역 및 기일은 조선총독이 정한다

② 본령 시행당시 기존의 공동묘지는 본령에 의하여 설치된 것으로 본다. 다만, 그 관리자는 본령의 시행일부터 3월내에 도면을 첨부하여 그 소재지, 위치 및 묘적을 신고하여야 한다.

③ 전항의 신고를 하지 않은 것은 그 묘지를 폐지한 것으로 본다.

④ 본령 시행당시 기존의 공동묘지 이외의 분묘는 본령에 의하여 설치된 것으로 본다. 다만, 그 관리자는 본령의 시행일부터 1년내에 그 소재지, 위치 및 묘적을 신고하여야 한다.

⑤ 전항의 신고를 하지 않은 것은 무연분묘로 본다.

⑥ 본령 시행당시 기존의 화장장은 본령에 의하여 설치된 것으로 본다. 다만, 그 경영자는 본령의 시행일부터 1월내에 그 소재지, 위치 및 구조를 신고하여야 한다.

⑦ 전항의 신고를 하지 않는 것은 그 사업을 폐지한 것으로 본다.

⑧ 제4항의 규정에 의하여 신고한 분묘는 그 분묘에 매장된 자의 배우자의 사체에 한하여 본령의 규정에도 불구하고 이를 합장할 수 있다.

3. 묘지등의 설치 및 관리운용 지침

제정 1981.07.11 보건사회부 훈령 제 426호
개정 1986.01.23 보건사회부 훈령 제 500호
개정 1991.07.05 보건사회부 훈령 제 623호
개정 1994.08.26 보건사회부 훈령 제 716호
폐지 1999.02.27 보건복지부 훈령 제 8 6 호

제1장 총칙

제1조(목적) 이 지침은 묘지, 화장장, 납골당의 설치 및 관리운용과 묘지운영목적 재단법인(이하 "법인"이라 한다)의 지도·감독에 필요한 세부사항과 기준을 정하여 행정지도·계몽에 의한 국민의 장묘관행 개선을 도모하고 묘지제도를 합리적으로 운영하는데 기여함을 목적으로 한다.

제2조(기본방향) 묘지 등의 설치 및 관리운용의 기본방향은 다음 각호와 같다.

1. 묘지의 집단화 등
   가. 화장의 확대유도를 우선으로 하되, 묘지설치에 있어서는 자연인이 설치하는 개인묘지, 가족묘지, 종중·문종묘지의 설치에 앞서 묘지의 집단화를 유도한다.
   나. 공설묘지 및 법인묘지의 적정배치와 합리적인 관리운용으로 묘지의 집단화 기반을 조성한다.
   다. 분묘의 형태는 납골에 의한 평분형, 평장형을 권장한다.
2. 화장의 확대유도
   가. 시체의 처리는 화장에 의한 납골을 권장한다.
   나. 연차별 계획에 의하여 화장장 및 납골당의 설치를 추진한다.
   다. 화장장·납골당의 적정설치와 효율적인 관리운용으로 화장제도의 기반을 조성한다.
3. 묘지의 시한부 관리
   가. 분묘의 설치를 위하여 묘지사용계약을 할 때는 일정한 관리기간을 정하도록 권장한다.
4. 묘지증가 억제
   가. 묘지 및 분묘의 단위면적을 축소하도록 권장한다.
   나. 무연분묘 개장으로 발생하는 유골은 집단 납골한다.

제3조(묘지등의 수급계획) ① 서울특별시장·직할시장·도지사(이하 "시·도지사"라 한다)는 다음 각호의 사항을 기초로 하여 묘지등의 수급에 관한 계획을 수립하여야 한다.

1. 연도별 출생자수 및 사망자수와 그 추이

2. 연도별 매장자수 및 화장자수와 그 추이
3. 묘지의 지역별 분포상황 및 그 추이
4. 연도별 공설묘지 및 법인묘지의 분묘설치수와 점유면적 및 그 추이

② 시·도지사는 제1항의 수급계획에 의하여 묘지·화장장 및 납골당의 중·장기 설치계획(10~20년)을 수립하여야 한다.

③ 제2항의 수급계획은 시·군·구 또는 생활권역별로 이를 수립할 수 있다.

제2장 묘지등의 설치

제4조(묘지등의 기준면적) 시·도지사는 묘지등의 설치허가를 할 때에는 다음 각호의 1의 면적기준을 준수하도록 권장한다.

1. 묘지면적
   가. 자연인의 개인묘지: 30㎡
   나. 가족묘지: 200㎡
   다. 종중·문종묘지: 1,000㎡
   라. 법인묘지: 500,000㎡

다만, 화장장·납골당·시범납골묘지 또는 기타 부대시설의 설치에 필요한 면적은 예외로 한다.

2. 가족묘지, 종중·문중묘지, 법인묘지내의 1기당 묘지면적 : 20㎡
3. 분묘1기(합장포함)당 점유면적 : 10㎡

제5조(공설묘지의 설치) ① 서울특별시·직할시 또는 시·군은 적정한 규모의 공설묘지를 설치하여야 한다.

② 제1항의 공설묘지에는 휴게실, 주차장, 기타 부대시설을 설치하여 이용자의 편의를 도모하여야 한다.

제6조(법인묘지의 설치등) ① 법인묘지의 설치허가시 우선 순위는 다음 각호와 같다.

1. 동일 분묘내에 집단으로 납골하는 납골묘지 및 평분·평장형묘지를 설치하는 경우
2. 충분한 기본재산 및 보통재산이 확보되어 묘지의 조성, 관리실, 휴게실, 주차장, 기타 부대시설의 설치 및 관리에 적정을 기할 수 있는 경우
3. 비영리단체 또는 이와 유사한 단체에서 설치(별도 법인설립에 의한)하는 경우

② 시·도지사는 법인설립허가와 묘지설치허가를 동시에 하여야 한다. 다만, 내부위임에 의하여 시장·군수·구청장(이하 "시장·군수"라 하며, 구청장의 경우는 자치구이 구청장에 한한다)이 묘지설치허가를 하는 경우에는 묘지설치허가를 전제로 하여 법인설립허가를 하여야 하며, 당해 시장·군수는 법인설립 허가일로부터 3월 이내에 묘지설치허가를 하여야 한다.

③ 묘지는 설계도에 따라 다음 각호의 사항을 고려하여 연차별로 조성할 수 있다.

1. 이미 설치한 묘지에 대하여 배수 등 관리에 영향이 없어야 한다.
2. 성토구역내의 분묘설치는 조성후 1년이상 경과후부터 하여야 한다.
3. 관리실, 휴게실, 주차장, 기타 부대시설은 묘지설치허가일로부터 1년이내에 설치하여야 한다.

제7조(가족 · 종중묘지등의 설치) ① 시 · 도지사는 호주 또는 종회대표로 하여금 다음 각호의 서류를 갖추어 가족묘지, 종중 · 문중묘지의 설치허가를 신청하게 할 수 있다.
1. 가족묘지에 있어서는 사용할 가족의 범위와 이를 증명하는 호적등본
2. 종중 · 문중묘지에 있어서는 묘지설치에 관한 종약 또는 종회 회의록 사본 및 종중 소유임을 증명하는 서류

② 제1항제1호의 가족의 범위는 3종이내의 친족을 기준으로 한다.

③ 시 · 도지사는 준공검사를 필한후 묘지설치 허가증을 교부한다.

제8조(시범납골묘지등) ① 시 · 도지사는 다음 각호의 1에 의하여 1개소이상의 시범납골묘지를 설치하거나 또는 법인으로 하여금 설치하게 하여야 한다.
1. 시범납골묘지를 설치할 때에는 묘역의 50%이상을 납골묘로 조성하도록 하여야 한다.
2. 납골묘 조성을 목적으로 묘지설치허가 신청을 할 때에는 따로 다음의 서류를 구비하여야 한다.
   가. 분묘의 배치계획도
   나. 분묘의 구조도(평면도, 측면도, 단면도 등)
3. 시 · 도별로 최초의 시범납골묘지 설치허가를 할 때에는 묘지수급계획상의 수급판단을 적용하지 아니할 수 있다.
4. 납골묘지를 설치운영하는 자는 납골묘역내에서는 납골에 의하지 아니하는 매장 또는 개장의 요구를 거부할 수 있다.

② 공설 및 법인묘지를 관리운영하는 자는 당해 묘역내에 2기이상의 시범납골묘를 조성하여 전시(또는 사용)하여야 한다.

제9조(분묘의 구조변경 등) ① 묘지관리자는 납골묘의 신규설치 또는 기설치한 분묘를 납골묘로 구조변경 하도록 권장하여야 하며, 사용자의 신청이 있을 때에는 이를 거부하여서는 아니된다. 다만, 분묘의 규격화를 위하여 그 규모와 형태 등을 제한할 수 있다.

② 묘지관리자는 분묘의 설치비용을 저렴하게 하여 사용자의 부담을 경감하여야 한다.

③ 사용자의 신청에 의하여 관리자가 직접 납골묘의 시공을 하는 때에는 공사 명세서를 작성 교부하여야 한다.

제10조(납골묘의 규격) ① 납골묘는 분묘1기당 유골 6구이상을 수장(收藏)할 수 있도록 한다.

② 분묘 광중(壙中)은 외부의 침수를 방지하고 지하수의 배수구조를 설치한다.

③ 납골상자의 재질은 내구재로 하여 그 용적은 20cm×20cm×20cm를 기준으로 한다.

④ 납골상자에 납골할 때에는 각각 식별할 수 있는 표시를 하여야 한다.

제3장 화장 및 납골

제11조(화장장 및 납골당의 설치등) ① 시·도지사는 화장율의 제고 및 화장제도의 기반조성을 위하여 다음 각호에 의한 화장장 및 납골당을 설치 운영한다.

1. 1995년까지 연차별 계획에 의하여 시·군별 또는 생활권역별로 필요한 화장장과 납골당을 설치한다.
   가. 화장장의 설치에 있어서 그 소각시설은 무연무취시설로 한다.
   나. 화장장 및 납골당을 설치할 때에는 부지선정에 신중을 기하고, 동시에 지역주민에 대한 적극적인 지도·계몽으로 주민의 반발 등 기타 민원의 야기가 없도록 한다.
2. 화장장 및 납골당의 사용료(수수료)를 가능한한 염가로 하여 화장율을 높이도록 한다.
3. 화장장 및 납골당의 시설을 현대화하고 주변을 조경미화하여 분위기를 개선하여야 한다.

② 시·도지사는 법인 또는 공인단체가 화장장 및 납골당을 설치하고자 할 때에는 이를 지원할 수 있으며, 공설의 화장장 및 납골당을 민간단체 또는 개인에게 위탁하여 관리할 수 있다.

제12조(화장경비의 보조등) 지방자치단체장은 화장·납골에 의한 장사를 행하는 자에게 필요한 물품, 용역비의 일부를 보조할 수 있다.

제13조(연고자없는 시체의 화장등) ① 시·도지사는 시체 또는 유골을 처리할 연고자가 없거나 매장시 당해 분묘를 관리할 자가 분명하지 아니할 때에는 특별한 사유가 없는 한 이를 화장하여 집단 납골하도록 한다.

② 다음 각호의 자에 대하여는 이를 원칙적으로 화장·납골한다.

1. 1종 전염병에 의한 사망자
2. 연고자가 없는 행려사망자
3. 보호시설 수용자중 무의탁 사망자
4. 사산아 및 미성년자 등

제14조(무연분묘 개장시 유골처리) ① 시·도지사는 매장 및 묘지등에 관한 법률(이하 "법"이라 한다) 제15조의 2의 규정에 의한 무연분묘를 개장할 때에 발생하는 유골을 각각 집약 정리하여 납골묘 또는 납골당에 집단 안치하도록 하여야 한다.

② 제1항의 무연분묘 개장허가를 할 때에는 그 사업주체로 하여금 개장·납골에 관한 제반 기록을 납골일로부터 3년이상 보존하도록 하여야 한다.

③ 제1항의 규정에 의하여 처리하여야 할 유골 등을 각각의 분묘로 설치하였을 때에는 묘지관리자가 이를 개장하여 집단 납골할 수 있다.

④ 제1항 및 제2항의 납골은 제10조 및 제19조의 규정을 적용한다.

제15조(화장유골의 처리) 화장장을 관리운영하는 자는 화장에 의하여 발생한 유골을 납골하도록 권장하고 연고자의 특별한 요구가 없는 한 분말화를 지양한다.

제4장 묘지등의 관리운영

제16조(묘지의 관리등) ① 분묘의 설치는 묘지의 조성이 완료되어 허가권자의 준공검사를 필한 지역내에 한하고 사용할 시기를 예측하기 곤란한 자의 장기예약을 하여서는 아니된다. 다만, 납골묘의 경우에는 그러하지 아니한다.

② 시 · 도지사는 납골묘를 조성할 목적으로 묘지설치허가를 한 때에는 납골묘의 조성상황을 확인하여야 한다.

③ 묘지는 축대 · 배수로 등을 수시로 개축 · 보수하고 나무 · 잔디를 충분히 삭재하여 분묘의 손괴 등을 사전에 예방하여야 한다.

④ 묘지는 항상 청결히 하고 미화하여 엄숙, 경건한 분위기를 유지하도록 하여야 한다.

제17조(매 · 화장 신고의 대행) ① 시장 · 군수는 법인묘지 또는 공 · 사설 화장장에 매 · 화장시 매 · 화장신고업무를 당해 묘지 또는 화장장 관리인에게 위탁하여 처리하게 할 수 있다.

② 제1항의 규정에 의하여 신고를 받은 관리인은 매주간의 신고 접수처리상황을 소재지를 관할하는 시장 · 군수에게 보고하여야 한다.

제18조(피매장자 확인등) 시장 · 군수는 가족묘지 또는 종중 · 문중묘지에의 매장신고를 접수한 때에는 피매장자가 당해 묘지설치자와 가족 또는 종원(宗員)관계 인지를 확인하여야 한다.

제19조(납골부의 정리등) ① 납골묘지를 관리하는 자는 법 제12조제3항의 규정에 의한 개장신고증 또는 화장증명서를 수리한 후 유골을 수장(收藏)하여야 한다.

② 납골묘지의 관리인이 납골묘에 유골을 수장할 때에는 매장및묘지등에관한 법률시행규칙 제3조제2항의 규정에 의한 납골부를 비치 · 정리하여야 한다.

제20조(분묘일제신고 절차등) ① 시 · 도지사는 법제5조제4항에 의하여 특정지역내의 분묘일제신고를 실시할 때에는 법시행규칙 제7조의 규정을 준용하여 미리 공고하여야 한다.

② 제1항의 공고에는 다음 사항을 명시하여야 한다.

1. 일제신고의 목적 또는 사유
2. 대상지역
3. 신고기간 및 장소
4. 신고방법
5. 신고후 조치할 사항
6. 신고하지 않는 분묘는 무연분묘로 간주하여 조치한다는 뜻
7. 기타 분묘관리상 필요한 사항

③ 신고기간 및 절차 등은 대상지역의 범위, 소재분묘의 기수 등을 고려하여 신고에 지장이 없도록 충분하게 설정하여야 한다.

제5장 묘지등의 사용

제21조(묘지사용계약) 시 · 도지사는 분묘를 설치하기 위하여 묘지관리자가 사용자와 계약을 체결할 때에는 사용계약서에 다음 각호의 사항을 명시하도록 권장하여야 한다.

1. 피매장자와 매장하는 자
2. 분묘의 위치와 묘지면적
3. 사용기간
4. 사용료 및 관리비에 관한 사항
5. 관리책임에 관한 사항
6. 기간만료시의 개장납골 또는 계약갱신에 관한 사항
7. 기타 필요한 사항

제22조(묘지사용기간등) ① 묘지관리자는 시체 또는 유골을 매장한 장소가 당해 분묘의 묘지로 영구 사용되는 것을 방지하기 위하여 다음 각호의 사항이 준수될 수 있도록 노력하여야 한다.

1. 묘지의 사용계약기간은 쌍방합의에 의하여 결정하되, 그 기준은 15년으로 한다.
2. 계약기간이 만료된 때에는 계약을 갱신할 수 있으며, 그 기간은 15년 이내로 한다.

② 묘지관리자는 계약기간이 만료된 후 이를 개장하여 납골하는 것을 조건으로 하는 사용계약을 권장할 수 있다.

③ 제9조 및 제10조의 규정에 의한 납골묘를 설치하는 때에는 제1항의 규정을 적용하지 아니할 수 있다.

제23조(사용권의 포기등) ① 사용자가 계약기간 만료후 3년이내에 계약을 갱신하지 않을 때에는 묘지의 사용권을 포기한 것으로 보며, 동시에 그 분묘의 연고자가 없는 것으로 볼 수 있다.

② 묘지의 관리비를 부담하여야 할 자가 특별한 사유없이 5년간 계속하여 관리비를 납부하지 않을 때에는 당해 분묘의 연고자가 없는 것으로 볼 수 있다.

③ 분묘의 연고자가 없을 때에는 묘지의 사용승락이 해지된 것으로 볼 수 있다.

제24조(사용료등의 고시) ① 시 · 도지사는 다음 각호의 비용을 고려하여 법인묘지의 평당 사용료, 사설화장장의 화장료 및 사설납골당의 납골봉안료의 최고한도액을 고시하여야 한다.

1. 지료(地料)
2. 묘지 조성비 또는 화장장, 납골당 설치비
3. 부대시설비
4. 기타 비용

② 납골묘지의 사용료는 납골묘의 보급 · 사용실적을 고려하여 최고한도액의 고시를 유보할 수 있다.

제6장 법인의 지도 · 감독

제25조(허가조건등) ① 시 · 도지사는 법인허가시에 법인의 정관에 다음 각호의 사항을 규정하도록 하여야 한다.

1. 임원(보궐임원 포함)의 구성 및 취임승인에 관한 사항
2. 법인의 해산시 잔여재산은 본래의 목적을 대행할 수 있는 단체에 기증하거나 또는 국가에 귀속한다는 내용에 관한 사항
3. 매년도 사업계획 및 실적과 예산 및 결산승인에 관한 사항
4. 법인재산 변동시의 허가관청의 승인에 관한 사항
5. 매년도 결산잉여금 이월 및 묘지관리기금 적립에 관한 사항
6. 법인의 주소 및 기본재산의 규모에 관한 사항
7. 기타 시 · 도지사가 필요하다고 인정하는 사항

② 시 · 도지사는 법인허가시에 다음 각호의 사항을 허가조건으로 부과하여야 한다.

1. 관계법규 및 정관사항을 위반하였을 때에는 그 설립허가를 취소한다는 것을 명백히 하는 내용
2. 허가관청이 지시하는 사항을 준수하여야 한다는 내용
3. 기타 법인관리에 필요한 사항

③ 시 · 도지사는 임원취임을 승인함에 있어서 관할 경찰서에 신원조회를 의뢰하고 그 결과 "공익법인의설립 · 운영에관한법률"의 규정에 의거 임원으로 부적당하다고 인정할 때에는 그 취임을 거부하여야 한다.

제26조(묘지관리기금의 적립등) ① 시 · 도지사는 법인묘지설치를 허가할 때에는 당해 묘지의 비상재해 발생시에 대비하기 위하여 설치예정분묘수의 100분의 10에 상당하는 분묘의 연간관리비 해당액을 묘지관리기금으로 예치하게 하여야 한다.

② 제1항의 규정에 의한 기금을 예치하지 아니한 법인에 대하여는 연차계획에 의거 매년도 수입금중 일부를 동 기금으로 별도계정에 적립하도록 하여야 한다.

③ 제1항 및 제2항의 규정에 의한 기금을 비상재해복구 등에 사용하고자 할 때에는 시 · 도지사의 승인을 받아야 한다.

④ 제1항의 규정에 의한 기금의 적립방법 등 기타 필요한 사항은 시 · 도지사가 정한다.

제27조(지도 · 감독) 시 · 도지사는 법인의 효율적인 지도 · 감독을 위하여 연1회 이상의 종합감사와 대표이사에 대한 교육을 실시하여야 한다.

제28조(보고) 시 · 도지사는 다음 각호의 사항을 보건사회부장관에게 보고하여야 한다.

보고사항	보고내용	비 고
o 법인설립허가 보고	1. 허가년월일 2. 법인체명 3. 기본재산의 소재지 및 면적 4. 정관 1부	즉시보고

보고사항	보고내용	비 고
ㅇ 법인설립허가 취소 및 해산보고	1. 취소(해산)년월일 2. 법인체명 3. 기본재산의 소재지 및 면적 4. 취소(해산)근거 및 사유	즉시보고
ㅇ 고시가격 또는 승인가격 보고	1. 고시가격(산출근거 포함) 2. 법인체별 승인가격	즉시보고
ㅇ 매·화장·납골실적 보고	1. 공설 및 법인체별 분묘설치기수(누계포함) 2. 공설 및 법인체별 묘지점유면적(누계포함) 3. 화장 및 납골실적	연 보

부 칙

① (시행일) 이 영은 공포한 날로부터 시행한다.
② (훈령폐지) 보건사회부 훈령 제220호 "묘지조성목적재단법인운영지침"은 이를 폐지한다.

부 칙 ('86.1.23 훈령 제500호)

이 지침은 공포한 날로부터 시행한다.

부 칙 ('91.7.5 훈령 제623호)

제1조(시행일) 이 지침은 공포한 날로부터 시행한다.

제2조(묘지의 사용기간에 대한 경과조치) ① 이 지침 시행당시 묘지사용계약에 의하여 설치한 묘지의 사용기간은 다음 각호와 같다. 다만, 납골묘는 예외로 한다.

1. 사용기간이 명시되어 있는 것은 그 기간까지
2. 사용기간이 명시되어 있지 않은 것은 이 지침 시행일로부터 15일 이내에 계약을 갱신하도록 권장한다.

② 기존분묘의 묘지사용계약을 체결할 때에는 제22조제1항제1호의 규정을 준용한다.

제3조(법인묘지의 면적기준에 대한 경과조치) 이 지침 시행당시 국토의 개발이용 계획상 묘지조성지구로 확정된 지역에 대하여는 제4조제1호 라목의 기준을 적용하지 아니할 수 있다.

제4조(묘지관리기금에 대한 경과조치) ① 이 지침 시행이전에 만장표지의 관리를 위하여 적립한 적립금은 이 지침 제26조의 규정에 의한 묘지관리기금으로 대체할 수 있다.

부 칙 ('94.8.26 훈령 제716호)

이 지침은 공포한 날로부터 시행한다.

4. 「장사 등에 관한 법률」 개정 연혁

법 률	시 행 령	시 행 규 칙
제799호, 1961.12.5		제79호, 1962.5.12
		제86호, 1962.7.24
		제115호, 1963.7.31
제2069호, 1968.12.31		제181호, 1966.8.29
	제3886호, 1969.4.17	
제2605호, 1973.3.13		제298호, 1969.7.15
		제341호, 1969.12.6,
	제8693호, 1977.9.14	
제3389호, 1981.3.16		
	제10299호, 1981.4.25	
		제674호, 1981.6.1
		제827호, 1989.2.28
	제13771호, 1992.12.9	
	제14446호, 1994.12.23	
제5453호, 1997.12.13		
	제14506호, 1994.12.31	
	제15486호, 1997.9.30	
제5454호, 1997.12.13		
제6158호, 2000.1.12		
	제17109호, 2001.1.27	
제6615호, 2002.1.19		
		제190호, 2001.3.24
	제17586호, 2002.4.20	
		제215호, 2002.5.6
	제17816호, 2002.12.26	
제6841호, 2002.12.30		제317호, 2005.6.8
제7678호, 2005.8.4		제363호, 2006.7.3
	제19639호, 2006.8.4	
제8489호, 2007.5.25		
	제20506호, 2007.12.31	
	제20679호, 2008.2.29	
제9030호, 2008.3.28		제1호, 2008.3.3
	제20763호, 2008.4.3	

법 률	시행령	시행규칙
	제20791호, 2008.5.26	제15호, 2008.5.26
	제21025호, 2008.9.22	
	제21744호, 2009.9.21	
제9847호, 2009.12.29		
	제22073호, 2010.3.9	
	제22075호, 2010.3.15.	제1호, 2010.3.19
	제22151호, 2010.5.4	
제10331호, 2010.5.31		제18호, 2010.9.1
	제22467호, 2010.11.2	
	제22564호, 2010.12.29	
	제22906호, 2011.4.22	
제10741호, 2011.5.30	제22945호, 2011.5.30	
제11008호, 2011.8.4		
제11253호, 2012.2.1		
	제23967호, 2012.7.20	제143호, 2012.8.2
	제23996호, 2012.7.31	
	제24018호, 2012.8.3	
	제24020호, 2012.8.3	
	제24155호, 2012.10.29	
	제24613호, 2013.6.17	
제11998호, 2013.8.6		
	제25050호, 2013.12.30	
		제228호, 2013.12.31
	제25456호, 2014.7.14	
	제25532호, 2014.8.6	
		제283호, 2015.1.5
제13108호, 2015.1.28		

5. 「장사 등에 관한 법률」 연혁 및 주요내용

매장 등 및 묘지등에 관한 법률

[시행 1962.1.1] [법률 제799호, 1961.12.5, 제정]

【제·개정이유】 [신규제정]

① 매장 또는 화장은 사망시로부터 24시간이 경과한 후에 하도록 함.
② 매장·화장 또는 개장을 하고자 하는 자는 매장지, 화장지 또는 개장지의 구청장(서울특별시의 경우)·시장 또는 군수에게 신고하도록 함.
③ 시체의 매장이나 화장을 할 자가 없거나, 판명되지 아니할 때에는 시체현존지의 구청장·시장 또는 군수가 매장이나 화장을 하도록 하고 이를 공고하도록 함.
④ 서울특별시·시·군은 시체의 처리를 위하여 공설묘지 또는 공설화장장을 설치하도록 하며 필요에 따라 공설납골당을 설치할 수 있도록 함.
⑤ 사설묘지·사설화장장·사설납골당의 설치나 시체의 운반업은 서울특별시장 또는 도지사의 허가를 받도록 함.
⑥ 설치자가 직접 관리할 경우를 제외하고는 묘지, 화장장 또는 납골당에 관리인을 두도록 하고, 관리인의 본적, 주소, 성명을 서울특별시장 또는 도지사에게 보고하도록 함.
⑦ 묘지·화장장등의 관리인은 매장등의 요구가 있을 때에는 정당한 이유없이 거부하지 못하도록 하고, 또한 신고증을 수리하지 않으면 매장이나 화장등을 할 수 없도록 함.
⑧ 서울특별시장 또는 도지사는 관계공무원으로 하여금 묘지·화장장 또는 납골당의 시설·대장, 서류등을 검사하게 하거나 묘지·화장장 또는 납골당의 설치자나 그 관리인으로부터 필요한 보고를 받을 수 있도록 함.
⑨ 서울특별시장 또는 도지사는 국민보건상 위해를 끼칠 우려가 있거나 도시계획상 특히 필요하다고 인정될 때에는 묘지·화장장·납골당의 이전, 그 시설의 개수 또는 사용금지를 명하거나 그 허가를 취소할 수 있도록 함.
⑩ 묘지, 화장장, 매장및화장취체규칙(1912, 조선총독부령 제123호)을 폐지함.

매장 및 묘지등에 관한 법률

[시행 1968.12.31] [법률 제2069호, 1968.12.31, 일부개정]

【제·개정이유】 [일부개정]

① 법률의 제명을 "매장 및 묘지등에 관한 법률"로 개칭함.
② 매장·화장 및 개장의 기준에 관한 근거규정을 두도록 함.
③ 사설묘지등의 설치기준을 대통령령으로 정하도록 함.
④ 묘지·화장장 또는 납골당의 설치금지 구역을 명문화함.
⑤ 묘지·화장장 또는 납골당의 이전 및 허가취소규정을 개정함.

매장 및 묘지등에 관한 법률

[시행 1977.11.1] [법률 제2605호, 1973.3.13, 일부개정]

【제·개정이유】 [일부개정]

묘지제도의 개선으로 국토의 활용면적을 확대하여 국토의 산업화를 기하고 묘지 및 분묘신고에 따르는 묘지관리업무의 효율화를 기하려는 것임.

① 분묘 1기당 점유면적은 20평방미터를, 합장의 경우에는 25평방미터를 초과할 수 없도록함.
② 묘적부제도를 법제화하고 분묘에 대한 일제신고제에 의하여 연고자 없는 분묘를 정리할 수 있도록 함.
③ 분묘 및 유골상자의 형태와 사설묘지·사설화장장 및 사설납골당의 설치자의 준수사항을 대통령령으로 정하도록 하고 이에 위반한 자에 대하여는 그 이전을 명하거나 그 시설의 개수 또는 그 전부나 일부의 사용금지를 명하거나 그 허가를 취소할 수 있도록 함.
④ 벌금형의 벌칙을 강화함.

매장 및 묘지등에 관한 법률

[시행 1981.5.17] [법률 제3389호, 1981.3.16, 일부개정]

【제·개정이유】 [일부개정]

납골묘지제도를 도입하여 화장의 확대를 유도·촉구함과 동시에 묘지면적 및 묘지내의 시설물을 제한할 수 있는 근거규정을 마련하고 사설묘지등의 관리비 및 사용료의 적정화를 기할 수 있도록 규제하려는 것임.

① 종전에는 매장은 땅에 묻는 경우만을 뜻하였으나 땅에 납골하는 경우를 추가하여 납골묘지제를 신설함.
② 묘지의 면적 및 시설물의 종류·크기등은 대통령령으로 정하는 기준을 초과할 수 없도록 함.

③ 대통령령으로 정하는 사설묘지 · 사설화장장 또는 사설납골당의 설치 · 경영자는 그 시설의 관리비 또는 사용료등을 도지사가 정하여 고시하는 최고한도액을 초과하여 받을 수 없도록 함.
④ 사설묘지설치허가를 받은 때에는 산림법에 의한 산림훼손의 허가를 받은 것으로 보도록 함.
⑤ 묘지면적 · 시설물 크기등의 기준위반등에 대한 벌칙을 강화함.

장사 등에 관한 법률

[시행 2001.1.13] [법률 제6158호, 2000.1.12, 전부개정]

【제 · 개정이유】 [전문개정]

◇ 개정이유

국토의 효율적인 이용을 도모하고 묘지 부족으로 인한 국민의 불편을 해소하기 위하여 분묘의 설치기간을 제한하는 등 묘지증가억제를 위한 제도를 마련하고, 묘지 · 화장장 및 납골시설의 설치 · 관리등에 관한 일부 규제를 완화하는 한편, 기타 불법묘지 연고자에 대한 이행강제금부과제도를 도입하는 등 현행 제도의 운영상 나타난 일부 미비점을 개선 · 보완하려는 것임.

◇ 주요골자

가. 국가가 설치 · 운영하는 묘지에 대하여는 이 법의 적용을 받지 아니하도록 함(법 제3조)
나. 공설묘지, 법인묘지, 종중 · 문중묘지, 가족묘지등 집단화된 묘지에 분묘를 설치하는 경우에는 분묘 1기당 점유면적이 10제곱미터를 초과할 수 없도록 하고, 개인묘지를 설치하는 경우에는 당해묘지면적이 30제곱미터를 초과할 수 없도록 함(법 제16조제1항 및 제2항)
다. 공설묘지, 법인묘지, 종중 · 문중묘지, 가족묘지, 개인묘지에 설치된 분묘의 경우에는 그 설치기간을 15년으로 제한하되, 15년씩 3회까지 설치기간을 연장할 수 있도록 하고, 그 기간이 종료된 분묘는 의무적으로 이를 화장 또는 납골하도록 함(법 제17조 및 제18조)
라. 토지 소유자 또는 묘지 연고자의 승낙없이 타인의 토지 또는 묘지에 설치된 분묘의 연고자는 그 분묘의 보존을 위한 권리를 주장할 수 없도록 함(법 제23조제3항)
마. 불법묘지의 연고자가 당해묘지의 이전 · 개수 명령을 받고 이를 이행하지 아니하는 때에는 500만원이하의 이행강제금을 1년에 2회의 범위안에서 반복하여 부과할 수 있도록 함(법 제38조)

장사 등에 관한 법률

[시행 2002.4.20] [법률 제6615호, 2002.1.19, 일부개정]

【제 · 개정이유】 [일부개정]

◇ 개정이유 및 주요골자

공설묘지 · 공설화장장 및 공설납골시설의 설치기준을 대통령령으로 정하도록 하고, 상수원보호구역에 납골시설을 설치할 수 있는 경우를 기존의 사원내에 설치하는 경우와 개인 · 가족 · 종중 · 문중의 납골시설을 설치하는 경우에 한정하며, 장례식장의 임대료는 오전 12시부터 다음날 오전 12시까지를 1일로 하여 산정하도록 하려는 것임.

장사 등에 관한 법률

[시행 2008.5.26] [법률 제8489호, 2007.5.25, 전부개정]

【제 · 개정이유】 [전부개정]

◇ 개정이유

장사(葬事)시설 부족으로 인한 국민의 불편과 묘지 등 장사시설이 자연을 훼손하는 문제점을 해소하기 위하여 장사방법에 자연친화적인 자연장(自然葬) 제도를 도입하고, 자연재해에 대비하기 위하여 장사시설 설치 · 관리자에게 장사시설의 개 · 보수에 필요한 관리금의 적립의무를 신설하는 등 현행 제도의 운영상 나타난 일부 미비점을 개선 · 보완하는 한편, 법 문장을 일반 국민이 쉽게 읽고 이해할 수 있도록 하기 위하여 법문장의 표기를 한글화하고 어려운 용어를 쉬운 우리말로 풀어쓰며 복잡한 문장체계를 쉽고 간결하게 다듬어 국민중심의 법률 문화를 정착시키는데 기여하려는 것임.

◇ 주요내용

가. 자연장제도의 도입(법 제2조제3호 · 제13호 · 제14호 및 제13조제3항)

(1) 묘지 등 장사시설의 부족으로 인한 국민들의 불편을 해소하고 장사시설의 무분별한 설치로 인하여 자연환경이 훼손되는 문제점을 개선하기 위하여 수목장 등 자연친화적인 자연장 제도를 도입할 필요가 있음.

(2) 화장한 유골의 골분(骨粉)을 수목 · 화초 · 잔디 등의 밑이나 주변에 묻어 장사하는 자연장 제도를 도입하고, 산림청장 또는 다른 중앙행정기관의 장은 국유림 등 국유지에 수목장림이나 그 밖의 자연장지를 조성할 수 있도록 함.

(3) 장사시설의 이용자에게 다양한 장사방식을 선택할 수 있도록 함으로써 묘지 등 장사시설의 부족문제를 해결하고, 자연친화적인 방법에 의한 장사제도를 정착시킬 수 있을 것으로 기대됨.

나. 지방자치단체의 화장시설 확보의무(법 제4조제2항)

(1) 화장에 대한 수요가 급격히 증가하고 있으나 화장시설은 지역주민들에게 혐오시설로 인식되고 있어 이에 대한 지방자치단체의 적극적인 대책마련을 촉구할 필요가 있음.

(2) 지방자치단체는 지역주민의 수요를 충족시킬 수 있는 화장시설을 갖추도록 함.

(3) 지역주민의 반대를 해소하기 위한 지방자치단체의 적극적인 대책마련이 기대됨.

다. 사설자연장지의 조성허가 및 신고(법 제16조)

(1) 국가 또는 지방자치단체가 아닌 자가 자연장지를 조성하는 경우에는 조성허가를 받거나 신고를 하도록 하고, 산림 등의 훼손을 막기 위하여 자연장지 내에 설치하는 시설물을 제한할 필요가 있음.

(2) 개인 · 가족자연장지를 조성한 자는 관할 특별자치도지사 · 시장 · 군수 · 구청장에게 신고하도록 하고, 종중 · 문중자연장지 또는 법인등자연장지를 조성하려는 자는 특별자치도지사 · 시장 · 군수 · 구청장의 허가를 받도록 하며, 자연장지에는 사망자 및 연고자의 이름 등을 기록한 표지와 편의시설만을 설치할 수 있도록 함.

(3) 사설자연장지를 조성할 수 있도록 함으로써 장사시설의 부족문제를 해소하고, 자연장지 내에 설치할 수 있는 시설물을 제한하여 산림훼손을 방지할 수 있을 것으로 기대됨.

라. 봉안묘의 시설기준 제한(법 제18조)

봉안묘의 급속한 확산에도 불구하고 봉안묘 및 그에 따른 시설물의 시설기준이 마련되어 있지 아니하여 시설규모가 과다한 봉안묘 및 시설물이 남설되어 자연경관이 훼손되고 있으므로 봉안묘의 높이는 70센티미터로, 봉안묘 1기당 면적은 2제곱미터를 초과하지 못하도록 하고, 봉안묘 · 봉안탑 1기당 설치할 수 있는 상석 · 비석 등 시설물의 종류 및 크기를 제한할 수 있도록 함.

마. 공설묘지 등의 사용료 및 관리비의 차등부과(법 제23조)

(1) 지역주민에게 혐오시설로 인식되고 있는 장사시설이 수요에 비하여 충분히 설치되지 못하고 있는 실정이므로 장사시설이 설치되지 아니한 지역의 주민들보다 장사시설이 설치된 지역주민에게 당해 시설의 사용료 부담을 경감시켜 줌으로써 장사시설의 설치를 촉진할 필요가 있음.

(2) 공설장사시설의 사용료 및 관리비를 당해 지역의 주민과 다른 지역의 주민을 구분하여 달리 부과할 수 있도록 함.

(3) 장사시설이 설치된 지역의 주민들에게 보다 저렴한 비용으로 당해 시설을 이용할 수 있도록 혜택을 줌으로써 장사시설의 설치를 촉진할 수 있을 것으로 기대됨.

바. 사설장사시설업자에 대한 관리금 적립의무 부과(법 제25조)

(1) 장사시설은 장기간 유지 · 관리되어야 하는 시설인 반면, 사업자의 주요 수입원이 시설 분양시에 집중되어 장사시설의 유지 · 관리 또는 개 · 보수에 필요한 자금을 적기에 마련하지 못하고 있는 실정이므로 이에 대한 대책을 마련할 필요가 있음.

(2) 사설묘지 · 사설봉안시설 또는 사설자연장지를 설치 · 조성 및 관리하는 자는 재해에 대비하여 시설물의 유지 · 관리 및 개 · 보수에 필요한 관리금을 적립하도록 의무화함.

(3) 적립한 관리금을 시설의 유지 · 관리 및 개 · 보수를 위한 재원으로 활용하여 자연재해로 인한 피해를 예방 및 복구할 수 있도록 함으로써 시설 이용자의 안정적인 시설 이용에 기여할 수 있을 것으로 기대됨.

사. 장사시설 등의 정비 · 개선명령 및 사용제한(법 제30조)

(1) 자연재해로 인한 시설물의 유실 · 훼손 및 보건위생상 위해의 발생으로 인하여 시설 이용자 또는 인근지역 주민들에게 피해를 입히는 경우가 발생할 수 있으므로 시설의 안전한 관리를 위한 대책을 마련할 필요가 있음.

(2) 시 · 도지사 또는 시장 · 군수 · 구청장은 풍수해 등의 재해로 인한 토사유출 · 지반붕괴 등으로 인근지역에 피해를 주거나 줄 우려가 있는 경우 또는 시설물의 유실 · 훼손 및 보건위생상 위해의 발생이 우려되는 경우 장사시설의 설치 · 조성자 또는 관리장에 대하여 그 시설의 정비 · 개선명령을 하거나 그 전부 또는 일부의 사용을 제한할 수 있도록 함.

(3) 자연재해 등 예측하기 어려운 위해의 발생에 신속하게 대응하도록 함으로써 위해의 발생을 사전에 차단하고 시설을 안전하게 이용할 수 있게 할 것으로 기대됨.

아. 법률의 한글화

법 문장 중 한자를 한글로 바꾸되, 한글만으로 이해가 어렵거나 혼동의 우려가 있는 경우에는 괄호 안에 한자를 병기(倂記)함.

자. 어려운 법령 용어의 순화(醇化)

법률의 내용을 바꾸지 않는 범위에서, "사태(死胎)"를 "죽은 태아"로 하는 등 법 문장에 쓰는 어려운 한자어와 용어, 일본식 표현 등을 알기 쉬운 우리말로 고침.

차. 정확하고 자연스러운 법 문장의 구성

(1) 주어와 서술어, 부사어와 서술어, 목적어와 서술어 등의 문장 성분끼리 호응(呼應)이 잘 되도록 법 문장을 구성함.

(2) 어순(語順)이 제대로 되어 있지 않아 이해가 어렵고 표현이 번잡한 문장은 어순을 올바르고 자연스럽게 배치함.

(3) 자연스럽지 않거나 일상생활에서 자주 쓰지 않는 표현은 문맥에 따라 알맞고 쉬운 표현으로 바꿈.

장사 등에 관한 법률

[시행 2008.5.26] [법률 제9030호, 2008.3.28, 일부개정]

【제 · 개정이유】 [일부개정]

◇ 개정이유 및 주요내용

이행강제금은 법령상의 의무를 이행하지 아니한 자에 대하여 그 의무이행을 담보하기 위하여 부과하는 행정상 강제집행의 일종으로서 과거의 의무위반에 대하여 가하여지는 행정질서벌인 과태료와는 성격을 달리하므로, 불복절차를 행정쟁송이 아닌 과태료 재판에 의하도록 하고 있는 규정을 삭제함으로써 그 불복에 관하여는 일반적인 행정쟁송 절차에 따르도록 하려는 것임.

장사 등에 관한 법률

[시행 2012.8.5] [법률 제11008호, 2011.8.4, 일부개정]

【제 · 개정이유】 [일부개정]

◇ 개정이유 및 주요내용

최근 노인인구가 증가하고 장례의식에 대한 관심도 높아짐에 따라 장례서비스의 중요성도 커지고 있으나, 현재 실질적으로 장례서비스를 담당하고 있는 장례지도사는 민간단체에서 장례 관련 자격검정을 운영하고 있어, 자격증남발 및 전문성 · 신뢰성 부족 등으로 양질의 장례서비스 제공에 장애요인이 되고 있음.

이에 따라, 장례지도사 국가자격 제도를 도입하여 장례지도사의 질적 수준을 담보하고 불공정한 불법행위를 사전에 차단함으로써 장례서비스의 질적 향상을 도모하려는 것임.

장사 등에 관한 법률

[시행 2012.8.2] [법률 제11253호, 2012.2.1, 일부개정]

【제 · 개정이유】 [일부개정]

◇ 개정이유 및 주요내용

자연장 활성화를 위하여 종중 · 문중자연장지 조성 허가제를 신고제로 전환하고, 화장시설 부족으로 인해 지역별 관내 · 관외 화장비용의 격차가 커서 관외 기초생활수급자 등이 화장시설을 이용하는 데 어려움이 있으므로 이들에 대하여 화장시설 사용료를 전액 면제하려는 것임.

장사 등에 관한 법률

[시행 2015.1.28.] [법률 제13108호, 2015.1.28., 일부개정]

【제 · 개정이유】 [일부개정]

◇ 개정이유

지방자치단체가 공동으로 장사시설을 설치·조성할 수 있는 조건을 완화하여 지방자치단체 간 장사시설의 공동 설치·조성이 활성화될 수 있도록 하고, 법인묘지·사설화장시설·사설봉안시설·사설자연장지 및 장례식장에서 이용자에게 시설물이나 장례용품의 구매 또는 사용을 강요하는 행위를 금지하며, 현재 자유업인 장례식장영업을 신고제로 전환하여 일정 시설·설비 및 안전기준을 갖추어 관할 시장등에게 신고하도록 하고, 장사시설의 예약·이용 및 관리업무를 전자적으로 처리할 수 있는 장사정보시스템 구축·운영과 장사업무를 지원하기 위한 장사지원센터의 설치·운영의 근거를 마련하며, 그 밖에 타인의 토지 등에 설치된 분묘의 처리방법과 장사시설의 폐지절차 등을 명확히 하는 등 현행제도의 운영상 나타난 일부 미비점을 개선·보완하려는 것임.

◇ 주요내용

가. 용어순화 차원에서 "시체"라는 용어를 "시신"으로 변경함(제2조제1호).

나. 지방자치단체 간에 공동 장사시설 설치·조성이나 공동 지역수급계획 수립을 활성화하기 위하여 그 제한조건인 "지역 특성에 비추어 필요하다고 인정되면" 및 "지역 특성에 비추어 부득이하다고 인정되면"이라는 문구를 삭제함(제5조제3항 및 제13조제2항).

다. 법인묘지·사설화장시설·사설봉안시설 또는 사설자연장지의 설치·조성 또는 관리자에 대해 가격표에 반환에 관한 사항을 표시하도록 함(제24조제2항).

라. 법인묘지·사설화장시설·사설봉안시설·사설자연장지 또는 장례식장에서 시설물이나 장례용품의 구매 또는 사용을 강요하는 행위를 금지시키고, 이의 위반행위에 대해 행정처분, 과징금 및 과태료를 부과할 수 있도록 하되, 이러한 구매·사용 강요행위가 「독점규제 및 공정거래에 관한 법률」에 따른 불공정거래행위에도 해당하여 처벌이 중복되는 문제를 해소하기 위하여 동일 위반행위에 대해 「독점규제 및 공정거래에 관한 법률」에 따라 과징금이나 벌칙을 부과받은 경우에는 이 법에 따른 과징금이나 과태료 부과를 제외시킴(제24조제3항제2호, 제29조제4항제2호, 제31조제4호의3, 제32조제1항제3호, 제35조제1항 단서 및 제42조제1항제8호의3·제12호의3).

마. 사설묘지·사설봉안시설 또는 사설자연장지 중 대통령령으로 정하는 시설의 설치·조성·관리자가 적립하여야 하는 시설물 관리금을 용도 외로 사용하지 못하도록 규정하면서 현재 시행규칙에 규정된 관리금의 구체적 용도를 법률로 상향하여 규정함(제25조제2항 및 제31조제5호).

바. 장사시설을 폐지하려는 자는 연고자 등에게 폐지사실을 통지 또는 공고를 하도록 하고,

보건복지부령으로 정하는 바에 따라 시신·유골 등의 사후처리와 사용료·관리비 정산 등의 조치를 하도록 규정함(제26조제2항부터 제4항까지).

사. 타인의 토지 등에 설치된 분묘를 토지의 소유자 등이 개장하려 할 때 그 분묘의 연고자 등에게 통지 또는 공고하였으나 공고 후에도 그 분묘의 연고자를 알 수 없는 경우에는 화장한 후에 유골을 일정기간 봉안하였다가 처리방법에 따라 처리하도록 함(제27조제2항).

아. 장례식장을 설치·운영하려는 자는 대통령령으로 정하는 시설·설비 및 안전기준을 갖추어 관할 시장 등에게 신고하도록 함(제29제1항, 제32조제1항제1호, 제39조제2호의2 및 제42조제1항제10호의2).

자. 장례식장영업자는 가격표를 장사정보시스템에 등록하도록 하고, 장례식장영업자 및 그 종사자 등에 대해 장례 관련 교육을 받도록 함(제29조제3항·제6항, 제32조제1항제2호·제4호, 제42조제1항제12호·제12호의5).

차. 「민법」의 개정으로 금치산·한정치산 제도가 폐지되고 성년후견제도가 도입됨에 따라 장례지도사의 결격사유 중 금치산자와 한정치산자를 피성년후견인으로 개정하되, 개정 「민법」의 부칙에 따라 금치산 또는 한정치산 선고의 효력이 유지되는 사람에 대하여는 종전의 규정에 따르도록 경과조치 규정을 둠(제29조의4제1호 및 부칙 제6조).

카. 보건복지부장관은 장사 등에 관한 정책 및 정보의 제공, 장사시설의 예약·이용·관리 업무 등을 전자적으로 처리할 수 있는 장사정보시스템을 구축·운영할 수 있도록 하고, 장사시설을 설치·운영하는 자는 장례의식·매장·화장·봉안 등을 행하는 경우에 사망자정보를 장사정보시스템에 등록하도록 함(제33조의2 및 제33조의3 신설).

타. 보건복지부장관은 장사 등에 관한 업무를 수행하기 위하여 장사지원센터를 설치·운영할 수 있도록 함(제33조의4 신설).

파. 양벌규정에 책임주의를 반영하여 영업주가 종업원 등에 대한 관리·감독상의 주의의무를 다한 경우에는 양벌규정에 따른 처벌을 면할 수 있도록 함(제41조).

하. 과태료와 과징금의 중복부과를 해소하기 위해 과징금(과징금으로 갈음할 수 있는 업무정지 또는 영업정지를 포함)을 부과받은 자의 경우에는 과태료 부과를 제외시킴(제42조제1항 단서 신설).

Ⅲ. 법률의 명칭 및 구성

제1장 법률의 명칭

장사 등에 관한 법률(葬事 등에 관한 法律) [시행 2015.1.28.] [법률 제13108호, 2015.1.28., 일부개정]

〈해 설〉

1. 법률명칭 개칭

○ 「묘지, 화장장, 매장 및 화장취체규칙」(1912.6) 조선총독부령

○ 「매장 등 및 묘지 등에 관한 법률」(1961.12.5) → 「매장 및 묘지 등에 관한 법률」(1968.12.31) → 「장사 등에 관한 법률」(2000.1.12)

※ 영문 법률명: ACT ON FUNERAL SERVICES, ETC. 「장사 등에 관한 법률」)

※ 최초 「매장 등 및 묘지 등에 관한 법률」을 제정 시 일본법령 명칭(「묘지, 매장 등에 관한 법률(墓地·埋葬等に関する法律)」「BURIAL AND GRAVEYARD, ETC. ACT」)을 참고하여 법률명을 정하였음.

○ 현행 「장사 등에 관한법률」을 명칭을 개정할 당시, 국회 의원입법으로 「장묘법」발의되었고 정부안은 「매장 및 묘지 등에 관한 법률」로 제시되었으나 최종적으로 「장사 등에 관한 법률」을 정하였음.

○ 또한, 「가정 의례에 관한 법률」(1999.2)이 폐지되면서 「매장 및 묘지 등에 관한 법률」과 병합되어 다른 새로운 명칭을 검토하였으나 최종적으로 「장사 등에 관한 법률」로 정하고 "장례식장영업" 규정만 포함되었음.

– "장묘" 용어는 사전적 용어로 부적합하고, 「매장 및 묘지 등에 관한 법률」은 명칭이 묘지나 매장위주로 인식될 소지가 있어 "장사" 용어가 행정용어로 적합함.

※ 장사(葬事): 시신을 매장하거나 화장, 자연장하는 일련의 과정을 말함.

※ 장묘(葬墓): 최근 사용되고 있으나 조어(매장 및 묘지등에 관한 법률)이며, 사전적 용어가 아니므로 법률명으로 도입은 부적절함

※ 장례(葬禮): 상례의 일부분으로서 의례를 갖추어 시신을 매장하거나 화장, 자연장하는 일련의 과정을 말함.

※ 상례(喪禮): 임종에서 탈상까지의 의식절차를 말함(건전가정의례준칙, 제2조제3호)

– 상조업(相助業)[3] 는 미리 매월 할부금을 선납받고 관혼상제 발생시 약정된 서비스를 제공하는 사업을 말하며, 공정거래위원회 소관 법령인 「할부거래법」등에서 규정하고 있는 사항으로 「장사 등에 관한 법률」에서는 규정하고 있지 않음.

---

3) 제192차 국정현안정책조정회의 결과('07.10.11), 「상조업 관련 소비자 피해 예방대책(상조회 관리 및 소비자 피해 예방대책 마련을 위한 주관부처 선정 등 논의)」안건 논의결과, 상조업 관련 문제는 소비자 보호 및 피해구제가 핵심인 만큼 공정위에서 원안대로 할부거래법 개정 및 상조업 소비자 보호방안을 마련하고, 상조회 설립 등 진입은 자유롭게 하되, 사후적으로 부작용을 보완하는 것이 전반적인 경제운영방향과 부합함.

제2장 법률의 구성

「장사 등에 관한 법률」은 본문 7장 43조, 부칙으로 이루어졌고, 세부적으로는 다음과 같이 구성되어 있음.

○ 제1장 총칙(제1조~제5조)
- 목적, 정의, 국가가 설치·운영하는 장사시설에 관한 적용배제, 국가와 지방자치단체의 책무, 묘지 등의 수급계획 수립

○ 제2장 매장·화장·개장 및 자연장의 방법 등(제6조·제12조)
- 매장 및 화장의 시기, 매장 및 화장의 장소, 매장·화장 및 개장의 신고, 매장·화장 및 개장의 방법등, 자연장의 방법, 묘지의 일제조사, 무연고 시신 등의 처리

○ 제3장 묘지·화장시설·봉안시설·자연장지(제13조·제26조)
- 공설묘지 등의 설치, 사설묘지의 설치 등, 사설화장시설 등의 설치, 자연장지의 조성 등, 묘지 등의 설치제한, 분묘 등의 점유면적 등, 분묘의 설치기간, 설치기간이 종료된 분묘의 처리, 묘지의 사전매매 등의 금지, 묘적부의 기록·관리, 공설묘지 등의 사용료·관리비의 부과, 공설화장시설의 사용료에 대한 특례, 법인묘지 등의 사용료·관리비의 신고, 사설묘지 등에 대한 관리금의 적립, 장사시설의 폐지 등

○ 제4장 무연분묘의 처리 등(제27조·제28조)
- 타인의 토지 등에 설치된 분묘등의 처리 등, 무연분묘의 처리

○ 제5장 장례식장영업(제29조·제29조의6)
- 장례식장 영업, 장례식장영업의 신고 등, 장례지도사, 장례지도사 교육기관의 설치, 장례지도사의 결격사유, 장례지도사의 자격취소 등, 청문

○ 제6장 장사시설정비·제한명령 및 시정명령 등(제30조·제38조)
- 장사시설 등의 정비 및 제한명령, 사설묘지 설치자 등에 대한 처분, 장례식장영업자에 대한 시정명령 등, 청문, 장사정보시스템의 구축·운영 등, 사망자 정보의 수집과 제공, 장사지원센터의 설치 등, 역사적 보존가치가 있는 묘지등에 관한 특례, 과징금 처분, 비용의 보조, 검사 및 보고, 권한의 위임 및 위탁

○ 제7장 벌칙(제39조·제43조)
- 벌칙, 양벌규정, 과태료, 이행강제금

○ 부 칙
- 시행일, 경과조치 등

Ⅳ. 조문별 해설

제1장 총칙

제1조(목적) 이 법은 장사(葬事)의 방법과 장사시설의 설치·조성 및 관리 등에 관한 사항을 정하여 보건위생상의 위해(危害)를 방지하고, 국토의 효율적 이용과 공공복리 증진에 이바지하는 것을 목적으로 한다.

〈해 설〉

○ 법 제1조의 목적규정은 그 법령의 입법목적 및 취지를 간결하고 명확하게 요약한 문장으로서, 그 법령이 실현·달성하려는 목적 등을 규정하여 일반국민이 입법목적·취지를 쉽게 이해할 수 있도록 하기 위한 것임. 또한 법령의 개별 조문에 대한 해석을 할 때에는 그 법령의 해석지침[4]을 제시하는 역할을 함.

- 본 법은 매장·화장 및 개장, 자연장과 묘지, 화장시설, 봉안시설, 자연장지, 장례식장의 설치·조성 및 관리에 대하여 첫째, 보건위생상 위해방지, 둘째, 국토의 효율적 이용, 셋째, 공공복지 증진을 목적으로 규정한 사항임.

※ 일본의 「묘지, 매장 등에 관한 법률」 제1조의 목적은 국민의 종교적 감정에 적합하고, 공중위생 방지, 공공복지 증진을 목적으로 하고 있음.

【관계법령】

○ 일본법령: (「묘지, 매장 등에 관한 법률(墓地·埋葬等に関する法律)」)

제1조(목적) 이 법률은 묘지, 납골당 또는 화장장의 관리 및 매장 등이 국민의 종교적 감정에 적합하고, 또한 공중위생 그 외의 공중복지 견지에서 지장 없이 행하여지는 것을 목적으로 한다.

○ "장사의 방법"이란 매장, 화장, 봉안, 개장, 자연장을 말함.

- 장사의 방법이외에 빙장(氷葬: Freeze Dried Burial Method)은 시신을 액화질소에 넣고 급속냉동한 후 분쇄·건조·매장의 과정을 거치는 방법으로 보건위생상의 위해

4) 판례는 "법률 해석방법의 원칙은 예측가능성 및 자의적 법집행 배제가 확보되는지 여부에 따라 이를 판단할 수 있는데, 법규범의 의미내용은 그 문언뿐만 아니라 입법목적이나 입법취지, 입법연혁, 그리고 법규범의 체계적 구조 등을 종합적으로 고려하는 해석방법에 의하여 구체화하게 되므로, 결국 법규범이 명확성원칙에 위반되는지 여부는 위와 같은 해석방법에 의하여 그 의미내용을 합리적으로 파악할 수 있는 해석기준을 얻을 수 있는지 여부에 달려있다."라고 하였고(헌법재판소 2005. 6. 30. 2002헌바83), "예측가능성 유무는 당해 위임조항 하나만을 가지고 판단할 것이 아니라 그 위임조항이 속한 법률이나 상위명령의 전반적인 체계와 취지·목적, 당해 위임조항의 규정형식과 내용 및 관련 법규를 유기적·체계적으로 종합 판단하여야 하고, 나아가 각 규제 대상의 성질에 따라 구체적·개별적으로 검토함을 요한다."라고 하여(대법원 2006. 2. 24 선고 2005두2322 판결, 대법원 2004. 7. 22. 선고 2003두7606 판결 등), 문리해석에 그치지 않고 합목적적으로 검토하여야 한다고 하였음.

를 방지하고 공공복리 증진 등을 위하여 빙장을 실시하는 경우에도 「장사 등에 관한 법률」에 법적 근거가 있어야 할 것임.

- 또한, 일부 서해안지역에서 시행되고 있는 초장(또는 "초분")은 시신을 바로 땅에 묻지 않고 돌이나 통나무 위에 관을 얹어놓고 탈육(脫肉) 될 때까지 이엉(초가집의 지붕이나 담을 이기 위하여 짚이나 새 따위로 엮은 물건) 등으로 덮은 초가형태의 임시무덤을 말하며 2~3년 후에 다시 해체하여 씻골(시신의 뼈를 드러내어 깨끗이 다룸)한 다음에 최종으로 땅에 묻는 본장을 함. 이 때문에 2차장 또는 복장이라고 하지만 현행 제도하에서는 불법적인 장사방법이라고 할 수 있음.

【유권해석】

○ 「장사 등에 관한 법률」에서 정하고 있지 아니한 새로운 장사 방법인 빙장(氷葬)을 법적 근거 없이 실시할 수 있는지 여부[법제처 09-0274, 2009.9.4, 보건복지가족부]

【질의요지】

「장사 등에 관한 법률」에서 정하고 있지 아니한 새로운 장사 방법인 빙장(氷葬)을 법적 근거 없이 실시할 수 있는지?

【회 답】

「장사 등에 관한 법률」에서 정하고 있지 아니한 새로운 장사 방법인 빙장을 법적 근거 없이 실시할 수 없습니다.

- 통상적인 장사방법은 아니지만 항해 중 선박에 있는 사람이 사망한 경우에는 수장(水葬)할 수 있도록 선원법에 규정하고 있음.

【관계법령】

「선원법」

제17조(수장) 선장은 항해 중 선박에 있는 사람이 사망한 경우에는 해양수산부령으로 정하는 바에 따라 수장(水葬)할 수 있다.

「선원법 시행규칙」

제11조(수장) ① 법 제17조의 규정에 의하여 선장은 다음 각호의 요건을 갖춘 경우에 한하여 시체를 수장할 수 있다.

1. 선박이 공해상에 있을 것
2. 사망후 24시간이 경과할 것. 다만, 전염병으로 사망한 경우에는 그러하지 아니하다.
3. 위생상 시체를 선내에 보존할 수 없거나 선박에 시체를 싣고 입항함을 금지하는 항에 입항할 예정일 것
4. 의사가 승선한 선박에 있어서는 그 의사가 사망진단서를 작성한 후 일 것
5. 전염병으로 인하여 사망한 때에는 의사 또는 의료관리자가 적절한 소독을 실시한 후 일 것

② 선장은 수장을 할 때에는 상당한 의식을 갖추되 시체가 떠오르지 아니하도록 필요한 조치를 하여야 한다.

③ 선장은 수장을 하는 경우 사망한 사람의 유발(遺髮) 및 그 밖의 유품을 보관하여야 한다.

○ "장사시설(葬事施設, Funeral service establishment)"이란 묘지·화장시설·봉안시설·자연장지 및 장례식장을 말하며, 장사시설을 운영하는 데 있어서 공익성, 영속성, 비영리성이 확보되어야 함.

- 대부분의 외국에서는 묘지·화장시설·봉안시설·자연장지 및 장례식장이 한 장소에

함께 설치·운영되고 있으나, 우리나라의 경우는 묘지·화장시설·봉안시설·자연장지는 한 장소에 함께 설치·운영되고 있는 곳도 일부 있고, 대부분 장사시설별 각각 개별적으로 독립적으로 설치되거나 개별적인 몇 개의 장사시설이 함께 설치되어 있는 곳 등 다양하게 설치·운영되고 있음. 그러나 우리나라의 경우, 장례식장은 의료기관 부속시설과 의료기관 부속시설이 아닌 독립적인 장례식장으로 설치·운영되고 있음.

※ 대부분의 외국의 경우, 장례식장은 화장시설이나 묘지, 봉안시설 등과 한 곳에 설치되어 있지만 우리나라는 대부분 의료기관의 부속시설로서 의료기관과 함께 설치되어 있음. 외국의 경우, 의료기관내에 장례식장이 존재하는 것은 환자의 권리를 침해하는 것으로 생각하고 있어 의료기관과 장례식장은 각각 분리하여 독립적으로 설치하고 있음.

○ 현행 「장사 등에 관한 법률」에서 규정하고 있는 장사의 방법과 장사시설의 설치·조성 및 관리 등에 관하여 첫째, 보건위생상의 위해(危害)를 방지하고 둘째, 국토의 효율적 이용 셋째, 공공복리 증진에 이바지하는 것을 목적으로 하고 있음.

– 사람의 시신이나 유골을 처리함에 있어 장사방법이나 장사시설 설치·조성 및 관리에 관하여 우선적으로 보건위생 위해방지 및 공공복리 증진 차원에서 접근하는 것이 원칙이므로 소관부처는 보건복지부가 담당하는 것이 타당함. 그러나 「장사 등에 관한 법률」 제4조제1항에 따라 국가와 지방자치단체는 묘지 증가에 따른 국토 훼손을 방지하기 위하여 화장·봉안 및 자연장의 장려를 위한 시책을 강구·시행하여야 한다고 규정하고 있는 바, 국토의 효율적 이용 및 장사시설 설치와 관련하여서는 「국토의 계획 및 이용에 관한 법률」 및 「건축법」 등의 업무를 담당하는 국토교통부 등 관계부처와의 긴밀한 협조체계가 필요함.

※ 일본에서는 우리나라와 마찬가지로 보건복지를 담당하는 후생노동성, 스웨덴은 문화부, 영국·프랑스·독일은 내무성이 주관부처임. 미국의 경우는 연방정부에 주관부처가 없으며 법령체계에 따라 소관부처별(연방거래위원회, 직업보건안전청, 환경보호청 등)로 장사관련 행정의 일부분을 담당하고 있음.

○ "보건위생상의 위해방지" 관련 규정은 장사시설 설치제한장소, 매장깊이, 묘지설치 거리제한, 시신의 관리·보관 등이 있음.

– 우리나라에서 장사제도는 매장, 개장, 화장, 시신처리 등 장사방법에 있어서 발생할 수 있는 보건위생적 위해 요인을 사전에 예방함으로써 궁극적으로 국민건강 확보 및 삶의 질 향상에 그 목적을 두어야 함. 보건위생적 문제는 장사의 전 과정에 적용되며, 특히 시신처리시 질병의 확산방지, 장사시설의 설치 및 관리에 있어서 오염물질 배출 방지, 특히 매장에 있어서 시신부패로 인한 악취 및 질병 확산방지 등에서 강조되어야 함[5].

5) 도시가 점차 증대하고, 사망자가 늘어남에 따라 묘지문제가 중요한 사회적 관심사가 되었음. 묘지에서의 토장은 토양 및 지하수를 오염시키고, 위생상의 문제를 야기하고 있었기 때문임. 화장에 대해서도, 기원전 450년에 로마의 화장장은 그 악취 때문에 시외에 두어야 하며, 시내의 토장도 금지되었음. 또한 화장장은 시가지에서 1,000보 떨어져야 한다는 것이 규정되었음. 이미 로마시대부터 묘지 및 화장장이 위생 및 사회 정책적 견지에서 고려되고 있었다는 것을 알 수 있음. 또한 14세기 이후 18세기까지 계속된 페스트병의 유행은 도시에 있어서 한꺼번에 대량의 사망자(1593년 런던에 11,000명 사망)가 나와 묘지를 따로 만들어서 큰 구멍을 파고, 이곳에 관 없이 시신을 매장한 것임. 이것은 당연히 위생상의 문제를 야기하여 근세가 되어서 18세기 후반부터는 도시 성벽내의 매장을 금지하였음(佐藤 昌, 1988).

【관계규정】

「장사 등에 관한 법률」 보건위생관련 조문 규정

제7조(매장 및 화장의 장소)② 누구든지 화장시설 외의 시설 또는 장소에서 화장을 하여서는 아니 된다. 다만, 대통령령으로 정하는 경우로서 보건위생상의 위해가 없는 경우에는 그러하지 아니하다

제9조(매장·화장 및 개장의 방법 등)① 매장하려는 자가 시신에 대하여 약품처리를 하려면 보건복지부령으로 정하는 기준에 따라 위생적으로 처리하여야 한다.

② 매장·화장 및 개장을 하려는 자는 공중위생에 해를 끼치지 아니하도록 하여야 하며, 매장 깊이와 시신이나 유골의 소각 정도 및 종전 분묘의 처리 등 그 구체적인 방법 및 기준에 관하여 필요한 사항은 대통령령으로 정한다.

제29조(장례식장영업)② 장례식장영업자는 장례식장 안에 시체를 보관하는 때에는 보건복지부령으로 정하는 바에 따라 시체를 위생적으로 관리하여야 한다.

제29조의2(장례지도사)① 시·도지사는 시신의 위생적 관리와 장사업무에 관한 전문지식과 기술을 가진 사람에게 장례지도사 자격을 부여할 수 있다. 〈개정 2015.1.28.〉

제30조(장사시설 등의 정비 및 제한명령) 시·도지사 또는 시장·군수·구청장은 다음 각 호의 어느 하나에 해당하는 장사시설의 설치·조성자 또는 관리자에 대하여 그 시설의 안전관리를 위한 정비·개선명령을 하거나 그 전부 또는 일부의 사용을 제한할 수 있다.

1. 감염병의 전파 등으로 인하여 보건위생상 위해를 주거나 줄 우려가 있는 때

○ "국토의 효율적 이용"이란 매장억제 및 화장정책, 자연장 장려, 묘지면적 제한, 묘지설치기간 제한 등을 의미함. "국토의 효율적 이용"사항은 1981년에 개정되어 추가 포함되었음.

- 국토의 효율적 이용 차원에서 장사제도를 살펴보면, 최근 각종 개발정책에 의해 활용할 국토의 면적이 크게 부족한 실정임. 특히, 누적적으로 증가하고 있는 묘지는 국토의 잠재적 이용가치를 저해하는 주요한 원인이 되고 있음. 토지는 한번 개발하면 생산성이 반복될 수 없고 그 복구가 어려운 공공재라는 특성을 가지고 있음. 이러한 요인들로 인하여 장사행정에서 국토공간의 효율적 이용이 강조되고 있음. 장사행정에 있어서 국토공간 효율화 측면에서의 접근은 우리나라와 같이 국토가 좁은 국가에서 특히 강조되어야 할 것임.

○ "공공복지 증진"이란 지자체의 묘지·화장시설·봉안시설·자연장지 설치의무, 묘지 등 중장기 수급계획, 기초수급자 사용료 면제 등을 의미함.

- 장사제도의 공공 복리적 접근은 인간이 태어나서 죽을 때까지 생에 있어서 필요 최소한의 사회보장을 국가가 책임져야한다는 복지국가의 이념적 측면에서 장사행정은 복지행정의 최종적인 과정으로서 중요함[6]. 장사서비스의 공급은 공익적 차원에서 국가나 지방자치단체가 제공하고 특히, 저소득층 등 취약계층의 이용의 선택권을 보장하여 궁극적으로 사회복지를 기할 수 있을 것임.
- 장사시설은 지역주민을 위한 필수적인 복지시설이라 할 수 있음. 해당 관할 구역내에 지역주민은 요람에서 무덤까지 모든 복지시설을 갖추고 삶의 생활을 영위하여야 하므로 '무덤'의 공간인 장사시설도 그 지역내에 공존하여야 함.

6) 1942년 11월 영국의 사회보험과 관련한 서비스에 관한 위원회(Interdepartmental Committee on Social Insurance & Allied Services)가 작성하여 오늘 날 복지국가의 모델이 되고 있는 비버리지보고서(Beveridge Report)에서 골격을 이루고 있는 "요람에서 무덤까지"는 장사가 무덤까지에 해당하는 최종적인 복지라고 할 수 있음.

【관계법령】

「헌법」

제10조 모든 국민은 인간으로서의 존엄과 가치를 가지며, 행복을 추구할 권리를 가진다. 국가는 개인이 가지는 불가침의 기본적 인권을 확인하고 이를 보장할 의무를 진다.

제20조 ① 모든 국민은 종교의 자유를 가진다.

제23조 ① 모든 국민의 재산권은 보장된다. 그 내용과 한계는 법률로 정한다.
② 재산권의 행사는 공공복리에 적합하도록 하여야 한다.
③ 공공필요에 의한 재산권의 수용·사용 또는 제한 및 그에 대한 보상은 법률로써 하되, 정당한 보상을 지급하여야 한다.

제35조 ① 모든 국민은 건강하고 쾌적한 환경에서 생활할 권리를 가지며, 국가와 국민은 환경보전을 위하여 노력하여야 한다.
② 환경권의 내용과 행사에 관하여는 법률로 정한다.
③ 국가는 주택개발정책등을 통하여 모든 국민이 쾌적한 주거생활을 할 수 있도록 노력하여야 한다.

제37조 ② 국민의 모든 자유와 권리는 국가안전보장·질서유지 또는 공공복리를 위하여 필요한 경우에 한하여 법률로써 제한할 수 있으며, 제한하는 경우에도 자유와 권리의 본질적인 내용을 침해할 수 없다

「국토기본법」

제1조(목적) 이 법은 국토에 관한 계획 및 정책의 수립·시행에 관한 기본적인 사항을 정함으로써 건전한 발전과 국민의 복리향상에 이바지함을 목적으로 한다.

제2조(국토관리의 기본 이념) 국토는 모든 국민의 삶의 터전이며 후세에 물려줄 민족의 자산이므로, 국토에 관한 계획 및 정책은 개발과 환경의 조화를 바탕으로 국토를 균형 있게 발전시키고 국가의 경쟁력을 높이며 국민의 삶의 질을 개선함으로써 국토의 지속가능한 발전을 도모할 수 있도록 수립·집행하여야 한다.

「형법」

제12장 신앙에 관한 죄

제158조(장례식등의 방해) 장례식, 제사, 예배 또는 설교를 방해한 자는 3년 이하의 징역 또는 500만원 이하의 벌금에 처한다.

제159조(사체 등의 오욕) 사체, 유골 또는 유발을 오욕한 자는 2년 이하의 징역 또는 500만원 이하의 벌금에 처한다.

제160조(분묘의 발굴) 분묘를 발굴한 자는 5년 이하의 징역에 처한다.

제161조(사체 등의 영득)① 사체, 유골, 유발 또는 관내에 장치한 물건을 손괴, 유기, 은닉 또는 영득한 자는 7년 이하의 징역에 처한다.
② 분묘를 발굴하여 전항의 죄를 범한 자는 10년 이하의 징역에 처한다.

제162조(미수범) 전2조의 미수범은 처벌한다.

제163조(변사체검시방해) 변사자의 사체 또는 변사의 의심있는 사체를 은닉 또는 변경하거나 기타 방법으로 검시를 방해한 자는 700만원 이하의 벌금에 처한다.

제2조(정의) 이 법에서 사용하는 용어의 뜻은 다음과 같다. 〈개정 2015.1.28.〉
1. "매장"이란 시신(임신 4개월 이후에 죽은 태아를 포함한다. 이하 같다)이나 유골을 땅에 묻어 장사(葬事)하는 것을 말한다.
2. "화장"이란 시신이나 유골을 불에 태워 장사하는 것을 말한다.

〈해 설〉

○ "매장(埋葬, Burial)"이란 시신이나 유골을 땅에 묻는 장사방법을 말하며, 매장하는 시설[7]을 분묘라고 하며, 분묘를 설치하는 구역은 묘지라고 함. 또한 "안치(安置)"란 봉안시설에 유골을 수용(收容)하는 것을 말하며, 매장과 안치는 같은 의미가 아님.
- 또한 "안장(安葬)"은 「국립묘지의 설치 및 운영에 관한 법률」에서 규정한 용어로서 매장, 안치, 자연장 및 위패봉안을 포괄하여 사용되는 것으로 본 법률에서는 사용하고 있지 않은 용어임.

【관계법령】

「국립묘지의 설치 및 운영에 관한 법률」

제2조(정의) 이 법에서 사용하는 용어의 뜻은 다음과 같다.
1. "유골(遺骨)"이란 시신[수장(水葬)된 사람과 그 밖에 시신(屍身)을 찾을 수 없는 사람의 신체 일부분을 포함한다. 이하 같다]을 화장하여 분말(사리를 포함한다)로 처리한 형태를 말한다.
2. "매장(埋葬)"이란 유골이나 시신을 묘역에 묻는 것을 말한다.
3. "안치(安置)"란 유골을 「건축법」 제2조제1항제2호에 따른 건축물이나 담·탑·조형물 등의 형태로 된 야외시설(이하 "봉안시설"이라 한다)에 수용(收容)하는 것을 말한다.
5. "안장"이란 매장, 안치, 자연장 및 위패봉안을 말한다.

○ 시신[8] 중 "임신 4개월 이후"에 죽은 태아를 포함한 근거는 「시체 해부 및 보존에 관한 법률」제1조에 "시체(임신 4개월 이후에 죽은 태아를 포함한다)"를 규정함에 따라 이를 인용함.

(참 고) "임신 4개월" 정의

○ 산부인과 의학계산법에 따른 것으로 1개월을 28일(4주)로 계산하여 4주(28일)×3월+1일 = 12주1일(85일) 즉, 임신한 날로부터 85일 미만의 죽은태아(사태)는 시신이라고 할 수 없음

7) 고고학의 연구결과에 의하면, 신석기시대의 것을 포함하여 우리나라에서 발견되고 있는 무덤을 매장시설과 형태의 위치에 따라 지상과 지하로 구분하면 다음과 같음. 땅속 처리방법(토장묘, 석관묘, 석상분, 옹관묘), 땅위 처리방법(동굴묘, 적석총, 지상 지석묘), 통합처리방법(석곽묘, 지하 지석묘, 토광목곽묘, 봉분묘)(장철수, 1995)

8) 인간의 영혼을 서로 다른 두 요소, 즉 혼(魂)과 백(魄)으로 구분하고 있음. 그리고 이것들이 조화된 상태에서 육체에 생명력을 넣어 주고 유지시킬 때 인간이 살아 있는 것이고, 혼·백·육체의 세 요소가 분리되면 죽는다는 것임. 인간이 살아 있을 때 혼과 백은 다른 기능을 하며 혼은 행동을 지시하는 힘에 해당하는 것으로 정신적인 경험과 지적인 활력이 있는 것에 비해 백은 몸통과 사지를 움직이게 하는 것으로 육체의 각 부분에 힘과 운동을 불어 넣는다고 함(마이클 로이, 1987).

○ 종전 사용하는 "시체"라는 용어를 "시신"이라는 용어로 변경하여 시신에 대한 존중을 높이고 거부감을 줄이려는 것임. 국어사전의 뜻풀이를 보면, "시신"은 죽은 사람의 몸을 점잖게 이르는 말이라 되어 있어 존중의 표현이 담겨 있음.

※ "시신" 용어가 규정된 입법례를 살펴보면, 「국립묘지의 설치 및 운영에 관한 법률」, 「군에서의 형의 집행 및 군수용자의 처우에 관한 법률」, 「독도의 지속가능한 이용에 관한 법률」, 「산업재해보상보험법」, 「원양산업발전법」, 「형의집행 및 수용자의 처우에 관한 법률」등이 있음.

– 참고로, 「의료법」, 「검역법」, 「감염병의 예방 및 관리에 관한 법률」, 「시체 해부 및 보존에 관한 법률」, 「시체 해부 및 보존에 관한 법률」등에서는 "시체"용어를 사용하고 있고, 「결핵예방법」, 「국민기초생활보장법」, 「식품위생법」 등에서는 "사체" 용어를 사용하고 있음.

○ "유골(屍體, Human remains)"이란 화장한 유골[9]과 개장한 유골(묘지속에서 나온 뼈, 화장하지 아니한 유골) 등을 말하며 화장한 유골만이 유골을 의미하는 것은 아님.

– 일부 지자체에서는 보건위생적 측면에서 공설 봉안시설에 "화장한 유골"에 한하여 안치가 가능하도록 운영규정하고 있으나 법적으로는 화장한 유골뿐만 아니라 화장하지 아니한 유골도 봉안시설에 안치가 가능하기 때문에 해당 지자체에서는 봉안시설 안치관련 운영규정을 개정할 필요가 있음.

○ 화장(火葬, Cremation)의 대상

– 「장사 등에 관한 법률」에서 정한 화장의 대상은 사람(시신, 죽은 태아, 개장유골)에 한하여 화장할 수 있으며, 개 · 고양이 · 토끼 등 동물 사체는 「동물보호법」에 따라 화장을 하게 됨.

9) 일본의 화장한 유골(수골)은 지역에 따라 관행의 차이가 있으며 대체로 능등(能登) 반도와 지다(知多) 반도를 잇는 선을 경계로 하여 동일본에서는 전부 수골이라 하여 대부분의 소골(燒骨)을 큰 골호(유골용기)에 넣는다. 그렇기 때문에 화장장의 잔골회 발생량은 단기적으로 보면 매우 적음. 한편 관서를 중심으로 하는 서일본에서는 일부 수골이라하여 제2경추와 수족 등의 일부 뼈만을 작은 골호에 담기 때문에 화장장에는 단기간에도 대량의 잔골회가 남게 됨.

○ 현행 법률에서는 매장 또는 화장의 선택[10)]은 국민의 자유권으로 보장하고 있으며, 어떤 장사방법이 옳고 그르다는 어떠한 규정은 없는 상태로 법률에서 정한 매장과 관련된 규정을 준수하고 행해진다면 법적으로 문제가 될 사항은 아님.

– 다만, 매장으로 인한 묘지증가가 제한된 우리나라 좁은 국토를 감안해 볼 때, 토지의 비효율적 이용 및 환경훼손 등 부작용이 발생하므로 매장을 억제하고 화장을 선택하는 것이 보건위생적, 국토의 효율적 이용, 비용부담을 덜게 하는 등의 이유로 화장을 장려하는 것임.

【관계법령】

「동물보호법」

제32조(영업의 종류 및 시설기준 등) ① 농림축산식품부령으로 정하는 개·고양이·토끼 등 동물과 관련된 다음 각 호의 영업을 하려는 자는 농림축산식품부령으로 정하는 기준에 맞는 시설과 인력을 갖추어야 한다.

1. 동물장묘업(動物葬墓業)

② 제1항 각 호에 따른 영업의 세부 범위는 농림축산식품부령으로 정한다.

「동물보호법 시행규칙」

제36조(영업의 세부범위) 법 제32조제2항에 따른 동물 관련 영업의 세부범위는 다음 각 호와 같다.

1. 동물장묘업: 다음 각 목 중 어느 하나 이상의 시설을 설치·운영하는 영업

가. 동물 전용의 장례식장

나. 동물의 사체 또는 유골을 불에 태우는 방법으로 처리하는 시설[이하 "동물화장(火葬)시설"이라 한다] 또는 건조·멸균분쇄의 방법으로 처리하는 시설[이하 "동물건조장(乾燥葬)시설"이라 한다]

다. 동물 전용의 납골시설

10) 사람이 죽으면 어떻게 되는가? 이 물음에 대한 답변이 사생관(死生觀)이다. 사생관은 문화권에 따라 각기 다르다. 우리 선조들은 사람이 죽으면 혼(魂)과 백(魄)으로 분리된다고 생각하였다. 부정모혈(父精母血)이 만나는 시점, 즉 어머니 뱃속으로 입태(入胎)가 될 때 백(魄)이 들어온다고 여겼다. 태몽 꿈을 주로 이때 꾼다. 혼(魂)은 출태(出胎)가 되는 시점, 즉 탯줄을 자르는 그 순간에 들어온다. 살아 있는 동안에는 혼과 백이 뭉쳐서 있다가, 죽기 며칠 전에 혼이 먼저 빠져 나간다. 옛날 어른들은 이를 '혼불'이 나간다고 표현하였다. 남자 혼불은 올챙이처럼 꼬리가 있고, 여자 혼불은 남자 혼불에 비해 작으면서 꼬리가 없다고 한다. 그렇다면 백은 어떻게 되는가. 이 백은 나가지 않고 사람의 뼈에 남아 있다고 보았다. 그래서 우리나라 사람들은 '뼈대'를 중시하였다. 이 뼈를 명당에 묻으면 망자(亡者)의 백도 즐거워하고, 그 후손에게도 여러 가지로 이롭다고 본 것이 풍수사상이다. 풍수는 매장을 전제로 한다. 좋은 장소에 매장을 하면 대개 열흘 이내에 후손들이 길몽을 꾼다. 반대로 물이 나거나 좋지 않은 곳에 매장을 하면 안 좋은 꿈이 있다. 이 꿈은 백(魄)의 작용이다. 뼈에 남아 있는 백(魄)이 조상과 후손을 연결하는 매개 역할을 한다고 여겼다. 뼈는 망자와 후손을 연결해주는 휴대폰과 같다고나 할까. 그렇다면 화장(火葬)을 하면 어떻게 되는가? 화장은 뼈를 불에 태우는 방법이다. 뼈를 불에 태우면 뼈에 붙어 있는 망자의 백도 같이 사라진다고 여겼다. 뼈를 불에 태우면 망자와 후손을 연결하는 휴대폰도 같이 사라지는 셈이다. 연락두절이 된다는 말이다. 골치 아픈 전화는 받지 않는 게 상책이다. 따라서 화장을 하면 무해무득(無害無得)이다. 해도 없고, 득도 없다. 매장을 해서 명당에 모시면 좋지만, 좋지 않은 곳에 유해를 모실 경우에는 오히려 해가 더 많다. 물이 나오는 곳에 유해를 매장하면 그 후유증이 만만치 않다. 요즘은 명당 구하기도 힘든 실정이다. 더군다나 산 사람이 거주할 땅도 부족하지 않은가. 그럴 바에는 차라리 '무해무득'한 화장이 좋다고 생각한다. 문제는 화장터 부지를 구하기가 쉽지 않다는 점이다((매장과 화장, 조선일보, 2007.10.1).

3. "자연장(自然葬)"이란 화장한 유골의 골분(骨粉)을 수목·화초·잔디 등의 밑이나 주변에 묻어 장사하는 것을 말한다.

〈해 설〉

○ "자연장(自然葬, Natural burial)" 용어는 당초에는 "산골(散骨)"이란 용어로 화장한 유골을 수목·화초·잔디 등의 밑이나 주변에 뿌리거나 묻는 방식이었으나 골분을 뿌리는 것은 국민정서상, 보건위생상의 문제로 삭제되고 순화적 표현인 "자연장"으로 정의하였음.
  - "산골(散骨)" 용어보다는 친환경적이고 순화적인 용어로 "자연장" 용어로 정하였음. 일본은 화장한 유골을 해양, 수목 등에 묻거나 뿌리는 "자연장" 용어가 있으나 일본 법령에 "자연장" 용어는 규정하고 있지 않음.
  - "골분(骨粉)"이란 화장한 유골을 작은 입자형태로 부서진 가루상태를 말하며, 분골(粉骨)은 화장한 유골을 빻고 부순다는 뜻을 말함.

○ 매장과 자연장의 차이

구 분	매 장	자연장
주 체	시신 또는 유골	화장한 유골의 골분
형 태	봉분, 평분, 평장	수목, 화초, 잔디
묻는 깊이	시신(1m 이상), 유골(30cm)	30 cm
신 고	매장후 30일 이내	규정 없음

○ "산골(散骨) 또는 산분(散粉)"이란 화장한 유골을 산, 해양(바다), 강, 호수 등에 뿌리는 행위로서 오래전부터 관습적으로 널리 행하여져 오던 장사방법의 하나로서 이에 대하여는 사회통념상 일반적으로 허용되는 것으로 볼 수 있으며, 「장사 등에 관한 법률」에서 정하고 있지 아니하더라도 실시할 수 없는 것은 아님.
  - 화장한 유골의 산이나 바다, 강 등에 뿌리는 행위인 산골의 불법여부에 대해서는 관계법령에서 정확하게 금지하는 규정은 없어 산골이 불법이라고 볼 수 없음. 관계부처에서도 명확하게 산골에 대한 불법성이 있다는 의견은 없는 상태임.
  - 현행법령에서도 "화장한 유골을 뿌릴 수 있는 시설"이란 산골(또는 산분)시설을 말하며, 일반적으로 공설화장시설 등에는 "유택동산"이란 용어를 사용하고 있음(시행령 [별표 3] 및 [별표 3] 공설 및 사설화장시설 및 사설봉안시설 설치기준)
  - 화장한 골분(骨粉)은 「해양환경관리법」에서 규정하고 있는 "폐기물"로 볼 수 없으므로 화장한 유골을 바다에 뿌리는 해양산분 행위가 「해양환경관리법」상 해양투기 규정을 적용받지 않음.

【유권해석】

「장사 등에 관한 법률」에서 정하고 있지 아니한 산분(散粉) 또는 산골(散骨)을 법적 근거 없이 실시할 수 있는지 여부[법제처 10-0289, 2010.10.15, 보건복지부 노인지원과]

【질의요지】

「장사 등에 관한 법률」에서 정하고 있지 아니한 산분(散粉) 또는 산골(散骨)을 법적 근거 없이 실시할 수 있는지?

【회 답】

산분(散粉) 또는 산골(散骨)은 「장사 등에 관한 법률」에서 정하고 있지 아니하더라도 실시할 수 없는 것은 아닙니다.

(참 고) 산골관련 보도자료(국토해양부)

산골(또는 산분)에 대한 해양산골 위법성 여부(보도자료, 2012. 6. 19, 국토해양부)
"바다 장(葬)을 위한 해양산분 불법 아니다"

- 국토해양부, 해양환경관리법상 위법성 논란 잠재워 -

■ 국토해양부(장관 권도엽)는 장례방법의 하나로 화장한 유골을 바다에 뿌리는 해양산분 행위가 해양환경관리법상 해양투기 규정을 적용받지 않는다고 밝혔다.
  ㅇ 그동안 화장이 보편화됨에 따라 해양산분이 관행적으로 이루어져 왔으나 해양환경관리법에서 규정하고 있는 해양투기 규제와 관련하여 환경에의 위해성과 불법성 여부에 대한 논란이 있어 왔다.
  ㅇ 이번 국토해양부의 발표는 이 같은 논란을 해소하고 산분 행위가 해양에서 합법적으로 행해질 수 있는 계기를 마련하게 되었다.

■ 국토해양부의 용역결과에 따르면, 골분(骨粉)※은 해양환경관리법에서 규정하고 있는 "폐기물"로 볼 수 없으므로 해양산분은 해양투기 규제관련 규정을 적용받을 여지는 없는 것으로 결론지어 졌다.
  ㅇ 또한, 골분의 성분조사와 기존 산분해역의 조사 등을 종합한 결과 해양산분으로 인하여 해양환경에 악영향을 일으킬 가능성은 극히 희박한 것으로 나타났다.

■ 그간 우리나라는 화장비율이 '05년 이후로 50%를 넘어서고 있는 가운데, 인천연안 해역에서' 11년에만 900여회의 바다 장(葬)이 행해진 것으로 조사되고 있다.
  ㅇ 국토해양부의 해양산분에 대한 위법성 논란에 대한 입장정리로 향후 법적인 제약이 없어 해양산분이 더욱 활성화될 것으로 예상된다.
  ㅇ 국토해양부 관계자는 "해양산분이 활성화되면, 묘지 부족과 국토경관 훼손문제 해결에도 긍정적 효과를 가져오게 될 것"이라고 말하였다.

■ 다만, 국토해양부는 해양산분이 법적 규제 대상은 아니지만 해양환경 보호 등을 위한 최소한의 준칙으로서 해양산분 시 지켜야할 네가지 가이드라인을 제시하고 사업자 및 관계기관의 협조를 당부하였다.
  ㅇ 첫째, 해양산분은 가능한 해안선에서 5 킬로미터 이상 떨어진 해역에서 행한다.
  ㅇ 둘째, 선박의 안전한 항행이나 어로 행위를 포함하여 다른 이용자의 이용을 방해하지 않도록 한다.
  ㅇ 셋째, 골분이 바람에 날리지 않도록 가능한 수면 가까이에서 뿌리도록 한다.
  ㅇ 넷째, 생화로 된 화환 이외의 유품을 포함하여 행사에 사용된 물질이나 음식물 등을 해역에 방치하거나 배출하여서는 아니된다.

(판 례) 장사 등에 관한 법률 위반 · 농지법 위반[대법원, 2010도5112, 2012.10.25]

【판시사항】

[1] 매장의 대상인 '유골'에 화장한 유골의 골분이 포함되는지 여부(적극) 및 이를 장사의 목적으로 땅에 묻은 경우, 매장과 자연장의 어느 쪽에 해당하는지 판단하는 기준

[2] 매장된 시체나 유골이 토괴화한 것을 화장하여 다시 묻는 경우, 그 시설을 분묘로 볼 수 있는지 여부(한정 적극)

【판결요지】

[1] 「장사 등에 관한 법률」(이하 '법'이라 한다) 제2조, 제16조, 제19조, 「장사 등에 관한 법률 시행령」(이하 '시행령'이라 한다) 제8조, 제15조 [별표 2], 제21조 제1항 [별표 4] 제1호의 규정으로 볼 때, 종래부터 '유골'을 땅에 묻어 장사하는 것도 장사 방법 중 '매장'에 포함되는 것이었지만, 국토를 잠식하고 자연환경을 훼손하는 문제를 해결하기 위하여 '유골의 골분'을 땅에 묻고 표지 이외에 아무런 시설을 설치하지 않는 경우에는 설치 장소의 제한을 완화하고 설치기간의 제한을 받지 않도록 하는 자연장 제도를 새로운 장사 방법으로 신설하기에 이른 점, 자연장 제도가 도입된 이후에도 법은 시체나 유골을 땅에 묻어 장사하는 것을 '매장'으로 규정한 종전 규정을 유지하면서(법 제2조 제1호), 매장의 대상이 되는 유골에는 화장한 유골도 포함되는 것으로 규정하고 있는 점 [시행령 제7조 제1항 (나)목], 묘지에 설치되는 분묘의 형태는 봉분이 있는 것뿐 아니라 평분도 포함되는 점 [시행령 제15조 [별표 2]의 제1항 (가)목] 등을 참작하면, 매장의 대상인 유골에는 화장한 유골의 골분도 포함되고, 화장한 유골의 골분을 묻은 경우라도 그것이 자연장으로 인정될 수 없는 경우에는 이를 매장으로 보아 분묘 및 묘지에 관한 규제의 적용 대상이 된다고 보아야 한다. 나아가 화장한 유골의 골분을 장사의 목적으로 땅에 묻은 경우 그것이 매장과 자연장의 어느 쪽에 해당하는지는 골분을 묻는 방법과 그곳에 설치한 시설이 법에서 요구하는 자연장의 주요 요건을 갖추었는지 여부 및 시설의 형태 등을 종합적으로 고려하여 결정하여야 한다.

[2] 분묘는 시체나 유골을 매장하여 제사나 예배 또는 기념의 대상으로 삼기 위하여 만든 시설이므로, 여기에 매장된 시체나 유골이 후에 토괴화되었더라도 이는 여전히 분묘라 할 것이고, 이를 개장하여 토괴화한 유골을 화장하여 다시 묻는 경우에도 그 시설이 자연장의 요건을 갖추었다는 등의 사정이 없는 한 제사나 예배 또는 기념의 대상으로 삼기 위하여 만든 분묘로 보아야 한다.

4. "개장"이란 매장한 시신이나 유골을 다른 분묘 또는 봉안시설에 옮기거나 화장 또는 자연장하는 것을 말한다.

〈해 설〉

○ "개장(改葬, Reburial)"이란 분묘에 매장된 시신이나 유골을 다른 곳으로 옮겨 안치 등을 말하며, 개장의 "개"의 한자의 뜻은 열(열다) 개(開)가 아닌 고칠 개(改)임.

※ "이장(移葬)" 용어는 법률적인 용어가 아님.

– (전국 개장유골 화장건수) 87천건('09년/윤달 해) → 46천건('10년) → 44천건('11년) → 88천건('12년/윤달 해) → 48천건('13년)

(참 고) 윤달의 의미

날짜상의 계절과 실제의 계절이 어긋나는 것을 막기 위해 몇 년에 한 번씩 돌아오는 달을 말함. 예로부터 손이 없는 달이라 해서 궂은 일을 해도 탈이 없는 달(썩은달)이라고 하여, 하늘과 땅의 신(神)이 사람들에 대한 감시를 쉬는 때로 이 기간 동안 묘지 개장이나 단장, 수의 마련 등을 행하는 경우가 많음.

5. "봉안"이란 유골을 봉안시설에 안치하는 것을 말한다.

〈해 설〉

○ 봉안(奉安, Inurnment) 용어는 개정전 "납골(納骨)" 용어로 규정하고 있었으나 한글 순화적 표현으로 변경되었음. 납골(納骨, のうこつ)은 일본식 한자로 한글식 표현인 받들어 모신다는 "봉안"으로 변경하였음.

○ "봉안"이란 유골을 봉안시설에 안치하는 것을 말하는데 여기서 "유골"이란 화장한 유골만을 의미하는 것이 아니라 화장하지 아니한 유골도 포함함.

 - 화장한 유골이나 화장한 유골을 분골한 경우에도 유골을 볼 수 있으므로 봉안시설에 안치할 수 있음. 일부 지자체에서 장사시설 설치 및 운영 등의 관한 조례나 운영규정상 공설봉안시설에 안치할 수 있는 대상을 "화장한 유골"로 규정하고 있어 화장증명서를 첨부하는 규정은 본 법 규정에 어긋나는 사항으로 화장한 유골이나 화장하지 아니한 유골도 봉안시설에 안치할 수 있도록 하여야 함.

6. "분묘"란 시신이나 유골을 매장하는 시설을 말한다.
7. "묘지"란 분묘를 설치하는 구역을 말한다.

〈해 설〉

○ "분묘(墳墓, Grave)"란 시신이나 유골을 매장하는 시설을 말하므로 분묘의 형태는 봉분, 평분, 평장으로 구분할 수 있으며, 비석, 상석 등을 포함함.

 ※ 사성(莎城) : 분묘 뒤를 반달형으로 둘러쌓은 둔덕을 말하며, 사성은 분묘면적에 포함한다고 볼 수 없음.

 - 가묘는 장래의 분묘로서 그 분묘내에 시신이나 유골이 매장되어 있지 아니하므로 이는 외형상의 분묘 구조물 갖추었을 뿐 「장사 등에 관한 법률」에 규정한 분묘라고 할 수 없음.

【유권해석】

보건복지부 노인지원과-1462(2010.9.2.)

1. 『장사 등에 관한 법률』(이하 "장사법"이라 한다)제2조(정의)제6호에서 "분묘"란 「시체나 유골을 매장하는 시설」로 규정하고 있으므로, 시체나 유골이 없이 유품만 안장한 묘는 장사법상 분묘로 볼 수 없으며 단순한 시설물로 보아야 할 것입니다.
2. 가묘는 장사법상 분묘로 보지 않아 적용대상이 아니므로 가묘가 있는 토지가 도시자연공원구역으로 지정되었을 경우의 가묘 철거 여부는 『도시공원 및 녹지 등에 관한 법률』 등 「도시자연공원구역」 관련 법령에 따라 결정하여야 할 것입니다.

(판 례) 분묘의 의의(대법원, 1976.10.29, 76도2828)

1. 묘의 봉분이 없어지고 평토화 가까이 되어 있고 묘비등 표식이 없어 그 묘 있음을 확인할 수 없는 분묘라 하더라도 현재 이를 제사 숭경하고 종교적의례의 대상으로 하는 자가 있는 경우에는 그가 바로 무연고분으로서 제사와 신앙의 대상이 되는 분묘라 할 수 없다거나 분묘발굴죄의 객체인 분묘에 해당되지 않는다고는 할 수 없다.
2. 암장된 분묘라 하더라도 당국의 허가없이 자구행위로 이를 발굴하여 개장할 수는 없는 것이다.

(판 례) 분묘발굴[대법원 1990.2.13, 선고, 89도2061, 판결]

분묘발굴죄의 객체인 분묘는 사람의 사체, 유골, 유발 등을 매장하여 제사나 예배 또는 기념의 대상으로 하는 장소를 말하는 것이고, 사체나 유골이 토괴화하였을 때에도 분묘인 것이며, 그 사자가 누구인지 불명하다고 할지라도 현재 제사 숭경하고 종교적 예의의 대상으로 되어 있고 이를 수호봉사하는 자가 있으면 여기에 해당한다고 할 것이다.

○ "묘지(墓地, Cemetery)"[11] 란 분묘와 비석, 상석 등 시설물 등과 분묘의 수호 및 봉제사에 필요한 범위 내에서 분묘의 기지 주위의 공지를 포함한 지역을 포함한 구역을 의미함.
  - 구 「매장 및 묘지 등에 관한 법률」(법률 제799호, 1961.12.5) 부칙 제3조(경과규정) 제1항은 "본법 시행 전에 설치된 묘지, 화장장 또는 납골당은 본법에 의하여 설치된 것으로 본다"라고 하여 간주규정을 두고 있으며, 이러한 경과규정의 입법취지는 신구 양법질서 사이에서 제도의 변화와 법적 안정성의 요구를 적절히 조화시키기 위함이라 할 것임. 또한 동조 단서에 의할 경우 설치자 또는 관리인에 대하여 시행일부터 3월 이내 보고하여야 한다. 라고 하여 사인에 대하여 단순히 보고사항으로만 규정하고 있고, 또한 그러한 보고 여부를 심사, 결정할 수 있게 하는 별다른 규정도 두고 있지 아니하므로 동법 시행 전에 설치된 묘지 등에 대하여는 관할 관청으로서는 별다른 심사, 결정 없이 당연히 적법한 묘지로서의 효력을 갖는다 할 것이며, 동조 단서규정에 위반하여 보고의무를 게을리 하였다고 하여 적법한 묘지로서의 효력을 부정할 수는 없다고 할 것임.

(참 고) 전국의 분묘수와 면적 추계

○ 전국의 분묘수는 1,435만기 이상으로 추정
  - 개별묘지에 설치된 분묘기수는 약 1,296만기
  - 집단묘지(공설묘지, 법인묘지)에 안장된 139만기 분묘

○ 전국 묘지면적은 국토면적(100,140㎢)의 718㎢(0.7%)이상으로 추정 가능
  - 기당 묘역면적 50㎡ ※전체분묘 1,435만기=718㎢
  - 전국의 묘지면적은 서울면적(605.3㎢)기준 1.2배, 여의도 면적(8.4㎢)의 85배

  ※ 매년 분묘조성으로(약 8만기) 여의도의 1/2면적(4㎢)이 추가 묘지화

11) 묘지의 시초는 지금부터 6,000여년 전 이집트의 피라밋을 들 수 있는데 당시 이집트 사람들은 죽으면 '바이'라는 영혼이 새모양을 하고 하늘나라로 올라가 심판을 받는다고 생각했다. 그리고 죽은 육체는 '가'라는 영적신이 있어 미이라가 된 시신을 보호해서 '바이'가 돌아오기를 기다리고 '바이'가 돌아온 미이라만이 영원한 생명을 얻게 된다고 믿어 왔으므로 미이라가 파괴되지 않도록 피라밋에 보관한 것이 묘지의 기원이라고 함.

8. "화장시설"이란 시신이나 유골을 화장하기 위한 화장로 시설(대통령령으로 정하는 부대시설을 포함한다)을 말한다.
9. "봉안시설"이란 유골을 안치(매장은 제외한다)하는 다음 각 목의 시설을 말한다.
   가. 분묘의 형태로 된 봉안묘
   나. 「건축법」 제2조제1항제2호의 건축물인 봉안당
   다. 탑의 형태로 된 봉안탑
   라. 벽과 담의 형태로 된 봉안담
10. 삭제 〈2015.1.28.〉
11. 삭제 〈2015.1.28.〉
12. 삭제 〈2015.1.28.〉
13. "자연장지(自然葬地)"란 자연장으로 장사할 수 있는 구역을 말한다.
14. "수목장림"이란 「산림자원의 조성 및 관리에 관한 법률」 제2조제1호에 따른 산림에 조성하는 자연장지를 말한다.
15. "장사시설"이란 묘지 · 화장시설 · 봉안시설 · 자연장지 및 제29조에 따른 장례식장을 말한다.

〈해 설〉

○ 법률 한글화 사업과 화장에 대한 국민들의 부정적인 인식 및 거부감을 해소하기 위하여 용어를 순화하였음. "화장장"을 "화장시설(火葬施設, Crematorial facility)"로, "납골시설"을 "봉안시설(奉安施設, Charnel facility)"로 변경하였음(2007.5.25., 전부개정).
  - 종전에는 "화장장"이라 용어를 사용하였으나 용어 순화적 표현의 일환으로 "화장시설"로 변경하였음. 일부 지자체에서 화장시설을 "승화원" 표현도 사용하지만 이는 법률적인 용어가 아님.

○ 법 제2조제8호(2015.1.28., 일부개정) "화장시설"은 이미 건축법에서 건축물의 하나로 규정하고 있으며, 여기서 화장시설을 건축물로 한정할 경우 건축물의 형태가 아닌 화장시설의 부대시설이 제외되는 것으로 해석될 여지 있어 화장시설의 정의를 명확히 하고자, 화장로 시설과 부대시설(관리사무실, 유족대기실, 편의시설, 분향실, 시체안치실, 화장한 유골을 뿌릴 수 있는 시설, 그 밖의 필요한 시설물 및 주차장)을 포함함.

○ 법 제2조제9호(2015.1.28., 일부개정) "봉안시설"은 새롭게 '봉안담'을 추가하고, 각각의 호로 규정되어 있는 봉안묘 · 봉안당 · 봉안탑을 하나의 호로 합쳐서 규정함. 봉안담은 시행규칙 제7조제1항제3호의 내용을 법률로 상향하여 규정함.

○ 봉안시설은 유골을 안치하는 시설로서 개폐가 가능한 시설을 말하며, 봉안묘(奉安墓, Charnel grave), 봉안당(奉安堂, Charnel house), 봉안탑(奉安塔, Charnel monument)이외 봉안담(Charnel wall)등을 포함함.
  - "봉안당"이란 「건축법」 제2조제1항제2호의 건축물인 봉안시설을 말함.

※ 「건축법」제2조제1항제2호 "건축물"이란 토지에 정착(定着)하는 공작물 중 지붕과 기둥 또는 벽이 있는 것과 이에 딸린 시설물, 지하나 고가(高架)의 공작물에 설치하는 사무소·공연장·점포·차고·창고, 그 밖에 대통령령으로 정하는 것을 말함.

○ "수목장림(樹木葬林, Woodland burial ground)"이란 「산림자원의 조성 및 관리에 관한 법률」제2조제1호에 따른 산림에 조성하는 자연장지(自然葬地, Natural burial ground)를 말함.

– 「산림자원의 조성 및 관리에 관한 법률」제2조제1호 "산림"이란 다음 각 목의 어느 하나에 해당하는 것을 말한다. 다만, 농지, 초지(草地), 주택지, 도로, 그 밖의 대통령령으로 정하는 토지에 있는 입목(立木)·죽(竹)과 그 토지는 제외함.

가. 집단적으로 자라고 있는 입목·죽과 그 토지

나. 집단적으로 자라고 있던 입목·죽이 일시적으로 없어지게 된 토지

다. 입목·죽을 집단적으로 키우는 데에 사용하게 된 토지

라. 산림의 경영 및 관리를 위하여 설치한 도로[이하 "임도(林道)"라 한다]

마. 가목부터 다목까지의 토지에 있는 암석지(巖石地)와 소택지(소택지: 늪과 연못으로 둘러싸인 습한 땅)

○ 자연장지, 묘지, 봉안묘 설치기준

<table>
<tr><th>구 분</th><th>정 의</th><th>종 류</th><th>면 적</th><th>거리제한</th><th>시설물 설치</th><th>설치(조성)방법</th></tr>
<tr><td rowspan="4">자연장지</td><td rowspan="4">자연장으로 장사할 수 있는 구역</td><td>개인·가족</td><td>100m² 미만</td><td rowspan="4">없 음</td><td rowspan="4">개 별
(공 동)
표 지</td><td rowspan="4">잔 디
화 초
수 목</td></tr>
<tr><td>종중·문중</td><td>2천m² 이하</td></tr>
<tr><td>종 교 단 체</td><td>3만m² 이하</td></tr>
<tr><td>법 인</td><td>10만m² 이상</td></tr>
<tr><td rowspan="4">묘 지</td><td rowspan="4">분묘를 설치하는 구역</td><td>개 인</td><td>30m² 미만</td><td rowspan="4">도로·철도·하천 등 300m 이상, 20호이상의 인가 등 500m이상</td><td rowspan="4">비석 1개
상석 1개
석물 1개
(1쌍)</td><td rowspan="4">분묘형태
(봉분, 평분, 평장)
잔디, 석물</td></tr>
<tr><td>가 족</td><td>100m² 미만</td></tr>
<tr><td>종중·문중</td><td>1천m² 이하</td></tr>
<tr><td>법 인</td><td>10만m² 이상</td></tr>
<tr><td rowspan="5">봉안묘</td><td rowspan="5">분묘의 형태로 된 봉안시설</td><td>개 인</td><td>10m² 미만</td><td rowspan="5">원칙적으로 거리제한은 없으나, 묘지에 설치 할 경우에는 거리제한 적용</td><td rowspan="5">비석 1개
상석 1개
석물 1개
(1 쌍)</td><td rowspan="5">석물, 잔디</td></tr>
<tr><td>가 족</td><td>30m² 미만</td></tr>
<tr><td>종중·문중</td><td>100m² 이하</td></tr>
<tr><td>종 교 단 체</td><td>500m² 이하</td></tr>
<tr><td>법 인</td><td>–</td></tr>
</table>

16. "연고자"란 사망한 자와 다음 각 목의 관계에 있는 자를 말하며, 연고자의 권리 · 의무는 다음 각 목의 순서로 행사한다. 다만, 순위가 같은 자녀 또는 직계비속이 2명 이상이면 최근친(最近親)의 연장자가 우선 순위를 갖는다.
가. 배우자
나. 자녀
다. 부모
라. 자녀 외의 직계비속
마. 부모 외의 직계존속
바. 형제 · 자매
사. 사망하기 전에 치료 · 보호 또는 관리하고 있었던 행정기관 또는 치료 · 보호기관의 장으로서 대통령령으로 정하는 사람
아. 가목부터 사목까지에 해당하지 아니하는 자로서 시신이나 유골을 사실상 관리하는 자

〈해 설〉

○ 종전 「매장 및 묘지 등에 관한 법률」은 묘지설치자 또는 연고자로 단순 구분하여 권리 · 의무에 따른 순위 등이 불명확하였는바, 법 제2조 제16호에서 "연고자"를 정의한 이유는 묘지, 분묘 등의 수용시 보상, 개수 · 개장, 이행강제금 부과대상 등 권리 · 의무관계를 명확히 하여 동 법률의 실효성을 확보하기 위한 것임.

○ 연고자의 권리 및 의무사항
- 연고자의 권리사항으로는 묘지·분묘 등의 소유권의 주장, 묘지 · 분묘 등의 수용시 보상액 수령
- 연고자의 의무사항으로는 분묘설치기간이 종료된 분묘에 대한 시설물 철거 및 매장된 유골의 화장 또는 봉안의무, 무연분묘 정리, 묘지설치기준 위반, 설치제한지역 분묘설치, 묘지면적 초과, 타인의 토지 및 묘지 등에 불법분묘 설치 등 위반시 이전, 개장 등 의무부과, 묘지이전, 개수명령위반시 이행강제금 부과대상

○ 민법상의 호주승계[12] 는 호주에게 실질적인 권리나 의무를 부여하는 것은 아니며, 호적상의 추상적 가장(家長)이라 볼 수 있으므로 분묘의 승계와는 구분되어야 할 것임.
- 민법 제1008조의3(분묘의 승계)의 규정[13]과 관련이 있으나, 동 규정은 분묘와 관련된 임야, 위토, 족보, 제구 등의 소유권에 관한 규정임[14].
- 따라서, 「장사 등에 관한 법률, 2000. 1. 12., 전부개정」에서는 민법에 대한 특별법

12) 1989년 민법개정시 강제적 호주상속제는 폐지되고 임의적 호주승계제로 개정되었으나, 2005년 민법개정을 통하여 호주승계제도는 2008년 1월 1일부터 영구히 민법전에서 사라지게 되었음.

13) 제1008조의3 (분묘 등의 승계) 분묘에 속한 1정보 이내의 금양임야와 600평 이내의 묘토인 농지, 족보와 제구의 소유권은 제사를 주재하는 자가 이를 승계한다 ("금양임야"란 벌목을 금지하고 나무를 기르는 임야를 말함.

14) "3년상" 이란 유교상례에 있어서 3년상을 하나의 통칙으로 삼았지만 이에 대해 공자는 「자식으로 태어나서 3년 후에야 부모품을 면하므로 대저 3년상은 천하의 통상(通喪) 이라」했다. 즉, 부모의 영혼 때문에 3년상을 치르는 것이 아니라 부모가 양육해준 데 보답(孝)으로 3년상을 치렀던 것임.

적 성격이므로 분묘 등의 권리·의무에 대하여 연고자 순위(배우자, 자녀, 부모,자녀 외의 직계비속 등)를 명확하게 규정하였음.

○ 법 제2조제16호라목 및 마목 "자녀 외의 직계비속 및 부모 외의 직계존속"이란

- "직계존속"이란 조상으로부터 직선으로 계속해서 자기에 이르기까지의 혈족을 일컫는 말로서 부모·조부모·증부모·고조부모 등을 말하며, "직계비속"이란 자기로부터 직선으로 내려가서 후손에 이르는 사이의 혈족을 일컫는 말로서, 자녀·손자녀·증손자녀·고손자녀 등을 말함.

○ 법 제2조제16호사목(2015.1.28., 일부개정)의 "행정기관 또는 치료·보호기관의 장"을 현행 시행령 제2조에서 구체적으로 한정하여 열거하고 있으나, 현행 법률상에는 명시적 위임근거가 없으므로 "사망하기 전에 치료·보호 또는 관리하고 있었던 행정기관 또는 치료·보호기관의 장으로서 대통령령으로 정하는 사람"으로 개정하여 위임근거를 마련한 것임.

- "사망하기 전에 치료·보호 또는 관리하고 있었던 행정기관 또는 치료·보호기관의 장으로서 대통령령으로 정하는 사람"의 우선적으로 사망하기 전에 치료·보호 또는 관리하고 있었던 행정기관이 연고자가 되며, 그 다음은 치료·보호기관의 장이 됨. '또는'은 '그렇지 않으면'의 뜻으로 두 가지 중 하나가 선택됨을 말함.

【유권해석】

「장사 등에 관한 법률」 제2조제16호아목에 개인묘지를 사실상 관리하고 벌초하는 자가 포함되는지 여부 「장사 등에 관한 법률」 제2조 등 관련) [법제처 12-0058, 2012.2.23, 보건복지부]

【질의요지】

「장사 등에 관한 법률」 제2조제16호가목부터 사목까지의 규정에 해당하지 않는 자로서 개인묘지를 사실상 관리하고 벌초하는 자가 같은 호 아목에 따른 "시체나 유골을 사실상 관리하는 자"에 포함되는지?

【회 답】

「장사 등에 관한 법률」 제2조제16호가목부터 사목까지의 규정에 해당하지 않는 자로서 개인묘지를 사실상 관리하고 벌초하는 자는 같은 호 아목에 따른 "시체나 유골을 사실상 관리하는 자"에 포함된다고 할 것입니다.

※ 법령정비 의견

다만, 현행 장사법 제2조제16호아목은 "가목부터 사목까지에 해당하지 아니하는 자로서 시체나 유골을 사실상 관리하는 자"라고만 규정하고 있어 묘지를 사실상 관리하는 자도 포함될 수 있는지 명확하지 아니하여 해석상 혼란이 야기될 수 있는바, 정책적으로 이와 같은 문제를 해소할 필요성이 있다면 연고자의 범위에 대하여 입법적으로 보완하여야 할 것입니다.

【유권해석】

「장사 등에 관한 법률」 제2조제16호아목에 제3자가 포함될 수 있는지 여부
「장사 등에 관한 법률」 제2조 등 관련) [법제처 11-0551, 2011.10.7, 보건복지부]

【질의요지】

「장사 등에 관한 법률」제2조제16호에서는 연고자를 정의하면서 같은 호 아목에서 "가목부터 사목까지에 해당하지 아니하는 자로서 시체나 유골을 사실상 관리하는 자"를 연고자의 하나로 규정하고 있는데, "시체나 유골을 사실상 관리하는 자"에 같은 호 가목 내지 바목에 해당하는 자 혹은 가목 내지 바목 외의 사망자의 인척이 아닌 제3자도 포함되는지?

【회 답】

「장사 등에 관한 법률」제2조제16호 가목` 내지 바목에 해당하는 자 혹은 가목 내지 바목 외의 사망자의 인척이 아닌 제3자라고 하더라도 시체나 유골을 사실상 관리하고 있다면 같은 법 제2조제16호아목에 포함되어 연고자라고 볼 수 있습니다.

○ 법 제2조 및 같은법 시행령 제2조제1호에 따른 기초수급자 사망시 연고자 범위

【유권해석】

기초수급자 사망시 연고자 범위(기초의료보장과-2203)

(사 안)

○ 의료급여 수급자의 병원 치료중 사망시 행정요령
  - 의료급여 수급자가 병원 치료중 사망하였는 데 수급자 책정 시군구와 병원 소재지 시군구간 망자 처리를 서로 미룸으로 인해 한달간 망자가 병원 영안실에 안치되고 장례를 치르지 못하는 사례 발생

(지 침)

○ 「장사 등에 관한 법률」제2조 제16호 사목 및 아목의 규정에 의거, 연고자를 찾을 수 없는 의료급여 수급자에 대하여는 동 망자를 의료급여 수급자로 책정한 시군구가 장례를 치루어야 함.
  - 상기 법에 의거, 망자 발생시 1차적으로 연고자에게 인계하고 연고자가 없을 시 의료급여 수급자 등 정부의 보호를 받던 시민인 경우에는 수급자 책정 등 보호조치중인 시군구가 장례를 치루어야 하며, 연고자도 없고 수급자 등 정부보호를 받던 시민이 아닌 경우에만 망자 발생 병원 소재지 시군구가 장례를 치룸
  - 만약 행정관청별로 상기 법과 상이하게 자체 규정을 운영하고 있다면 이는 잘못된 것임

○ 병원에서 질환, 노환 등으로 사망하는 것은 변사(사고사 추정)가 아니므로 경찰이 처리할 사항이 아님

○ 의료급여 수급자가 병원에서 사망하는 경우 특별한 사유 없이 망자가 병원에 장기간 안치되는 사례가 발생하지 않도록 할 것.

(참 고) 장사관련 단위

○ 묘지, 화장시설, 봉안당, 자연장지, 장례식장 : 개소

○ 분묘, 봉안묘(탑) : 기 (개소, 위, 묘 등은 잘못된 표현)

※ 봉안묘 1기당 최대 유골을 안치할 수 있는 경우, 봉안묘 1기당 6구, 12구, 24구, 32구 등으로 표현하여야 함. 따라서 봉안묘가 전체 100기가 설치되어있고 봉안묘 1기당 6구가 안치가능하다면, 동 시설은 봉안묘 100기, 유골안치구수는 600구가 되는 것임.

○ 시신, 유골 : 구(軀) (※ 기, 위 등은 잘못된 표현)

(참 고)「다음 각 호에 해당하는 경우」,「다음 각호의 어느 하나에 해당하는 경우」의 사전적 의미[15)]

○「다음 각 호에 해당하는 경우」는 다음 각 호의 모든 요건을 갖추어야 할 경우에 사용하고,「다음 각호의 어느 하나에 해당하는 경우」는 다음 각 호 중 어느 하나의 요건만을 갖추면 되는 경우에 사용함.

15) 국민건강보험공단,「국민건강보험법 해설」, 2011.

□ 일반적인 장례절차

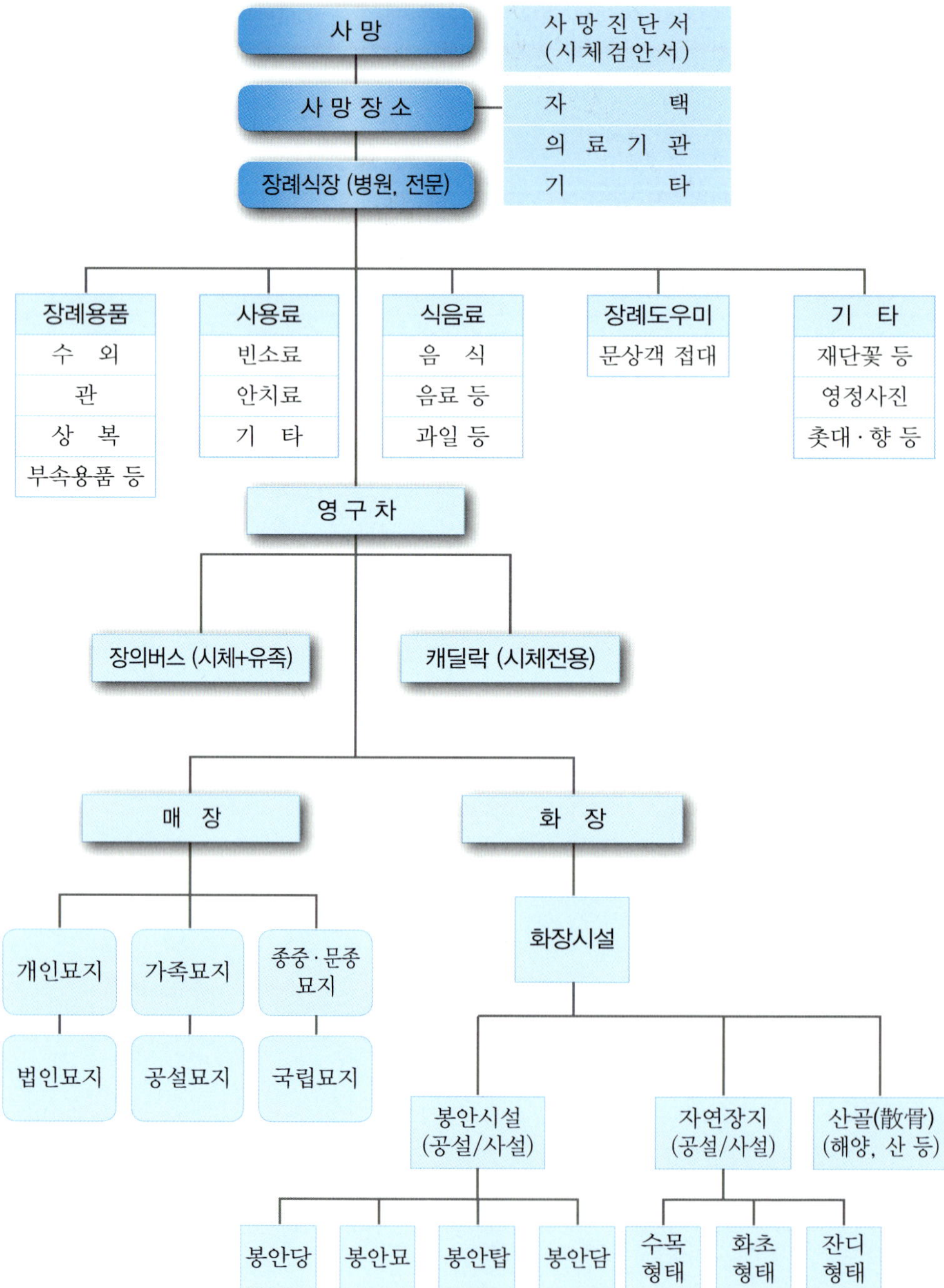
사 망
사 망 진 단 서
(시체검안서)
사 망 장 소
자 택
의 료 기 관
기 타
장례식장 (병원, 전문)
장례용품
수 의
관
상 복
부속용품 등
사용료
빈소료
안치료
기 타
식음료
음 식
음료 등
과일 등
장례도우미
문상객 접대
기 타
재단꽃 등
영정사진
촛대 · 향 등
영 구 차
장의버스 (시체+유족)
캐딜락 (시체전용)
매 장
화 장
개인묘지
가족묘지
종중 · 문중
묘지
법인묘지
공설묘지
국립묘지
화장시설
봉안시설
(공설/사설)
자연장지
(공설/사설)
산골(散骨)
(해양, 산 등)
봉안당
봉안묘
봉안탑
봉안담
수목
형태
화초
형태
잔디
형태

제3조(국가가 설치·운영하는 장사시설에 관한 적용 배제) 국가가 설치·운영하는 장사시설(자연장지는 제외한다)에 대하여는 이 법을 적용하지 아니한다. 〈개정 2015.1.28.〉 [제목개정 2015.1.28.]

〈해 설〉

○ 국가가 특정목적상 설치·관리하는 「국립묘지의 설치 및 운영에 관한 법률」등 국가에 헌신한 애국지사, 순국선열 등 위훈을 기리고 호국정신을 추모하기 위한 취지로 별도로 관리가 필요함.

○ 종전 규정에 적용배제 대상을 "국가가 설치·운영하는 묘지"에서 "국가가 설치·운영하는 장사시설(자연장지는 제외)"로 확대함. 이는 국가가 설치·운영하는 묘지뿐만 아니라 국가의 다른 장사시설(자연장지 제외)에 대해서도 「장사 등에 관한 법률」의 적용을 배제하려는 것임.

- 국립묘지에 관해 규정하고 있는 「국립묘지의 설치 및 운영에 관한 법률」제14조 및 제14조의2에 따라 국립묘지에는 묘역 외에도 봉안시설, 자연장지, 위패봉안시설을 설치·운영할 수 있으며, 같은 법 제4조에서는 국립묘지에서 설치·운영하는 장사시설에 대해서는 「국립묘지의 설치 및 운영에 관한 법률」을 우선하여 적용하도록 규정하고 있음.

【관계법령】

「국립묘지의 설치 및 운영에 관한 법률」

제4조(다른 법률과의 관계) 이 법은 「장사 등에 관한 법률」보다 우선하여 적용한다.

제14조(봉안시설의 설치·운영) ① 국가는 각 국립묘지의 안장수요와 안장수용 능력을 고려하여 국립묘지에 봉안시설을 설치·운영할 수 있다.

② ~ ③ (생 략)

제14조의2(자연장지의 설치·운영) ① 국가는 각 국립묘지의 안장수요와 안장수용 능력을 고려하여 국립묘지에 자연장지를 설치·운영할 수 있다.

② ~ ③ (생 략)

【법 률】

제4조(국가와 지방자치단체의 책무) ① 국가와 지방자치단체는 묘지 증가에 따른 국토 훼손을 방지하기 위하여 화장·봉안 및 자연장의 장려를 위한 시책을 강구·시행하여야 한다.

② 지방자치단체는 지역주민의 화장에 대한 수요를 충족할 수 있는 화장시설을 갖추어야 한다.

【시행령】

제3조(국가와 지방자치단체의 책무) ① 법 제4조제2항에 따라 지방자치단체가 갖추어야 하는 화장시설에 관한 기준은 보건복지부장관이 지역별 인구, 사망자수, 화장수요 등을 고려하여 고시로 정한다.

② 국가는 다음 각 호의 구분에 따라 「택지개발촉진법」에 따른 택지개발계획에 해당 장사시설(葬事施設)의 설치·조성에 관한 사항이 포함되도록 노력하여야 한다.

1. 330만 제곱미터 이상의 택지개발계획: 봉안시설 및 자연장지 설치·조성
2. 990만 제곱미터 이상의 택지개발계획: 화장시설 설치

③ 지방자치단체는 지역주민과 협의 등을 통하여 화장시설, 봉안시설 또는 자연장지의 설치·조성에 관한 사업이 원활히 추진된 경우에는 해당 장사시설 등의 운영을 지역주민에게 우선적으로 맡기는 등 지역주민을 지원할 수 있다.

④ 지방자치단체는 화장시설, 봉안시설 또는 자연장지를 설치·조성하는 사업을 원활하게 추진하기 위하여 필요한 경우에는 조례로 기금을 설치하여 지역주민을 지원할 수 있다.

〈해 설〉

○ 국가와 지방자치단체는 묘지 증가에 따른 국토 훼손을 방지하기 위하여 화장·봉안 및 자연장의 장려를 위한 시책을 일환으로 개장 및 화장, 자연장 장려금을 지원하고 있음.
  - 자연장제도 도입에 따른 국가 및 지방자치단체의 자연장 장려 의무 추가함.

○ 화장률이 급격히 증가하는데 비해 화장시설 및 봉안시설을 기피시설로 인식한 지역주민들의 반대로 답보상태에 있어 적극적인 유인대책 마련
  - 현대식 화장시설은 그 성능이 개선되어 공해·분진·소음·냄새 등이 전혀 없고 지역사회에 꼭 필요한 시설이지만, 기피시설로 인식되어 집단민원이 발생하는 관계로 화장시설 신규설치는 답보상태임. 현 상태가 계속될 경우 화장문화 확산 및 묘지문제 해결에 큰 걸림돌로 작용할 우려가 있음
  - 이에 정부에서는 화장시설의 확충을 위하여 시·군·구 지역단위 화장수요를 충족할 수 있는 시설확충의무를 부과하게 된 것임

○ 지방자치단체는 지역주민의 화장에 대한 수요를 충족할 수 있는 화장시설을 갖추어야 하며, 지역별 인구, 사망자수, 화장수요 등을 고려하여 정함.

○ 인구대비 적정 화장로수 설치기준

(단위 : 로)

구 분	화 장 률				
	50%	60%	70%	80%	90%
10만명	2	2	2	2	2
20만명	2	2	2	2	3
30만명	2	3	3	3	3
40만명	3	3	3	3	4
50만명	3	3	3	4	4
60만명	3	4	4	4	5
70만명	3	4	4	5	5
80만명	4	4	5	5	5
90만명	4	5	5	6	6
100만명	4	5	5	6	7
200만명	7	8	9	10	12
300만명	10	12	13	15	17
400만명	13	15	17	19	22
500만명	16	18	21	24	27
600만명	18	22	25	28	32
700만명	21	25	29	33	37
800만명	24	28	33	37	42
900만명	27	32	37	42	47
1000만명	30	35	41	46	52

자료: 장사시설 수급 종합계획에 관한 연구(2011, 한국보건사회연구원)

○ 「택지개발촉진법」에 일정한 규모이상의 택지개발사업시 봉안시설 및 자연장지, 화장시설 설치의무는 장사시설 신규설치 시 지역주민의 반대로 설치가 매우 어려운 실정으로 개발계획수립 시 장사시설을 설치계획에 포함함으로써 지역주민과의 갈등 및 마찰을 사전에 해소하여 원활한 장사시설 설치촉진에 목적이 있음.

○ 과거 매장중심의 장사문화에서 핵가족화, 편의주의 증대 등으로 화장문화로 전환되면서 화장이후 유골의 안치방법으로 봉안보다는 자연장을 장려하는 정책방향으로 추진되고 있음. 봉안은 영구히 안치하는 것이 아닌 일정기간 동안만 가능하므로 그 이후에 다시 관리하는 문제로 최종적으로는 자연장 안치방법이 친환경적인 방법이라 할 수 있음.

○ "지방자치단체"란 지방자치법 제2조제1항에 따라 특별시, 광역시, 특별자치시, 도, 특별자치도, 시, 군, 구(자치구)를 말함.
  - "주민"이란 지방자치단체의 구역 안에 주소를 가진 자를 말하며(지방자치법 제12조), 이때의 주소는 주민등록법에 의한 주민등록지를 의미하는 것임. 기초지방자치단체의 주민은 동시에 그 구역을 관할하는 광역지방자치단체의 주민이 됨. 30일 이상 거주할 목적으로 일정구역 안에 주소 또는 거소를 가진 자는 주민등록법에 따라 등록하여야 함.

【관계법령】

「지방자치법」

제2조(지방자치단체의 종류) ① 지방자치단체는 다음의 두 가지 종류로 구분한다.
1. 특별시, 광역시, 특별자치시, 도, 특별자치도
2. 시, 군, 구
② 지방자치단체인 구(이하 "자치구"라 한다)는 특별시와 광역시의 관할 구역 안의 구만을 말하며, 자치구의 자치권의 범위는 법령으로 정하는 바에 따라 시·군과 다르게 할 수 있다.
③ 제1항의 지방자치단체 외에 특정한 목적을 수행하기 위하여 필요하면 따로 특별지방자치단체를 설치할 수 있다.
④ 특별지방자치단체의 설치·운영에 관하여 필요한 사항은 대통령령으로 정한다.

○ 신도시 등 일정규모 이상의 택지개발계획시에는 장사시설을 설치·조성함으로서 관할 지역주민에 대한 장사시설의 이용 편의성을 제고하고 특히 택지개발계획시 장사시설이 설치·조성된다는 사항을 미리 알리고 설치·조성함으로써 장사시설 설치로 인한 지역주민과의 갈등을 사전에 차단하는데 그 목적이 있음.
  - 택지개발계획 규모(330만 제곱미터 이상, 990만 제곱미터 이상)에 따라 장사시설을 설치·조성하도록 하고 있음.
  - 또한, 기타 기반시설인 하수처리시설, 쓰레기처리시설, 집단에너지시설, 봉안시설 등은 최대한 신도시 지역 내에 부지를 확보하도록 하고 있음.

【관계규정】

「지속가능한 신도시 계획기준」[시행 2007.1.1.] [건설교통부지침 , 2007.1.1., 제정]

제1절 목적

이 기준은 「택지개발촉진법」제7조 및 동법시행령 제7조 제5항의 규정에 의하여 신도시의 개발계획 및 실시계획을 수립함에 있어 건강한 환경과 아름다운 경관이 창출되고, 이것이 도시의 경제발전 및 사회개발과 조화를 이루어 지속가능한 발전이 이루어질 수 있도록 하기 위하여 필요한 사항을 규정함을 목적으로 한다.

제2절 적용범위

① 이 기준은 자족기능 등을 확보하기 위해 「택지개발촉진법」에 의하여 추진되는 330만 제곱미터 이상의 택지개발사업(이하 "개발사업"이라 한다)에 적용한다.

제4절 용어정의

① "신도시"라 함은 330만 제곱미터 이상의 규모로 시행되는 개발사업으로서 자족성, 쾌적성, 편리성, 안전성 등을 확보하기 위해 국가적인 차원의 계획에 의하여 국책사업으로 추진하거나 정부가 특별한 정책적인 목표를 달성하기 위하여 추진하는 도시를 말한다.

제2절 개발유보지 확보

미래도시의 개발수요에 대처하기 위한 개발유보지의 설정은 지속가능한 도시조성의 중요한 사항이며, 신도시 계획수립 단계에서부터 이를 고려하여 토지이용계획을 작성하여야 한다.

(1) 유보지 설정

990만제곱미터 이상 신도시에서는 미래의 개발수요에 대비하여 계획지역의 일부를 유보지로 설정할 수 있다.

제2장 사회문화적 지속성 제고를 위한 계획기준

제1절 사회개발

⑤ 기타 기반시설

하수처리시설, 쓰레기처리시설, 집단에너지시설, 납골시설 등은 최대한 신도시 지역 내에 부지를 확보하도록 한다. 다만, 인접지에 이용 가능한 통합처리시설이 있는 경우에는 그러하지 아니하다.

○ 지방자치단체가 지역주민에게 장사시설 부대시설 운영권을 주기 위해서는 「지방자치단체를 당사자로 하는 계약에 관한 법률」에 따라 수의계약을 할 수 있어야 하는데, 장사시설 등의 운영권은 수의계약 범위에 포함되어 있지 않아 지원이 곤란함에 따라 「장사 등에 관한 법률」시행령 개정을 통하여 지역주민에게 운영권을 줄 수 있는 근거를 마련할 것임.

– 「지방자치단체를 당사자로 하는 계약에 관한 법률 시행령」제25조(수의계약에 의할 수 있는 경우) ① 지방자치단체의 장 또는 계약담당자는 다음 각 호의 어느 하나에 해당하는 경우에는 법 제9조제1항 단서에 따른 수의계약에 의할 수 있음.

제5조(묘지 등의 수급계획 수립) ① 보건복지부장관은 묘지·화장시설·봉안시설 및 자연장지의 수급에 관한 종합계획을 5년마다 수립하여야 한다.

② 특별시장·광역시장·특별자치시장·도지사·특별자치도지사(이하 "시·도지사"라 한다)와 시장·군수·구청장(자치구의 구청장을 말한다. 이하 같다)은 제1항의 종합계획에 따라 관할 구역 안의 묘지·화장시설·봉안시설 및 자연장지의 수급(需給)에 관한 지역수급계획을 수립하여야 한다. 〈개정 2015.1.28.〉

③ 시·도지사 및 시장·군수·구청장은 제2항에 따른 지역수급계획의 전부 또는 일부를 다른 시·도지사 또는 시장·군수·구청장과 공동으로 수립할 수 있다. 〈개정 2015.1.28.〉

④ 시장·군수·구청장은 제2항에 따라 수립된 지역수급계획을 특별시장·광역시장·도지사에게, 시·도지사는 이를 보건복지부장관에게 각각 보고하여야 한다. 〈개정 2015.1.28.〉

⑤ 보건복지부장관은 제4항에 따라 보고받은 지역수급계획 중 지역간 장사시설의 수급 조정, 장사시설의 공동설치 및 장사시설에 관한 지역간 갈등조정 등이 필요한 사항에 대하여는 관계 중앙행정기관의 장과의 협의를 거쳐 이를 확정하여야 한다. 〈개정 2015.1.28.〉

⑥ 제1항 및 제2항에 따른 계획수립의 기간·범위·내용 등에 필요한 사항은 대통령령으로 정한다.

〈해 설〉

○ 「장사 등에 관한 법률」제5조에 규정에 따라, 각 지자체에서는 관할 구역안의 묘지, 화장시설 및 봉안시설, 자연장지의 수급에 관한 지역수급계획을 수립하도록 의무사항으로 규정하고 있음

- 지자체별 장사시설 지역수급계획을 기초로 국가차원의 종합적인 수급계획을 수립하여야 하지만 이에 대한 규정이 없었음. 또한, 지자체에서 장사시설 수급에 관한 지역수급계획을 수립한 곳이 많지 않으며, 수립한 계획을 중앙부처에 제출할 의무 규정이 없었음.
- 인근 지자체간 장사시설 수급 및 설치를 공동으로 수립할 수 있도록 규정하고 있지만 지자체간 상호협의가 잘 이루어지지 않고 있음.

○ 이와 같은 문제점을 개선하기 위하여 국가차원에서 장사시설 수급에 관한 지역수급계획을 수립하도록 하는 의무 규정을 포함시켜, 보다 종합적이고 합리적·체계적인 장사정책 수립을 하도록 규정함.

※ 지자체에 대하여 장사시설 지역수급계획 수립 및 중앙부처 보고의무 등 규정

※ 지자체간의 공동으로 장사시설 수급 및 설치가 어려운 경우 정부에서 중재 조정역할을 할 수 있는 규정 마련

○ 종전 규정 법 제5조 제3항 "지역 특성에 비추어 필요하다고 인정되면"에 한하여 지방자치단체 간에 공동으로 장사시설을 설치하거나 공동으로 장사시설 수급에 관한 지역수급

계획을 수립할 수 있도록 하는 조건부 규정은 장사시설의 공동설치를 제한하는 측면이 있으므로, 이를 삭제하여 지방자치단체 간 장사시설 공동설치를 활성화하려는 것임[16].

- 또한, 종전 규정상 지자체의 장이 수립하는 장사시설 수급에 관한 계획인 "중·장기 계획"이란 명칭을 "지역수급계획"으로 변경함.

○ 「세종특별자치시 설치 등에 관한 특별법」에 의거 세종특별자치시가 설치됨에 따라 지방자치단체의 장에 특별자치시장을 포함함.

- 「세종특별자치시 설치 등에 관한 특별법」 제8조제3항은 다른 법령에서 지방자치단체의 장, 시·도지사 또는 시장·군수·구청장을 인용하는 경우 세종특별자치시장을 포함한 것으로 보아 해당 법령을 적용하도록 규정하고 있음. 개별 법령에서 특별자치시장을 명시하지 않더라도 특별자치시장이 포함된 것으로 해석되지만 지방자치단체의 장에 특별자치시장을 명시적으로 추가하는 것이 법 규정의 명확성을 도모하고 국민의 혼란 발생을 방지하기 위함.

○ 종합계획 및 지역수급계획 추진체계

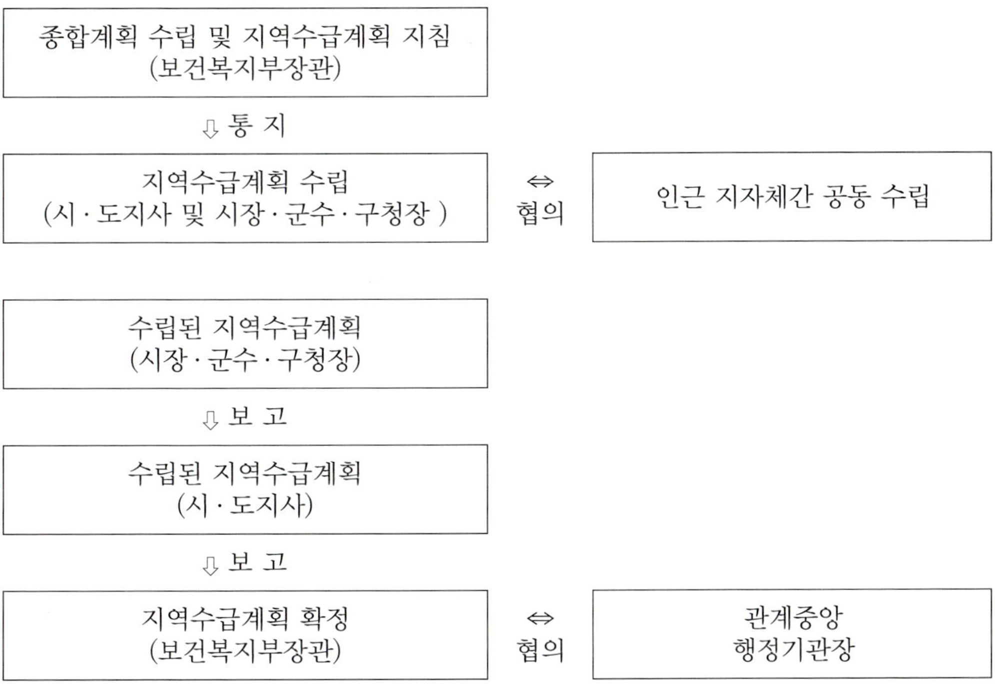

16) 현실적으로 화장시설을 비롯한 장사시설은 주민기피시설 중 하나로 인식되고 있고 설치에 장기간이 소요되기 때문에 신규설치가 어려운 상황임. 이러한 현실을 고려할 때 지리적 생활권역이 인접한 지방자치단체 간에 공동 화장시설 설치를 유도할 필요성이 있으나, 현재 지방자치단체 간에 공동장사시설이 설치된 지역은 충남 홍성군 1개 지역에 불과함.

○ 장사시설 수급계획 수립관련 장사시설 신고·허가 수리여부 결정 판결 사례

(판 례) 납골당설치신고불가처분취소[서울고등법원 2008.11.20, 선고, 2007누31821, 판결]

- 파주시에서는 국토의 효율적인 이용 및 친환경적이고 미래 지향적인 장사시설을 확충하고자 장사 등에 관한 법률 제5조의 규정에 의거 수립한 파주시 장사시설 중장기 계획을 통해 연차별 납골시설 확충계획을 이미 추진중에 있으므로 신고수리는 불가하다.
- 파주시의 경우 매장수요는 감소하고 납골수요는 증가추세로 2010년 이후에는 납골시설 부족이 예측되고 있는 사실, 피고는 2005. 4.경 장사법 제5조 및 장사법 시행령 제3조에 따라 2004년도에 실시한 '파주시 장사시설 중장기 수급에 관한 연구'용역 결과를 바탕으로 장사시설에 대한 파주시민의 수요를 조사·예측한 다음 그 결과에 따라 2020년까지의 "파주시 장사시설 중장기계획"을 수립한 사실, 그 계획 내용에 의하면 파주시의 경우 국토의 효율적 이용 및 주민의 화장률 제고 차원에서 개인, 가족, 종중·문중의 납골시설은 허용하되, 파주시의 환경 및 주민생활에 미치는 부정적 영향이 큰 종교단체(사원 경내가 아닌 타 장소 설치의 경우)와 법인의 납골시설은 허용하지 않는 대신 관할지역의 공설묘지를 재개발하여 공설 납골시설을 확충할 계획인 사실, 파주시의 경우 2006년 상반기 현재 기존에 확보된 납골시설만으로 그 수요량을 충당하고도 약 55,000여기에 이르는 봉안가능기수가 남는 사실을 각 인정할 수 있다. 그러나 위와 같은 중장기 계획이 있다는 이유만으로 사설 납골시설의 설치를 모두 불허할 수는 없다 할 것이고(더군다나 앞서 본 것처럼 피고는 납골수요의 증가추세에 따라 2010년 이후에는 납골시설이 부족할 것으로 예측한 바도 있다), 피고가 이 사건 처분과 비슷한 시기인 2006. 9. 5. 다른 납골시설에 대하여 설치신고를 수리하여 준 사실도 있다는 점(피고의 2008. 9. 17.자 준비서면 참조)에 비추어 보면, 피고가 독자적으로 장사시설의 중장기계획을 수립하여 놓았다는 사정만으로는 이 사건 신고의 수리를 거부할 중대한 공익상 필요가 있다고 보기 어렵다.

(판 례) 도시관리계획입안제안신청반려처분취소[울산지방법원 2009.9.9, 선고, 2009구합199, 판결]

- '울산광역시 장사시설 중·장기 수급계획'에 따른 수요예상량 초과
- 위 인정사실과 함께 이 사건 납골시설은 사실상 기독교인을 대상으로 한 종교 납골시설로서 수요자 측면에 있어 일반 납골시설과 크게 구별되는 점, 이 사건 도시관리계획 입안제안에 따른 사업기간은 '2007년부터 2050년까지'인바, 2004. 12.자 장사시설 수급계획에 따른 수요예측기간인 '2004년부터 2020년까지'와는 그 대상기간에 있어 큰 차이를 보이고 있는 점, '울산하늘공원'조성사업은 2009. 4.경에야 비로소 공사에 착공하였으며, 나머지 재단법인 울산영락공원, 천룡사의 납골시설 조성사업은 그 진행상황을 확인할 만한 자료조차 없는바, 2004. 12.자 장사시설 수급계획에 따른 2020년까지의 납골시설 수요예상량을 충분히 공급할 수 있다고 단정하기 어려운 점, 특히 2004. 12.자 장사시설 수급계획 이후 화장을 선호하는 추세가 증가하는 등 수급계획의 기초에 상당한 변화가 발생하였고, 이로 인해 2009. 12.경 다시 '울산광역시 장사시설 중·장기 수급계획'이 수립될 예정인 점 등에 비추어 보면, 피고가 이미 허가된 시설의 공급예정인 납골시설에 관한 추정적 판단만으로 2004. 12.자 장사시설 수급계획에 따른 수요예상량을 초과한다는 이유로 이 사건 처분을 한 것은 합리성과 타당성이 있다고 보기 어렵다.

제2장 매장 · 화장 · 개장 및 자연장의 방법 등

【법 률】

제6조(매장 및 화장의 시기) 사망 또는 사산한 때부터 24시간이 지난 후가 아니면 매장 또는 화장을 하지 못한다. 다만, 다른 법률에 특별한 규정이 있거나 임신 7개월이 되기 전에 죽은 태아, 그 밖에 대통령령으로 정하는 시신의 경우에는 그러하지 아니하다.〈개정 2015.1.28.〉

【시행령】

제5조(매장 및 화장의 시기) 법 제6조 단서에서 "그 밖에 대통령령으로 정하는 시체"란 다음 각 호의 어느 하나에 해당하는 시체를 말한다.

1. 「감염병의 예방 및 관리에 관한 법률」제2조에 따른 감염병으로 사망한 시체(시장 등이 감염병의 확산을 방지하기 위하여 긴급한 조치가 필요하다고 인정하는 경우만 해당한다)
2. 「장기등 이식에 관한 법률」제18조에 따라 뇌사판정을 받은 후 같은 법 제4조제1호에 따른 장기등의 적출(摘出)이 끝난 시체

〈해 설〉

○ 죽음의 판정을 받은 사람이 소생할 가능성이 전혀 없는 것을 확인하기 위해서 24시간 내에는 매장 또는 화장을 금지하는 규정임.

- 24시간 이내에 매장 및 화장을 할 수 있는 경우는 임신 7개월이 되기 전에 죽은 태아, 감염병 확산 방지를 위한 긴급조치, 뇌사판정을 받은 장기등의 적출이 끝난 시체 등은 예외적으로 인정함.

○ 임신 7월 미만의 죽은태아(사태)를 24시간 경과 이전에 매장 및 화장할 수 있도록 한 사유는,

- 당시 모자보건법 시행령 제15조(인공임신중절수술의 허용한계)① 법 제14조의 규정에 의한 인공임신중절수술은 임신한 날로부터 28주일이내에 있는 자에 한하여 할 수 있음. 따라서 인공임신중절수술은 임신한 날로부터 28주(7개월) 이내에 가능하도록 규정함.
- 의학적 소견

※ 임신 12주 이상이면 태아가 심장, 팔, 다리, 성기가 형성되어 사람의 형태를 띠게 됨.
※ 임신 28주 이상이면 태아 혼자서 인큐베이터 등 도움을 받아 생존이 가능함.

○ 현행 모자보건법 시행령 제15조 (인공임신중절수술의 허용한계)① 법 제14조에 따른 인공임신중절수술은 임신 24주일 이내인 사람만 할 수 있다(2009.7.7., 일부개정)고 개정되어 인공임신중절수술은 24주(6개월) 이내에 가능하도록 규정함.

※ 「의료급여법」시행규칙 제24조제3항제1호(사산의 경우에는 임신 16주 이상인 경우를 말한다)

(참 고) 「및」 과 「또는」 사전적 의미[17]

○ 「및」은 2개 이상의 사항을 함께 필요로 하는 경우에 사용하는 병합적 접속사임. 3개 이상의 사항을 모두 필요로 하는 경우에는 마지막으로 연결되는 사항 앞에만 「및」을 쓰고 그 앞에서는 중간점(·) 또는 구두점(,) 으로 연결하는 형식으로 사용함.

○ 「또는」은 2개 이상의 사항 중에서 선택적으로 필요로 하는 경우에 사용하는 선택적 접속사임. 3개 이상의 사항 중에서 필요한 경우에는 마지막으로 연결되는 사항 앞에만 「또는」을 쓰고 그 앞에서는 중간점(·) 또는 구두점(,)으로 연결하는 형식으로 사용함.

(참 고) 「이전」 과 「전」, 「이후」 와 「후」 사전적 의미[18]

○ 「이전」과 「이후」는 기준시점을 포함하는 것이고, 「전」과 「후」는 기준시점을 포함하지 않음.

예) 「5월 1일 이후 20일간」이라고 하면 5월 1일부터 5월 20일까지를 의미하고, 「5월 1일 후 20일간」이라 하면 5월 2일부터 5월 21일까지를 의미함.

【법 률】

제7조(매장 및 화장의 장소) ① 누구든지 제13조 또는 제14조에 따른 묘지 외의 구역에 매장을 하여서는 아니 된다.

② 누구든지 화장시설 외의 시설 또는 장소에서 화장을 하여서는 아니 된다. 다만, 대통령령으로 정하는 경우로서 보건위생상의 위해가 없는 경우에는 그러하지 아니하다.

【시행령】

제6조(화장시설 외의 시설 등에서의 화장) 법 제7조제2항 단서에서 "대통령령으로 정하는 경우"란 다음 각 호의 어느 하나에 해당하는 경우를 말한다.

1. 사찰 경내에서 다비의식으로 화장을 하는 경우
2. 화장시설이 설치되지 아니한 도서지역(島嶼地域)에서 제5조제1호에 따른 시체를 화장하는 경우

〈해 설〉

○ 법 제7조제1항 중 "묘지 외의 구역에 매장을 하여서는 아니 된다"는 규정은 지자체에서 설치된 공설묘지나 허가된 가족묘지 등에서는 매장이 가능하나, 개인묘지는 사후신고로서 설치이후 신고로서 매장도 사후신고이므로 관할 지자체에 개인묘지 설치신고와 매장신고를 동시하거나 개인묘지 설치신고가 수리된 이후에 매장이 가능함.

○ 법 제7조제2항은 화장은 보건위생적으로 처리하기 위하여 화장시설이외에서는 화장을 할 수 없도록 규정하고자 함, 다만, 화장시설이외의 장소에서 화장할 수 있는 경우는 종교의식을 예외적으로 인정하고자 하는 것임.

17) 국민건강보험공단, 「국민건강보험법 해설」, 2011.

18) 국민건강보험공단, 「국민건강보험법 해설」, 2011.

– 화장시설 외의 시설 등에서의 화장하는 경우, 사찰 경내에서 다비의식을 화장[19] 하는 경우란 “다비의식”은 불교식으로 화장하는 행위를 말하며, 사찰경내에서 화장로 시설이 가능하다는 것은 아니며, 관련 규정에 따라 별도로 화장로 시설을 설치하여야 함.

○ 화장시설이 설치되지 아니한 “도서지역(島嶼地域)”이란, 도서개발촉진법 제2조에 따른 도서로서 제주특별자치도 본도(本島)를 제외한 해상의 모든 섬을 말함.

– 도서개발촉진법 시행령 제2조(도서의 범위) ① 「도서개발촉진법」(이하 “법”이라 한다) 제2조에서 “해상의 전도서”라 함은 만조시 4면이 바다로 둘러싸인 지역을 말한다.

② 제1항의 규정에 불구하고 방파제 또는 교량으로 육지와 연결된 도서로서 육지와 연결된 때부터 10년이 지난 도서는 법 제2조의 규정에 의한 “해상의 전도서”로 보지 아니한다. 다만, 방파제 또는 교량으로 육지와 연결된 때부터 10년이 지난 도서인 경우로서 법 제4조의 규정에 의하여 개발대상도서(이하 “지정도서”라 한다)로 지정되어 법 제6조의 규정에 의하여 수립된 개발사업이 완료되지 아니한 도서인 경우에는 그러하지 아니하다

※ 도서(섬) 지역 현황: 전국에 총 3,170개소(유인도 491개소, 무인도 2,679개소), 통계청, 한국통계연감(2000년)

19) 불교의 다비(荼毗), 즉 화장(火葬)은 뼈를 중요시하는데 비롯된 것임. 이러한 생각은 화장한 뒤에 나오는 작은 구슬 모양의 사리숭배로 발전하였음. 사리라는 말은 본래 시신 또는 유골을 가리키는 말이며 사리도 본래의 유골을 가리키는 전신사리와 화장하여 나온 구슬 같은 것을 가리키는 쇄신사리로 구분하고 있음(장철수, 1995).

【법 률】

제8조(매장 · 화장 및 개장의 신고) ① 매장을 한 자는 매장 후 30일 이내에 매장지를 관할하는 특별자치시장 · 특별자치도지사 · 시장 · 군수 · 구청장(이하 "시장등"이라 한다)에게 신고하여야 한다. 〈개정 2015.1.28.〉

② 화장을 하려는 자는 화장시설(제7조제2항 단서의 경우에는 화장을 하는 시설 또는 장소를 말한다)을 관할하는 시장등에게 신고하여야 한다.

③ 개장을 하려는 자는 다음 각 호의 구분에 따라 시신 또는 유골의 현존지(現存地) 또는 개장지를 관할하는 시장등에게 각각 신고하여야 한다. 〈개정 2015.1.28.〉

1. 매장한 시신 또는 유골을 다른 분묘로 옮기거나 화장하는 경우 : 시신 또는 유골의 현존지와 개장지
2. 매장한 시신 또는 유골을 봉안하거나 자연장하는 경우 : 시신 또는 유골의 현존지
3. 봉안한 유골을 다른 분묘로 옮기는 경우 : 개장지

④ 제13조제1항에 따른 공설묘지 · 공설화장시설 · 공설봉안시설 또는 공설자연장지를 이용하는 경우에는 해당 공설묘지 · 공설화장시설 · 공설봉안시설 또는 공설자연장지를 설치 · 조성 또는 관리하는 시 · 도지사 또는 시장 · 군수 · 구청장에게 제1항부터 제3항까지의 규정에 따른 신고를 하여야 한다.

⑤ 시 · 도지사 또는 시장 · 군수 · 구청장은 제1항부터 제4항까지의 규정에 따른 신고를 받은 때에는 신고증명서를 내주어야 한다.

⑥ 제1항부터 제5항까지의 규정에 따른 신고 및 신고증명서의 교부에 관하여 필요한 사항은 보건복지부령으로 정한다.

【시행규칙】

제2조(매장 등의 신고) ② 법 제8조제2항에 따라 화장신고를 하려는 자는 별지 제1호서식(죽은 태아의 경우에는 별지 제2호서식)의 신고서에 「의료법 시행규칙」 별지 제6호서식의 사망진단서(시체검안서) 또는 읍 · 면 · 동장의 확인서(죽은 태아의 경우는 제외한다)를 첨부하여 관할 시장등에게 제출하여야 한다.

〈해 설〉

○ 종전 규정에는 개인묘지는 허가사항(2000.1.12., 전부개정 법률 제6158호 이전)이었으며 매장도 사전신고사항이었으나, 현실적으로 3일장일 경우 묘지허가를 받아 매장 신고까지 이행하기는 곤란하여 개인묘지의 설치 및 매장 후 30일 이내에 신고토록 규제를 완화함.

- 개인묘지의 경우 묘지설치와 매장이 동시에 이루어질 수도 있으나 시차를 두고 설치될 경우가 있으며, 시행규칙에 별도의 신고서식 등을 정하여 중복신고 방지 및 민원인의 편의를 도모함.

○ 매장은 사후신고이며, 화장과 개장은 사전신고사항임. 화장을 하려는 자와 개장을 하려는 자는 연고자만을 의미하는 것이 아니라 누구든지 연고자나 그 외 사람도 화장 및 개장의 신고가 가능함.

○ 시신 또는 유골의 현존지(現存地)는 현재 시신 또는 유골이 매장되어 있는 지역을 말하며, 개장지는 현존지에서 다른 곳에서 옮겨 매장한 지역을 말함.

- 현재 매장한 시신이나 유골이 있는 장소가 수원시이면 수원시가 현존지가 되며, 이를 화성시로 옮기고자 하는 경우 화성시가 개장지가 됨

○ 개장신고 주체가 연고자로 한정된다고 볼 수 없으며, 법제2조 제16호에 따른 연고자의 순위에 따라 개장신고를 하는 것은 아님. 다만, 「공익사업을 위한 토지 등의 취득 및 보상에 관한 법률」 시행규칙 제42조에 따라 분묘의 보상은 연고자 규정에 따름.

- 「장사 등에 관한 법률」에 따른 개장신고주체와 「공익사업을 위한 토지 등의 취득 및 보상에 관한 법률」 분묘의 보상주체는 별개의 사항임.

※ 개장신고증 교부시 공익사업관련 분묘보상금 지급대상과 다를 수 있다는 것을 지자체 담당자는 확인 필요

- 「장사 등에 관한 법률」제8조제3항의 규정을 위반하여 개장신고 없이 개장행위를 한 경우, 분묘 각각에 대한 개장신고 위반의무를 위반한 것으로 보아 개별적으로 과태료를 부과하는 것도 가능할 것이나, 신고의무자가 동일인이고 동일한 시점에 인접한 구역인 경우 등에는 전체적으로 1건의 위반행위로 보아 과태료를 부과할 수 있을 것임.

【관계법령】

「가족관계의 등록 등에 관한 법률」

第84조(사망신고와 그 기재사항)① 사망의 신고는 제85조에 규정한 사람이 사망의 사실을 안 날부터 1개월 이내에 진단서 또는 검안서를 첨부하여 하여야 한다.

② 신고서에는 다음 사항을 기재하여야 한다.

1. 사망자의 성명, 성별, 등록기준지 및 주민등록번호
2. 사망의 연월일시 및 장소

③ 부득이한 사정으로 인하여 진단서나 검안서를 얻을 수 없는 때에는 사망의 사실을 증명할 만한 서면으로써 이에 갈음할 수 있다. 이 경우 신고서에 그 진단서 또는 검안서를 얻지 못한 사유를 기재하여야 한다.

第85조(사망신고의무자)① 사망의 신고는 동거하는 친족이 하여야 한다.

② 친족·동거자 또는 사망장소를 관리하는 사람, 사망장소의 동장 또는 통·이장도 사망의 신고를 할 수 있다.

第86조(사망신고의 장소)사망의 신고는 사망지·매장지 또는 화장지에서 할 수 있다. 다만, 사망지가 분명하지 아니한 때에는 사체가 처음 발견된 곳에서, 기차나 그 밖의 교통기관 안에서 사망이 있었을 때에는 그 사체를 교통기관에서 내린 곳에서, 항해일지를 비치하지 아니한 선박 안에서 사망한 때에는 그 선박이 최초로 입항한 곳에서 할 수 있다.

【관계법령】

「공익사업을 위한 토지 등의 취득 및 보상에 관한 법률 시행령」

第42조(분묘에 대한 보상액의 산정)① 「장사 등에 관한 법률」제2조제16호에 따른 연고자(이하 이 조에서 "연고자"라 한다)가 있는 분묘에 대한 보상액은 다음 각 호의 합계액으로 산정한다. 다만, 사업시행자가 직접 산정하기 어려운 경우에는 감정평가업자에게 평가를 의뢰할 수 있다.

1. 분묘이전비 : 4분판 1매·마포 24미터 및 전지 5권의 가격, 제례비, 노임 5인분(합장인 경우에는 사체 1구당 각각의 비용의 50퍼센트를 가산한다) 및 운구차량비
2. 석물이전비 : 상석 및 비석 등의 이전실비(좌향이 표시되어 있거나 그 밖의 사유로 이전사용이 불가능한 경우에는 제작·운반비를 말한다)
3. 잡비 : 제1호 및 제2호에 의하여 산정한 금액의 30퍼센트에 해당하는 금액
4. 이전보조비 : 100만원

(판 례) 분묘발굴·매장 및 묘지등에 관한 법률위반·위증[대법원 1978.5.9, 선고, 77도3588, 판결]

【판시사항】

토지구획정리사업시행자의 개장명령에 의한 분묘개장에 있어서도 매장 및 묘지등에 관한 법률 제5조 제2항 소정의 개장신고가 필요한지 여부

【판결요지】

토지구획정리사업시행자로부터 분묘의 개장명령을 받았다 하더라도 그 분묘를 보존 수호하는 권한있는 자의 제지를 무릅쓰고 한 분묘발굴행위가 정당한 것으로 될 수는 없고 또 그와 같은 개장명령이 있었다 하여 매장 및 묘지등에 관한 법률에 정한 절차에 따른 개장신고를 하지 않아도 된다고 볼 수도 없다.

○ 사망진단서와 시체검안서, 읍·면·동장의 확인서

– 사망진단서 : 의사본인이 직접 진찰하여 온 환자가 사망하였을 때 작성하는 증명서

– 시체검안서 : 의사 본인이 진찰한 바가 없는 망자를 검안하였을 때 작성하는 증명서

– 읍·면·동장 확인서: 인우보증 확인하여 읍·면·동장이 최종 확인하는 증명서

【유권해석】

사망진단서 및 시체검안서의 발급기준(의료자원과, 2009.10.10.)

의료법 제17조는 사망진단서, 시체검안서 등 각종 증명서에 관하여 규정하고 있습니다. 다만 현행 의료법령상 사망진단서와 시체검안서의 정의 및 구체적인 적용방법은 규정되어 있지 아니합니다. 일반적으로 사망진단서는 의사 본인이 직접 진찰하여 온 환자가 사망하였을 시에, 시체검안서는 의사 본인이 진찰한 바가 없는 망자를 검안하였을 시에 작성하는 것이 원칙입니다. 다만 진찰하였던 환자라 할지라도 퇴원하여 다른 원인으로 사망하였을 가능성이 있다면 해당 의사는 시체검안서를 작성할 수도 있습니다. 이러한 판단은 증명서를 작성하는 의사의 합리적인 재량에 따라 결정되는 것인 바, 이점 참고하시기 바랍니다.

(참 고) 읍·면·동 확인서

- 장사 등에 관한 법률 제8조제2항 및 동법시행규칙 제2조제2항의 규정에 의하여 화장의 신고를 하고자 하는 자는 사망진단서(시체검안서) 또는 읍·면·동장의 확인서를 첨부하여야 한다고 규정하고 있는 바, 이러한 규정의 취지는 화장의 경우 특히, 범죄의 원인이 있는 시체를 화장할 경우 증거인멸 등으로 인한 민·형사상의 분쟁을 예방하고 사회질서의 유지를 위한 것이라 할 것입니다.
- 따라서, 사망진단서나 시체검안서가 아닌 읍·면·동장의 확인서를 첨부하고자 하는 경우에는 이러한 사망진단서 등을 구할 수 없는 사유와 사망원인·사유 등에 대한 경찰 또는 이웃사람의 상세한 증명 등을 기재한 서류를 첨부하여야 할 것이며, 이 경우에도 사망자 발생지 부근의 여러 읍·면·동에 의사가 거주하지 않거나 병원(보건소 포함) 등이 없어 사망진단서 등을 구하는 것이 사실상 불가능한 경우를 말하는 것이고, 돈이 없어서 병원 등에 갈 수 없거나 의사 등을 부를 능력이 없는 경우는 포함하지 않는다고 할 것입니다.
- 또한, 읍·면·동장은 화장을 하고자 하는 자가 제출한 서류를 신중히 검토하여 사망에 대한 의문이 있거나 보완이 요구된다고 판단되는 경우에는 경찰 또는 보건소 등에 이러한 사망의 사실에 대한 확인 또는 사망진단서(시체검안서) 작성협조요구 등을 의뢰한 후 그 결과에 따라 확인서의 발급 여부 등을 행할 수 있다 할 것입니다.

○ "신고(申告)"란 행정청에 대하여 일정한 사항을 통지하는 행위로서 행정절차법은 법령 등에서 행정청에 일정한 사항을 통지함으로써 의무가 끝나는 신고를 규정하고 있는 경우, 이러한 신고가 신고서의 기재사항에 흠이 없고, 필요한 구비서류가 첨부되어 있으며, 기타 법령 등에 규정된 형식상의 요건에 적합한 때에는 신고서가 접수기관에 도달한 때에 신고를 하여야 할 의무가 이행된 것으로 본다고 규정하고 있음

【관계법령】

「행정절차법」

제40조(신고) ① 법령등에서 행정청에 일정한 사항을 통지함으로써 의무가 끝나는 신고를 규정하고 있는 경우 신고를 관장하는 행정청은 신고에 필요한 구비서류, 접수기관, 그 밖에 법령등에 따른 신고에 필요한 사항을 게시(인터넷 등을 통한 게시를 포함한다)하거나 이에 대한 편람을 갖추어 두고 누구나 열람할 수 있도록 하여야 한다.

② 제1항에 따른 신고가 다음 각 호의 요건을 갖춘 경우에는 신고서가 접수기관에 도달된 때에 신고 의무가 이행된 것으로 본다.

1. 신고서의 기재사항에 흠이 없을 것
2. 필요한 구비서류가 첨부되어 있을 것
3. 그 밖에 법령등에 규정된 형식상의 요건에 적합할 것

③ 행정청은 제2항 각 호의 요건을 갖추지 못한 신고서가 제출된 경우에는 지체 없이 상당한 기간을 정하여 신고인에게 보완을 요구하여야 한다.

④ 행정청은 신고인이 제3항에 따른 기간 내에 보완을 하지 아니하였을 때에는 그 이유를 구체적으로 밝혀 해당 신고서를 되돌려 보내야 한다.

【법 률】

제9조(매장·화장 및 개장의 방법 등) ① 매장하려는 자가 시신에 대하여 약품처리를 하려면 보건복지부령으로 정하는 기준에 따라 위생적으로 처리하여야 한다. 〈개정 2015.1.28.〉

② 매장·화장 및 개장을 하려는 자는 공중위생에 해를 끼치지 아니하도록 하여야 하며, 매장 깊이와 시신이나 유골의 소각 정도 및 종전 분묘의 처리 등 그 구체적인 방법 및 기준에 관하여 필요한 사항은 대통령령으로 정한다. 〈개정 2015.1.28.〉

【시행령】

제7조(매장·화장 및 개장의 방법 등) 법 제9조제2항에 따른 매장·화장 및 개장의 방법과 기준은 다음 각 호와 같다.

1. 매장
   가. 시체 또는 화장하지 아니한 유골은 위생적으로 처리하여야 하며, 매장 깊이는 지면으로부터 1미터 이상이어야 한다.
   나. 화장한 유골을 매장하는 경우 매장 깊이는 지면으로부터 30센티미터 이상이어야 한다.
2. 화장
   가. 시체 또는 화장하지 아니한 유골은 공중위생에 해를 끼치지 아니하도록 완전히 태워야 한다.
   나. 화장할 때 관 속에는 화학합성섬유, 비닐제품 등 환경오염 발생물질 및 화장로의 작동 오류나 폭발 위험의 원인이 되는 물질(휴대 전화, 심박조율기, 병 등의 금속·유리·탄소제품을 포함한다)을 넣어서는 아니 된다.
3. 개장
   제1호에 따른 매장과 제2호에 따른 화장의 방법과 기준을 따르되, 개장으로 인한 종전의 분묘는 시체 또는 유골을 처리한 후 파묻어야 한다.

〈해 설〉

○ "시신에 대하여 약품처리"란 시신보존(방부)처리[20]를 말하며, 시신의 몸을 씻고 소독하는 등의 염습[21]처리를 의미하는 것은 아님.

- 시신의 약품처리는 아직까지 우리나라 장례문화 정서 등을 고려할 때 국민들이 수용하는데 상당한 기간이 있어야 할 것으로 판단됨.
- 다만, 외국에서 국내로 시신을 반입할 경우에는 「검역법」에 따라 시신의 약품처리(방부처리)를 하여야 하며, 국내에서 사망한 외국인이 대하여 그 시신을 항공기 등 대중교통을 이용하여 해당 국가로 이송하고자 할 때에는 국제항공운송협회(IATA) 일

20) "시신보존위생 (Embalming)" 이란 미생물의 출현과 증식을 줄이고, 조직 및 장기의 부패를 일시적으로 억제시킴, 만족스럽고 자연스러운 신체의 모습을 복원하기 위해 시신을 화학적으로 다루는 과정을 말함 (미국장례서비스교육위원회 (ABFSE)).

21) "염습" 이란 시신을 목욕시키고 수의를 입히고 입관하는 일

반규정[22] 및 그 밖의 규정[23]에 따라 시신약품(시신보존위생)처리를 하여야 함.

○ 매장의 깊이에 관한 규정을 두는 것은 지형이나 지질 및 자연환경 등을 고려하여 위생적으로 보존하기 위한 것임.

 – 일본의 경우 매장시 그 깊이는 2미터 이상, 화장한 유골을 매장하는 경우에는 그 깊이를 30미터 이상으로 하고 있으며, 대만의 경우 70미터를, 싱가포르의 경우 1.8미터이상의 깊이에 매장하도록 하고 있음.

【관계법령】

「검역법」

제25조(시체 등의 반입 및 조사) ① 국내로 시체를 반입하려는 자는 검역감염병으로 인한 사망 여부를 확인하기 위하여 보건복지부령으로 정하는 바에 따라 필요한 서류를 제출하거나 제시하여야 한다.

② 검역소장은 검역감염병으로 죽은 사람의 시체, 유골 및 유물로서, 방부처리(防腐處理) 후 불침투성(不浸透性) 관(棺)에 밀봉되어 있지 아니하거나 화장조치(火葬措置)가 되어 있지 아니한 것에 대하여는 국내 반입을 허용하지 아니한다.

③ 운송수단의 운행 중 발생한 사망자의 시체는 보건복지부령으로 정하는 바에 따라 검역조사를 받아야 한다.

「같은법 시행규칙」

제19조(시체 반입에 필요한 서류 등) 법 제25조제1항에 따라 시체를 반입하려는 자는 다음 각 호의 서류를 검역소장에게 제출하여야 한다.

1. 사망진단서 또는 사체검안서(死體檢案書)
2. 방부처리 증명서류(검역감염병으로 사망한 경우만 해당한다)
3. 항공화물운송장 사본 또는 선하증권(船荷證券) 사본
4. 그 밖에 검역소장이 검역감염병으로 인한 사망 여부를 확인하기 위하여 제출을 요구하는 서류

제20조(운행 중 사망한 사람의 시체에 대한 검역조사) ① 법 제25조제3항에 따라 운송수단의 장은 운행 중 사망한 사람에 대하여 별지 제21호서식에 따른 사망경위서를 검역소장에게 제출하여야 한다.

② 검역소장은 운송수단의 운행 중 사망한 사람이 검역감염병으로 사망한 것으로 의심되는 경우에는 법 제15조에 따른 검역조치를 할 수 있다.

○ 화장 시 관속의 부장품 제한은 화장시설의 환경오염물질 배출을 최소화하고, 유골부착 및 섞이는 등의 유골손상 방지, 화장시간을 줄여 주며, 화장로 오작동을 사전에 예방하기 위한 것임.

 – 관속의 부장품 제한은 고인의 존엄성을 보호하고, 환경오염방지 및 화장로 오작동을 사전에 방지함.

22) International Air Transport Association, General Regulation, The Air Cargo Tariff Rules 69, Section 2 Acceptance for Carriage, 2.3 Acceptance of Goods.

23) ATA, U.S.A., Import/Transit/Export Regulations, 2.3.6. Human Remains

(참 고) 유사 규정사례

○ 일 본

- 부장품으로 인해 화장한 유골과 부착되거나 섞이게 되어 유골의 훼손문제, 화장시간이 길어지며, 다이옥신 등의 발생, 화장로의 손상, 불완전 연소라는 문제가 생길 위험이 있기 때문에 화장 시 관속의 부장품 제한 규정하고 있음.

○ 영 국

- 관 부장물들 모두가 가연성 물질로 구성되어야 하며, 손잡이와 이름표는 단단한 플라스틱으로 만들어지도록 하고 있음.
- 고인의 넋을 기리기 위해 화장용관에 부장품을 넣지 못하며, 대신 일정한 기념물을 화장장에 설치 가능함.

○ 미 국

- 시신의 맥박조절기나 어떤 위험한 부착물이 있는 상태로 화장하는 것을 금지하고 있으며, 시신에 맥박조절기나 위험성있는 부착물이 있는지 여부를 장례지도사에게 책임지고 알려주어야 함. 또한 화장당국에게 이 사실을 확인해야 할 궁극적인 책임 있음.

【법 률】

제10조(자연장의 방법) ① 자연장을 하는 자는 화장한 유골을 묻기에 적합하도록 분골하여야 한다.

② 제1항에 따라 유골을 분골하여 용기에 담아 묻는 경우 그 용기는 생화학적으로 분해가 가능한 것이어야 한다.

③ 제1항 및 제2항에 따른 묻는 방법, 사용하는 용기의 기준 등에 관하여 필요한 사항은 대통령령으로 정한다.

【시행령】

제8조(자연장의 방법과 용기 기준) ① 법 제10조제3항에 따른 자연장의 방법은 다음 각 호와 같다.

1. 지면으로부터 30센티미터 이상의 깊이에 화장한 유골의 골분(骨粉)을 묻되, 용기를 사용하지 아니하는 경우에는 흙과 섞어서 묻어야 한다.
2. 화장한 유골의 골분, 흙, 용기 외의 유품(遺品) 등을 함께 묻어서는 아니 된다.

② 법 제10조제3항에 따라 자연장에 사용하는 용기의 재질은 다음 각 호의 어느 하나에 해당하는 것이어야 한다.

1. 「자원의 절약과 재활용촉진에 관한 법률」 제2조제11호에 따른 생분해성수지제품
2. 전분 등 천연소재로서 생화학적으로 분해가 가능한 것

③ 제2항의 용기의 크기는 가로, 세로, 높이가 각각 30센티미터 이하여야 한다.

〈해 설〉

○ 친환경 자연장 제도의 도입에 따라 자연장의 방법을 구체화 하고, 유골의 안전한 안치 및 유실 등을 방지하기 위한 적정한 깊이를 정하였음.

– 화장한 유골의 골분을 묻는 깊이 "30센티미터 이상"은 시행령 제7조(매장·화장 및 개장의 방법 등)제1호나목 "화장한 유골을 매장하는 경우 매장 깊이는 지면으로부터 30센티미터 이상이어야 한다"는 매장 깊이 규정을 준용함.
– 화장한 유골의 골분은 생분해성수지제품 또는 생화학적으로 분해가 가능한 친환경 용기에 담거나 흙과 섞어서 묻도록 하여 고인의 존엄성 및 지속가능한 환경을 확보하기 위함.

○ 같은법 시행령 제8조제2항제1호 "「자원의 절약과 재활용촉진에 관한 법률」제2조제11호에 따른 생분해성수지제품"는 법 개정(2008.3.21.)으로 "제2조제16호"로 개정되었음.
– "생분해성수지제품"이란 「환경기술 및 환경산업 지원법」제17조에 따라 환경표지(環境標識) 인증을 받았거나 대상제품별 인증기준에 맞는 제품으로서, 「환경기술 및 환경산업 지원법」제17조에 따라 생분해성수지제품으로 환경표지 인증을 받은 제품이나 환경부장관이 산업통상자원부장관과 협의하여 지정·고시하는 시험기관으로부터 「환경기술 및 환경산업 지원법」제17조제3항에 따라 환경부장관이 고시한 생분해성수지제품에 대한 인증기준에 적합한 것으로 인정받은 제품을 말함.

제11조(묘지의 일제 조사) 보건복지부장관, 시·도지사 또는 시장·군수·구청장은 제5조제1항에 따른 묘지 등 수급계획의 수립 또는 제28조에 따른 무연분묘(無緣墳墓)의 정리 등을 위하여 필요하다고 인정하면 일정한 기간 및 구역을 정하여 분묘에 대한 일제 조사를 할 수 있다.

〈해 설〉

○ 국가 및 지방자치단체는 법의 실효성을 확보하여 매장신고시 묘적부의 관리, 전산화 등을 통하여 일제조사를 실시할 수 있으며 무연분묘 등을 정리 할 수 있을 것임.

○ 보건복지부장관, 시·도지사 또는 시장·군수·구청장은 묘지 등 수급계획의 수립 및 토지개발 등 필요시 관내 묘지 등에 대하여 일제조사를 능동적으로 실시하여야 할 것임. 일제조사제도를 활용하여 불법묘지에 대한 제재를 가하고 무연분묘를 정리할 경우 국토의 효율적 활용과 법의 실효성을 확보할 수 있음.

○ 보건복지부가 분묘 일제조사를 실시한 사례는 1978~1980년에 총 6개 시·도(충북, 전북, 전남, 경북, 경남)에 분묘 약 1천만기를 조사하였고, 2010년 5개 시·군(안산시, 옥천군, 장수군, 남해군, 장흥군)에 분묘 47,050기를 조사하였음.

조사기간	1978~1980년	2010년
조사분묘수	10,072,306기	47,050기
조사지역	6개 시·도 (충북, 전북, 전남, 경북, 경남)	5개 시·군 (안산, 옥천, 장수, 남해, 장흥)
조사내용	분묘의 총수, 묘지(점유)면적, 분묘의 집단화 등	분묘의 총수, 묘지위치, 묘지(점유)면적, 사망자 정보, 연고자(설치자) 정보 등
조사방법	항공사진을 판독측정하여 묘지실태를 파악하고, 정밀도를 높이기 위하여 현지출장하여 재확인하는 지상병용법 적용	항공사진 자료를 이용하여 묘지·분묘 위치정보 파악하고, 현지출장하여 GPS 장비 이용으로 위치측정, 안내표식 설치, 위치정보 및 사망자·연고자·설치일 등 DB화

【법 률】

제12조(무연고 시신 등의 처리) ① 시장등은 관할 구역 안에 있는 시신으로서 연고자가 없거나 연고자를 알 수 없는 시신에 대해서는 일정 기간 매장하거나 화장하여 봉안하여야 한다. 다만, 다른 법률에 특별한 규정이 있는 경우에는 그러하지 아니하다. 〈개정 2015.1.28.〉

② 시장등은 제1항에 따라 무연고 시신(無緣故 屍身) 등을 처리한 때에는 보건복지부령으로 정하는 바에 따라 지체 없이 공고하여야 하며, 공고한 사항을 보건복지부령으로 정하는 기간 동안 보존하여야 한다. 〈개정 2015.1.28.〉

③ 제1항에 따른 매장 또는 봉안의 기간과 그 기간이 끝난 후의 처리 방법 등에 관하여 필요한 사항은 대통령령으로 정한다. [제목개정 2015.1.28.]

【시행령】

제9조(무연고 시체 등의 처리) ① 법 제12조제1항에 따른 무연고 시체 등에 대한 매장 또는 봉안의 기간은 10년으로 한다.

〈해 설〉

○ 본 규정은 지자체장이 관할 구역안에 있는 연고자가 없거나 연고자를 알 수 없는 시신 등에 대해 지자체장이 이를 매장 또는 화장하여 봉안하여야 하는 의무규정임.

○ 법 제12조제2항(2015.1.28., 일부개정) 중 "공고한 사항을 보건복지부령으로 정하는 기간 동안 보존하여야 한다"는 규정은 현행 시행규칙에서는 무연고 시신 공고사항의 보존기간을 규정하고 있어, 이에 대한 법률적 위임근거를 마련한 것임.

○ 2011～2013년 무연고시신 처리현황

구 분	2011년				2012년				2013년			
	남	여	미상	계	남	여	미상	계	남	여	미상	계
계	546	121	26	693	572	135	34	741	731	161	30	922

○ ‘무연고 시신’란 ① 연고자가 없는 시신 ② 연고자를 알 수 없는 시신 ③ 연고자가 있으나 시신 인수를 거부·기피하는 등의 시신을 말함.
- ‘연고자’는 「장사 등에 관한 법률」 제2조제16호에 따른 ‘연고자’를 말함.
- ‘연고자를 알 수 없는 시신’이란 사망자의 신원이 확보되지 않아 연고자를 알 수 없는 경우 등의 시신을 말함.
- ‘연고자가 있으나 시신 인수를 거부·기피하는 경우’란 사망자의 연고자가 있음에도 연고자가 사회적·경제적·신체적 능력부족 및 가족관계 단절 등 불가피한 이유로 시신 인수를 하지 않는 경우 등을 말함.

(참 고) 연고자가 있어도 무연고 시신 처리기준 충족사항
- 「병역법」에 의한 징집·소집된 경우(군복무)
- 「해외이주법」 제2조의 규정에 의한 해외이주자에 해당하는 경우
- 교도소·구치소·보호감호시설 등에 수용중인 자
- 장애인 또는 저·고연령층으로 정상적인 장례를 치르기가 어려운 경우
- 실질적인 가족관계의 단절상태 및 생활경제 능력이 어려운 경우
- 그 외 시장 등이 무연고 시신 처리기준에 적합하다고 인정되는 경우

○ ‘시신처리 위임서’란 연고자가 있으나 시신 인수를 거부·기피하는 경우 연고자가 시신을 처리할 능력이 없다고 관할 특별자치도지사·시장·군수·구청장(자치구) 이하 “시장등”이라 한다)이 인정하는 경우 연고자에게 시신 처리에 대한 동의를 받아 무연고 시신 처리 규정에 따라 처리하기 위한 서류를 말함.

○ 무연고 시신 처리 절차는 시장등이 의료기관의 장 또는 경찰서장 등에게 인수받은 무연고 시신에 대하여, 사망자 신원 확인 및 연고자 탐문·조사로 사망자의 연고자 여부를 재확인한 후 시장등은 사망자의 연고자 확인 결과, 연고자가 확인되면 그 연고자에게 지체 없이 시신을 인도함.

○ 시장등은 사망자의 연고자 확인결과, 연고자가 있으나 연고자의 경제적 능력이나 가족관계 단절 등으로 연고자가 시신 인수를 거부·기피한다고 인정하는 경우, 연고자에게 ‘시신처리위임서’를 받아 무연고 시신 처리규정에 따라 처리함.

○ 시장등은 사망자의 연고자가 확인되어 시신 인수를 통보하였으나 연고자가 시신 인수를 거부·기피하면서 ‘시신처리위임’도 하지 않아 시신의 손상, 부패 등 보건위생상의 우려가 있다고 판단하는 경우 연고자에게 시신인수 또는 시신처리 위임에 관한 사항을 통

보하고, 연고자가 통보를 받은 날부터 14일 이내에 시신인수 또는 시신처리 위임 의사를 밝히지 아니한 경우, 시신처리 의무를 거부한 것으로 보아 무연고 시신 처리 규정을 준용하여 시신을 매장 또는 화장하여 봉안하고 연고자에게 매장·봉안장소 등의 처리결과를 통보하여야 함.

○ 외국인 사망자의 연고자가 없거나 연고자를 알 수 없는 경우에는 해당 국적 영사에게 자국민 여부, 자국내 연고자 파악 및 시신 인수를 요청한 후 연고자가 없거나 알 수 없는 경우 또는 시신 인수를 거부·기피하는 경우에는 무연고 시신 처리규정에 따라 처리함.

【유권해석】

외국인 시체 처리 절차(노인지원과-1133, 2010.07.23.)

1. 『장사 등에 관한 법률』 제12조제1항에서 무연고 시체 등의 처리 대상을 「관할 구역 안에 있는 시체로서 연고자가 없거나 연고자를 알 수 없는 시체」라고만 정하고 있을 뿐 대한민국 국민일 것을 요구하고 있지 아니하므로, 다른 법률에 특별한 규정이 없는 한 무연고 시체 등의 처리 대상에 외국인도 포함된다고 보아야 할 것입니다.
2. 경찰서를 통해 외국인 시체 처리 협조 요청이 있을 경우 주한대사관에 신고한 후 협의하여 유족통보 및 장례절차 등에 대하여 필요한 조치를 취하시기 바랍니다.

○ 「장사 등에 관한 법률」 제12조 따른 규정은 무연고 시신 처리 규정이며,
  - 「의료급여법」 제2조및제3조에 따른 기초생활수급자의 사망자의 처리규정은 연고자에 대한 사항으로 별개의 규정임.
  - 무연고 시신은 연고자가 없거나 연고자를 알 수 없는 시신으로서 관할 구역내에 사망한 경우 해당 시장등이 처리의무를 두고 있지만 기초수급자가 사망한 경우는 기초수급자를 관리하는 관할 시장등이 처리의무를 규정하는 사항임.
  - 기초수급자를 관리하는 지역이 아닌 다른 지역에서 사망한 경우에는 무연고 시신처리 규정을 적용하는 것이 아니라 기초수급자를 관리하는 행정기관이 연고자가 되어 사망한 수급자를 처리해야 하기 때문에 다른 지역에서 사망하더라도 해당 수급자를 관리하는 행정기관이 처리하는 것임.
  - 다만, 기초수급자를 관리하는 행정기관과 사망한 지역과 거리상의 문제로 사망자의 이송 등의 불편이 발생할 경우에는 기초수급자를 관리하는 행정기관과 사망한 지역의 행정기관간의 시신처리 및 비용 등에 관한 사항에 대해 긴밀한 협의하에 처리하도록 함.

○ 법 제12조제1항 중 "다만, 다른 법률에 특별한 규정이 있는 경우에는 그러하지 아니하다"라고 함은
  - 「노인복지법」 제28조제3항의 규정에 의하여 입소조치된 자가 사망한 경우에 그 자에 대한 장례를 행할 자가 없는 경우에는 해당 시설의 장 등이 이를 행할 수 있도록 하고 있으므로 본 법의 동 규정의 적용대상이 되지 않음.

【관계법령】

「노인복지법」

제28조(상담 · 입소 등의 조치) ③ 복지실시기관은 제1항 또는 제2항의 규정에 의하여 입소 조치된 자가 사망한 경우에 그 자에 대한 장례를 행할 자가 없을 때에는 그 장례를 행하거나 당해 시설의 장으로 하여금 그 장례를 행하게 할 수 있다.

– 「시체 해부 및 보존에 관한 법률」 제12조의 규정의 의하여 지자체장은 인수자가 없는 시체에 대해서는 의과대학의 장에게 교부[24] 할 수 있으며, 이 경우 본 법의 동 규정을 적용하지 않으며, 시체를 교부받은 의과대학의 장은 당해 매 · 화장에 관한 비용을 부담함.

【관계법령】

「시체 해부 및 보존에 관한 법률」

제12조(인수자가 없는 시체의 제공 등) ① 특별자치시장 · 특별자치도지사 · 시장 · 군수 · 구청장은 인수자가 없는 시체가 발생하였을 때에는 지체 없이 그 시체의 부패 방지를 위하여 필요한 조치를 하고 의과대학의 장에게 통지하여야 하며, 의과대학의 장이 의학의 교육 또는 연구를 위하여 시체를 제공할 것을 요청할 때에는 특별한 사유가 없으면 그 요청에 따라야 한다. 다만, 14세 미만으로 인정되는 시체의 경우에는 그러하지 아니하다.

② 특별자치시장 · 특별자치도지사 · 시장 · 군수 · 구청장은 제1항에 따라 시체를 제공하려면 일간신문에 2회 이상 공고하여야 한다.

③ 제1항에 따라 제공받은 시체는 사망이 확인된 날부터 60일이 지나기 전에는 해부할 수 없다.

④ 특별자치시장 · 특별자치도지사 · 시장 · 군수 · 구청장은 제1항에 따라 시체를 제공하였을 때에는 그 의과대학의 장에게 시체 제공 증명서를 발급하여야 한다.

⑤ 제4항에 따라 시체 제공 증명서가 발급된 경우에는 「장사 등에 관한 법률」 제8조제1항 및 제2항에 따른 신고가 있는 것으로 본다. 이 경우 시체 제공 증명서는 「장사 등에 관한 법률」 제8조제5항에 따른 신고증명서를 갈음한다.

⑥ 제1항에 따른 시체 제공의 시기 · 절차, 시체의 사진 촬영, 제2항에 따른 공고사항, 그 밖에 시체의 제공 및 보관 등에 필요한 사항은 대통령령으로 정한다.

– 국민기초생활보장법 제14조 및 같은법 시행규칙 제18조제2항의 규정에 의하여 지자체장은 단독가구주의 사망 등 불가피한 경우에는 직접 장제를 행할 수 있는 자를 지정하여 장제급여를 할 수 있도록 함으로써 지자체장으로부터 지정된 자가 매장 또는 화장 · 봉안을 할 수 있도록 하고 있음.

24) 「시체 해부 및 보존에 관한 법률 일부개정안」(정부발의안, 입법예고(2015.1.16.)) 지방자치단체의 장이 인수자가 없는 시체가 발생하였을 때 이를 의과대학의 장에게 통지하여 의과대학의 장이 교부를 요청하는 경우 특별한 사유가 없으면 인수자가 없는 시체를 교육 및 연구용으로 해부할 수 있도록 한 규정 및 그에 따른 절차 규정 등 삭제(무연고자인 사망자의 인권을 침해하고 인간으로서의 존엄성을 훼손할 우려가 있으며 2011년부터 3년간 지방자치단체로부터 의과대학으로 교부된 무연고자 시체는 1구에 불과하는 등 실제로 운영되지 않고 있어 폐지 필요)

【관계법령】

「국민기초생활보장법」

제14조(장제급여) ① 장제급여는 수급자가 사망한 경우 사체의 검안(檢案)·운반·화장 또는 매장, 그 밖의 장제 조치를 하는 것으로 한다.

② 장제급여는 보건복지부령으로 정하는 바에 따라 실제로 장제를 실시하는 사람에게 장제에 필요한 비용을 지급하는 것으로 한다. 다만, 그 비용을 지급할 수 없거나 비용을 지급하는 것이 적당하지 아니하다고 인정하는 경우에는 물품을 지급할 수 있다.

「같은법 시행규칙」

제18조(장제급여의 신청) ① 법 제14조제2항에 따라 장제에 필요한 비용을 지급받으려는 사람은 장제급여지급 신청서(전자문서로 된 신청서를 포함한다)를 거주지를 관할하는 특별자치도지사·시장·군수·구청장에게 제출하여야 한다.

② 특별자치도지사·시장·군수·구청장은 단독가구주(單獨家口主)의 사망 등 불가피한 경우에는 직접 장제를 실시할 수 있는 사람을 지정하여 장제급여를 할 수 있다

【관련 규정】 2015년 국민기초생활보장사업 안내

5. 장제급여

가. 급여내용

○ 수급자가 사망한 경우 사체의 검안·운반·화장 또는 매장 기타 장제조치를 행하는데 필요한 금품을 지급

나. 급여대상

○ 수급자가 사망한 경우
  - 수급자는 의료, 교육, 자활급여 특례자, 의료급여유예특례자, 보장연장특례자 등을 포함한 모든 수급자를 말함
  - 다만, 아래의 수급자는 장제급여를 지급하지 않음
    · 해당 특례자 개인만 지원하는 의료급여 및 교육급여 특례자가 아닌 나머지 가구원이 사망한 때
    · 이행급여특례 수급자(부양의무자로 인한 이행급여 특례자 포함)

○ 「의사상자 등 예우 및 지원에 관한 법률」 제14(장제보호)에 의한 의사자
  ※ 의사자에 대한 장제급여 신청기간은 의사자 인정일로부터 3년 이내로 제한

다. 급여액

○ 1구당 750천원 지급
  ※ 산업재해로 인하여 사망한 경우 「산업재해보상보험법」 제71조 등 타법령에 의해 장제비를 지급받은 수급자는 그 금액을 차감하여 지급(산재법상 장의비: 평균임금의 120일분에 상당하는 금액을 행하는 자에게 지급)

○ 다만, 금전지급이 적당하지 아니하다고 인정되는 경우 물품 지급가능

라. 급여의 신청

○ 복지대상자 장제급여 지원신청서(서식5호)를 특별자치시장·특별자치도지사·시장·군수·구청장에게 제출
  - 사망신고서는 사망신고로 갈음 가능

마. 지급방법

○ 장제급여는 특별자치시장·특별자치도지사·시장·군수·구청장이 지급대상자의 통장으로 지급
  - 통장번호를 확인하여 장제급여 지급신청일로부터 4일이내 처리, 7일 이내에 반드시 지급

○ 장제를 실제 행하는 자에게 지급하는 것을 원칙으로 함
  - 다만, 단독가구주의 사망 등 기타 불가피한 경우에는 특별자치시장·특별자치도지사·시장·군수·구청장이 직접 장제를 행하도록 지정한 자에게 지급 가능

☞ 사망자가 단독가구주이고 부양의무자(「국민기초생활보장법」상의 부양의무자를 의미)도 없는 경우에는 특별자치시장 · 특별자치도지사 · 시장 · 군수 · 구청장이① 사망자가 남겨 놓은 금전으로 장제비용을 충당하고, ② 부족분이 있는 경우 이를 장제급여로 지급함 ③ 다만, 사망자가 남겨 놓은 유가증권 등 유류물품의 매각대금으로 이를 충당할 수 있음.

※ 남겨 놓은 금전 또는 물품 등이 장제비용을 충당하고 남는 경우에는 재산상속에 관한 일반적인 사항을 규정한 「민법」의 관련 규정을 준용하여 처리

(판 례) 보관료[인천지법 2008.6.17, 선고, 2007가단81420, 판결 : 항소]

【판시사항】

사인 규명과 변사자의 신원 확인을 위하여 관할 경찰서에서 변사체를 병원 영안실에 보관한 사안에서, 위 변사체는 수사의 대상으로서 수사기관의 지배 · 관리하에 있었다고 볼 것이므로 그 시체 보관료를 장사 등에 관한 법률에 따라 지방자치단체가 지급할 것은 아니고, 수사사무의 주체인 국가가 이를 지급할 의무가 있다고 한 사례

【판결요지】

사인 규명과 변사자의 신원 확인을 위하여 관할 경찰서에서 변사체를 병원 영안실에 보관한 사안에서, 위 변사체는 수사의 대상으로서 수사기관의 지배 · 관리하에 있었다고 볼 것이다. 따라서 장사 등에 관한 법률 제12조에 의해 시장 등에게 행정처리 의무가 부과되는 무연고 시체로 볼 수는 없으므로 그 시체 보관료를 지방자치단체가 지급할 의무는 없고, 당사자 사이에 명시적인 보관계약이 체결된 것은 아니더라도 수사기관이 검시를 위해 변사체를 보관 의뢰한 후 계속적으로 보관을 일임해 왔다면 보관계약이 성립한 것으로 볼 것이므로 수사사무의 주체인 국가가 위 변사체의 보관계약에 따른 보관료를 지급할 의무가 있다고 한 사례.

○ 무연고 시신의 소지 유류금품에 대한 처리 주체는 무연고 시신 등을 인수받은 해당 지자체에서 처리하여야 할 것이며, 소지금품에 대한 처리방법은 민법의 상속에 관한 규정 중 상속인의 부존재와 관련된 조항(제5편 상속제1장 상속 제6절 상속인의 부존재 제1053조 내지 제1059조)에 따라 처리하는 것이 타당할 것임(유권해석 참조).
  – 「장사 등에 관한 법률」에서는 무연고 시신의 소지금품에 대한 처리방법이 규정되어 있지 않지만 「범죄수사규칙」 제37조에 따라 무연고 시신과 소지금품을 인수받아 처리하도록 규정하고 있음.

【유권해석】

무연고 사망자의 유류금품 처리방법(노인지원과–4990, 2014.11.26)

1. 「장사 등에 관한 법률」 제12조에는 "시장 등은 관할 구역 안에 있는 시체로서 연고자가 없거나 연고자를 알 수 없는 시체에 대하여는 일정 기간 매장하거나 화장하여 봉안하여야 한다. 다만, 다른 법률에 특별한 규정이 있는 경우에는 그러하지 아니하다"라고 하고 있으며,
2. 동 규정은 무연고 시체의 처리방법에 대하여만 규정하고 있고, 무연고 사망자가 소지한 금품 등의 처리방법에 대해서는 규정하고 있지 않으므로 이 경우에는 민법의 상속에 관한 규정 중 상속인의 부존재와 관련된 조항(제5편 상속제1장 상속 제6절 상속인의 부존재 제1053조 내지 제1059조)에 따라 처리하는 것이 타당할 것으로 사료됨을 알려드립니다.

【관계규정】

「**범죄수사규칙**」

제37조(시체의 인도) ① 사법경찰관은 변사체를 검시한 결과 사망의 원인이 범죄로 인한 것이 아니라는 점이 명백히 인정되었을 때에는 검사의 지휘를 받아 소지품 등과 같이 시체를 신속히 유족 등에게 인도하여야 한다. 다만, 시체를 인수할 자가 없거나, 그 신원이 판명되지 않은 때에는 시체가 현존하는 지역의 시장, 군수, 구청장에게 인도하여야 한다.

② 제1항의 규정에 따라 시체를 인도하였을 때에는 인수자로부터 별지 제13호 서식의 시체 및 소지금품 인수서를 받아야 한다.

〔별지 제13호 서식〕

시신 및 소지금품 인수서

□ 인 수 자

성　　　명		주민등록번호	
직　　　업		연　락　처	
주　　　거			
사망자와의 관계			

※ 주의 : 인수가가 구청장·시장·읍·면장인 경우에는 직명만 기재

다음과 같이 시신과 소지금품을 인수하였음을 확인합니다.

.　　.　　.

인 수 자 :　　　　　　㊞

□ 인수 일시·장소

.　　.　　.

□ 시　　신

성　　　명				주민등록번호	
성　　　별		연　　　령	세	국　　　적	
등록기준지					
주　　　거					

□ 소지금품

품　　　명	수　　량	비　　　고

소속관서장 귀 하

제3장 묘지 · 화장시설 · 봉안시설 · 자연장지

【법 률】

제13조(공설묘지 등의 설치) ① 시 · 도지사 및 시장 · 군수 · 구청장은 공설묘지 · 공설화장시설 · 공설봉안시설 및 공설자연장지를 설치 · 조성 및 관리하여야 한다.

② 시 · 도지사 또는 시장 · 군수 · 구청장은 제1항에 따른 공설묘지 · 공설화장시설 · 공설봉안시설 및 공설자연장지의 전부 또는 일부를 다른 시 · 도지사 또는 시장 · 군수 · 구청장과 공동으로 설치 · 조성 및 관리할 수 있다. 〈개정 2015.1.28.〉

③ 산림청장 또는 다른 중앙행정기관의 장은 국유림 등 국유지에 수목장림이나 그 밖의 자연장지를 조성 · 관리할 수 있다.

④ 산림청장, 다른 중앙행정기관의 장 또는 지방자치단체의 장이 수목장림이나 그 밖의 자연장지를 조성한 때에는 그 명칭, 위치, 지번, 면적 등 대통령령으로 정하는 사항을 고시하여야 한다.

⑤ 제1항부터 제3항까지의 규정에 따른 공설묘지 · 공설화장시설 · 공설봉안시설의 설치기준과 수목장림 등 자연장지의 조성기준 등에 관하여 필요한 사항은 대통령령으로 정한다.

【시행령】

제11조(공설묘지 등의 설치기준) 법 제13조제5항에 따른 공설묘지 · 공설화장시설 · 공설봉안시설과 수목장림 등 공설자연장지의 설치 및 조성기준은 별표 1과 같다.

[별표 1]

공설묘지 등의 설치 및 조성기준(제11조 관련)

1. 공설묘지

가. 분묘의 형태는 봉분(封墳) 또는 평분(平墳)으로 하되, 봉분의 높이는 지면으로부터 1미터, 평분의 높이는 50센티미터 이하여야 한다.

나. 공설묘지는 지형 · 배수 · 토양 등을 고려하여 붕괴 · 침수의 우려가 없는 곳에 설치하여야 한다.

다. 공설묘지에는 폭 5미터 이상의 도로와 그 도로로부터 각 분묘로 통하는 충분한 진출입로를 설치하고, 주차장을 마련하여야 한다.

라. 묘지구역의 계곡이나 30도 이상의 급경사 지역 및 배수로의 하단 부분에는 토사의 유출 및 유출 속도를 줄일 수 있는 침사지(沈砂池) 또는 물 저장고를 설치하여야 한다.

마. 공설묘지 면적 중 주차장 · 관리시설 등 부대시설을 제외한 면적의 100분의 20 이상을 녹지 공간으로 확보하여야 한다. 다만, 잔디로 조성된 평분인 경우에는 100분의 10 이상을 녹지공간으로 확보하여야 한다.

바. 공설묘지는 다음의 장소에 설치하여야 한다. 다만, 기존 묘지에 공설묘지를 설치하는 경우나 토지 또는 지형의 상황으로 보아 다음 시설의 기능이나 이용 등에 지장이 없는 경우에는 예외로 한다.

1) 「도로법」 제2조의 도로, 「철도산업발전 기본법」 제3조제2호가목의 철도의 선로, 「하천법」 제2조제2호의 하천구역 또는 그 예정지역으로부터 300미터 이상 떨어진 곳
2) 20호 이상의 인가밀집지역, 학교, 그 밖에 공중이 수시로 집합하는 시설 또는 장소로부터 500미터 이상 떨어진 곳

2. 공설화장시설

가. 공설화장시설에는 화장로실(火葬爐室), 관리사무실, 유족대기실 및 편의시설, 분향실, 시체안치실, 화장한 유골을 뿌릴 수 있는 시설 및 그 밖의 필요한 시설물과 주차장을 마련하여야 한다.
나. 화장로실은 시체 또는 유골을 완전히 태울 수 있는 구조의 화장로를 설치하고 외부와 엄격히 구획되어야 하며, 소각 또는 연소로 생기는 소음 · 매연 · 분진 · 악취를 막을 수 있는 공해방지시설과 오수처리시설을 설치하고 환경 관련 법령에 따른 배출허용기준에 적합하도록 운영하여야 하며, 개장한 유골(죽은 태아를 포함한다)을 처리하기 위하여 따로 개장 유골 전용 화장로를 설치할 수 있다.
다. 시체안치실은 시체의 보건 위생 및 안전한 보관을 위하여 적정한 온도를 유지하는 등의 필요한 설비를 갖추어야 한다.
라. 유족대기실은 화장로별로 개별 유족대기실 및 공동 유족대기실을 설치하되, 개별 유족대기실은 따로 구획되어야 하며, 화장 진행 상황을 확인할 수 있는 장치를 설치하여야 한다.

3. 공설봉안시설

가. 공설봉안묘

1) 공설봉안묘는 사원 · 묘지 · 화장시설이나 그 밖에 지방자치단체의 조례로 정하는 장소에 설치하여야 한다.
2) 공설봉안묘는 지형 · 배수 · 토양 등을 고려하여 붕괴 · 침수의 우려가 없는 곳에 설치하여야 한다.
3) 공설봉안묘는 유골을 위생적으로 안치할 수 있는 설비를 갖추되, 개폐가 가능하여야 한다.
4) 관리사무실, 유족편의시설, 화장한 유골을 뿌릴 수 있는 시설, 그 밖의 필요한 시설물과 폭 5미터 이상의 진입로 및 주차장을 마련하여야 한다. 다만, 그 시설이 갖추어진 묘지에 공설봉안묘를 설치하는 경우에는 예외로 한다.
5) 공설봉안묘지 면적 중 100분의 20 이상을 녹지공간으로 확보하여야 한다.

나. 공설봉안탑 및 공설봉안담

공설봉안탑과 공설봉안담의 설치기준은 가목의 공설봉안묘에 관한 규정을 준용한다.

다. 공설봉안당

1) 공설봉안당은 유골을 위생적으로 안치할 수 있는 설비를 갖추어야 하며, 공설봉안당 실내에 유골을 안치하여야 한다.
2) 공설봉안당에는 폭 5미터 이상의 진입로와 주차장을 마련하여야 한다. 다만, 그 시설이 갖추어진 묘지에 공설봉안당을 설치하는 경우에는 예외로 한다.
3) 관리사무실, 유족편의시설, 화장한 유골을 뿌릴 수 있는 시설, 그 밖의 필요한 시설을 설치하여야 한다.

4. 공설자연장지

가. 공설자연장지는 지형 · 배수 · 토양 · 경사도 등을 고려하여 붕괴 · 침수의 우려가 없는 곳에 조성하여야 한다.
나. 급경사지에 유골을 묻어서는 안 된다. 다만, 기존의 묘지에 공설자연장지를 조성하는 경우에는 그러하지 아니하다.
다. 관리사무실, 유족편의시설, 공동분향단, 그 밖의 필요한 시설과 폭 5미터 이상의 진입로 및 주차장을 마련하여야 한다. 다만, 그 시설이 갖추어진 묘지에 공설자연장지를 조성하는 경우에는 예외로 한다.
라. 자연장지구역의 계곡이나 30도 이상의 급경사지역 및 배수로의 하단 부분에는 토사의 유출 및 유출 속도를 줄일 수 있는 침사지 또는 물 저장고를 설치하여야 한다.
마. 표지는 개별 또는 공동으로 하되, 개별표지의 면적은 150제곱센티미터 이하, 공동표지의 면적은 안치 구수 및 안치예정 구수를 고려하여 알맞은 크기로 주위 환경과 조화를 이루도록 하여야 한다.

5. 공설수목장림

가. 공설수목장림은 지형 · 배수 · 토양 · 경사도 등을 고려하여 붕괴 · 침수의 우려가 없는 곳에 조성하여야 한다.
나. 급경사지에 유골을 묻어서는 안 된다. 다만, 기존의 묘지에 공설수목장림을 조성하는 경우에는 그러하지 아니하다
다. 공설수목장림구역 안에 보행로와 안내표지판을 설치하여야 한다. 다만, 관리사무실, 유족편의시설, 공동분향단, 주차장, 그 밖의 필요한 시설은 공설수목장림구역 밖에 설치할 수 있다.
라. 수목장림구역의 계곡이나 30도 이상의 급경사지역 및 배수로의 하단 부분에는 토사의 유출 및 유출 속도를 줄일 수 있는 침사지 또는 물 저장고를 설치하여야 한다.
마. 표지는 수목 1그루당 1개만 설치할 수 있으며, 표지의 면적은 150제곱센티미터 이하여야 한다.
바. 표지는 수목의 훼손 및 생육에 지장이 없도록 수목에 매다는 방법으로만 설치하여야 한다.

〈해 설〉

○ 법 제13조의 규정은 시 · 도지사 및 시장 · 군수 · 구청장은 관할 지역의 매장 · 화장, 봉안, 자연장 수요 및 사설(민간) 장사시설 공급 등을 고려하여 공설 장사시설을 적정하게 설치 · 관리하도록 의무화하는 것임. 지자체장의 공설 장사시설 설치를 의무적으로 규정하는 이유는 지역주민의 장사복지 서비스를 위하여 해당 지자체에서 사망자뿐만 아니라 사망자의 유족 등에 대해서도 최종적인 복지 기반시설을 설치함으로써 지역주민의 장사서비스 편의를 도모하고자 하는 것임.
 – 이와 함께, 법 제4조제2항에 따른 지자체는 지역주민의 화장에 대한 수요를 충족할 수 있는 화장시설을 갖추어야 한다는 규정은 화장시설이 최우선적으로 설치해야 한다는 의미라 할 수 있음.

○ 법 제13조제2항 지자체장은 공설 장사시설의 전부 또는 일부를 다른 지자체장과 공동으로 설치 · 조성 및 관리할 수 있다는 규정은 인근 지자체의 인구 및 사망자 규모와 지자체간의 생활권 및 지리학적 상황 등을 고려하여 자유롭게 지자체간에 공동으로 설치 · 관리할 수 있도록 함.
 – 본 규정은 장사시설이 기피시설로 인식되어 설치과정에 많은 갈등 등으로 불필요한 사회적 비용이 발생하고 지자체별 각각 장사시설 설치로 소요되는 경제적 비용을 공동으로 적정한 규모를 설치함으로써 설치비용 등을 절감하는 등의 효과가 있음.

○ "공설묘지"와 "공동묘지" 개념
 – 공설묘지와 공동묘지 모두 지자체에서 설치한 집단묘지임. 공설묘지는 공설공원묘지, 공설공동묘지로 구분할 수 있으며, 공동묘지는 촌락공동묘지 또는 일제시대에 설치된 마을단위 공동묘지로 주로 시 · 군 소유 토지(임야)로 이루어져 있으며, 공설묘지는 대부분 기존의 공동묘지를 재개발 · 재활용하여 재정비하여 운영관리하고 있는 형태를 말함.

※ 전국 설치된 공동묘지는 8,019개소로 추정면적은 136,808,666(㎡)임(2010년 기준)

○ 묘지 설치기준(거리제한) 개정 연혁

구 분	묘지 거리제한 규정
매장등및묘지등에관한법률시행규칙 [시행 1962.5.12.]	묘지는 도로, 철도 또는 하천으로부터 2백미터이상, 인가가 밀집된 지역, 학교 기타 공중이 수시집합하는 시설 또는 장소로부터 3백미터이상 떨어진 곳이어야 한다. 단, 서울특별시장 또는 도지사가 토지의 상황에 의하여 지장이 없다고 인정할 때에는 예외로 할 수 있다.
매장 및 묘지등에 관한 법률시행령 [시행 1969.4.17.]	묘지는 도로·철도·하천 또는 그 예정지역으로부터 300미터이상, 인가가 밀접한 지역·학교 기타 공중이 수시 집합하는 시설 또는 장소로부터 500미터이상 떨어진 곳에 설치하여야 한다. 다만, 토지의 상황에 의하여 지장이 없는 경우에는 예외로 한다.
매장 및 묘지등에 관한 법률시행령 [시행 1981.5.17.]	묘지는 도로(시·도와 군도를 제외한다. 이하 같다)·철도·하천 또는 그 예정지역으로부터 300미터이상, 20호이상의 인가가 밀접한 지역·학교 기타 공중이 수시 집합하는 시설 또는 장소로부터 500미터이상 떨어진 곳에 설치하여야 한다. 다만, 토지의 상황에 의하여 지장이 없는 경우에는 예외로 한다.
장사 등에 관한 법률 시행령 [시행 2008.5.26.]	묘지는 다음의 장소에 설치하여야 한다. 다만, 기존 묘지에 공설묘지를 설치하는 경우나 토지 또는 지형의 상황으로 보아 다음 시설의 기능이나 이용 등에 지장이 없는 경우에는 예외로 한다. 1) 「도로법」제2조의 도로, 「철도산업발전 기본법」제3조제2호가목의 철도의 선로, 「하천법」제2조제2호의 하천구역 또는 그 예정지역으로부터 300미터 이상 떨어진 곳 2) 20호 이상의 인가밀집지역, 학교, 그 밖에 공중이 수시로 집합하는 시설 또는 장소로부터 500미터 이상 떨어진 곳

○ 화장시설 설치기준(거리제한)

구 분	도로, 철도 등	20호 인가
1962년	200m	3,000m
1969년	500m	1,000m
1981년	300m	1,000m
2001년	폐지	폐지

○ 화장시설 화장로(火葬爐)[25]시설로 인한 환경오염을 예방하기 위하여 화장로(火葬爐)시설을 대기오염물질 배출시설로 추가함(대기환경보존법 시행규칙, 별표 3, 별표 8. 2009.1.14., 일부개정).

25) 우리나라의 화장로 시설은 대부분 '대차식 화장로' 시설로 설치·운영하고 있음. '대차식 화장로'란 주연소실이 내화물 구조의 로(爐) 바닥부가 딸린 대차를 갖춘 화장로로, 주연소실 안팎으로 대차를 이동시킬 수 있는 화장로임. 또한 화장은 로 밖으로 끌어낸 대차의 로 바닥부 위에 관을 올려놓고, 그대로 로 안으로 밀어 넣어 정치시킨 후 시신의 연소를 행함. 연소 후의 유골은 대차 위의 로 바닥부에 비교적 인체의 형태를 유지한 상태로 남은 경우가 많음.

- 화장로시설은 대부분 지방자치단체가 운영하고 있으나, 해당 시설에서 많은 대기오염물질이 배출되므로 이를 관리할 필요가 있음.
- 화장로시설을 대기오염물질배출시설에 추가하고, 2009년 12월 31일 이전에 설치한 화장로시설과 2010년 1월 1일 이후에 설치한 화장로시설로 구분하여 각각에 대한 배출허용기준을 정함.

제14조(사설묘지의 설치 등) ① 국가, 시·도지사 또는 시장·군수·구청장이 아닌 자는 다음 각 호의 구분에 따른 묘지(이하 "사설묘지"라 한다)를 설치·관리할 수 있다.

1. 개인묘지 : 1기의 분묘 또는 해당 분묘에 매장된 자와 배우자 관계였던 자의 분묘를 같은 구역 안에 설치하는 묘지
2. 가족묘지 : 「민법」에 따라 친족관계였던 자의 분묘를 같은 구역 안에 설치하는 묘지
3. 종중·문중묘지 : 종중이나 문중 구성원의 분묘를 같은 구역 안에 설치하는 묘지
4. 법인묘지 : 법인이 불특정 다수인의 분묘를 같은 구역 안에 설치하는 묘지

② 개인묘지를 설치한 자는 보건복지부령으로 정하는 바에 따라 묘지를 설치한 후 30일 이내에 해당 묘지를 관할하는 시장등에게 신고하여야 한다. 신고한 사항 중 대통령령으로 정하는 사항을 변경한 경우에도 또한 같다.

③ 가족묘지, 종중·문중묘지 또는 법인묘지를 설치·관리하려는 자는 보건복지부령으로 정하는 바에 따라 해당 묘지를 관할하는 시장등의 허가를 받아야 한다. 허가받은 사항 중 대통령령으로 정하는 사항을 변경하려는 경우에도 또한 같다.

④ 시장등은 묘지의 설치·관리를 목적으로 「민법」에 따라 설립된 재단법인에 한정하여 법인묘지의 설치·관리를 허가할 수 있다.

⑤ 시장등이 제3항에 따른 가족묘지, 종중·문중묘지 또는 법인묘지의 설치·관리를 허가한 때에는 「산지관리법」 제14조·제15조에 따른 산지전용허가 및 산지전용신고, 같은 법 제15조의2에 따른 산지일시사용허가·신고와 「산림자원의 조성 및 관리에 관한 법률」 제36조제1항·제4항에 따른 입목벌채 등의 허가·신고가 있는 것으로 본다. 다만, 대통령령으로 정하는 면적 이상의 묘지의 경우에는 그러하지 아니하다.

⑥ 사설묘지의 설치면적, 분묘의 형태, 설치장소, 그 밖의 설치기준 등에 관하여 필요한 사항은 대통령령으로 정한다.

〈해 설〉

○ 개인묘지는 사후신고이며, 가족묘지, 종중·문중묘지 또는 법인묘지는 사전허가사항임. 종전 규정(2000.1.12., 전부개정 법률 제6158호 이전)에는 개인묘지 설치는 사전허가사항이었으나 현실적으로 갑자가 사망한 경우 사전에 묘지설치관련 행정절차 일정을 감안하여 묘지 설치 후 신고하려는 국민의 편의를 제고하려고 한 것임.
- 개인묘지 설치는 사후신고제로 묘지 설치시 묘지설치 제한지역 등 관계법령에 적합하게 설치하여야 하는 전제조건으로 우선 묘지설치 이후에 관할 지자체에 신고하여야 한다는 것임.

○ 구 「매장 등 및 묘지 등에 관한 법률」(제정 1961.12.5. 법률799호) 부칙 제3조에 따라 이법 시행전 1961.12.31 이전에 설치된 묘지의 경우 이법에 따른 적법한 묘지로 인정되고 있음. 그러나 기존의 묘지의 형상을 변경하거나 기존의 묘지외의 지역에 잔디를 심어 묘지를 확장 또는 새롭게 시설물(분묘, 봉안시설 등)을 설치하고자 한다면 현행 「장사 등에 관한 법률」의 규정에 따라 사설묘지 설치 허가 및 사설봉안시설 설치신고를 득하여야 할 것임.

○ 지목이 "묘지"인 장소에 분묘 설치 가능 여부
  - 지목이 묘지라 하여 「장사 등에 관한 법률」에서 신고나 허가를 득한 적법한 묘지로 인정되는 것은 아니며 상호 별개의 사안이므로 현행 법령의 기준에 따라 묘지 설치(신고)허가 후 분묘를 설치하여야 함

○ 가족묘지란 「민법」에 따라 친족관계였던 자의 분묘를 같은 구역 안에 설치하는 묘지를 말하며, 「민법」 제767조의 규정에 의하면 배우자, 혈족 및 인척을 친족으로 정의하고 있으며, 동법 제777조의 규정에 의하면 친족의 범위로① 8촌이내의 혈족, ② 4촌이내의 인척, ③ 배우자로 규정하고 있음

【관계법령】

「민 법」

제767조(친족의 정의) 배우자, 혈족 및 인척을 친족으로 한다.

제768조(혈족의 정의) 자기의 직계존속과 직계비속을 직계혈족이라 하고 자기의 형제자매와 형제자매의 직계비속, 직계존속의 형제자매 및 그 형제자매의 직계비속을 방계혈족이라 한다.

제769조(인척의 계원) 혈족의 배우자, 배우자의 혈족, 배우자의 혈족의 배우자를 인척으로 한다.

제777조(친족의 범위) 친족관계로 인한 법률상 효력은 이 법 또는 다른 법률에 특별한 규정이 없는 한 다음 각 호에 해당하는 자에 미친다.
1. 8촌 이내의 혈족
2. 4촌 이내의 인척
3. 배우자

제779조(가족의 범위)① 다음의 자는 가족으로 한다.
1. 배우자, 직계혈족 및 형제자매
2. 직계혈족의 배우자, 배우자의 직계혈족 및 배우자의 형제자매
② 제1항제2호의 경우에는 생계를 같이 하는 경우에 한한다.

【유권해석】

가족묘지의 설치기준 (「장사 등에 관한 법률」제14조제1항제2호 등 관련) [법제처 13-0112, 2013.5.22, 보건복지부]

【질의요지】

「장사 등에 관한 법률」제14조제1항제2호에 따른 가족묘지를 설치하고자 할 경우에 1필지의 토지에 1개소의 가족묘지만 설치할 수 있는지?

【회 답】

「장사 등에 관한 법률」제14조제1항제2호에 따른 가족묘지를 설치하고자 할 경우, 구체적인 사안에서 환경오염이나 지역주민들의 보건위생상의 위해 등을 예방하거나 묘지의 증가로 인한 국토의 훼손을 방지하고 국토의 효율적 이용 및 공공복리의 증진을 도모하는 등 중대한 공익상 필요가 있다고 인정되어 그 허가가 거부될 수 있음은 별론으로 하더라도, 1필지의 토지에 1개소의 가족묘지만 설치할 수 있는 것은 아니라고 할 것입니다.

○ 종중·문중묘지란 종중이나 문중 구성원의 분묘를 같은 구역 안에 설치하는 묘지를 말함
   - 종중에 대한 명확한 법률적 정의는 없으나 판례에 의하면 종중이란 '공동선조의 분묘수호·제사·종원 상호간 친목을 목적으로 하는 공동선조의 후손 중 성년이상의 남자를 종원으로 하여 구성되는 종족의 자연적 집단'이라고 정의하고 있으며 이러한 종중은 문중이라고 일컫기도 하지만, 문중은 종중과 동의어는 아니며, 고조(4대조)를 공동시조로 하는 유복친의 친족단체를 가리키는 것이 통례임
   - 종래 대법원은 관습상의 단체인 종중을 공동선조의 분묘수호와 제사 및 구성원 상호간의 친목을 목적으로 하여 공동선조의 후손 중 성년 남자를 구성원으로 하여 구성되는 종족의 자연적 집단이라고 정의하면서 여성은 종중의 구성원이 될 수 없다고 하였음. 그러나 대법원 2005. 7. 21. 선고 2002다1178 전원합의체 판결에서 종중이란 공동선조의 분묘수호와 제사 및 구성원 상호간의 친목 등을 목적으로 하여 구성되는 자연발생적인 종족집단으로서 공동선조와 성과 본을 같이 하는 후손은 성별의 구별 없이 성년이 되면 당연히 그 구성원이 된다고 보는 것이 조리에 합당하며, 종중 구성원의 자격을 성년 남자만으로 제한하는 종래의 관습법은 더 이상 법적 효력을 가질 수 없게 되었다고 함으로써 종중 구성원의 자격에 관한 종전의 견해를 변경하면서, 위와 같이 변경된 대법원의 견해는 위 판결 선고 이후의 종중 구성원의 자격과 이와 관련하여 새로이 성립하는 법률관계에 대하여 적용된다고 판단하였음[26].

○ 법 제14조제4항 "시장등은 묘지의 설치·관리를 목적으로 「민법」에 따라 설립된 재단법인에 한정하여 법인묘지의 설치·관리를 허가할 수 있다."의 규정은 법인묘지 허가권은 시장 등에 있으며, 민법에 따른 재단법인(장사시설 설치를 목적으로 하는 재단법인) 허가는 보건복지부장관의 소관사항이나 「행정권한의 위임 및 위탁에 관한 규정」에 따라 그 권한을 특별시장·광역시장·특별자치시장·도지사 또는 특별자치도지사에게 각각 위임하도록 하고 있음.

26) 대법원 2010.02.11. 선고 2009다83650 판결

【관계규정】

「행정권한의 위임 및 위탁에 관한 규정」

제36조(보건복지부 소관) ③ 보건복지부장관은 다음 각 호의 사항에 관한 권한을 특별시장 · 광역시장 · 특별자치시장 · 도지사 또는 특별자치도지사에게 각각 위임한다.

4. 「민법」 제32조에 따라 설립하였거나 설립하려는 보건복지부장관 소관의 다음 각 목의 어느 하나에 해당하는 비영리법인의 설립허가 및 그 취소, 정관변경허가, 해산신고의 수리, 그 밖의 지도 · 감독
   가. 장사시설 설치 또는 한센인 정착사업을 목적으로 하는 재단법인
   나. 가목 외의 법인 중 활동범위가 해당 특별시장 · 광역시장 · 특별자치시장 · 도지사 또는 특별자치도지사의 관할구역에 한정되는 법인. 다만, 특별시 · 광역시 · 특별자치시 · 도 또는 특별자치도가 출연하여 설립한 법인은 제외한다.

【유권해석】

필지분할 후 불특정 다수인의 묘지설치허가신청에 대한 질의 회신(노인지원과–1276, 2010.8.11.)

1. 「장사 등에 관한 법률」 제14조(사설묘지의 설치 등)의 규정에 의하여 불특정 다수인의 분묘를 같은 구역 안에 설치하는 사설묘지는 법인묘지로서 묘지의 설치 · 관리를 목적으로 「민법」에 따라 설립된 재단법인에 한정하여 허가를 받아 법인묘지를 운영할 수 있다 할 것입니다.
2. 따라서 허가받은 재단법인이 아닌 토지소유자가 일정한 토지를 분할하여 매매함으로써 가족묘지 및 종중 · 문중묘지 등을 집단적으로 설치하게 하는 경우에는 「장사 등에 관한 법률」 제14조에 위반된다 할 것입니다.

【유권해석】

"20호 이상의 인가밀집지역" 이란?(노인지원과–1266, 2010.8.10.)

1. 『장사 등에 관한 법률 시행령』 제15조 [별표2]의 「사설묘지 설치기준」 중 "20호 이상의 인가밀집지역" 이라 함은 '동 · 리' 등 행정구역과 반드시 일치하는 것은 아니며, 그 지역의 지형적 상황이나, 생활의 유지관계 등 제반 여건을 종합적으로 검토하여 관할 관청에서 검토하여 해당 여부를 판단하는 것이 타당할 것이며,
2. 그 거리는 묘지설치예정지로부터 가장 가까이 위치한 인가로부터 직선거리로 실측하여 측정하여야 할 것입니다.
3. 가족묘지, 종중 · 문중묘지, 법인묘지 설치허가 신청시 처리기관은 묘지설치예정지가 「사설묘지 설치기준」에 부합하는지 여부에 대한 현장실사를 한 후 관계기관 의견조회 등의 절차를 거쳐 묘지설치허가를 하도록 하고 있으므로 현장실사를 아니하고 행한 처분이 합당하다고 볼 수는 없습니다.

【유권해석】

사설묘지설치허가의 효력 승계 여부 등(「장사 등에 관한 법률」 제14조 등 관련) [법제처 11-0295, 2011.7.15, 보건복지부]

【질의요지】

가. 토지소유자가 소유 토지 내 개인묘지가 아닌 묘지를 설치하기 위하여 「장사 등에 관한 법률」에 따라 사설묘지설치허가를 받은 후 사설묘지를 포함하여 해당 토지를 제3자에게 양도하는 경우, 양도 받은 제3자는 새로운 사설묘지설치허가를 받지 않아도 되는지?

나. 2001년 「장사 등에 관한 법률」(2000. 1. 12. 법률 제6158호로 전부 개정되어 2001. 1. 13. 시행된 것을 말함) 부칙 제3조는 "이 법 시행당시 종전의 규정 또는 다른 법령에 의하여 설치된 묘지·화장장 및 납골당은 이 법에 의하여 설치된 묘지·화장장 및 납골시설로 본다" 고 규정하고 있는데, 여기서 다른 법령에 구 「지적법」(1975. 12. 31. 법률 제2801호로 전부 개정되어 1976. 4. 1. 시행된 것을 말함)이 포함되는지?

【회 답】

가. 질의 가에 대하여

토지소유자가 소유 토지 내 개인묘지가 아닌 묘지를 설치하기 위하여 「장사 등에 관한 법률」에 따라 사설묘지설치허가를 받은 후 사설묘지를 포함하여 해당 토지를 제3자에게 양도하는 경우에 양도받은 제3자가 사설묘지를 설치하기 위해서는 새로운 사설묘지설치허가를 받아야 할 것입니다.

나. 질의 나에 대하여

2001년 「장사 등에 관한 법률」부칙 제3조는 "이 법 시행당시 종전의 규정 또는 다른 법령에 의하여 설치된 묘지·화장장 및 납골당은 이 법에 의하여 설치된 묘지·화장장 및 납골시설로 본다" 고 규정하고 있는바, 여기서의 "다른 법령" 에 구 「지적법」은 포함되지 않는다고 할 것입니다.

(판 례) 산림법위반, 매장 및 묘지등에 관한 법률위반[대법원 1994.12.27, 선고, 93도2734, 판결]

【판시사항】

임야에 묘지를 설치하려면 매장 및 묘지등에 관한 법률에 의한 묘지설치허가 외에 산림법에 의한 산림훼손허가를 받아야 하는지 여부

【판결요지】

임야에 묘지를 설치하려면 행정청의 적법한 묘지설치허가가 있어야 할 뿐만아니라, 그 설치한 묘지면적이 매장 및 묘지등에 관한 법률 제8조 제5항 단서, 같은법시행령 제7조 소정의 80㎡를 초과한다면, 묘지설치허가 여부와는 상관없이 산림법 제90조 제1항에 의한 산림훼손허가를 받지 아니하면 안된다.

(판 례) 납골당 설치 신고 수리 처분 이행통지 취소[대법원, 2009두6766, 2011.9.8]

【판시사항】

[1] 납골당설치 신고가 '수리를 요하는 신고'인지 여부(적극) 및 수리행위에 신고필증 교부 등 행위가 필요한지 여부(소극)

[2] 파주시장이 종교단체 납골당설치 신고를 한 甲 교회에, '구 장사 등에 관한 법률에 따라 필요한 시설을 설치하고 유골을 안전하게 보관할 수 있는 설비를 갖추어야 하며 관계 법령에 따른 허가 및 준수 사항을 이행하여야 한다'는 취지의 납골당설치 신고사항 이행통지를 한 사안에서, 파주시장이 甲 교회에 이행통지를 함으로써 납골당설치 신고수리를 하였다고 보는 것이 타당하고, 이를 수리처분과 별도로 항고소송 대상이 되는 다른 처분으로 볼 수 없다고 한 사례

[3] 납골당 설치장소에서 500m 내에 20호 이상의 인가가 밀집한 지역에 거주하는 주민들의 경우, 납골당이 누구에 의하여 설치되는지와 관계없이 납골당 설치에 대하여 환경 이익 침해 또는 침해 우려가 있는 것으로 사실상 추정되어 원고적격이 인정되는지 여부(적극)

【판결요지】

[1] 구 장사 등에 관한 법률(2007. 5. 25. 법률 제8489호로 전부 개정되기 전의 것, 이하 '구 장사법'이라 한다) 제14조 제1항, 구 장사 등에 관한 법률 시행규칙(2008. 5. 26. 보건복지가족부령 제15호로 전부 개정되기 전의 것) 제7조 제1항 [별지 제7호 서식] 을 종합하면, 납골당설치 신고는 이른바 '수리를 요하는 신고'라 할 것이므로, 납골당설치 신고가 구 장사법 관련 규정의 모든 요건에 맞는 신고라 하더라도 신고인은 곧바로 납골당을 설치할 수는 없고, 이에 대한 행정청의 수리처분이 있어야만 신고한 대로 납골당을 설치할 수 있다. 한편 수리란 신고를 유효한 것으로 판단하고 법령에 의하여 처리할 의사로 이를 수령하는 수동적 행위이므로 수리행위에 신고필증 교부 등 행위가 꼭 필요한 것은 아니다.

[2] 파주시장이 종교단체 납골당설치 신고를 한 甲 교회에, '구 장사 등에 관한 법률(2007. 5. 25. 법률 제8489호로 전부 개정되기 전의 것, 이하 '구 장사법'이라 한다) 등에 따라 필요한 시설을 설치하고 유골을 안전하게 보관할 수 있는 설비를 갖추어야 하며 관계 법령에 따른 허가 및 준수 사항을 이행하여야 한다'는 내용의 납골당설치 신고사항 이행통지를 한 사안에서, 이행통지는 납골당설치 신고에 대하여 파주시장이 납골당설치 요건을 구비하였음을 확인하고 구 장사법령상 납골당설치 기준, 관계 법령상 허가 또는 신고 내용을 고지하면서 신고한 대로 납골당 시설을 설치하도록 한 것이므로, 파주시장이 甲 교회에 이행통지를 함으로써 납골당설치 신고수리를 하였다고 보는 것이 타당하고, 이행통지가 새로이 甲 교회 또는 관계자들의 법률상 지위에 변동을 일으키지는 않으므로 이를 수리처분과 별도로 항고소송 대상이 되는 다른 처분으로 볼 수 없다고 한 사례.

[3] 구 장사 등에 관한 법률(2007. 5. 25. 법률 제8489호로 전부 개정되기 전의 것) 제14조 제3항, 구 장사 등에 관한 법률 시행령(2008. 5. 26. 대통령령 제20791호로 전부 개정되기 전의 것) 제13조 제1항

[별표 3]에서 납골묘, 납골탑, 가족 또는 종중·문중 납골당 등 사설납골시설의 설치장소에 제한을 둔 것은, 이러한 사설납골시설을 인가가 밀집한 지역 인근에 설치하지 못하게 함으로써 주민들의 쾌적한 주거, 경관, 보건위생 등 생활환경상의 개별적 이익을 직접적·구체적으로 보호하려는 데 취지가 있으므로, 이러한 납골시설 설치장소에서 500m 내에 20호 이상의 인가가 밀집한 지역에 거주하는 주민들은 납골당 설치에 대하여 환경상 이익 침해를 받거나 받을 우려가 있는 것으로 사실상 추정된다. 다만 사설납골시설 중 종교단체 및 재단법인이 설치하는 납골당에 대하여는 그와 같은 설치 장소를 제한하는 규정을 명시적으로 두고 있지 않지만, 종교단체나 재단법인이 설치한 납골당이라 하여 납골당으로서 성질이 가족 또는 종중, 문중 납골당과 다르다고 할 수 없고, 인근 주민들이 납골당에 대하여 가지는 쾌적한 주거, 경관, 보건위생 등 생활환경상의 이익에 차이가 난다고 볼 수 없다. 따라서 납골당 설치장소에서 500m 내에 20호 이상의 인가가 밀집한 지역에 거주하는 주민들에게는 납골당이 누구에 의하여 설치되는지를 따질 필요 없이 납골당 설치에 대하여 환경 이익 침해 또는 침해 우려가 있는 것으로 사실상 추정되어 원고적격이 인정된다고 보는 것이 타당하다.

(판 례) 납골시설 설치 시 거리제한규정 적용에 관한 질의[법제처2005.6.9, 보건복지부]

【질의요지】

현행 장사 등에 관한 법령에 의하여 사실묘지를 설치할 때에 적용되는 기준인 거리제한규정이 납골시설을 설치할 때에도 적용되는지 여부

〈질의1〉 새로이 설치하는 묘지에 사설납골시설을 설치하는 경우 반드시 관할관청으로부터 사전에 사설묘지의 설치신고 또는 설치허가를 얻은 후에만 사설납골시설의 설치신고가 가능한지 여부

〈질의2〉 새로이 설치하는 묘지에 사설납골시설을 설치하는 경우에는 원칙적으로 거리제한규정의 적용을 받는지 여부

【회 답】

가. 새로이 설치하는 묘지에 사설납골시설(종교단체나 재단법인이 설치하는 납골당은 제외함)을 설치하고자 하는 경우 관할관청으로부터 사전에 사설묘지의 설치신고가 수리되거나 설치허가를 얻은 후에 사설납골시설의 설치신고가 수리될 수 있을 것입니다.

나. 묘지에 사설납골시설(종교단체나 재단법인이 설치하는 납골당은 제외함)을 설치하는 경우 새로이 설치되는 묘지는 거리 제한규정을 적용받아 설치될 것이므로 이러한 묘지에 설치하는 사설납골시설은 거리제한규정은 적용받게 될 것입니다.

【유권해석】

「장사 등에 관한 법률」 제14조(사설화장장의 설치)[법제처 07-0029, 2007.2.26, 성북구]

【질의요지】

문화관광부장관의 허가를 받아 설립되고, 그 정관에 납골당설치운영사업을 목적으로 두고 있는 종교법인을 「장사 등에 관한 법률」제14조제2항 본문에서 규정하고 있는 납골시설의 설치·관리를 목적으로 하는 재단법인으로 볼 수 있는지 여부

【회 답】

문화관광부장관의 종교법인설립허가를 받아 설립된 종교단체를 「장사 등에 관한 법률」제14조제2항 본문의 규정에 의한 납골시설을 설치·운용을 목적으로 하는 재단법인이라고는 할 수 없으나, 이 종교단체가 유골 500구 이상을 안치할 수 있는 납골시설을 설치·운용하고자 한다면, 동항 단서의 규정에 의하여 납골시설을 설치·운용하기 위한 새로운 재단법인설립허가를 받을 필요가 없습니다.

【유권해석】

「장사 등에 관한 법률」 제14조제5항 등(산지전용허가를 별도로 받아야 하는지 여부 등) 관련 [법제처 08-0115, 2008.7.2, 산림청 산림이용국 산지컨설팅과]

【질의요지】

가. 「장사 등에 관한 법률」제14조제5항 본문은 시장등이 가족묘지, 종중 · 문중묘지 또는 법인묘지의 설치 · 관리를 허가한 때에는 「산지관리법」제14조 · 제15조에 따른 산지전용허가 · 신고가 있는 것으로 보도록 하고 있으나, 「장사 등에 관한 법률」제14조제5항 단서 및 같은 법 시행령 제14조는 면적이 80제곱미터 이상의 묘지의 경우에는 그러하지 아니하도록 규정되어 있는 것과 관련하여,

(1) 종중묘지의 설치허가에 따른 산지전용허가의 민원이 「민원사무처리에 관한 법률」에 따른 복합민원에 해당하는지, 그리고 복합민원에 해당하는 경우 구비서류를 관계 법령에 따라 제출하여야 하는 모든 서류를 구비해야 하는지, 「민원사무처리기준표」에 적시되어 있는 서류만 구비해도 되는지?

(2) 80제곱미터 이상의 면적에 대한 산지전용을 필요로 하는 종중묘지의 설치허가가 「산지관리법」 제14조제2항에 따른 "다른 법률에 의하여 산지전용허가가 의제되는 행정처분"에 해당하는지?

나. 「건축법」제11조제5항제5호에 따라 「산지관리법」제14조에 따른 산지전용허가가 의제된 건축허가를 받은 경우로서 건축허가사항이 변경됨에 따라 산지전용허가사항을 변경해야 하는 경우 건축허가의 변경허가 · 신고와 별도로 「산지관리법」제14조제1항에 따른 산지전용의 변경허가를 받거나 신고를 하여야 하는지 아니면 건축허가관청에서 「산지관리법」제14조제2항에 따라 산지전용허가의 변경에 관한 협의절차를 거쳐 산지전용변경허가 · 신고를 의제하여야 하는지?

【회 답】

가. 질의 가의 (1)에 대하여

종중묘지의 설치허가에 따른 산지전용허가의 민원은 「민원사무처리에 관한 법률」에 따른 복합민원에 해당되나, 관계 법령에 따라 제출하여야 하는 모든 서류를 구비해야 합니다.

나. 질의 가의 (2)에 대하여

80제곱미터 이상의 면적에 대한 산지전용을 필요로 하는 종중묘지의 설치허가는 「산지관리법」제14조제2항에 따른 "다른 법률에 의하여 산지전용허가가 의제되는 행정처분"에 해당되지 않습니다.

다. 질의 나에 대하여

「건축법」제11조제5항에 따라 「산지관리법」제14조에 따른 산지전용허가가 의제된 건축허가를 받은 경우라 하더라도 건축허가사항의 변경을 위해 산지전용변경허가 · 신고가 필요한 경우에는 「건축법」제16조에 따른 변경허가 · 신고 대상인지의 여부와 상관없이 「산지관리법」제14조제1항에 따른 산지전용의 변경허가를 받거나 변경신고를 하여야 합니다.

【유권해석】

하나의 재단법인이 두 종류 이상의 사설장사시설을 설치 · 관리할 수 있는지(「장사 등에 관한 법률」 제14조제4항 등 관련)[법제처 09-0309, 2009.10.5, 보건복지가족부 노인지원과]

【질의요지】

하나의 재단법인이 사설묘지 · 사설봉안시설 · 자연장지 중 두 종류 이상의 사설장사시설을 설치 · 관리할 수 있는지?

【회 답】

하나의 재단법인이 별개의 재단법인의 설립없이도 두 종류 이상의 사설장사시설을 설치 · 관리할 수 있습니다.

(판 례) 납골당 설치신고 불가처분취소[대법원, 2008두22631, 2010.9.9]

【판시사항】

[1] 구 '장사 등에 관한 법률 시행령' 제13조 제1항의 [별표 3] 제2항 (다)목 (2) (가) 단서에서 정한 '기존의 사원'의 의미

[2] 입법 목적 등을 달리하는 법률들이 일정한 행위에 관한 요건을 각기 정하고 있는 경우, 그 행위에 관하여 각 법률의 규정에 따른 인허가를 받아야 하는지 여부(원칙적 적극)

[3] 구 '장사 등에 관한 법률' 제14조 제1항에 의한 사설납골시설의 설치신고 수리 여부의 판단 기준

[4] 종교단체의 사설납골당 설치신고에 대하여 파주시장이 신고수리불가 처분을 한 사안에서, 파주시가 장사시설 중장기계획을 수립하여 놓았다는 사정만으로 납골당 설치신고의 수리를 거부할 중대한 공익상 필요가 있다고 보기 어렵다고 보아 위 처분을 취소한 원심판결에, 중대한 공익상의 필요에 관한 법리를 오해하고 심리를 다하지 않은 위법이 있다고 한 사례

【판결요지】

[1] 구 ' 장사 등에 관한 법률 '(2007. 5. 25. 법률 제8489호로 전부 개정되기 전의 것) 제14조 제3항, 구 '장사 등에 관한 법률 시행령'(2008. 5. 26. 대통령령 제20791호로 전부 개정되기 전의 것) 제13조 제1항의

[별표 3] 제2항 (다)목 (2) (가)의 각 규정에 의하면, 종교단체가 설치하는 납골당에는 기존의 사원 경내에 설치하는 경우를 제외하고는 폭 5m 이상의 진입로와 주차장을 마련하여야 한다. 여기서 '기존의 사원'이란 납골당의 설치 이전에 사원의 운영에 필요한 인적·물적 시설 및 신도를 구비하여 온 종교적 교당을 말한다.

[2] 입법 목적 등을 달리하는 법률들이 일정한 행위에 관한 요건을 각기 정하고 있는 경우, 어느 법률이 다른 법률에 우선하여 배타적으로 적용된다고 풀이되지 아니하는 한 그 행위에 관하여 각 법률의 규정에 따른 인허가를 받아야 한다. 다만, 이러한 경우 그 중 하나의 인허가에 관한 관계 법령 등에서 다른 법령상의 인허가에 관한 규정을 원용하고 있는 경우나 그 행위가 다른 법령에 의하여 절대적으로 금지되고 있어 그것이 객관적으로 불가능한 것이 명백한 경우 등에는 그러한 요건을 고려하여 인허가 여부를 결정할 수 있다.

[3] 구 '장사 등에 관한 법률'(2007. 5. 25. 법률 제8489호로 전부 개정되기 전의 것)의 관계 규정들에 비추어 보면, 같은 법 제14조 제1항에 의한 사설납골시설의 설치신고는, 같은 법 제15조 각 호에 정한 사설납골시설설치 금지지역에 해당하지 않고 같은 법 제14조 제3항 및 같은 법 시행령(2008. 5. 26. 대통령령 제20791호로 전부 개정되기 전의 것) 제13조 제1항의

[별표 3]에 정한 설치기준에 부합하는 한, 수리하여야 하나, 보건위생상의 위해를 방지하거나 국토의 효율적 이용 및 공공복리의 증진 등 중대한 공익상 필요가 있는 경우에는 그 수리를 거부할 수 있다고 보는 것이 타당하다.

[4] 종교단체의 사설납골당 설치신고에 대하여 파주시장이 신고수리불가 처분을 한 사안에서, 납골당의 규모와 진입로 및 주위 교통여건 등을 비교하여 교통량 증가로 교통체증이 심화되어 마을 주민들의 통행에 현저한 지장을 가져오는지 여부, 납골당 설치로 인해 보건위생상 또는 환경상의 문제가 발생할 우려가 있는지 여부, 파주시 장사시설의 현황과 장사시설에 관한 중장기계획의 내용 등에 비추어 위 사설납골당이 국토의 효율적 이용 및 공공복리 증진을 해칠 우려가 있는지 여부 등을 살펴 납골당 설치신고의 수리를 거부할 중대한 공익상 필요가 있는지를 판단하였어야 함에도, 파주시가 장사시설 중장기계획을 수립하여 놓았다는 사정만으로 납골당 설치신고의 수리를 거부할 중대한 공익상 필요가 있다고 보기 어렵다고 보아 위 처분을 취소한 원심판결에, 중대한 공익상의 필요에 관한 법리를 오해하고 심리를 다하지 않은 위법이 있다고 한 사례.

(판 례) 사설공원 묘지설치 불허가처분취소[대법원, 2007두6106, 2008.4.10]

【판시사항】

[1] 사설묘지 설치허가 신청 대상지가 관련 법령에서 규정한 설치제한구역에 해당하지 않더라도 중대한 공익상 필요가 있는 경우 그 허가를 거부할 수 있는지 여부(적극)

[2] 법인묘지 설치허가 신청지가 장사 등에 관한 법률 제15조 및 같은 법 시행령 제14조 에서 규정한 설치제한지역에 해당하지 않지만 주민들의 보건위생상 이익 보호를 이유로 그 허가를 거부한 처분이 적법하다고 한 사례

【유권해석】

납골시설 설치 시 거리제한규정 적용에 관한 질의[법제처2005.6.9, 보건복지부]

【질의요지】

현행 장사 등에 관한 법령에 의하여 사실묘지를 설치할 때에 적용되는 기준인 거리제한규정이 납골시설을 설치할 때에도 적용되는지 여부

〈질의1〉

새로이 설치하는 묘지에 사설납골시설을 설치하는 경우 반드시 관할관청으로부터 사전에 사설묘지의 설치신고 또는 설치허가를 얻은 후에만 사설납골시설의 설치신고가 가능한지 여부

〈질의2〉

새로이 설치하는 묘지에 사설납골시설을 설치하는 경우에는 원칙적으로 거리제한규정의 적용을 받는지 여부

【회 답】

가. 새로이 설치하는 묘지에 사설납골시설(종교단체나 재단법인이 설치하는 납골당은 제외함)을 설치하고자 하는 경우 관할관청으로부터 사전에 사설묘지의 설치신고가 수리되거나 설치허가를 얻은 후에 사설납골시설의 설치신고가 수리될 수 있을 것입니다.

나. 묘지에 사설납골시설(종교단체나 재단법인이 설치하는 납골당은 제외함)을 설치하는 경우 새로이 설치되는 묘지는 거리 제한규정을 적용받아 설치될 것이므로 이러한 묘지에 설치하는 사설납골시설은 거리제한규정은 적용받게 될 것입니다.

(참 고) 묘지설치 거리제한 필요성

1. 보건위생상의 위해(危害) 발생 가능성

□ 시신을 땅에 묻는 매장분묘는 공중보건위생상 위해요인 잠재되어 있는 상태이므로 매장방법 및 거리제한 규정을 두고 있음

○ 장사 등에 관한 법률 제9조제2항에 의하면, 매장할 때에는 공중위생에 해를 끼치지 아니하도록 매장 깊이, 시신나 유골의 소각과정 및 종전의 분묘처'리 등의 구체적인 방법을 정하고 있음.

– 시신 또는 화장하지 아니한 유골을 입관하여 위생적으로 처리하여야 하며, 매장 깊이는 1미터 이상이어야 함. 화장한 유골의 경우에는 매장할 때 매장깊이는 30센티미터 이상이어야 함.

○ 묘지는 도로 · 철도 · 하천 또는 그 예정지역으로부터 300미터 이상, 20호 이상의 인가가 밀집한 지역, 학교 그밖에 공중이 수시 집합하는 시설 또는 장소로부터 500미터 이상 떨어진 곳에 설치토록 규정하고 있음

○ 이와 같이 분묘설치시 매장방법 및 거리제한을 두는 이유는 시신의 부패로 인한 각종 이물질 및 세균들이 지하수를 통해 감염될 우려가 있기 때문임

– 즉, 이는 시신부패 시에 배출되는 가스(CO_2, CH_4, H_2S, NH_4), 각종 벌레 및 세균들에 노출될 가능성과 유수에 섞여 주거단지로 유입될 위험성을 가지고 있기 때문임.

○ 장사법 목적 및 장사정책 방향 등과 배치

– 장사법 목적은 보건위생상의 위해방지, 국토의 효율적 이용과 공공복리 증진에 이바지(법제1조)

– 국가 및 지방자치단체는 묘지증가에 따른 국토훼손을 방지하기 위하여 화장 · 봉안 및 자연장의 장려를 위한 시책을 강구 · 시행(법제4조)

– 묘지문제에 대처하기 위하여 묘지면적 축소, 묘지설치 거리제한, 한시적 매장제도 등 매장위주의 장사문화를 합리적으로 개선하고 있음.

○ 묘지설치 제한거리는 보건위생 등을 고려한 적정거리

– 묘지설치시 · 도로, 하천, 인가 등 거리제한 규정은 매장시 시신의 부패로 인한 각종 이물질 및 세균들이 지하수를 통한 감염우려

※ 시신부패 시에 배출되는 가스(CO_2, CH_4, H_2S, NH_4), 각종 벌레 및 세균들에 노출될 가능성과 유수에 섞여 주거단지로 유입 위험성

– 1969년부터 현재까지 묘지설치 거리제한 규정 그대로 유지

※ 도로·하천·철도 등 300m 이상, 인가, 학교 등 500m 이상

– 도로, 하천, 철도 등의 환경공해(소음 등) 및 확장 등으로 인한 기존 묘지의 경건·공연·평온성 등을 해칠 우려

○ 묘지설치 거리제한은 설치지역 지역주민의 민원발생 방지
 – 묘지설치 거리제한 완화는 묘지 설치자 입장과 달리 묘지설치지역 주민입장에서는 주민생활권 피해 등 민원발생
 – 현재도 인가밀집지역 등에 묘지설치로 지역주민 집단민원 사례발생

○ 지자체장이 재량적으로 허용할 수 있는 재량권 부문 명문화
 – 현행 묘지설치시 지자체장이 인정하는 경우에는 토지나 지형의 상황으로 보아 시설의 기능이나 이용 등에 지장이 없는 경우에는 거리제한 규정을 예외하도록 법령에 명문화되어 있음.

(참 고) 묘지 거리제한관련 외국사례

1. 일본
 ○ 국부현도 이외 중요한 도로·철도·궤도·하천으로부터 거리가 20m 이상, 인가·학교·병원으로부터 100m 이상으로 규정하고 있으며, 음용수에 관계없는 토지로서, 풍치 및 위생상에 지장이 없는 토지로 한정

2. 프랑스
 ○ 묘지는 병원, 마을, 주거지역으로부터 적어도 35m 이상 거리에 설치
 ○ 공공위생 및 보건을 위해 법률이 규정한 장소에만 묘지를 설치 가능. 여기서 마을이나 주거지역의 최소단위는 토지이용도 상에 나타난 2,000명 이상의 주거지역을 말함.
 – 묘지부지 선택에서 가장 중요한 요소로 토질 성분과 수리학적 요건, 지하수의 흐름방향과 그 오염위험성 조사로 보건성장관은 지질전문가의 의견을 들어 묘지부지 사용결정

3. 싱가포르
 ○ 도로 가장자리로부터 60m이내, 상하수관의 1.5m이내, 거주지로부터 6m이내에는 묘를 설치할 수 없음

4. 미국
 ○ 식수공급처를 보호하기 위해서는 원천지나 수로로부터 30m 이상 떨어져야 하며, 우물이나 식수처 등으로부터 250m 이상 떨어져야 함.

6. 프랑스
 – 묘지는 병원, 마을, 도시 주변으로부터 적어도 35m 이상 거리에 설치하도록 되어 있음.

【유권해석】

사설묘지설치허가의 효력 승계 여부 등(「장사 등에 관한 법률」 제14조 등 관련)[법제처 11-0295, 2011.7.15, 보건복지부]

【질의요지】

가. 토지소유자가 소유 토지 내 개인묘지가 아닌 묘지를 설치하기 위하여 「장사 등에 관한 법률」에 따라 사설묘지설치허가를 받은 후 사설묘지를 포함하여 해당 토지를 제3자에게 양도하는 경우, 양도 받은 제3자는 새로운 사설묘지설치허가를 받지 않아도 되는지?

나. 2001년 「장사 등에 관한 법률」(2000. 1. 12. 법률 제6158호로 전부 개정되어 2001. 1. 13. 시행된 것을 말함) 부칙 제3조는 "이 법 시행당시 종전의 규정 또는 다른 법령에 의하여 설치된 묘지·화장장 및 납골당은 이 법에 의하여 설치된 묘지·화장장 및 납골시설로 본다"고 규정하고 있는데, 여기서 다른 법령에 구 「지적법」(1975. 12. 31. 법률 제2801호로 전부 개정되어 1976. 4. 1. 시행된 것을 말함)이 포함되는지?

【회 답】

가. 질의 가에 대하여

토지소유자가 소유 토지 내 개인묘지가 아닌 묘지를 설치하기 위하여 「장사 등에 관한 법률」에 따라 사설묘지설치허가를 받은 후 사설묘지를 포함하여 해당 토지를 제3자에게 양도하는 경우에 양도받은 제3자가 사설묘지를 설치하기 위해서는 새로운 사설묘지설치허가를 받아야 할 것입니다.

나. 질의 나에 대하여

2001년 「장사 등에 관한 법률」 부칙 제3조는 "이 법 시행당시 종전의 규정 또는 다른 법령에 의하여 설치된 묘지·화장장 및 납골당은 이 법에 의하여 설치된 묘지·화장장 및 납골시설로 본다"고 규정하고 있는 바, 여기서의 "다른 법령"에 구 「지적법」은 포함되지 않는다고 할 것입니다.

【유권해석】

「민법」 에 따라 설립된 재단법인이 정관 변경을 통해 사설묘지 등을 설치·관리할 수 있는지(「장사 등에 관한 법률」 제14조제4항 등 관련)[법제처 09-0295, 2009.10.5, 보건복지가족부 노인지원과]

【질의요지】

「민법」에 따라 설립된 재단법인이 정관 변경을 통해 사설묘지의 설치·관리나 사설봉안시설의 설치·관리 또는 자연장지의 조성·관리를 그 목적사업으로 추가한 경우, 이를 「장사 등에 관한 법률」 제14조제4항, 제15조제3항, 제16조제4항에서 정하는 재단법인으로 볼 수 있는지?

【회 답】

「민법」에 따라 설립된 재단법인이 정관 변경을 통해 사설묘지의 설치·관리나 사설봉안시설의 설치·관리 또는 자연장지의 조성·관리를 그 목적사업으로 추가한 경우, 이를 「장사 등에 관한 법률」 제14조제4항, 제15조제3항, 제16조제4항에서 정하는 재단법인으로 보아야 합니다.

【관계법령】

입법례(거리제한 규정)

「한강수계 상수원수질개선 및 주민지원 등에 관한 법률」

제4조 (수변구역의 지정등) ① (생략)

1. 환경정책기본법 제22조의 규정에 의한 특별대책지역의 경우에는 당해 하천·호소의 경계로부터 1킬로미터 이내의 지역
2. 제1호외의 지역의 경우에는 당해 하천·호소의 경계로부터 500미터 이내의 지역

「하천법 시행령」

제6조 (연안구역의 범위) 법 제10조제1항의 규정에 의한 연안구역은 통상의 홍수가 미치는 구역 또는 하천 및 하천부속물을 보전하기 위하여 필요한 최소한도의 구역으로 하되, 하천구역의 경계로부터 500미터를 초과하지 아니하는 범위안에서 관리청이 정한다. 다만, 관리청이 법 제11조의2의 규정에 의한 하천유역종합치수계획(이하 "유역치수계획"이라 한다)에서 정한 저류지가 필요한 지역에 연안구역을 지정하는 경우에는 하천구역의 경계로부터 500미터를 초과하여 지정할 수 있다.

「개발제한구역의 지정 및 관리에 관한 특별조치법 시행규칙」

제3조의3 (개발제한구역안에 주택을 신축할 수 있는 토지의 입지기준) (생략)

1.~2.(생략)

3. 「하천법」제2조제2항제1호 및 제2호의 규정에 의한 국가하천 및 지방1급하천의 경계로부터 5백미터 이상 떨어져 있을 것. 다만, 그 경계로부터 5백미터 내의 지역이 다음 각목의 1에 해당하는 경우에는 그러하지 아니하다.

「금강수계물관리 및 주민지원등에 관한법률 시행규칙」

제9조(토지등의 매수대상지역) (생략)

1. ~2.(생략)

3. 금강본류 및 이에 직접 유입되는 지류(이하 "제1지류"이라 한다)와 인접한 지역중 다음 각목의 1에 해당되는 지역

  가. 영 별표 4 제2호의 규정에 의한 특별대책지역중 금강본류의 경계로부터 3킬로미터 이내의 지역 또는 제1지류의 경계로부터 1천5백미터 이내의 지역

  나. 영 별표 4 제3호의 규정에 의한 특별대책지역중 금강본류의 경계로부터 2킬로미터 이내의 지역 또는 제1지류의 경계로부터 1킬로미터 이내의 지역

  다. 대청댐 상류지역(상수원관리지역을 제외한다)중 금강본류의 경계로부터 1킬로미터 이내의 지역 또는 제1지류의 경계로부터 5백미터 이내의 지역

「군사시설보호법 시행령」

제11조 (행정청의 허가사항에 관한 협의등) ④ (생략)

2. 국방부령으로 정하는 농림어업·축산업 또는 기타 용도의 가설건축물로서 1가구당 연면적 500제곱미터 이하인 것과 울타리의 설치. 다만, 전투진지 전방 500미터 이내 지역은 소각하거나 물리적으로 없애기 쉬운 시설에 한한다.

「낙동강수계 물관리 및 주민지원 등에 관한 법률 시행령」

제7조 (하천인접지역의 범위) ① (생략)

1. 낙동강본류 : 낙동강본류의 경계로부터 1킬로미터

2. 낙동강본류에 직접 유입되는 지류(국가하천 또는 지방 1급하천에 한한다) : 낙동강본류에 직접 유입되는 지류의 경계로부터 500미터

「군사시설보호법」

제4조 (보호구역등의 설정등) ④ (생략)

1. 군사분계선 인접지역:군사분계선의 남방 25킬로미터 범위안에서 다음 각목과 같이 구분하여 설정한다.

  나. 제한보호구역:민통선이남지역. 다만, 중요한 군사시설이 있는 지역은 당해 군사시설의 최외곽경계선으로부터 500미터를 초과하지 아니하는 범위안에서 이를 통제보호구역으로 설정할 수 있으며, 중요한 군사시설이 없거나 군 작전상 장애가 되지 아니하는 지역으로서 대통령령이 정하는 기준에 해당하는 지역은 이를 제한보호구역에서 제외할 수 있다.

2. 제1호외의 지역:군사시설의 최외곽경계선으로부터 1킬로미터 이내에서 보호구역을 설정할 수 있다. 이 경우 통제보호구역은 당해 군사시설의 최외곽경계선으로부터 500미터를 초과할 수 없다.

「문화재보호법 시행령」

제43조의2 (건설공사시 문화재의 보호)① 법 제74조제2항의 규정에 의하여 건설공사로부터 문화재를 보호하기 위하여 시·도지사가 문화재청장과 협의하여 조례로 정하는 지역의 범위는 당해 문화재의 역사적·예술적·학문적·경관적 가치와 그 주변환경 기타 문화재보호에 필요한 사항등을 고려하여 당해 문화재의 외곽경계(보호구역이 지정되어 있는 경우에는 보호구역의 외곽경계를 말한다)로부터 500미터 이내로 한다. 다만, 문화재의 특성 및 입지여건등으로 인하여 문화재의 외곽경계(보호구역이 지정되어 있는 경우에는 보호구역의 외곽경계를 말한다)로부터 500미터 밖에서 건설공사를 행하게 되는 경우에 당해 공사가 문화재에 영향을 미칠 것이 확실하다고 인정되는 때에는 500미터를 초과하여 이를 정할 수 있다.

【유권해석】

허가신청에 대한 거부처분의 취소판결이 확정된 후 법령이 개정된 경우의 법령적용에 관한 질의[법제처 2001.11.29, 보건복지부]

【질의요지】

종전의 「매장 및 묘지 등에 관한 법률 제8조제2항」의 규정에 의하여 신청인 개인명의로 한 사설납골당 설치허가 신청에 '대하여 허가관청이 거부처분을 하였고, 동 거부처분에 대하여 법원이 거부처분취소판결을 하였는바, 종전에는 개인이 사설납골당을 설치할 수 없다는 규정이 없었으나 그 사이에 「매장 및 묘지 등에 관한 법률」이 「장사 등에 관한 법률」로 바뀌면서 개인은 일정규모 이상의 사설납골당을 설치할 수 없고 재단법인 등이 사설납골당 설치 후 신고하도록 되었는데, 이 경우 거부처분이 취소된 허가신청에 대하여 종전의 법령을 적용하여야 하는지, 새로운 법령에 따라야 하는지 여부

【회 답】

행정처분은 처분을 할 당시의 법령과 사실을 기준으로 판단하는 것이므로 당초의 신청에 대한 거부처분의 취소판결이 확정된 경우에도 그 사이에 법령이 개정된 때에는 개정된 법령에 따라야 할 것입니다.

(판 례) 산림법위반,매장 및 묘지등에 관한 법률위반[대법원, 93도2734, 1994.12.27]

【판시사항】

임야에 묘지를 설치하려면 매장 및 묘지등에 관한 법률에 의한 묘지설치허가 외에 산림법에 의한 산림훼손허가를 받아야 하는지 여부

【판결요지】

임야에 묘지를 설치하려면 행정청의 적법한 묘지설치허가가 있어야 할 뿐만아니라, 그 설치한 묘지면적이 매장 및 묘지등에 관한 법률 제8조 제5항 단서, 같은법시행령 제7조 소정의 80㎡를 초과한다면, 묘지설치허가 여부와는 상관없이 산림법 제90조 제1항에 의한 산림훼손허가를 받지 아니하면 안된다.

(판 례) 묘지분양권확인[대법원 1994.3.22, 선고, 93다60625, 판결]

【판시사항】

개인으로 하여금 묘지 재분양을 하도록 하기 위하여 체결된 사설묘지의 일부에 대한 분양권양도계약의 효력

【판결요지】

매장 및 묘지등에 관한 법률 제8조 제1항, 제2항, 제4항, 제18조, 같은법시행령 제5조 제1항, 제2항, 제6조의 규정에 의하면 타인으로부터 사용료 및 관리비를 받고 분양하기 위한 사설묘지는 그러한 묘지의 설치 및 운영을 목적으로 설립된 재단법인만이 주무부장관의 허가를 받아 10만 평방미터 이상의 규모로 설치·경영할 수 있고 자연인은 묘지면적 500평방미터 이하의 가족묘지 1개소나 개인묘지의 설치만이 허용되고 있을 뿐 사설묘지를 설치하여 분양사업을 경영하는 것은 허용되지 아니하는바, 위 규정의 취지에 비추어 보면 자연인이 재단법인으로부터 사설묘지의 일부에 대한 분양권을 양도받아 이를 일반에게 재분양하는 것은 허용되지 아니한다.

【유권해석】

노인지원과-446, 2008.08.27

중중·문중묘지 설치허가와 관련하여 중중·문중이 별개의 종중·문중인지 여부를 판단함에 있어서는 종중·문중 규약의 목적 및 내용, 봉제사의 대상, 구성원의 범위 등 제반사항을 종합적으로 감안하여 관할 관청에서 판단하여야 할 사항이며, 가령, 실질적으로 별개의 종중·문중으로 판단되고, 사용할 묘지 또는 토지가 종중·문중 소유로서 장사 등에 관한 법률 제14조 규정에 의거 적법할 경우에는 종중 또는 문중별로 각각 1개소 1천제곱미터 이하로 설치 가능할 것입니다.

(판 례) 임야에 묘지를 설치하려면 산림법에 의한 산림훼손허가를 별도로 받아야 하는지 여부(1994.12.27. 제1부 판결, 93도2734)

【판결요지】

임야에 묘지를 설치하려면 행정청의 적법한 임야설치허가가 있어야 할뿐만 아니라, 그 설치한 묘지면적이 매장 및 묘지등에 관한 법률 제8조 제5항 단서, 같은법시행령 제7조 소정의 80㎡를 초과하므로, 묘지설치허가 여부와는 상관없이 산림법 제90조 제1항에 의한 산림훼손허가를 받지 아니하면 안된다.

(판 례) 개인이 사설공원묘지의 분양권을 양도받아 일반인에게 재분양할 수 있는지 여부(1944.3.22. , 93다60625)

【판결요지】

○ 매장 및 묘지등에 관한 법률 제8조 제1항, 제2항, 제4항, 제18조, 같은 법 시행령 제5조 제1항, 제2항, 제6조의 규정에 의하면 타인으로부터 사용료 및 관리비를 받고 분양하기 위한 사설묘지는
 - 그러한 묘지의 설치 및 운영을 목적으로 설립된 재단법인만이 주무부장 관의 허가를 받아 10만 평방미터 이상의 규모로 설치·경영할 수 있고
 - 자연인은 묘지면적 500평방미터 이하의 가족묘지 1개소나 개인묘지의 설치만이 허용되고 있을 뿐 사설묘지를 설치하여 분양사업을 경영하는 것은 허용되지 아니하는바,

○ 위 규정의 취지에 비추어 보면 자연인이 재단법인으로부터 사설묘지의 일부에 대한 분양권을 양도받아 이를 일반에게 재분양하는 것은 허용되지 아니한다.

(판 례) 공원묘지 재단법인이 묘역일부에 대한 분양권을 공사비채무로 양도할 수 있는지 여부(1994.4.12. 제2부 판결, 93다52747)

【판결요지】

○ 공원묘지의 유지관리를 목적으로 하는 재단법인이 그 묘역 일부에 대한 분양권을 공사비 채무의 변제에 갈음하여 양도하는 내용의 대물변제계약은 재단법인의 기본재산의 처분(處分)으로서 정관을 변경하는 행위에 해당하여 주무관청의 허가가 없는 한 무효이다.

제15조(사설화장시설 등의 설치) ① 시·도지사 또는 시장·군수·구청장이 아닌 자가 화장시설(이하 "사설화장시설"이라 한다) 또는 봉안시설(이하 "사설봉안시설"이라 한다)을 설치·관리하려는 경우에는 보건복지부령으로 정하는 바에 따라 그 사설화장시설 또는 사설봉안시설을 관할하는 시장·군수·구청장에게 신고하여야 한다. 신고한 사항 중 대통령령으로 정하는 사항을 변경하려는 경우에도 또한 같다.

② 사설봉안시설의 시공자는 제1항에 따른 봉안시설 신고 여부를 확인하여야 한다.

③ 유골 500구 이상을 안치할 수 있는 사설봉안시설을 설치·관리하려는 자는 「민법」에 따라 봉안시설의 설치·관리를 목적으로 하는 재단법인을 설립하여야 한다. 다만, 대통령령으로 정하는 공공법인 또는 종교단체에서 설치·관리하는 경우이거나 「민법」에 따라 친족관계였던 자 또는 종중·문중의 구성원 관계였던 자의 유골만을 안치하는 시설을 설치·관리하는 경우에는 그러하지 아니하다.

④ 사설화장시설 또는 사설봉안시설을 설치·관리하는 자는 화장 또는 봉안에 관한 상황을 보건복지부령으로 정하는 바에 따라 기록·보관하여야 한다. 〈신설 2015.1.28.〉

⑤ 사설화장시설 및 사설봉안시설의 면적, 설치장소, 그 밖의 설치기준 등에 관하여 필요한 사항은 대통령령으로 정한다. 〈개정 2015.1.28.〉

〈해 설〉

○ 사설 화장시설 또는 봉안시설을 설치·관리하려는 경우에는 관련서류를 첨부하여 사전에 관할 지자체장에게 신고하여야 함.
  - 사설 봉안당 설치신고 관련하여서는 법제2조에는 "봉안당"을 건축물인 봉안시설로 규정하고 있고, 사설 봉안당은 설치전 신고토록 규정하고 있으므로 봉안당은 건축법에 따라 허가 또는 신고를 하여야 할 것이나, 본 법에 따른 봉안당의 설치신고와 건축법에 따른 건축허가(신고)는 상호 별개의 사안이므로 사설 봉안당의 설치신고시 건축물이라 하여 설치신고 전 반드시 건축허가(신고)를 받아야 하는 것은 아님.

○ 법 제15조제4항(2015.1.28., 일부개정)은 시행령 제18조제2항의 내용을 법률로 상향하여 규정함.

○ 유골 500구 이상을 안치할 수 있는 사설봉안시설을 설치할 경우 재단법인을 설립해야 하는데 500구를 정한 이유는,

- 종중·문중 봉안당의 경우, 종종원의 구성원 평균 500명 기준으로, 500명 이상인 경우에는 종중원을 위한 시설보다는 불특정다수를 위한 대규모시설로서 재단법인을 설립토록 하였음.
- 불특정 다수를 위하여 유골 안치구수가 500구 이상 경우에는 재단법인을 설립하여야 하며, 다만, 공공법인 또는 종교단체, 「민법」에 따라 친족관계였던 자 또는 종중·문중의 구성원 관계였던 자의 유골만을 안치하는 경우에는 500구 이상 설치하더라도 재단법인을 설립하지 않아도 됨.
- 불특정 다수를 위하여 유골 500구 미만(예: 450구)을 설치여부는 법률에서 정한 신고대상이 아니기 때문에 신고자체가 안됨. 500구 이상으로 하여 재단법인을 설립하거나 공공법인 또는 종교단체, 「민법」에 따라 친족관계였던 자 또는 종중·문중의 구성원을 대상으로 하는 경우에만 해당되기 때문임.

○ 사설 봉안시설 및 자연장지 설치를 운영주체인 재단법인을 설립 하지 않고, 공공성격이 강한 공공법인이 참여할 수 있도록 진입장벽 완화 필요
  - 사설 봉안시설 및 자연장지를 설치 운영하고자 하는 공공법인 운영주체를 구체적으로 정함으로써 운영관리의 투명성, 합리성, 지속가능성 등이 제고되며, 장사시설의 공급확대 및 비용부담 완화될 것으로 보임.
  - 영리목적으로 사설 봉안시설 및 자연장지의 난립 등을 방지하는 효과로, 장사시설 공공성 및 안정성을 강화

○ 사설 봉안시설 및 자연장지의 공공법인 운영주체를 구체적으로 정함으로써 운영관리의 투명성, 합리성, 지속가능성 등이 제고되며, 장사시설 사용료의 비용부담이 완화될 것으로 기대되어 사회적 편익이 예상됨.

○ 공공성, 안정성을 확보할 수 있는 장사시설 설치계획을 하고 있는 공공법인에게 장사시설 설치를 허용하여 기존 사설납골시설의 난립을 방지하고 장사시설의 현대화, 고품격화 유도함.

(참 고) 장사시설 설치·운영 주체로서의 종교단체

① 문화관광부 등 주무관청으로부터 인가를 받아 설립된 종교법인
② 전통사찰보존법에 의하여 등록된 전통사찰
③ 비법인사단으로서의 종교단체는 물적요소인 성당·교회·불당 등의 종교재산이 있고, 인적요소인 목사·주지 등과 상당수의 신도가 존재하며, 단체로서의 규약을 가지고 종교적 활동을 하여야 함

[별표 3]

사설화장시설 및 사설봉안시설 설치기준(제18조제1항 관련)

2) 종교단체가 설치하는 봉안당
가) 재단법인이 아닌 종교단체가 설치한 봉안당은 그 종교단체의 신도 및 그 가족관계에 있었던 자의 유골을 안치하여야 하며, 5천 구 이하여야 한다.

○ 종교단체가 불특정 다수인을 대상으로 수익목적으로 대규모 봉안시설 설치, 명의대여 등 운영상의 문제점이 있어 안치대상 및 적정 안치능력 등의 관리 운영을 개선할 필요가 있음.
○ 종교단체가 설치·운영 하는 봉안시설 및 자연장지 등의 장사시설을 본래의 설립목적과 같이 신도들을 대상으로 적정규모로 운영하도록 하여 건전한 장사문화를 정착하는데 있음.

(참 고) 종교단체 봉안당 안치구수를 5천 구 이하로 규정한 근거는?

○ 유골 500구 이상의 봉안시설을 설치할 경우 재단법인을 설립하는 것이 원칙임. 재단법인을 설립하는 이유는 공공성, 안전성, 연속성을 고려한 조치로 일본 등 외국의 경우도 대부분 장사시설을 공공법인, 종교법인 등 공공성 확보에 최우선으로 두고 있음.
○ 그러나 종교단체는 재단법인 설립하지 않아도 설치할 수 있도록 특례규정을 정하였음. 이 이유는 종교단체는 불특정다수 수익목적이 아닌 신도를 위한 장사시설을 운영하도록 하는 것임.
○ 종교단체가 본래의 종교활동보다 불특정다수인을 대상으로 대규모로 봉안시설을 설치·운영으로 수익창출로 이용되는 사례가 많이 발생하여, 감사원에서도 이러한 문제점을 지적한 것임.
○ 또한 5천구 이상 설치를 원할 경우 재단법인을 설립하여 설치가능하며, 천주교는 대부분 재단법인화하여 운영하고 있음.
○ 5천구를 규정한 근거는 개정당시 종교단체가 운영하고 있는 시설규모(평균 5천구이하 약 60%) 등을 고려하여 정하였고,
  - 인구 10만명당 년 사망자수는 500명('06년): 조사망률
  ※ 사망자수중 화장자수(화장률 50%기준): 250명
  ※ 화장자수중 봉안당 이용률 약 70%: 175명
  - 종교단체 신도수(10만명) 매년 봉안당 안치구수는 175구
  ※ 매년 175구 안치할 경우, 약 29년 소요(5천구)
  ※ 화장률 증가에 따른 화장자수는 증가하는 반면에 자연장 이용증가로 봉안당 이용률은 감소 전망

【유권해석】

종전의 규정에 따라 종교단체가 설치한 봉안당에도 그 종교단체의 신도 및 그 가족관계에 있었던 자의 유골만을 안치하여야 하는지 여부 (구 「장사 등에 관한 법률 시행령」 별표 3 제2호다목2)가) 및 부칙 제2조 관련), [법제처 09-0386, 2009.12.31, 보건복지가족부 노인지원과]

【질의요지】

종교단체가 종전 「장사 등에 관한 법률 시행령」(대통령령 제20791호로 전부개정되어 2008. 5. 26. 시행되기 전의 것을 말함)의 규정에 따라 이미 설치한 봉안당에 구 「장사 등에 관한 법률 시행령」(대통령령 제20791호로 전부개정되어 2008. 5. 26. 시행된 것을 말함) 시행 이후 새로이 유골을 안치하는 경우 같은 시행령 별표 3 제2호 다목2)가)의 규정에 따라 그 종교단체의 신도 및 그 가족관계에 있었던 자의 유골만을 안치하여야 하는지?

【회 답】

종교단체가 종전 「장사 등에 관한 법률 시행령」(대통령령 제20791호로 전부개정되어 2008. 5. 26. 시행되기 전의 것을 말함)의 규정에 따라 이미 설치한 봉안당에 구 「장사 등에 관한 법률 시행령」(대통령령 제20791호로 전부개정되어 2008. 5. 26. 시행된 것을 말함) 시행 이후 새로이 안치되는 유골은 종전 규정에 따라 그 종교단체의 신도 및 그 가족관계에 있었던 자의 유골이 아니라도 안치할 수 있습니다.

【유권해석】

「장사 등에 관한 법률」 제14조(사설 화장장의 설치), [법제처 07-0029, 2007.2.26, 성북구]

【질의요지】

문화관광부장관의 허가를 받아 설립되고, 그 정관에 납골당설치운영사업을 목적으로 두고 있는 종교법인을 「장사 등에 관한 법률」 제14조제2항 본문에서 규정하고 있는 납골시설의 설치·관리를 목적으로 하는 재단법인으로 볼 수 있는지 여부

【회 답】

문화관광부장관의 종교법인설립허가를 받아 설립된 종교단체를 「장사 등에 관한 법률」 제14조제2항 본문의 규정에 의한 납골시설을 설치·운용을 목적으로 하는 재단법인이라고는 할 수 없으나, 이 종교단체가 유골 500구 이상을 안치할 수 있는 납골시설을 설치·운용하고자 한다면, 동항 단서의 규정에 의하여 납골시설을 설치·운용하기 위한 새로운 재단법인설립허가를 받을 필요가 없습니다.

(판 례) 납골당 설치 신고 수리 처분 이행통지 취소[대법원, 2009두6766, 2011.9.8]

【판시사항】

[1] 납골당설치 신고가 '수리를 요하는 신고'인지 여부(적극) 및 수리행위에 신고필증 교부 등 행위가 필요한지 여부(소극)

[2] 파주시장이 종교단체 납골당설치 신고를 한 甲 교회에, '구 장사 등에 관한 법률에 따라 필요한 시설을 설치하고 유골을 안전하게 보관할 수 있는 설비를 갖추어야 하며 관계 법령에 따른 허가 및 준수 사항을 이행하여야 한다'는 취지의 납골당설치 신고사항 이행통지를 한 사안에서, 파주시장이 甲 교회에 이행통지를 함으로써 납골당설치 신고수리를 하였다고 보는 것이 타당하고, 이를 수리처분과 별도로 항고소송 대상이 되는 다른 처분으로 볼 수 없다고 한 사례

[3] 납골당 설치장소에서 500m 내에 20호 이상의 인가가 밀집한 지역에 거주하는 주민들의 경우, 납골당이 누구에 의하여 설치되는지와 관계없이 납골당 설치에 대하여 환경 이익 침해 또는 침해 우려가 있는 것으로 사실상 추정되어 원고적격이 인정되는지 여부(적극)

【판결요지】

[1] 구 장사 등에 관한 법률(2007. 5. 25. 법률 제8489호로 전부 개정되기 전의 것, 이하 '구 장사법'이라 한다) 제14조 제1항, 구 장사 등에 관한 법률 시행규칙(2008. 5. 26. 보건복지가족부령 제15호로 전부 개정되기 전의 것) 제7조 제1항 [별지 제7호 서식] 을 종합하면, 납골당설치 신고는 이른바 '수리를 요하는 신고'라 할것이므로, 납골당설치 신고가 구 장사법 관련 규정의 모든 요건에 맞는 신고라 하더라도 신고인은 곧바로 납골당을 설치할 수는 없고, 이에 대한 행정청의 수리처분이 있어야만 신고한 대로 납골당을 설치할 수 있다. 한편 수리란 신고를 유효한 것으로 판단하고 법령에 의하여 처리할 의사로 이를 수령하는 수동적 행위이므로 수리행위에 신고필증 교부 등 행위가 꼭 필요한 것은 아니다.

[2] 파주시장이 종교단체 납골당설치 신고를 한 甲 교회에, '구 장사 등에 관한 법률(2007. 5. 25. 법률 제8489호로 전부 개정되기 전의 것, 이하 '구 장사법'이라 한다) 등에 따라 필요한 시설을 설치하고 유골을 안전하게 보관할 수 있는 설비를 갖추어야 하며 관계 법령에 따른 허가 및 준수 사항을 이행하여야 한다'는 내용의 납골당설치 신고사항 이행통지를 한 사안에서, 이행통지는 납골당설치 신고에 대하여 파주시장이 납골당설치 요건을 구비하였음을 확인하고 구 장사법령상 납골당설치 기준, 관계 법령상 허가 또는 신고 내용을 고지하면서 신고한 대로 납골당 시설을 설치하도록 한 것이므로, 파주시장이 甲 교회에 이행통지를 함으로써 납골당설치 신고수리를 하였다고 보는 것이 타당하고, 이행통지가 새로이 甲 교회 또는 관계자들의 법률상 지위에 변동을 일으키지는 않으므로 이를 수리처분과 별도로 항고소송 대상이 되는 다른 처분으로 볼 수 없다고 한 사례.

[3] 구 장사 등에 관한 법률(2007. 5. 25. 법률 제8489호로 전부 개정되기 전의 것) 제14조 제3항, 구 장사 등에 관한 법률 시행령(2008. 5. 26. 대통령령 제20791호로 전부 개정되기 전의 것) 제13조 제1항 [별표 3]에서 납골묘, 납골탑, 가족 또는 종중·문중 납골당 등 사설납골시설의 설치장소에 제한을 둔 것은, 이러한 사설납골시설을 인가가 밀집한 지역 인근에 설치하지 못하게 함으로써 주민들의 쾌적한 주거, 경관, 보건위생 등 생활환경상의 개별적 이익을 직접적·구체적으로 보호하려는 데 취지가 있으므로, 이러한 납골시설 설치장소에서 500m 내에 20호 이상의 인가가 밀집한 지역에 거주하는 주민들은 납골당 설치에 대하여 환경상 이익 침해를 받거나 받을 우려가 있는 것으로 사실상 추정된다. 다만 사설납골시설 중 종교단체 및 재단법인이 설치하는 납골당에 대하여는 그와 같은 설치 장소를 제한하는 규정을 명시적으로 두고 있지 않지만, 종교단체나 재단법인이 설치한 납골당이라 하여 납골당으로서 성질이 가족 또는 종중, 문중 납골당과 다르다고 할 수 없고, 인근 주민들이 납골당에 대하여 가지는 쾌적한 주거, 경관, 보건위생 등 생활환경상의 이익에 차이가 난다고 볼 수 없다. 따라서 납골당 설치장소에서 500m 내에 20호 이상의 인가가 밀집한 지역에 거주하는 주민들에게는 납골당이 누구에 의하여 설치되는지를 따질 필요 없이 납골당 설치에 대하여 환경 이익 침해 또는 침해 우려가 있는 것으로 사실상 추정되어 원고적격이 인정된다고 보는 것이 타당하다.

(판 례) 재단법인설립불허가처분취소청구[보건복지부장관 98-01711, 1998.5.22, 경상북도지사]

【재결요지】

매장 및 묘지등에 관한 법률 제8조제2항 및 동법시행령 제5조제2항제1호가목의 규정에 의하여 사설법인묘지를 설치하고자 하는 자는 민법 제32조의 규정에 의한 재단법인설립허가를 받아야 하고, 민법 제32조의 규정에 의한 비영리법인의 설립에 관한 주무관청의 허가는 본질상 재량행위로서 주무관청이 법인설립 허가거부처분을 함에 있어 사실의 기초를 결여하였다든지 또는 사회관념상 현저하게 타당성을 잃었다는 등의 사유가 있지 아니하는 한 그 불허가 처분에 재량권을 일탈·남용한 위법이 있다고 할 수 없다. 2) 청구인의 재단법인설립허가신청에 대하여 피청구인이 묘지수급 상 별도의 사설법인묘지가 필요하지 아니하다는 이유로 재단법인 설립허가를 거부함에 있어 사실의 기초를 결여하였다든지 또는 사회관념상 현저하게 타당성을 잃었다는` 등의 사유가 없다 할 것이므로 이 건 재단법인설립허가거부처분에 재량권을 일탈·남용한 위법·부당이 있다고 할 수 없다.

[별표 4]

사설자연장지의 설치기준(제21조제1항 관련)

4. 공공법인 또는 재단법인이 조성하는 자연장지
   다. 급경사지에 유골을 묻어서는 아니 된다. 다만, 기존의 묘지에 자연장지를 조성하는 경우에는 그러하지 아니하다.

〈해 설〉

○ 공공법인 또는 재단법인이 조성하는 자연장지 급경사지에 유골을 묻지 못하게 하는 규정을 두는 이유는 묘지나 봉안묘는 봉분이나 석물 등이 보호장치가 있으나 자연장지는 자연상태 그대로 활용하기 때문에 집중호우 등으로 인한 유골 유실위험이 크기 때문임.

○ "급경사지"란 경사도를 21도 이상으로 규정하고 있으며, 산림청에서도 21도 이상은 급경사지로 분류하고 있음. 만약 경사도 규정을 두지 않을 경우, 특히 경사도가 심한 산림 등에 무분별하게 조성되어 산림훼손을 물론 유골유실 문제 발생하여 자연장 제도 실효성 확보가 곤란함.

○ 자연장 유골유실은 현재 분묘나 봉안묘가 집중호우로 유골을 유실되는 사례와 같은 형태임. 자연장지도 묘지와 같은 형태로 보아야 하며, 유골유실시 유족들의 큰 반발 예상됨. 자연장지 등 장사시설은 다른 시설과 달리 시신이나 유골을 유실될 경우, 사후조치가 거의 불가능하기 때문에 사전에 철저하게 예방안전조치를 하여야 함.

○ 국유림 산림조사 기준(산림청)

구 분	기 준
완 경 사 지	경사 15° 미만
경 사 지	경사 15~20°
급 경 사 지	경사 21~25°
험 준 지	경사 26~30°
절 험 지	경사 30° 이상

(참 고) 경사도 관련 입법례

「산림자원의 조성 및 관리에 관한 법률 시행령」(제51조)
- 보안림을 해제할 수 있는 경우로서 농지 또는 초지를 조성하는 경우, 21도 미만인 경우에 한하여 가능

「개발제한구역의 지정 및 관리에 관한 특별조치법 시행령」(제14조)
- 개발제한구역내 토지형질변경행위가 제한되나, 농림수산업을 위한 개간은 21도 이내 경사지에서 가능

「도시공원 및 녹지에 관한 법률 시행령」(제17조)
- 도시자연공원구역내 토지형질 변경행위가 제한되나, 공원의 풍치 미관을 해치지 않는 경우로서 농사 및 식목용 임업을 목적으로 한 개간은 21도 이내 경사지에서 가능

(판 례) 서울특별시 내의 제1종 전용주거지역에 '종교집회장 안에 설치하는 납골당'을 설치할 수 있는지 여부 (소극) [대법원, 2007도11263, 2008.3.14]

【판시요지】

장사 등에 관한 법률 제15조 제4호, 같은 법 시행령 제14조 제2항 제1호, 국토의 계획 및 이용에 관한 법률(이하 '국토계획법'이라 한다) 제36조 제1항 제1호 가.목, 제76조 제1항, 같은 법 시행령 제71조 제1항 제1호, [별표 2] 제2호라.목,마.목, 건축법 시행령(2006. 5. 8. 대통령령 제19466호로 개정되기 전의 것, 이하 같다) [별표 1] 제4호마.목, 제5호 가.목의 각 규정을 종합하면, 국토계획법 제36조 제1항 제1호 가.목 소정의 '주거지역'에는 원칙적으로 납골시설을 설치할 수 없고, 다만 '종교집회장'이나 '종교집회장 안에 설치하는 납골당'은 도시계획조례가 정하는 바에 의하여 주거지역안에서 건축할 수 있다.

그런데 서울특별시 · 도시계획조례(2006. 11. 20. 조례 제4449호로 개정되기 전의 것)는 제25조에서 '제1종 전용주거지역안에서 건축할 수 있는 건축물'에 관하여 규정하면서, 제4호에서 '건축법 시행령 [별표 1] 제4호의 제2종 근린생활시설 중 종교집회장(타종시설 및 옥외확성장치가 없는 것에 한한다)'을, 제5호 가.목에서 '건축법 시행령 [별표 1] 제5호의 문화 및 집회시설 중 종교집회장(제2종 근린생활시설에 해당하지 아니하는 것으로서 타종시설 및 옥외 확성장치가 없는 것에 한한다)으로서 당해 용도에 쓰이는 바닥 면적의 합계가 1천 ㎡ 미만인 것'을 규정하고 있을 뿐, '종교집회장 안에 설치하는 납골당'에 관하여는 별도로 규정하고 있지 아니하므로, 서울특별시 내의 제1종 전용주거지역에는 '종교집회장 안에 설치하는 납골당'을 포함하여 납골시설을 설치할 수 없다(위 조례 소정의 '종교집회장'에 '종교집회장 안에 설치하는 납골당'이 포함된다고 해석할 수는 없다).

같은 취지에서 원심이, 이 사건 납골당 부지가 전용주거지역이어서 납골당 설치가 불가능한 지역이라고 판단한 것은 정당하고, 거기에 납골당 설치에 관한 법령 및 서울특별시 조례의 규정을 오해하는 등의 위법이 없다.

(판 례) 묘지분양권확인 [대법원 1994.4.12, 선고, 93다52747, 판결]

【판시사항】

공원묘지의 유지관리를 목적사업으로 하는 재단법인이 그 묘역 일부에 대한 분양권을 공사비채무에 갈음하여 양도하는 내용의 대물변제계약을 체결함에 있어서 주무관청의 허가를 요하는지 여부

【판결요지】

공원묘지의 유지관리를 목적사업으로 하는 재단법인이 그 묘역 일부에 대한분양권을 공사비채무의 변제에 갈음하여 양도하는 내용의 대물변제계약은 재단법인의 기본재산의 처분으로서 정관을 변경하는 행위에 해당하여 주무관청의 허가가 없는 한 무효이다.

(판 례) 묘지분양권확인 [대법원 1994.3.22, 선고, 93다60625, 판결]

【판시사항】

개인으로 하여금 묘지 재분양을 하도록 하기 위하여 체결된 사설묘지의 일부에 대한 분양권양도계약의 효력

【판결요지】

매장 및 묘지등에 관한 법률 제8조 제1항, 제2항, 제4항, 제18조, 같은법시행령 제5조 제1항, 제2항, 제6조의 규정에 의하면 타인으로부터 사용료 및 관리비를 받고 분양하기 위한 사설묘지는 그러한 묘지의 설치 및 운영을 목적으로 설립된 재단법인만이 주무부장관의 허가를 받아 10만 평방미터 이상의 규모로 설치 · 경영할 수 있고 자연인은 묘지면적 500평방미터 이하의 가족묘지 1개소나 개인묘지의 설치만이 허용되고 있을 뿐 사설묘지를 설치하여 분양사업을 경영하는 것은 허용되지 아니하는바, 위 규정의 취지에 비추어 보면 자연인이 재단법인으로부터 사설묘지의 일부에 대한 분양권을 양도받아 이를 일반에게 재분양하는 것은 허용되지 아니한다.

제16조(자연장지의 조성 등) ① 국가, 시·도지사 또는 시장·군수·구청장이 아닌 자는 다음 각 호의 구분에 따라 수목장림이나 그 밖의 자연장지(이하 "사설자연장지"라 한다)를 조성할 수 있다.

1. 개인·가족자연장지 : 면적이 100제곱미터 미만인 것으로서 1구의 유골을 자연장하거나 「민법」에 따라 친족관계였던 자의 유골을 같은 구역 안에 자연장할 수 있는 구역
2. 종중·문중자연장지 : 종중이나 문중 구성원의 유골을 같은 구역 안에 자연장할 수 있는 구역
3. 법인등자연장지 : 법인이나 종교단체가 불특정 다수인의 유골을 같은 구역 안에 자연장할 수 있는 구역

② 개인·가족자연장지를 조성한 자는 자연장지의 조성을 마친 후 30일 이내에 보건복지부령으로 정하는 바에 따라 관할 시장등에게 신고하여야 한다. 신고한 사항 중 대통령령으로 정하는 사항을 변경하는 경우에도 또한 같다.

③ 종중·문중자연장지를 조성하려는 자는 보건복지부령으로 정하는 바에 따라 관할 시장등에게 신고하여야 한다. 신고한 사항 중 대통령령으로 정하는 사항을 변경하는 경우에도 또한 같다. 〈신설 2012.2.1.〉

④ 법인등자연장지를 조성하려는 자는 대통령령으로 정하는 바에 따라 시장등의 허가를 받아야 한다. 허가받은 사항을 변경하고자 하는 경우에도 또한 같다. 〈개정 2012.2.1.〉

⑤ 시장등은 다음 각 호의 어느 하나에 해당하는 자에 한하여 법인등자연장지의 조성을 허가할 수 있다. 〈개정 2012.2.1.〉

1. 자연장지의 조성·관리를 목적으로 「민법」에 따라 설립된 재단법인
2. 대통령령으로 정하는 공공법인 또는 종교단체

⑥ 사설자연장지를 조성·관리하는 자는 자연장에 관한 상황을 보건복지부령으로 정하는 바에 따라 기록·보관하여야 한다. 〈신설 2015.1.28.〉

⑦ 자연장지에는 사망자 및 연고자의 이름 등을 기록한 표지와 편의시설 외의 시설을 설치하여서는 아니 된다. 〈개정 2012.2.1., 2015.1.28.〉

⑧ 제1항에 따른 사설자연장지의 종류별 면적, 제7항에 따라 자연장지에 설치하는 표지의 규격, 사설자연장지에 설치가 허용되는 편의시설의 종류 및 설치기준 등에 관하여 필요한 사항은 대통령령으로 정한다. 〈개정 2012.2.1., 2015.1.28.〉

〈해 설〉

○ 개인·가족자연장지 조성은 조성을 마친 후 30일 이내 조성하는 지역의 관할 시장등에게 신고하도록 하는 사후신고사항임.
  - 자연장 활성화 차원에서 종중·문중자연장지는 종전 사전허가사항에서 사전신고사항으로 변경하였음(2012.2.1., 일부개정). 또한 법인등자연장지 조성은 사전허가 사항임.

○ 법 제16조제6항(2015.1.28., 일부개정)은 시행령 제21조제3항의 내용을 법률로 상향하여 규정함.

【유권해석】

자연장지 진입로 기준점에 관한 질의 회신(경기도), (노인지원과 – 2859, 2011.8.29)

1. 「장사 등에 관한 법률」제16조제6항 및 같은법 시행령 제21조제1항 관련 사설자연장지의 설치기준에서 "폭 5미터 이상의 진입로를 마련하여야 한다"라고 규정하고 있습니다.
2. 동 법령에서 규정하고 있는'진입로'는 기존 현황도로에서 자연장지 등 장사시설을 연결하는 도로를 말하며, 기존 현황도로는 동 법령에서 규정하고 있는 진입로에 해당되지 않음을 알려드립니다. 끝.

【유권해석】

자연장지 조성관련 질의(노인지원과–1028, 2010.07.13.)

1. 불특정 다수인을 대상으로 자연장지를 분양할 수 있는 경우는 종교단체자연장지 또는 법인자연장지로 허가를 받아 운영하는 경우에 한하여 가능하다 할 것입니다.
2. 따라서 허가받지 아니한 토지소유자가 일정한 토지를 분할하여 사용료 등을 받고 타인으로 하여금 집단 자연장지를 조성·관리하게 하는 경우에는 「장사 등에 관한 법률」제16조(자연장지의 조성 등) 위반으로 동법 제40조제4호 및 제31조제3호에 따른 처분의 대상이 될 것입니다.

(참 고) 장사시설 유형별 설치기준

□ 사설 묘지

구 분		개 인	가 족	종·문중	재단법인
조성 지역	면 적	30㎡미만	100㎡이하	1,000㎡이하	100,000㎡이상
	신고등	신 고	허 가		
	봉분규모	봉분의 높이는 지면으로부터 1m, 평분의 높이는 50㎝ 이하			
	고려사항	(법인묘지 : 폭 5m 이상의 도로와 주차장 마련, 면적의 20/100 녹지조성)			
	조성장소	도로에서 300m 이상, 인가밀집지역에서 500m 이상 떨어진 곳			

□ 사설 봉안시설

○ 봉안묘(봉안탑 및 봉안담 이 기준 준용)

구 분		개인·가족	종·문중	종교단체	재단법인
조성 지역	면 적	10㎡/30㎡이하	100㎡이하	500㎡이하	–
	고려사항	지형·배수·토양 등을 고려하여 붕괴·침수가 없는 곳 (법인봉안묘 : 폭 5m 이상의 진입로와 주차장 마련, 면적의 20/100 녹지조성)			
	조성장소	사원, 묘지, 화장시설이나 지자체의 조례로 정하는 장소			

○ 봉안당

구 분		가족 또는 종·문중	종교단체	재단법인
조성 지역	면 적	민법상 친족, 100㎡이하	신도 및 그 가족, 5천구 이하	500구 이상
	장소 등	사원·묘지·화장시설, 조례	폭 5m 이상의 진입로와 주차장 등 마련	

□ 사설 자연장지

구 분		개인·가족	종중·문중	종교단체	재단법인
조성 지역	면 적	100㎡미만	2,000㎡이하	30,000㎡이하	50,000㎡이상
	신고 등	신 고		허 가	
	고려사항	지형·배수·토양		지형·배수·토양·경사도 폭 5m 이상의 진입로, 주차장 등	

【법 률】

제17조(묘지 등의 설치 제한) 다음 각 호의 어느 하나에 해당하는 지역에는 묘지·화장시설·봉안시설 또는 자연장지를 설치·조성할 수 없다. 〈개정 2015.1.28.〉

1. 「국토의 계획 및 이용에 관한 법률」 제36조제1항제1호라목에 따른 녹지지역 중 대통령령으로 정하는 지역
2. 「수도법」제7조제1항에 따른 상수원보호구역. 다만, 기존의 사원 경내에 설치하는 봉안시설 또는 대통령령으로 정하는 지역주민이 설치하거나 조성하는 일정규모 미만의 개인, 가족 및 종중·문중의 봉안시설 또는 자연장지인 경우에는 그러하지 아니하다.
3. 「문화재보호법」 제27조 및 제70조제3항에 따른 보호구역. 다만, 대통령령으로 정하는 규모 미만의 자연장지로서 문화재청장의 허가를 받은 경우에는 그러하지 아니하다.
4. 그 밖에 대통령령으로 정하는 지역

【시행령】

제22조(묘지 등의 설치 제한지역) ① 법 제17조제1호에서 "녹지지역 중 대통령령으로 정하는 지역"이란 국토의 계획 및 이용에 관한 법령에 따라 묘지·화장시설·봉안시설·자연장지의 설치·조성이 제한되는 지역을 말한다.

② 법 제17조제2호 단서에서 "대통령령으로 정하는 지역주민이 설치하거나 조성하는 일정규모 미만의 개인, 가족 및 종중·문중의 봉안시설 또는 자연장지"란 「수도법」에 따른 상수원보호구역 내에 거주하는 주민으로서 다음 각 호의 어느 하나에 해당하는 자가 설치·조성하는 10제곱미터 미만의 봉안시설 또는 20제곱미터 미만의 자연장지를 말한다.

1. 상수원보호구역으로 지정되기 이전부터 해당 구역 내에 계속 거주하여 온 자
2. 상수원보호구역으로 지정할 당시에 해당 구역 내에 거주하고 있던 자로서 생업이나 그 밖의 사유로 3년 이내의 기간 동안 해당 구역 밖에 거주한 자
3. 상수원보호구역으로 지정할 당시에 해당 구역 내에 거주하고 있던 자로서 생업이나 그 밖의 사유로 그 구역 밖에 거주하던 중 상속으로 인하여 해당 구역 안에 거주하고 있던 자의 가업(家業)을 승계한 자

③ 법 제17조제3호 단서에서 "대통령령으로 정하는 규모"란 3만 제곱미터를 말한다.

④ 법 제17조제4호에서 "그 밖에 대통령령으로 정하는 지역"이란 다음 각 호의 어느 하나에 해당하는 지역 또는 구역을 말한다.

1. 「국토의 계획 및 이용에 관한 법률」제36조제1항제1호가목부터 다목까지의 규정에 따른 주거지역·상업지역 및 공업지역. 다만, 다음 각 목의 어느 하나에 해당하는 지역은 제외한다.

가. 화장시설, 봉안시설 및 자연장지의 경우: 국토의 계획 및 이용에 관한 법령에 따라 해당 시설을 설치·조성할 수 있는 지역

나. 법 제16조 제1항제1호에 따른 개인·가족자연장지의 경우 「국토의 계획 및 이용에 관한 법률 시행령」 제30조제1호의 주거지역 중 일반주거지역·준주거지역, 같은 조 제2호의 상업지역 중 일반상업지역·근린상업지역·유통상업지역 및 같은 조 제3호의 공업지역 중 일반공업지역·준공업지역

나. 법 제16조 제1항제1호에 따른 개인·가족자연장지의 경우 「국토의 계획 및 이용에 관한 법률 시행령」 제30조제1호의 주거지역 중 일반주거지역·준주거지역, 같은 조 제2호의 상업지역 중 일반상업지역·근린상업지역·유통상업지역 및 같은 조 제3호의 공업지역 중 일반공업지역·준공업지역

2. 다음 각 목의 수변구역 또는 특별대책지역

가. 「한강수계 상수원수질개선 및 주민지원 등에 관한 법률」 제4조, 「낙동강수계 물관리 및 주민지원 등에 관한 법률」 제4조, 「금강수계 물관리 및 주민지원 등에 관한 법률」 제4조, 「영산강·섬진강수계 물관리 및 주민지원 등에 관한 법률」 제4조에 따라 지정·고시된 수변구역

나. 「환경정책기본법」 제38조에 따라 지정·고시된 특별대책지역 [상수원 수질보전을 위한 지역에 공설묘지·법인묘지, 법 제15조제3항에 따른 재단법인이 설치하는 10만 제곱미터 이상의 봉안묘·봉안탑·봉안담(벽과 담의 형태로 된 봉안시설을 말한다. 이하 같다) 또는 이 영 제21조에 따라 법인이 10만 제곱미터 이상의 자연장지를 새로 설치·조성하는 경우만 해당한다]

3. 「도로법」 제49조와 「고속국도법」 제8조에 따라 지정·고시된 접도구역

4. 「하천법」 제10조에 따라 지정·고시된 하천구역

5. 「농지법」 제28조에 따라 지정된 농업진흥지역

6. 「산림보호법」 제7조에 따른 산림보호구역과 「산림자원의 조성 및 관리에 관한 법률」 제19조, 제47조 및 제48조에 따른 채종림등, 시험림 및 특별산림보호구역

7. 「국유림의 경영 및 관리에 관한 법률」 제16조제1항제1호에 따른 요존국유림(要存國有林). 다만, 자연장지는 요존국유림 내에 조성할 수 있다.

8. 「백두대간보호에 관한 법률」 제6조에 따라 지정·고시된 백두대간보호지역

9. 「사방사업법」 제4조에 따라 지정·고시된 사방지(砂防地)

10. 「군사기지 및 군사시설 보호법」 제4조에 따라 지정된 군사기지 및 군사시설 보호구역과 「군사기밀보호법」 제5조에 따라 설정된 군사보호구역. 다만, 국방부장관의 인정을 받거나 관할 부대장의 승인을 받은 경우에는 그러하지 아니하다.

11. 붕괴·침수 등으로 보건위생상 위해를 끼칠 우려가 있는 지역으로서 지방자치단체의 조례로 정하는 지역

〈해 설〉

○ 묘지 등의 설치제한 규정은 장사시설의 설치관리 등에 관하여 보건위생상의 위해방지 및 국토의 효율성 제고, 공공복리의 증진을 위한 규정이라고 할 수 있음.

○ 장사시설 설치제한 규정은 "네가티브(Negative) 방식"으로 설치제한 지역이외에는 다른 지역에는 설치가 가능하다는 의미이나 「국토의 계획 및 이용에 관한 법률」, 「건축법」, 「학교보건법」 등 개별법령에서 규정하고 있는 경우에는 설치가 제한될 수 있음.

○ 장사분야에서는 장사시설을 주민 복지필수시설로 정의하고 장사시설 설치를 확대하기 위하여 장사시설 설치를 용이하기 위하여 설치제한지역을 완화하는 정책을 추진하지만

현실적으로는 대부분의 지역주민들은 장사시설을 기피시설로서 인식하여 지역내 설치를 반대하여 장사시설 설치 규제완화제도 개선이 쉽지 않음. 주민생활지역권 이외에 도시 외곽지역 등에 설치하려고 하지만 예상부지가 인접한 다른 지자체(지역주민)과의 마찰 등으로 장사시설 설치에 많은 어려움이 있음.

- 다만, 헌법에서 규정한 모든 국민은 건강하고 쾌적한 환경에서 생활할 권리, 환경보존 노력, 쾌적한 주거생활 보장 등과 「국토의 계획 및 이용에 관한 법률」등 개별법령에서 규정한 장사시설 설치제한에 대한 목적 등을 고려하여야 할 것임.

○ 종전 규정(법 제17조제3호)에서는 묘지·화장시설·봉안시설·자연장지의 설치·조성이 제한되는 지역에 「문화재보호법」제9조 및 제71조에 따른 문화재보호구역을 규정하고 있는데, 「문화재보호법」의 전부개정(법률 제10000호, 2011. 2. 5. 시행)으로 제27조 및 제70조제3항으로 변경됨에 따라, 이에 맞추어 인용조문의 조문 번호를 변경(2015.1.28.)한 것임.

○ 같은법 시행령 제22조제4항제1호는 묘지·화장시설·봉안시설 또는 자연장지를 설치·조성할 수 없는 지역으로 「국토의 계획 및 이용에 관한 법률」제36조제1항제1호가목부터 다목까지의 규정에 따른 주거지역·상업지역 및 공업지역. 다만, 다음 각 목의 어느 하나에 해당하는 지역은 제외한다고 규정하고 있고, 가목에 화장시설, 봉안시설 및 자연장지의 경우 "국토의 계획 및 이용에 관한 법령에 따라 해당 시설을 설치·조성할 수 있는 지역"이란,

- 종교시설 중 "종교집회장에 설치하는 봉안당(奉安堂)" 또는 장례식장 중 의료시설의 부수시설의 경우 등을 말함(건축법 시행령 별표 1, 용도별 건축물의 종류(제3조의4 관련).

【관계법령】

「국토의 계획 및 이용에 관한 법률」

제36조(용도지역의 지정) ① 국토교통부장관, 시·도지사 또는 대도시 시장은 다음 각 호의 어느 하나에 해당하는 용도지역의 지정 또는 변경을 도시·군관리계획으로 결정한다.

1. 도시지역: 다음 각 목의 어느 하나로 구분하여 지정한다.
   가. 주거지역: 거주의 안녕과 건전한 생활환경의 보호를 위하여 필요한 지역
   나. 상업지역: 상업이나 그 밖의 업무의 편익을 증진하기 위하여 필요한 지역
   다. 공업지역: 공업의 편익을 증진하기 위하여 필요한 지역
   라. 녹지지역: 자연환경·농지 및 산림의 보호, 보건위생, 보안과 도시의 무질서한 확산을 방지하기 위하여 녹지의 보전이 필요한 지역

「수도법」

제7조(상수원보호구역 지정 등) ① 환경부장관은 상수원의 확보와 수질 보전을 위하여 필요하다고 인정되는 지역을 상수원 보호를 위한 구역(이하 "상수원보호구역"이라 한다)으로 지정하거나 변경할 수 있다.

「문화재보호법」

제27조(보호물 또는 보호구역의 지정) ① 문화재청장은 제23조·제25조 또는 제26조에 따른 지정을 할 때 문화재 보호를 위하여 특히 필요하면 이를 위한 보호물 또는 보호구역을 지정할 수 있다.

② 문화재청장은 인위적 또는 자연적 조건의 변화 등으로 인하여 조정이 필요하다고 인정하면 제1항에 따라 지정된 보호물 또는 보호구역을 조정할 수 있다.

③ 문화재청장은 제1항 및 제2항에 따라 보호물 또는 보호구역을 지정하거나 조정한 때에는 지정 또는 조정 후 매 10년이 되는 날 이전에 다음 각 호의 사항을 고려하여 그 지정 및 조정의 적정성을 검토하여야 한다. 다만, 특별한 사정으로 인하여 적정성을 검토하여야 할 시기에 이를 할 수 없는 경우에는 대통령령으로 정하는 기간까지 그 검토시기를 연기할 수 있다.

1. 해당 문화재의 보존가치
2. 보호물 또는 보호구역의 지정이 재산권 행사에 미치는 영향
3. 보호물 또는 보호구역의 주변 환경

④ 제1항부터 제3항까지의 규정에 따른 지정, 조정 및 적정성 검토 등에 필요한 사항은 대통령령으로 정한다.

제70조(시·도지정문화재의 지정 등) ① 시·도지사는 그 관할구역에 있는 문화재로서 국가지정문화재로 지정되지 아니한 문화재 중 보존가치가 있다고 인정되는 것을 시·도지정문화재로 지정할 수 있다. 다만, 무형문화재의 경우에는 문화재청장과의 사전 협의를 거쳐 중요무형문화재를 시·도지정문화재로 지정할 수 있으며, 그 보유자 인정은 중요무형문화재의 보유자가 아닌 자 중에서 하여야 한다.

② 시·도지사는 제1항에 따라 지정되지 아니한 문화재 중 향토문화보존상 필요하다고 인정하는 것을 문화재자료로 지정할 수 있다.

③ 문화재청장은 문화재위원회의 심의를 거쳐 필요하다고 인정되는 문화재에 대하여 시·도지사에게 시·도지정문화재나 문화재자료(보호물이나 보호구역을 포함한다. 이하 같다)로 지정·보존할 것을 권고할 수 있다. 이 경우 시·도지사는 특별한 사유가 있는 경우를 제외하고는 문화재 지정절차를 이행하고 그 결과를 문화재청장에게 보고하여야 한다.

④ 제1항부터 제3항까지의 규정에 따라 시·도지정문화재와 문화재자료를 지정할 때에는 해당 특별시·광역시·도 또는 특별자치도가 지정하였다는 것을 알 수 있도록 "지정" 앞에 해당 특별시·광역시·도 또는 특별자치도의 명칭을 표시하여야 한다.

⑤ 시·도지정문화재와 문화재자료의 지정 및 해제절차, 관리, 보호·육성, 공개 등에 필요한 사항은 해당 지방자치단체의 조례로 정한다.

⑥ 문화재청장, 「이북5도에 관한 특별조치법」 제5조에 따라 임명된 도지사 또는 같은 법 제7조에 따라 설치된 이북5도위원회 위원장은 북한지역에서 전승되던 무형문화재로서 보존할 가치가 있다고 인정되는 문화재가 있으면 현재 그 문화재가 전승되고 있는 지역을 관할하고 있는 시·도지사에게 시·도지정문화재로 지정할 것 을 권고할 수 있다.

【관계법령】

「학교보건법」

제5조(학교환경위생 정화구역의 설정) ① 학교의 보건·위생 및 학습 환경을 보호하기 위하여 교육감은 대통령령으로 정하는 바에 따라 학교환경위생 정화구역을 설정·고시하여야 한다. 이 경우 학교환경위생 정화구역은 학교 경계선이나 학교설립예정지 경계선으로부터 200미터를 넘을 수 없다.

제6조(학교환경위생 정화구역에서의 금지행위 등)

5. 도축장, 화장장 또는 납골시설

「자연공원법 시행령」

제4조(자연공원의 폐지 등) (생략)

5. 공원구역의 경계 또는 그 인접에 집단마을이 형성되어 있거나, 화장장·사격장 등 자연공원으로 사용할 수 없는 시설이 설치되어 있어 공원구역으로 존치시킬 필요가 없게 된 경우

「국토의 계획 및 이용에 관한 법률」

제2조(정의) (생략)

4. "도시·군관리계획"이란 특별시·광역시·특별자치시·특별자치도·시 또는 군의 개발·정비 및 보전을 위하여 수립하는 토지 이용, 교통, 환경, 경관, 안전, 산업, 정보통신, 보건, 복지, 안보, 문화 등에 관한 다음 각 목의 계획을 말한다.
6. "기반시설"이란 다음 각 목의 시설로서 대통령령으로 정하는 시설을 말한다.
   가.~마.(생략)

바. 화장시설 · 공동묘지 · 봉안시설 등 보건위생시설
7. "도시 · 군계획시설"이란 기반시설 중 도시 · 군관리계획으로 결정된 시설을 말한다.

제24조(도시 · 군관리계획의 입안권자) ① 특별시장 · 광역시장 · 특별자치시장 · 특별자치도지사 · 시장 또는 군수는 관할 구역에 대하여 도시 · 군관리계획을 입안하여야 한다

「국토의 계획 및 이용에 관한 법률 시행규칙」

제2조(기반시설) (생략)
1.~5.(생략)
6. 보건위생시설 : 화장시설 · 공동묘지 · 봉안시설 · 자연장지 · 장례식장 · 도축장 · 종합의료시설

제6조(도시 · 군관리계획으로 결정하지 아니하여도 설치할 수 있는 시설) ① 생략
9. 봉안시설 및 자연장지 중 특별시장 · 광역시장 · 특별자치시장 · 특별자치도지사 · 시장 · 군수 또는 구청장외의 자가 설치하는 시설

「건축법 시행령」 [별표 1]

용도별 건축물의 종류(제3조의4 관련)

6. 종교시설
  가. 종교집회장으로서 제2종 근린생활시설에 해당하지 아니하는 것
  나. 종교집회장(제2종 근린생활시설에 해당하지 아니하는 것을 말한다)에 설치하는 봉안당(奉安堂)
9. 의료시설
  가. 병원(종합병원, 병원, 치과병원, 한방병원, 정신병원 및 요양병원을 말한다)
  나. 격리병원(전염병원, 마약진료소, 그 밖에 이와 비슷한 것을 말한다)
26. 묘지 관련 시설
  가. 화장시설
  나. 봉안당(종교시설에 해당하는 것은 제외한다)
  다. 묘지와 자연장지에 부수되는 건축물
28. 장례식장[의료시설의 부수시설 (「의료법」 제36조제1호에 따른 의료기관의 종류에 따른 시설을 말한다)에 해당하는 것은 제외한다]

【관계규정】

「도시계획시설의 결정 · 구조 및 설치기준에 관한 규칙」

제7장 보건위생시설

제1절 화장시설

제136조(화장시설) 이 절에서 "화장시설"이란 다음 각 호의 시설을 말한다.
  1. 「장사 등에 관한 법률」 제13조제1항에 따른 공설화장시설
  2. 「장사 등에 관한 법률」 제15조제1항에 따른 사설화장시설 중 일반의 사용에 제공하는 화장시설

제137조(화장장의 결정기준) 화장장의 결정기준은 다음 각호와 같다.
  1. 토지의 취득과 화장장의 관리 · 운영이 쉽고 장래에 확장이 가능한 지역에 설치할 것
  2. 지형상 배수가 잘되는 장소에 설치할 것
  3. 화장장과 그 주변지역에는 녹화 또는 조경을 하고 필요한 편익시설을 설치할 것
  4. 이용자가 불편하지 아니하도록 교통이 편리한 곳에 설치하고 진입도로 및 주차장을 충분한 규모로 확보할 것

제138조(화장장의 구조 및 설치기준) ① 화장장에는 일반의 사용에 제공하는 납골시설 및 장례식장을 설치할 수 있다.
② 제1항에 규정된 사항외에 화장장의 설치에 관하여는 「장사 등에 관한 법률」이 정하는 바에 의한다.

제2절 공동묘지

제139조(공동묘지) 이 절에서 "공동묘지"란 다음 각 호의 시설을 말한다.
  1. 국가가 설치 · 운영하는 공동묘지(법인 등에 위탁하여 설치 · 운영하는 경우를 포함하며, 이하 "국립묘지"라 한다)

2. 「장사 등에 관한 법률」제13조제1항에 따른 공설묘지
3. 「장사 등에 관한 법률」제14조제1항에 따른 사설묘지중 일반의 사용에 제공되는 묘지

제140조(공동묘지의 결정기준) 공동묘지의 결정기준은 다음 각호와 같다.
1. 토지의 취득과 공동묘지의 관리·운영이 쉽고 장래에 확장이 가능한 지역에 설치할 것
2. 지형상 배수가 잘되는 장소에 설치할 것
3. 묘역과 그 주변지역에는 녹화 또는 조경을 하고 필요한 편익시설을 설치할 것
4. 성묘절 등 다수인이 일시에 이용하는 때에 대비하여 진입도로 및 주차장을 충분한 규모로 확보할 것
5. 도시지역외의 지역에 설치하는 공동묘지의 규모는 원칙적으로 1제곱킬로미터를 초과하지 아니하도록 하고, 전체면적의 30퍼센트 이상을 훼손없이 원지형대로 보전할 것. 다만, 국립묘지 및 공설묘지에 대하여는 시설의 규모제한을 적용하지 아니한다.

제141조(공동묘지의 구조 및 설치기준) ① 공동묘지에는 장례식장과 일반의 사용에 제공하는 납골시설 및 화장장을 설치할 수 있다.

② 도시지역 외의 지역에 공동묘지를 설치하기 위하여 토지의 형질을 변경하는 경우에는 원칙적으로 다음 각호의 기준에 적합하여야 한다.

1. 산지인 토지의 형질을 변경하는 경우 평균 경사도가 25도 이하이고 표고가 산자락하단을 기준으로 300미터 이하인 지역으로 할 것

2. 기존 지형을 최대한 이용하여 토지의 형질변경을 최소화하고 기존 지형의 경사도를 50퍼센트 이상 변경하지 아니하도록 하여 과도한 성토·절토 등이 이루어지지 아니하도록 할 것

3. 공동묘지 부지는 다음 각목의 기준에 적합하게 구획할 것. 다만, 필요한 경우 용도구획을 추가할 수 있다.
가. 묘지시설용지는 원칙적으로 전체부지 면적의 50퍼센트 미만으로 하고, 3만제곱미터 미만의 가구단위로 구획할 것
나. 납골시설용지는 원칙적으로 묘지시설용지면적의 10퍼센트 이상으로 할 것
다. 녹지용지는 원지형보전녹지 및 그 밖의 녹지 등으로 전체부지면적의 40퍼센트 이상으로 할 것
라. 기반시설용지에는 도로·환경오염방지시설·관리사무소·주차장 등을 설치하도록 할 것

4. 기반시설의 설치는 다음 각 목의 기준에 의할 것
가. 전체부지의 경계에서 국도·지방도 그 밖에 폭 10미터 이상인 도로에 연결되는 진입도로를 다음 기준에 따라 설치할 것
(1) 전체부지 면적이 30만제곱미터 미만인 경우에는 폭 8미터 이상
(2) 전체부지 면적이 30만제곱미터 이상 60만제곱미터 미만인 경우에는 폭 10미터 이상
(3) 전체부지 면적이 60만제곱미터 이상인 경우에는 폭 12미터 이상
(4) 진입도로의 폭이 12미터 미만인 경우에 다음의 구분에 따른 전체 부지 면적의 10퍼센트 이내에서 확대하는 때에는 (1) 내지 (3)의 규정에 불구하고 당해 공동묘지의 진입도로의 폭을 유지할 수 있다. 다만, 당해 진입도로의 폭이 8미터 미만인 경우로서 그 도로의 여건상 대형승합자동차의 교행이 어려운 구간에 대하여는 대기차선을 설치하여야 한다.
(가) 2002년 12월 31일 이전에 설치된 공동묘지(법률 제6655호 국토의계획및이용에관한법률에 의하여 폐지되기 전의 「국토이용관리법」에 의하여 2003년 1월 1일 이후에 설치되었거나 설치 중인 공동묘지를 포함한다)인 경우 그 당시 전체 부지의 면적
(나) 2003년 1월 1일 이후에 설치 완료된 공동묘지(법률 제6655호 국토의계획및이용에관한법률에 의하여 폐지되기 전의 「국토이용관리법」에 의하여 2003년 1월 1일 이후에 설치되었거나 설치 중인 공동묘지를 제외한다)인 경우로서 진입도로의 폭이 10미터 미만이고 전체 부지의 면적이 30만제곱미터 미만인 경우 그 전체 부지의 면적
(다) 2003년 1월 1일 이후에 설치 완료된 공동묘지(법률 제6655호 국토의계획및이용에관한법률에 의하여 폐지되기 전의 「국토이용관리법」에 의하여 2003년 1월 1일 이후에 설치되었거나 설치 중인 공동묘지를 제외한다)인 경우로서 진입도로의 폭이 10미터 이상 12미터 미만이고 전체 부지의 면적이 60만제곱미터 미만인 경우 그 전체 부지의 면적

나. 부지내 가구사이에 폭 4미터 이상의 도로를 구획할 것
다. 발생하는 하수를 BOD 10ppm 이하로 처리할 수 있는 하수처리시설을 설치할 것. 다만, 환경기준 유지를 위한 사전환경성 협의에 따라 환경관서에서 요구하는 기준이 있을 경우 그 기준을 충족하여야 한다.

5. 건축물의 층수는 4층 이하로 하고, 시설물 또는 공작물의 높이는 20미터 이하로 할 것

③ 제1항 및 제2항에 규정된 사항 외에 공동묘지의 설치에 관하여는 「장사 등에 관한 법률」이 정하는 바에 의한다. 〈개정 2005.7.1, 2005.12.14〉

④ 제1항 내지 제3항의 규정에 불구하고 국립묘지의 구조 및 설치에 관하여는 관계 법령이 정하는 바에 의한다.

제3절 납골시설

제142조(봉안시설) 이 절에서 "봉안시설"이란 다음 각 호의 시설을 말한다.
1. 국가가 설치·운영하는 봉안시설(법인 등에 위탁하여 설치·운영하는 경우를 포함한다)
2. 「장사 등에 관한 법률」제13조제1항에 따른 공설봉안시설
3. 「장사 등에 관한 법률」제15조제1항에 따른 사설봉안시설 중 일반의 사용에 제공하는 봉안시설

1. 토지의 취득과 납골시설의 관리·운영이 쉽고 장래에 확장이 가능한 지역에 설치할 것
2. 지형상 배수가 잘되는 장소에 설치할 것
3. 봉안시설과 그 주변지역에는 녹화 또는 조경을 하고 필요한 편익시설을 설치할 것
4. 이용자가 불편하지 아니하도록 교통이 편리한 곳에 설치하고 성묘절 등 다수인이 일시에 이용하는 때에 대비하여 진입도로 및 주차장을 충분한 규모로 확보할 것

제144조(봉안시설의 구조 및 설치기준) 봉안시설의 구조 및 설치에 관하여는 「장사 등에 관한 법률」에서 정하는 바에 따른다. 다만, 제142조제1호에 따른 봉안시설의 구조 및 설치기준에 관하여는 관계 법령에서 정하는 바에 따른다.

제3절의2 자연장지

제144조의2(자연장지) 이 절에서 "자연장지"란 다음 각 호의 시설을 말한다.
1. 「장사 등에 관한 법률」제13조제1항에 따른 공설자연장지
2. 「장사 등에 관한 법률」제16조제1항제3호에 따른 법인등자연장지 중 일반의 사용에 제공하는 자연장지

제144조의3(자연장지 결정기준) 자연장지의 결정기준은 다음 각호와 같다.
1. 지형상 배수가 잘되고 붕괴나 침수의 우려가 없는 장소에 설치할 것
2. 자연장지와 그 주변지역에는 녹화 또는 조경을 하고 필요한 편익시설을 설치할 것
3. 이용자가 불편하지 아니하도록 교통이 편리한 곳에 설치하고 성묘 등 여러 사람이 한꺼번에 이용할 때를 대비하여 진입도로 및 주차장을 충분한 규모로 확보할 것

제144조의4(자연장지의 구조 및 설치기준) 자연장지의 구조 및 설치에 관하여는 「장사 등에 관한 법률」에서 정하는 바에 따른다.

제4절 장례식장

제145조(장례식장) 이 절에서 "장례식장"이란 「장사 등에 관한 법률」제29조제1항에 따른 장례식장을 말한다.

제146조(장례식장의 결정기준) 장례식장의 결정기준은 다음 각호와 같다.
1. 인근의 토지이용계획을 고려하여 설치하되, 인구밀집지역이나 학교·연구소·청소년시설 또는 도서관 등과 가까운 곳에는 설치하지 아니할 것
2. 주위의 다른 건축물 등과 차단되도록 외곽에 녹지대 또는 조경시설을 둘 것
3. 대중교통수단과의 연결이 쉬운 곳에 설치할 것
4. 준주거지역·일반상업지역·근린상업지역·일반공업지역·준공업지역·보전녹지지역·자연녹지지역 및 계획관리지역에 한하여 설치할 것

제147조(장례식장의 구조 및 설치기준) 장례식장의 구조 및 설치기준은 「장사 등에 관한 법률」이 정하는 바에 의한다.

【관계법령】

「개발제한구역의 지정 및 관리에 관한 특별조치법 시행령」 (별표 1)

건축물 또는 공작물의 종류, 건축 또는 설치의 범위(제13조제1항 관련)	
시설의 종류	건축 또는 설치의 범위
3. 개발제한구역에 입지하여야만 기능과 목적이 달성되는 시설	해당 시·군·구 관할 구역 내 개발제한구역 밖에 입지할 수 있는 토지가 없는 경우로서 이미 훼손된 지역에 우선 설치하여야 한다.
타. 장사 관련 시설	가) 공동묘지 및 화장시설을 신설하는 경우는 국가, 지방자치단체에 한정하며, 그 안에 봉안시설 및 장례식장을 포함하여 설치할 수 있다. 나) 가)에도 불구하고 봉안시설 또는 수목장림은 다음 중 어느 하나에 해당하는 경우, 국가 또는 지방자치단체가 신설하는 공동묘지 및 화장시설이 아닌 곳에 설치할 수 있다. ① 기존의 공동묘지 안에 있는 기존의 분묘만을 봉안시설로 전환·설치하는 경우 ② 봉안시설을 사찰의 경내에 설치하는 경우 ③ 가족·종중 또는 문중의 분묘를 정비(개발제한구역밖에 있던 분묘를 포함한다)하는 부지 안에서 봉안시설 또는 수목장림으로 전환·설치하는 경우 ④ 수목장림을 사찰의 경내지에 설치하는 경우 다) 나)에 따라 봉안시설이나 수목장림으로 전환·설치하는 경우 정비된 분묘가 있던 기존의 잔여부지는 임야·녹지 등 자연친화적으로 원상복구하여야 한다.

(참 고) 용도지역별 장사시설 건축가능 여부 (건축법 시행령)

구 분			묘지관련시설	종교시설인 봉안당	장례식장
도시지역	주거지역	제1종전용주거지역	X	▲	X
		제2종전용주거지역	X	▲	X
		제1종일반주거지역	X	▲	X
		제2종일반주거지역	X	○	X
		제3종일반주거지역	X	○	X
		준 주 거 지 역	X	○	▲
	상업지역	중 심 상 업 지 역	X	○	▲
		일 반 상 업 지 역	X	○	○
		근 린 상 업 지 역	X	○	○
		유 통 상 업 지 역	X	▲	▲
	공업지역	전 용 공 업 지 역	X	X	X
		일 반 공 업 지 역	X	▲	▲
		준 공 업 지 역	X	▲	○
	녹지지역	보 전 녹 지 지 역	▲	▲	▲
		생 산 녹 지 지 역	▲	X	▲
		자 연 녹 지 지 역	○	▲	○
관리지역	보전관리지역		▲	▲	▲
	생산관리지역		▲	X	▲
	계획관리지역		○	▲	○
농림지역			▲	▲	▲
자연환경보전지역			▲	▲	X

※ ○ : 가능, ▲ : 도시계획조례가 정하는 바에 따라 가능, X : 불가

※ 국토의 계획 및 이용에 관한 법률 제76조 및 동법시행령 제71조

※ 건축법 시행령 별표1. 용도별 건축물의 종류

- 6. 종교시설 : 종교집회장에 설치하는 봉안당(奉安堂)으로서 제2종 근린생활시설에 해당하지 아니하는 것
- 26. 묘지관련시설 : 화장시설, 봉안당(종교시설에 해당하는 것은 제외), 묘지에 부수되는 건축

제18조(분묘 등의 점유면적 등) ① 공설묘지, 가족묘지, 종중·문중묘지 또는 법인묘지 안의 분묘 1기 및 그 분묘의 상석(床石)·비석 등 시설물을 설치하는 구역의 면적은 10제곱미터(합장하는 경우에는 15제곱미터)를 초과하여서는 아니 된다.

② 개인묘지는 30제곱미터를 초과하여서는 아니 된다.
③ 봉안시설 중 봉안묘의 높이는 70센티미터, 봉안묘의 1기당 면적은 2제곱미터를 초과하여서는 아니 된다.
④ 분묘, 봉안묘 또는 봉안탑 1기당 설치할 수 있는 상석·비석 등 시설물의 종류 및 크기 등에 관한 사항은 대통령령으로 정한다.

〈해 설〉

○ 국토의 효율성 제고를 위하여 묘지면적 및 시설물 등을 지속적으로 제한하는 것임.
○ 분묘 및 개인묘지의 점유면적은 봉분·평분·평장의 면적과 상석·비석 등의 시설물을 면적 내에 설치하여야 함.
○ "합장"이란 기존에 설치된 1기의 분묘에 배우자의 시신 또는 유골을 함께 매장하는 것을 말하며, 묘지내에 기존의 설치된 분묘에 관계없이 새로이 분묘를 설치하는 것은 묘지내에 인접하여 있다하더라도 합장이라고 할 수 없음.
○ 분묘의 점유면적은 분묘의 수직선상의 위에서 아래로 보아 분묘, 시설물을 포함한 단면적의 가로와 세로를 곱하여 계산하며, 경사면이 있는 경우 경사면 끝에서부터 계산(경사면 자체는 면적에 미포함)함.
○ 묘지면적 기준 변천과정

연 도	개인묘지	가족묘지	종중·문중묘지
1969. 4.17	2000㎡ 이하		
1977. 9.14	150㎡이하	2000㎡이하	2000㎡이하
1997. 9.30	80㎡이하	500㎡이하	2000㎡이하
2001. 1.13	30㎡이하	100㎡이하	1000㎡이하

○ 분묘 1기당 시설물 기준 변천과정

연 도	분묘 1기당 시설물 설치기준
1977. 9.14	– 분묘 1기당 설치할 수 있는 석물은 상석 · 비석 및 1종(1쌍)의 기타 석물에 한한다. – 인물상은 여하한 형태로든지 묘지내에 이를 설치하여서는 아니된다. – 비석은 직립비 · 와비 또는 자연석비로 하되, 직립비의 경우에는 그 높이가 지면으로부터 2미터를, 와비 또는 자연석비의 경우에는 그 표면적이 3평방미터를 초과하여서는 아니된다.
1997. 9.30	– 비석은 1개(그 높이는 지면으로부터 2미터이내, 그 표면적은 3평방미터이내로 한다) – 상석은 1개 – 기타석물(인물상을 제외한다)은 1개 또는 1쌍(그 높이는 지면으로부터 2미터이내로 한다)
2001. 1. 13	– 비석은 1개(그 높이는 지면으로부터 2미터이내, 그 표면적은 3평방미터이내로 한다) – 상석은 1개 – 기타석물(인물상을 제외한다)은 1개 또는 1쌍(그 높이는 지면으로부터 2미터이내로 한다)

○ “봉안묘의 높이와 면적 “규정은 화장 및 봉안제도의 보급 확대로 사설 봉안시설이 급격히 증가하고 있으며, 봉안묘의 형태는 개인형과 가족형, 문중형으로 나눌 수 있음. 사설 봉안시설의 영리추구와 과다한 석물사용으로 인한 자연경관이 훼손되고 사회적 위화감이 조성되고 있으나 구체적인 봉안묘 설치기준 미비로 묘지보다도 더 심각한 사회적 폐해 발생함.

- 기존의 분묘는 흙을 봉분형태로 쌓아 잔디를 조성하는 것이지만 봉안묘는 석재를 이용하므로 기존의 분묘보다 관리에 어려움 있고, 관리가 소홀하여 방치할 경우 자연환경 훼손의 우려가 있고 봉안묘를 포함한 봉안시설의 경우 설치기준과 설치기간의 제한을 두고 있지 않아 새로운 사회문제를 야기하고 있음.
- 이와 같은 폐단을 방지하기 위하여 봉안묘 설치기준을 강화하여 과도한 석물사용을 제한하고 자연친화적 봉안묘 설치를 유도함으로써 올바른 장례문화를 정착시켜 나가는 계기로 삼고자 함.
- 매장묘지의 경우 대부분 일정기간이 경과하면 자연으로 환원되는데 반해 봉안묘는 석조 구조물로서 반영구적으로 지속되어 관리가 부실할 경우 자연훼손 문제가 심각하므로 규제가 필요함. 따라서 봉안묘 설치는 분묘설치 보다 더 세심한 고려의 대상이 되어야 하며, 건전한 봉안문화의 확산을 위해서도 친환경적인 설치기준이 필요함.
- 사설봉안시설은 구체적인 설치기준 미비로 과다한 석물사용으로 묘지보다도 더 심각한 문제점 발생하며, 이와 같은 운영상의 문제점을 개선하기 위하여 봉안묘의 높이, 면적 등의 설치기준을 정하여 과도한 석물사용을 제한하고자 함
- 봉안묘는 유골을 처리하기 위한 봉안시설물로 현행법상 묘역의 넓이는 분묘에 준하여 규제하고 있으나 봉안시설물의 면적, 높이는 규제하지 않음으로써 과대 · 호화시설, 환경훼손 등의 문제가 발생하여 이를 규제하려는 것임.

(참 고) 봉안묘 높이 및 면적을 규정한 근거

○ 봉안묘 높이 70㎝
- 평분의 높이 50㎝
- 선진국의 봉안묘 높이(독일 60㎝, 스위스 80㎝, 일본 90㎝)
- 봉안안치구수 16 ~ 32구까지 안치할 수 있는 적정높이
· 평장형태의 기준으로 최소한의 높이
· 지면으로부터 지하 16구 안치가능(40㎝), 지상으로부터 16구 안치가능(40㎝) 추가 30㎝ 이상 석물설치 가능

○ 봉안묘 면적 2평방미터
- 최소 16구, 최대 32구까지 안치할 수 있는 면적
· 가로, 세로(1400㎜ × 1400㎜), 0.12㎡/구
- 현재 50대의 형제남매수가 (5 ~ 6명)으로 이중 남자형제수는 3명으로 볼 수 있음. 후손 3대까지를 기준으로 각각 3형제가 있다고 가정할 때, 13명에서 26명까지를 볼 수 있음.

구 분	한 국	독 일	스위스	일 본
면적(㎡)	2	0.5	1	3-5
높이(㎝)	70	60	80	90

제19조(분묘의 설치기간) ① 제13조에 따른 공설묘지 및 제14조에 따른 사설묘지에 설치된 분묘의 설치기간은 15년으로 한다.

② 제1항에 따른 설치기간이 지난 분묘의 연고자가 시·도지사, 시장·군수·구청장 또는 제14조제3항에 따라 법인묘지의 설치·관리를 허가받은 자에게 그 설치기간의 연장을 신청하는 경우에는 한 번에 15년씩 3회에 한정하여 그 설치기간을 연장하여야 한다.
③ 제1항 및 제2항에 따른 설치기간을 계산할 때 합장 분묘인 경우에는 합장된 날을 기준으로 계산한다.
④ 제2항에도 불구하고 시·도지사 또는 시장·군수·구청장은 관할 구역 안의 묘지 수급을 위하여 필요하다고 인정되면 조례로 정하는 바에 따라 5년 이상 15년 미만의 기간 안에서 제2항에 따른 분묘 설치기간의 연장 기간을 단축할 수 있다.
⑤ 제2항에 따른 분묘 설치기간의 연장 신청에 관하여 필요한 사항은 보건복지부령으로 정한다.

〈해 설〉

○ 한시적 분묘설치 제한제도 도입으로 기존의 한정된 묘지의 재활용 도모 및 묘지 증가를 억제하기 위한 조치로서 국토의 효율적 이용을 위하여 분묘의 설치기간을 일정기간 제한하기 위함.
- 여기서 설치기간을 제한하는 대상은 "분묘"로서 매장 또는 묘지가 아님. 분묘는 용어에서 정의한 바와 같이 시신이나 유골을 매장하는 시설을 말함.

– 한시적 분묘설치 기간이 적용되는 분묘는 2001년 1월 13일 이후 최초로 설치되는 분묘부터 적용함.

○ 묘지면적, 분묘 설치 한시제도 적용은 '93년이후 지속적인 의견 수렴을 하여 기본 15년을 포함하여 분묘 설치 시한을 최장 60년으로 정한 것임. 분묘의 설치기간 연장을 희망하면 15년씩 3회까지 연장가능토록 규정함

○ 한시적 분묘 적용대상 및 설치기간을 정하는 과정상의 조정이 있었음.

– 「정부 입법예고안」은 모든 분묘를 적용하고 설치기간을 기본 매장기간을 30년으로 하고, 15년씩 3회 연장 가능(총 75년)하도록 하였으나 최종 수정안은 모든 분묘 적용과 기본 매장기간을 30년에서 15년으로 단축하고 15년씩 3회 연장 가능(총 60년)하도록 하였음. 이는 기본 매장기간 30년은 지나치게 길어 후손들이 선대 묘소를 소홀히 관리할 우려가 있고 묘지의 재활용 효과도 미흡하다는 의견을 수용한 결과임.

– 정부법안 입법절차 중 「규제개혁위원회」에서 개인묘지는 한시적 분묘 적용대상에서 제외하도록 결정하였음. 개인묘지에 대하여 묘지의 한시적 적용은 국민의 의식, 사유재산권 침해등 문제가 제기되고 있으므로 집단묘지(공설 · 법인)만 적용하기로 함.

– 따라서, 「국회 최종 제출 정부법안(제안일자: 1998.12.02.)」은 한시적 분묘설치기간 적용을 공설묘지와 법인묘지에만 규정하였음.

– 그러나 한시적 분묘제도에서 개인묘지를 배제할 경우 죽어서도 빈부격차 등 법집행의 형평성 문제 제기, 집단묘지만 한시적 분묘설치 제도 도입시에는 개인묘지를 조장하는 법령이란 비난 상존, 집단묘지를 위한 제도라는 비판 우려 등으로 최종적으로 국회 보건복지위원회(위원회 대안, 1999.12.11)에서 법적용의 형평성을 확보하기 위하여 모든 묘지(개인, 가족, 종중 · 문중, 공설, 법인)에 한시적 분묘설치 제도를 적용함.

※ 국회 논의과정중 분묘설치기간 적용대상 분묘에 대한 지적사항중 분묘를 일정기간이 지난 후 파헤치는 것은 국민정서에 어긋나며, 헌법 제10조(인간의 존엄과 가치, 행복을 추구할 권리)는 사자에게도 해당된다고 봄. 처음부터 화장을 강제하든지 해야 사회적 타당성이 있다는 의견 제시

※ 한시적 분묘설치기간 제도 도입은 바람직하지만 국민정서, 사유재산권 침해, 법 준수 및 실효성 확보를 위하여 우선 집단묘지부터 단계적으로 도입 추진하는 것이 바람직하다는 의견제시

구 분		한시적 분묘설치 대상	분묘설치기간
정 부	입법예고안	모든 분묘(묘지)	기본 매장기간을 30년으로 하고, 15년씩 3회 연장 가능(총 75년)
	입법예고 수정안	모든 분묘(묘지)	기본 매장기간을 30년에서 15년으로 단축하고 15년씩 3회 연장 가능(총60년)
	규제개혁위원회	집단묘지(공설, 법인)	상 동
	최종 국회법안	집단묘지(공설, 법인)	상 동
국 회	보건복지위원회	모든 분묘(묘지)	상 동
	본회의	모든 분묘(묘지)	상 동

○ 묘지매장기간을 60년으로 정하고, 기본매장기간을 15년[27]으로 정한 이유는,

- 묘지사용 기간은 보건복지부 훈령으로 15년 단위로 쌍방합의에 의하여 결정하고 있었음. 법률규정상 매장기간이 없어 무연고 묘지 양산의 주원인이 되고 있으며 묘지난 가중되어 분묘설치기간을 정하고 입법예고안은 75년(기본매장기간 30년)이었고 유림측은 당초 90년을 주장했으나 장사제도 개선(묘지축소)을 위하여 60년으로 합의함.
- 매장기간을 60년으로 정한 것은 2세대 제사를 의미하고, 기본 매장은 당초 1세대로 하였으나 장사문화 의식이 세대사이 변할 수 있는 점을 고려하고 묘지수급의 원활을 기하기 위하여 15년으로 정했음.

※ 외국의 예 [28]: 프랑스 10~50년, 영국 5~30년, 홍콩 6년, 대만 12년

(판 례) 장사 등에 관한 법률 제17조 위헌확인[전원재판부 2007헌마872, 2009.9.24]

【판시사항】

분묘의 설치기간을 제한하는 규정을 신설하면서 이를 당해 조항의 시행 후 최초로 설치되는 분묘부터 적용하도록 한 구 '장사 등에 관한 법률'(2000. 1. 12. 법률 제6158호로 전부 개정된 것) 부칙 제2조 중 제17조에 관한 부분(이하 '이 사건 부칙조항'이라 한다)이 신뢰보호원칙에 반하여 청구인의 행복추구권을 침해하는지 여부(소극)

【결정요지】

청구인이 분묘의 설치기간을 제한하는 규정이 없던 때에 분묘를 설치하여 계속 관리하여 왔다 하더라도 토지 공급이 제한된 상황 하에서 분묘의 수만 증가하는 현실 및 지난 수십 년간 꾸준히 진행되어 온 우리 나라의 국토개발 사업에 비추어 토지는 여러 가지 개발 사업으로 인하여 언제라도 그 현상에 변화가 올 수 있음을 짐작할 수 있으므로, 청구인 소유의 토지에 이미 설치되어 있는 분묘라도 이를 영구히 보존할 수 있으리라는 기대와 신뢰가 절대적인 것이라고는 볼 수 없다.

또한, 분묘의 설치기간이 15년으로 제한되지만 60년까지 연장이 가능하도록 되어 있고, 60년이 지난 후에도 자연장 등의 방법으로 조상의 추모를 계속할 수 있으며 이러한 경우에는 설치기간의 제한이 없다. 그렇다면 청구인이 이 사건 부칙조항으로 인하여 새로 설치하는 분묘를 영구히 유지할 수는 없게 된다 하더라도, 원칙적으로 60년의 존속기간이 보장되므로 침해의 방법이 완충적이라고 할 수 있고, 그 후에도 분묘 이외의 방법을 통한 추모의 길이 열려 있어 장사에 관련한 권리의 본질적 부분이 침해될 것으로는 보이지 않으므로, 신뢰이익의 침해 정도가 과중하다고 볼 수 없다.

아울러, 분묘의 설치기간을 제한하게 된 이유는, 국토가 묘지로 잠식되는 심각한 상황하에서 묘지의 부족과 묘지 설치로 인한 환경파괴 및 국토의 효율적 이용 저해 등의 문제를 해소하기 위한 것인바, 우리나라의 장례문화 및 제한된 국토사정 등을 고려할 때 분묘의 설치기간을 제한하는 규정이 추구하는 공익은 매우 긴요하다고 할 것이고, 분묘의 설치기간을 제한하는 제도가 실효를 거두려면 기존의 분묘를 이장하는 경우도 이러한 기간의 제한을 받게 해야 할 것이며, 이 사건의 경우와 같이 공익사업 등으로 인한 이장의 경우도 마찬가지로 그 규제의 범위 안에 두는 것이 분묘의 설치기간 제한을 통해 분묘·묘지의 확대를 방지하여 국토의 효율적 이용 및 공공복리의 증진에 이바지함을 목적으로 하는 입법취지에 부합한다고 할 것이다.

27) 한시적 분묘설치가간을 최초 적용 시기로 15년을 설정한 주된 이유로는 시신이 보통 15년 후에 육탈이 완료되는 것으로 보고되었기 때문이며, 한시적 분묘설치기간 제도를 도입하기 이전부터 보건복지부 훈령(1991)에서는 15년간의 한시적 매장제도를 권장하고 있었음.

28) 싱가포르, 1998년 11월 1일부터 설치된 분묘에 대하여 15년이 지나면 그 분묘는 사용을 정지하고, 3년 동안 그대로 두었다가 4~5년 사이에 개장

제20조(설치기간이 종료된 분묘의 처리) ① 제19조에 따른 설치기간이 끝난 분묘의 연고자는 설치기간이 끝난 날부터 1년 이내에 해당 분묘에 설치된 시설물을 철거하고 매장된 유골을 화장하거나 봉안하여야 한다.
② 공설묘지 또는 사설묘지의 설치자는 연고자가 제1항에 따른 철거 및 화장·봉안을 하지 아니한 때에는 해당 분묘에 설치된 시설물을 철거하고 매장된 유골을 화장하여 일정 기간 봉안할 수 있다.
③ 공설묘지 또는 사설묘지의 설치자는 제2항에 따른 조치를 하려면 미리 기간을 정하여 해당 분묘의 연고자에게 알려야 한다. 다만, 연고자를 알 수 없으면 그 뜻을 공고하여야 한다.
④ 제3항에 따른 통보 및 공고의 기간·방법·절차 등에 관하여 필요한 사항은 보건복지부령으로 정한다.
⑤ 제2항에 따른 봉안에 관하여는 제12조제3항을 준용한다.

〈해 설〉

○ 분묘의 설치기간이 끝난 분묘의 연고자는 설치기간이 끝난 날부터 1년 이내에 해당 분묘에 설치된 시설물을 철거하고 매장된 유골을 화장하거나 봉안하여야 하는데 동 규정의 분묘대상은 2001년 1월 13일 이후 최초로 설치되는 분묘부터 적용하므로 15년이 지난 2016년 1월 12일까지 설치기간이 끝나는 날이며, 1년 이내인 2017년 1월 12일까지 해당 분묘를 철거하여야 함. 최초 15년이 지난 이후 15년씩 3회 연장할 경우 45년이며 총 60년 설치기간으로 하면 2001년 1월 13일 이후 60년이 지난 2061년 1월 12일이 종료된 날이 됨.
  - 시·도지사 또는 시장·군수·구청장은 관할 구역 안의 묘지 수급을 위하여 필요하다고 인정되면 조례로 정하는 바에 따라 5년 이상 15년 미만의 기간 안에서 분묘 설치기간의 연장 기간을 단축할 수 있도록 규정하고 있고, 2001년 1월 13일 이후 최초로 설치되는 분묘부터 적용하므로 15년이 지난 2016년 1월 12일까지 설치기간이 끝나는 날이며, 조례로 연장 기간은 1회당 5년으로 규정하면 3회는 15년으로 최장 30년이 설치기간이 됨. 따라서 2001년 1월 13일 이후 30년이 지난 2031년 1월 12일까지가 설치기간이 종료된 날이 됨.

○ 설치기간이 종료된 분묘의 처리는 법제2조 제16호에 따른 연고자 의무사항으로 연고자의 순위에 따라서 처리해야 함.

○ 2001년부터 한시적 분묘제도가 시행되면서 15년 이후인 2016년에 최초로 적용되는 분묘는 약 148천기로 이중에서 공공사업 개발 등 공익사업으로 인한 개장, 연고자가 없어 분묘방치로 자연으로 환원된 무연분묘, 연고자 등이 화장이유로 분묘개장 등의 경우를 약 30%로 추정했을 때, 실제 존재하는 적용대상 분묘는 약 104천기 정도로 추정할 수 있음.

○ 2001년 ~ 2013년 설치 분묘 예상 현황

연도	사망자수(A)	화장건수(B)	매장건수(C=A-B)
계	3,245,918	1,912,588	1,333,330
2001년	241,521	93,493	148,028
2002년	245,317	105,103	140,214
2003년	244,506	113,999	130,507
2004년	244,217	120,091	124,126
2005년	243,883	128,251	115,632
2006년	242,266	136,854	105,412
2007년	244,874	144,255	100,619
2008년	246,113	152,420	93,693
2009년	246,942	160,433	86,509
2010년	255,405	172,276	83,129
2011년	257,396	182,946	74,450
2012년	267,221	197,717	69,504
2013년	266,257	204,750	61,507

제21조(묘지의 사전 매매 등의 금지) 제13조에 따라 공설묘지를 설치·관리하는 시·도지사와 시장·군수·구청장 또는 제14조에 따라 사설묘지를 설치·관리하는 자는 매장될 자가 사망하기 전에는 묘지의 매매·양도·임대·사용계약 등을 할 수 없다. 다만, 70세 이상인 자가 사용하기 위하여 매매 등을 요청하는 경우 등 대통령령으로 정하는 경우에는 그러하지 아니하다.

〈해 설〉

○ 동 규정은 정부에서 묘지의 매점매석 및 사전분양 등 부조리 예방차원에서 규정하고자 한 것임. 그러나 입법절차 중 규제개혁위원회에서 사망시기의 예측불가능, 부부 또는 가족간의 인접묘지설치 등을 위해 삭제되었으나, 위원회 대안으로 규정한 사항임.
- 묘지의 사전 매매 등의 금지는 매점매석 및 투기를 방지하여 실수요자에게만 묘지 제공 기회를 부여하고 장사시설 수급계획 수립 및 국토의 효율적 이용을 목적으로 함.
- 다만, ① 70세 이상인 자의 묘지용으로 사용하기 위한 경우, ② 「장기등 이식에 관한 법률」제4조제5호에 따른 뇌사자의 묘지용으로 사용하기 위한 경우, ③ 질병 등으로 6개월 이내에 사망이 예측되는 자의 묘지용으로 사용하기 위한 경우(의사의 진단서를 첨부한 경우만 해당한다), ④ 합장(合葬)을 하기 위한 경우(매장된 자의 배우자에 한정한다), ⑤ 공설묘지의 수급을 위하여 지방자치단체의 조례로 정하는 경우에는 예외규정을 둠(시행령 제25조)

제22조(묘적부의 기록 · 관리) ① 시장등은 보건복지부령으로 정하는 바에 따라 관할 구역 안의 묘지 현황에 대한 묘적부(墓籍簿)를 작성 · 관리하여야 한다.

② 제1항에 따른 묘적부는 전자적 처리가 불가능한 특별한 사유가 있는 경우를 제외하고는 전자적 방법에 의하여 작성 · 관리하여야 한다.

〈해 설〉

○ 관할 구역 안의 합법적인 묘지설치 현황 및 분묘의 설치기간 관리 등 한시적 매장제도의 실효성을 확보하고, 묘지 등을 효율적으로 관리하기 위하여 시장등이 관할 구역안의 묘지현황에 대하여 묘지허가(신고)번호, 소재지, 면적, 분묘형태, 설치연월일, 분묘설치기간 만료일, 설치자 및 관리자, 설치변경사항 등을 기재한 묘적부를 작성 · 관리하도록 한 것임(시행규칙 제8조(묘적부) 법 제22조에 따른 묘적부는 별지 제11호서식에 따름)

- 그러나 현실적으로 공설 · 법인묘지 등 합법적인 묘지보다는 개인 · 가족, 종중문중묘지 등 불법묘지가 많아 묘적부 관리에 어려움이 있음. 묘적부를 체계적, 효율적으로 관리하기 위해서는 합법적인 묘지설치 정보가 선행되어야 할 것임.

【유권해석】

무연분묘를 포함하여 관할 구역 안에 설치되어 있는 모든 묘지에 대하여 묘적부를 작성 · 관리해야 하는지 (「장사 등에 관한 법률」 제22조제1항 등 관련) [12-0590, 2012.12.4, 민원인]

【질의요지】

「장사 등에 관한 법률」 제22조제1항에 따르면 특별자치도지사 · 시장 · 군수 · 구청장(이하 "시장등"이라 함)은 보건복지부령으로 정하는 바에 따라 관할 구역 안의 묘지 현황에 대한 묘적부(墓籍簿)를 작성 · 관리하여야 하는데, 이 경우 시장등은 무연분묘(無緣墳墓)를 포함하여 관할 구역 안에 설치되어 있는 모든 묘지에 대하여 묘적부를 작성 · 관리하여야 하는지?

【회 답】

시장등이 「장사 등에 관한 법률」 제22조제1항에 따라 묘적부를 작성 · 관리할 때 무연분묘(無緣墳墓)를 포함하여 관할 구역 안에 설치되어 있는 모든 묘지에 대하여 묘적부를 작성 · 관리하여야 하는 것은 아니라고 할 것입니다.

제23조(공설묘지 등의 사용료 · 관리비의 부과) ① 지방자치단체의 장이 공설묘지 · 공설화장시설 · 공설봉안시설 또는 공설자연장지를 사용하는 자에게 부과하는 사용료 또는 관리비의 금액과 부과방법, 사용료 또는 관리비의 용도, 그 밖에 필요한 사항은 당해 지방자치단체의 조례로 정한다. 이 경우 사용료 및 관리비의 금액은 토지가격, 시설물 설치 · 조성비용, 지역주민 복지증진 등을 고려하여 정하여야 한다.

② 제1항에 따라 사용료 또는 관리비를 부과함에 있어서는 당해 지역의 주민과 다른 지역의 주민을 구분하여 달리 부과할 수 있다.

③ 산림청장이나 그 밖의 중앙행정기관의 장은 국유림이나 그 밖의 국유지에 자연장지를 조성 · 관리하는 경우에는 사용자에게 부과하는 사용료 또는 관리비의 부과금액과 부과방법, 사용료 또는 관리비의 용도, 그 밖에 필요한 사항을 미리 정하여 고시하여야 한다.

〈해 설〉

○ 사설 묘지시설, 봉안시설 및 자연장구역은 자연재해 발생(산사태, 집중호우, 폭설, 지진 등)과 시설물의 사후관리에 대한 제도적이 뒷받침이 없는 상태로, 재해 발생시 긴급 복구에 필요한 재원 확보가 어려운 실정임.
  – 특히 영세한 사설 법인묘지 및 봉안시설의 경우 부실공사 또는 과실에 의한 훼손 · 유실과 자연재해의 불가항력적인 사유로 피해를 당하는 사례가 늘어나고 있지만 원상복구에 대한 법적, 제도적 장치가 없어 많은 문제점이 발생

○ 이러한 측면에서 재해 발생시를 대비하기 위한 재해예방을 위한 관리기금으로 적립토록 함으로써 긴급복구 재원으로 활용하도록 하여 이용자를 보호할 뿐 만 아니라 장사시설의 영속성, 안정성을 확보하게 됨.

○ 법인묘지 및 봉안시설, 자연장의 경우 영리추구를 위하여 붕괴 · 침수의 우려가 있는 지역에도 분묘 또는 봉안시설을 설치하고 방재시설을 제대로 하지 않은 결과 계속적인 대규모 묘지 및 봉안시설 유실사태가 발생하여 충분한 재원확보가 필요함.
  – 재해발생시 또는 만장이후 사후 관리를 위한 공동관리 기금 적립 및 사용방법이 규정되어 있지 않아 유족과의 마찰은 물론 사회문제로 대두되고 이에 대한 대책이 절실한 실정임.

○ 환경 기상이변(집중호우 및 폭설 등) 발생시 장사시설은 안전 · 관리상의 위험수준이 높고 특히, 봉안시설 및 자연장의 경우는 영구적인 안치기간을 감안해 볼 때, 시설물의 지속가능하고 안전한 시설물의 관리가 절실히 요구됨.

○ 장사시설의 이용자를 보호하기 위해 영속성, 안정성을 강화하는 규정으로써, 일부 금액을 관리기금으로 적립하도록 함. 장사시설의 건전한 운영 및 영속성 유지를 위한 장사시설 관리기금 이용은 장사시설의 안정적 보존 및 관리 등 일정한 목적에만 이용할 수 있도록 함. 따라서 이용자 보호 차원에서 장사시설 설치 및 운영의 영속성, 안전성을 보장하기 위해 장사시설(묘지, 봉안시설, 자연장구역) 기금적립 제도 규정이 필요함.

○ 장사시설(사설묘지, 사설봉안시설 및 시설자연장구역)의 재해복구, 예방, 시설물 관리 및 재건축 등을 위해 사전에 관리기금을 적립
  - 집중호우 등 자연재해로 인한 시신 또는 유골 등의 유실을 방지하고,
  - 장사시설 시설물의 보수, 점검 등 노후를 방지하며,
  - 영속적이고 안전한 장사시설의 유지 관리

○ 공설묘지 등의 사용료 또는 관리비를 부과함에 있어서는 당해 지역의 주민과 다른 지역의 주민을 구분하여 달리 부과할 수 있는 규정은 공설장사시설 설치지역과 미설치지역간 사용료·관리비 차등부과제도를 도입하여 장사시설을 설치하지 않은 지역주민은 비용을 더 부담하도록 하고, 그 수익은 장사시설 설치지역의 주민복지에 사용할 수 있도록 하기 위한 것이며, 공설 장사시설 설치 촉진 및 지역이기주의 극복차원에서 법제화하는 목적임.
  - 서울 등 수도권 화장시설의 시신 1구당 화장비용 원가[29]는 약 32~45만원 정도로 관내 지역주민에게는 원가보다 낮은 비용을 부과하는 한편, 다른 지역주민에 대해서는 원가보다 높은 비용을 부과하는 것임.
  - 관내와 관외에 부과하는 화장비용이 약 10배 정도로 화장비용의 격차가 크다고 볼 수 있지만, 화장비용 원가에 비해서는 관외의 화장비용은 약 2배정도임. 일본의 경우도 관내와 관외 화장비용이 차등하여 부과하고 있음.

(참 고) 전국 화장시설별 관내·관외 사용료 현황(일반 대인 기준) ('14.3월 현재)

시·도	화장시설명	관외(원)	관내(원)
서 울	서울시립승화원	1,000,000	90,000
	서울추모공원	1,000,000	90,000
부 산	부산영락공원	480,000	120,000
대 구	대구명복공원	1,000,000	180,000
인 천	인천가족공원	1,000,000	90,000
광 주	광주시영락공원	900,000	90,000
대 전	대전시정수원	570,000	90,000
울 산	울산하늘공원	800,000	100,000
세 종	세종시은하수공원	480,000	160,000
경 기	수원시연화장	1,000,000	100,000
	성남시영생관리사업소	1,000,000	50,000
	용인평온의숲	900,000	100,000

29) 서울추모공원(433천원, '12년), 인천시립승화원(319천원, '13년), 수원연화장(446천원, '13년)

(참 고) 일본의 관내 · 외 화장시설 사용료 사례

○ 오사카 공설 화장시설 관내 · 외 화장사용료

단 위	요금	
	시 민	시민이외
화장 사용료	6000엔	60,000엔

○ 나리타 공설 화장시설 관내 · 외 화장사용료(지자체 공동 설치)

구 분	요금	
	시 민	시민이외
화 장 사용료	무 료	50,000엔
주: 成田市, 八街市및 富里市의 시민인 경우 시민요금을 적용함.		

(판 결) 광주광역시 장사 등에 관한 조례 제5조 제1항 별표2 위헌확인[전원재판부 2012헌마34, 2013.2.28]

【판시사항】

영구사용매장분묘의 사용권자에게 묘지 1기당 5년에 50,000원의 관리비 납부 의무를 부과하고 있는 광주광역시 장사 등에 관한 조례(2011. 9. 15. 광주광역시조례 제4001호로 개정된 것) 제5조 제1항 본문 별표 2 중 "영구사용매장분묘"에 관한 부분(이하 '이 사건 조례조항'이라 한다)이 소급입법금지원칙 혹은 신뢰보호원칙에 위반하여 청구인의 재산권을 침해하는지 여부(소극)

【결정요지】

이 사건 조례조항은 1999. 9. 30. 이전에 영구사용허가를 받아 묘지를 사용해 오고 있는 사용권자에게 이 사건 조례조항의 시행일 이전의 기간에 대하여 소급하여 관리비를 부과하는 것이 아니고, 그 시행일 이후의 묘지 사용에 대하여 관리비를 부과하는 것이므로 소급입법금지원칙에 위반된다고 할 수 없다.

또한, 관리비 징수 규정이 없던 당시 묘지를 분양 받았다고 하더라도, 영구사용매장분묘가 대부분을 차지하는 망월묘지공원의 경우 묘지의 만장(滿葬), 벌초 작업의 대행 증가 등에 따른 관리비 징수의 필요성은 충분히 예측할 수 있다고 보이고, 직접 관리를 하고자 하는 경우 관리비를 내지 않고 묘지를 사용하는 데 전혀 지장이 없는데다, 벌초대행업체의 통상적인 이용요금이나 일반매장분묘의 관리비와 비교해 보더라도 영구사용매장분묘의 관리비 액수는 경미한 수준에 불과하여 이익의 침해 정도가 과중하다고 보기도 어렵다. 아울러, 묘지 사용권자에게 최소한의 관리비를 분담하게 하는 것은 망월묘지공원의 건전한 재정 운영을 위한 것인바, 이 사건 조례조항이 추구하는 이러한 공익은 중대하고, 매장 문화보다는 화장 문화로의 유도를 위하여 매장묘지는 자기부담의 원칙하에 운용되도록 하는 것이 바람직하다는 점에서 이 사건 조례조항은 모법인 장사 등에 관한 법률의 입법취지에도 부합하므로, 이 사건 조례조항이 신뢰보호원칙에 위반된다고 할 수 없다.

제23조의2(공설화장시설의 사용료에 대한 특례) 지방자치단체의 장은 다음 각 호의 어느 하나에 해당하는 사람이 사망하여 공설화장시설을 사용하는 경우에는 사용자에게 부과하는 사용료를 전액 면제한다.

1. 「국민기초생활 보장법」에 따른 수급자
2. 「국가보훈 기본법」에 따른 희생 · 공헌자

〈해 설〉

○ 화장시설이 부족한 현실 속에서 국가의 요보호 계층에 대한 공공부조와 공설화장시설 지역주민의 공설화장시설 사용권을 조화시키고자 하는 것임.

○ 국가가 기초생활수급자의 죽음을 책임져 주는 것은 헌법 제34조에 따른 모든 국민의 인간다운 생활을 할 권리를 보장함과 동시에 생활능력이 없는 국민에 대한 국가의 보호의무와 함께 국가가 모든 국민을 "요람에서 무덤까지" 책임져 준다는 사회보장제도의 기본원칙에 충실한 것임.

- 국가보훈대상자의 경우 국가에 기여한 공로를 인정하여 사회정책 수립시 우선 배려해야 할 것이며, 대부분의 국립묘지의 만장 시기가 2012년부터 시작되는 것을 고려할 때 국가보훈대상자(희생 · 공헌자)의 공설 화장시설 사용료를 면제해 주는 것은 입법취지는 타당할 것임.

○ 화장시설의 부족으로 인해 지역별 관내 · 관외 화장비용의 격차가 커서 관외 기초생활수급자 등이 화장시설을 이용함에 어려움이 있으므로 화장시설 사용료를 전액 면제해 주고자 함.

- 특히, 국민기초생활 수급자에게 지급되는 장제비용은 현실적으로 장례를 치르는데 필요한 비용에 훨씬 미치지 못하고 있는 실정임. 장제급여(비용)는 1구당 75만원(2015년 국민기초생활보장사업안내)
- 기초수급자: 생활유지능력이 없거나 생활이 어려운 국민들에게 발생하는 질병, 부상, 출산 등에 대해 국가가 의료서비스 제공('77년 ~)

※ (수급권자) '13. 12월말 기준, 145만 8,871명(전 국민의 약 3%)

구 분	국민기초생활 수급자(134만 5,070명)	他 법 수급자(11만 3,801명)
1 종 (103만 9,892명)	• 근로능력 없는 국민기초생활 수급자 – 18세 미만, 65세 이상 – 중증장애인 – 임산부 등 (92만 6,091명)	이재민 1,574명 의사상자 966명 입양아동 8,310명 국가유공자 73,460명 무형문화재 150명 북한이탈주민 16,988명 5·18 유공자 10,489명 행려환자 1,465명 노숙인 399명 (11만 3,801명)
2종(41만 8,979명)	• 근로능력 있는 국민기초생활 수급자	–

○ "「국민기초생활 보장법」에 따른 수급자"란 이법에 따른 급여를 받는 사람을 말함.

【관계법령】

「국민기초생활 보장법」

제2조(정의) 이 법에서 사용하는 용어의 뜻은 다음과 같다.
1. "수급권자"란 이 법에 따른 급여를 받을 수 있는 자격을 가진 사람을 말한다.
2. "수급자"란 이 법에 따른 급여를 받는 사람을 말한다.

제14조(장제급여) ① 장제급여는 수급자가 사망한 경우 사체의 검안(檢案)·운반·화장 또는 매장, 그 밖의 장제조치를 하는 것으로 한다.
② 장제급여는 보건복지부령으로 정하는 바에 따라 실제로 장제를 실시하는 사람에게 장제에 필요한 비용을 지급하는 것으로 한다. 다만, 그 비용을 지급할 수 없거나 비용을 지급하는 것이 적당하지 아니하다고 인정하는 경우에는 물품을 지급할 수 있다.

「시행규칙」

제18조(장제급여의 신청) ① 법 제14조제2항에 따라 장제에 필요한 비용을 지급받으려는 사람은 장제급여지급신청서(전자문서로 된 신청서를 포함한다)를 거주지를 관할하는 특별자치도지사·시장·군수·구청장에게 제출하여야 한다.
② 특별자치도지사·시장·군수·구청장은 단독가구주(單獨家口主)의 사망 등 불가피한 경우에는 직접 장제를 실시할 수 있는 사람을 지정하여 장제급여를 할 수 있다

○ 「국가보훈 기본법」에 따른 희생·공헌자"란 ① 일제로부터의 조국의 자주독립, ② 국가의 수호 또는 안전보장, ③ 대한민국 자유민주주의의 발전, ④ 국민의 생명 또는 재산의 보호 등 공무수행한 사람을 말함.

【관계법령】

「국가보훈 기본법」

제3조(정의) 이 법에서 사용하는 용어의 뜻은 다음과 같다.

1. "희생·공헌자"란 다음 각 목의 어느 하나에 해당하는 목적을 위하여 특별히 희생하거나 공헌한 사람으로서 국가보훈관계 법령에서 정하는 적용대상 요건에 해당하는 사람을 말한다.
   가. 일제로부터의 조국의 자주독립
   나. 국가의 수호 또는 안전보장
   다. 대한민국 자유민주주의의 발전
   라. 국민의 생명 또는 재산의 보호 등 공무수행

제24조(법인묘지 등의 사용료·관리비의 신고) ① 법인묘지·사설화장시설·사설봉안시설 또는 사설자연장지를 설치·조성 또는 관리하는 자는 그 법인묘지·사설화장시설·사설봉안시설 또는 사설자연장지의 사용료 및 관리비를 정하면 보건복지부령으로 정하는 바에 따라 관할 시장등에게 신고하여야 한다. 신고한 사항을 변경한 때에도 또한 같다.

② 법인묘지·사설화장시설·사설봉안시설 또는 사설자연장지를 설치·조성 또는 관리하는 자는 제1항에 따라 신고한 사용료 및 관리비와 상석·비석 등의 시설물 및 장례용품의 품목별 가격을 표시한 가격표를 이용자가 보기 쉬운 곳에 게시하여야 한다.

③ 법인묘지·사설화장시설·사설봉안시설 또는 사설자연장지를 설치·조성 또는 관리하는 자는 다음 각 호의 어느 하나에 해당하는 행위를 하여서는 아니 된다. 〈개정 2015.1.28.〉

1. 제2항제1호 및 제2호에 따라 게시한 사용료·관리비와 시설물·장례용품의 가격 외의 금품을 받는 것
2. 시설물 또는 장례용품의 구매 또는 사용을 강요하는 것

〈해 설〉

○ 법인묘지·사설화장시설·사설봉안시설 또는 사설자연장지의 사용료·관리비는 시행규칙 제15조에 규정에 따라 사용료는 토지사용료, 묘지조성비 및 사설화장시설·사설봉안시설·사설자연장지의 이용 요금, 관리비는 잔디 조성비, 벌초 등 묘지·사설봉안시설·사설자연장지의 사용과 직접적으로 관련된 사항의 비용, 사설화장시설·사설봉안시설·사설자연장지의 관리 비용을 말함.

○ 법인묘지 등을 설치(조성)·관리하는 자는 사용료와 관리비를 정하면 그 항목별 비용의 산출 근거를 첨부하여 시장등에게 신고하여야 함.

– 이 경우 "항목별 비용의 산출근거"라 함은 법인묘지나 봉안시설 등의 사용료 및 관리비를 산출함에 있어서 그 근거가 되는 항목별 시설설치비용 등을 말하며, 그 관리비 등의 산출근거는 원가계산 및 물가 등을 고려한 합리적인 기준에 의하여야 할 것이므

로, 예를 들어 공인된 기관에 의한 원가계산서 분석자료 등을 기초로 사용료 및 관리비의 항목별 비용을 산출할 수 있다고 할 것임. 다만, 이 경우 종래의 고시제도에 의하여 사용료 및 관리비를 징수하던 것과는 달리 신고제에 의하여 합리적인 산출기준에 의하면 설치·관리자 임의로 가격을 올림으로써 기존의 법인묘지 등의 이용자의 경우 불이익을 당할 우려가 있으므로 합리적인 소비자보호정책이 필요하다고 하겠음.

제24조(법인묘지 등의 사용료·관리비의 신고) ① 법인묘지·사설화장시설·사설봉안시설 또는 사설자연장지를 설치·조성 또는 관리하는 자는 그 법인묘지·사설화장시설·사설봉안시설 또는 사설자연장지의 사용료 및 관리비를 정하면 보건복지부령으로 정하는 바에 따라 관할 시장등에게 신고하여야 한다. 신고한 사항을 변경한 때에도 또한 같다.

② 법인묘지·사설화장시설·사설봉안시설 또는 사설자연장지를 설치·조성 또는 관리하는 자는 다음 각 호의 사항을 모두 표시한 가격표를 이용자가 보기 쉬운 곳에 게시하여야 한다.

1. 제1항에 따라 신고한 사용료 및 관리비에 관한 사항
2. 상석·비석 등 시설물 및 장례용품의 품목별 가격에 관한 사항
3. 제1호에 따른 사용료 및 관리비의 반환 기준·방법 등 반환에 필요한 사항

③ 법인묘지·사설화장시설·사설봉안시설 또는 사설자연장지를 설치·조성 또는 관리하는 자는 다음 각 호의 어느 하나에 해당하는 행위를 하여서는 아니 된다.

1. 제2항제1호 및 제2호에 따라 게시한 사용료·관리비와 시설물·장례용품의 가격 외의 금품을 받는 것
2. 시설물 또는 장례용품의 구매 또는 사용을 강요하는 것

④ 제1항 및 제2항에 따른 사용료 및 관리비의 범위와 가격표의 게시방법 등에 필요한 사항은 보건복지부령으로 정한다. [시행일 : 2016.1.29.] 제24조제2항, 제24조제4항

〈해 설[30]〉

○ 종전 규정상 법인묘지·사설화장시설·사설봉안시설·사설자연장지를 설치·조성 또는 관리하는 자에게 사용료·관리비 및 시설물·장례용품의 가격표 게시의무만을 규정하고 있을 뿐, 사용료 및 관리비의 반환 기준·방법 등 반환에 필요한 사항에 대해서는 별다른 규정을 두고 있지 않아 반환 사항의 게시의무도 규정함.

- 이는 법인묘지 등의 이용자들이 이미 지불한 사용료 및 관리비를 반환받고자 할 경우에 이에 대한 규정을 유족들이 제대로 숙지하지 못하고 있고, 해당 장사시설에서도 이를 이용자에게 알려주지 않고 있어서 이러한 사실을 미리 해당 시설의 이용자들이 계약 이전에 확인하여 이에 따른 민원을 최소화하고 사회적 갈등을 최소화하는 것임.

30) 국회 보건복지위원회, 「장사 등에 관한 법률 일부개정법률안」, 검토보고서·심사참고자료, 2014.(참고하여 정리함)

○ 법인묘지 · 사설화장시설 · 사설봉안시설 또는 사설자연장지를 설치 · 조성 또는 관리하는 자에게 시설물이나 장례용품의 구매강요행위를 금지하는 규정을 마련하고 이를 위반한 행위에 대하여 허가취소 · 업무정지 · 시정명령 등의 행정처분 등을 부과할 수 있도록 함.

– 한편, 장례용품 등의 구매 · 사용 강요행위는 「독점규제 및 공정거래에 관한 법률」제23조 및 같은법 시행령 제36조 별표1의2의 불공정유형 중 "끼워팔기"에도 해당하여 「장사 등에 관한 법률」이 부과하는 과징금과 「독점규제 및 공정거래에 관한 법률」이 부과하는 과징금이 중복될 수 있음. 이러한 중복 문제를 해소하기 위해 법 제35조제1항에 단서를 신설하여 「독점규제 및 공정거래에 관한 법률」에 따른 과징금을 부과 받은 장례용품 등의 구매 · 사용 강요행위에 대해서는 현행법상의 과징금이나 업무정지 · 영업정지 처분을 하지 않도록 규정하였음.

【관계법령】

「독점규제 및 공정거래에 관한 법률」

제23조(불공정거래행위의 금지) ① 사업자는 다음 각 호의 어느 하나에 해당하는 행위로서 공정한 거래를 저해할 우려가 있는 행위(이하 "불공정거래행위")를 하거나, 계열회사 또는 다른 사업자로 하여금 이를 행하도록 하여서는 아니된다.

1.~2. (생략)

3. 부당하게 경쟁자의 고객을 자가와 거래하도록 유인하거나 강제하는 행위

4.~8. (생략)

제24조의2(과징금) ① 공정거래위원회는 제23조(불공정거래행위의 금지)제1항(제7호는 제외한다)의 규정을 위반하는 행위가 있을 때에는 당해사업자에 대하여 대통령령이 정하는 매출액에 100분의 2를 곱한 금액을 초과하지 아니하는 범위안에서 과징금을 부과할 수 있다. 다만, 매출액이 없는 경우등에는 5억원을 초과하지 아니하는 범위안에서 과징금을 부과할 수 있다.

② 공정거래위원회는 제23조(불공정거래행위의 금지)제1항제7호 또는 같은 조 제2항, 제23조의2(특수관계인에 대한 부당한 이익제공 등 금지)제1항 또는 제3항을 위반하는 행위가 있을 때에는 해당 특수관계인 또는 회사에 대하여 대통령령으로 정하는 매출액에 100분의 5를 곱한 금액을 초과하지 아니하는 범위에서 과징금을 부과할 수 있다. 다만, 매출액이 없는 경우 등에는 20억원을 초과하지 아니하는 범위에서 과징금을 부과할 수 있다. 〈신설 2013.8.13〉

「독점규제 및 공정거래에 관한 법률 시행령」

제36조(불공정거래행위의 지정) ① 법 제23조의 규정에 의한 불공정거래행위의 유형 또는 기준은 별표 1의2)와 같다.

〔별표 1의2〕 불공정거래행위의 유형 및 기준

5. 거래강제

법 제23조 제1항 제3호 후단에서 "부당하게 경쟁자의 고객을 자기와 거래하도록 강제하는 행위"라 함은 다음 각 목의 1에 해당하는 행위를 말한다.

가. 끼워팔기

거래상대방에 대하여 자기의 상품 또는 용역을 공급하면서 정상적인 거래관행에 비추어 부당하게 다른 상품 또는 용역을 자기 또는 자기가 지정하는 사업자로부터 구입하도록 하는 행위

나.~다. (생략)

제25조(사설묘지 등에 대한 관리금의 적립) ① 사설묘지·사설봉안시설 또는 사설자연장지 중 대통령령으로 정하는 시설을 설치·조성 및 관리하는 자는 그 묘지·봉안시설·자연장지의 재해에 대비하여 시설물의 유지·관리 및 개·보수에 필요한 관리금을 시설물별로 적립하여야 한다.

② 제1항에 따라 적립된 관리금은 해당 장사시설의 보존·관리·재해예방 및 개수·보수를 위한 용도로만 사용하여야 한다. 〈신설 2015.1.28.〉

③ 제1항에 따른 관리금의 적립금액, 관리금의 적립시기·절차 및 방법 등에 관하여 필요한 사항은 보건복지부령으로 정한다. 이 경우 관리금의 적립금액은 시설물별 설치·조성비용, 재해의 위험율 및 연간 관리비 징수액 등을 고려하여 정하여야 한다. 〈개정 2015.1.28.〉

〈해 설〉

○ 사설 묘지시설, 봉안시설 및 자연장구역은 자연재해 발생(산사태, 집중호우, 폭설, 지진 등)과 시설물의 사후관리에 대한 제도적이 뒷받침이 없는 상태로, 재해 발생시 긴급 복구에 필요한 재원 확보가 어려운 실정임.

– 특히 영세한 사설 법인묘지 및 봉안시설의 경우 부실공사 또는 과실에 의한 훼손·유실과 자연재해의 불가항력적인 사유로 피해를 당하는 사례가 늘어나고 있지만 원상복구에 대한 법적, 제도적 장치가 없어 많은 문제점이 발생

○ 법 제25조제1항에서 "대통령령으로 정하는 시설"이란 법인이 설치(조성)·운영하는 사설묘지, 사설봉안시설, 사설자연장지, 종교단체가 운영하는 유골 500구 이상을 안치할 수 있는 사설봉안시설 또는 사설자연장지, 그 밖에 불특정 다수인을 대상으로 운영되는 사설묘지 또는 사설봉안시설을 말함.

○ 법인묘지 및 봉안시설, 자연장의 경우 영리추구를 위하여 붕괴·침수의 우려가 있는 지역에도 분묘 또는 봉안시설을 설치하고 방재시설이 제대로 하지 않은 결과 계속적인 대규모 묘지 및 봉안시설 유실사태가 발생하여 충분한 재원확보가 필요함.

– 재해발생시 또는 만장이후 사후 관리를 위한 공동관리 기금 적립 및 사용방법이 규정되어 있지 않아 유족과의 마찰은 물론 사회문제로 대두되고 이에 대한 대책이 절실한 실정임.

○ 지속가능한 장사시설을 유지관리하기 위해서 일정금액을 기금을 조성하는 것을 장사시설의 기본이념인 영속성, 안정성, 공공성을 감안해 볼 때 필요한 최소한의 규제임.

○ 사설 장사시설의 재해복구, 예방, 시설물 관리 및 재건축 등을 위해 사전에 관리기금을 적립함으로써,① 집중호우 등 자연재해로 인한 시신 또는 유골 등의 유실을 방지하고, ② 장사시설 시설물의 보수, 점검 등 노후를 방지하며, ③ 영속적이고 안전한 장사시설의 유지·관리를 도모할 수 있음.

○ 법 제25조제2항(신설 2015.1.28.)은 "적립된 관리금은 해당 장사시설의 보존·관리·재해예방 및 개수·보수를 위한 용도로만 사용하여야 한다"는 규정은 적립된 관리금의 용도

외 사용을 금지하여 장사시설의 유지 · 관리에 드는 비용을 이용자에게 전가하거나 관리 소홀로 인한 분쟁을 방지하려는 것임[31].

- 종전 규정에서는 대통령령으로 정하는 사설묘지 · 사설봉안시설 또는 사설자연장지의 설치 · 조성 및 관리자에 대해 시설물의 유지 · 관리 및 개 · 보수에 필요한 관리금을 적립하도록 하고 있고, 이에 따른 시행규칙 제16조제5항에서는 적립된 관리금을 "해당 장사시설의 보존과 관리 등 재해예방과 보수를 위한 용도로만" 사용하도록 규정하고 있었음. 관리금을 적립하지 아니한 경우에는 그 장사시설의 설치 · 조성자 등에게 허가취소 · 시설폐쇄 · 업무정지 등의 행정처분을 부과할 수 있도록 하고 있으나, 관리금을 다른 용도로 사용하는 경우에 대해서는 별다른 제재규정이 없는 실정임.
- 따라서, 시행규칙에 있는 관리금의 용도 내 사용의무를 법률로 상향하여 규정하고 이의 위반에 대해 업무정지 등의 행정처분을 부과하려는 것임. 이를 통하여 관리금의 적절한 사용을 유도하고 장사시설 복구비용 등을 이용자에게 전가하는 행위를 방지할 수 있음.

【관계법령】

「관리금 적립관련」

〈외국사례〉

- 일 본
  - · 재해 발생시를 대비하기 위해 설치 가능기수의 100분의 5에 상당하는 사용료 및 관리비 해당액을 공동관리기금으로 적립
- 긴급복구 재원으로 활용하도록 하여 소비자를 보호할 뿐 만 아니라 장사시설의 영속성을 확보
- 미 국
  - · 묘지 분양 시 일부 금액을 영구묘지관리기금으로 조성하는 한편, 사전분양 시 계약금의 일부를 지방자치단체에 납부토록 하여, 이들 기금을 활용하여 시설의 적자 또는 파산시 지원함으로써 장사시설이 안정적으로 운영될 수 있도록 보장하고 있음.
- 기금의 이용은 장사시설의 영구보존과 관리 등 일정한 목적에만 이용할 수 있고 시설의 청소, 수선 등에 대해서는 사용할 수 없음.

〈유사 규정사례〉

○ 묘지등의설치및관리운용지침(제정 '81.7.11 보사부 훈령 제426호)('99.3.2 폐지)

제26조(묘지관리기금의 적립등)

① 시 · 도지사는 법인묘지설치를 허가할 때에는 당해 묘지의 비상재해 발생시에 대비하기 위하여 설치예정분묘수의 100분의 10에 상당하는 분묘의 연간관리비 해당액을 묘지관리기금으로 예치하게 하여야 한다.

② 제1항의 규정에 의한 기금을 예치하지 아니한 법인에 대하여는 연차계획에 의거 매년도 수입금중 일부를 동 기금으로 별도계정에 적립하도록 하여야 한다.

③ 제1항 및 제2항의 규정에 의한 기금을 비상재해복구 등에 사용하고자 할 때에는 시 · 도지사의 승인을 받아야 한다.

④ 제1항의 규정에 의한 기금의 적립방법 등 기타 필요한 사항은 시 · 도지사가 정한다.

「재난및안전관리기본법」

제67조 (재난관리기금의 적립)

① 지방자치단체는 재난관리에 소요되는 비용에 충당하기 위하여 매년 재난관리기금을 적립하여야 한다.

② 제1항의 규정에 의한 재난관리기금의 매년도 최저적립액은 최근 3년 동안의 지방세법에 의한 보통세의 수입결산액의 평균연액의 100분의 1에 해당하는 금액으로 한다.

31) 국회 보건복지위원회, 「장사 등에 관한 법률 일부개정법률안」, 검토보고서 · 심사참고자료, 2014. (참고하여 정리함)

第26조(장사시설의 폐지 등) 제14조제3항 또는 제16조제3항·제4항에 따라 신고하거나 허가받은 사설묘지 또는 사설자연장지 및 제15조제1항에 따라 신고된 사설화장시설·사설봉안시설을 폐지하려는 자는 관할 시장등에게 신고하여야 한다.

〈해 설〉

○ 도시개발, 재정상황 등은 묘지 등의 사유로 시설의 관리가 곤란한 경우에 시설을 폐지하고자 하는 자는 관할 시장 등에게 시설 폐지신고를 하여야 함.

- 이 경우 "시설을 폐지하고자 하는 자"란 당해 시설에 대한 처분권이 있는 자를 말하며, 폐지신고는 당해 시설에 매장된 시신이나 유골의 개장 등이 모두 완료된 이후에 하여야 할 것임.

第26조(장사시설의 폐지 등) ① 다음 각 호의 어느 하나에 해당하는 장사시설을 폐지하려는 자는 보건복지부령으로 정하는 바에 따라 관할 시장등에게 신고하여야 한다.

1. 제14조제3항에 따라 허가받은 사설묘지
2. 제15조제1항에 따라 신고한 사설화장시설 또는 사설봉안시설
3. 제16조제3항 또는 제4항에 따라 신고하거나 허가받은 사설자연장지

② 제1항에 따라 장사시설을 폐지하려는 자는 3개월 이상의 기간을 정하여 다음 각 호의 어느 하나에 해당하는 사람에게 해당 장사시설이 폐지된다는 사실을 알려야 한다. 다만, 그 해당하는 사람을 알 수 없는 경우에는 그 사실을 공고하여야 한다.

1. 매장된 시신·유골의 연고자
2. 안치된 유골의 연고자
3. 자연장된 유골 골분의 연고자
4. 해당 장사시설의 사용 계약을 한 사람

③ 제1항에 따라 장사시설을 폐지하려는 자는 보건복지부령으로 정하는 바에 따라 시신이나 유골 등의 사후처리, 사용료·관리비 정산 등의 조치를 하여야 한다.

④ 제2항에 따른 통지 및 공고의 방법·절차 등에 필요한 사항은 보건복지부령으로 정한다.

[전문개정 2015.1.28.] [시행일 : 2016.1.29.] 제26조

〈해 설[32]〉

○ 장사시설 폐지 시 연고자 등에 대한 통지의무 등의 폐지절차를 명확히 함으로써 분쟁을 최소화하려는 것임.

- 현행법 제26조에서는 장사시설을 폐지하려는 경우 관할 시장등에게 신고하도록 하고 있고, 이에 따른 시행규칙 제17조에서는 장사시설 폐지자로 하여금 관할시장 등에게 폐지신고서를 제출하도록 하고, 그 곳에 안장된 시체·유골 또는 유골 골분의 연고자 등에게 폐지사실을 미리 알리도록 하며, 폐지 후 1개월 이내에 시장등에게 그 사실을 알리도록

32) 국회 보건복지위원회, 「장사 등에 관한 법률 일부개정법률안」, 검토보고서·심사참고자료, 2014. (참고하여 정리함)

규정하고 있음.

- 그러나 연고자 등에 대한 통지기한, 연고자 등을 알 수 없는 경우의 공고방법, 폐지 후 시신·유골의 처리문제 등에 대해서는 명시적 규정이 없어서 사인 간 분쟁발생의 소지가 있으므로 이를 법률에 명확하게 규정하려는 것임.
- 이에 시행규칙에 규정된 장사시설의 폐지 시 연고자 등에 대한 통지의무를 법률로 상향 규정하면서, 통지기한을 명시하고 연고자 등을 알 수 없는 경우에 공고의무를 규정함.

○ 법 제26조제2항 중 "장사시설을 폐지하려는 자는 3개월 이상"의 기간을 정한 근거는 노인복지시설의 폐지를 규정하고 있는 「노인복지법」 시행령 제21조(노인주거복지시설 등의 변경신고 등)에는 시설의 폐지를 하고자 하는 자는 폐지 3개월 전까지 관할 지자체에 신고하도록 규정하고 있는 입법례를 참고함.

제4장 무연분묘의 처리 등

제27조(타인의 토지 등에 설치된 분묘 등의 처리 등) ① 토지 소유자(점유자나 그 밖의 관리인을 포함한다. 이하 이 조에서 같다), 묘지 설치자 또는 연고자는 다음 각 호의 어느 하나에 해당하는 분묘에 대하여 보건복지부령으로 정하는 바에 따라 그 분묘를 관할하는 시장등의 허가를 받아 분묘에 매장된 시신 또는 유골을 개장할 수 있다. 〈개정 2015.1.28.〉

1. 토지 소유자의 승낙 없이 해당 토지에 설치한 분묘
2. 묘지 설치자 또는 연고자의 승낙 없이 해당 묘지에 설치한 분묘

② 토지 소유자, 묘지 설치자 또는 연고자는 제1항에 따른 개장을 하려면 미리 3개월 이상의 기간을 정하여 그 뜻을 해당 분묘의 설치자 또는 연고자에게 알려야 한다. 다만, 해당 분묘의 연고자를 알 수 없으면 그 뜻을 공고하여야 한다.

③ 제1항 각 호의 어느 하나에 해당하는 분묘의 연고자는 해당 토지 소유자, 묘지 설치자 또는 연고자에게 토지 사용권이나 그 밖에 분묘의 보존을 위한 권리를 주장할 수 없다.

④ 토지 소유자 또는 자연장지 조성자의 승낙 없이 다른 사람 소유의 토지 또는 자연장지에 자연장을 한 자 또는 그 연고자는 당해 토지 소유자 또는 자연장지 조성자에 대하여 토지사용권이나 그 밖에 자연장의 보존을 위한 권리를 주장할 수 없다.

⑤ 제2항에 따른 통보 및 공고에 관하여 필요한 사항은 보건복지부령으로 정한다.

〈해 설〉

○ 토지소유자 또는 묘지 연고자의 승낙없이 타인의 토지 또는 묘지에 설치된 분묘의 연고자는 그 분묘의 보존을 위한 권리를 주장할 수 없도록 하고 있음.

- 본 규정이전에는 분묘에 대해서① 타인의 소유지 내에 그 소유자의 승낙을 얻어 분묘를 설치한 경우 ② 자기 소유의 토지위에 분묘를 설치하고 이 토지를 타인에게 양도한 경우 ③ 다른 사람이 소유하는 토지 위에 그 사람의 승낙없이 분묘를 설치한 자가 20년간 평온·공연히 분묘의 기지를 점유한 때에는 그 점유자는 시효에 의하여 그 토지 위에 지상권 유사의 물권을 취득한 것으로 보고 있었음.

○ 토지소유자와 분묘연고자 당사자간 토지사용에 대한 권리주장이나 개장에 대한 의견이 대립되는 경우에는 당사자간의 협의결과 또는 소송등 사법적 분쟁해결 결과에 따라 처리하여야 함. 분묘의 보전을 위한 분묘설치자 또는 연고자의 권리주장과 토지소유자 등의 재산권 등 주장이 충돌하는 사인(私人)간의 권리분쟁이 있는 경우에는 행정청에서 이를 판단할 수 없기 때문에 분묘개장허가 대상이 될 수 없다 할 것임.

○ 타인의 토지 등에 설치된 연고자를 알 수 없는 분묘를 처리하고자 하는 경우 묘지 또는 분묘의 위치 및 장소, 개장사유, 개장 후 안치 장소 및 기간, 공설묘지 또는 사설묘지 설치자의 성명·주소 및 연락방법, 그 밖에 개장에 필요한 사항을 공고토록 규정하고 있으므로 원칙적으로 공고의 내용이 잘못 기재되었거나, 누락된 경우 공고의 효력이 없다 할 것임.

○ 불법분묘 등을 방지하기 위하여 타인의 토지 또는 묘지에 승낙 없이 불법으로 분묘를 설치할 경우 그 분묘에 대한 권리를 주장할 수 없도록 한 규정임.
  - 대법원에서 관습법등과 관련하여 신중한 검토가 필요하다는 견해가 있었으나 종전에는 분묘기지권의 배제규정이 없기 때문에 판례로 인정한 것이므로 국가정책의 실효성 확보를 위하여 규정하는 것임.

제27조(타인의 토지 등에 설치된 분묘 등의 처리 등) ① 토지 소유자(점유자나 그 밖의 관리인을 포함한다. 이하 이 조에서 같다), 묘지 설치자 또는 연고자는 다음 각 호의 어느 하나에 해당하는 분묘에 대하여 보건복지부령으로 정하는 바에 따라 그 분묘를 관할하는 시장등의 허가를 받아 분묘에 매장된 시신 또는 유골을 개장할 수 있다. 〈개정 2015.1.28.〉
1. 토지 소유자의 승낙 없이 해당 토지에 설치한 분묘
2. 묘지 설치자 또는 연고자의 승낙 없이 해당 묘지에 설치한 분묘

② 토지 소유자, 묘지 설치자 또는 연고자는 제1항에 따른 개장을 하려면 미리 3개월 이상의 기간을 정하여 그 뜻을 해당 분묘의 설치자 또는 연고자에게 알려야 한다. 다만, 해당 분묘의 연고자를 알 수 없으면 그 뜻을 공고하여야 하며, 공고기간 종료 후에도 분묘의 연고자를 알 수 없는 경우에는 화장한 후에 유골을 일정 기간 봉안하였다가 처리하여야 하고, 이 사실을 관할 시장등에게 신고하여야 한다. 〈개정 2015.1.28.〉

③ 제1항 각 호의 어느 하나에 해당하는 분묘의 연고자는 해당 토지 소유자, 묘지 설치자 또는 연고자에게 토지 사용권이나 그 밖에 분묘의 보존을 위한 권리를 주장할 수 없다.

④ 토지 소유자 또는 자연장지 조성자의 승낙 없이 다른 사람 소유의 토지 또는 자연장지에 자연장을 한 자 또는 그 연고자는 당해 토지 소유자 또는 자연장지 조성자에 대하여 토지사용권이나 그 밖에 자연장의 보존을 위한 권리를 주장할 수 없다.

⑤ 제2항에 따른 봉안기간과 처리방법에 관한 사항은 대통령령으로 정하고, 통지·공고 및 신고에 관한 사항은 보건복지부령으로 정한다. 〈개정 2015.1.28.〉

[시행일 : 2016.1.29.] 제27조제2항, 제27조제5항

〈해 설[33]〉

○ 타인의 토지 등에 설치된 분묘의 경우 3개월의 공고기간이 지나면 무조건 무연고 분묘로 간주되거나 개장한 후 시신이나 유골의 보관 방법에 대한 법적 분쟁이 끊임없이 발생하고 있으므로 이러한 분쟁을 최소화하려는 것임.
  - 토지소유자, 묘지의 설치자·연고자는 승낙 없이 자신의 토지 또는 묘지에 설치된 분묘를 3개월 이상의 통지 또는 공고기간을 거쳐 관할 시장등의 허가를 받으면 개장할 수 있음(법 제27조제1항·제2항). 하지만 개장 후 시신 또는 유골의 처리방법에 대해서는 명시적 규정이 없어 분쟁 발생의 소지가 있었음.

33) 국회 보건복지위원회, 「장사 등에 관한 법률 일부개정법률안」, 검토보고서·심사참고자료, 2014. (참고하여 정리함)

- 분묘의 연고자를 알 수 없으면 그 뜻을 공고하여야 하며, 공고기간 종료 후에도 분묘의 연고자를 알 수 없는 경우에는 화장한 후에 유골을 일정 기간 봉안하였다가 처리하여야 하고, 이 사실을 관할 시장등에게 신고하여야 하며, 봉안기간과 처리방법, 신고 등에 관한 필요한 사항 등은 하위법령에서 정하도록 하였음.

【유권해석】

토지 소유자의 변경 후, 현재의 토지소유자에게 승낙을 받지 못한다면 전 소유자에게 승낙을 받아 기존 토지에 설치된 분묘도 개장허가의 대상이 되는지(「장사 등에 관한 법률」 제27조제1항 등 관련)[법제처 11-0326, 2011.7.21, 보건복지부]

【질의요지】

기존의 토지소유자에게 승낙을 얻어 해당 토지에 분묘를 설치하였던 자가 「공익사업을 위한 토지 등의 취득 및 보상에 관한 법률」에 따라 분묘를 설치한 해당 토지가 수용 재결되고 사업시행자가 토지소유권 등을 취득한 후 사업시행자의 개장요구에도 불구하고 분묘를 개장하지 않는 경우, 사업시행자는 「장사 등에 관한 법률」 제27조제1항제1호에 따라 분묘개장허가를 받아 분묘를 개장할 수 있는지?

【회 답】

기존의 토지소유자에게 승낙을 얻어 해당 토지에 분묘를 설치하였던 자가 「공익사업을 위한 토지 등의 취득 및 보상에 관한 법률」에 따라 분묘를 설치한 해당 토지가 수용 재결되고 난 후 사업시행자의 개장요구에도 불구하고 분묘를 개장하지 않을 경우, 「공익사업을 위한 토지 등의 취득 및 보상에 관한 법률」에 따라 토지가 수용 재결된 경우로서 분묘를 개장하지 않아서 생길 수 있는 문제는 「공익사업을 위한 토지 등의 취득 및 보상에 관한 법률」 제89조(대집행) 등에 따라 해결되는 것은 별론으로 하고, 사업시행자는 「장사 등에 관한 법률」 제27조제1항제1호에 따라 분묘개장허가를 받아 분묘를 개장할 수 없을 것입니다.

【유권해석】

「장사 등에 관한 법률」 제27조제1항(분묘의 개장허가 대상 여부) 관련
[법제처 08-0393, 2009.1.21, 보건복지가족부 저출산고령사회정책국 노인지원과]

【질의요지】

토지 소유자의 승낙 없이 설치된 분묘의 연고자를 알고 있는 경우 해당 분묘는 「장사 등에 관한 법률」 제27조에 따른 개장허가(改葬許可)의 대상이 되는지?

【회 답】

토지 소유자의 승낙 없이 설치된 분묘의 연고자를 알고 있는 경우 해당 분묘는 「장사 등에 관한 법률」 제27조에 따른 개장허가의 대상이 됩니다.

(판 례) 분묘철거등[대법원 1994.8.26, 선고, 94다28970, 판결]

【판시사항】

가. 분묘기지권의 존속기간
나. 분묘기지권이 미치는 범위

【판결요지】

가. 분묘기지권의 존속기간에 관하여는 민법의 지상권에 관한 규정에 따를것이 아니라 당사자 사이에 약정이 있는 등 특별한 사정이 있으면 그에 따를 것이며, 그러한 사정이 없는 경우에는 권리자가 분묘의 수호와 봉사를 계속하며 그 분묘가 존속하고 있는 동안은 분묘기지권은 존속한다고 해석함이 타당하므로 민법 제281조에 따라 5년 간이라고 보아야 할 것은 아니다.

나. 분묘기지권은 분묘의 기지 자체뿐만 아니라 그 분묘의 설치목적인 분묘의 수호 및 제사에 필요한 범위 내에서 분묘의 기지 주위의 공지를 포함한 지역에까지 미치는 것이고, 그 확실한 범위는 각 구체적인 경우에 개별적으로 정하여야 하고 매장 및 묘지등에 관한 법률 제4조 제1항 후단 및 같은법시행령 제2조 제2항의 규정이 분묘의 점유면적을 1기당 20평방미터로 제한하고 있으나, 여기서 말하는 분묘의 점유면적이라 함은 분묘의 기지면적만을 가리키며 분묘기지 외에 분묘의 수호 및 제사에 필요한 분묘기지 주위의 공지까지 포함한 묘지면적을 가리키는 것은 아니므로 분묘기지권의 범위가 위 법령이 규정한 제한면적 범위 내로 한정되는 것은 아니다.

(판 례) 분묘기지권확인 · 분묘철거등[대법원 1997.5.23, 선고, 95다29086, 판결]

【판시사항】

[1] 분묘기지권의 범위
[2] 기존의 분묘기지권이 미치는 지역적 범위 내에서 부부 합장을 위한 쌍분 형태의 분묘를 새로이 설치할 수 있는지 여부(소극)

【판결요지】

[1] 분묘기지권은 분묘의 기지 자체(봉분의 기저 부분)뿐만 아니라 그 분묘의 수호 및 제사에 필요한 범위 내에서 분묘의 기지 주위의 공지를 포함한 지역에까지 미치는 것이고 그 확실한 범위는 각 구체적인 경우에 개별적으로 정하여야 할 것인바, 사성(莎城, 무덤 뒤를 반달형으로 둘러쌓은 둔덕)이 조성되어 있다 하여 반드시 그 사성 부분을 포함한 지역에까지 분묘기지권이 미치는 것은 아니다.

[2] 분묘기지권은 분묘를 수호하고 봉제사하는 목적을 달성하는 데 필요한 범위 내에서 타인의 토지를 사용할 수 있는 권리를 의미하는 것으로서, 분묘기지권에는 그 효력이 미치는 지역의 범위 내라고 할지라도 기존의 분묘 외에 새로운 분묘를 신설할 권능은 포함되지 아니하는 것이므로, 부부 중 일방이 먼저 사망하여 이미 그 분묘가 설치되고 그 분묘기지권이 미치는 범위 내에서 그 후에 사망한 다른 일방의 합장을 위하여 쌍분(雙墳) 형태의 분묘를 설치하는 것도 허용되지 않는다.

【법 률】

제28조(무연분묘의 처리) ① 시·도지사 또는 시장·군수·구청장은 제11조에 따른 일제 조사 결과 연고자가 없는 분묘(이하 "무연분묘"라 한다)에 매장된 시신 또는 유골을 화장하여 일정 기간 봉안할 수 있다. 〈개정 2015.1.28.〉

② 시·도지사 또는 시장·군수·구청장은 제1항에 따른 조치를 하려면 보건복지부령으로 정하는 바에 따라 그 뜻을 미리 공고하여야 한다.

③ 시·도지사 또는 시장·군수·구청장은 제1항에 따라 봉안한 유골의 연고자가 확인을 요구하면 그 요구에 따라야 한다.

④ 제1항에 따른 봉안에 관하여는 제12조제3항을 준용한다.

【시행규칙】

제19조(무연분묘의 개장 공고) ① 시·도지사 또는 시장·군수·구청장은 무연분묘에 매장된 시체나 유골을 화장하여 봉안하려는 경우에는 법 제28조제2항에 따라 다음 각 호의 사항을 공고하여야 한다.

1. 제14조제1항제1호가목 및 나목
2. 연락처, 열람 등 개장에 필요한 사항

② 시·도지사 또는 시장·군수·구청장은 제1항의 공고를 무연분묘에 매장된 시체나 유골을 화장하여 봉안하기 2개월 전에 중앙일간신문을 포함한 둘 이상의 일간신문 또는 관할 시·도 및 시·군·구의 인터넷 홈페이지와 하나 이상의 일간신문에 2회 이상 하되, 두 번째 공고는 첫 번째 공고일부터 1개월이 지난 후에 다시 하여야 한다.

〈해 설〉

○ 동 규정은 시·도지사 또는 시장·군수·구청장은 제11조에 따른 일제 조사 결과, 연고가 없는 분묘에 대하여 이를 개장하여 일정기간 화장하여 봉안할 수 있도록 함으로써 묘지 및 무연분묘 등의 정비를 통한 국토의 효율적 이용과 법의 실효성 확보를 도모하기 위한 것이라 할 수 있음.

○ "무연분묘"란 연고자가 없는 분묘라고 규정하고 있는데 무연분묘는 사전에 공고를 통해 해당 분묘의 연고자가 있는지 여부를 확인한 후 연고자가 나타나지 않을 경우 무연분묘라고 함. 따라서 해당 분묘의 연고자가 실질적으로 없을 수 있고 연고자가 있으나 공고기간 내에 연고자가 나타나지 않을 수 있음.

- 해당 규정에 따라 무연분묘라 규정하여 해당 분묘에 매장된 시신이나 유골을 화장하여 일정장소 봉안시설에 유골이 안치되어 있는 상태에서, 향후 연고자가 나타나 유골을 확인하고, 인수를 원할 경우에는 봉안된 유골을 연고자에게 인수·인계하여야 함. 다만 봉안된 유골을 연고자에게 인계할 경우 법 제2조제16호에 따른 연고자 규정에 따름.

【유권해석】

무연분묘를 포함하여 관할 구역 안에 설치되어 있는 모든 묘지에 대하여 묘적부를 작성·관리해야 하는지 (「장사 등에 관한 법률」 제22조제1항 등 관련) [12-0590, 2012.12.4, 민원인]

【질의요지】

「장사 등에 관한 법률」 제22조제1항에 따르면 특별자치도지사·시장·군수·구청장(이하 "시장등"이라 함)은 보건복지부령으로 정하는 바에 따라 관할 구역 안의 묘지 현황에 대한 묘적부(墓籍簿)를 작성·관리하여야 하는데, 이 경우 시장등은 무연분묘(無緣墳墓)를 포함하여 관할 구역 안에 설치되어 있는 모든 묘지에 대하여 묘적부를 작성·관리하여야 하는지?

【회 답】

시장등이 「장사 등에 관한 법률」 제22조제1항에 따라 묘적부를 작성·관리할 때 무연분묘(無緣墳墓)를 포함하여 관할 구역 안에 설치되어 있는 모든 묘지에 대하여 묘적부를 작성·관리하여야 하는 것은 아니라고 할 것입니다.

○ 공고일의 계산

- 본 법에서는 기간의 계산방법을 정하고 있지 않기 때문에 「민법」 제155조의 규정을 적용함.
- 민법 제157조 내지 제161조의 관련 규정에 의하여 공고기간의 기산점에 있어 기간의 초일은 산입하지 아니하며, 기간의 만료일은 기간말일의 종료로 기간은 만료함.
- 본 법에서는 월(月)로 기간을 정하고 있으므로 이를 일(日)로 환산하지 않고, 역(歷)에 의하여 계산함. 월의 일수의 장단은 문제삼지 않음. 월의 처음부터 계산하는 때(예 : 1월 1일이 기산점인 때)에는 아무런 문제가 없음. 그러나 월의 처음부터 계산하지 않을 때에는 최후의 월에서 기산일에 해당하는 날의 전일로 기간은 만료함. 기간의 말일이 공휴일에 해당하는 때에는 기간은 그 익일(다음날)로 만료함.
- 따라서, 시·도지사 및 시장·군수·구청장이 무연분묘처리 조치를 하기 위해서는 이를 역산하여 공고하여야 함. 예를 들어 무연분묘처리 조치를 2개월 전에 공고하다고 할 때에, 조치일이 7월 10일이라고 한다면, 그 전일인 9일을 기산점으로 하여 거꾸로 2개월을 역산하면 5월 10일 오전 0시가 만료일이 됨. 따라서 늦어도 5월 9일 자정까지는 공고하여야 함. 그러나 '공고한 날'의 의미에 관해서는 일간신문에 공고하는 방법을 채택하고 있으므로 최초 구독가능한 날이 기산일이 되어야 함.
- 두 번째 공고는 첫 번째 공고일부터 1개월이 지난 후에 다시 하여야 한다는 의미는 예를 들어 첫 번째 공고가 2010년 2월 20일에 공고했다면, 두 번째 공고일은 3월 21일임.

【관계법령】

「민 법」

제6장 기간

제155조(본장의 적용범위) 기간의 계산은 법령, 재판상의 처분 또는 법률행위에 다른 정한 바가 없으면 본장의 규정에 의한다.

제156조(기간의 기산점) 기간을 시, 분, 초로 정한 때에는 즉시로부터 기산한다.

제157조(기간의 기산점) 기간을 일, 주, 월 또는 연으로 정한 때에는 기간의 초일은 산입하지 아니한다. 그러나 그 기간이 오전 영시로부터 시작하는 때에는 그러하지 아니하다.

제158조(연령의 기산점) 연령계산에는 출생일을 산입한다.

제159조(기간의 만료점) 기간을 일, 주, 월 또는 연으로 정한 때에는 기간말일의 종료로 기간이 만료한다.

제160조(역에 의한 계산)① 기간을 주, 월 또는 연으로 정한 때에는 역에 의하여 계산한다.

② 주, 월 또는 연의 처음으로부터 기간을 기산하지 아니하는 때에는 최후의 주, 월 또는 연에서 그 기산일에 해당한 날의 전일로 기간이 만료한다.

③ 월 또는 연으로 정한 경우에 최종의 월에 해당일이 없는 때에는 그 월의 말일로 기간이 만료한다.

제161조(공휴일 등과 기간의 만료점) 기간의 말일이 토요일 또는 공휴일에 해당한 때에는 기간은 그 익일로 만료한다.

제5장 장례식장영업

【법 률】

제29조(장례식장영업) ① 시장·군수·구청장은 관할 구역 안에 장례의식을 하는 장소(이하 "장례식장"이라 한다)를 제공하는 것을 업으로 하는 자(이하 "장례식장영업자"라 한다)의 사업자등록 현황에 관한 자료를 유지·관리하여야 한다.

② 장례식장영업자는 장례식장 안에 시체를 보관하는 때에는 보건복지부령으로 정하는 바에 따라 시체를 위생적으로 관리하여야 한다.

③ 장례식장영업자는 장례식장 임대료와 장례에 관련된 수수료 및 장례용품의 품목별 가격을 표시한 가격표를 이용자가 보기 쉬운 곳에 게시하여야 한다. 이 경우 임대료는 오전 12시부터 다음 날 오전 12시까지를 1일로 계산한다.

④ 장례식장영업자는 다음 각 호의 어느 하나에 해당하는 행위를 하여서는 아니 된다. 〈개정 2015.1.28.〉

1. 제3항에 따라 게시한 장례식장 임대료·수수료 및 장례용품의 품목별 가격 외의 금품을 받는 것
2. 장례용품의 구매 또는 사용을 강요하는 것

【시행규칙】

제20조(시체의 위생적 관리 등) ① 장례식장영업자는 법 제29조 제2항에 따라 장례식장 안의 시체를 다음 각 호의 방법에 따라 위생적으로 관리하여야 한다.

1. 시체실과 염습실(殮襲室)을 설치할 것
2. 시체실과 염습실은 실내공기를 깨끗하게 유지하기 위한 환기시설 및 상하수도시설을 갖출 것
3. 별표 1 제2호에 따른 시체약품처리실과 약품보관실을 설치할 것(시체에 약품처리를 하는 경우만 해당한다)
4. 염습실 또는 시체약품처리실에 출입하는 자의 세면·목욕 등에 필요한 세척시설을 설치할 것
5. 시체실·염습실 또는 시체약품처리실은 매주 1회 이상 청소 및 소독을 하고 이를 기록한 대장을 갖춰 놓을 것
6. 시체로부터 질병이 전염될 우려가 있는 경우에는 시체실·염습실 또는 시체약품처리실을 출입하는 사람에게 미리 감염 방지에 관한 기본적인 정보를 제공하는 교육을 실시하고, 시체의 연고자에게 그 사실을 알릴 것
7. 시체실·염습실 또는 시체약품처리실에 출입하는 사람의 감염 예방을 위하여 보호마스크, 보호장갑 및 위생복을 착용하는 등의 필요한 조치를 할 것
8. 감염성 질병으로 사망한 시체를 보관 또는 운송하는 경우에는 관련 시설 및 운송장비를 소독할 것

〈해 설〉

○ 현행 장례식장영업은 「부가가치세법」 제8조에 따라 관한 세무서에 사업자등록을 하고 장례식장 영업을 하고 있는 자를 말하며, 관할 지자체장은 사업자등록 현황[34]에 관한 자료를 유지·관리하여야 함.

○ 장례식장(葬禮式場, Funeral home) 제도연혁

- 「가정의례에 관한 법률」을 개정하여 장례식장 영업 허가 규정 및 시설 기준 도입('73.3.13)
- 장례식장 공급기반 확충 등을 위해 「가정의례에 관한 법률」을 개정하여 영업 허가제를 신고제로 변경('93.12.27)
- 「가정의례에 관한 법률」이 폐지('99.2.8)되고, 「장사 등에 관한 법률」에서 장례식장을 규정함.
- 「장사 등에 관한 법률」은 의료기관에서 사망하는 사람의 비율 증가 등에 따른 장례식장의 공급 확대 및 규제완화 차원에서 장례식장을 신고절차가 필요 없는 자유업으로 변경('00.1.12)
- 「장사 등에 관한 법률」을 개정하여 장례식장 영업 자유업을 신고제로 변경('15.1.28.)

【관계법령】

「가정의례에 관한 법률」 (폐지 1999.2.8 법률 제5837호)

제5조 (의례식장등의 영업)

① 가정의례를 행하는 식장(이하 "의례식장"이라 한다) 을 제공하거나 결혼상담 또는 중매행위를 하는 것을 업으로 하고자 하는 자는 시장(구가 설치되지 아니한 시의 시장을 말한다. 이하 같다) ·군수·구청장에게 신고하여야 한다. 신고사항을 변경하고자 할 때에도 또한 같다.

② 국가·지방자치단체·정부투자기관·공공단체·종교기관·의료기관·학교·기업체 및 사회단체등이 직접 그 시설을 무료 또는 보건복지부령이 정하는 범위의 실비만을 받고 의례식장으로 제공하는 경우에는 이를 제1항의 규정에 의한 영업으로 보지 아니한다. 다만, 다음 각호의 1에 해당하는 경우에는 그러하지 아니하다.

1. 의례식장 제공과 부수하여 의례식관련 서비스를 제공하고 수수료를 받거나 의례식 관련기구·물품·음식물등을 판매 또는 대여하고 요금이나 대금을 받는 경우
2. 타인이 판매·대여하는 의례식 관련서비스·기구·물품·음식물등의 이용을 조건으로 의례식장을 제공하는 경우

③ 제1항의 규정에 의한 영업의 종류, 시설기준 및 제1항의 규정에 의하여 신고를 한 자(이하 "영업자"라 한다) 의 준수사항 기타 영업신고에 관하여 필요한 사항은 대통령령으로 정한다.

○ 시행령 제8조(장례식장 시설기준)

1. 시체의 위생적 안치에 필요한 냉장시설을 갖출 것
2. 예식실 : 예식실에는 장례에 적합한 시설을 설치할 것
3. 빈 소 : 조문을 행할 수 있는 빈소를 설치할 것
4. 화장실 : 남녀별 화장실을 설치할 것

34) 한국표준산업분류상 S. 협회 및 단체, 수리 및 기타서비스업 96. 기타 개인서비스업 969. 그 외 기타 개인서비스업 9692. 장례식장 및 관련 서비스업 96921. 장례식장 및 장례관련 서비스업 96922. 화장, 묘지분양 및 관리업으로 분류됨. 한국표준산업분류는 사업체가 주로 수행하는 산업활동을 그 유사성에 따라 체계적으로 유형화(분류)한 것으로 일반 행정모적과 맞지 않을 수 있음(통계청).

> 6. 의료기관의 부대시설로서 설치하는 장례식장에는 제2호 나목, 라목 및 마목은 적용하지 아니한다.
> 7. 기타시설은 건축법, 소방법 등 관계법령이 정하는 기준에 적합할 것

○ 장례식장안의 시체실 · 염습실 또는 시체약품처리실은 감염성(바이러스, 결핵 등) 으로 사망한 시신으로 출입자(유족 및 종사자)들에게 감염우려가 있어 이를 사전에 예방관리 필요하여 규정함.

- 장례식장안의 시신의 보관 등의 위생적 관리를 규정하고 있는 시체실 · 염습실 또는 시체약품처리실 등의 출입자 및 시설 등을 보건위생 예방에 필요한 조치를 하도록 하여 시신의 위생적 보관 및 출입자 등의 사전 감염 등을 예방하고자 함.

○ 시체실, 염습실(殮襲室), 시체약품처리실

- 시체실: 시체를 안치 · 보관하는 냉장시설을 갖춘 장소를 말함.
- 염습실: 시체를 소독하고 수의를 입히고 입관하는 장소를 말함
- 시체약품처리실: 시체의 약품처리(시체보존위생)처리할 수 있는 장소를 말함[35] .
- 시체실에서는 시체에 대한 염습과 시체약품처리를 하지 못하며, 염습실에서는 염습만 가능하고 시체약품처리를 하지 못함. 반면, 시체약품처리실에는 염습이 가능함.

○ 장례식장 서비스를 제공하고 있어 전통적, 의례적 등의 경험과 정보, 지식을 가진 공급자와 유족 간의 정보의 비대칭성[36] 으로 인하여 소비자의 선택권을 제한하거나 불필요한 공급자 유발 수요가 발생하여 수요자의 비용부담을 가중하는 등의 특성이 있어 국가 및 지방자치단체의 적절한 개입과 조정이 필요함.

○ 법 제29조제4항(2015.1.28., 일부개정)에 따른 장례식장영업자가 장례용품의 구매 또는 사용을 강요하는 부당한 거래에 대해서 현재 「장례식장 표준약관」에 장례용품의 사용을 강제하지 아니하는 규정이 있으나 법률이 아닌 약관에 불과하여 강제할 수 없는 상태로 이에 대한 구매강요행위를 금지하는 규정을 마련하고 이를 위반한 행위에 대해서는 시정명령 · 영업의 정지 · 시설의 폐쇄, 과태료(「독점규제 및 공정거래에 관한 법률」 제67조 제2호에 따른 벌칙을 받는 경우는 제외한다) 등을 부과할 수 있도록 함.

- 한편, 장례용품 등의 구매 · 사용 강요행위는 「독점규제 및 공정거래에 관한 법률」 제23조 및 같은법 시행령 제36조 별표1의2의 불공정유형 중 "끼워팔기"에도 해당하여 「장사 등에 관한 법률」이 부과하는 과징금과 「독점규제 및 공정거래에 관한 법률」 이 부과하는 과징금이 중복될 수 있음. 이러한 중복 문제를 해소하기 위해 법 제35조제1항에 단서를 신설하여 「독점규제 및 공정거래에 관한 법률」에 따른 과징금

35) 시체의 약품처리는 미국의 남북전쟁이후 장례절차중 시체를 처리하는 가장 보편적이고 특징적인 형태가 됨. 우리나라의 경우 조선시대에는 왕에서부터 서민에 이르기까지 보통 3개월 이상의 기간동안 시체를 초분 등의 형태로 안치한 다음 이를 매장하였음. 왕의 경우 시체의 부패를 억제하기 위하여 공조 주관으로 '설빙(雪氷)'이라는 유해보관장치를 만들었음. 설빙은 빈소로 사용하는 방 가운데에 대나무평상과 대나무 그물을 짜 유해를 모셔놓고 동빙고에서 가져온 얼음으로 시체주위를 둘러쌓아 놓은 시설인데, 이때 습기가 유해에 접근하는 것을 방지하기 위해 습기를 잘 빨아들이는 미역을 사용함.

36) 경제적 이해관계를 가진 당사자 간에 정보가 한쪽에만 존재하고 다른 한쪽에는 존재하지 않는 상황을 의미하며, 공급자인 장례식장과 소비자인 유족 간 정보의 비대칭성으로 공급자 유발 수요 발생함.

을 부과 받은 장례용품 등의 구매·사용 강요행위에 대해서는 현행법상의 과징금이나 업무정지·영업정지 처분을 하지 않도록 규정하였음.

○ 장례식장 설치기준

– 대법원 판례('05. 9월)를 계기로 주거지역내 병원 장례식장이 「국토의 계획 및 이용에 관한 법률」 제76조 및 동법 시행령 제71조에 위반되는 점이 사회적 이슈로 부각하여 대법원은 종합병원에 설치되어 있는 장례식장을 부속용도로 볼 수 없어 관련법령에 위반된다고 판결('05. 9월)

– 병원 장례식장이 차지하는 비중과 다수 국민이 병원에 설치되어 있는 장례식장을 이용하는 장례문화를 고려할 때 이를 합법화하는 제도 개선 필요

【관계법령】

「국토의 계획 및 이용에 관한 법률 및 동법 시행령」

○ 제76조 (용도지역 및 용도지구안에서의 건축물의 건축제한 등) ① 제36조의 규정에 의하여 지정된 용도지역안에서의 건축물 그 밖의 시설의 용도·종류 및 규모 등의 제한에 관한 사항은 대통령령으로 정한다.

○ 제71조 (용도지역안에서의 건축제한) ① 법 제76조제1항의 규정에 의한 용도지역안에서의 건축물의 용도·종류 및 규모 등의 제한(이하 "건축제한"이라 한다)은 다음 각호와 같다.

(판 례) 「대법원 판결 (2005. 9. 29 선고 2005도459)」

○ (판결요지) 시체실에 영안실 등의 시설을 설치하고 장례식장으로 활용한 것은 국토의 계획 및 이용에 관한 법률에 위반된다.

○ (판결이유) 종합병원이라 하더라도 의무적 설치 시설인 시체실에 더하여 장례의식에 필요한 각종 부대시설 등을 추가하는 등으로 장례식장의 용도로 변경 사용하는 경우에는 종합병원의 부속용도에 해당한다고 볼 수 없어 관련 법령에 따른 용도변경의 제한을 받게 됨.

【관계법령】

「의료법」

제49조(부대사업) ① 의료법인은 그 법인이 개설하는 의료기관에서 의료업무 외에 다음의 부대사업을 할 수 있다. 이 경우 부대사업으로 얻은 수익에 관한 회계는 의료법인의 다른 회계와 구분하여 계산하여야 한다.

4. 「장사 등에 관한 법률」 제25조제1항에 따른 장례식장의 설치·운영

「같은법 시행규칙」

[별표 3]

의료기관의 종류별 시설기준(제34조 관련)

20. 그 밖의 시설

라. 종합병원, 병원, 한방병원, 요양병원은 해당 병원에서 사망하는 사람 등의 장사 관련 편의를 위하여 「장사 등에 관한 법률」 제29조에 따른 장례식장을 설치할 수 있다.

[별표 4]

의료기관의 시설규격(제34조 관련)

20. 장례식장

종합병원·병원·요양병원 및 한방병원의 장례식장 바닥면적은 해당 의료기관 연면적의 5분의 1을 초과하지 못한다.

「건축법 시행령」[별표 1]

용도별 건축물의 종류(제3조의4 관련)

28. 장례식장 [의료시설의 부수시설(「의료법」제36조제1호에 따른 의료기관의 종류에 따른 시설을 말한다)에 해당하는 것은 제외한다]

○ 「자원의 절약과 재활용촉진에 관한 법률」에 따라 장례식장에서 유족 및 문상객 등에게 음식물을 제공할 때에는 1회 용품 사용이 가능하였으나, 2013년 8월에 「자원의 절약과 재활용촉진에 관한 법률」이 개정되면서 2014년 2월 14일이후에는 장례식장에 조리시설 및 세척시설이 갖추어져 있는 곳에서 음식물을 제공하는 경우에는 1회 용품 사용을 할 수 없음.

【관계법령】

「자원의 절약과 재활용촉진에 관한 법률」[시행 2014.2.14.] [법률 제12076호, 2013.8.13., 일부개정]

제10조(1회용품의 사용 억제 등) ① 다음 각 호의 어느 하나에 해당하는 시설 또는 업종을 경영하는 사업자는 1회용품의 사용을 억제하고 무상으로 제공하지 아니하여야 한다. 다만, 1회용품이 생분해성수지제품인 경우에는 무상으로 제공할 수 있다.

1. ~ 6. (생 략)

② 제1항 본문에도 불구하고 다음 각 호의 어느 하나에 해당하는 경우에는 1회용품을 사용하거나 무상으로 제공할 수 있다.

1. ~ 2. (생 략)

3. 상례에 참석한 조문객에게 음식물을 제공하는 경우(대통령령으로 정하는 바에 따라 조리시설 및 세척시설이 갖추어져 있는 곳에서 음식물을 제공하는 경우는 제외한다)

4. 그 밖에 대통령령으로 정하는 경우

③ 제1항에 따른 시설 또는 업종을 경영하는 사업자가 사용을 억제하고 무상으로 제공하지 아니하여야 하는 1회용품과 그 세부 준수사항은 환경부령으로 정한다.

「같은법 시행령」

제8조(1회용품의 사용 억제 대상업종 등) ① · ② (생략)

③ 법 제10조제2항제3호에 따라 「식품위생법」제36조제1항제3호에 따른 식품접객업자가 상례에 참석한 조문객에게 음식물을 제공하는 경우로서 음식물을 제공하는 장소와 같은 공간(사방이 벽으로 둘러싸여 다른 장소와 구분된 공간을 말하며, 내부를 볼 수 있도록 투명한 칸막이 등으로 구획된 공간은 같은 공간으로 본다)에 고정된 조리시설 및 세척시설이 모두 갖추어져 있는 경우에는 1회용품을 사용하거나 무상으로 제공할 수 없다.

④ 생략

「같은법 시행규칙」

제4조(사용억제 · 무상제공금지 대상 1회용품과 그 세부 준수사항) 법 제10조제3항에 따른 사용억제 · 무상제공금지 대상 1회용품과 그 세부 준수사항은 별표 2와 같다.

[별표 2]

사용억제 · 무상제공금지 대상 1회용품과 그 세부 준수사항(제4조 관련)

시설 또는 업종	대상 1회용품	준수사항
1. 「식품위생법」 제2조제12호에 따른 집단급식소 또는 같은 법 제36조제1항제3호에 따른 식품접객업	가.~바. (생략)	사용억제
	사. (생략)	제작 · 배포 억제 등 사용억제

※ 비고(종전)	※ 비고(현행)
1. 제1호 가목의 적용대상 1회용품이 다음 각 목의 어느 하나에 해당하는 경우에는 1회용품 사용억제 대상에서 제외한다. 가. 혼례, 회갑연, 상례(喪禮)에 참석한 조문객, 하객 등에게 음식물을 제공하는 경우	1. 제1호라목 중 이쑤시개는 별도의 회수용기를 갖추고 계산대나 출입구에서만 제공하는 방법으로 사용할 수 있다.

【관계규정】

중요한 표시 · 광고사항 고시 [시행 2014.7.15.] [공정거래위원회고시 제2014-8호, 2014.6.11., 일부개정]

Ⅰ. 목 적

이 고시는 표시 · 광고의 공정화에 관한 법률(이하 "법"이라 한다) 제4조제1항의 규정에 따라 소비자의 상품 또는 용역(이하 "상품 등"이라 한다)의 구매선택에 영향을 미칠 수 있는 중요한 표시 · 광고사항(이하 "중요정보"라 한다)을 정함으로써 소비자가 합리적으로 선택하는데 필요한 정보 제공을 확대하여 정보부족으로 인한 소비자 피해를 사전에 예방하는 데에 그 목적이 있다.

마-1. 적용범위

장의용품 중 수의를 제조 · 판매하는 사업자에 대해 적용한다. 다만 상조업자에 대해서는 적용을 제외한다.

마-2. 중요정보 항목

1) 표시대상 중요정보 항목

가) 수의원단 제조에 소요되는 원사의 종류 · 구성비율 및 원산지

나) 수의원단의 제조방법 및 제조지역

다) 수의완제품의 제조자명

2) 광고대상 중요정보 항목 : 1)과 동일

마-3. 표시 장소

1) 제품의 라벨, 포장용기(제품이 보이지 않는 경우에는 포장용기에 표시)중 한 곳

【관계법령】

「여객자동차 운수사업법 시행령」[시행 2012.11.24] [대통령령 제24197호, 2012.11.23, 일부개정]
제3조(여객자동차운송사업의 종류) 법 제3조제2항에 따라 여객자동차운송사업은 다음 각 호와 같이 세분한다.

2. 구역 여객자동차운송사업
  나. 특수여객자동차운송사업: 운행계통을 정하지 아니하고 전국을 사업구역으로 하여 1개의 운송계약에 따라 국토교통부령으로 정하는 특수한 자동차를 사용하여 장례에 참여하는 자와 시체(유골을 포함한다)를 운송하는 사업
  나. 특수여객자동차운송사업: 운행계통을 정하지 아니하고 전국을 사업구역으로 하여 1개의 운송계약에 따라 국토교통부령으로 정하는 특수한 자동차를 사용하여 장례에 참여하는 자와 시체를 운송하는 사업 (종전 규정)

[별표 1] 〈개정 2012.6.29〉

여객자동차운송사업에 사용되는 자동차의 종류(제7조 관련)

구 분	자동차의 종류
6. 특수여객자동차운송사업	특수형 승합자동차 또는 승용자동차. 이 경우 일반장의자동차 및 운구전용 장의자동차로 구분한다.

[별표 4] 〈개정 2014.1.6〉

운송사업자 및 운수종사자의 준수사항(제44조 관련)

1. 운송사업자의 준수사항

4) 장의자동차
  가) 관은 차 외부에서 싣고 내릴 수 있도록 해야 한다.
  나) 관을 싣는 장치는 차 내부에 있는 장례에 참여하는 사람이 접촉할 수 없도록 완전히 격리된 구조로 해야 한다.
  다) 운구전용 장의자동차에는 운전자의 좌석 및 장례에 참여하는 사람이 이용하는 두 종류 이하의 좌석을 제외하고는 다른 좌석을 설치해서는 안 된다.
  라) 차 안에는 난방장치를 설치해야 한다.
  마) 일반장의자동차의 앞바퀴에는 재생한 타이어를 사용해서는 안 된다.

【유권해석】

구급차로 가정 또는 병원에서 사망한 자의 시신을 병원 장례식장이나 국립과학수사연구원으로 이송할 수 있는지(「응급의료에 관한 법률」 제45조제1항제4호 등 관련)[법제처 13-0187, 2013.6.18, 민원인]

【질의요지】

구급차를 이용하여 가정 또는 병원에서 사망한 자의 시신을 병원 장례식장으로 이송하거나 부검 등의 목적으로 국립과학수사연구원에 이송하는 경우가 「응급의료에 관한 법률」 제45조제1항제4호에 따른 구급차의 사용용도(사고 등으로 현장에서 사망하거나 진료를 받다가 사망한 사람을 의료기관 등에 이송)를 위반한 것인지?

【회 답】

구급차를 이용하여 가정 또는 병원에서 사망한 자의 시신을 병원 장례식장으로 이송하거나 부검 등의 목적으로 국립과학수사연구원에 이송하는 경우가 「응급의료에 관한 법률」 제45조제1항제4호에 따른 구급차의 사용용도(사고 등으로 현장에서 사망하거나 진료를 받다가 사망한 사람을 의료기관 등에 이송)를 위반한 것이라고는 할 수 없습니다.

제29조(장례식장영업의 신고 등) ① 장례의식을 하는 장소(이하 "장례식장"이라 한다)를 설치·운영하려는 자는 대통령령으로 정하는 시설·설비 및 안전기준을 갖추어 보건복지부령으로 정하는 바에 따라 장례식장 소재지를 관할하는 시장등에게 신고하여야 한다. 신고한 사항을 변경하려는 경우에도 같다. 〈개정 2015.1.28.〉

② 제1항에 따라 신고하고 장례식장을 운영하는 자(이하 "장례식장영업자"라 한다)는 장례식장에서 시신을 보관·안치·염습·운구 등을 할 때에는 보건복지부령으로 정하는 바에 따라 시신을 위생적으로 관리하여야 한다. 〈개정 2015.1.28.〉

③ 장례식장영업자는 장례식장 임대료와 장례에 관련된 수수료 및 장례용품의 품목별 가격을 표시한 가격표를 이용자가 보기 쉬운 곳에 게시하여야 하고, 제33조의2제1항에 따른 장사정보시스템에 등록하여야 한다. 이 경우 임대료는 오전 12시부터 다음 날 오전 12시까지를 1일로 계산하고, 염습실은 1회 사용요금을 기준으로 한다. 〈개정 2015.1.28.〉

④ 장례식장영업자는 다음 각 호의 어느 하나에 해당하는 행위를 하여서는 아니 된다. 〈개정 2015.1.28.〉

1. 제3항에 따라 게시한 장례식장 임대료·수수료 및 장례용품의 품목별 가격 외의 금품을 받는 것
2. 장례용품의 구매 또는 사용을 강요하는 것

⑤ 장례식장영업자는 장례식장영업을 폐업한 경우에는 폐업한 날부터 20일 이내에 보건복지부령으로 정하는 바에 따라 관할 시장등에게 신고하여야 한다. 〈신설 2015.1.28.〉

⑥ 다음 각 호에 해당하는 자는 보건복지부령으로 정하는 바에 따라 장례 관련 법규, 보건위생, 장례서비스 준수사항 등에 관한 교육을 받아야 한다. 〈신설 2015.1.28.〉

1. 장례식장영업자와 그 종사자
2. 제1항에 따라 신고하려는 자

⑦ 제3항에 따라 게시하거나 등록하는 사항에 관한 세부기준 등은 보건복지부령으로 정한다. 〈신설 2015.1.28.〉

[제목개정 2015.1.28.]

[시행일 : 2016.1.29.] 제29조제1항, 제29조제2항, 제29조제3항, 제29조제5항, 제29조제6항, 제29조제7항

〈해 설[37]〉

○ 현행 자유업인 장례식장 영업을 신고제로 전환하고 장례식장 설치·운영기준을 마련함으로써 장례식장영업에 대한 효율적인 관리가 이루어질 수 있도록 하려는 것임.

○ 장사시설인 묘지시설·봉안시설·화장시설, 자연장지는 신고 또는 허가이지만 장례식장은 자유업으로 규정하고 있었음.

- 장례식장은 우리나라 국민의 대부분(97.4%[38])이 장례를 치르는 장소로 이용하는 대표적 장사시설이지만, 사망자의 시신보관, 위생처리(염습), 문상객의 문상 등이 이루어

37) 국회 보건복지위원회, 「장사 등에 관한 법률 일부개정법률안」, 검토보고서·심사참고자료, 2014. (참고하여 정리함)

38) 한국보건사회연구원 현안보고서 (2013-06), 보건복지 현안분석과 정책과제 2013, p361

져서 감염성 폐기물, 실내 대기오염물질 등에 노출될 가능성이 높은 곳임에도 불구하고 현재 장례식장 영업은 자유업으로 누구든지 관할 세무서에 사업자 등록만 하면 운영할 수 있어, 국민의 보건안전 및 장례식장에 대한 실효성 있는 관리·감독을 위하여 장례식장 영업의 규제가 필요함.

– 현행법상 장례식장에 대한 관리·규제 현황을 보면, 시장·군수·구청장에게 관할 구역안의 장례식장 영업자의 사업자등록 현황에 관한 자료를 유지·관리하도록 하고, 장례식장 영업자의 준수사항으로 시신의 위생적 관리, 가격표의 게시, 임대료·수수료·장례용품 품목별 가격 외의 금품수수 금지를 규정하고 있으며, 이러한 의무를 위반하는 경우 시정명령·영업정지 또는 폐쇄의 행정처분을 할 수 있음.

○ 이와 같이 장례식장 영업자에 대해 일정한 준수의무 및 행정처분을 규정하고 있지만, 연간 약 25만 건에 달하는 시신의 염습·안치 등으로 종사자는 물론 유족 및 문상객들의 직·간접적 감염이나 안전에의 위험성이 있을 뿐 아니라, 장례식장의 높은 비용[39] 이나 불필요한 서비스 강권 등이 이용자들의 주요 불만이 되고 있음.

– 따라서, 장례식장영업의 실효성 있는 관리·규제를 위하여 장례식장 영업을 신고제로 변경하고 필요한 설치·운영기준을 갖추도록 하여 장례식장의 보건위생 수준 제고, 장례서비스의 질적 향상 및 시설의 안전성을 확보하려는 것임.

○ 또한, 장례식장영업자와 그 종사자 등에 대해 보건복지부령에서 정하는 바에 따라 일정기간 마다 장례 관련 법규, 보건위생, 장례서비스 준수사항 등에 관한 교육을 받도록 하여 장례식장의 서비스의 질 및 보건위생을 제고하려는 것임.

– 현행 규정에는 장례지도사가 자격증 취득을 위해 교육을 받는 것을 제외하고는 장례식장영업자 및 그 종사자에 대하여 별다른 교육규정이 없음.

– 교육의 주기는 보건복지부령에서 정하는 바에 따르며, 다만 참고로, 「공중위생법」제17조에 따른 위생교육 및 「식품위생법」제41조에 따른 식품위생교육의 경우에는 영업자나 책임자[40] 에 대해서만 매년 교육을 받도록 하고 있고, 「모자보건법」제15조의6에 따른 감염예방 등의 교육의 경우에는 산후조리업자나 책임자[41] 에 대해서 2년마다 1회 이상 교육을 받도록 하고 있음.

39) 2014년도 **대학병원 장례식장 총 운영수익 중 부문별 수익률은 시설이용(17%), 장례용품(7%), 식음료(66%), 매점(10%)으로 식음료 부문이 장례식장 수익에서 가장 큰 비중을 차지함.

40) 책임자는 영업자가 영업에 직접 종사하지 않거나 둘 이상의 장소에서 영업을 하는 경우에 종업원 중에서 책임자 지정

41) 책임자는 산후조리업자가 산후조리업에 직접 종사하지 않거나 둘 이상의 장소에서 산후조리업을 하는 경우에 종사자 중 임산부와 영유아의 건강관리를 위한 책임자를 지정

제29조의2(장례지도사) ① 시·도지사는 시신의 위생적 관리와 장사업무에 관한 전문지식과 기술을 가진 사람에게 장례지도사 자격을 부여할 수 있다. 〈개정 2015.1.28.〉

② 장례지도사가 되려는 사람은 제29조의 3에 따른 장례지도사 교육기관에서 교육과정을 마쳐야 한다.

③ 시·도지사는 제2항에 따라 장례지도사 교육과정을 마친 사람에게 장례지도사의 자격을 무시험검정하고 자격증을 교부하여야 한다.

④ 장례지도사의 자격검정 기준, 교육과정 및 자격증 교부 등에 관하여 필요한 사항은 보건복지부령으로 정한다.

제29조의3(장례지도사 교육기관의 설치) ① 장례지도사를 교육하는 기관을 설치하려는 자는 보건복지부령으로 정하는 기준을 갖추고 시·도지사에게 신고하여야 한다.

② 장례지도사 교육기관의 신고절차 등에 관하여 필요한 사항은 보건복지부령으로 정한다.

[본조신설 2011.8.4.]

제29조의4(장례지도사의 결격사유) 다음 각 호의 어느 하나에 해당하는 사람은 장례지도사가 될 수 없다. 〈개정 2015.1.28.〉

1. 피성년후견인
2. 「정신보건법」제3조제1호에 따른 정신질환자. 다만, 정신건강의학과 전문의가 장례지도사로서 적합하다고 인정하는 사람은 그러하지 아니하다.
3. 마약·대마 또는 향정신성의약품 중독자
4. 금고 이상의 형을 선고받고 그 형의 집행이 종료되지 아니하거나 집행이 면제되지 아니한 자. [본조신설 2011.8.4.]

제29조의5(장례지도사의 자격취소 등) ① 시·도지사는 장례지도사가 다음 각 호의 어느 하나에 해당하는 경우에는 그 자격을 취소하거나 6개월의 범위에서 자격의 정지를 명할 수 있다. 다만, 제1호 및 제2호에 해당하는 경우에는 그 자격을 취소하여야 한다.

1. 거짓이나 그 밖에 부정한 방법으로 자격증을 교부받은 경우
2. 제29조의4 각 호의 어느 하나에 해당하게 된 경우
3. 장례지도사 자격증을 대여한 경우
4. 「형법」제158조를 위반하여 징역 이상의 형의 선고를 받은 때

② 제1항에 따른 자격의 취소 및 정지 처분에 대한 기준은 보건복지부령으로 정한다.

[본조신설 2011.8.4.]

제29조의6(청문) 시·도지사는 제29조의5제1항에 따라 자격의 취소 또는 정지를 명하려면 청문을 하여야 한다. [본조신설 2011.8.4.]

〈해 설〉

○ 장례식장은 국민의 실생활에 미치는 영향이 크고, 불특정 다수가 이용하는 시설로서 시신보관 및 위생처리과정 등에서 전염성 질환 등으로 종사자[42] 뿐만 아니라 유족에게나

42) 한국표준직업분류상 4. 서비스 종사자 42. 이미용예식 및 의료보조 서비스직 423. 혼례 및 장례 종사자 4233. 장례상담원 및 장례지도사로 분류됨. 표준직업분류는 통계조사를 목적으로 수입을 위해 개인이 하고 있는 일(경제활동)을 그 수행되는 일의 형태에 따라 체계적으로 유형화(분류)한 것으로 일반 행정목적과 맞지 않을 수 있음(통계청).

문상객에게도 2차 감염의 위험성이 높을 뿐 만 아니라,

- 종전 민간단체에서 민간차원의 자격제도를 운영하고 있으나, 강제력이 부족하여 실효성이 떨어지고 있고, 일부 장례와 관련 없는 비전문적인 단체에서 수익을 목적으로 장례 관련 자격시험을 통해 자격을 남발함으로써 장례분야의 전문성이 손상되고 있을 뿐만 아니라 양질의 대국민 서비스 제공에 장애요인이 됨.

○ 이와 같은 문제점을 방지하기 위해서 고인의 존엄성을 유지하고 종사자 · 유족 · 문상객의 질병감염 위험을 사전에 예방하여 보건위생적 안전성을 확보하고 장례서비스의 질적 향상을 도모하고자 장례지도사 자격제도 도입함.

○ 장례지도사 국가자격제도 시행 이전의 장사업무에 실무경험이 있는 자에 대한 기득권을 인정하기 위하여 장례지도사 자격취득의 특례규정을 둠.

- 부칙 〈법률 제11008호, 2011.8.4.〉 제2조(장례지도사 자격취득의 특례) 시 · 도지사는 이 법 시행 당시 염습을 포함한 장사업무에 실무경험이 있는 사람으로서 보건복지부령으로 정하는 요건을 갖춘 사람에게는 제29조의2제3항에도 불구하고 장례지도사 자격증을 교부할 수 있으며, 제1항에 따라 장례지도사 자격증을 교부받고자 하는 사람은 이 법 시행 후 2년 이내에 시 · 도지사에게 신청하여야 함.

※ 장례지도사 국가자격증 소지자는 15,196명(2014.9.30. 현재)

○ 「민법」의 개정으로 금치산자 · 한정치산자 제도가 폐지되고 성년후견인제가 도입됨에 따라 종전 규정상의 장례지도사 결격사유 중 금치산자 및 한정치산자 규정을 이에 맞추어 정비하려는 것임(법 제29조의4제1호, 2015.1.28., 일부개정).

(참 고) 우리나라 염사(殮士)제도

○ 가정의례에 관한 법률시행규칙[시행 1973.6.1]
- 제2조제2항(시설기준) 장례식장의 시설기준 중 시체를 염하는 사람을 확보하고 있을 것

○ '87년 염사관리지침 제정(시행령 제6조 및 제10조)
- 장례식장 또는 장의사 영업에는 염사 1인 이상을 두고 염사교육을 받게 함.
  · 기본교육 12시간 이상, 보수교육 연 1회 6시간 교육
  · 교과목 : 가정의례관련법령, 염습이론 및 실무, 정신교육

○ '93년 경제행정규제완화의 일환으로 염사관리지침 폐지
- 장의물품을 사실상 염사가 독점적으로 판매함에 따른 장의용품 폭리 부작용 발생

○ '97. 7 감사원은 「가정 의례에 관한 법률」 이행실태 감사에서 염습종사자의 전문성 확보 방안 강구하는 내용의 처분 요구
- 시신으로부터 질병 전염 등의 우려가 있어 방부처리 등 시신처리 능력이 필요한 염습종사자에 대한 교육훈련이나 자격제도가 마련되지 아니하여 국민보건의 위해 우려
- 염습종사자에 대한 교육훈련을 체계적으로 실시하고 병원장례식장 등 일정규모 이상의 장례식장의 경우에는 소정의 교육훈련 이수자가 염습하도록 하는 등 염습종사자의 전문성 확보방안 강구

(참 고) 외국의 장례지도사 제도

■ 미 국

○ 미국은 장례지도사(funeral director), 방부처리사(embalmer) 면허제도가 있음.
  – 미국의 장례지도사나 방부처리사 제도는 면허제도이기 때문에 자격증이 있는 자만이 장례활동이나 시설 운영 가능

○ 주요 직무
  – 장례지도사 : 장례에 관한 사전예약, 시신운송, 매장, 화장 등 행정적 절차를 맡아 행함
  – 방부처리사 : 장례의식과정에서 유족 및 문상객들에게 추모할 수 있도록 시신의 보존을 위해 약품처리를 하는 자를 말함.

○ 장례지도사나 방부처리사는 등급은 없으며, 다만 인턴(견습생)은 장례지도사나 방부처리사 감독하에 훈련(약 30회)을 받은 자로 일정기간 후에 면허제도에 응시할 수 있음.

○ 장례지도사나 방부처리사 응시자격은 각 주마다 약간의 차이가 있으나 일반적으로 소정의 장례관련과목을 이수한자나(평생교육기관 1년과정), 전문대학(1년과정, 2년과정)을 이수한자에 대해 응시자격을 부여하고 있음.

■ 영 국

○ 영국의 장례지도사는 국가자격제도가 아닌 영국장례지도사협회에서 소정의 최고지도자과정을 이수한 후 시험을 합격하면 장례지도사 인증서를 발급함.

■ 일 본

○ 일본의 장례지도사는 민간자격 국가공인제도임.(1996년, 노동성 인가)

○ 민간자격 국가공인제도는 주무부처에서 인정하되 모든 자격운영관리는 민간단체에서 하는 반공적인 자격제도임.

○ 장례지도사는 1급과 2급으로 구분되어 있음
  – 1급 : 모든 장례 수주 가능. 장례식장 설치, 의식의 진행에 이르기까지 상세한 지식과 기능을 요구
  – 2급 : 개인의 장례 수주 가능. 장례식장의 설치 의식의 진행에 이르기까지 일반적 지식과 기능을 요구함.

■ 프랑스

○ 장례업종사자는 장례지도사 국가자격증(1994년 4월시행)을 소지하여야 함.

○ 장례지도사의 주요직무로는 관, 영구차, 상가의 장례물품 치장, 유가족소송차량, 매장, 개장, 화장 등에 필요한 장례용품을 제공하고, 시신의 목욕, 염습, 고정, 분장 등임.

■ 독 일

○ 직업전문과정학교를 설치 · 운영하여 전문인력을 양성하고 있음.
  – 3년 과정으로 묘지정원사과정과 조경과정의 2개과를 운영

■ 스웨덴

○ 스웨덴의 장례지도사 제도는 민간단체 중심으로 장례종사자에 대한 교육프로그램을 제공하고 있으며, 대표적인 단체로는 스웨덴교회묘지화장연맹은 교육, 훈련 기능을 하고 있음.

○ 장례지도사 국가자격증 발급 및 교육기관 현황(2014.9.30. 현재)

시 도	국가자격증(명)	교육기관(개소)
서 울	3,052	17
부 산	1,596	6
대 구	1,217	10
인 천	545	3
광 주	589	3
대 전	743	4
울 산	196	0
세 종	181	1
경 기	3,485	20
강 원	146	2
충 북	468	3
충 남	72	2
전 북	440	4
전 남	183	3
경 북	815	9
경 남	1,318	6
제 주	150	1
합 계	15,196	94

제6장 장사시설 정비·제한명령 및 시정명령 등

제30조(장사시설 등의 정비 및 제한명령) 시·도지사 또는 시장·군수·구청장은 다음 각 호의 어느 하나에 해당하는 장사시설의 설치·조성자 또는 관리자에 대하여 그 시설의 안전관리를 위한 정비·개선명령을 하거나 그 전부 또는 일부의 사용을 제한할 수 있다. 〈개정 2009.12.29.〉

1. 감염병의 전파 등으로 인하여 보건위생상 위해를 주거나 줄 우려가 있는 때
2. 풍수해 등의 재해로 토사유출, 지반붕괴 등의 위험이 발생하여 인근지역에 피해를 주거나 줄 우려가 있는 때

〈해 설〉

○ 예측하지 못한 장사시설의 보건위생상의 위해 발생, 자연재해(산사태, 집중호우, 폭설, 지진 등)로 인한 장사시설의 안전·관리상의 위험수준이 높아 시설물 훼손 등으로 피해가 예상되는 경우 보건위생·재해 예방 및 시설물관리 등 공공복리를 위하여 필요한 때에는 장사시설의 정비·개선명령을 하거나 그 전부 또는 일부의 사용을 제한한 규정임.
  - 특히, 봉안시설 및 자연장의 경우는 영구적인 안치기간을 감안해 볼 때, 시설물의 지속가능하고 안전한 시설물의 관리가 필요하며, 사설 법인묘지 및 봉안시설의 경우 영리추구를 위하여 붕괴·침수의 우려가 있는 지역에도 분묘 또는 봉안시설을 설치하는 경우가 있어 장사시설 유실사태가 발생할 개연성이 상존하고 있음.

제31조(사설묘지 설치자 등에 대한 처분) 시장등은 사설묘지·사설화장시설·사설봉안시설 및 사설자연장지의 연고자 또는 설치·조성자가 다음 각 호의 어느 하나에 해당하면 보건복지부령으로 정하는 바에 따라 그 연고자 또는 설치·조성자에게 묘지·화장시설·봉안시설 또는 자연장지의 이전·개수, 허가취소, 시설의 폐쇄, 시설의 전부·일부의 사용 금지 또는 6개월의 범위 내에서 업무의 정지를 명할 수 있다. 〈개정 2015.1.28.〉

1. 제14조제3항 또는 제6항, 제17조 또는 제18조를 위반하여 사설묘지를 설치한 경우
2. 제15조 또는 제17조를 위반하여 사설화장시설 또는 사설봉안시설을 설치한 경우
3. 제16조 또는 제17조를 위반하여 자연장지를 조성한 경우
4. 제24조제1항에 따른 신고 또는 변경신고를 하지 아니한 경우

4의2. 제24조제2항에 따른 게시를 하지 아니하거나 거짓으로 게시한 경우

4의3. 제24조제3항제1호를 위반하여 금품을 받거나 같은 항 제2호를 위반하여 구매 또는 사용을 강요한 경우

5. 제25조제1항에 따른 관리금을 적립하지 아니하거나 같은 조 제2항을 위반하여 용도대로 사용하지 아니한 경우

[시행일 : 2016.1.29.] 제31조제4호의2

제32조(장례식장영업자에 대한 시정명령 등) ① 시장등은 장례식장영업자가 다음 각 호의 어느 하나에 해당하면 보건복지부령으로 정하는 바에 따라 일정한 기간을 정하여 그 시정을 명할 수 있다.

1. 제29조제2항에 따른 시체의 위생적 관리 의무를 위반한 경우
2. 제29조제3항 또는 제4항에 따른 가격표 게시 의무 또는 게시된 가격 외의 금품징수 금지 의무를 위반한 경우

② 시장등은 장례식장영업자가 제1항에 따른 시정명령을 받고 그 기간 안에 이행하지 아니하면 보건복지부령으로 정하는 바에 따라 6개월의 범위 내에서 기간을 정하여 그 영업의 정지를 명할 수 있다.

③ 시장등은 장례식장영업자가 제2항에 따른 영업정지처분 기간 중에 영업을 하면 해당 장례식장의 폐쇄를 명할 수 있다.

제32조(장례식장영업자에 대한 시정명령 등) ① 시장등은 장례식장영업자가 다음 각 호의 어느 하나에 해당하면 보건복지부령으로 정하는 바에 따라 일정한 기간을 정하여 그 시정을 명할 수 있다. 〈개정 2015.1.28.〉

1. 제29조제1항에 따른 신고와 달리 시설·설비 또는 안전기준을 위반하여 장례식장을 설치·운영한 경우

1의2. 제29조제2항에 따른 시신의 위생적 관리 의무를 위반한 경우

2. 제29조제3항에 따른 게시·등록을 하지 아니하거나 거짓으로 게시·등록을 한 경우
3. 제29조제4항제1호를 위반하여 금품을 받거나 같은 항 제2호를 위반하여 구매 또는 사용을 강요한 경우
4. 제29조제6항에 따른 교육을 받지 아니한 경우

② 시장등은 장례식장영업자가 제1항에 따른 시정명령을 받고 그 기간 안에 이행하지 아니하면 보건복지부령으로 정하는 바에 따라 6개월의 범위 내에서 기간을 정하여 그 영업의 정지를 명할 수 있다.

③ 시장등은 장례식장영업자가 다음 각 호의 어느 하나에 해당하는 경우에는 해당 장례식장의 폐쇄를 명할 수 있다. 〈개정 2015.1.28.〉

1. 제2항에 따른 영업정지처분 기간 중에 영업을 한 경우
2. 제29조제1항에 따른 신고를 하지 아니하고 장례식장을 운영한 경우

[시행일 : 2016.1.29.] 제32조제1항제1호, 제32조제1항제2호, 제32조제1항제4호, 제32조제3항

〈해 설〉

○ 동 규정은 사설묘지 등의 설치·조성자나 연고자 등에 대하여 묘지 등의 설치 허가나 신고, 설치기준 및 설치제한지역 등에 관한 규정을 위반한 경우에 시설의 이전·개수, 허가취소, 업무정지 등의 처분[43]을 부과할 수 있는 근거규정임.

---

43) '처분'이라 함은 '행정청이 행하는 구체적 사실에 관한 법집행으로서의 공권력의 행사 또는 그 거부와 이에 준하는 행정작용'을 말한다고 되어 있는 바, 여기에서 말하는 '처분'은 행정청의 공법상의 행위로서 특정사항에 대하여 법규에 의한 권리의 설정 또는 의무의 부담을 명하거나 기타 법률상의 효과를 직접 발생케 하는 등 국민의 구체적인 권리·의무에 직접 관계가 있는 행위를 말한다(대법원 2008.5.15. 선고 2008두2583 판결)

- 같은법 시행규칙 제21조제1항및제2항에 따른 행정처분의 기준은 별표 5와 별지 제24호서식의 행정처분대장에 그 내용을 기록하고 이를 갖춰 놓도록 함으로써 사설묘지 등의 관리를 도모하고 있음.

○ 종전 규정에는 "묘지·봉안시설 또는 자연장지"의 이전·개수, 허가취소, 시설의 폐쇄, 시설의 전부·일부의 사용 금지 또는 6개월의 범위 내에서 업무의 정지를 명할 수 있다는 규정을 "묘지·화장시설·봉안시설 또는 자연장지"로 변경하여 화장시설을 추가하였음(2015.1.28., 일부개정)

○ 개인묘지 등을 설치 시, 「장사 등에 관한 법률」등의 규정을 모르고 불법적으로 설치할 경우, 이에 대한 처벌여부

- 개인묘지나 가족묘지 등을 설치시 관련 법률을 알지 못하고 설치하였더라도 관계 법률을 위반하여 설치할 때에는 이에 대한 행정처분을 면할 수 없음.
- "행정법규 위반에 대하여 가하는 제재조치는 행정목적의 달성을 위하여 행정법규 위반이라는 객관적 사실에 착안하여 가하는 제재이므로 위반자의 의무 해태를 탓할 수 없는 정당한 사유가 있는 등의 특별한 사정이 없는 한 위반자에게 고의나 과실이 없다고 하더라도 부과될 수 있다"(대법원 2003. 9. 2. 선고 2002두5177 판결내용 참조).

(판 례) 분묘개장계고처분취소[대법원 1993.5.11, 선고, 92누8279, 판결]

【판시사항】

개발제한구역 내에 허가 없이 묘지를 설치한 불법형질변경을 방치하는 것이 심히 공익을 해한다는 이유로 원상회복을 명함과 동시에 대집행 계고처분을 한 조치를 정당하다고 본 사례

【판결요지】

개발제한구역 내에 허가 없이 묘지를 설치한 불법형질변경을 방치하는 것이 심히 공익을 해한다는 이유로 원상회복을 명함과 동시에 대집행 계고처분을 한 조치를 정당하다고 본 사례.

(참 고) 이중처벌 및 신뢰보호 원칙

○ 이중처벌 가능성: 과태료의 제재와 형사처벌이 일사부재리의 원칙에 반하는지 여부

- 행정법상의 질서벌인 과태료의 부과처분과 형사처벌은 그 성질이나 목적을 달리하는 별개의 것이므로 행정법상의 질서벌인 과태료를 납부한 후에 형사처벌을 한다고 하여 이를 일사부재리의 원칙에 반하는 것이라고 할 수는 없음.
- 행정형벌과 행정질서벌은 모두 행정벌의 일종이지만, 그 목적이나 성질이 다르다고 볼 것이므로, 행정질서벌인 과태료부과처분 후에 행정형벌을 부과한다고 하여도 일사부재리의 원칙에 반하는 것은 아니다. 판례의 입장도 같다

○ 신뢰보호의 원칙의 요건

- 신뢰보호의 원칙은 「개인이 행정기관의 일정한 적극적·소극적 행위의 정당성 또는 존속성에 대하여 신뢰한 경우, 그 신뢰가 보호받을 가치가 있는 한, 그 신뢰를 보호해야 한다는 원칙」이다.
- 신뢰보호의 원칙요건

① 행정기관의 선행행위가 있을 것 ② 보호할만한 가치 있는 신뢰가 존재할 것 ③ 신뢰에 따른 관계인의 처리가 있을 것 ④ 인과관계가 존재할 것 ⑤ 선행행위에 반하는 후행조치일 것

제33조(청문) 시장등은 제31조 또는 제32조에 따른 허가의 취소, 시설의 폐쇄명령 또는 장례식장의 폐쇄명령을 하려면 청문을 하여야 한다.

〈해 설〉

○ 법 제33조 청문 규정은 법 제31조 또는 제32조의 규정에 의한 사설묘지 등의 설치·조성자 및 장례식장영업자 등에 대한 처분중 허가의 취소나 시설폐쇄명령과 같이 설치·조성자나 영업자에 대하여 중대한 재산상의 손실을 초래하는 처분을 부과하는 경우에는 반드시 행정절차법의 규정에 의한 청문을 실시하도록 함으로써 권익구제를 도모하고자 함.

【관계법령】

「행절절차법」 제2조제5호및제7호

5. "청문"이란 행정청이 어떠한 처분을 하기 전에 당사자등의 의견을 직접 듣고 증거를 조사하는 절차를 말한다.
7. "의견제출"이란 행정청이 어떠한 행정작용을 하기 전에 당사자등이 의견을 제시하는 절차로서 청문이나 공청회에 해당하지 아니하는 절차를 말한다.

제33조의2(장사정보시스템의 구축·운영 등) ① 보건복지부장관은 장사 등에 관한 정책·정보의 제공과 장사시설의 예약·이용·관리업무 등을 전자적으로 처리할 수 있는 정보시스템(이하 "장사정보시스템"이라 한다)을 구축·운영할 수 있다.

② 장사정보시스템의 기능에는 다음 각 호의 사항이 포함되어야 한다.

1. 전국의 화장시설 예약 단일화 시스템
2. 장사시설 현황 및 가격 정보 제공
3. 장례 및 장사절차 등에 관한 정보 제공
4. 각종 연금·복지 급여의 지급기관 등에 제공하기 위한 사망정보 관리
5. 그 밖에 보건복지부장관이 필요하다고 인정하는 사항

③ 보건복지부장관은 장사정보시스템을 제33조의4에 따른 장사지원센터에서 운영하도록 할 수 있다.

④ 장사정보시스템의 구축·운영 등에 필요한 사항은 보건복지부령으로 정한다.

⑤ 장사정보시스템은 「사회복지사업법」 제6조의2제2항에 따른 정보시스템과 연계하여 활용할 수 있다.

[본조신설 2015.1.28.]
[시행일 : 2016.1.29.] 제33조의2

제33조의3(사망자정보의 수집과 제공) ① 장사시설을 설치·운영하는 자가 장례의식·매장·화장·봉안 등을 행하는 경우에는 대통령령으로 정하는 사망자정보를 장사정보시스템에 등록하여야 한다.

② 보건복지부장관은 제1항에 따라 수집된 정보를 각종 연금·복지 급여의 관리 등 대통령령으로 정하는 바에 따라 중앙행정기관, 지방자치단체 또는 공공단체 등에 제공할 수 있다.
③ 제1항에 따라 사망자정보를 등록할 때에는 보건복지부령으로 정하는 바에 따라 유족 등의 동의를 받아야 한다.
[본조신설 2015.1.28.]
[시행일 : 2016.1.29.] 제33조의3

제33조의4(장사지원센터의 설치 등) ① 보건복지부장관은 장사 등에 관한 다음 각 호의 업무를 수행하는 지원센터(이하 "장사지원센터"라 한다)를 설치·운영할 수 있다.
1. 장사정보시스템의 운영
2. 국내외 재해·재난 등의 발생 시 사망자 장례지원
3. 장사정책·장례문화의 연구 및 콘텐츠 개발
4. 장사시설 종사인력에 대한 교육
5. 친자연적 장례문화의 교육 및 홍보
6. 장사 등 관련 상담서비스
7. 그 밖에 보건복지부장관이 정하는 장사 등에 관한 업무

② 보건복지부장관은 장사정보시스템의 운영 등 장사업무 등의 원활한 수행을 위하여 관계 중앙행정기관, 지방자치단체, 관련 기관·법인·단체의 장에게 장사 등에 필요한 자료 또는 정보의 제공을 요청할 수 있다. 이 경우 관계 중앙행정기관의 장 등은 정당한 사유가 없으면 그 요청에 따라야 한다.
③ 보건복지부장관은 장사지원센터의 설치·운영을 그 업무에 필요한 전문인력과 시설을 갖춘 법인 또는 단체에 위탁할 수 있다. 이 경우 제2항에 따른 자료 또는 정보의 제공 요청은 보건복지부령으로 정하는 바에 따라 위탁받은 법인 또는 단체의 장이 할 수 있다.
④ 보건복지부장관은 제3항에 따라 위탁받은 법인 또는 단체에 대하여 그 소요되는 비용의 전부 또는 일부를 지원할 수 있다.
⑤ 장사지원센터의 설치·운영과 제3항에 따른 위탁 등에 필요한 사항은 보건복지부령으로 정한다.
[본조신설 2015.1.28.] [시행일 : 2016.1.29.] 제33조의4

〈해 설[44]〉

○ 장사관련 업무를 전자적으로 처리할 수 있는 장사정보시스템의 구축·운영과 사망자 정보의 수집·제공 등을 위해 장사정보시스템의 안정적 운영 및 지원에 대한 법적 근거를 마련하려는 것임.
 – 2010년 10월부터 화장예약 신청·변경 등 장사서비스에 대한 업무를 전자적으로 처리하기 위한 장사정보시스템의 구축 사업을 시작하여 현재 운영 중에 있으며, 장사정보시스템은 '포털시스템', '화장예약관리시스템', '사망정보관리시스템', '시설내부관리시스템', '장사행정지원시스템', '통계분석 모니터링 시스템' 등으로 구성되어 있음.

44) 국회 보건복지위원회, 「장사 등에 관한 법률 일부개정법률안」, 검토보고서·심사참고자료, 2014. (참고하여 정리함)

○ 장사정보시스템을 구축하게 된 배경은,

- 첫째, 화장시설을 중복 또는 허위로 예약하거나 무단 취소함에 따라 화장시설의 비효율적인 운영이 있었으나 화장시설 간 연계시스템이 없어 중복예약을 방지하지 할 수 없었음.
- 둘째, 한시적 매장제도가 도입되었지만 체계적인 묘지관리체계가 부재하여 법적 실효성을 확보하기 어려운 상태임.
- 셋째, 「가족관계의 등록 등에 관한 법률」 제84조에 따라 사망신고가 의무화 되어있으나 사망신고 지연이나 누락 등으로 사망자에게 기초생활보장수급비 등의 각종 복지급여가 계속적으로 지급되는 등의 문제점이 있었음.
- 넷째, 장사관련 정보의 안내 및 홍보체계 부재로 이용자의 불편이 있었음.

○ 이에 장사정보시스템 구축을 통해 ① 인터넷 화장예약 서비스 제공(화장시설 다수·선점예약 방지), ② 사망정보의 효과적 수집 및 정보의 연계·공유로 국고누수 방지(사망자에 대한 복지급여의 계속 지급 방지), ③ 매장정보의 전자적 관리로 한시적 매장제도의 이행기반 확보, ④ 대국민 장사관련 정보 제공(장사시설 현황 및 장례용품·가격정보, 장례 절차정보 등), ⑤ 종합적인 장사행정업무처리 기능(지자체 장사행정업무의 효율적 처리 지원 등)의 기능을 수행하려는 것임.

○ 「개인정보 보호법」에서는 개인정보의 수집이나 제공을 허용하는 구체적인 법률규정이 있으면 정보주체의 동의 없이도 개인정보를 수집·제공할 수 있도록 하고 있는데, 동 규정에서는 사망자 정보를 수집·제공할 수 있도록 법적 근거규정을 두면서도 정보의 등록이나 제공 시 유족 등의 동의를 받도록 규정하고 있음. 이렇게 할 경우, 유족이 동의하지 않으면 사망자 정보를 등록할 수 없으므로 시스템 상 사망자 정보의 통일적 관리가 어려운 측면이 있으나, 이는 국민의 기본권을 충실하게 보장하려는 것이고 사망자 정보의 등록을 장사시설의 설치·운영자가 하도록 되어 있으므로 유족의 동의를 받도록 규정한 것임.

○ 장사정보시스템은 「사회복지사업법」 제6조의 2 제2항에 따른 정보시스템과 연계하여 활용할 수 있도록 하는 규정은 사회복지 정보시스템과 연계를 통해 사망신고 정보를 신속히 공유함으로써 부정수급을 방지하려는 것임.

〈 사망자정보 활용기관 현황 〉

소속기관	부서명	제공목적
국방부	군인연금과	사망미신고자 부정수급 방지
국가보훈처	보상관리과	
국민연금공단	연금급여실	
	기초노령연금센터	
	수급자지원부	
공무원연금공단	연금사업실	
근로복지공단	보험급여국	
사립학교교직원연금공단	연금업무부	
별정우체국연합회	연금급여팀	
통계청	인구동향과	통계활용
안전행정부	주민과	인감시스템 연계, 부정활용 방지

○ 장사업무를 종합적으로 수행할 수 있는 장사지원센터를 설치·운영하여 장사업무의 공정성 및 전문성을 제고하려는 것임.

– 최근 인구고령화로 장사수요가 증가하고 있고 사회변화에 따른 장례문화도 바뀌고 있어서 이러한 변화에 맞추어 정부의 장사관련 정책 및 사업을 전문적으로 지원할 수 있는 지원조직이 필요하며 특히, 대규모 사고나 재난 발생 시 다수 희생자의 장례를 지원할 수 있는 조직의 설치 근거를 마련한 것임.

※ 현재 정부로부터 장사정보시스템 운영·관리업무를 위탁받아 수행하고 있는 (재단법인)한국장례문화진흥원은 장사지원센터와 거의 유사한 기능을 수행하고 있음.

【법 률】

제34조(역사적 보존가치가 있는 묘지 등에 관한 특례) ① 보존묘지 또는 보존분묘(역사적 보존가치 등이 있는 묘지 또는 분묘를 말한다. 이하 같다)의 지정을 심의하기 위하여 보건복지부에 국가보존묘지심사위원회를, 특별시 · 광역시 · 특별자치시 · 도 · 특별자치도에 시 · 도보존묘지심사위원회를 둔다. 〈신설 2015.1.28.〉

② 보건복지부장관 또는 시 · 도지사는 다음 각 호의 어느 하나에 해당하는 묘지 또는 분묘에 대하여 국가보존묘지심사위원회 또는 시 · 도보존묘지심사위원회(이하 "보존묘지심사위원회"라 한다)의 심의를 거쳐 보존묘지 또는 보존분묘로 지정할 수 있다. 〈개정 2011.5.30., 2015.1.28.〉

1. 역사적 · 문화적으로 보존가치가 있는 묘지 또는 분묘
2. 애국정신을 기르는 데에 이바지하는 묘지 또는 분묘
3. 국가장 · 사회장 등을 하여 국민의 추모 대상이 되는 사람의 묘지 또는 분묘

③ 제2항에 따라 지정된 묘지 또는 분묘에는 제18조 및 제19조를 적용하지 아니한다. 〈개정 2015.1.28.〉

④ 제2항에 따라 지정된 묘지 또는 분묘를 이전하거나 개장한 경우 그 지정 취지가 남아 있는 한 지정의 효력이 상실되지 아니한다. 〈개정 2015.1.28.〉

⑤ 보건복지부장관 또는 시 · 도지사는 제2항에 따라 지정한 보존묘지 또는 보존분묘가 지정기준에 맞지 아니하거나 지정 사유가 소멸한 경우에는 보존묘지심사위원회의 심의를 거쳐 지정을 해제하거나 그 범위를 조정하여야 한다. 〈신설 2015.1.28.〉

⑥ 보존묘지심사위원회의 구성 · 운영, 보존묘지 또는 보존분묘의 지정기준 · 지정절차 · 지정해제 · 관리 등에 필요한 사항은 대통령령으로 정한다. 〈개정 2015.1.28.〉

【시행규칙】

제23조(국가보존묘지등의 지정기준) 영 제35조제3항에 따른 국가보존묘지등의 지정기준은 다음 각 호와 같다.

1. 「국장 · 국민장에 관한 법률」제3조에 따른 국장 및 국민장 대상자의 묘지 또는 분묘
2. 사회장 대상자 등의 묘지 또는 분묘로서 법 제34조제1항제1호부터 제3호까지의 규정에 따른 묘지 또는 분묘에 해당하는 것으로 보건복지부장관이 인정하는 묘지 또는 분묘

〈해 설〉

○ 2001년 1월 13일 이후에 새롭게 설치되는 분묘 등에 대하여 적용되는 것으로 분묘의 설치기간이나 면적제한 등이 예외적으로 적용 · 배제됨으로써 역사적 · 문화적으로 보존할 가치가 있는 분묘 등에 대하여 보존묘지심사위원회 등의 심의절차를 거쳐 보존묘지 등으로 지정 · 보존토록 함으로써 애국정신의 함양 및 국민적 감정을 존중한 규정이라고 할 수 있음.

– 다만, 봉안 및 자연장에 안치되는 봉안시설·자연장지는 동 규정에 해당되지 않음.

※ 국가보존묘지 제1호는 故 노무현 前 대통령 묘지가 지정되어 있음('14.12월 현재)

○ 법 제34조제1항(2015.1.28., 일부개정)은 현행 시행령 제27조제1항에 규정되어 있는 보존묘지심사위원회 구성에 관한 내용 중 일부를 법률로 상향하여 규정함.

【관계법령】

「국가장법」(종전법률 : 「국장·국민장에 관한 법률」)

제2조(국가장의 대상자) 다음 각 호의 어느 하나에 해당하는 사람이 서거한 경우에는 유족 등의 의견을 고려하여 안전행정부장관의 제청으로 국무회의의 심의를 마친 후 대통령이 결정하는 바에 따라 국가장(國家葬)으로 할 수 있다.

1. 전직·현직 대통령
2. 대통령당선인
3. 국가 또는 사회에 현저한 공훈을 남겨 국민의 추앙을 받는 사람

○ 시·도보존묘지 현황('11. 3. 31. 기준)

년 도	소 속	운영성과
2009	인 천 (시보존묘지심사위원회)	보존묘지 3기 지정
2011	충 남 (도보존묘지심사위원회)	보존묘지 15기 지정

【법 률】

제35조(과징금 처분) ① 시장등은 제31조 또는 제32조에 따라 법인묘지·사설화장시설·사설봉안시설 또는 사설자연장지의 설치·조성자와 장례식장영업자에 대한 처분을 하려는 경우로서 그 처분이 이용자에게 큰 불편을 주거나 그 밖에 현저하게 공익을 해칠 우려가 있으면 그 처분을 대신하여 3천만원 이하의 과징금을 부과할 수 있다. 다만, 제24조제3항제2호 또는 제29조제4항제2호를 위반한 행위로 인하여 「독점규제 및 공정거래에 관한 법률」 제24조의2에 따라 과징금을 부과받은 경우(조사 중이거나 과징금 부과예정인 경우를 포함한다)에는 이 법에 따른 과징금(과징금으로 갈음할 수 있는 업무정지 또는 영업정지 처분을 포함한다)을 부과할 수 없다. 〈개정 2015.1.28.〉

② 시장등은 제24조제3항제2호 또는 제29조제4항제2호를 위반한 행위에 대하여 과징금을 부과하려는 경우에는 그 대상자, 위반행위의 내용 및 부과 예정일을 미리 공정거래위원회에 알리고 그 의견을 들어야 한다. 〈신설 2015.1.28.〉

③ 제1항에 따른 과징금을 부과하는 위반행위의 종류·정도에 따른 과징금의 금액과 그 밖에 필요한 사항은 대통령령으로 정한다. 〈개정 2015.1.28.〉

④ 시장등은 제1항에 따른 과징금을 내야 하는 자가 납부기한까지 내지 아니하면 「지방세외수입금의 징수 등에 관한 법률」에 따라 징수한다. 〈개정 2013.8.6., 2015.1.28.〉

【시행령】

제38조(과징금을 부과할 위반행위의 종별과 과징금의 금액) 법 제35조제2항에 따라 과징금을 부과하는 위반행위의 종별과 과징금의 금액은 별표 6과 같다.

제39조(과징금의 부과 및 납부) ① 시장등이 법 제35조제1항에 따라 과징금을 부과할 때에는 위반행위의 종별과 해당 과징금의 금액 등을 명시하여 이를 낼 것을 서면으로 알려야 한다.

② 제1항에 따른 통지를 받은 자는 통지를 받은 날부터 20일 이내에 과징금을 시장등이 정하는 수납기관에 내야 한다. 다만, 천재지변이나 그 밖의 부득이한 사유로 그 기간에 과징금을 낼 수 없을 때에는 그 사유가 없어진 날부터 7일 이내에 내야 한다.

③ 제2항에 따라 과징금의 납부를 받은 수납기관은 영수증을 납부자에게 내주어야 한다.

④ 과징금의 수납기관은 제2항에 따라 과징금을 수납하면 지체 없이 그 사실을 시장등에게 알려야 한다.

⑤ 과징금은 분할하여 납부할 수 없다.

〈해 설〉

○ 동 규정은 법인묘지·사설화장시설·사설봉안시설 또는 사설자연장지의 설치·조성자와 장례식장영업자는 국민이 이용하고, 사회에 큰 영향을 미치는 시설이라고 할 수 있으므로 동 시설의 영업자 등에 대하여 업무정지 및 영업정지처분을 할 경우, 오히려 국민에게 큰 불편을 줄 수 있으며, 현저하게 공익을 해할 수 있으므로 이러한 영업정지 등의 처분에 갈음하여 과징금을 부과시키고, 영업자로 하여금 당해 사업을 계속 수행하게 하여 국민의

편의를 도모하는 한편, 행정제재의 실효성을 높이기 위한 것이라고 할 수 있음.

○ 과징금이란 일정한 행정법상의 의무를 위반하거나 이행하지 않은데 대한 제재로서 과하는 금전적 부담임. 과징금은 1980년말 「독점규제 및 공정거래에 관한 법률」을 통해 처음으로 도입된 이래 현재 140여개의 법률에 규정되어 있음. 원래 과징금은 행정법상의 의무를 위반한 자에게 경제적 이익이 발생한 경우 그 이익을 박탈하여 경제적 불이익을 가하기 위한 일종의 행정제제금을 의미하는 것이었음. 그러나 근래에는 다수 국민이 이용하는 사업 또는 국가·사회에 중대한 영향을 미치는 이른바 공공성이 강한 사업을 시행하는 자가 행정법규를 위반한 경우, 위반자에 대하여 의무위반을 이유로 그 인·허가사업 등을 정지처분하게 되면, 일반국민의 생활상의 불편이 야기될 것을 고려하여 이러한 정지처분에 갈음하여 사업을 계속하게 하되 사업을 계속함으로써 얻은 이익을 박탈하는 행정제재금을 의미하는 변형된 형태의 과징금이 증가하고 있음. 과징금부과처분은 침익적 행정행위로서 그 처분성이 인정됨. 따라서 과징금부과처분에 대한 항고쟁송을 제기할 수 있으며, 위법한 과징금부과처분으로 인해 손해를 입은 자는 국가 등을 상대로 손해배상청구를 할 수 있음[45].

(판 례) 형사벌과 과징금의 병과가 이중처벌금지의 원칙·무죄추정의 원칙에 위반된다고 볼 수 없다는 판례(구 독점규제및공정거래에관한법률 제24조의2 위헌제청, 2001헌가25, 헌재 2003.7.24)

【판시사항】

공정거래위원회로 하여금 부당내부거래를 한 사업자에 대하여 그 매출액의 2% 범위 내에서 과징금을 부과할 수 있도록 한 것이 이중처벌금지원칙 등에 위반되는지 여부(소극)

【결정요지】

행정권에는 행정목적 실현을 위하여 행정법규 위반자에 대한 제재의 권한도 포함되어 있으므로, '제재를 통한 억지'는 행정규제의 본원적 기능이라 볼 수 있는 것이고, 따라서 어떤 행정제재의 기능이 오로지 제재(및 이에 결부된 억지)에 있다고 하여 이를 헌법 제13조 제1항에서 말하는 국가형벌권의 행사로서의 '처벌'에 해당한다고 할 수 없는바, 구 독점규제및공정거래에관한법률 제24조의2에 의한 부당내부거래에 대한 과징금은 그 취지와 기능, 부과의 주체와 절차 등을 종합할 때 부당내부거래 억지라는 행정목적을 실현하기 위하여 그 위반행위에 대하여 제재를 가하는 행정상의 제재금으로서의 기본적 성격에 부당이득환수적 요소도 부가되어 있는 것이라 할 것이고, 이를 두고 헌법 제13조 제1항에서 금지하는 국가형벌권 행사로서의 '처벌'에 해당한다고는 할 수 없으므로, 공정거래법에서 형사처벌과 아울러 과징금의 병과를 예정하고 있더라도 이중처벌금지원칙에 위반된다고 볼 수 없으며, 이 과징금 부과처분에 대하여 공정력과 집행력을 인정한다고 하여 이를 확정판결 전의 형벌집행과 같은 것으로 보아 무죄추정의 원칙에 위반된다고도 할 수 없다.

45) 장태주, 행정법 개론 2007.

제36조(비용의 보조) ① 국가는 공설묘지·공설화장시설·공설봉안시설 또는 공설자연장지의 설치·조성 및 관리에 드는 비용을 보조할 수 있다.
② 국가 또는 지방자치단체는 화장·봉안 및 자연장의 확산, 묘지 면적의 축소, 그 밖에 장례문화 개선을 위한 조사·연구 등을 하는 자에게 예산의 범위 안에서 그 경비를 보조할 수 있다.

〈해 설〉

○ 국고보조사업의 목적은 장사시설 설치사업 국고보조업무 수행에 따른 보조금의 교부신청, 집행 및 수행실적 보고 등에 관한 구체적인 사항을 정함으로써 보조사업을 보다 효율적으로 추진하기 위함.

(참 고) 장사시설 국고보조 지원 기준(2014년 기준)

○ 일반사항
- 화장시설·봉안당(담) 신축, 화장로 개·보수, 자연장지 조성 등은 각 사업지원기준에 따라 지원
- 각 사업별 예산지원기준을 초과한 부분의 예산은 지방비에서 부담
- 각 사업별 예산지원은 부대시설 등을 제외한 본 건물에 대하여서만 지원

○ 사업별 지원기준단가
- 화장시설 신·증축 : ㎡당 1,500천원(화장시설 건축물 신·증축공사비에 한정)
- 화장로 신·증설 : 기당 360,000천원(화장시설 신·증축에 수반되는 신·증설 화장로 설비비용)
- 자연장지 조성 : ㎡당 100천원(수목장림의 경우에는 ㎡당 10천원)
- 봉안당(담) 신축 : ㎡당 1,500천원(봉안담 ㎡당 1,050천원)
- 화장로 개·보수 : 기당 220,000천원
- 공설묘지 재개발 : ㎡당 200천원

○ 국고보조율
- 화장시설 신·증축, 화장로 신·증설, 자연장지 조성, 봉안당(담) 신축 : 70%
- 화장로 개·보수 : 50%

○ 보조금 관리에 관한 법률 제9조제1호 및 시행령 제4조

[별표 1]

보조금 지급 대상 사업의 범위와 기준보조율(제4조제1항 본문 관련)

사 업	기준보조율(%)	비 고
93. 화장시설·봉안시설·자연장지·화장로	70	용지매입비 제외 화장로 개수·보수는 50%

제37조(검사 및 보고) ① 시장등은 필요하다고 인정하면 관계 공무원에게 법인묘지·사설화장시설·사설봉안시설·사설자연장지 또는 장례식장에 출입하여 서류나 그 밖의 물건을 검사하게 하거나 법인묘지·사설화장시설·사설봉안시설·사설자연장지의 설치·조성자 또는 장례식장영업자에게 필요한 보고를 하게 할 수 있다.

② 법인묘지·사설화장시설·사설봉안시설·사설자연장지의 설치자·조성자·관리자 또는 장례식장영업자는 보건복지부령으로 정하는 바에 따라 매장, 화장, 봉안, 자연장의 상황 또는 장례식장의 관리·운영상황 등을 관할 시장등에게 보고하여야 한다. 〈신설 2015.1.28.〉

③ 제1항에 따라 법인묘지 등에 출입하는 공무원은 그 권한을 나타내는 증표를 지니고 이를 관계인에게 내보여야 한다. 〈개정 2015.1.28.〉

〈해 설〉

○ 동 규정은 시장등은 본 법의 목적 등의 달성을 위하여 필요하다고 인정되는 때에는 관계 공무원으로 하여금 법인묘지 등에 출입하여 서류 기타 물건을 검사하거나 시설 설치·조성자 또는 장례식장영업자에 대하여 필요한 보고를 하게 할 수 있도록 함으로써 시설의 유지·관리 등에 대한 감독을 할 수 있도록 하고 있음.

○ 법 제37조제2항은 현행 시행규칙 제25조[46] 의 내용을 법률로 규정함.

○ 동 규정에 따라 법인묘지 등을 검사(조사)할 때에는 행정조사의 기본원칙, 조사의 방법 및 절차 등에 관하여서는 「행정조사기본법」에 따름.

46) 제25조(법인묘지 설치자 등의 보고) ① 법 제37조제1항에 따라 법인묘지, 사설화장시설, 사설봉안시설(종교단체 및 법인이 설치하는 봉안시설만 해당한다), 사설자연장지(종교단체 및 법인이 조성하는 자연장지만 해당한다)의 설치·조성자 또는 관리인은 반기별로 매장, 화장, 봉안 또는 자연장의 상황을 매 반기가 끝난 후 10일 이내에 관할 시장등에게 별지 제25호서식에 따라 보고하여야 한다.
② 법 제37조제1항에 따라 장례식장영업자는 반기별로 장례식장의 관리·운영상황을 매 반기가 끝난 후 10일 이내에 관할 시장등에게 별지 제26호서식에 따라 보고하여야 한다.

제38조(권한의 위임 및 위탁) ① 시·도지사는 대통령령으로 정하는 바에 따라 이 법에 따른 권한의 전부 또는 일부를 시장·군수·구청장에게 위임할 수 있다.

② 중앙행정기관의 장 또는 지방자치단체의 장은 제13조제1항·제3항에 따른 수목장림이나 그 밖의 자연장지의 조성·관리에 관한 업무의 전부 또는 일부를 대통령령으로 정하는 바에 따라 그 중앙행정기관의 장 또는 지방자치단체의 장이 지정하는 공공법인이나 그 밖의 비영리법인에 위탁할 수 있다. 〈개정 2015.1.28.〉

〈해 설〉

○ 행정청은 자기에게 주어진 권한을 스스로 행사하는 것이 원칙이고, 행정청이 그 권한의 범위 내에서 행한 행위는 행정주체 자신의 행위로서 효력을 발생시킴. 그런데 예외적으로 행정청은 업무처리의 효율성 등으로 다른 기관으로 하여금 권한을 행사하게 하는 경우가 있으며, 그 중 하나가 권한의 위임 및 위탁임.

○ 권한의 위임 및 위탁에 관한 사항은 「행정권한의 위임 및 위탁에 관한 규정」에 따라 위임·위탁할 수 있음.

- "위임"이란 법률에 규정된 행정기관의 장의 권한 중 일부를 그 보조기관 또는 하급행정기관의 장이나 지방자치단체의 장에게 맡겨 그의 권한과 책임 아래 행사하도록 하는 것을 말함.
- "위탁"이란 법률에 규정된 행정기관의 장의 권한 중 일부를 다른 행정기관의 장에게 맡겨 그의 권한과 책임 아래 행사하도록 하는 것을 말함.

【관계규정】

「행정권한의 위임 및 위탁에 관한 규정」

제2조(정의) 이 영에서 사용하는 용어의 뜻은 다음과 같다.

1. "위임"이란 법률에 규정된 행정기관의 장의 권한 중 일부를 그 보조기관 또는 하급행정기관의 장이나 지방자치단체의 장에게 맡겨 그의 권한과 책임 아래 행사하도록 하는 것을 말한다.
2. "위탁"이란 법률에 규정된 행정기관의 장의 권한 중 일부를 다른 행정기관의 장에게 맡겨 그의 권한과 책임 아래 행사하도록 하는 것을 말한다.
3. "민간위탁"이란 법률에 규정된 행정기관의 사무 중 일부를 지방자치단체가 아닌 법인·단체 또는 그 기관이나 개인에게 맡겨 그의 명의로 그의 책임 아래 행사하도록 하는 것을 말한다.
4. "위임기관"이란 자기의 권한을 위임한 해당 행정기관의 장을 말하고, "수임기관"이란 행정기관의 장의 권한을 위임받은 하급행정기관의 장 및 지방자치단체의 장을 말한다.
5. "위탁기관"이란 자기의 권한을 위탁한 해당 행정기관의 장을 말하고, "수탁기관"이란 행정기관의 권한을 위탁받은 다른 행정기관의 장과 사무를 위탁받은 지방자치단체가 아닌 법인·단체 또는 그 기관이나 개인을 말한다.

○ 법 제38조제2항 규정은 수목장림이나 자연장지 조성·관리업무의 위탁주체를 종전 "산림청장이나 그 밖의 중앙행정기관의 장"에서 "중앙행정기관의 장 또는 지방자치단체의

장”으로 변경하는 것은 지방자치단체의 장도 수목장림이나 자연장지의 조성·관리업무를 법인·단체 등 외부기관에 위탁할 수 있도록 하려는 것임(2015.1.28., 일부개정).

- 하지만 「지방자치법」 제104조(사무의 위임등)[47] 에 따라 지자체의 장은 그 사무의 일부를 공공단체 또는 법인·단체·개인에게 위탁할 수 있고, 이에 의거하여 현재 대다수의 지자체는 ‘장사 등에 관한 조례[48]’로 시립 또는 구립 장사시설의 설치·운영업무를 법인 또는 단체 등에 위탁하고 있음.
- 이와 같이 지자체의 위임·위탁에 관한 일반 규정으로 「지방자치법」 제104조가 있기는 하지만, 개별법에서 위임·위탁규정을 두는 입법례가 다수 있을 뿐 아니라 그 위임·위탁의 대상 업무 및 근거를 명확히 하려는 것임.[49]

47) 「지방자치법」 제104조 (사무의 위임 등) ① (생 략)
② 지방자치단체의 장은 조례나 규칙으로 정하는 바에 따라 그 권한에 속하는 사무의 일부를 관할 지방자치단체나 공공 단체 또는 그 기관 (사업소·출장소를 포함한다) 에 위임하거나 위탁할 수 있다.
③ 지방자치단체의 장은 조례나 규칙으로 정하는 바에 따라 그 권한에 속하는 사무 중 조사·검사·검정·관리업무 등 주민의 권리·의무와 직접 관련되지 아니하는 사무를 법인·단체 또는 그 기관이나 개인에게 위탁할 수 있다.
④ 지방자치단체의 장이 위임받거나 위탁받은 사무의 일부를 제1항부터 제3항까지의 규정에 따라 다시 위임하거나 위 탁하려면 미리 그 사무를 위임하거나 위탁한 기관의 장의 승인을 받아야 한다.

48) 「서울특별시 장사 등에 관한 조례」 제17조 (운영위탁) ① 시장은 시립장사시설의 설치 및 관리운영 (이하 “운영”이라 한다) 에 관한 업무를 공공시설물의 관리를 전문으로 하는 법인 또는 민간단체에 위탁할 수 있다.
② 수탁기관에서는 운영의 효율과 시민편의 증진 등에 필요하다고 인정되는 경우에 시장의 승인을 받아 위탁받은 시설의 일부를 다시 위탁할 수 있다.

49) 국회 보건복지위원회, 「장사 등에 관한 법률 일부개정법률안」, 검토보고서·심사참고자료, 2014.

제7장 벌칙

제39조(벌칙) 다음 각 호의 어느 하나에 해당하는 자는 2년 이하의 징역 또는 2천만원 이하의 벌금에 처한다. 〈개정 2015.1.28.〉

1. 제14조제3항에 따른 허가 또는 변경 허가를 받지 아니하고 가족묘지, 종중·문중묘지 또는 법인묘지를 설치한 자
2. 제17조를 위반하여 금지구역 안에 묘지·화장시설·봉안시설 또는 자연장지를 설치·조성한 자
3. 제30조에 따른 장사시설 등의 정비·개선명령이나 사용제한명령을 이행하지 아니한 자

제39조(벌칙) 다음 각 호의 어느 하나에 해당하는 자는 2년 이하의 징역 또는 2천만원 이하의 벌금에 처한다. 〈개정 2015.1.28.〉

1. 제14조제3항에 따른 허가 또는 변경 허가를 받지 아니하고 가족묘지, 종중·문중묘지 또는 법인묘지를 설치한 자
2. 제17조를 위반하여 금지구역 안에 묘지·화장시설·봉안시설 또는 자연장지를 설치·조성한 자

2의 2. 제29조제1항에 따른 신고를 하지 아니하고 장례식장을 운영한 자

3. 제30조에 따른 장사시설 등의 정비·개선명령이나 사용제한명령을 이행하지 아니한 자

[시행일 : 2016.1.29.] 제39조제2호의2

제40조(벌칙) 다음 각 호의 어느 하나에 해당하는 자는 1년 이하의 징역 또는 1천만원 이하의 벌금에 처한다. 〈개정 2012.2.1., 2015.1.28.〉

1. 제6조를 위반하여 사망 또는 사산한 후 24시간 이내에 매장 또는 화장을 한 자
2. 제7조를 위반하여 묘지 외의 구역에 매장을 하거나 화장장 외의 시설·장소에서 화장을 한 자
3. 제9조제2항 및 제10조에 따른 매장·화장·자연장 또는 개장의 방법 및 기준을 위반하여 매장·화장·자연장 또는 개장을 한 자
4. 제16조제4항에 따른 허가 또는 변경허가를 받지 아니하고 법인등자연장지를 조성한 자
5. 제18조에 따른 면적기준 또는 시설물의 설치기준을 위반하여 분묘·묘지 또는 시설물을 설치한 자
6. 제20조제1항을 위반하여 설치기간이 끝난 분묘에 설치된 시설물을 철거하지 아니하거나 화장 또는 봉안하지 아니한 자
7. 제21조를 위반하여 묘지의 매매·양도·임대·사용계약을 한 자
8. 제27조제1항을 위반하여 허가를 받지 아니하고 개장을 한 자
9. 제31조에 따른 묘지·화장시설·봉안시설 또는 자연장지의 이전·개수명령·시설의 폐쇄·사용금지 명령 또는 업무의 정지 명령을 이행하지 아니한 자
10. 제32조제3항에 따른 장례식장의 폐쇄명령을 이행하지 아니한 자

제40조(벌칙) 다음 각 호의 어느 하나에 해당하는 자는 1년 이하의 징역 또는 1천만원 이하의 벌금에 처한다. 〈개정 2012.2.1., 2015.1.28.〉
1. 제6조를 위반하여 사망 또는 사산한 후 24시간 이내에 매장 또는 화장을 한 자
2. 제7조를 위반하여 묘지 외의 구역에 매장을 하거나 화장장 외의 시설·장소에서 화장을 한 자
3. 제9조제2항 및 제10조에 따른 매장·화장·자연장 또는 개장의 방법 및 기준을 위반하여 매장·화장·자연장 또는 개장을 한 자
4. 제16조제4항에 따른 허가 또는 변경허가를 받지 아니하고 법인등자연장지를 조성한 자
5. 제18조에 따른 면적기준 또는 시설물의 설치기준을 위반하여 분묘·묘지 또는 시설물을 설치한 자
6. 제20조제1항을 위반하여 설치기간이 끝난 분묘에 설치된 시설물을 철거하지 아니하거나 화장 또는 봉안하지 아니한 자
7. 제21조를 위반하여 묘지의 매매·양도·임대·사용계약을 한 자
   7의2. 제26조제1항에 따른 신고를 하지 아니하고 장사시설을 폐지한 자
8. 제27조제1항을 위반하여 허가를 받지 아니하고 개장을 한 자
9. 제31조에 따른 묘지·화장시설·봉안시설 또는 자연장지의 이전·개수명령·시설의 폐쇄·사용금지 명령 또는 업무의 정지 명령을 이행하지 아니한 자
10. 제32조제3항에 따른 장례식장의 폐쇄명령을 이행하지 아니한 자

[시행일 : 2016.1.29.] 제40조제7호의2

〈해 설〉

○ 동 규정은 행정형법상의 제재수단으로서의 형벌을 부과할 수 있도록 하고 있음. 본 법의 위반자에 대한 가장 강력한 처벌규정이라고 할 수 있음. 또한, 법제41조의 규정에 의하여 위반행위자인 자연인과 함께 법인에 대해서도 처벌할 수 있도록 '양벌규정'을 두고 있음.

○ 행정벌은 직접적으로는 과거의 의무위반에 대한 제재이지만 간접적으로는 의무자에게 심리적 압박을 가함으로써 앞으로 의무이행을 확보하는 것을 목적으로 하고 있음. 그런데 행정벌 중 벌칙과 같은 행정형벌은 징역과 벌금으로 처벌하므로 형사범죄에 대한 형사벌과 동일하다는 측면에서 죄형법정주의가 적용되므로 행정형벌인 벌칙으로 처벌하기 위해서는 반드시 법적 근거가 필요하고 이에 이 법상에서도 의무위반에 대하여 벌칙으로 처벌하기 위하여 그 종류와 위반행위자를 법으로 규정하고 있는 것임. 법인의 대표자, 법인이나 개인의 대리인·사용인 기타 종사자가 그 법인 또는 개인의 업무에 대하여 벌칙에 해당하는 위반행위를 한 때에는 그 행위자를 벌하는 것 이외에도 그 법인 또는 개인에 대하여도 각 해당조의 벌금형을 과하도록 하고 있음. 이처럼 범죄행위를 직접 행한 당사자를 처벌할 뿐만 아니라 행위자와 일정한 관계가 있는 자에 대하여도 형을 과하도록 정한 규정을 '양벌규정'이라고 함. 실제로 그 위반행위에 의하여 이익 등을 받고 있는 자는 그 법인 또는 개인인 사용주이므로 이와 같은 위반행위를 방지하고 장래에 대

한 예방조치를 강구하기 위해서는 행위자뿐만 아니라 법인 또는 사용주에 대하여도 형을 과하여 제재하는 것이 필요하기 때문에 양벌규정을 두게 된 것임.

○ 따라서, 법인의 대리인·사용인 기타 종사자의 위반행위에 대한 법인의 책임은 법인의 기관이 대리인 등에 대한 선임·감독의무를 태만히 한 것에 대한 과실책임이라고 해석하여야 할 것임. 마찬가지로 개인의 대리인·사용인 기타 종사자가 한 위반행위에 대하여 개인은 자기 자신의 주의 의무·감독의무를 태만히 한 것이기 때문에 역시 과실책임이라고 해석하여야 할 것임.

(판 례) 대법원 2010.2.25, 선고, 2009도5824

형벌의 자기책임원칙에 비추어 보면 위반행위가 발생한 그 업무와 관련하여 법인이 상당한 주의 또는 관리감독 의무를 게을리한 때에 한하여 위 양벌조항이 적용된다고 봄이 상당하며, 구체적인 사안에서 법인이 상당한 주의 또는 관리감독 의무를 게을리하였는지 여부는 당해 위반행위와 관련된 모든 사정, 즉 당해 법률의 입법 취지, 처벌조항 위반으로 예상되는 법익 침해의 정도, 그 위반행위에 관하여 양벌조항을 마련한 취지 등은 물론 위반행위의 구체적인 모습과 그로 인하여 실제 야기된 피해 또는 결과의 정도, 법인의 영업 규모 및 행위자에 대한 감독가능성 또는 구체적인 지휘감독 관계, 법인이 위반행위 방지를 위하여 실제 행한 조치 등을 전체적으로 종합하여 판단하여야 한다.

○ 벌금형은 징역형과 함께 대표적인 형사처벌의 수단이지만 그동안의 변화된 경제환경 및 물가수준을 반영하지 못하여 위반행위의 불법성에 비례하는 처벌로서의 의미가 퇴색되고 있는바, 이에 징역형에 상응하게 벌금형을 현실화하려는 것임(법제39조 및 제40조, 2015.1.28., 일부개정).

- 국회 법정형정비 자문위원회의 조사 결과 선택형으로서의 징역형과 벌금형 사이의 편차는 1년 이하의 징역을 기준으로 100만원 이하의 벌금부터 1억원 이하의 벌금까지 나타나고 있음[50].
- 징역형과 선택형으로 규정된 벌금액이 법률에 따라 심한 편차를 나타낼 경우 국민들에게 법적용의 공정성에 대한 불신을 야기하고, 불법성에 비례하는 처벌로서의 의미가 퇴색될 수 있으며, 실질적인 처벌의 정도가 달라져 헌법상 평등권 침해나 비례의 원칙 위반이 문제될 우려가 있으므로 일정 기준에 따른 정비의 필요성이 있음.
- 참고로, 국회 법정형정비 자문위원회는 징역형과 벌금형의 정비방안을 다음과 같이 일반기준과 특별기준으로 이원적으로 제시하였음.[51]

50) 이와 같은 벌금형의 편차는 주로 다음의 원인에 기인한다고 보여짐.
① 법률별로 제·개정 당시 경제적 상황 및 물가수준이 다른 점.
② 사회적으로 이슈가 된 사건 발생시 관련 위반행위에 대한 법정형을 가중하는 경향.
③ 사회적 관심 및 발생 빈도가 낮은 경우 해당 처벌조항이 적용되지 않음으로써 사실상 사문화되어 장기간 개정되지 않은 채 방치되는 경향.
④ 입법과정에서 정책적 판단에 치중하고 처벌조항에 대하여는 비례원칙 등에 대한 고려가 부족함(유사 법률을 무비판적으로 참고한 입법).

51) 국회 보건복지위원회, 「장사 등에 관한 법률 일부개정법률안」, 검토보고서·심사참고자료, 2014.

〈국회 법정형정비 자문위원회의 징역형과 벌금형 정비기준〉

ㅁ 위반행위의 유형이 다양한 점을 고려하여 이원적 기준을 제시함.

- 일반기준: 일반적인 행정의무 위반사범을 대상으로 1년 이하의 징역에 000 만원의 형식으로 환산 기준을 정립하여 일괄 정비
- 특별기준: 영업범[52], 이욕범[53] 등 특별한 고려가 필요한 경우 징역형량이 높아질수록 벌금액을 가중하는 등 범죄억지력을 확보하기 위한 별도기준 적용. 특별기준은 다시 가중액 적용과 배수벌금제의 두 가지 유형으로 나누어짐.

ㅁ 일반기준

- 아래와 같은 여러 지표에 근거하여 징역형 1년당 1천만원을 적정 벌금액으로 예시
- 국회사무처와 국민권익위원회는 각각 예규와 권고의 형식으로 다음과 같은 징역형 대비 적정 벌금액을 제시함.

	1년 이하	2년 이하	3년 이하	5년 이하
국회사무처	1천만원	2천만원	3천만원	5천만원
권익위원회	1천만원	1～2천만원	2～3천만원	3～5천만원

- 법원의 환형유치 처분 환산 금액은 통상 1일당 5만원으로 1년일 경우 약 1천 8백만원이 산정됨.
- 2012년도 가구당 평균 지출 대비 소득금액인 93만원×12의 경우 약 1,116만원이 됨.

ㅁ 특별기준

- 중대한 법익을 침해하거나 위반행위로 인하여 공공의 생명·안전을 위협하게 되는 파급효과가 있는 경우, 그리고 위반행위로 인하여 경제적 이익을 얻게 되는 이른바 이욕범의 경우에 일반기준보다 강화된 기준을 적용함.
- 1안(가중액)은 징역형 1년에 대비되는 벌금액을 일반기준보다 중하게 적용하여, 단순 가중 금액 또는 비례 가중 금액을 적용함.
- 2안(배수벌금제)은 벌금의 상한을 고정된 금액이 아닌 사안에 따라 변동 가능한 '특별한 액수'를 기준으로 하여 그 배수로 규정.

52) 영업범: 영리를 목적으로 금지된 영업을 하는 범죄, 또는 그 범인.

53) 이욕범: 경제적 욕망을 충족하기 위해 범죄를 저지르는 자.

(참 고) 고소, 고발사건 처분결과 통지서 용어

기 소	구공판	피의자의 죄가 인정되고, 징역형에 처하는 것이 상당한 경우에 법원에 정식 재판을 청구하는 처분
	구약식	피의자의 죄가 인정되고, 벌금형에 처하는 것이 상당한 경우에 법원에 약식 명령을 청구하는 처분
불기소	기소유예	피의자의 죄가 인정되나 정상을 참작할 때 피의자를 처벌하여 전과자를 만드는 것보다는 이번에 한하여 용서를 해주어 올바른 삶을 살 수 있는 기회를 주는 것이 상당한 경우에 기소를 하지 않은 처분
	혐의없음	피의자에게 죄가 있다고 인정할 만한 증거가 부족하거나, 법률상 범죄를 구성하지 않아 피의자를 처벌할 수 없는 경우에 하는 처분
	죄가안됨	피의자의 행위가 일응 범죄행위를 구성하는 것처럼 보이나 그 행위가 정당방위, 긴급피난 등에 해당하여 위법성이 없다고 판단되거나 또는 피의자가 14세미만의 형사미성년자 또는 심신상실자여서 피의자에게 형사책임을 묻는 것이 부적당한 경우에 하는 처분
	공소권없음	공소시효 완성, 사면 등과 같이 법률에 정하여진 일정한 이유 때문에 피의자를 처벌할 수 없는 경우에 하는 처분
	기소중지	피의자를 찾을 수 없어 피의자의 소재가 밝혀질 때까지 최종결정을 중지하는 경우에 하는 처분(피의자의 소재가 밝혀지면 다시 수사를 함)
	참고인중지	다른 피의자 또는 중요한 참고인을 찾을 수 없어 그 소재가 밝혀질 때까지 최종결정을 중지하는 경우에 하는 처분(다른 피의자 또는 중요한 참고인의 소재가 밝혀지면 다시 수사를 함)
	각하	고소·고발인이 출석하지 않거나 소재불명된 경우, 한번 불기소결정을 한 사건에 대하여 새로운 증거없이 다시 고소·고발을 하는 경우 혐의없음·죄가안됨·공소권없음이 명백한 사건, 고소·고발이 위법한 경우, 사안의 경중, 경위 등에 비추어 소추의 필요성이 인정도지 않는 경우에 실질적인 조사없이 피의자를 처벌하지 않은 처분
	타관이송	피의자 또는 중요한 참고인의 소재를 관할하는 검찰청으로 사건을 보내서 그 검찰청에서 사건을 결정하도록 하거나 그 검찰청에서 조사를 마치고 다시 사건을 받아 결정을 할 필요가 있는 경우에 하는 처분
기 타	소년보호 사건송치	피의자가 19세미만의 소년이기 때문에 소년사건을 전문적으로 다루는 법원으로 사건을 보내서 그 법원에서 결정하도록 할 필요가 있는 경우에 하는 처분

> **제41조(양벌규정)** 법인의 대표자나 법인 또는 개인의 대리인, 사용인, 그 밖의 종업원이 그 법인 또는 개인의 업무에 관하여 제39조 또는 제40조의 위반행위를 하면 그 행위자를 벌하는 외에 그 법인 또는 개인에게도 해당 조문의 벌금형을 과(科)한다. 다만, 법인 또는 개인이 그 위반행위를 방지하기 위하여 해당 업무에 관하여 상당한 주의와 감독을 게을리하지 아니한 경우에는 그러하지 아니하다.
> [전문개정 2015.1.28.]

〈해 설〉

○ 동 규정(2015.1.28., 일부개정)은 양벌규정에 법인 등이 주의·감독의무를 다하였을 경우에는 형을 부과하지 아니하도록 보완 규정을 두려는 것으로, 책임주의원칙을 보다 명백하게 구현할 수 있도록 한 것임.[54)]

  – 양벌규정은 어떤 불법행위가 있는 경우에 직접 그 행위자를 벌하는 외에 그 행위자와 일정한 관계에 있는 타인(법인·단체 또는 개인)도 처벌하도록 하는 규정임. 이는 죄형법정주의의 원칙상 형벌규정이 기본적으로 행위자만을 처벌하는 것을 전제로 하기 때문에 그 행위자가 속한 법인이나 단체를 처벌할 수 없는 형사정책적인 결함을 시정하려는 것임.

○ 종전 규정에서도 이러한 양벌규정을 적시하고 있지만 법인 등이 그 위반행위자에 대해 관리·감독의 책임을 다하였는지 여부를 묻지 아니하고 위반행위가 있으면 무조건 처벌하는 형식으로 되어 있어서 형사법의 기본원칙인 책임주의의 원칙에 부합하지 아니하는 측면이 있음.

  – 헌법재판소는 '07. 11. 29. 「보건 범죄단속에 관한 특별조치법」제6조의 위헌 여부를 판단함에 있어서 동 법의 양벌규정이 종업원의 범죄행위에 관한 선임 감독상의 과실 유무를 판단하지 아니하고 그 영업주를 처벌하도록 규정하고 있으므로, 결국 다른 사람의 범죄에 대하여 그 책임 유무를 묻지 아니하고 형벌을 부과함으로써 '책임 없는 자에게 형벌을 부과할 수 없다'는 책임주의에 반한다는 결정을 하였음.[55)]

> **제42조(과태료)** ① 다음 각 호의 어느 하나에 해당하는 자에게는 300만원 이하의 과태료를 부과한다. 다만, 제35조제1항에 따라 과징금(과징금으로 갈음할 수 있는 업무정지 또는 영업정지 처분을 포함한다)을 부과받은 자의 경우에는 그러하지 아니하다. 〈개정 2012.2.1., 2015.1.28.〉
> 1. 제8조제1항부터 제4항까지의 규정에 따른 신고를 하지 아니한 자
> 2. 제9조제1항에 따른 기준을 위반하여 시신에 약품처리를 한 자
> 3. 제14조제2항에 따른 신고 또는 변경신고를 하지 아니한 자

54) 국회 보건복지위원회, 「장사 등에 관한 법률 일부개정법률안」, 검토보고서·심사참고자료, 2014.

55) 헌법재판소 2007. 11. 29. 선고, 2005헌가10 결정 참조

4. 제15조제1항에 따른 신고 또는 변경 신고를 하지 아니한 자
5. 제15조제1항에 따른 신고 또는 변경 신고를 하지 아니한 봉안시설을 설치한 시공자
5의2. 제15조제4항 또는 제16조제6항에 따른 기록 · 보관을 하지 아니한 자
6. 제16조제2항 및 제3항에 따른 신고 또는 변경신고를 하지 아니한 자
7. 제20조제3항에 따른 통보 또는 공고를 하지 아니하고 같은 조 제2항에 따른 조치를 한 사설묘지 설치자
8. 제24조제2항 또는 제3항을 위반하여 가격표를 게시하지 아니하거나 게시한 금액 외의 금품을 받은 자
   8의2. 제24조제3항제1호를 위반하여 금품을 받은 자
   8의3. 제24조제3항제2호를 위반하여 구매 또는 사용을 강요한 자(「독점규제 및 공정거래에 관한 법률」제67조제2호에 따른 벌칙을 받는 경우는 제외한다)
9. 제26조에 따른 신고를 하지 아니한 자
10. 제27조제2항에 따른 통보 또는 공고를 하지 아니하고 개장을 한 자
11. 제29조제2항에 따른 시신의 위생적 관리 의무를 위반한 자
12. 제29조제3항 또는 제4항을 위반하여 임대료를 산정하거나 가격을 게시하지 아니한 자 또는 산정 · 게시한 금액 외의 금품을 받은 자
   12의2. 제29조제4항제1호를 위반하여 금품을 받은 자
   12의3. 제29조제4항제2호를 위반하여 구매 또는 사용을 강요한 자(「독점규제 및 공정거래에 관한 법률」 제67조제2호에 따른 벌칙을 받는 경우는 제외한다)
13. 제37조제1항 및 제2항에 따른 관계 공무원의 검사를 거부 · 방해 · 기피한 자 또는 필요한 보고를 하지 아니하거나 거짓으로 보고한 자

② 제1항에 따른 과태료는 대통령령으로 정하는 바에 따라 시 · 도지사 또는 시장 · 군수 · 구청장이 부과 · 징수한다. 〈개정 2015.1.28.〉
③ 삭제 〈2015.1.28.〉
④ 삭제 〈2015.1.28.〉
⑤ 삭제 〈2015.1.28.〉

제42조(과태료) ① 다음 각 호의 어느 하나에 해당하는 자에게는 300만원 이하의 과태료를 부과한다. 다만, 제35조제1항에 따라 과징금(과징금으로 갈음할 수 있는 업무정지 또는 영업정지 처분을 포함한다)을 부과받은 자의 경우에는 그러하지 아니하다. 〈개정 2012.2.1., 2015.1.28.〉
1. 제8조제1항부터 제4항까지의 규정에 따른 신고를 하지 아니한 자
2. 제9조제1항에 따른 기준을 위반하여 시신에 약품처리를 한 자
3. 제14조제2항에 따른 신고 또는 변경신고를 하지 아니한 자
4. 제15조제1항에 따른 신고 또는 변경 신고를 하지 아니한 자
5. 제15조제1항에 따른 신고 또는 변경 신고를 하지 아니한 봉안시설을 설치한 시공자
   5의2. 제15조제4항 또는 제16조제6항에 따른 기록 · 보관을 하지 아니한 자
6. 제16조제2항 및 제3항에 따른 신고 또는 변경신고를 하지 아니한 자

7. 제20조제3항에 따른 통보 또는 공고를 하지 아니하고 같은 조 제2항에 따른 조치를 한 사설묘지 설치자
8. 제24조제2항에 따른 게시를 하지 아니하거나 거짓으로 시한 자
8의2. 제24조제3항제1호를 위반하여 금품을 받은 자
8의3. 제24조제3항제2호를 위반하여 구매 또는 사용을 강요한 자(「독점규제 및 공정거래에 관한 법률」 제67조제2호에 따른 벌칙을 받는 경우는 제외한다)
9. 제26조제2항 또는 제3항에 따른 통지 · 공고, 사후처리 또는 정산 등의 조치를 하지 아니한 자
10. 제27조제2항에 따른 통지 또는 공고를 하지 아니하고 개장을 한 자 또는 화장한 후의 봉안기간과 처리방법을 이행하지 아니한 자
10의2. 제29조제1항에 따른 변경신고를 하지 아니한 자
11. 제29조제2항에 따른 시신의 위생적 관리 의무를 위반한 자
12. 제29조제3항에 따른 게시·등록을 하지 아니하거나 거짓으로 게시·등록을 하거나 임대료 또는 염습실 사용요금을 산정하지 아니한 자
12의2. 제29조제4항제1호를 위반하여 금품을 받은 자
12의3. 제29조제4항제2호를 위반하여 구매 또는 사용을 강요한 자(「독점규제 및 공정거래에 관한 법률」 제67조제2호에 따른 벌칙을 받는 경우는 제외한다)
12의4. 제29조제5항에 따른 장례식장영업 폐업신고를 하지 아니한 자
12의5. 제29조제6항에 따른 교육을 받지 아니한 사람
13. 제37조제1항 및 제2항에 따른 관계 공무원의 검사를 거부·방해·기피한 자 또는 필요한 보고를 하지 아니하거나 거짓으로 보고한 자

② 제1항에 따른 과태료는 대통령령으로 정하는 바에 따라 시·도지사 또는 시장·군수·구청장이 부과·징수한다. 〈개정 2015.1.28.〉
③ 삭제 〈2015.1.28.〉
④ 삭제 〈2015.1.28.〉
⑤ 삭제 〈2015.1.28.〉
[시행일 : 2016.1.29.] 제42조제1항제8호, 제42조제1항제9호, 제42조제1항제10호의2, 제42조제1항제12호, 제42조제1항제12호의4, 제42조제1항제12호의5

〈해 설〉

○ 법 제42조제1항 중 "다만, 제35조제1항에 따라 과징금(과징금으로 갈음할 수 있는 업무정지 또는 영업정지 처분을 포함한다)을 부과받은 자의 경우에는 그러하지 아니하다"라는 규정은 단서를 신설하여 동일한 위반행위에 대해 과태료와 과징금이 중복되는 것을 방지하려는 것임(2015.1.28., 일부개정).[56]
  – 과징금은 부당이득 환수, 영업정지 대체 등의 목적으로 부과되는데, 금전적 제재수단이라는 점에서는 벌금·과태료와 공통되나 행정기관이 부과·징수한다는 점에서 사법기관이 부과하는 벌금과 구별되고 행정법상 의무위반행위에 대하여 이행확보를 위한 행정수단이라는 점에서 행정질서벌의 성격을 갖는 과태료와 구별됨.

56) 국회 보건복지위원회, 「장사 등에 관한 법률 일부개정법률안」, 검토보고서·심사참고자료, 2014.

〈 과태료, 과징금 및 벌금 비교 〉

구 분	과태료	과징금	벌 금
개 념	– 경미한 위반행위에 대한 금전적 제재	– 부당이득환수, 영업정지 대체	– 범죄인에 대한 금전지불 의무 부과 형벌
부과주체	– 행정청/법원(이의제기시)	– 행정청	– 법원
불복절차	– 질서위반행위규재법/ 비송사건절차법(이의제기시)	– 행정소송	– 형사소송

○ 벌금, 과태료, 과징금 간에 부과 목적·성격 등에 차이가 있기는 하지만 법률의 수범자인 국민의 입장에서 보면 과징금, 과태료, 벌금의 중복부과는 사실상 이중처벌로 받아들여 질 수밖에 없음. 이러한 이유로 동일한 위반행위에 대해 과징금과 과태료가 중복되는 법률 중에는 과징금을 부과한 행위에 대해서는 과태료를 미부과하는 특례규정을 두는 경우가 있음.

〈 과태료·과징금 중복부과 금지에 대한 특례규정 현황 〉

법 명	과징금	과태료	특례규정
식품위생법 (제102조)	영업대체과징금 (2억원 이하)	1천만원~3백만원	과징금 부과시 과태료 미부과
건강기능식품에 관한 법률(제48조)	영업대체과징금 (2억원 이하)	3백만원 이하	과징금 부과시 과태료 미부과
건설산업기본법 (제100조의2)	영업대체과징금 (1억원)	500만원 이하	영업정지를 명하거나 영업정지를 갈음하여 과징금을 부과한 행위에 대하여 과태료 미부과
여객자동차운수사업법 (제95조)	영업대체과징금 (5천만원 이하)	1천만원~50만원	과징금 부과시 과태료 미부과
항공법(제181조)	영업대체과징금 (50억원, 10억원, 5억원)	500만원~30만원	과징금 부과시 과태료 미부과
해운법(제60조)	영업대체과징금 (3천만원, 1천만원)	100만원	과징금 납부시 과태료 미부과
화물자동차운수사업법	영업대체과징금 (2천만원)	500만원 이하	과징금 부과시 과태료 미부과
주차장법 (시행령 별포2 비고)	영업대체과징금 (300만원)	50만원 이하	과태료 부과시 과징금 미부과
철도산업법 (제52조)-	영업대체과징금 (1억원)	1천만원~50만원	과징금 부과시 과태료 미부과

○ 법 제42조제3항~제5항의 과태료의 절차 규정은 2007.12. 「질서위반행위규제법」의 제정으로 과태료 처분절차에 관해 통일적으로 규정하고 있으므로, 과태료부과절차를 삭제함.

○ 동 규정은 행정의무 이행확보의 수단으로 행정질서법이라고 할 수 있는 과태료에 관한 규정임. 과태료는 법령에 의하여 부과된 의무를 위반한 데 대해 부과·징수되는 금전적인 제재라고 할 수 있음. 이러한 과태료는 그 법적 성격에 있어서 형벌과 가장 유사하기 때문에 병과의 정당성의 문제가 대립할 수 있으나 본 법에서는 행정형법상의 형벌과 과태료가 실질적으로 병과될 수 있도록 규정하고 있음. 예를 들어 가족묘지 설치허가를 받지 아니하고 가족묘지를 설치한 경우에는 실질적으로 매장신고를 하지 않은 경우가 대부분이기 때문에 행정형벌과 과태료가 병과되는 경우라 할 수 있음.

○ 행정질서벌은 단순히 의무를 게을리 한 것에 대한 제재로서 부과되는 것이므로 고의·과실 등과 같은 행위자의 개인에 대한 주관적 요건은 문제 삼지 않고, 객관적 법규위반이 있으면 행정질서벌을 부과할 수 있음. 따라서 행정질서벌로 과태료처분을 받은 자에게 형벌을 부과하는 것은 일사부재리의 원칙에 반하는 것이 아님.

(판 례)

○ 행정질서벌의 부과에는 고의·과실을 요하지 않는다는 판례

- 과태료와 같은 행정질서벌은 행정질서유지를 위하여 행정법규위반이라는 객관적 사실에 대하여 과하는 제재이므로 반드시 현실적인 행위자가 아니라도 법령상 책임자로 규정된 자에게 부과되는 또한 특별한 규정이 없는 한 원칙적으로 위반자의 고의·과실을 요하지 아니함(대법원 1994.8.26. 94누6949)

○ 행정질서벌과 행정형벌의 병과는 일사부재리원칙에 위배되지 않는다는 판례

- 행정법상의 질서벌인 과태료의 부과처분과 형사처벌은 그 성질이나 목적을 달리하는 별개의 것이므로 행정법상의 질서벌인 과태료를 납부한 후에 형사처벌을 한다고 하여 이를 일사부재리의 원칙에 반하는 것이라고 할 수는 없음(대법원 1996.4.12. 96도158)

【유권해석】

이행강제금에 대한 법적용 여부

【질의요지】

이행강제금에 「질서위반행위규제법」이 적용되는지?

【회 답】

※ 「질서위반행위규제법」은 질서위반행위의 성립요건과 '과태료'의 부과·징수 및 재판 등에 관한 사항을 규정하는 법률입니다.

※ 이행강제금은 행정법상의 작위의무 또는 부작위의무를 불이행한 경우에 그 의무를 간접적으로 이행시키기 위하여 일정한 기간 안에 의무이행이 없을 때에 일정한 이행강제금을 부과할 것을 계고하고 그 기간 안에 의무이행이 없는 경우에 부과하는 것을 말합니다.

※ 위와 같이 본다면, 이행강제금은 행정상 강제집행의 일종이고 과태료는 행정질서벌로서 행정의 원활한 수행을 방해한 각종의 의무위반에 대하여 부과하는 것으로 그 목적자체가 다릅니다.

※ 따라서, 이행강제금과 질서위반행위에 대한 과태료는 그 목적과 성질이 다르므로 이행강제금에 「질서위반행위규제법」이 적용되지 않습니다.

【유권해석】

행정처분과 과태료 처분의 병과

【질의요지】

하나의 위반행위에 대해 업무정지 등의 행정처분과 과태료를 병과하는 것이 과중하다고 판단하는 경우 행정청의 재량에 따라 어느 하나의 처분만을 할 수 있는지

【회 답】

※ 하나의 법률위반행위에 대해 업무정지 등의 행정처분과 과태료 처분은 그 목적과 성질이 다르므로 병과할 수 있습니다.

※ 행정처분과 과태료 처분을 병과하는 것이 과중한 경우, 거기에 과태료 감경 또는 면책사유가 있어서 감경 또는 면책하는 것은 별론으로 하더라도 행정처분이 별도로 존재한다는 이유로 과태료 부과 자체를 면제할 수 있는 없습니다.

【관계법령】

「질서위반행위규제법」

제13조(수개의 질서위반행위의 처리) ① 하나의 행위가 2 이상의 질서위반행위에 해당하는 경우에는 각 질서위반행위에 대하여 정한 과태료 중 가장 중한 과태료를 부과한다.

제15조(과태료의 시효) ① 과태료는 행정청의 과태료 부과처분이나 법원의 과태료 재판이 확정된 후 5년간 징수하지 아니하거나 집행하지 아니하면 시효로 인하여 소멸한다.

② 제1항에 따른 소멸시효의 중단 · 정지 등에 관하여는 「국세기본법」 제28조를 준용한다.

제19조(과태료 부과의 제척기간) ① 행정청은 질서위반행위가 종료된 날(다수인이 질서위반행위에 가담한 경우에는 최종행위가 종료된 날을 말한다)부터 5년이 경과한 경우에는 해당 질서위반행위에 대하여 과태료를 부과할 수 없다

○ 매장신고를 하지 않고, 개인묘지 설치신고를 하지 않을 경우 "하나의 행위"로 볼 것인지, "수개의 질서위반행위"로 볼 것인지

- 매장신고와 개인묘지 설치신고는 각 별개의 법률상 의무에 따른 것이고 처벌근거와 기준을 달리하고 있으므로 수개의 위반행위가 있을 뿐이지 규범적으로 행위의 단일성과 동일성이 인정되는 "하나의 행위"로서의 위반행위가 있다고 할 수 없음. 따라서, 매장신고와 개인묘지 설치신고는 별개의 질서위반행위라고 할 수 있고, 전체적으로 하나의 행위가 있었다고 볼 수 없으므로 제8조제1항 매장신고를 하지 않을 경우(100만원)와 제14조제2항에 따른 개인묘지 설치신고를 하지 않을 경우(200만원)에 따라 각각의 과태료를 부과하여야 할 것임.

○ 「질서위반행위규제법」 제19조는 과태료 부과의 제척기간과 관련하여 "행정청은 질서위반행위가 종료된 날부터 5년이 경과한 경우에는 해당 질서위반행위에 대하여 과태료를 부과할 수 없다"고 규정하고 있고, 제척기간의 기산점은 "질서위반행위가 종료된 날"임. 「장사 등에 관한 법률」 제14조제2항에 따라, 개인묘지를 설치한 자는 묘지를 설치한 후 30일 이내에 해당 묘지를 관할하는 시장등에게 신고하도록 규정하고 있는 바, 「질서위반행위규제법」 제19조에 따른 과태료 부과의 제척기간은 개인묘지 설치가 완료되어

30일이 경과한 다음날이 될 것임. 질서위반행위는 이 때 완성될 것이고 이때부터 제척기간이 기산됨.

- 따라서, 개인묘지 설치신고를 하지 않을 경우 과태료 부과는 개인묘지 설치가 완료되어 30일이 경과한 다음날부터 제척기간 5년 이상이 경과한 현 시점에서는 더 이상 이에 대하여 과태료를 부과할 수 없을 것임.

(판 례) 건축법위반결정[대법원 1990.10.20, 자, 90마699, 결정]

【판시사항】

가. 건축법 위반행위를 사후에 시정한 경우 같은 법 제56조의2에 의한 과태료 부과대상에서 제외되는지 여부(소극)

나. 행정청이 건축법 제56조의2에 의한 과태료를 부과하기 전에 같은법시행령 제103조에 따른 의견진술의 기회를 주지 아니하였다 하여 법원이 비송사건절차법에 따라 한 과태료 재판도 위법한지 여부(소극)

【판결요지】

가. 건축법 제56조의2에 따른 과태료는 행정관청의 시정명령위반행위에 대하여 과하는 제재이므로 일단 그 위반행위가 이루어지면 과태료부과대상이 되는 것이고 그 후에 이를 시정하였다 하여 과태료부과대상에서 당연히 벗어나는 것은 아니다.

나. 건축법 제56조의2에 의한 과태료부과 처분에 대한 위반자의 불복으로 법원에서 비송사건절차법에 따라 과태료의 재판을 하는 절차는 부과권자인 행정관청이 부과한 과태료 처분에 대한 당부를 심판하는 행정소송절차가 아니므로 법원에서 비송사건절차법에 따라 당사자의 진술을 청취하고 적법한 절차에 따라 과태료의 재판을 한 이상 부과권자가 과태료를 부과하기 전에 건축법시행령 제103조의 규정에 따른 의견진술의 기회를 주지 아니하였다는 사유를 가지고 법원의 과태료재판이 위법하다고 주장할 수 없다.

제43조(이행강제금) ① 시장등은 다음 각 호의 어느 하나에 해당하는 자에게 500만원의 이행강제금을 부과한다.
1. 제17조 또는 제18조를 위반하여 묘지·화장시설·봉안시설·자연장지를 설치·조성한 자
2. 제20조제1항을 위반하여 설치기간이 끝난 분묘에 매장된 유골을 화장 또는 봉안하지 아니한 자
3. 제31조에 따른 묘지·봉안시설·자연장지의 이전 또는 개수명령을 받고 이행하지 아니한 해당 묘지·봉안시설·자연장지의 연고자

② 시장등은 제1항에 따른 이행강제금을 부과하기 전에 이행강제금을 부과·징수한다는 뜻을 문서로써 미리 알려야 한다.
③ 시장등은 제1항에 따른 이행강제금을 부과하는 경우에는 이행강제금의 금액·부과사유·납부기한·수납기관·이의제기방법 및 이의제기기관 등을 명시한 문서로써 하여야 한다.
④ 시장등은 최초의 이전 또는 개수명령이 있은 날을 기준으로 하여 그 명령이 이행될 때까지 1년에 2회의 범위 안에서 반복하여 제1항에 따른 이행강제금을 부과·징수할 수 있다.
⑤ 시장등은 제31조에 따른 이전 또는 개수명령을 받은 자가 그 명령을 이행하면 새로운 이행강제금의 부과를 즉시 중지하되, 이미 부과된 이행강제금은 징수하여야 한다.
⑥ 시장등은 제1항에 따라 이행강제금 부과처분을 받은 자가 이행강제금을 기한 내에 납부하지 아니한 때에는 「지방세외수입금의 징수 등에 관한 법률」에 따라 징수한다.
〈개정 2008.3.28., 2013.8.6.〉

〈해 설〉

○ 이행강제금(Zwangsgeld) 규정은 벌금 납부 이후 불법 또는 기준초과에 대하여 시정하지 않더라도 제재방법이 없어 법의 실효성 확보수단이 없었음. 이에 따라 500만원이하의 이행강제금을 1년에 2회의 범위안에서 반복하여 부과하여 법집행의 실효성을 확보하고자 함.

○ 이행강제금은 행정법상의 부작위 의무 또는 비대체적 작위의무를 이행하지 않은 경우에 의무이행을 간접적으로 강제하기 위해 과하는 금전벌이다. 이는 일정한 기한까지 의무를 이행하지 않을 경우에는 일정한 금액의 과태료 등 금전지급의무를 부과할 것을 '미리' 계고함으로써, 의무자에게 심리적 압박을 주어 그 의무를 이행하게 할 수 있는 강제집행수단임.
  - 이행강제금은 의무자가 이를 이행하지 않는 한 반복해서 부과될 수 있고, 그 상한 내에서 그 금액이 증액될 수도 있음. 이행강제금은 의무자가 자신의 의무를 이행한 경우에는 더 이상 부과할 수 없음. 이행강제금은 강제집행수단이므로 행정형벌 또는 과태료와의 병과가 가능함.

○ 전체 법률 1,304개중 이행강제금 규정이 있는 법률은 「건축법」, 「근로기준법」, 「국토

의 계획 및 이용에 관한 법률」등 32개(전체 2.45%)에 불과함('13년 12월31일 기준). 「장사 등에 관한 법률」이 다른 법률에 비하여 법 실효성 확보를 위한 강력한 법률이라고 할 수 있음.

【유권해석】

「장사 등에 관한 법률」이 개정되기 전에 묘지를 설치할 수 없는 구역에 묘지를 설치하였으나, 법이 개정된 후 제재처분을 하려는 경우, 위반행위시 법령을 적용해야 하는지 제재처분시 법령을 적용해야 하는지 등(「장사 등에 관한 법률」제31조 등) [법제처 10-0190, 2010.7.26, 보건복지부 노인지원과]

【질의요지】

「매장 및 묘지 등에 관한 법률」(2000. 1. 12. 법률 제6158호로 전부개정되어 2001. 1. 13. 시행되기 전의 것을 말함) 제8조제3항을 위반하여 설치한 사설묘지가 「장사 등에 관한 법률」(2008. 3. 28. 법률 제9030호로 일부개정되어 2008. 5. 26. 시행된 것을 말함) 제14조제6항에도 위반되는 경우, 「장사 등에 관한 법률」에 따라 이전 또는 개수명령을 하고 이를 이행하지 아니한 해당 묘지의 연고자에게 이행강제금을 부과할 수 있는지?

【회 답】

「매장 및 묘지등에 관한 법률」(2000. 1. 12. 법률 제6158호로 전부개정되어 2001. 1. 13. 시행되기 전의 것을 말함) 제8조제3항에 위반하여 설치한 사설묘지가 「장사 등에 관한 법률」(2008. 3. 28. 법률 제9030호로 일부개정되어 2008. 5. 26. 시행된 것을 말함) 제14조제6항에도 위반되는 경우, 「장사 등에 관한 법률」에 따라 이전 또는 개수명령을 하고 이를 이행하지 아니한 해당 묘지의 연고자에게 이행강제금을 부과할 수 있습니다.

【이 유】

「매장 및 묘지등에 관한 법률」(1981. 3. 16. 법률 제3389호로 일부개정된 것을 말하며, 이하 "매장법"이라 함) 제8조제3항에서 사설묘지·사설화장장 또는 사설납골당의 설치기준과 설치허가를 받은 자가 준수하여야 할 사항은 대통령령으로 정한다고 규정하고 있고, 같은 법 제15조에서 도지사는 분묘·묘지·화장장 또는 납골당의 설치자가 같은 법 제8조제3항을 위반하는 경우에는 그 이전을 명하거나 그 시설의 개수 또는 그 전부나 일부의 사용금지를 명하거나 그 허가를 취소할 수 있다고 규정하고 있습니다.

2007. 5. 25. 법률 제8489호로 전부개정되어 2008. 5. 26. 시행된 「장사 등에 관한 법률」(이하 '종전 장사법'이라 함) 제14조제6항에서는 사설묘지의 설치면적, 분묘의 형태, 설치장소, 그 밖의 설치기준 등에 관하여 필요한 사항은 대통령령으로 정한다고 규정하고 있고, 같은 법 제31조제1호에서는 시장등은 사설묘지·사설화장시설·사설봉안시설 및 사설자연장지의 연고자 또는 설치·조성자가 같은 법 제14조제6항을 위반하여 사설묘지를 설치한 때 그 연고자 또는 설치·조성자에게 묘지·봉안시설 또는 자연장지의 이전·개수, 허가취소, 시설의 폐쇄, 시설의 전부·일부의 사용 금지 또는 6개월의 범위 내에서 업무의 정지를 명할 수 있다고 규정하고 있으며, 같은 법 제43조제1항제3호에 따르면 시장등은 같은 법 제31조에 따른 묘지·봉안시설·자연장지의 이전 또는 개수명령을 받고 이행하지 아니한 해당 묘지·봉안시설·자연장지의 연고자에게 500만원의 이행강제금을 부과한다고 규정하고 있습니다. 그리고, 2008. 3. 28. 법률 제9030호로 일부개정되어 2008. 5. 26. 시행된 「장사 등에 관한 법률」(이하 '장사법'이라 함)은 종전 장사법 제43조제6항의 이행강제금 징수 및 이의절차에 대해서만 개정한 것으로, 그 밖의 다른 사항은 종전 장사법과 동일합니다.

우선, 행정처분은 그 근거 법령이 개정된 경우에도 경과 규정에서 달리 정함이 없는 한 처분 당시 시행되는 개정 법령과 그에서 정한 기준에 의하는 것이 원칙이라 할 것이나, 법령위반행위에 대한 제재처분의 경우에는 행위시에 법령위반이라는 사실관계가 확정되는 것이므로 원칙상 행위시의 법을 적용하는 것인데(대법원 2008두15169, 2001두3228 판결 참조), 이전 또는 개수명령 및 이행강제금의 경우는 법령위반에 대한 사후적인 제재처분이라기보다는 법령위반상태를 시정하여 장래에 향하여 행정목적을 실현하고자 하는 행정처분이라고 할 것이므로 처분시 법령을 적용하여야 할 것입니다.

그렇다면, 장사법으로 전부개정되면서 부칙에서 같은 법 시행 전의 행위에 대하여 벌칙이나 과태료 규정을 적용할 때에는 종전의 규정에 따른다고 규정하고 있을 뿐 이전명령 등의 처분과 이행강제금에 대하여는 아무런 경과조치를 두지 않은 경우, 매장법 제8조제3항에 위반하여 사설묘지를 설치하였고 당해 묘지가 장사법 제14조제6항에도 위반되는 묘지에 대해서는 장사법에 따라 이전 또는 개수명령을 하고 이를 이행하지 아니한 해당 묘지의 연고자에게 이행강제금을 부과할 수 있다고 할 것입니다.

또한, 장사법에서 보건복지부장관이 묘지 등의 수급에 관한 종합계획을 수립하고(제5조), 무연분묘의 정리 등을 위하여 분묘에 대한 일제 조사를 할 수 있으며(제11조), 분묘의 설치기간을 정하고 그 설치기간이 종료된 분묘를 처리할 수 있는 규정(제19조 및 제20조) 등을 두고 있는 장사법의 목적 및 관련 규정을 종합적으로 고려하면, 장사법 제31조에서 같은 법 제14조제6항을 위반하여 사설묘지를 설치한 때 사설묘지의 이전 또는 개수명령 등을 할 수 있다고 규정한 것은 불법적인 사설묘지가 설치·조성된 상태를 법령에 적합하도록 시정하기 위한 처분을 할 수 있는 근거로 보는 것이 타당하며, 매장법 제15조에서는 이전 또는 개수명령을 사설묘지의 "설치자"에게 명한다고 규정하고 있는 것과는 달리 장사법 제31조에서는 사설묘지의 "연고자 또는 설치·조성자"에게 명한다고 규정하여 해당 사설묘지를 설치·조성한 당사자가 아니더라도 연고자에게 명할 수 있도록 한 것을 보더라도, 위법하게 설치된 사설묘지의 위법상태를 시정하는 것이 같은 조에 따른 이전·개수명령과 그 명령 불이행자에 대한 같은 법 제43조에 따른 이행강제금 제도의 목적임을 알 수 있습니다.

따라서, 매장법 제8조제3항에 위반하여 설치한 사설묘지가 장사법 제14조제6항에도 위반되는 경우, 장사법에 따라 이전 또는 개수명령을 할 수 있으며 이를 이행하지 아니한 해당 묘지의 연고자에게 이행강제금을 부과할 수 있습니다.

(판 례) 건축법위반에대한이의[대법원 2007.7.13, 자, 2007마637, 결정]

【판시사항】

건축법 위반행위를 사후에 시정한 경우 건축법 제69조의2에 의한 이행강제금 부과대상에서 벗어나는지 여부(소극)

【이 유】

재항고이유를 판단한다.

기록에 의하면, 재항고인은 그 소유의 건물을 무단으로 증축하여 사용하여 오다가 관악구청장으로부터 시정명령을 받고도 정해진 기간 내에 이를 이행하지 않았다는 이유로 제1심에서 2005. 11. 16.에 이행강제금 2,000,000원에 처하는 결정을 받았고, 원심은 2007. 5. 4.에 제1심의 결정을 유지하여 항고를 기각하였다. 재항고인은 원심의 항고기각결정 이후에 재항고를 제기하면서 뒤늦게, 사실은 2006. 7. 4. 특정건축물정리에 관한 특별조치법에 따라 위 무단 증축 부분에 대하여 사용승인을 받았다는 자료를 제출하였다.

그러나 건축법 제69조의2에 따른 이행강제금은 행정관청의 시정명령 위반행위에 대하여 과하는 제재이므로 일단 그 위반행위가 이루어지면 이행강제금 부과대상이 되는 것이고, 그 후에 이를 시정하였다 하여 이행강제금 부과대상에서 당연히 벗어나는 것은 아니며 (대법원 1990. 10. 20.자 90마699 결정 등 참조), 사후에 시정하였다는 사정은 이행강제금을 정함에 있어 참작사유에 해당할 뿐이다.

따라서 원심결정에는 재판에 영향을 미친 헌법·법률·명령 또는 규칙의 위반이 없으므로 재항고를 기각하기로 하여 관여 법관의 일치된 의견으로 주문과 같이 결정한다.

부 칙 〈제13108호, 2015.1.28.〉

제1조(시행일) 이 법은 공포한 날부터 시행한다. 다만, 제24조제2항·제4항, 제26조, 제27조제2항·제5항, 제29조(같은 조 제4항은 제외한다), 제31조제4호의2, 제32조제1항제1호·제2호·제4호, 같은 조 제3항, 제33조의2, 제33조의3, 제33조의4, 제39조제2호의2, 제40조제7호의2 및 제42조제1항제8호·제9호·제10호·제10호의2·제12호·제12호의4·제12호의5의 개정규정은 공포 후 1년이 경과한 날부터 시행한다.

제2조(과징금 부과 등에 관한 적용례) 제24조제3항제2호 및 제29조제4항제2호의 개정규정을 위반한 자에 대한 제35조의 개정규정은 이 법 시행 후 해당 위반행위를 한 자부터 적용한다.

제3조(관리금의 사용에 관한 적용례) 제25조제2항의 개정규정은 이 법 시행 당시 적립된 관리금에 대해서도 적용한다.

제4조(장사시설 폐지 등에 관한 적용례) 제26조의 개정규정은 이 법 시행 후 장사시설의 폐지신고를 하는 경우부터 적용한다.

제5조(장례식장영업자에 대한 경과조치) 이 법 시행 당시 「부가가치세법」 등에 따라 사업자등록을 하고 장례식장영업을 하고 있는 자는 제29조제1항의 개정규정에 따른 신고를 한 것으로 본다. 다만, 이 법 시행 후 2년 이내에 제29조제1항의 개정규정에 따른 시설·설비 및 안전기준을 갖추어 관할 시장등에게 다시 신고하여야 한다.

제6조(금치산자 등에 대한 경과조치) 제29조의4제1호의 개정규정에도 불구하고 법률 제10429호 민법 일부개정법률 부칙 제2조에 따라 금치산 또는 한정치산 선고의 효력이 유지되는 사람에 대하여는 종전의 규정에 따른다.

제7조(행정처분에 관한 경과조치) 이 법 시행 전의 행위에 대하여 행정처분을 할 때에는 종전의 규정에 따른다.

제8조(다른 법률의 개정) ① 제주특별자치도 설치 및 국제자유도시 조성을 위한 특별법 일부를 다음과 같이 개정한다.

제342조의10 중 "제15조제1항 전단 및 후단·제4항"을 "제15조제1항 전단·후단, 같은 조 제5항"으로, "같은 조 제4항제2호, 같은 조 제6항"을 "같은 조 제5항제2호, 같은 조 제8항"으로, "제25조제1항·제2항 전단"을 "제25조제1항 및 제3항 전단"으로, "제34조제4항"을 "제34조제6항"으로, "제35조제2항"을 "제35조제3항"으로 한다.

② 의료법 일부를 다음과 같이 개정한다.

제49조제1항제4호 중 「장사 등에 관한 법률」 제25조제1항"을 「장사 등에 관한 법률」 제29조제1항"로 한다.

부 록

부록 1. 장사시설관련 통계('13년 12월 31일 기준)

부록 2. 2011~2013년 무연고 시신 처리현황

부록 3. 전국 화장시설별 관내·관외 사용료 현황(일반 대인 기준)

부록 4. 연도별 화장률 현황

부록 5. 시·도별 개장유골 화장 건수

부록 6. 지자체별 개장 및 화장지원금 조례 등 현황

부록 7. 무연고 시신등의 처리 매뉴얼

부록 8. 장례식장 표준약관

부록 9. 장례지도사 자격증제도 운영 지침

부록 10. 유권해석 사례

부록 11. 장사 등에 관한 법률(시행령, 시행규칙)

부록 12. 주요 자치법규(조례)

부록 1. 장사시설관련 통계('13년 12월 31일 기준)

○ 공설 화장시설 현황

연 번	시·도	시군구	화장시설명	설치년도	화 장 로 수		
					계	운영화로	예비화로
계	17	55			314	273	41
1	서울	고양시	서울시립승화원	1986	23	21	2
2		서초구	서울추모공원	2012	11	10	1
3	부산	금정구	부산영락공원	1995	15	14	1
4	대구	수성구	명복공원	1966	11	10	1
5	인천	부평	인천시립화장장	1977	20	19	1
6	광주	북구	영락공원	1999	9	8	1
7	대전	서구	정수원	1976	10	9	1
8	울산	울주군	울산하늘공원	2013	10	10	
9	세종	세종	은하수공원	2009	10	9	1
10	경기	수원시	수원시연화장	2001	9	8	1
11		성남시	성남시영생관리사업소	1982	15	13	2
12		용인시	용인평온의숲	2013	10	9	1
13	강원	춘천시	춘천시화장장	1964	3	3	
14		원주시	원주시립화장시설	1964	2	2	
15		동해시	동해공설화장장	1978	3	2	1
16		태백시	태백시화장장	2006	3	2	1
17		속초시	속초시화장장	1976	3	3	
18		정선군	정선하늘터	1980	2	2	
19		인제군	인제종합장묘센터	2007	2	2	
20	충북	청주시	목련공원	2007	8	6	2
21		충주시	하늘나라	2006	4	3	1
22		제천시	제천시영원한쉼터	1976	4	3	1
23	충남	천안시	천안추모공원	2010	8	7	1
24		공주시	나래원	2013	3	2	1
25		홍성군	홍성추모공원	1978	8	7	1
26		전주시	승화원	1977	6	5	1

연 번	시·도	시군구	화장시설명	설치년도	화 장 로 수		
					계	운영화로	예비화로
27	전북	군산시	승화원	1997	5	4	1
28		익산시	정수원	1980	7	5	2
29		남원시	남원시승화원	1986	3	2	1
30	전남	목포	목포시화장장	1971	3	2	1
31		여수	승화원	2005	4	4	
32		순천	연화원	1981	3	3	
33		광양	광양시립 영세공원 화장장	1998	3	3	
34		고흥	국립소록도병원화장장	1943	1	1	
35	경북	포항	구룡포화장장	1978	1	1	
36		포항	우현화장장	1941	3	3	
37		김천시	김천시화장장	1964	2	2	
38		경주시	경주하늘마루	2012	7	4	3
39		안동시	안동시영면원	1972	3	2	1
40		영주시	영주시화장장	1972	2	2	
41		상주시	승천원	2011	3	2	1
42		문경시	문경시화장장	1892	2	2	
43		의성	의성화장장	1980	2	2	
44		울릉군	울릉군 추모공원	2008	2	2	
45	경남	창원시	창원시립상복공원	2012	4	4	
46		창원시	마산시립화장장	1979	7	4	3
47		창원시	창원시립진해화장장	1971	4	2	2
48		진주시	진주시안락공원	2005	7	7	
49		통영시	통영시추모공원	1971	3	3	
50		사천시	사천시화장장	1977	3	2	1
51		김해시	추모의공원	2003	6	4	2
52		밀양시	밀양시공설	1980	3	3	
53		고성군	고성군공설화장장	1985	2	2	
54		남해군	추모누리영화원	2006	2	2	
55	제주	제주시	양지공원	2002	5	5	

○ 공설묘지 현황

시·도	시군구	개소수	묘 지 설 치 현 황				
			허가면적 (㎡)	묘역면적 (㎡)	총매장 가능구수[A]	기매장구수 [B]	향후매장 가능구수[A-B]
17	108	373	28,791,658	21,072,599	691,259	482,726	208,373
서울	4	5	7,150,000	7,150,000	83,309	64,664	18,645
부산	1	1	743,219	241,577	29,021	25,865	3,156
대구	2	4	1,979,129	1,979,129	41,097	12,475	28,439
인천	8	115	3,294,788	3,181,163	98,456	71,705	26,774
광주	1	2	1,625,618	658,408	56,957	50,623	6,334
대전	1	1	500,616	112,000	10,446	6,225	4,221
울산	0	0	-	-	-	-	-
세종	1	1	210,158	37,372	2,699	2,415	284
경기	25	120	3,005,285	1,766,206	84,475	77,567	6,908
강원	15	16	1,946,985	866,263	33,813	10,876	22,937
충북	5	6	2,119,182	600,581	28,670	24,277	4,393
충남	6	9	933,054	379,725	25,084	14,491	10,593
전북	9	15	536,124	498,542	35,742	29,069	6,673
전남	11	38	2,842,466	2,143,145	75,666	54,893	20,773
경북	7	8	303,653	262,021	10,763	10,312	451
경남	10	17	603,189	354,817	26,643	13,813	12,830
제주	2	15	998,192	841,650	48,418	13,456	34,962

○ 법인 · 종교단체 묘지 현황

시 · 도	시군구	개소수	묘지설치현황				
			허가면적 (㎡)	묘역면적 (㎡)	총매장 가능구수[A]	기매장구수 [B]	향후매장 가능구수[A-B]
17	70	159	39,012,391	24,686,025	1,586,525	902,908	683,487
서울	0	0	-	-	-	-	-
부산	2	5	1,492,727	903,616	49,125	38,508	10,617
대구	4	8	482,009	394,307	11,312	7,148	4,164
인천	1	8	237,358	237,358	31,636	20,041	11,595
광주	2	3	73,611	50,719	4,224	4,137	87
대전	1	1	9,904	682,559	4,951	4,300	651
울산	2	2	535,403	353,829	33,792	29,902	3,890
세종	1	1	357,797	247,408	26,500	8,179	18,321
경기	15	49	14,817,106	9,381,727	395,649	270,689	124,960
강원	4	8	1,913,957	1,320,447	77,127	39,700	37,427
충북	4	6	2,032,935	1,409,535	70,971	45,476	25,495
충남	6	7	2,504,457	1,555,873	102,917	68,268	34,649
전북	5	5	930,027	569,043	55,171	16,396	38,775
전남	5	7	659,456	437,515	91,566	23,256	68,280
경북	9	23	7,058,425	3,636,031	270,229	146,375	123,754
경남	7	15	5,772,128	3,373,677	355,491	176,154	179,337
제주	2	11	135,091	132,381	5,864	4,379	1,485

○ 공설 봉안당 현황

시·도	시군구	개소수	연면적(㎡)	봉 안 현 황		
				총봉안능력(구) [A]	기봉안구수 [B]	향후봉안가능구수 [A–B]
17	88	134	264,657	1,553,987	648,524	905,463
서울	0	17	35,228	131,259	76,372	54,887
부산	2	2	14,549	187,743	117,563	70,180
대구	1	2	1,847	30,100	25,582	4,518
인천	1	4	6,874	66,117	57,720	8,397
광주	1	1	1,054	65,050	26,473	38,577
대전	1	1	2,308	38,016	27,173	10,843
울산	1	1	2,420	7,605	1,262	6,343
세종	1	3	4,668	38,466	11,658	26,808
경기	10	11	35,987	255,329	64,371	190,958
강원	15	16	21,483	104,078	27,313	76,765
충북	6	8	8,478	96,900	25,980	70,920
충남	14	16	20,336	172,173	48,531	123,642
전북	7	11	9,681	74,267	38,858	35,409
전남	7	7	3,686	42,880	22,733	20,147
경북	5	6	4,317	40,880	4,349	36,531
경남	14	21	87,617	163,286	48,189	115,097
제주	2	7	4,124	39,838	24,397	15,441

○ 법인 봉안당 현황

시·도	시군구	개소수	연면적(㎡)	봉안현황		
				총봉안능력(구) [A]	기봉안구수 [B]	향후봉안가능구수 [A-B]
17	44	56	319,666	975,892	263,120	712,772
서울	0	0	-	-	-	-
부산	2	2	652	12,170	6,048	6,122
대구	0	0	-	-	-	-
인천	0	0	-	-	-	-
광주	1	1	1,872	24,500	645	23,855
대전	0	0	-	-	-	-
울산	0	0	-	-	-	-
세종	0	0	-	-	-	-
경기	10	15	63,965	390,347	99,043	291,304
강원	1	1	13	194	96	98
충북	2	2	113,474	5,901	5,101	800
충남	4	4	3,146	123,412	47,495	75,917
전북	4	4	10,205	72,914	30,363	42,551
전남	2	2	6,307	42,115	7,268	34,847
경북	11	15	11,243	179,781	53,532	126,249
경남	7	10	108,788	124,558	13,529	111,029
제주	0	0	-	-	-	-

○ 종교단체 봉안당 현황

시·도	시군구	개소수	연면적(㎡)	봉 안 현 황		
				총봉안능력(구) [A]	기봉안구수 [B]	향후봉안가능구수 [A–B]
17	96	183	165,405	1,165,763	212,409	953,354
서울	7	10	2,338	18,229	7,946	10,283
부산	2	2	202	4,688	1,585	3,103
대구	3	9	5,489	39,751	3,813	35,938
인천	4	7	12,197	85,243	5,424	79,819
광주	1	2	255	2,072	1,147	925
대전	2	3	1,608	6,740	2,106	4,634
울산	2	2	865	3,985	635	3,350
세종	1	3	1,125	2,930	221	2,709
경기	19	41	28,194	383,155	68,413	314,742
강원	5	7	4,125	18,901	8,421	10,480
충북	10	24	19,098	81,626	23,844	157,782
충남	5	8	32,854	153,777	41,924	111,853
전북	4	8	7,091	49,884	15,696	34,188
전남	8	14	25,582	47,384	13,556	33,828
경북	10	14	2,906	37,605	4,777	32,828
경남	11	26	20,169	122,941	11,971	110,970
제주	2	3	1,307	6,852	930	5,922

○ 기타 봉안시설 현황

※ 기타봉안시설 : 봉안당(공설, 법인·종교단체 봉안당 제외), 봉안담, 봉안탑, 봉안묘,

시·도	시군구	개소수	신고(허가)면적(㎡)	총봉안능력(구)[A]	기봉안구수[B]	향후봉안 가능구수[A-B]
17	130	21,237	2,383,838.7	1,394,230	302,292	1,091,938
서울	0	0	-	-	-	-
부산	1	2	76,321.0	31,027	6,576	24,451
대구	1	9	720.0	1,323	1,323	-
인천	3	12	21,050.0	72,440	9,966	62,474
광주	0	0	-	-	-	-
대전	5	134	5,689.0	6,063	1,334	4,729
울산	2	18	1,102.6	1,021	99	922
세종	1	13	1,159.0	3,700	623	3,077
경기	20	892	1,620,645.0	675,545	118,195	557,350
강원	14	919	70,397.0	33,171	6,011	27,160
충북	12	705	52,600.9	67,500	19,676	47,824
충남	12	826	109,294.3	82,648	26,282	56,366
전북	9	531	25,760.6	29,359	8,899	20,460
전남	16	518	103,541.0	73,219	22,843	50,376
경북	15	14,757	121,009.7	85,607	23,417	62,190
경남	17	1,551	151,959.6	199,934	47,801	152,133
제주	2	350	22,589.0	31,673	9,247	22,426

○ 기타 봉안시설 중 공설시설 현황

시·도	시군구	봉안시설 구분	개소수	신고(허가) 면적(㎡)	총봉안능력(구) [A]	기봉안구수 [B]	향후봉안 가능구수[A-B]
9	19	-	546	720,640	179,873	27,833	152,040
서울	-	-	-	-	-	-	-
부산	기장군	봉안담	1	8,910	16,992	1,939	15,053
부산	기장군	봉안묘	1	67,411	14,035	4,637	9,398
대구	-	-	-	-	-	-	-
인천	-	-	-	-	-	-	-
광주	-	-	-	-	-	-	-
대전	서구	봉안묘	120	4,293	2,400	645	1,755
울산	-	-	-	-	-	-	-
세종	-	-	-	-	-	-	-
경기	안산시	봉안담	1	19,240	6,830	5,053	1,777
경기	김포시	봉안담	1	32,357	2,630	1,725	905
경기	의왕시	봉안담	1	2,120	6,900	510	6,390
경기	양평군	봉안담	1	17,816	4,920	609	4,311
경기	양평군	봉안묘	1	496,200	98,864	2,899	95,965
경기	가평군	봉안묘	1	700	78	5	73
강원	강릉시	봉안묘	1	20,069	2,026	1,316	710
강원	평창군	봉안담	1	132	912	499	413
강원	정선군	봉안묘	40	400	480	60	420
강원	화천군	봉안묘	2	30	480	2	478
충북	영동군	봉안묘	1	1,000	500	214	286
충남	서산시	봉안묘 (봉안평장)	1	1,055	766	688	78
충남	예산군	봉안묘	360	5,400	360	350	10
전북	-	-	-	-	-	-	-
전남	담양군	봉안담	2	38,616	15,818	3,940	11,878
전남	진도군	봉안담	1	0	1,000	89	911
경북	-	-	-	-	-	-	-
경남	고성군	봉안묘	1	70	210	26	184
경남	합천군	봉안묘	2	4,641	600	299	301
제주	제주시	봉안묘	6	180	3,072	2,328	744

○ 공설 자연장 현황

시·도	시군구	개소수	조성면적(㎡)	자연장 현황		
				총자연장능력(구)[A]	기자연장구수[B]	향후 자연장 가능구수[A-B]
15	34	38	536,532	311,980	21,663	290,317
서울	1	1	27,120	9,972	6,654	3,318
부산	0	0	0	0	0	-
대구	0	0	0	0	0	-
인천	2	5	72,640	8,630	4,467	4,163
광주	1	1	8,700	12,357	926	11,431
대전	1	1	5,566	2,656	356	2,300
울산	1	1	30,087	60,500	216	60,284
세종	1	1	51,721	77,701	1,526	76,175
경기	6	7	136,991	33,660	3,142	30,518
강원	5	5	31,872	25,252	1,049	24,203
충북	1	1	6,039	5,937	201	5,736
충남	1	1	2,980	1,408	226	1,182
전북	5	5	50,563	16,004	1,551	14,453
전남	5	5	42,097	26,700	98	26,602
경북	1	1	7,570	5,000	57	4,943
경남	2	2	28,469	10,525	8	10,517
제주	1	1	34,117	15,678	1,186	14,492

○ 법인·종교단체 자연장 현황

시·도	시군구	개소수	조성면적 (㎡)	자연장 현황		
				총자연장능력(구) [A]	기자연장구수 [B]	향후 자연장 가능구수[A-B]
9	22	30	256,731	90,657	4,797	85,860
서울	–	–	–	–	–	–
부산	–	–	–	–	–	–
대구	1	1	4,990	6,000	207	5,793
인천	–	–	–	–	–	–
광주	–	–	–	–	–	–
대전	–	–	–	–	–	–
울산	–	–	–	–	–	–
세종	–	–	–	–	–	–
경기	9	16	122,890	57,861	3,788	54,073
강원	1	1	3,309	500	40	460
충북	3	3	52,405	3,850	133	3,717
충남	1	1	5,650	1,600	55	1,545
전북	1	1	1,116	200	0	200
전남	2	2	40,875	11,182	87	11,095
경북	–	–	–	–	–	–
경남	3	4	24,215	3,200	451	2,749
제주	1	1	1281	6,264	36	6,228

○ 사설 자연장 현황

※ 사설자연장 : 개인, 종·문중, 법인, 종교단체가 조성한 자연장

시·도	시군구	개소수	조성면적 (㎡)	자연장 현황		
				총자연장능력(구) [A]	기자연장구수 [B]	향후 자연장 가능구수[A–B]
17	89	828	726,774	167,129	11,314	155,815
서울	–	–	–	–	–	–
부산	1	1	66	10	–	10
대구	1	1	4,990	6,000	207	5,793
인천	–	–	–	–	–	–
광주	–	–	–	–	–	–
대전	1	1	50	11	11	–
울산	1	6	2,703	56	28	28
세종	1	2	1,025	120	15	105
경기	15	142	229,414	62,907	4,114	58,793
강원	8	32	22,255	2,092	130	1,962
충북	9	98	99,267	9,119	735	8,384
충남	8	41	37,222	7,720	399	7,321
전북	7	20	12,960	5,464	184	5,280
전남	13	112	93,663	19,467	1,903	17,564
경북	9	63	41,108	5,711	920	4,791
경남	13	252	165,398	39,726	2,535	37,191
제주	2	57	16,653	8,726	133	8,593

○ 장례식장 현황

시·도	시군구	개소수	빈소수(개소)	안치능력(구)	공사설구분		종류	
					공설	사설	전문	병원
17	191	1,055	4,788	7,856	47	1,008	415	640
서울	24	72	490	926	5	67	8	64
부산	15	60	295	467	2	58	6	54
대구	8	60	232	406	3	57	4	56
인천	9	29	160	273	–	29	9	20
광주	5	45	187	322	–	45	15	30
대전	5	15	90	160	–	15	5	10
울산	5	18	91	144	1	17	4	14
세종	1	5	27	40	1	4	5	–
경기	28	169	849	1,425	10	159	65	104
강원	14	50	207	331	8	42	27	23
충북	0	46	205	329	2	44	28	18
충남	0	66	301	473	5	61	44	22
전북	14	67	296	471	4	63	45	22
전남	21	118	395	594	–	118	62	56
경북	22	112	442	638	2	110	45	67
경남	18	108	451	703	3	105	37	71
제주	2	15	70	154	1	14	6	9

부록 2. 2011~2013년 무연고 시신 처리현황

시·도	2011년				2012년				2013년			
	남	여	미상	계	남	여	미상	계	남	여	미상	계
합계	546	121	26	693	572	135	34	741	731	161	30	922
서울	237	32	0	269	217	30	0	247	255	30	0	285
부산	31	15	3	49	37	15	0	52	41	16	0	57
대구	23	9	0	32	6	3	0	9	11	5	0	16
인천	22	7	8	37	29	6	5	40	40	11	5	56
광주	3	2	0	5	1	1	1	3	13	1	0	14
대전	10	1	0	11	14	5	0	19	21	6	0	27
울산	5	2	0	7	10	6	1	17	16	1	0	17
세종	0	1	1	2	1	0	0	1	3	0	0	3
경기	63	23	7	93	81	35	6	122	111	34	8	153
강원	11	6	0	17	22	6	0	28	25	8	0	33
충북	18	5	0	23	21	2	0	23	16	6	0	22
충남	28	1	0	29	30	3	0	33	54	12	0	66
전북	17	4	0	21	7	2	0	9	31	5	1	37
전남	15	4	1	20	16	1	6	23	19	4	2	25
경북	17	3	0	20	21	5	3	29	27	13	2	42
경남	23	4	0	27	37	10	0	47	27	6	5	38
제주	23	2	6	31	22	5	12	39	21	3	7	31

부록 3. 전국 화장시설별 관내·관외 사용료 현황(일반 대인 기준)

('14. 3. 3 e하늘 포털 기준)

시·도	화장시설명	관 외	관 내
서울	서울시립승화원	1,000,000	90,000
	서울추모공원	1,000,000	90,000
부산	부산영락공원	480,000	120,000
대구	대구명복공원	1,000,000	180,000
인천	인천가족공원	1,000,000	90,000
광주	광주시영락공원	900,000	90,000
대전	대전시정수원	570,000	90,000
울산	울산하늘공원	800,000	100,000
세종	세종시은하수공원	480,000	160,000
경기	수원시연화장	1,000,000	100,000
	성남시영생관리사업소	1,000,000	50,000
	용인평온의숲	900,000	100,000
강원	춘천안식원	700,000	70,000
	원주시립화장장	500,000	100,000
	동해시공설화장장	500,000	50,000
	태백시화장장	700,000	100,000
	속초시화장장	500,000	100,000
	정선군하늘화장터	700,000	100,000
	인제종합장묘센터	700,000	70,000
충북	청주시목련공원	500,000	100,000
	충주시공설화장장하늘나라	500,000	100,000
	제천시영원한쉼터	500,000	100,000
충남	천안추모공원	500,000	100,000
	홍성군추모공원관리사업소	600,000	300,000
	공주나래원	500,000	100,000
	전주시승화원	300,000	50,000

시·도	화장시설명	관 외	관 내
전북	군산시승화원	500,000	60,000
	남원시승화원	500,000	60,000
	익산시공설화장장정수원	500,000	60,000
전남	목포시화장장	150,000	50,000
	여수시영락공원승화원	해당없음	40,000
	순천시연화원	405,000	58,000
	국립소록도병원화장장	–	해당없음
	광양시화장장	442,000	63,000
경북	포항시립우현화장장	400,000	50,000
	포항시구룡포화장장	320,000	40,000
	김천시공설화장장	400,000	50,000
	안동시영면원	400,000	50,000
	영주시화장장	350,000	50,000
	상주시승천원	500,000	100,000
	문경시화장장	400,000	50,000
	의성군공설화장장	400,000	100,000
	울릉군추모공원	60,000	30,000
	경주하늘마루관리사무소	700,000	150,000
경남	창원시립마산화장장	500,000	40,000
	진주시안락공원	352,000	70,000
	창원시립진해화장장	500,000	40,000
	통영시추모공원	450,000	70,000
	사천시공설화장장	165,000	55,000
	밀양시공설화장시설	252,000	63,000
	고성군공설화장장	400,000	50,000
	김해추모의공원	400,000	100,000
	남해추모누리영화원	300,000	60,000
	창원시립상복공원	500,000	40,000
제주	제주특별자치도양지공원	120,000	50,000

부록 4. 연도별 화장률 현황

○ 2000년도 화장률 현황

(2000. 12. 31 기준, 단위 : 명)

구 분	사망자수	화장건수	화장률(%)
총 계	247,346	83,233	33.7
서울	38,815	18,034	46.5
부산	18,178	10,142	55.8
대 구	11,396	3,587	31.5
인 천	10,636	4,865	45.7
광 주	5,812	1,085	18.7
대 전	5,751	1,704	29.6
울 산	3,845	1,874	48.7
경 기	38,679	16,476	42.6
강 원	10,911	3,294	30.2
충 북	10,272	1,782	17.3
충 남	14,819	2,525	17.0
전 북	14,384	2,664	18.5
전 남	18,058	2,632	14.6
경 북	21,769	5,229	24.0
경 남	19,981	6,634	33.2
제 주	2,887	345	12.0
기 타	1,180	370	31.4

※ 기타는 국외자, 신원확인 불명자 등의 경우임

○ 2001년도 화장률 현황

(2001. 12. 31 기준, 단위 : 명)

구 분	사망자수	화장건수	화장률(%)
총 계	242,730	93,493	38.5
서울	37,979	20,350	53.6
부산	18,283	11,376	62.2
대 구	11,315	4,250	37.6
인 천	10,516	5,271	50.1
광 주	5,701	1,359	23.8
대 전	5,704	2,031	35.6
울 산	3,898	2,523	64.7
경 기	38,863	17,844	45.9
강 원	10,719	3,434	32.0
충 북	10,674	2,141	22.1
충 남	14,157	3,008	21.1
전 북	13,788	2,872	20.8
전 남	17,758	2,658	15.0
경 북	21,099	5,797	27.5
경 남	19,245	7,519	39.1
제 주	2,822	455	16.1
기 타	1,209	605	50.0

※ 기타는 국외자, 신원확인 불명자 등의 경우임

○ 2002년도 화장률 현황

(2002. 12. 31 기준, 단위 : 명)

구 분	사망자수	화장건수	화장률(%)
총 계	246,515	105,103	42.64
서울	38,492	22,854	59.37
부산	18,539	12,259	66.13
대 구	11,359	4,695	41.33
인 천	10,669	5,927	55.55
광 주	5,856	1,617	27.61
대 전	5,730	2,374	41.43
울 산	3,934	2,109	53.61
경 기	40,297	19,085	47.36
강 원	10,865	4,605	42.38
충 북	9,977	2,410	24.16
충 남	14,564	3,799	26.08
전 북	13,950	3,565	25.56
전 남	17,418	3,230	18.54
경 북	21,332	6,593	30.91
경 남	19,561	8,868	45.34
제 주	2,776	508	18.30
기 타	1,196	605	50.59

※ 기타는 국외자, 신원확인 불명자 등의 경우임

○ 2003년도 화장률 현황

(2003. 12. 31 기준, 단위 : 명)

구 분	사망자수	화장건수	화장률(%)
총 계	245,817	113,999	46.38
서울	37,688	23,159	61.45
부산	18,396	12,533	68.13
대 구	11,568	5,341	46.17
인 천	10,846	6,815	62.83
광 주	5,886	2,035	34.57
대 전	5,811	2,631	45.28
울 산	4,138	2,541	61.41
경 기	40,862	21,524	52.67
강 원	10,807	4,460	41.27
충 북	9,845	2,698	27.40
충 남	14,221	3,915	27.53
전 북	13,854	4,396	31.73
전 남	17,282	3,624	20.97
경 북	21,061	7,286	34.59
경 남	19,392	9,506	49.02
제 주	2,806	732	26.09
기 타	1,354	803	50.31

※ 기타는 국외자, 신원확인 불명자 등의 경우임

○ 2004년도 화장률 현황

(2004. 12. 31 기준, 단위 : 명)

구 분	사망자수	화장건수	화장률(%)
총계	244,193	120,091	49.18
서울	37,871	23,329	61.60
부산	18,594	13,373	71.92
대구	11,753	5,808	49.42
인천	10,966	7,203	65.68
광주	5,979	2,262	37.83
대전	5,905	2,805	47.50
울산	3,941	2,339	59.35
경기	41,913	23,809	56.81
강원	10,596	4,638	43.77
충북	9,514	2,725	28.64
충남	13,960	4,002	28.67
전북	13,467	4,696	34.87
전남	17,009	4,308	25.33
경북	20,521	7,673	37.39
경남	19,374	10,227	52.79
제주	2,830	894	31.59

○ 2005년도 화장률 현황

(2005. 12. 31 기준, 단위 : 명)

구 분	사망자수	화장건수	화장률(%)
총 계	243,886	128,251	52.59
서울	38,367	24,881	64.85
부산	18,727	14,014	74.83
대구	11,407	5,875	51.50
인천	11,067	7,641	69.04
광주	5,885	2,440	41.46
대전	5,742	2,863	49.86
울산	4,081	2,516	61.65
경기	42,615	25,682	60.27
강원	10,506	4,912	46.75
충북	9,661	2,873	29.74
충남	13,894	4,391	31.60
전북	13,354	5,277	39.52
전남	16,206	4,409	27.21
경북	20,158	8,729	43.30
경남	19,314	10,732	55.57
제주	2,902	1,016	35.01

○ 2006년도 화장률 현황

(2006. 12. 31 기준, 단위 : 명)

구 분	사망자수	화장건수	화장률(%)
총 계	242,268	136,854	56.5
서울	38,117	26,012	68.2
부산	18,862	14,664	77.7
대구	11,254	6,338	56.3
인천	10,991	7,954	72.4
광주	5,711	2,619	45.9
대전	5,909	3,222	54.5
울산	4,069	2,722	66.9
경기	42,869	27,438	64.0
강원	10,421	5,382	51.6
충북	9,509	3,501	36.8
충남	13,511	4,653	34.4
전북	13,257	5,610	42.3
전남	16,141	5,276	32.7
경북	19,793	8,704	44.0
경남	18,880	11,624	61.6
제주	2,974	1,135	38.2

○ 2007년도 화장률 현황

(2007. 12. 31 기준, 단위 : 명)

구 분	사망자수	화장건수	화장률(%)
총 계	244,874	144,255	58.9
서울	38,645	27,130	70.2
부산	19,072	15,248	79.9
대구	11,195	6,641	59.3
인천	11,315	8,327	73.6
광주	6,053	3,031	50.1
대전	5,949	3,381	56.8
울산	4,107	2,842	69.2
경기	43,590	28,463	65.3
강원	10,361	5,626	54.3
충북	9,638	3,657	37.9
충남	13,857	5,310	38.3
전북	13,287	6,139	46.2
전남	15,951	5,689	35.7
경북	19,869	9,107	45.8
경남	19,105	12,484	65.3
제주	2,880	1,180	41.0

○ 2008년도 화장률 현황

(2008. 12. 31 기준, 단위 : 명)

구 분	사망자수	화장건수	화장률(%)
총계	246,113	152,420	61.9
서울	38,298	27,661	72.2
부산	19,385	15,616	80.6
대구	11,605	7,138	61.5
인천	11,366	8,857	77.9
광주	6,132	3,247	53.0
대전	6,105	3,681	60.3
울산	4,172	3,021	72.4
경기	44,168	30,571	69.2
강원	10,506	6,043	57.5
충북	9,717	4,131	42.5
충남	13,592	5,514	40.6
전북	13,241	6,518	49.2
전남	16,018	6,319	39.4
경북	19,654	9,489	48.3
경남	19,341	13,059	67.5
제주	2,813	1,195	42.5

주) 총 화장건수에 무연고시신 등 주소가 없는 화장건수(360건) 포함

○ 2009년도 화장률 현황

(2009. 12. 31 기준, 단위 : 명)

구 분	사망자수	화장건수	화장률(%)
총계	246,942	160,433	65.0
서울	38,788	27,992	72.2
부산	18,952	15,627	82.5
대구	11,742	7,708	65.6
인천	11,663	9,259	79.4
광주	6,180	3,540	57.3
대전	5,950	3,748	63.0
울산	4,317	3,188	73.8
경기	45,135	32,479	72.0
강원	10,416	6,252	60.0
충북	9,987	4,760	47.7
충남	13,554	6,038	44.5
전북	12,920	6,999	54.2
전남	15,734	7,010	44.6
경북	19,625	9,822	50.0
경남	19,153	13,534	70.7
제주	2,826	1,318	46.6

※ 화장건수 중 개장유골, 죽은태아, 외국인 제외

○ 2010년도 화장률 현황

(2010. 12. 31 기준, 단위 : 명)

구 분	사망자수	화장건수	화장률(%)
총계	255,405	172,276	67.5
서울	40,130	30,444	75.9
부산	19,708	16,459	83.5
대구	12,054	8,095	67.2
인천	12,087	9,804	81.1
광주	6,532	4,000	61.2
대전	6,313	4,205	66.6
울산	4,328	3,364	77.7
경기	47,687	35,197	73.8
강원	10,729	6,877	64.1
충북	9,825	4,914	50.0
충남	14,014	6,786	48.4
전북	13,188	7,524	57.1
전남	16,042	7,771	48.4
경북	20,249	10,691	52.8
경남	19,502	14,444	74.1
제주	3,017	1,457	48.3
지역미상	–	244	–

○ 2011년도 화장률 현황

(2011. 12. 31 기준, 단위 : 명)

구 분	사망자수	화장건수	화장률(%)
총계	257,396	182,946	71.1
서울	40,320	31,751	78.7
부산	19,643	16,848	85.8
대구	12,355	8,713	70.5
인천	12,504	10,589	84.7
광주	6,593	4,348	65.9
대전	6,336	4,488	70.8
울산	4,462	3,560	79.8
세종	–	–	–
경기	48,394	37,526	77.5
강원	10,521	6,940	66.0
충북	10,176	5,564	54.7
충남	14,025	7,531	53.7
전북	13,126	8,011	61.0
전남	16,090	8,351	51.9
경북	20,237	11,586	57.3
경남	19,593	15,222	77.7
제주	3,021	1,657	54.8
지역미상	–	261	–

○ 2012년도 화장률 현황

(2012. 12. 31 기준, 단위 : 명)

구 분	사망자수	화장건수	화장률(%)
총계	267,221	197,717	74.0
서울	41,514	33,846	81.5
부산	20,534	18,027	87.8
대구	12,352	9,177	74.3
인천	12,881	11,055	85.8
광주	6,874	4,785	69.6
대전	6,580	4,772	72.5
울산	4,567	3,734	81.8
세종	820	503	61.3
경기	50,830	40,683	80.0
강원	11,030	7,543	68.4
충북	10,478	6,178	59.0
충남	13,994	7,823	55.9
전북	13,700	8,902	65.0
전남	16,766	9,623	57.4
경북	20,644	12,517	60.6
경남	20,419	16,565	81.1
제주	3,238	1,860	57.4
지역미상	–	124	–

○ 2013년도 화장률 현황

(2013. 12. 31 기준)

구 분	사망자수	화장건수	화장률(%)
총계	266,257	204,750	76.9
서울	42,063	35,431	84.2
부산	20,096	17,916	89.2
대구	12,531	9,669	77.2
인천	13,039	11,445	87.8
광주	6,891	5,121	74.3
대전	6,634	5,015	75.6
울산	4,871	4,111	84.4
세종	812	579	71.3
경기	50,959	42,046	82.5
강원	10,756	7,607	70.7
충북	10,371	6,553	63.2
충남	13,854	8,220	59.3
전북	13,492	9,314	69.0
전남	16,332	9,925	60.8
경북	20,245	13,022	64.3
경남	19,994	16,688	83.5
제주	3,317	1,986	59.9

※ 총 화장자수(지역미상 102명 포함)

부록 5. 시·도별 개장유골 화장 건수

구 분	'12년 윤달해(윤달 4. 21~5. 20)	'13년
계	87,982	48,206
서울	5,376	4,335
부산	1,871	1,508
대구	837	374
인천	5,586	1,807
광주	2,828	1,573
대전	2,886	1,881
울산	983	448
세종	2,623	1,251
경기	3,569	3,080
강원	6,268	1,797
충 북	3,891	2,891
충 남	6,773	2,640
전 북	7,338	3,305
전 남	8,850	6,130
경 북	6,815	4,231
경 남	15,377	7,539
제 주	6,111	3,416

부록 6. 지자체별 개장 및 화장지원금 조례 등 현황

시·도	시·군·구	지 원 금 액
인천광역시	옹진군	관내사망자는1구당 1백만원의 범위내 관외사망자는 인천광역시 장사시설에 관한 조례 규정에 따른 화장시설 사용료
경기도	의왕시	15세 이상 50,000원, 15세 미만 200,000원
	안성시	화장비용의 60%(단 300,000원 초과할수없음)
	여주시	화장비용의 50%
	하남시	화장비용의 50%
	이천시	1구당 600,000원, 개장유골 300,000원
	과천시	화장비용의 50%
	부천시	화장비용의 70%
	안산시	1구당 200,000원
	군포시	한 가구당(15세 이상) 500,000원, (15세 미만) 200,000원
	양주시	1구당300,000원, 개장유골100,000원
	연천군	1구당 화장장 사용료 전액
	가평군	1구당 300,000원
	구리시	1구당 100,000원
	양평군	1구당 최저 300,000원 최고 1,000,000원 한도 내에서 이용 실비 (화장 이용실비 외에 부대비용은 제외)
	의정부시	1구당 100,000원
	안양시	화장비용의 30%
강원도	영월군	1구당 200,000원, 개장유골 100,000원 단, 화장장 소재지 지역 주민의 사용료보다 추가 부담하는 비용이 지원금액 이하인 경우 실제 화장요금을 지급
	삼척시	화장비용의 80%
	양양군	화장비용의 50%
	화천군	기초생활수급자및유공자: 전액 차상위계층 : 80% 일반주민(화천군공설장례식장이용) : 80% 일반주민(타 장례식장이용) : 30%

시·도	시·군·구	지원금액
강원도	강릉시	화장비용의 60% 기초생활수급권자 및 무연고사망자는 전액 지원할 수 있음
	횡성군	화장장 소재지 지역주민의 사용료보다 추가 부담하는 비용을 예산의 범위에서 지원, 기초생활수급자 및 행려사망자는 전액 지원
	평창군	화장장 소재지 지역주민의 사용료보다 추가 부담하는 비용전액, 기초생활수급자 및 행려사망자는 전액 지원
	철원군	1구당 500,000원이내 실제 화장장 사용금액이 지원금액 이하인 경우 실 소요비용
	양구군	수급권자: 실소요비용전액 차상위계층: 실 소요비용의 70% 일반주민: 실 소요비용의 50%
충청북도	영동군	1구당 500,000원 범위 내에서 실제 화장비용
	진천군	1구당 300,000원, 개장유골 100,000원 지원금액 이하인 경우 실제 화장비용
	옥천군	1구당 500,000원 범위 내에서 실제 화장비용
	단양군	화장장 소재지 지역주민의 사용료보다 추가 부담하는 비용을 전액 지급하되, 200,000원을 초과하여서는 아니됨
	괴산군	1구당 자연장인 경우 300,000원, 그 외는200,000원 지원금액 이하인 경우 실제 화장비용
	보은군	1구당 200,000원, 개장유골 100,000원 실제 화장비용이 지원기준 이하인 경우에는 실제 화장비용
충청남도	아산시	1구당 100,000원, 개장유골 50,000원 지원금액 이하인 경우 실제 화장비용
	서산시	200,000원 이하의 실제비용
전라북도	순창군	화장비용의 50% 다만, 화장장 사용료가 300,000원 미만인 경우에는 실제 화장장 사용료
	완주군	1구당 최고 300,000원까지 실비 지원
	무주군	1구당 500,000원
전라남도	강진군	예산의 범위 내에서 지원
	무안군	1구당 200,000원
	곡성군	1구당 300,000원
	영광군	1구당 300,000원

시·도	시·군·구	지원금액
전라남도	영암군	1구당 200,000, 개장유골 100,000원
	구례군	1구당 500,000원
	고흥군	1구당 200,000원, 개장유골 100,000원 실제 화장비용이 지원금액 이하인 경우 실 소요비용
	나주시	1구당 200,000원(시신, 개장유골 동일) 실제 화장요금이 지원금액 이하인 경우에는 실소요비용
경상북도	김천시	김천시 화장장 관내비용초과분 단, 지급액이 김천시화장장 관외비용을 초과하여서는 아니됨
	군위군	1구당 200,000원
	성주군	타지역 화장장을 성주군민이 이용할 경우 그 지역주민이 부담하는 화장장 사용료를 제외한 비용의 50%
	영덕군	전국 화장장 소재 지역주민의 화장료보다 추가 부담하는 비용 반액
	울진군	전국 화장장 소재 지역주민의 화장료보다 추가 부담하는 비용 전액
경상남도	거창군	1구당 300,000원 자연장 한 경우 100,000원까지 추가지급 개장유골 100,0000원
	함양군	1구당 200,000원
	합천군	1구당 타지역 화장장 사용료
	산청군	화장장 사용료에 해당하는 금액
	하동군	1구당 300,000원 자연장 한 경우 150,000원까지 추가지급 개장유골 100,0000원
	남해군	1구당 150,000원, 개장유골 50,000원
	창녕군	전국 화장장을 창녕군민이 이용할 경우 그 지역 주민의 사용료를 제외한 사용료 전액
	함안군	
	의령군	1구당300,000원 화장장 사용료가 30만원 미만의 경우 그 지역 화장장 사용료에 해당하는 금액
	양산시	각 화장장의 관외 거주자 사용료에서 관내 거주자 사용료를 제외한 금액
	거제시	1구당 200,000원, 개장유골 50,000원

부록 7. 무연고 시신등의 처리 매뉴얼

제1절 개 요

1	목적

무연고 시신 등의 처리체계를 명확히 하고, 사망자의 존엄성, 보건위생상의 위해 방지 및 공공복지 증진 등을 고려하여 무연고 시신을 원활하게 처리함을 목적으로 한다.

2	법적근거

1) 장사 등에 관한 법률(이하 "장사법"이라 한다)
2) 관계법령 등
   (1) 시체해부 및 보존에 관한 법률
   (2) 의료법
   (3) 외국인 보호규칙(법무부령)
   (4) 범죄수사규칙(경찰청 훈령, 해양경찰청 훈령)

3	적용대상

1) 연고자가 없는 국내·외국인 사망자
2) 연고자를 알 수 없는 국내·외국인 사망자
3) 연고자가 있으나 시신인수를 거부·기피한 국내·외국인 사망자

4	용어 정의

1) '무연고 시신'이란 ① 연고자가 없는 시신 ② 연고자를 알 수 없는 시신 ③ 연고자가 있으나 시신 인수를 거부·기피하는 등의 시신을 말한다.
   (1) '연고자'는 장사법 제2조제16호에 따른 '연고자'를 말한다.
   (2) '연고자를 알 수 없는 시신'이란 사망자의 신원이 확보되지 않아 연고자를 알 수 없는 경우 등의 시신을 말한다.
   (3) '연고자가 있으나 시신 인수를 거부·기피하는 경우'란 사망자의 연고자가 있음에도

연고자가 사회적·경제적·신체적 능력부족 및 가족관계 단절 등 불가피한 이유로 시신 인수를 하지 않는 경우 등을 말한다.

〈 연고자가 있어도 무연고 시신 처리기준 충족사항 〉

- 「병역법」에 의한 징집·소집된 경우(군복무)
- 「해외이주법」제2조의 규정에 의한 해외이주자에 해당하는 경우
- 교도소·구치소·보호감호시설 등에 수용중인 자
- 장애인 또는 저·고연령층으로 정상적인 장례를 치르기가 어려운 경우
- 실질적인 가족관계의 단절상태 및 생활경제 능력이 어려운 경우
- 그 외 시장 등이 무연고 시신 처리기준에 적합하다고 인정되는 경우

2) '시신처리 위임서'란 연고자가 있으나 시신 인수를 거부·기피하는 경우 연고자가 시신을 처리할 능력이 없다고 관할 특별자치도지사·시장·군수·구청장(자치구) 이하 "시장등"이라 한다)이 인정하는 경우 연고자에게 시신 처리에 대한 동의를 받아 무연고 시신 처리 규정에 따라 처리하기 위한 서류를 말한다.

제2절 무연고 시신 처리 절차

1 무연고 시신의 처리

1) 시장등은 의료기관의 장 또는 경찰서장 등에게 인수받은 무연고 시신에 대하여, 사망자 신원 확인 및 연고자 탐문·조사로 사망자의 연고자 여부를 재확인 한다.

◈ 의료법

· 의사·치과의사·한의사 및 조산사는 사체를 검안하여 변사(變死)한 것으로 의심되는 때에는 사체의 소재지를 관할하는 경찰서장에게 신고하여야 한다.(제26조)

◈ 범죄수사규칙(경찰청훈령, 해양경찰청훈령)

· 사법경찰관은 변사체를 검시한 결과 사망의 원인이 범죄로 인한 것이 아니라는 점이 명백히 인정되었을 때에는 검사의 지휘를 받아 소지품 등과 같이 사체를 신속히 유족 등에게 인도하여야 한다. 다만, 사체를 인수할 자가 없거나, 그 신원이 판명되지 않은 때에는 사체가 현존하는 지역의 시장, 군수, 구청장에게 인도하여야 한다. (제37조제1항)

· 사법경찰관은 변사체의 검시를 한 경우에 사망자의 등록기준지가 분명하지 않거나 사망자를 인식할 수 없을 때에는 「가족관계의 등록 등에 관한 법률」제90조제1항의 규정에 따라 지체 없이 사망지역의 구·시·읍·면의 장에게 검시조서를 첨부하여 별지 제14호 서식의 사망통지서를 송부하여야 한다.(제38조제1항)

2) 시장등은 사망자의 연고자 확인 결과, 연고자가 확인되면 그 연고자에게 지체 없이 시신을 인도한다.

(1) 시장등은 사망자의 연고자 확인결과, 무연고 시신의 경우에는 「시체 해부 및 보전에

관한 법률」(이하 "시체법"이라 한다)에 따라 의과대학의 장에게 통지하고, 무연고 시체의 교부요청이 없을 때에는 「장사 등에 관한 법률」제12조에 따라 처리한다.

◈ 시체 해부 및 보전에 관한 법률

제12조(인수자가 없는 시체의 교부등) ① 시장·군수 또는 구청장은 인수자가 없는 시체가 발생한 때에는 지체없이 그 시체의 부패방지를 위하여 필요한 조치를 취하고 의과대학의 장에게 이를 통`지하여야 하며, 의과대학의 장이 의학의 교육 또는 연구를 위하여 시체의 교부를 요청한 때에는 특별한 사유가 없는 한 이에 응하여야 한다. 다만, 1`4세 미만으로 인정되는 시체의 경우에는 그러하지 아니하다.

② 시장·군수 또는 구청장은 제1항의 규정에 의하여 시체를 교부하고자 할 때에는 일간신문에 2회 이상 공고하여야 한다.

③ 제1항의 규정에 의하여 교부받은 시체는 사망이 확인된 날부터 60일이 경과하기 전에는 해부할 수 없다.

④ 시장·군수 또는 구청장은 제1항의 규정에 의하여 시체를 교부하였을 때에는 그 의과대학의 장에게 시체교부증명서를 교부하여야 한다.

⑥ 제1항의 규정에 의한 시체교부의 시기·절차·시체의 사진촬영 및 제2항의 규정에 의한 공고사항 기타 시체의 교부 및 보관등에 필요한 사항은 대통령령으로 정한다.

3) 시장등은 사망자의 연고자 확인결과, 연고자가 있으나 연고자의 경제적 능력이나 가족관계 단절 등으로 연고자가 시신 인수를 거부·기피한다고 인정하는 경우, 연고자에게 별지 제1호서식의 '시신처리위임서'를 받아 무연고 시신 처리규정에 따라 처리한다.

4) 시장등은 사망자의 연고자가 확인되어 시신 인수를 통보하였으나 연고자가 시신 인수를 거부·기피하면서 '시신처리위임'도 하지 않아 시신의 손상, 부패 등 보건위생상의 우려가 있다고 판단하는 경우 연고자에게 시신인수 또는 시신처리 위임에 관한 사항을 통보하고, 연고자가 통보를 받은 날부터 14일 이내에 시신인수 또는 시신처리 위임 의사를 밝히지 아니한 경우, 시신처리 의무를 거부한 것으로 보아 무연고 시신 처리 규정을 준용하여 시신을 매장 또는 화장하여 봉안하고 연고자에게 매장·봉안장소 등의 처리결과를 통보하여야 한다.

5) 외국인 사망자의 연고자가 없거나 연고자를 알 수 없는 경우에는 해당 국적 영사에게 자국민 여부, 자국내 연고자 파악 및 시신 인수를 요청한 후 연고자가 없거나 알 수 없는 경우 또는 시신 인수를 거부·기피하는 경우에는 무연고 시신 처리규정에 따라 처리한다.

◈ **외국인보호규칙(법무부령)**

제23조(위독 또는 사망의 통보) ① 소장은 보호외국인이 질병이나 상처 등으로 위독할 때에는 그 외국인의 국적 또는 시민권이 속하는 나라의 영사나 가족에게 그 사실을 알려야 한다. 다만, 영사에게 알릴 경우에는 지체 없이 하여야 한다.

② 소장은 보호외국인이 사망한 때에는 그 사유를 관할 지방검찰청·지청 검사에게 알려 검시(檢屍)를 받은 후, 그 외국인의 국적 또는 시민권이 속하는 나라의 영사나 그 가족에게 사망 일시, 사망 원인, 병명 및 14일 이내에 사체를 인수할 것을 알려야 한다. 다만, 영사에게 알릴 경우에는 지체 없이 하여야 한다.

③ 제2항에 따라 사망 통보를 받은 영사나 그 가족이 통보를 받은 날부터 14일 이내에 사체 인수 의사를 밝히지 아니한 경우 사체 인수를 거부한 것으로 본다.

④ 소장이 제2항에 따라 사망사실을 알릴 때에는 제3항의 내용을 함께 알려야 한다.

⑤ 소장은 사체를 인수할 사람이 없을 때 또는 영사 및 그 가족이 사체 인수를 거부하였을 때에는 「시체해부 및 보존에 관한 법률」 및 「장사 등에 관한 법률」에 따라 보호시설이 있는 지역을 관할하는 시장·군수 또는 자치구의 구청장에게 그 사체의 교부·매장 또는 화장을 의뢰하여야 한다.

⑥ 보호외국인이 사망한 때에는 그 사망 원인(병으로 사망한 경우 병명과 병력을 기록한다), 사망 일시, 사체 보관 장소, 사망 통보 일시, 수신인, 사체 인수자 및 인계 일시 등을 법무부장관이 정하는 사망기록부에 기록하여야 한다

2 무연고자 등에 대한 시신처리 행정요령

1) 변사자의 경우 : 시신을 인수할 자가 없거나, 그 신원이 판명되지 않은 때 시신이 현존하는 지역의 시장, 군수, 구청장이 처리(범죄수사규칙 제37조제1항)

2) 기초생활수급자가 사망한 경우 : 기초수급자를 관리하는 시장, 군수, 구청장이 연고자가 되므로 사망한 장소에 관계없이 기초수급자를 관리하는 시장, 군수, 구청장이 처리(장사 등에 관한 법률 시행령 제2조)

※ 사망한 지역이 관외인 경우 거리상의 문제로 사망자의 이송 등의 불편이 발생할 경우 기초수급자를 관리하는 행정기관과 사망한 지역의 행정기관간의 시신처리 및 비용 등에 관한 사항에 대해 긴밀히 협의하여 처리

참고 : 의료급여 수급자의 병원 치료중 사망시 행정요령

(기초보장의료과-2203〈2011.5.27〉)호 관련

사 안	**의료급여 수급자의 병원 치료 중 사망시 행정요령** – 의료급여 수급자가 병원 치료 중 사망하였는데 수급자 책정 시군구와 병원 소재지 시군구간 망자 처리를 서로 미룸으로 인해 한달 간 망자가 병원 영안실에 안치되고 장례를 치르지 못하는 사례 발생`
지 침	「장사 등에 관한 법률」제2조 제16호 사목 및 아목의 규정에 의거, 연고자를 찾을 수 없는 의료급여 수급자에 대하여는 동 망자를 의료급여 수급자로 책정한 시군구가 장례를 치루어야 함. – 상기 법에 의거, 망자 발생시 1차적으로 연고자에게 인계하고 연고자가 없을 시 의료급여 수급자 등 정부의 보호를 받던 시민인 경우에는 수급자 책정 등 보호조치중인 시군구가 장례를 치루어야 하며, 연고자도 없고 수급자 등 정부보호를 받던 시민이 아닌 경우에만 망자 발생 병원 소재지 시군구가 장례를 치룸 – 만약 행정관청별로 상기 법과 상이하게 자체 규정을 운영하고 있다면 이는 잘못된 것임. 병원에서 질환, 노환 등으로 사망하는 것은 변사(사고사 추정)가 아니므로 경찰이 처리할 사항이 아님. 의료급여 수급자가 병원에서 사망하는 경우 특별한 사유 없이 망자가 병원에 장기간 안치되는 사례가 발생하지 않도록 할 것.

3 무연고 시신의 처리방법 및 공고 등

1) 시장등은 의과대학의 장이 시신의 교부를 원하지 않는 무연고 시신에 대하여 일정 기간 매장하거나 화장하여 봉안하여야 한다.

   ※ 단, 65세 이상 무연고 사망자의 경우 노인돌봄서비스 수행기관에서 제공하는 「무연고 독거노인 장례지원서비스」가 원활히 수행되도록 협조하여야 한다.(「무연고 독거노인 장례지원서비스 사업 안내」 참조)

   (1) 매장 또는 봉안의 기간은 10년으로 하고, 그 기간이 끝났을 때에는 일정한 장소에 집단으로 매장하거나 자연장하여야 하며, 이 경우 무연고 시신 등을 화장하지 아니하고 매장 또는 봉안한 경우에는 화장을 하여야 한다.

2) 시장등은 무연고 시신을 매장하거나 화장하여 봉안한 때에는 지체 없이 공고하여야 한다. 다만, 연고자가 있으나 시장등에게 시신 처리를 위임한 경우 또는 연고자에게 처리의무를 통보하였음에도 처리하지 않아 시장등이 처리한 경우에는 공고하지 않고 연고자에게 처리결과를 통보하여야 한다.

3) 공고는 「신문 등의 진흥에 관한 법률」제2조제1호가항※에 따른 전국 및 특정지역을 보급지역으로 등록한 일간신문 둘 이상 또는 관할 특별시·광역시·도·특별자치도 및 시·군·구(자치구를 말한다) 인터넷 홈페이지와 하나 이상의 일간신문에 공고하여야 한다.

   ※ 일반일간신문 : 정치·경제·사회·문화 등에 관한 보도·논평 및 여론 등을 전파하기 위하여 매일 발행하는 간행물

4) 시장등은 공고사항을 10년 이상 보존하여야 한다.
5) 시장등은 무연고 사망자의 품격 있는 장례처리 등을 위하여 무연고 시신 처리에 드는 비용을 적정하게 산정한다.
    (1) 무연고 시신 처리 산정비용은 매장·화장 사용료, 장례용품(수의, 관 등), 영구차량, 노무비, 장례식장 안치료 등을 포함한다.

4 무연고 시신 처리에 대한 관리·감독

1) 시장등은 투명하고 적정한 무연고 시신의 처리를 위하여 염습·입관 등의 처리는 전문지식과 기술을 가진 장례지도사가 진행하도록 하고, 담당공무원이 최대한 참관하도록 노력하여야 한다.
2) 시장등은 무연고 시신의 원활한 처리를 위하여 장례 대행업체(장례식장 등)를 선정하여 처리업무를 위탁할 수 있다.
3) 무연고 시신 처리 대행업자는 시신 처리를 한 경우 별지 제2호서식에 따른 전신사진, 염습(수의착용)사진, 입관사진과 매·화장증명서 사본 등을 첨부한 처리결과를 시장 등에게 보고하여야 한다.
4) 시장등은 무연고 시신 처리실적 등을 반기별로 관할 시·도지사에게 보고하고, 시·도지사는 보건복지부장관에게 보고하여야 한다.

별지 제1호 서식 : 시신처리 위임서

시신처리 위임서

1. 사망자 인적사항
○ 성명 :
○ 주민번호 :
○ 주소 :
○ 본적 :

2. 연고자 인적사항
○ 성명 :
○ 주민번호 :
○ 주소 :
○ 연락처 :
○ 사망자와의 관계 :
○ 국적 :

3. 무연고 시신처리 위임사유
○

4. 위임내용
○ 시신의 처리(매장 또는 화장 · 봉안) :

5. 위임을 받은 자
○ ____________시장 · 군수 · 구청장

20 . . .

연고자:____________(인 또는 서명)

※ 증명서류: 사망자와 연고자 관계 확인증명서

별지 제2호 서식 : 무연고 시신 처리 사진

구 분	사 진
전 신	
염 습 (수의착용)	
입 관 (관속안치)	

별지 제3호 서식 : 무연고 시신 처리 관리 대장

무연고 시신 처리 관리대장

번호	분 류 ※	성명	성별 (남여, 미상)	생년 월일	사망 장소	사망 일시	매장 화장	매장·봉안 장소 (시설명)	국적	공고 여부	미공고 사유	처리 비용 (천원)

※ 분류 : ① 연고자 없음 ② 연고자 알 수 없음 ③ 연고자동의 ④ 연고자 거부 · 기피

부록 8. 장례식장 표준약관

공정거래위원회
표준약관 제10029호

제1조(목적) 이 약관은 장례식장을 운영하는 사업자(이하 '사업자'라 한다)와 장례식장을 이용하는 유족등(이하 '이용자'라 한다) 간의 장례식장의 이용에 관한 제반 계약사항을 규정함을 목적으로 합니다.

제2조(관계법령의 적용) 이 약관에서 규정되지 아니한 사항 또는 이 계약의 해석에 관하여 다툼이 있는 경우에는 사업자와 이용자가 합의하여 결정하되, 합의가 이루어지지 아니한 경우에는 약관의규제에관한법률, 민법, 상법 등 관계법령 및 공정타당한 일반관례에 따릅니다.

제3조(용어의 정의)

① '장례식장'이라 함은 안치실, 빈소, 접객실, 예식실 등 시신을 모시고 조문객의 조문을 받으며 예식을 올리기 위한 일체의 시설을 말합니다.

② '안치'라 함은 시신의 부패와 세균번식등을 막기 위하여 시신보관용 냉장시설에 시신을 모시는 것을 말합니다.

③ '염습'이라 함은 시신을 씻은 다음에 수의를 입히고 염포로 묶는 것을 말합니다.

④ '입관'이라 함은 시신을 관속으로 모시는 것을 말합니다.

⑤ '빈소'라 함은 조문객의 조문을 받기 위하여 마련된 장소를 말합니다.

⑥ '접객실'이라 함은 조문객을 대접하기 위하여 마련된 장소를 말합니다.

⑦ '예식실'이라 함은 고인에 대한 예식을 올리기 위해 마련된 장소를 말합니다.

⑧ '발인'이라 함은 이용자가 장사를 치르기 위해서 장례식장에서 관을 가지고 장지로 떠나는 것을 말합니다.

제4조(계약기간) 계약기간은 ( )년 ( )월 ( )일부터 ( )월 ( )일까지로 합니다.

제5조(이용시설) 사업자와 이용자는 다음과 같이 안치실, 빈소, 접객실, 예식실, 안치일시, 입관일시 등을 정합니다.

안 치 실	호	안 치 일 시	월 일 시 분
빈 소	호	입 관 일 시	월 일 시 분
접 객 실	호		
예 식 실	호		

제6조(이용료)

① 이용료는 안치실·빈소·접객실·예식실의 이용료, 염습비, 예식비, 청소 및 관리비 등으로 구성합니다.

② 안치실 · 빈소 · 접객실의 이용료는 안치일시를 기준으로 24시간을 1일로 하여 산정합니다. 다만, 24시간에 미달하는 시간은 그 시간이 12시간 이상인 경우에는 1일로 산정하고 12시간 미만인 경우에는 시간단위로 산정하되, 1시간 미만의 시간은 1시간으로 산정합니다.

③ 이용자가 직접 염습을 하는 경우에도 사업자는 염습을 하는 데 소요되는 실비(수시비 등)를 청구할 수 있습니다.

④ 이용자는 발인하기 전에 제1항 내지 제3항의 규정에 의한 이용료의 전액을 지급하여야 하며, 이때 사업자는 각 내역에 따른 계산서를 교부하여야 합니다.

제7조(사업자의 의무)

① 사업자는 계약을 체결하는 장소인 사무실내의 보기 쉬운 곳에 이 약관과 이용료(내역별 금액)를 게시하여야 하며, 이용자의 요구가 있을 때에는 이 약관을 교부하여야 합니다.

② 사업자는 이용자가 장례절차(종교별, 가문별 등)에 따라 엄숙하고도 편리하게 장례를 치를 수 있도록 장례식장을 쾌적하게 유지해야 하고, 적절한 양질의 서비스를 제공하여야 합니다.

③ 사업자 및 그 종업원은 이용자에게 계약에서 정한 이용료 이외의 일체의 금품이나 물품을 요구하지 않으며, 사업자가 제공하는 장례용품의 사용을 강제하지 아니합니다.

제8조(이용자의 의무)

① 이용자는 장례식장의 질서를 유지하기 위한 사업자의 공정타당한 제반 요청사항을 최대한 준수하도록 노력하여야 합니다.

② 이용자는 장례식장의 이용과 관련하여 타인에게 불편을 주지 않도록 다음의 행위를 하지 말아야 합니다.

1. 장례식장내에 인화성, 폭발성 등이 있는 위험한 물품을 반입 또는 보관하는 행위
2. 타인의 장례 또는 조문에 방해가 되는 고성방가, 소란, 지나친 종교행사 등 불쾌감을 주는 일체의 행위
3. 장례식장의 시설물, 기구 등을 멸실 · 훼손하는 행위

제9조(계약해지)

① 사업자 또는 이용자는 상대방이 고의 또는 과실로 계약을 위반하는 경우에는 계약을 해지할 수 있습니다.

② 제1항에 의하여 계약이 해지된 경우, 이용자는 시설물 및 기구를 반환하고 그때까지의 기간 동안의 이용료를 사업자에게 지급하여야 하며, 사업자는 이미 이용자에게서 수령한 금액이 있는 때에는 그 기간 동안의 이용료를 공제한 나머지 금액을 이용자에게 반환하여야 합니다. 이때 사업자는 각 내역에 따른 계산서를 교부하여야 합니다.

③ 제1항에 의하여 계약을 해지한 사업자 또는 이용자는 상대방의 고의 · 과실로 인해 손해를 입은 경우에는 제10조의 규정에 의하여 상대방에게 손해배상을 청구할 수 있

고, 이때 제2항에 의하여 지급할 이용료나 반환해야 할 금액에서 상대방이 책임져야 할 손해배상액을 공제할 수 있습니다.

제10조(계약위반으로 인한 책임) 사업자 또는 이용자는 고의 또는 과실로 계약을 위반하여 상대방에게 손해를 입힌 경우에는 그 손해를 배상할 책임을 집니다.

제11조(사고로 인한 책임) 사업자는 시설물의 하자, 종업원의 고의·과실 등 사업자의 책임 있는 사유로 인하여 장례식장내에서 발생한 사고에 대해서는 그 사고로 인한 손해를 배상할 책임을 집니다.

제12조(휴대물에 대한 책임)

① 사업자는 이용자 또는 조문객이 휴대한 물건(이하 '물건'이라 합니다)을 사업자나 종업원에게 보관을 맡긴 경우에는, 그 물건의 멸실·훼손·도난 등에 대하여 불가항력으로 인한 것임을 증명하지 아니하면 그 손해를 배상할 책임을 면하지 못합니다.

② 사업자는 이용자 또는 조문객이 보관을 맡기지 아니한 물건이라도 사업자나 종업원의 고의·과실로 인하여 멸실·훼손·도난 등이 된 때에는 그 손해를 배상할 책임을 집니다.

③ 사업자는 이용자 또는 조문객의 물건에 대하여 책임이 없음을 게시한 때에도 제1항과 제2항에 의한 책임을 면하지 못합니다.

④ 화폐, 유가증권 등의 고가물에 대하여는 이용자 또는 조문객이 그 종류와 액을 명시하여 사업자나 종업원에게 보관을 맡기지 아니한 경우에는, 사업자는 그 멸실·훼손·도단 등에 대하여 손해를 배상할 책임을 지지 아니합니다.

제13조(면책) 사업자는 손해가 천재지변등 불가항력적인 사유로 인하여 발생한 때에는 배상할 책임을 지지 아니합니다.

제14조(재판관할) 이 계약과 관련된 분쟁에 관한 소는 민사소송법상의 관할법원에 제기하여야 합니다.

부록 9. 장례지도사 자격증제도 운영 지침

Ⅰ. 장례지도사 교육기관 설치 및 운영에 관한 사항 등

1. 장례지도사 교육기관 설치

가. 시설기준

○ 장례지도사 교육기관 설치신고 시 가능한 건축물 용도
: 건축법 시행령 제3조의4 [별표 1]에 의한 근린생활시설(1종, 2종), 교육 연구시설, 업무시설, 노유자시설 등 교육기관을 설치하기에 적합하다고 시·도지사가 인정하는 경우 설치 가능

나. 학습교구기준

○ 학습교구의 자세한 목록은 본 운영지침의 [일반서식 12]의 현황통보서(장례지도사 교육기관용)에 근거하여 갖추어야 하며, 설치신고를 할 때 함께 제출

※ 학습교구의 이미지(그림)는 e하늘 장사정보(www.ehaneul.go.kr)에서 확인가능

다. 교육기관 명칭

○ '00장례지도사교육원'으로 기재하되, 간판 하단에 00시·도 제00호(신고번호)를 병기

예시)

00 대학부설 장례지도사교육원 서울특별시- 제2호

※ 자격관리시스템을 통해 출력된 '장례지도사 교육기관 설치신고 확인증'의 신고번호 앞에 표시되는 시·도(2글자) 명칭과 달리, 시·도의 전체 명칭을 그대로 사용함

예) 서울특별시- 제1호, 제주특별자치도- 제2호, 광주광역시- 제3호

○ 동일한 시·도에서는 기존에 설립된 장례지도사교육원과 동일한 명칭을 사용할 수 없으며, 국가기관(부처명), 지방자치단체(시·도/시·군·구), 공공기관이 직접 설치하지 않은 경우 해당 기관·단체의 명칭(줄인 명칭 등 유사명칭 포함)을 포함한 이름을 사용할 수 없음. 단, 지역명(예:서울, 강릉, 청주) 자체로는 사용가능

예) 보건복지부 장례지도사교육원, 00시 장례지도사교육원, e하늘 장례지도사교육원,대한 장례지도사교육원, 한국 장례지도사교육원, 00 장례지도사 △△교육원 등(×)

○ 고등교육법 제2조에 따른 대학 또는 전문대학(이하 대학등)에 설치된 장례지도 관련 학과가 장례지도사 교육기관으로 설치신고할 경우에는, 제20조의5(장례지도사 교육기관의 설치신고 등) 제1항에서 제2호부터 제5호까지의 첨부서류를 아래와 같이 적용할 수 있음

> **※ 대학등의 신고기관에서 대체가능한 첨부서류**
>
> 제2호 (현장실습기관과의 현장실습 실시 연계에 관한 사항을 증명할 수 있는 서류)
> → 해당 학과 커리큘럼(현장실습연계관련 학과목 명시, 50시간 이상 명시)
> 제3호(평면도 및 시설의 설비목록)
> → 학과 강의실 및 실습실 평면도
> 제4호(시설 설치할 토지 및 건물의 소유권 또는 사용권 증명서류)
> → 대학의 사업자등록증
> 제5호(사업계획서)
> → 대학에 설치된 장례지도 관련 학과임을 증명할 수 있는 문서
> (예) 입학모집요강, 학사학위수여표 등

○ 대학등에 설치된 장례지도 관련학과가 장례지도사 교육기관으로 신고한 경우 교육과정 개설 여부는 아래와 같음

> **※ 대학등 장례지도사 교육기관의 교육 과정 개설에 대한 사항**
>
> 고등교육법 제2조에 따른 대학 또는 전문대학(이하 "대학등"이라 한다)의 장례지도 관련 학과가 시·도에 장례지도사 교육기관으로 신고한 경우에는,
> - 전공자 교육과정, 실무경험자 교육과정 대상자반을 별도로 개설·운영할 수 있음

2. 교육기관 운영

가. 교육과정 수강안내

○ 교육기관은 교육희망자가 수강등록 하기 전 교육의 목적·과정 및 성격을 충분히 설명하여 교육과정에 대한 이해부족으로 잘못 등록하는 등의 피해 발생 예방

○ 교육기관은 교육희망자에게 수강등록 관련 안내사항 및 개인정보제공에 대한 내용을 충분히 설명하고 수강등록 안내서[일반서식 7] 및 개인정보 수집·이용·제3자 제공 동의서[일반서식 8]에 서명을 받아 자체 보관

※ 보건복지부나 시·도 요구 시 즉시 제출하여야 함

나. 수강료

○ 교육수강료(교재비 포함, 현장실습비 별도)는 자율적으로 결정하되 다음의 범위에서 수납하는 것을 권장함

구 분	1인당 교육비※ 40인 기준
300 시간	75만원 ~ 100만원
100 시간	30만원 ~ 50만원
50 시간	20만원 ~ 30만원
25 시간	15만원 ~ 20만원
6 시간	4만원

※ 교육비 환불기준은 [일반서식 15] 참조

○ 현장실습비는 15만원 내외(시간당 3,000원)에서 자율적으로 결정
  - 현장실습비 1차 수강료는 교육기관에서 일괄 수납하여 실습연계기관에 납부하되, 2차 재교육시는 교육생이 실습연계기관에 직접 납부함

○ 교육기관은 특별한 사정이 없는 한 교육생이 신용카드로 수강료를 납부할 수 있도록 하여야 하며, 현금으로 납부하는 경우에는 현금영수증을 발급하여야 함

○ 교육기관은 각 교육과정별로 수강료 수납대장을 작성 및 관리
  ※ 수납대장, 신용카드 매출표 또는 현금영수증은 2년간 보관

○ 장례지도 관련 학과 설치 대학이 교육기관으로 신청한 경우에는 지침의 환불기준을 준용하지 않고 대학의 자체기준 적용 가능
  ※ 대학 등이 장례지도사 교육기관으로 신고할 경우에는, 등록금 이외의 별도 교육수강료 기준을 적용하지 않음(재학생 대상의 경우)

다. 수강생 명단 보고

○ 교육기관은 교육과정별로 개강일로부터 3일 이내에 수강생 명단, 해당 과정의 강의시간표 및 교육일정을 시 · 도에 보고하여야 함.
  - 다만, 시 · 도는 교육일정의 통상적인 기간 등 교육일정에 대한 세부사항을 별도로 정할 수 있으며, 교육기관은 시 · 도의 세부사항을 준수하여야 함
  ※ 수강생 명단에는 성명, 생년월일, 주소(읍면동까지) 기재
  ※ 교육일정에는 이론, 실기과정의 구체적인 일정 및 시간표, 실습일정 및 실습연계기관 등 기재

라. 교육과정 운영

○ 신고된 강의실과 실기연습실에서 교육을 실시하여야 하며, 교육방법은 집합교육만 인정함(인터넷 등 통신교육은 불인정)

○ 원칙적으로 다음 경우에 합반 가능
  - 신규자반 및 실무경험자반은 이론 · 실기 합반 가능(40명 범위 내)

※ 교육기관은 합반을 하여 교육을 실시하는 경우에도 교육생이 각 교육과정별로 정해진 과목(교육내용)과 시간을 반드시 이수토록 하여야 함

※ 시·도지사는 위의 합반규정 이외에도 지역 상황에 적합하게 교육희망자의 분포, 교육기관의 법령(지침) 위반 여부 등을 고려하여 합반을 추가 또는 축소하는 합반규정을 정하여 시행할 수 있음

○ 교육가능 시간

– 1일 최대 8시간을 초과할 수 없음

※ 단, 점심시간 1시간은 교육가능 1일 최대시간에 미포함

예시) 오전 9시에서 오후 6시까지 교육한 경우, 점심시간 1시간 제외하고 8시간 교육가능

– 강의시간 : 50분 강의, 10분 휴식으로 운영

○ 교육생 관리

– 교육생 출석부[일반서식 9]를 비치하고 수시로 신분증 등을 통한 교육생의 본인 여부 확인(출석부는 2년 보관)

마. 현장실습 운영

○ 실습지도자

– 실습지도자는 다음에 해당하는 자 중에서 실습시설의 장이 정함

1. 실습시설의 장례지도사로서 직접적으로 염습을 포함한 장사업무에 3년 이상 종사한 경력이 있는 자. ※ 단, 장례지도사 자격증이 없는 실습지도자인 경우 실습연계에 관한 서류(실습계약서 등) 제출 후 3개월 이내에 장례지도사 자격증을 취득하는 경우에 사후 인정함('12.12.31일까지 한함)

※ "경력" : 현재 경력과 이전 경력 모두 포함

○ 실습가능인원

– 실습지도자 1인당 실습가능인원 : 최대 5인
단, 시·도에서 정한 실습인원이 있을 경우, 그에 따라 운영

○ 장부관리

– 실습시설은 실습지도자로 하여금 실습생 관리대장[일반서식 3]을 작성·관리토록 하여야 함(실습생 관리대장은 2년 이상 보관)

– 실습지도자는 원활한 실습을 위해 사전에 실습(기간)가능여부에 대해 유족으로부터 장례지도사 교육생 참관 등 동의서[일반서식 10]를 받아야 함

※ 고인의 시신 염습 참관 등을 수행하는 경우에 한함

바. 증명서 발급 등

○ 수료자 명단 제출

– 교육과정별 수료자 명단을 교육수료일로부터 30일 이내에 해당 시·도로 제출

○ 서류보존

– 교육기관은 각 과정별 장례지도사 교육수료자 명단, 교육과정 수료증명서, 현장실습

확인서 사본을 구비하여 3년간 보관

- 각 교육기관 및 실습연계기관에서는 교육이수자의 각종 서류 재발급 요청에 대비하여 관련서류 보관에 철저를 기하여야 함

사. 교육기관 운영 전반

○ 연간 사업계획 수립

- 교육기관은 최초 설치신고 시, 연간사업계획서를 제출하여야 하며, 운영 중인 교육기관은 매년 초 연간 사업계획서 등을 제출하여야 함

※ 시·도지사는 업무수행에 필요하다고 판단되는 경우 제시된 연간 사업계획서[일반서식 4]에 일부 항목을 추가하여 제출받을 수 있음

○ 교육기관은 기 제출한 연간 사업계획서를 변경하고자 할 경우에는 항목에 따라 시·도의 승인을 받거나 보고하여야 함

승인사항	보고사항
- 실습계획(실습기관, 실습지도자 변경 등) - 인력현황(교수요원 등)	- 연간교육계획 - 과목별 강사요원

※ 관련서류 검토에 소요되는 시일을 감안하여 사전에 승인요청 및 보고

○ 장부관리

구 분	종 류	보관기한
교육기관	(기본)교육과정 수료증명서 · 현장실습확인서 사본	3년 2년
	수강생명단, (기본)교육수료자 명부	
	자격증 · 경력증명서 사본	
	수강료수납대장(신용카드 매출표, 현금영수증 포함)	
	출석부	
	(직원)근무상황부	
실습기관	현장실습확인서 사본	3년 2년
	현장실습평가 체크리스트 · 실습일지	
	실습생관리대장	

○ 교육기관 현황 제출

– 장례지도사 교육기관은 [일반서식 12]의 현황통보서(장례지도사 교육기관용)를 작성하여 다음해 1월 10일까지 관할 시 · 도지사에게 보고해야 함

3. 교육기관(실습시설) 지도 점검

○ 교육기관은 설치신고 확인증을 교육생 등이 보기 쉬운 곳에 게시하여야 함

○ 시 · 도지사는 교육기관(실습시설)의 교육과정 운영 등에 대한 정기(1년 1회, 점검 시기는 자율적으로 결정) 및 수시 지도 · 점검을 실시

– 지도 · 점검 시 체크리스트를 활용하고 불법 부당 사례 적발기관 및 불법 개연성이 높은 기관은 지속관리(체크리스트 및 보고서식 참고)(보고기간 : 11월30일)

○ 시 · 도지사는 실습시설(장례식장)이 관계법령(장사 등에 관한 법률 등) 및 장례지도사 운영지침을 위반하여 실습교육을 수행하기에 부적절하다고 판단하는 경우에는 교육기관으로 하여금 해당 실습시설에서는 더 이상 실습을 실시하지 않도록 조치하고, 여타 교육기관에도 해당 사실을 안내

– 실습연계 부적격대상에 대해서는 확인 즉시 보건복지부로 통보할 것

○ 시 · 도지사는 1월 10일까지 관할 장례지도사 교육기관으로부터 [일반서식 12]의 현황통보서(장례지도사 교육기관용)를 제출받고, [일반서식 13]의 현황통보서(시 · 도용)를 1월 30일까지 보건복지부장관에게 제출신고수리된 교육기관의 명단은 해당 시 · 도 홈페이지 등에 안내하여야 함

※ 신고된 교육기관의 변동현황을 주간단위(매주 금요일)로 보건복지부(e하늘 장사정보센터: 팩스 02-864-2154)로 통보하여야 하며,

– 교육기관 시 · 도별 명단은 e하늘(www.ehaneul.go.kr)에 아래표와 같이 게시함

(예 시)

연번	시 · 도	신고번호	기관명	대표자	소재지	연락처	교육시간수별 수강료	
1	서울특별시	서울 – 제1호	서울하늘나라 장례지도사 교육원	홍길동	서울 종로구 세종로 3	02-734-1234	300시간	1,000,000원
							100시간	500,000원
							50시간	300,000원
							25시간	200,000원
							6시간	40,000원

※ 구분 : 표준교육과정 이수자(300시간)/ 일반경력자(100시간)/ 전공자 교육과정 이수자(50시간), 민간자격증 소지자(50시간), 종교단체 경력자(50시간)/ 장례지도 관련 학과 졸업자(25시간)/ 기본교육과정 이수자(6시간)

4. 자격증 발급 관련 사항

가. 경력증명서 발급 시 염습 건수 관련

○ 경력증명서 [규칙 별지 제27호서식] 발급 시, 확인(증빙)자료는 자격증 발급신청서와 함께 반드시 제출하여야 함.

○ 경력증명서상 염습건수 최저기준 안내
- 기본교육과정 대상자(40건 이상)
- 경력자교육과정 대상자(20건 이상, 종교단체 경력자 제외)
- 종교단체 경력자(10건 이상)

나. 사진 파일 추가 제출시 유의사항

○ 사진을 파일로 추가 제출할 때에는 다음의 규격에 맞출 것 : 파일형태: jpg, 파일크기: 3㎝×4㎝, 파일용량: 300kb

다. 자격증 발급 번호

○ 해당 시·도의 명칭은 약칭하여 2글자로 표기(지역-연도-일련번호 5자리)

예시) 서울-2012-00001호

라. 신청인 주소지 관할 시·도지사가 발행할 경우

○ 자격관리시스템에서 수료자명단 및 민간자격증 보유자 명단을 조회하여 해당기관 관할 거주자 대상자에게 자격증을 발급

Ⅱ. 시행규칙에서 위임한 사항 (※보건복지부장관이 정하는 관련 지침)

1. 장례지도사 교육기관으로 신고한 장례지도 관련 학과의 동일 교과목 인정 기준
(시행규칙 제20조의2제1항 관련, 별표 2 제1호가목)

※ 해당 대학 재학생이 표준교육과정 이상을 이수하고 졸업한 이후, 교육기관의 장이 장례지도사 교육과정 수료증명서[규칙 별지 제23호의3서식]를 발급하여야 함

※ 동국대학교 불교대학원 생사의례학과의 경우, 교육기관 설치신고 미정이므로 추후 통보 예정

구 분	장례지도사 표준교육과정과 동일 인정 교과목							
	장례상담	장사시설 관리	위생관리	염습 및 장법실습	공중보건	장례학개론	장사법규	장사행정
대전보건대학 장례지도과	장례상담실무	장사시설관리 장례식장 경영실무	기초위생 보전실습 고급위생 보전실습 회복기술학 및 실습	기초염습 실습 고급염습 실습	공중보건학	장례학개론 상장의례학 제의례학 장례역사와 종교의례	보건관련 법규 장사관련 법규	장사행정 실무
동국대학교 생사의례학과	임종 심리와 그리프 케어	장법과 장사복지 시설론	시신 위생처리 및 복원	상·제례 이론과 실습 1,2	질병 및 공중보건학	생사의례 특강 의례학특강	법과죽음	생사복지 정책과 제도 장사 행정론
동부산대학 장례행정복지과	장례실무 상담	장사시설 관리론 장례식장 실습	시신 위생처리	위생관리 및 염습 실습 Ⅰ, Ⅱ, Ⅲ	공중보건학	장례학개론 상장의례의 실제 제례실습	장사 법규론	장사행정
서라벌대학 장례서비스경영과	장례 상담실무	장례산업론 장례식장 현장실습	회복 기술학 1, 2	염습실습 1, 2, 종교별 염습실습	장례 공중보건학	장례학개론 상장례 민속학 제의례학 상장의례학	장사법규	장례실무 세미나
을지대학교 장례지도학과	장례 상담학 장례 심리학	장사시설 관리론 장례식장 운영 및 실습 장례서비스 현장실습	회복기술학 이론 및 실습 시신위생 처리학 시신위생 처리학실습 사체화학	염습실습 장법론 및 실습	공중보건학	장례학개론 장례사회학 상장례학 제의례학	장사법규	장사 제도론 장사 행정학
창원문성대학 장례복지과	장례상담 심리	장례식장 상조회 경영실습 장사시설 관리	시신복원 및 메이커업 실습 위생관리	전통장례 염습과입관 현대장례 염습과입관	공중 보건학	장례학개론 상장례 역사와 종교·민속	장묘제도 장사 관련법규	장사행정

※ '염습 및 장법실습' 과목의 경우에는, 동일인정 교과목 2개 이상을 반드시 이수할 것

2. 장례지도 관련 학과 해당 여부 판단 기준 (시행규칙 제20조의2제1항 관련, 별표 2 제1호나목)

보건복지부장관이 인정하는 장례지도 관련 학과 명단

① 을지대학교 장례지도학과
② 대전보건대학교 장례지도과
③ 창원문성대학 장례복지과
④ 서라벌대학교 장례서비스경영과
⑤ 동부산대학교 장례행정복지과
⑥ 동국대 불교대학원 생사의례학과
※ 상기 6개 대학은 졸업증명서 제출 이외에 별도의 검정과정은 필요 없음

⑦ 명지대학교 사회교육대학원 가정의례학과(현재 학위과정 폐지)
⑧ 건양대학교 예식산업학과(현재 학위과정 폐지)
※ 단, 명지대학교와 건양대학교의 경우, 성적증명서를 확인하되, 300시간 이상(16학점 이상)의 장례관련 과목의 이수여부를 [보건복지부 지침 1] 을 참조하여 확인

3. 현장실습기관 기준 (시행규칙 제20조의2제1항 관련, 별표 2 제2호나목3)

가. 현장실습기관의 세부기준

○ 현장실습기관은 「장사 등에 관한 법률」에 따라 영업 중인 장례식장으로서 다음의 기준에 적합하여야 함

※ 장례식장의 빈소 수는 별도의 제한이 없으나,

− 월평균 시신안치 건수가 50건 이상인 경우(다만, 서울특별시와 광역시를 제외한 세종특별자치시 및 시·군·구 소재지 장례식장은 월평균 20건 내외도 가능)의 장례식장으로 현장실습이 가능하여야 함

※ 다만 시·도에서 별도의 기준을 정한 경우에는 이에 따라 운영할 수 있으며, 이 경우 시·도지사는 현장실습이 원활히 이루어질 수 있도록 지도감독해야 함

○ 연계기간은 1년 이상으로 명시

※ 실습연계에 관한 서류 (실습연계 계약서 등 [일반서식 1]) 작성 시, 양식 이외에 별도의 추가사항을 첨부하여 계약할 수 있으며, 별도의 추가사항이 있는 경우에는 계약서의 일건으로 관리·보관

나. 현장실습 대상기관 제한 조건

○ 장사 등에 관한 법률이나 공정거래법, 건축법 등을 위반한 장례식장은 실습연계 불가

○ 현장실습기관은 장례지도사교육기관과 동일한 시·도 관할구역 내에 소재하는 장례식장이어야 함(별표2 제2호나목3))

4. 현장실습 재교육에 필요한 사항 (시행규칙 제20조의2제1항 관련, 별표 2 제3호다목2)다)

가. 현장실습 평가 실시

○ 평가자 : 실습기관의 실습지도자와 장례지도사 교육기관의 장 또는 교수

○ 평가방법

– 평가자는 표준교육과정의 각 항목을 제대로 수행하는지 여부, 교육생이 작성한 실습일지, 실습과정의 관찰 등을 통해 장례지도사 업무수행이 어렵다고 판단되는 경우에는 불합격 조치하여야 함

– 현장실습평가 체크리스트[일반서식 2]에 의거 각 항목의 수행 여부를 공정하게 평가

○ 합격자 결정

– 평가 점수는 교육생의 출석상황 및 교육 참여도 등을 종합하여 평가

– 현장실습평가 체크리스트[일반서식 2] 각 항목을 적정하게 수행하고, 각 교육 세부내용별 평가 점수가 60점 이상인 자에게만 합격 인정

나. 현장실습확인서 작성 및 제출

○ 현장실습확인서 작성 및 발급

– 실습기관은 실습지도자가 평가한 '현장실습평가 체크리스트[일반서식 2]' 에 의거 [규칙 별지 제23호의4서식]의 현장실습확인서 작성(해당 기관의 직인 날인)

– 실습기관은 실습생에 대한 현장실습확인서를 해당 교육기관에 제출

– 해당 교육기관에서는 현장실습확인서의 내용을 확인한 후, 이상이 없을 경우 교육기관장 직인 날인

○ 불합격자에 대한 조치

– 실습기관은 평가 결과 불합격자에 대해서는 소정의 재교육시간(불합격 사유 포함)을 본인에게 통보

– 불합격자는 재교육에 필요한 시간만큼 교육을 받은 후 다시 평가(2차)를 받을 수 있으나, 재교육에 필요한 비용은 교육생이 부담

※ 재교육시간

평가점수	재교육시간
40점 이상– 60점 미만	5시간
20점 이상– 40점 미만	10시간
20점 미만	20시간

※ 재교육 비용 예시 : (시간당 3,000원 내외) × 재교육시간

– 불합격된 항목에 대해서만 평가를 실시

다. 평가관련 서류 보관 및 제출

○ 서류 보관

– 실습기관은 현장실습평가 체크리스트, 현장실습확인서(사본), 실습일지 등 실습과 관련된 서류 일체를 자체 보관(3년)

○ 서류 제출

– 자체 보관 중인 서류는 시 · 도(보건복지부)의 자료제출 요구가 있을 경우에는 즉시 제출

라. 현장실습평가의 적정성 확인

○ 시 · 도 확인

– 정기 및 수시 지도점검을 통해 현장실습평가 체크리스트, 현장실습확인서, 실습일지 등 평가 관련 서류 일체에 대한 보관 및 적정성 여부 확인

※ 시 · 도지사는 현장실습평가를 부적정하게 실시한 기관에 대해서는 교육기관으로 하여금 해당 실습기관에서는 더 이상 실습교육을 실시하지 못하도록 조치할 수 있음

○ 보건복지부 확인

– 실습시설 중 일부 시설을 임의 선정하여 운영실태 파악 및 제도개선에 활용

5. 교육과정별 수료기준 (시행규칙 제20조의2제1항 관련, 별표 2 제4호)

※ 표준교육과정 이외 기타 과정 수강자의 수료기준은 출석만을 대상으로 판단하며, 기준은 다음과 같음

구 분		수료기준
신규자반	표준교육과정반	– 90% 출석 – 이론, 실기, 현장실습의 모든 과목 평가에서 60점 이상 획득
	전공자 교육과정반	90% 출석
실무경험자반	기본교육과정반	100% 출석
	일반 경력자반	90% 출석
	민간자격증 소지자반	
	장례지도 관련 학과 졸업자반	
	종교단체 경력자반	

6. 보건복지부장관이 인정하는 장례지도에 관한 민간자격증 발급기관 (보건복지부령 제143호 부칙 제2조 관련, 별표 6 제1호나목2) 및 다목)

경력자 교육과정(교육시간 감면대상)을 위한 자격증 발급 인정기관

가. 민간자격증 발급기관(민간자격증 소지자)
  ① 장례지도사 자격검정원
  ② (사)한국장례업협회

나. 종교단체 발급기관(종교단체 경력자)
  ① 천주교 상장례지도사 학교
  ② 천주교 인천교구 연령회 연합회
  ③ (재)마산교구 천주교회 유지재단
  ④ (학)천주교 대전교구 대지학원(대전가톨릭대학교)
  ⑤ (재)천주교 서울대교구 유지재단 산하단체 천주교 서울대교구 연령회 연합회
  ⑥ 광주가톨릭대학교 평생교육원

7. 보건복지부장관이 인정하는 장사업무 경력인정기관 (보건복지부령 제143호 부칙 제2조 관련, 별표 6 제2호다목 및 제3호나목)

○ 법 제29조에 따라 영업 중인 장례식장 이외에, 실무경험자 교육과정대상자를 위한 보건복지부장관이 인정하는 장사업무 경력인정기관은 다음 표와 같음
  – 이에 따라, 자격증을 취득하고자 하는 사람은 각 해당 장사업무 경력인정기관에서 경력증명서[규칙 별지 제27호서식]를 발급받아 시·도에 제출하여야 함

실무경험자 교육과정 대상을 위한 보건복지부장관이 인정하는 장사업무기관 (경력증명서 발급기관)

실무경험자는 다음에 해당하는 기관이나 단체에서 염습을 포함한 장사업무를 한 경우에만 인정된다.

① 「장사 등에 관한 법률」 제29조에 따라 영업 중인 장례식장
② 종교 단체(경력자 교육과정(교육시간 감면)만 해당)
※ 종교단체 경력증명서 발급은 (대)교구명의이어야 함
③ 그 외 보건복지부장관이 인정하는 장사업무기관
  – 장례관련 비영리법인 중 보건복지부장관이 인정하는 민간자격증 발급기관(사단법인 한국장례업협회)
※ 휴·폐업한 장사시설 등에서 해당 실무경험자의 장사업무 경력 확인이 가능한 경우에 한해 발급할 수 있음
  – 「할부거래에 관한 법률」에 따라 공정거래위원회에 등록한 상조회사(www.ftc.go.kr 조회 가능함) 사업자등록증을 취득하고 영업 중인 장의사
※ 시·도지사는 경력증명서(기본확인서류 첨부) 외에 추가적으로 소명자료의 검증을 위해 근로소득 납세증명, 보수입금내역(입금기관 명시), 시설설치신고서, 사업허가증, 원천징수영수증 등의 증빙서류 중 1개 이상을 제출하게 할 수 있음

8. 실무경험자 교육과정의 과목별 교육시간의 배분(보건복지부령 제143호 부칙 제2조 관련, 별표 6 제4호나목2)

가. 일반 경력자

○ 장례식장 또는 보건복지부장관이 인정하는 장사업무기관에서 염습을 포함한 장사업무경력이 1년 이상 3년 미만인 자

○ 일반 경력자(경력 : 1년 이상~3년 미만)는 100시간을 교육이수 하여야 함

구 분	과 목	교육내용	교육시간	
			이론	실기
이론강의(70시간) / 실기연습(30시간)	장례상담	유족상담	4	2
		장례상담 절차	2	2
	장사시설 관리	장사시설	2	
		장례식장 실무	2	2
	위생관리	관리실 및 장비기구 위생관리	4	4
		시신의 위생관리	4	6
	염습 및 장법실습	수시 및 염습	1	4
		발인 및 운구	1	2
	공중보건	총론	2	
		건강과 질병	6	
		예방대책	6	
	장례학개론	장례의 의미와 기능	3	
		상장제의례 이해	4	
		상장의례의 실제		4
		종사자 직업윤리	4	
	장사법규	장사관련법규	15	
		기타 관련 법규 안내	3	
	장사행정	장사행정절차	4	
		장사행정실제	3	4
	소계		① 70	② 30
현장실습(0시간)	장례식장 실습		0	
	소계		③ 0	
총 계(① + ② + ③)			100	

비고 : 교육내용의 세부내용은 표준교육과정을 준용

나. 민간자격증(보건복지부장관이 인정한 경우) 소지 경력자

○ 장례식장 또는 보건복지부장관이 인정하는 장사업무기관에서 염습을 포함한 장사업무경력이 1년 이상 3년 미만인 자

○ 민간자격증은 동법 시행 이전에 취득한 것이어야 하며, 민간자격증을 소지한 경력자(경력 : 1년 이상~3년 미만)는 50시간 교육이수 하여야 함

구 분	과목	교육내용	교육시간	
			이론	실기
이론강의(40시간) / 실기연습(10시간)	장례상담	유족상담	2	
		장례상담 절차		
	장사시설 관리	장사시설	2	
		장례식장 실무		
	위생관리	관리실 및 장비기구 위생관리	2	2
		시신의 위생관리	2	2
	염습 및 장법실습	수시 및 염습		
		발인 및 운구		2
	공중보건	총론	2	
		건강과 질병	4	
		예방대책	4	
	장례학개론	장례의 의미와 기능	1	
		상장제의례 이해	4	
		상장의례의 실제		2
		종사자 직업윤리	2	
	장사법규	장사관련법규	7	
		기타 관련 법규 안내	2	
	장사행정	장사행정절차	4	
		장사행정실제	2	2
	소계		① 40	② 10
현장실습(0시간)	장례식장 실습		0	
	소계		③ 0	
총 계(① + ② + ③)			50	

비고 : 교육내용의 세부내용은 표준교육과정을 준용

다. 장례지도 관련 학과 졸업 경력자

○ 장례식장 또는 보건복지부장관이 인정하는 장사업무기관에서 염습을 포함한 장사업무 경력이 1년 이상 3년 미만인 자

○ 장례지도 관련 학과 졸업한 경력자(경력 : 1년 이상~3년 미만)는 25시간을 교육이수 하여야 함

구 분	과목	교육내용	교육시간	
			이론	실기
이론강의(20시간)/실기연습(5시간)	장례상담	유족상담		
		장례상담 절차		
	장사시설 관리	장사시설	1	
		장례식장 실무		
	위생관리	관리실 및 장비기구 위생관리	2	1
		시신의 위생관리	2	1
	염습 및 장법실습	수시 및 염습		
		발인 및 운구		
	공중보건	총론	1	
		건강과 질병	1	
		예방대책	2	
	장례학개론	장례의 의미와 기능		
		상장제의례 이해		
		상장의례의 실제		1
		종사자 직업윤리	2	
	장사법규	장사관련법규	7	
		기타 관련 법규 안내	2	
	장사행정	장사행정절차		
		장사행정실제		2
	소계		① 20	② 5
현장실습(0시간)	장례식장 실습		0	
	소계		③ 0	
총 계(① + ② + ③)			25	

비고 : 교육내용의 세부내용은 표준교육과정을 준용

라. 종교단체 경력자(보건복지부장관이 인정하는 종교단체 자격증 소지)

○ 종교단체가 발급한 자격증(보건복지부장관이 인정한 자격증만 해당)을 가지고 종교단체에서 염습을 포함한 장사업무 경력이 1년 이상

○ 경력인정기관에서 1년 이상 근무한 경력자는 250시간이 감면되며, 3년 이상이라고 하더라도 50시간 교육을 받아야 함

○ 종교단체 염습종사자(경력 : 1년 이상)는 50시간을 교육이수 하여야 함

<table>
<tr><th rowspan="2">구 분</th><th rowspan="2">과목</th><th rowspan="2">교육내용</th><th colspan="2">교육시간</th></tr>
<tr><th>이론</th><th>실기</th></tr>
<tr><td rowspan="19">이론강의
(40시간)
/
실기연습
(10시간)</td><td rowspan="2">장례상담</td><td>유족상담</td><td>2</td><td></td></tr>
<tr><td>장례상담 절차</td><td></td><td></td></tr>
<tr><td rowspan="2">장사시설 관리</td><td>장사시설</td><td>2</td><td></td></tr>
<tr><td>장례식장 실무</td><td></td><td></td></tr>
<tr><td rowspan="2">위생관리</td><td>관리실 및 장비기구 위생관리</td><td>2</td><td>2</td></tr>
<tr><td>시신의 위생관리</td><td>2</td><td>2</td></tr>
<tr><td rowspan="2">염습 및 장법실습</td><td>수시 및 염습</td><td></td><td></td></tr>
<tr><td>발인 및 운구</td><td></td><td>2</td></tr>
<tr><td rowspan="3">공중보건</td><td>총론</td><td>2</td><td></td></tr>
<tr><td>건강과 질병</td><td>4</td><td></td></tr>
<tr><td>예방대책</td><td>4</td><td></td></tr>
<tr><td rowspan="4">장례학개론</td><td>장례의 의미와 기능</td><td>1</td><td></td></tr>
<tr><td>상장제의례 이해</td><td>4</td><td></td></tr>
<tr><td>상장의례의 실제</td><td></td><td>2</td></tr>
<tr><td>종사자 직업윤리</td><td>2</td><td></td></tr>
<tr><td rowspan="2">장사법규</td><td>장사관련법규</td><td>7</td><td></td></tr>
<tr><td>기타 관련 법규 안내</td><td>2</td><td></td></tr>
<tr><td rowspan="2">장사행정</td><td>장사행정절차</td><td>4</td><td></td></tr>
<tr><td>장사행정실제</td><td>2</td><td>2</td></tr>
<tr><td></td><td colspan="2">소계</td><td>① 40</td><td>② 10</td></tr>
<tr><td rowspan="2">현장실습
(0시간)</td><td colspan="2">장례식장 실습</td><td colspan="2">0</td></tr>
<tr><td colspan="2">소계</td><td colspan="2">③ 0</td></tr>
<tr><td colspan="3">총 계(① + ② + ③)</td><td colspan="2">50</td></tr>
</table>

비고 : 교육내용의 세부내용은 표준교육과정을 준용

마. 기본교육과정 대상자

○ 장례식장 또는 보건복지부장관이 인정하는 장사업무기관에서 염습을 포함한 장사업무 경력이 3년 이상인 자

○ 기본교육시간 : 이론 6시간(장사법규, 장사행정, 공중보건, 직업윤리 등을 포함)

※ 참가자가 6시간 모두 출석한 경우에 수료한 것으로 인정함

※ 관련 수업내용은 장례지도사 교육기관에서 표준교육과정의 내용을 근거로 교육을 실시(장사법규, 장사행정, 공중보건, 직업윤리의 내용 실시)

9. 과목 및 교육내용별 교수요원의 자격기준과 업무경력의 범위 (시행규칙 제20조의4 관련, 별표 3 제3호)

가. 교수요원의 업무경력의 범위

※ 업무경력의 범위

[교수요원 자격기준에 미달하는 경력소지자의 경우]

1. 장례, 보건학, 법학 등 관련 분야 박사 이상의 학위를 가진 자로서 해당 분야의 업무경력이 1년 미만인 경우에는 동 분야의 석사학위를 소지하고 관련 분야에 종사한 업무경력도 포함

※ 업무경력에는 연구 및 강의경력이 포함된다.

2. 장례, 보건학, 법학 등 관련 분야 석사 이상의 학위를 가진 자로서 해당 분야의 업무경력이 3년 미만인 경우에는 동 분야의 학사학위를 소지하고 관련 분야에 종사한 업무경력도 포함
3. 전직 교수 · 부교수 · 조교수 · 전임강사 · 겸임교원(명예교수, 시간강사 등)인 경우 대학에서 장례, 보건학, 법학 등의 관련 분야의 과목을 교수한 강의경력 포함

[장례 관련 분야]

다음과 같은 시설 및 기관 등에서의 업무경험이며 구체적으로 장사업무에 종사하였다는 것을 입증하여야 함(예를 들어 주차요원 등의 경력은 인정되지 않음)

1. 아래 시설 등에서의 장례관련 업무경험
   - 시행규칙 별표 3의 제2호의 경력인정기관(장례식장, 종교단체, 보건복지부장관이 인정하는 장사업무기관)
   - 화장시설
   - 법인 및 종교단체 봉안시설 · 자연장지 · 묘지시설
2. 대학, 평생교육원 등 민간 관련교육기관 및 장례지도사 교육기관에서의 장례관련 교육경험
3. 장례관련 공공기관 및 법인 등에서의 장례관련 업무경험(공무원으로 해당업무를 담당한 경우 포함

나. 과목별 교수요원의 자격기준

과목	강사요건
장례상담	① 「고등교육법」 제14조제2항에 따른 교원(교수·부교수·조교수 및 전임강사)및 제17조에 따른 겸임교원(명예교수, 시간강사 등을 포함한다)으로서 대학/대학교에서 장례지도 관련 학과의 과목(교양과목은 제외한다)을 2년 이상 강의하고 있거나 강의했던 사람 ② 장례, 보건학, 법학 등 관련 분야 박사학위를 가진 자로 해당 분야의 업무경력이 1년 이상인 사람 ③ 장례, 보건학, 법학 등 관련 분야 석사 이상의 학위를 가진 사람으로서 해당 분야의 업무경력이 3년 이상인 사람 ④ 전문학사학위 이상을 취득하고 장례관련 분야의 업무경력이 5년 이상인 사람 ⑤ 「장사 등에 관한 법률」에 따른 장례지도사로서 해당 분야의 업무경력이 5년 이상인 사람
장사시설 관리	
위생관리/ 염습 및 장법실습	
장사법규/장사행정	
공중보건	위의 표와 같으나, ⑤ 번의 강사는 제외함
장례학개론	

※ 강사요건의 ② 및 ③ 에서 '해당분야'라 함은 (박사/석사)학위와 관련되는 분야의 업무범위로 해석할 수 있으며, 교수요원 1인당 최대 3과목까지 강의 가능

다. 전임교수요원의 겸직규정

※ 전임교수요원 겸직규정

① 장례지도사 교육기관의 '전임교수요원'의 타 직종 겸직은 원칙적으로 불허하나, 아래와 같은 경우에 예외적으로 허용
- 대학부설 장례지도사 교육기관의 전임교수요원에 해당 대학 교원이 임명되는 경우 전임 의무를 준수하는 범위 내에서 겸직 가능(대학의 장례지도관련학과가 교육기관으로 신청한 경우도 포함)
  ※ 장례지도사 교육기관으로 신청한 대학등의 장례지도관련학과 전임교수의 경우, 타 장례지도사 교육기관의 외래교수로 겸임가능(한 과목에 한하여 인정)
- 현직 시간강사(외래교수, 겸임교수, 명예교수) 등은 전임의무를 준수하는 범위 내에서 겸직 가능

※ 이 경우, 직원 근무상황부와 출강시간표를 함께 관리하여 근태관리에 철저를 기하도록 함(최소 3일 이상 출근)
- 국·공립기관 및 시·도에 등록된 법인 및 사회단체에서 운영하는 장례지도사 교육기관 전임교수요원에 해당 기관의 소속직원이 임명되는 경우에는 전임의무를 준수하는 범위 내에서 겸직 가능

② 전임의무 위반
- 과도한 외부출강, 타 업무의 겸직 등으로 인해 정상적인 교육운영에 지장을 초래하거나 전임교수요원으로 보기 어려운 경우에는 전임의무 위반에 해당

라. 교육기관의 장 겸직규정

○ 교육기관의 장은 해당 장례지도사 교육기관의 운영에 지장이 없는 범위에 한하여 겸직이 가능함

※ 교육기관의 장으로서 역할을 수행하기 어려울 정도의 무리한 겸직으로 인하여 교육기관 운영에 문제가 발생할 경우에는, 전적으로 교육기관의 장이 법적 책임을 져야 함

(부 록) 일반서식 및 참고자료 목록

1. 실습연계 계약서
2. 현장실습평가 체크리스트
3. 실습생 관리대장
4. 연간 사업계획서
5. 장례지도사 교육수료자 명부
6. 장례지도사 기본교육과정 수료자명부
7. 수강등록안내서
8. 개인정보 수집 · 이용 · 제3자 제공 동의서
9. 출석부
10. 장례지도사 교육생 참관 등 동의서
11. 각 시 · 도 장사업무 담당부서
12. 현황통보서(장례지도사 교육기관용)
13. 현황통보서(시 · 도용)
14. 결격사유조회 업무처리요령
15. 소비자분쟁해결기준
16. 장례지도사 교육기관 점검 체크리스트
17. 장례지도사 실습기관 점검 체크리스트
18. 장례지도사 교육기관 및 실습기관 점검결과 조치계획
19. 장사 등에 관한 법률 시행규칙 서식 보존기한

[일반서식 1] 실습연계 계약서

<table>
<tr><td colspan="6">장례지도사 실습연계 계약서</td></tr>
<tr><td rowspan="3">교 육
기 관</td><td colspan="2">기 관 명</td><td colspan="3"></td></tr>
<tr><td colspan="2">주소(연락처)</td><td colspan="3"></td></tr>
<tr><td colspan="2">기관장(대표)</td><td></td><td>생년월일</td><td></td></tr>
<tr><td rowspan="8">실 습
기 관</td><td colspan="2">시설명</td><td colspan="3"></td></tr>
<tr><td colspan="2">주소(연락처)</td><td colspan="3"></td></tr>
<tr><td colspan="2">기관장(대표)</td><td>생년월일</td><td></td><td></td></tr>
<tr><td colspan="2">빈 소 수</td><td>장례지도사 인원</td><td></td><td></td></tr>
<tr><td rowspan="4">실
습
지
도
자</td><td>성 명</td><td>생년월일</td><td>직위(직무)</td><td>경력 및 자격사항</td></tr>
<tr><td></td><td></td><td></td><td></td></tr>
<tr><td></td><td></td><td></td><td></td></tr>
<tr><td></td><td></td><td></td><td></td></tr>
<tr><td colspan="3">실습연계계약기간</td><td></td><td>1일 실습인원</td><td>명</td></tr>
<tr><td colspan="3">1일 실습비(1인당)</td><td></td><td>실습비
산출근거</td><td></td></tr>
<tr><td colspan="6">※ 장례지도사 실습연계기관으로 지정됨에 따라 장례지도사 운영지침의 현장실습 운영에 관한 전반사항을 준수하겠음
※ 장사 등에 관한 법률 및 장례지도사 운영지침 개정으로 인해 본 계약서의 실습기관이 실습연계가능기관에서 제외되는 경우에는 동 실습기관에서 실습을 실시할 수 없음. 다만 교육기관이 다른 실습기관과 실습연계 계약서를 체결하기 위해 불가피하다고 시·도지사가 인정하는 경우에는 일정한 기간에 대해 시·도지사의 승인을 받아 실습을 실시할 수 있음.
※ 본 계약은 상대방의 동의 없이 당사자의 일방이 이를 해지할 수 없음. 다만, 다음에 정한 사유가 있는 경우에는 그러하지 아니함</td></tr>
<tr><td colspan="3">교육기관이 해지할 수 있는 경우</td><td colspan="3"></td></tr>
<tr><td colspan="3">실습기관이 해지할 수 있는 경우</td><td colspan="3"></td></tr>
<tr><td colspan="6">위 계약조건을 지키기 위하여 본 계약서를 작성하고 서명 날인함

년 월 일

교육기관장 성명 (인)
실습기관장(시설장) 성명 (인)</td></tr>
</table>

※ 별도의 추가사항이 있는 경우 별지 작성 가능

[일반서식 2] 현장실습평가 체크리스트

현장실습평가 체크리스트

실습기관명		교육과정명	
실습생 성명		생년월일	

교육내용	세부내용	세부점수	취득점수 (　/100점)	합격/불합격
수 시 등	ㅇ시신수습에 대한 절차 및 위생처리 ㅇ적정 시신 안치온도 ㅇ수시관련 용어 및 용품 ㅇ사망자 발생에 따른 행정서류 확인 사항 ㅇ사망자 인적사항 확인(신체 특이점 등) ㅇ사망자 유족 확인 및 안내(전염병 안내 등)	30점 10점 10점 20점 15점 15점	(　/100점)	
염습 및 입관 등	ㅇ염습 및 입관 시신위생처리 등 ㅇ시신실, 염습실에서 배출된 폐기물의 관리 ㅇ법령 준수에 의한 시신위생관리 ㅇ염습 및 입관 용어 및 용품 ㅇ염습 및 입관의 시행 전·후 유족확인 ㅇ감염 및 안전보호장치 착용 여부	50점 10점 10점 10점 10점 10점	(　/100점)	
빈소설치 등	ㅇ영정, 신위 설치 등 ㅇ제단 꽃, 향로, 헌화대 등 설치 ㅇ빈소설치 용어 및 용품 ㅇ지방, 명정, 축문, 부고장 작성 ㅇ일정별 제사상 안내 등	25점 25점 20점 20점 10점	(　/100점)	
장례상담 및 장례행정 등	ㅇ장례 상담(매·화장, 봉안 및 자연장) ㅇ화장예약(e-하늘장사정보시스템) ㅇ장례행정절차 ㅇ유가족 의례지도 및 위로 등	25점 25점 25점 25점	(　/100점)	
평 균			(　/100점)	
총 평			실습지도자 (성명)	

※ 작성방법 : 취득점수, 합격/불합격, 실습지도자 성명, 총평 등은 반드시 실습지도자가 자필로 기록

[일반서식 3] 실습생 관리대장

실습생 관리대장 (실습기관 보관용)

실습기관명 :

연번	실습계약체결 장례지도사교육기관명	실습생 이름	생년월일	실습기간	1일 실습 시간	총 시간	실습 지도자 이름	확인
				○ 일 (년 월 일~년 월 일)	○ 시간	○ 시간		

[일반서식 4] 연간 사업계획서

※ 시·도지사는 업무수행에 필요하다고 판단되는 경우 제시된 연간 사업계획서에 일부내용을 추가 또는 삭제하여 제출받을 수 있음

연간 사업계획서

① 연간교육계획

– 교육기관명 :

– 정원(표준교육과정반 기준/1개 과정반) :

	신규자반		실무경험자반				
	표준 교육과정반 (300시간)	전공자 교육과정반 (50시간)	기본 교육과정반 (6시간)	일반 경력자반 (100시간)	민간 자격증 소지자반 (50시간)	장례지도 관련학과 졸업자반 (25시간)	종교단체 경력자반 (50시간)
개설여부							
수강료	원	원	원	원	원	원	원

② 실습계획

	장례식장
실습기관명	(전화 :)
소재지	
실습연계 계약기간(연월일)	
실습지도자 수	명
1일 실습인원	명
1일 실습비 (1인)	원
실습 총인원	명

※ 실습연계시설이 다수인 경우 모든 실습연계시설에 대한 실습계획을 제출할 것.

※ 실습교육은 이론 및 실기과정 완료 후 실시하여야 함

〈실습지도자 명부〉

실습기관명	강사명	생년월일	연락처	직위(직무)	경력사항 (장례지도사 자격증번호 등)

③ 인력현황

- 교수요원 : 전임○명, 외래○명
- 기타인력 : ○명

구 분	성명	주민번호	연락처	담당 교육내용	자격·경력사항	타 장례지도사 교육기관 출강여부 및 해당 기관명
교육기관 장						※ 해당사항이 있는 경우 기재바람
전 임						타 장례지도사 교육기관 출강불가
외 래						※ 해당사항이 있는 경우 기재바람
기 타						

※ 자격 및 경력을 증명하는 서류와 함께 제출
※ 전임교원의 경우 대학 등에 출강하는 경우 1과목에 한하여 타 장례지도사 교육기관 출강 가능

④ 과목별 강사요원

구 분	과목	교육내용	이론강사	실기강사
이론(150시간) / 실기(100시간)	장례상담	유족상담		
		장례상담 절차		
	장사시설 관리	장사시설		
		장례식장 실무		
	위생관리	관리실 및 장비기구 위생관리		
		시신의 위생관리		
	염습 및 장법실습	수시 및 염습		
		발인 및 운구		
이론(150시간) / 실기(100시간)	공중보건	총론		
		건강과 질병		
		예방대책		
	장례학개론	장례의 의미와 기능		
		상장제의례 이해		
		상장의례의 실제		
		종사자 직업윤리		
	장사법규	장사관련 법규		
		기타관련 법규 안내		
	장사행정	장사행정절차		
		장사행정실제		

※ 교수요원 1인당 최대 3개의 과목까지 강의 가능

[일반서식 5] 장례지도사 교육수료자 명부

<table>
<tr><td colspan="9">장례지도사 교육수료자 명부</td></tr>
<tr><td colspan="9">[교육기관명 :   ]</td></tr>
<tr><td rowspan="2">연번</td><td colspan="4">교육수료자 인적사항</td><td>교육
시간</td><td>교육
과정명</td><td>수료
연월일</td><td>비고</td></tr>
<tr><td>성명</td><td>주민등록번호</td><td>주 소</td><td>전화번호</td><td></td><td></td><td></td><td></td></tr>
<tr><td></td><td></td><td></td><td></td><td></td><td></td><td></td><td></td><td></td></tr>
<tr><td></td><td></td><td></td><td></td><td></td><td></td><td></td><td></td><td></td></tr>
<tr><td></td><td></td><td></td><td></td><td></td><td></td><td></td><td></td><td></td></tr>
<tr><td></td><td></td><td></td><td></td><td></td><td></td><td></td><td></td><td></td></tr>
<tr><td></td><td></td><td></td><td></td><td></td><td></td><td></td><td></td><td></td></tr>
<tr><td></td><td></td><td></td><td></td><td></td><td></td><td></td><td></td><td></td></tr>
<tr><td></td><td></td><td></td><td></td><td></td><td></td><td></td><td></td><td></td></tr>
</table>

[일반서식 6] 장례지도사 기본교육과정 수료자명부

<table>
<tr><td colspan="8">장례지도사 기본교육과정 수료자명부</td></tr>
<tr><td colspan="8">[교육기관명 :   ]</td></tr>
<tr><td rowspan="2">연번</td><td colspan="4">기본교육수료자 인적사항</td><td>교육
시간</td><td>수료
연월일</td><td>비고</td></tr>
<tr><td>성명</td><td>주민등록번호</td><td>주 소</td><td>전화번호</td><td></td><td></td><td></td></tr>
<tr><td></td><td></td><td></td><td></td><td></td><td></td><td></td><td></td></tr>
<tr><td></td><td></td><td></td><td></td><td></td><td></td><td></td><td></td></tr>
<tr><td></td><td></td><td></td><td></td><td></td><td></td><td></td><td></td></tr>
<tr><td></td><td></td><td></td><td></td><td></td><td></td><td></td><td></td></tr>
<tr><td></td><td></td><td></td><td></td><td></td><td></td><td></td><td></td></tr>
<tr><td></td><td></td><td></td><td></td><td></td><td></td><td></td><td></td></tr>
<tr><td></td><td></td><td></td><td></td><td></td><td></td><td></td><td></td></tr>
</table>

[일반서식 7] 수강등록 안내서

〈수강등록 시 안내사항〉

1. 장례지도사 교육기관은 시·도지사에 신고하고 운영하는 기관으로서 보건복지부 지정(위탁) 또는 시·도 지정(위탁) 교육기관이 아닙니다.
2. 장례지도사 자격증은 보건복지부장관이 아닌 시·도지사 명의로 발급됩니다.
3. 장례지도사 자격증 취득은 학력의 제한 없이 가능하지만(연령 만 19세 이상), 실제 취업 시에는 시설의 채용요건에 따라 장례지도사 자격증 이외에 추가 요건(학력 제한 등)을 정하는 경우가 있습니다. 따라서 본인이 실제 취업해서 일할 수 있을 것인지, 자신의 요건과 채용요건이 맞는지 등 취업시장에 대해 미리 조사한 후 자격취득 여부를 결정하는 것이 좋습니다.
   ※ 장례식장 등은 법적으로 장례지도사를 채용할 의무가 없습니다.
   ※ 장례지도사 자격증 취득여부와 무관하게 취업은 가능할 수 있습니다.
4. 장례지도사 자격증 취득 후에는 본인이 개별적으로 구직활동을 통해 취업하셔야 합니다. 국가나 공공기관이 직접 채용하거나 취업을 알선·보장하지 않습니다. 또한 장례지도사의 급여와 근로시간도 국가가 정하지 않고 시설과의 근로계약에 의해 정하게 되어 있습니다(근로기준법 등 관련 규정에 따름).
5. 현장실습에 대한 평가(합격/불합격) 절차가 있으므로 본인 스스로 현장실습을 수행할 수 있는 능력이 필요합니다. 따라서 판단하기 어려운 경우에는 현장실습평가 체크리스트[일반서식 2]를 정확하게 확인하여 보시고 필요시에는 직접 실습시설에 문의하시기 바랍니다.
6. 수강등록만으로 자격취득을 보장받는 것은 아니며 교육(이론, 실기) 이수 과정에서 90% 이상 출석, 각 과목별 60점 이상 취득하여야 하며 현장실습평가 체크리스트[일반서식 2]에 따른 현장실습평가에서 합격을 받고 시·도지사의 관련서류 심사 결과 정상수료로 인정받는 경우에 한하여 장례지도사 자격증을 발급받을 수 있습니다.
   ※ 자격증 발급 후에도 정상수료가 아님이 적발되는 경우 자격증이 취소될 수 있습니다.
7. 보건복지부가 인정한 장례지도사협회는 현재 존재하지 않으므로 협회 가입 권유 등에 현혹되지 마시고, 본인이 꼭 필요하다고 판단하는 경우 자율적으로 결정하시기 바랍니다.

8. 교육과정별 이수시간표

신규자반	표준교육과정반 (300시간)
	전공자 교육과정반 (50시간)
실무경험자반	기본교육과정반 (6시간)
	일반 경력자반 (100시간)
	민간자격증 소지자반 (50시간)
	장례지도 관련 학과 졸업자반 (25시간)
	종교단체 경력자반 (50시간)

9. 교육비 환불은 소비자관계법령상 학원 및 평생교육원의 환불규정을 준용합니다. (자세한 기준 안내)
10. 기타 장례지도사 교육관련 사항은 보건복지부 및 e하늘 홈페이지에 게시된 "장례지도사 운영지침" 등을 참고하시기 바랍니다.

〈교육기관용 서명〉

동 교육기관은 위의 사항을 포함하여 교육관련 제반 사항을 충분히 안내하고 교육생의 신분증, 자격증 등의 증빙서류를 통해 해당 교육과정 수강이 가능함을 확인하였습니다. 만일 규정과 다른 내용으로 안내하였다면 그로 인해 발생하는 교육생의 불편 등에 대해 성실히 책임질 것을 서약합니다.

자필로 (서약합니다)를 기재
증빙서류 종류(주민등록증, 운전면허증 등 신분증, 민간자격증(보건복지부장관 인정), 졸업증명서(장례지도 관련 학과)를 확인 후 기재 :
년 월 일
교육기관명 ○○○ 직위 ○○○ 성명 ○○○ (서명)

〈교육생용 서명〉

본인은 위의 사항에 대한 충분한 안내를 받았음을 확인합니다.

자필로 (확인합니다)를 기재
년 월 일
○○○ 반 교육생 성명 ○○○ (서명)

[일반서식 8] 개인정보 수집·이용·제3자 제공 동의서

개인정보 수집 · 이용 · 제3자 제공 동의서
(교 육 생)

본 장례지도사 교육기관에서는 국가자격증 시행 관리와 관련하여 귀하의 개인정보를 아래와 같이 수집 · 이용 · 제3자 제공을 하고자 합니다. 다음의 사항에 대해 충분히 읽어보신 후, 동의 여부를 체크, 서명하여 주시기 바랍니다.

▶개인정보 수집 및 이용 동의

수집 · 이용하려는 개인정보의 항목	개인정보의 수집 · 이용 목적	개인정보 이용기간 및 보유기간
주민등록번호(외국인등록번호)	본인식별절차, 결격사유 확인 자격증 발급	자격증 발급 시까지 이용, 준영구 보관
성명, 연락처, 주소		
등록기준지		

▶개인정보의 제3자 제공 동의

개인정보를 제공받는 자	제공하는 개인정보의 항목	개인정보를 제공받는 자의 개인정보 이용목적	개인정보를 제공받는 자의 개인정보 이용기간 및 보유기간
시 · 도지사 및 보건복지부	주민등록번호(외국인등록번호), 성명, 연락처, 이메일, 주소, 등록기준지, 자격증 발급을 위한 확인사항	자격 발급	자격증 발급 및 관리 기간 중, 준영구 보관

※ 귀하께서는 개인정보 제공 및 활용에 거부할 권리가 있습니다만, 거부하실 경우 자격증 발급이 불가능할 수 있음을 알려드립니다.

□ 동의함.　　　　　　□ 동의하지 않음.

본인은 본 "개인정보의 수집 · 이용 · 제3자 제공 동의서" 내용을 읽고 명확히 이해하였으며, 이에 동의합니다.

20　 .　 .　 .

생년월일 :　 .　 .　 .

성　 명 :　　　　　(서명)

[일반서식 9] 출석부

○ ○장례지도사교육원 출석부 (일자 :　　년　월　일　　요일)

교육과정명 : ○ ○차○ ○반(주간/야간)

교육기간 :　　년　월　일 ~　　년　월　일

연번	대상자		수업시간							
	성명	생년월일	1교시	2교시	3교시	4교시	5교시	6교시	7교시	8교시
1										
2										
3										
이	하	생	략							
	출석인원		명	명	명	명	명	명	명	명
	확인자(강사명)									

※ 교육생은 본인의 이름을 정자체(기호, 약어, 사인 등은 인정되지 않음)로 매시간 동일한 필체로 기재하며, 강사는 이를 확인하고 결석 · 지각 · 조퇴 · 외출의 경우 즉시 해당 시간에 × 표기.

[일반서식 10] 장례지도사 교육생 참관 등 동의서

※ 유족이 동의한 경우에만 작성합니다

장례지도사 교육생 참관 등 동의서

〈 유족 안내 사항 〉

먼저, 고인에 대해 삼가 조의를 표합니다. 정부에서는 '장례지도사' 국가자격제도를 2012. 8. 5부터 시행하게 되었으며, 이에 따라 교육생들의 현장실습을 의무화하게 되었습니다. 교육생들이 장례지도사 실습교육을 통해서 염습 및 입관 등 장례업무를 이해하는 것으로 진행하고 있습니다.

유족께서는 상심이 크시겠지만, 향후 양질의 장례서비스를 제공하는 데 밑바탕이 될 수 있는 미래의 장례지도사 양성에 도움이 될 수 있다는 점을 이해해 주시고, 교육생들이 고인의 염습 참관 등을 할 수 있도록 협조해 주시길 부탁드립니다.

〈 동의 여부 확인 사항 〉

○ 본인은 유족을 대표하여, 상기 내용을 장례지도사로부터 충분히 설명을 들었으며, 아래 일시에 해당하는 고인의 입관식에 교육생 참관 등에 동의합니다.

– 입관 일시 : 년 월 일, 00시 – 00시
– 동의 사항 : 참관( ) 기타사항( )

※해당사항에 체크(V)하시되, 기타사항은 구체적으로 명시함

○ 동의 확인일자 :

○ 동의자 (유족대표) :   (서명)

○ 실습지도 장례지도사 (확인자) :   (서명)

[일반서식 11] 각 시·도 장사업무 담당부서 및 연락처

각 시·도 장사업무 담당부서 및 연락처

시·도명	부서명	전화번호	팩스번호
서울특별시	노인복지과	02-3707-9671	02-3707-9229 02-3707-9659
부산광역시	고령화대책과	051-888-6721	051-888-2909
대구광역시	저출산고령사회과	053-803-6260 ~ 2	053-803-4009
인천광역시	노인정책과	032-440-2832	032-440-8655
광주광역시	사회복지과	062-613-3250	062-613-3229
대전광역시	저출산고령사회과	042-600-2553	042-600-3529
울산광역시	저출산고령사회과	052-229-3681	052-229-3419
세종특별자치시	사회복지과	044-211-3915	044-211-3019
경기도	노인복지과	031-8008-4328	031-249-3378
북부청	사회복지담당관	031-850-2662	031-850-2659
강원도	경로장애인과	033-249-3378	033-249-4037
충청북도	노인장애인복지과	043-220-3062	043-220-3069
충청남도	저출산고령화대책과	042-606-5796	042-606-5749
전라북도	노인장애인복지과	063-280-2513	063-280-2519
전라남도	노인장애인과	061-286-5833	061-286-4777
경상북도	노인복지과	053-950-2513	053-950-2519
경상남도	복지노인정책과	055-211-4944	055-211-4919
제주특별자치도	복지청소년과	064-710-6622	064-702-4066

[일반서식 12] 현황통보서 (장례지도사 교육기관용)

현 황 통 보 서

(앞쪽)

<table>
<tr><td colspan="4">교육기관명</td></tr>
<tr><td colspan="4">소재지</td></tr>
<tr><td rowspan="2">대 표 자</td><td>성 명</td><td></td><td>생 년 월 일</td></tr>
<tr><td colspan="3">주 소
(전화번호:)</td></tr>
<tr><td>설치신고일</td><td>년 월 일</td><td>재 산 구 분</td><td>[ ] 소유 [ ] 임대</td></tr>
<tr><td rowspan="2">실습연계기관</td><td>명 칭</td><td></td><td></td></tr>
<tr><td>소재지</td><td></td><td></td></tr>
<tr><td colspan="4">년 월 일

통보인(교육기관장) 직인

시 · 도지사 귀하</td></tr>
</table>

(뒤쪽)

<table>
<tr><td colspan="8">1. 교육생 · 수료생 현황</td></tr>
<tr><td>교육생 정원</td><td>( )명</td><td>교육생 현원</td><td>( )명</td><td>총 교육생 수</td><td>( )명</td><td>( )년도 수료생</td><td>( )명</td></tr>
</table>

<table>
<tr><td colspan="10">2. 직원 현황</td></tr>
<tr><td rowspan="2">정원</td><td>교 육 기 관 장</td><td>전임교수</td><td>외래교수</td><td>전담직원</td><td rowspan="2">현원</td><td>교 육 기 관 장</td><td>전임교수</td><td>외래교수</td><td>전담직원</td></tr>
<tr><td>( )명</td><td>( )명</td><td>( )명</td><td>( )명</td><td>( )명</td><td>( )명</td><td>( )명</td><td>( )명</td></tr>
</table>

3. 시설 현황										
시설	강의실	교구재보관시설			소방시설					
	( )실	m²	( )실	m²	소화기	( )개	경보시설	( )개	비상구	유/무
	채광도	lux	급수대	( )개	화장실	( )개	환기구	( )개	냉난방 시설	유/무
학습교구 ※10명당 1세트 기준임	인체모형	( )개	이동식 인체모형 운반 트레이	( )개						
	수시용품									
	수시복	( )세트	수시포	( )세트	시상판	( )세트	받침대	( )세트	수시베개	( )세트
	수시이불	( )세트								
	염습용품									
	수의	( )세트	멧배	( )세트	염보	( )세트	베개	( )세트	습신	( )세트
	입관용품									
	관	( )세트	관보	( )세트	입관부속물	( )세트	결관바	( )세트	공포	( )세트
	명정	( )세트	예단	( )세트	횡대	( )세트				
	영좌용품									
	위패	( )세트	향	( )세트	향로	( )세트	촛대	( )세트	병풍	( )세트
	사진액자	( )세트	교의	( )세트	액자리본	( )세트	사각상	( )세트	부의록	( )세트
	헌화대	( )세트	돗자리	( )세트	혼백상자	( )세트				
	상주용품									
	굴건제복	( )세트	남상복	( )세트	여상복	( )세트	삼베중단	( )세트	두루마기	( )세트
	상장	( )세트	두건	( )세트	완장	( )세트	행전	( )세트	수질	( )세트
	요질	( )세트	상장리본	( )세트						
	기타물품									
	조등	( )세트								
시청각 학습 기자재		( )개		( )개		( )개		( )개		( )개
		( )개		( )개		( )개		( )개		( )개

※ 기재란이 부족할 경우 공란을 추가하여 작성

[일반서식 13] 현황통보서(시·도용)

행 정 기 관 명

수　신 수신자 참조
(경 유)
제　목 장례지도사 교육기관 현황통보
장사 등에관한법령에 따라 관할 장례지도사 교육기관 현황을 아래와 같이 보고합니다.

1. 시설 현황
(　　　　)년도

시·도	교육기관명	소재지	강의실	시설규모	직원 수			
					기관장	전임	외래	전담
계			( )실	m^2	( )명	( )명	( )명	( )명
			( )실	m^2	( )명	( )명	( )명	( )명
			( )실	m^2	( )명	( )명	( )명	( )명

2. 사업 현황
(　　　　)년도

시·도	교육기관명	교육정원	전년 수료자	금년 수료자	전년 자격증 발급	금년 자격증 발급
계		( )명	( )명	( )명	( )건	( )건
		( )명	( )명	( )명	( )건	( )건
		( )명	( )명	( )명	( )건	( )건

※ 기재란이 부족할 경우 공란을 추가하여 작성

발 신 명 의　**직인**

기안자　직위(직급)　서명　검토자　직위(직급)　서명　결재권자　직위(직급)　서명

협조자

시행 처리과-일련번호　(시행일자)　접수　처리과명-일련번호　(접수일자)

우　주소　/ 홈페이지 주소

전화 ( )　전송 ( )　/ 기안자의 공식 전자우편 주소　/ 공개구분( )

[일반서식 14] 결격사유조회 업무처리요령(장례지도사 결격사유 조회)

결격사유조회 업무처리요령

1. 결격사유조회 업무처리의 근거

○ 결격사유조회가 필요한 자격요건을 규정하고 있는 관련법령에 따라, 결격사유조회업무처리(행정안전부 「결격사유조회 업무처리요령」, 국무총리승인 2012.1.31)

→ 장사 등에 관한 법률 제29조의4(장례지도사의 결격사유)

1. 금치산자 및 한정치산자

4. 금고 이상의 형을 선고받고 그 형의 집행이 종료되지 아니하거나 집행이 면제되지 아니한 자

2. 결격사유조회의 절차

○ 장례지도사 자격증을 발급받고자 하는 사람이 시·도에 자격증발급 신청서 등을 제출

○ 시·도에서는 자격증 발급의 결격사유 유무를 확인하기 위하여, 등록기준지 시·군·구 등으로 결격사유 조회요청

○ 등록기준지 시·군·구등은 결격사유조회요청을 받은 즉시, 결격사유 유무를 확인하여 시·도에 회보

○ 시·도는 결격사유 유무를 확인하여 신청인에게 자격증 발급 또는 반려

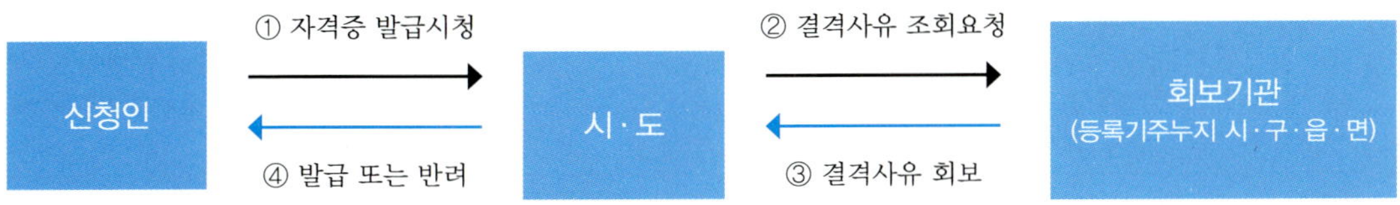

3. 한정치산·금치산·파산선고기록의 열람

○ 한정치산·금치산·파산선고의 경우 선고사실을 해당법원에서 공시하고 관보에 게재하기 때문에 이러한 기록은 당사자의 사생활보호보다 거래안전의 차원에서 관리되고 있으며,

– 등록기준지 시·군·구 담당자에게 열람권한 부여

[일반서식 15] 소비자분쟁해결기준 제3조[공정거래위원회 고시 제2010-1호]

소비자분쟁해결기준

○ (별표 2) 품목별 보상기준

– 49. 학원운영업 및 평생교육시설운영업(2개 업종)

피해유형	보상기준	비 고
1) 사업자가 다음의 부당행위를 하였을 때 수강자가 이 사실을 안 후 지체 없이 계약해제 요구		※ 계약시 수강료와 교재비 등을 따로 기재하여 고지하여야 한다.
① 허위·과장광고에 의한 수강계약 체결	– 계약해제 및 수강료 전액 환급	
② 정원을 초과한 수강생 모집 및 교습	– 계약해제 및 수강료 전액 환급	
③ 무자격 또는 자격미달강사에 의한 교습(단, 강사의 자격기준은 학원법, 평생교육법 등 관련법령에 의함)	– 계약해제 및 수강료 전액 환급	
2) 사업자가 위 각호의 부당행위를 하였을 때 수강자가 계속 수강하다가 계약해제 요구	– 잔여기간에 대한 수강료 환급	– 일할(日割) 계산
3) 수강기간도중 학원인가 또는 등록취소, 일정기간 교습정지 등 행정처분이나 학원의 이전, 폐강, 기타 사업자의 사정으로 인한 수강 불능	– 잔여기간에 대한 수강료 환급	– 일할(日割) 계산하여 사유발생일로부터 5일 이내에 환급
4) 소비자의 귀책사유로 인한 계약해제 및 해지		
① 교육개시 전	– 기 납부한 수강료 전액 환급	
② 교육개시 후 ○ 수강료 징수기간이 1월 이내 – 총 교습시간의 1/3 경과 전 – 총 교습시간의 1/2 경과 전 – 총 교습시간의 1/2 이후 ○ 수강료 징수기간이 1월 초과	– 수강료의 2/3 해당액 환급 – 수강료의 1/2 해당액 환급 – 미환급 – 반환사유가 발생한 당해 월의 반환 대상 수강료(수강료 징수기간이 1월 이내인 경우에 따라 산출된 수강료를 말한다.)와 나머지 월의 수강료 전액을 합산한 금액	

[일반서식 16] 장례지도사 교육기관 점검 체크리스트

장례지도사 교육기관 점검 체크리스트

○ 교육기관명 :
○ 설치자(대표자)명 :
○ 주소 :
○ 교육기관 담당자 성명, 직위 및 연락처 :

구 분	확인사항	확인결과	비 고
서류	■ 교육기관 설치신고 확인증 게시여부	□ 게시 □ 미게시 □ 보관 □ 미보관	※ 운영지침참고
	■ 시설 및 인력관련 서류보관여부 – 신고 및 변경신고서류(교수요원 자격 · 경력사항 및 실습연계 증명서류 확인)	□ 정상 □ 일부누락	※ 운영지침참고
규정 준수	■ 시설기준 적정성 여부 – 규정 준수 여부 – 신고 내용과 실제의 일치 여부(10인당 1세트를 갖추었는지 수량 검사, 도구 미개봉시 사용하지 않은 것으로 간주) – 최소 연면적 80㎡ 요건 충족여부	□ 준수 □ 미준수 □ 일치 □ 불일치	※ 운영지침참고
	■ 인력기준 적정성 여부 – 무자격자 강의 등 규정 위반 여부 – 신고 내용과 실제와의 차이 확인 – 교육기관 장 및 전임교수요원 각 1명 이상 상주 여부	□ 준수 □ 미준수 □ 일치 □ 불일치	※ 운영지침참고
	■ 실습 연계의 적정성 여부 – 실습연계 비대상기관과의 연계여부 – 1회 실습인원 초과 여부	□ 적정 □ 부적정	※ 실습연계관련 서류 확인
	■ 허위 및 과장 광고여부 〈 허위 및 과장 표시 · 광고 예시 〉 – '보건복지부 지정' 또는 '00시 · 도 지정'	□ 적정 □ 부적정	※ 간판, 내부게시물, 홍보물, 안내 설명 모두 체크

구 분	확인사항	확인결과	비 고
운영	– 근거 없는 취업관련 허위과장(예 : 자격증만 취득하면 취업이 된다/ 국가가 인력을 관리한다/ 장사시설 100% 취업 등) – 연봉 등에 대하여 부정확하게 과장되게 홍보		
	■ 수강 등록시 교육과정 등 안내 여부 – 수강 등록 안내서 적정성 여부 – 개인정보 제공 동의서 보관여부	□ 적정 □ 부적정 □ 보관 □ 미보관	
	■ 출석부 비치 및 적정관리 여부 – 허위 출석서류 작성 여부 ※ 출석부에 없는 사람이 수강 중인지 여부 ※ 결석자 출석 인정, 출석 사전 체크, 교육기관 대리서명 등 – 본인 출석 여부(신분증 확인)	□ 적정 □ 부적정	※ 출석체크 및 출석부 분석
교육	■ 사업계획서상의 강의시간표 및 강사와 실제와의 일치 여부 – 시 · 도에 미보고 상태에서 자의적으로 변경 · 운영 중인지 여부	□ 적정 □ 부적정	※ 시 · 도 사업계획서와 비교

□ 지적사항(구체적으로)

※ 관련 증빙서류 첨부

※ 행정지도대상(예상) 적발 시 확인서 첨부

□ 건의사항 및 기타 참고사항

년　　월　　일

점검자　　시 도　직위 :　　　　　성명 :　　　　　(인)

[일반서식 17] 장례지도사 실습기관 점검 체크리스트

장례지도사 실습기관 점검 체크리스트

○ 실습기관명 :
○ 설치자(대표자)명 :
○ 주소 :
○ 실습기관 담당자 성명, 직위 및 연락처 :

확 인 사 항	확 인 결 과	비 고(확인내용 등)
사업계획서 및 실습연계 계약서 상 실습 관련 내용과 실제와의 차이 여부	ㅁ적정 ㅁ부적정	※ 차이가 있는 내용 기재
실습가능 연계기관 여부	ㅁ적정 ㅁ부적정	
실습지도자의 적정성 여부 – 실습지도자 자격 적정성, 상근 여부 등	ㅁ적정 ㅁ부적정	
현장실습확인서 적정성 여부 – 합격 평가의 경우 관련 서류 등	ㅁ적정 ㅁ부적정	※ 적정성 여부를 판단할 수 있는 근거 서류 등 확인
실습 인원의 적정성 여부	ㅁ적정 ㅁ부적정	※ 1회 실습 가능인원 등 확인
실습생 관리대장 작성 및 보관 여부 참관 등 동의서 작성 유무(해당 시)	ㅁ적정 ㅁ부적정	

ㅁ 지적사항(구체적으로)

※ 관련 증빙서류 첨부
※ 행정지도대상(예상) 적발 시 확인서 첨부

ㅁ 건의사항 및 기타 참고사항

년 월 일

점검자 시 도 직위 : 성명 : (인)

[일반서식 18] 장례지도사 교육기관 및 실습기관 점검결과 조치계획

장례지도사 교육기관 및 실습기관 점검결과 조치계획

〈 ○○ 시 · 도 〉

○ 점검결과 지적사항 및 조치계획

– 점검현황

(예 시)

(단위 : 개소)

시·도	점 검 기 관	지 적 기 관	행정지도(예상)기관	비 고
서 울	10개소	3개소	1개소	
계				

– 점검내역

(예 시)

시·도	점 검 기 관 명	지 적 사 항(점검일시)	향후 조치계획	비 고
서 울	00 장례지도사교육원	무자격자 강의 ('13.08.21.)	시·도 등 홈페이지 게시 및 행정조치 검토	

[일반서식 19] 장사 등에 관한 법률 시행규칙 서식 보존기한

장사 등에 관한 법률 시행규칙 서식 보존기한

서식명		보존기한
별지 제23호의2서식	장례지도사 자격증 발급·재발급 신청서	5년
별지 제23호의3서식	장례지도사 교육과정 수료증명서	3년
별지 제23호의4서식	현장실습확인서	3년
별지 제23호의5서식	장례지도사 자격증	-
별지 제23호의6서식	장례지도사 자격증 발급대장	3년
별지 제23호의7서식	장례지도사 교육기관 설치신고서	3년
별지 제23호의8서식	장례지도사 교육기관 설치신고 확인증	-
별지 제23호의9서식	장례지도사 교육기관 변경신고서	3년
별지 제23호의10서식	장례지도사 교육기관 휴업·폐업신고서	3년
별지 제28호서식	장례지도사 기본교육과정 수료증명서	3년

부록 10. 유권해석 사례

소유자의 승낙없이 분묘를 설치한 경우 그 처리에 대하여

질 의 요 지	[보건복지부 인터넷 민원(2001. 5. 16)]

1. 장사 등에 관한 법률이 개정되어 소유자의 승낙없이 산에 묘를 쓴 경우에 소유자가 개장허가를 받아 처리할 수 있는데 이 조항이 3~4년 전에 쓴 묘에도 적용될 수 있는지
2. 만약 위 조항이 적용된다면, 분묘형태로 보아 무연분묘는 아닌데 연고자를 알 수 없을 경우 처리방법은 공고를 통하여 할 수 있는지
3. 무연분묘에서 나온 유골 처리방법이 행정기관마다 해석이 다른데 화장후 납골 또는 매장이 가능한지

회 시 내 용	[보건복지부 온라인 민원회신(2001. 5. 24)]

1. 2001. 1. 13 이전에 설치된 분묘의 경우에도 장사 등에 관한 법률 제23조 및 동법시행규칙 제14조제1항의 규정에 의거 분묘기지권이 인정되지 아니한 연고자가 있는 분묘에 대하여는 위 시행규칙 제14조제1항제1호의 규정에 따라 관할 허가관청으로부터 개장허가를 받아 연고자에게 불법분묘를 개장하도록 미리 3월 이상의 기간을 정하여 통보문을 발송하였으나 그 연고자가 임의로 이를 개장하지 아니한 경우에는 이에 대한 관계입증서류를 첨부하여 토지소유자 등이 신고관청에 신고를 하면 개장을 할 수 있다 할 것임.
2. 개장허가 및 개장공고를 한 후 연고자가 없는 분묘에서 나온 유골은 토지 소유자 등의 선택에 따라 개장신고를 한후 납골 또는 유골을 수습하여 매장을 하여야 함.

불법 분묘를 개장후 화장하기 위한 절차

질 의 요 지	[서울시 강동구 명일동○○○, '93. 4. 21]

허가받지 않고 설치한 본인의 처의 분묘를 개장하여 그 유골을 화장하고자 관할 면사무소에 문의하였던 바, 허가없이 매장하였기 때문에 현행 관계법규상 처리하기 어렵다고 하니 어떻게 하면 되는지?

회 시 내 용	[가정65207-274, '93. 4. 26]

무허가 묘지내에 설치한 분묘를 개장명령없이 연고자가 스스로 허가받은 묘지(납골당)내로 개장할 때에는 개장지 읍·면·동(또는 화장장, 납골당)에 매장, 화장(납골)신고후, 개장하여야 하며, 이때에는 사망직후 당초의 매·화장 신고절차에 준하되, 제적등본, 매·화장 신고 지연사유서(그간의 경위) 등의 구비서류를 첨부하여 당해 시체나 유골, 연고자의 사실관계를 입증해야할 것임.

시체의 화장신고시 읍·면·동장의 확인서 발급관련 처리요령

질 의 요 지	[경상남도 마산시, '02. 3. 28]

○ 시체의 화장신고시 병원에서 발부하는 사망진단서, 시체검안서를 발부받을 수 없는 "부득이한 경우"에는 읍·면·동장의 확인서를 첨부토록 되어 있으나,

문1) 사망진단서, 시체검안서를 발부받을 수 없는 "부득이한 경우"란 어떠한 경우이며, 확인서 발급신청의 절차를 알고 싶습니다

- 사체검안서는 병원에 입원·치료를 받지 않아도 의사가 사체를 확인한 후 발급을 하고 있으나, 유족이 사체검안서를 발급받을 경우 의사의 출장요청에 따른 "번거로움"과 "경비부담"을 이유로 읍·면·동장에게 확인서 발급 신청 가능여부, 또는 부양의무자가 없는 국민기초생활수급자에 한정되는지의 여부.
- 읍·면·동장에게 확인서 발급신청시 신청절차, 구비서류 및 확인신청 내용

문2) 사체의 화장시에는 장사 등에 관한 법률에 "사망한 때부터 24시간의 경과한 후" 화장규정과, 형법 제163조에는 변사자(자살, 범죄로 인한 사망자등 자연사가 아니라고 의심되는 사체)의 사체를 화장 등으로 은닉 또는 변경할시 처벌토록 규정하고 있으며, 형사소송법 제222조에는 변사의 의심이 있는 사체가 있을 때에는 검사지휘를 받도록 규정하고 있는 사항으로 "읍·면·동장의 확인서" 발급시 의사가 아닌 일반인이 사체를 확인하여 사망의 외사원인 여부 확인이 어려운 실정으로 읍·면·동장 확인서 발급신청시 처리요령

회 시 내 용	[보건복지부 인터넷 민원회신(2002. 3. 28)

○ 장사 등에 관한 법률 제8조제2항 및 동법시행규칙 제2조제2항의 규정에 의하여 화장의 신고를 하고자 하는 자는 사망진단서(시체검안서) 또는 읍·면·동장의 확인서를 첨부하여야 함을 규정하고 있는 바, 이러한 규정의 취지는 화장의 경우 특히, 범죄의 원인이 있는 시체를 화장할 경우 증거인멸 등으로 인한 민·형사상의 분쟁을 예방하고 사회질서의 유지를 위한 것이라 할 것임.

○ 따라서, 위 질의에서와 같이 사망진단서나 시체검안서가 아닌 읍·면·동장의 확인서를 첨부하고자 하는 경우에는 이러한 사망진단서 등을 구할 수 없는 사유와 사망원인·사유 등에 대한 경찰 또는 이웃사람의 상세한 증명 등을 기재한 서류를 첨부하여야 할 것이며, 이 경우에도 사망자 발생지 부근의 여러 읍·면·동에 의사가 거주하지 않거나 병원(보건소 포함) 등이 없어 사망진단서 등을 구하는 것이 사실상 불가능한 경우를 말하는 것이고, 돈이 없어서 병원 등에 갈 수 없거나 의사 등을 부를 능력이 없는 경우는 포함하지 않는다고 할 것임.

○ 또한, 읍·면·동장은 화장을 하고자 하는 자가 제출한 서류를 신중히 검토하여 사망에 대한 의문이 있거나 보완이 요구된다고 판단되는 경우에는 경찰 또는 보건소 등에 이러한 사망의 사실에 대한 확인 또는 사망진단서(시체검안서) 작성협조요구 등을 의뢰한 후 그 결과에 따라 확인서의 발급여부 등을 행할 수 있다 할 것임.

장사 등에 관한 법률시행령 제7조제2항의 "집단매장" 관련

질 의 요 지	[보건복지가족부 인터넷 민원(2001. 7. 2)]

장사 등에 관한 법률시행령 제7조제2항의 규정에 의하여 제1항에 의한 매장 또는 납골기간이 종료된 경우에는 화장한 후 일정한 장소에 집단으로 매장하여야 한다. 다만, 이미 화장하여 매장 또는 납골한 경우에는 일정한 장소에 집단으로 매장하여야 한다. 상기법령에서 "일정한 장소에 집단으로 매장하여야 한다"라는 것이 해석상 모호하여 질의를 드림.

1안) 개개의 유골을 화장하여 매장이후에도 확인이 가능하게 일정지역에 각각 매장하여야 하는지

2안) 개개의 유골을 일정한 곳에 합하여 매장하는 것
매장후에는 개개의 유골에 있어 확인이 안됨(합동매장)

3안) 1안 또는 2안이 모두 법률해석상 해당될 수 있는지

회 시 내 용	[보건복지가족부 온라인 민원회신(2001. 7. 14)]

무연고 시체를 매장하거나 납골을 한 기간이 10년 이상 경과한 경우에는 화장한 후 공중보건상의 위해가 없는 일정한 장소에 집단적으로 매장하여 위생적으로 처리하라는 취지이니 개개 유골확인 가능여부에 관계없이 유골을 합하여 집단적으로 매장하여야 할 것임.

장사 등에 관한 법률 시행이전에 설치된 불법묘지의 개장 방법 및 구비서류에 대하여

질 의 요 지	[보건복지가족부 인터넷 민원(2001. 5. 22)]

장사법 시행 이전에 설치된 불법묘지를 개장하고자 하는 경우 일반적인 개장절차에 따르고 제적등본, 매장신고지연사유서, 자신의 소유 또는 연고임을 증명하는 서류를 별도로 첨부하여 개장신고할 수 있다고 되어있는데

1. 현재의 분묘가 묘지설치제한지역에 있는 경우 매장신고를 어떻게 하여야 하는지
2. 개장신고시 제적등본 등의 별도 구비서류를 첨부하여 개장신고를 할 수 있다고 했는데 구비서류 징구의 법적 근거는 어떻게 되는지.

회 시 내 용	[보건복지가족부 온라인 민원회신(2001. 5. 26)]

1. 합법묘지에 개장을 하고자 하는 경우에는 먼저 그 분묘가 설치된 지역을 관할하는 관할관청에 매장신고를 하고 난 다음, 동법 제8조제3항의 규정에 따라 신고관청에 개장신고를 하면 가능하다 할 것임.
2. 분묘 또는 묘지 설치당시 불법 등으로 조성한 분묘 또는 묘지에 대하여 개장하고자 하는 경우에는 그 설치자 또는 연고권자(관리처분권자)가 불법행위등의 결과 발생한 분묘에 대하여 철거를 하는 의미가 강하므로 당해 분묘 개장시 그 처리의 편익을 도모하기 위한 것이며, 이를 위해서는 매장된 시체 또는 유골에 대한 사실확인 관계 등의 증명이 필요하므로 사실확인의 차원에서 구비서류를 첨부하도록 한 것임을 알려드림.

개장허가권의 승계여부

질 의 요 지	[인천광역시장, 복지65240-310]

○ 토지소유자(○○건설)가 관내○○동 산55번지내 분묘개장허가를 받아 공고절차를 거쳐 개장공고를 하였으나, 동 공고기간 중에 타인에게 토지를 분할 매각하여 토지의 소유자가 변경된 경우 변경된 토지의 소유자에게 개장허가권이 승계되는지 여부

회 시 내 용	[노인65230-732(2001. 8. 10)]

○ 종전 매장 및 묘지등에 관한 법률 제16조제2항에 따른 토지소유자가 그 소유 토지에 설치된 무연분묘를 개장하기 위하여 관할 허가권자로부터 개장허가를 받은 경우에는 동 법시행규칙 제7조에 따른 일정기간 개장공고를 필하고 그 분묘의 연고자가 없는 경우에 한하여 기 허가를 받은 자에게 대상분묘를 개장할 수 있는 권리가 발생한다 할 것임.

○ 따라서 관할 허가권자로부터 개장허가를 받아 소정의 공고기간 중 또는 그 공고기간 종료후 당해 토지의 소유권이 타인에게 양도되었을 경우에는 그 토지에 설치된 무연분묘의 개장허가에 따른 권리는 새로운 토지소유자에게 승계된다 할 것이므로 그 소유자 등 이해관계인은 허가관청에 그 명의변경절차를 거쳐 관할관청에 개장신고를 필한 경우에 한하여 이를 개장할 수 있다 할 것임.

분묘개장 공고목록에서 누락된 분묘 및 유골의 개장절차

질 의 요 지	[충청남도 예산군(2001. 5. 8)]

○ 무연분묘 개장작업 중 기공고된 동일지번상에서 부지정지(토목공사)작업 중 분묘로서의 식별이 곤란한 분묘 및 유골이 발굴된 경우 그 처리방법

회 시 내 용	[노인65230-494(2001. 5. 15)]

○ 관할관청으로부터 개장허가당시 사무착오 등으로 대상목록에서 누락된 분묘는 개장공고의 효력이 없으므로 개장을 할 수 없다 할 것이나 분묘로서의 식별이 불가능하거나 심히 곤란하여 그 목록에 포함되지 않았거나 개장작업 중에 새로이 유골이 발견된 경우 토지

소유자 등은 관할관청에 이에 대한 개장신고를 한 후 바로 개장조치하되 그 근거를 보존하는 것이 타당하다 할 것임.

개장허가 신청서류 중 "분묘의 연고자를 알 수 없는 사유" 등의 의미

질 의 요 지	[보건복지가족부 민원(2001. 10. 28)]

○ 장사 등에 관한 법률시행규칙 제14조제2항 중 "분묘의 연고자를 알지 못하는 사유"와 "분묘연고자의 권리가 없음을 증명하는 서류"의 의미

회 시 내 용	[노인65230-994(2001. 11. 1)]

○ 장사 등에 관한 법률 제23조의 규정에 의한 개장대상분묘는 토지소유자나 묘지설치자 등의 승낙없이 설치한 분묘에 한하여 관할관청으로부터 개장허가를 받아 미리 3월이상의 기간을 정하여 개장조치토록 그 설치자 또는 연고자에게 통보를 하거나, 분묘의 연고자를 알 수 없는 경우에는 개장공고를 하여 그 연고자가 없는 것으로 확인된 경우에만 개장이 가능하다 할 것임

○ 장사 등에 관한 법률시행규칙 제14조제2항 중 "분묘의 연고자를 알지 못하는 사유"라 함은 토지소유자 또는 묘지설치자 등이 점유하고 있는 토지의 지상에 설치된 분묘에 대하여 그 주변에 입간판을 설치하거나 일간신문공고 또는 인근주민의 의견청취 등을 통하여 그 연고자를 찾으려고 상당히 노력하였으나 그 연고자 등을 알지 못한 사유를 말한다 할 것이며, "분묘연고자의 권리가 없음을 증명하는 서류"라 함은 부동산등기법 등 관계법령에 의하여 분묘의 연고자에게 해당토지 등의 사용에 관한 권리가 없다는 것을 증명하는 토지대장·부동산등기부등본 등을 말한다 할 것임

호적에 없는 부인의 분묘를 개장하고자 할 경우

질 의 요 지	[보건복지가족부 인터넷 민원(2001. 5. 16)]

○ ㅇㅇ시 ㅇㅇ지구 택지개발로 인하여 종중의 묘지를 이장하게 되었는 바 아래와 같이 궁금한 사항이 있어 질의함.

1. 조선시대 순조때에 태어나시어 혼인한 5대조께서 사별한 후 재취를 맞아 들였지만, 그 당시 상황에는 재취를 족보에 올리지 못하였다고 함. 현재 족보상에 나타나 있지 않는 할머니의 묘지를 개장하는데 개장신고증을 발부 받으려면 어떻게 해야 하는지
2. 현재까지 후손들이 묘지를 관리하여 왔는데 집안(문중이나 종중) 또는 지역주민의 인우보증으로 개장신고가 가능한지 여부.

회 시 내 용	[보건복지가족부 온라인 민원회신(2001. 5. 24)]

1. 종중묘지등에 설치된 분묘를 개장하고자 하는 경우에는 장사 등에 관한 법률 제8조제3항에 따른 그 연고자가 시체 또는 유골의 현존지 또는 개장지를 관할하는 시장·군수·구청장에게 동법시행규칙 제2조제3항의 규정에 의한 신고서에 기존 분묘의 사진을 첨부하여 신고관청에 신고를 하면 개장이 가능하다 할 것임.
2. 그리고 매장된 시체 또는 유골에 대한 족보 등이 없을지라도 종중 또는 지역주민이 인우보증을 하면 이를 근거로 하여 개장신고가 가능하다 할 것이니 개장절차 등에 관한 구체적인 사항은 관할 시장·군수·구청장과 협의하여 주시기 바람.

공공사업으로 인한 개장허가 신청시 토지소유자 동의 필요 여부

질 의 요 지	[보건복지가족부 인터넷 민원(2006. 8. 31)]

○ 도로공사로부터 도로 공사 구간의 무연분묘에 대한 개장허가 신청이 접수됐는데 공공사업임을 감안하여 토지소유주의 동의서나 위임장을 첨부하지 않아도 개장허가를 수리할 수 있는지 여부

○ 위임장이 필요하나 토지소유주가 거부할 경우 다른 해결책은 있는지 여부

회 시 내 용	[보건복지가족부 온라인 민원회신(2006. 8. 31)]

○ 장사 등에 관한 법률 제23조에서는 토지소유자(점유자 기타 관리인 포함) 승낙없이 설치한 분묘에 대하여 토지소유자는 관할 시장, 군수, 구청장의 허가를 받아 당해 분묘에 매장된 시체 또는 유골을 개장할 수 있다고 규정하고 있음

○ 위 규정에 의거 개장허가신청을 할 수 있는 자는 토지소유자이어야 할 것이나, 토지소유자가 사업시행자에게 개장허가 신청을 위임하는 것도 가능할 것임. 이 경우에도 신청인

명의는 토지소유자가 되어야 함

- 토지소유자인지 여부는 등기부상의 명의를 기준으로 판단하여야 하나 개별법령(예 : 「공익사업을 위한 토지 등의 취득 및 보상에 관한 법률」제45조)에 의하여 토지 소유권 취득이 인정되는 경우에는 소유권 이전등기 전이라도 개장허가신청이 가능할 것으로 판단됨

○ 또한, 개별법령(예 : 산업입지 및 개발에 관한 법률 제21조)에 의하여 장사법 제23조의 개장허가가 의제되는 경우에는 별도로 관할 관청의 개장허가를 받을 필요는 없을 것임

개장신고시 관할관청에서 개장지가 묘지설치 가능지역인지 심사할 의무

질 의 요 지	[보건복지가족부 인터넷 민원(2006. 10. 23)]

○ 분묘를 개장하여 다른곳에 다시 매장하고자 할 경우 장사 등에관한법령에서는 현재 분묘지의 관할관청(현존지)에 개장신고를 하고, 다시 매장하고자 하는 관할관청에 매장신고를 하게 되어 있음. 이때 이전할 분묘예정지가 개인묘지로 가능한지 여부를 판단(결정)하는 의무는 현존지 관할관청과 매장신고 접수 기관중 어디에 있는지 여부

○ 즉, 현존지 관할관청에서 개장할 다른지역의 주소가 묘지로 등록된 토지가 아니라 해서 개장신고를 무조건 거부할수 있는지, 아니면 개장신고는 할수 있되, 매장신고접수 관청에서 개인묘지 적합 여부를 판단하여 접수 받아야 하는지 여부

회 시 내 용	[보건복지가족부 온라인 민원회신(2006. 10. 23)]

○ 분묘를 개장하여 그 유골을 다른 장소에 매장 하고자 할 경우, 당초에 분묘가 있었던 지역(현존지)과, 옮길 지역(개장지)의 관할 관청에 개장신고를 하여야 함

○ 이와 관련, 현존지 관할 관청에서 개장신고를 수리함에 있어 개장지가 매장이 가능한지 여부를 확인할 의무는 없을 것임

개장공고에 안치기간에 관한사항이 누락된 경우 공고의 효력

질 의 요 지	[보건복지가족부 인터넷 민원(2006. 10. 17)]

○ 장사 등에 관한 법률시행규칙 제14조(타인의 토지등에 설치된 분묘의 처리방법) 제1조 2항에 의거 분묘의 연고자를 알수 없는 경우 중앙일간 신문을 포함한 2 이상의 일간신문에 제12조 제1항제1호 각목의 내용을 2회 이상 공고토록 되어 있는데, 안치기간에 관한 사항이 누락된 공고문의 경우 해당 공고문을 하자가 있는 것으로 보고 개장신고 처리가 불가한지 여부

○ 무연분묘를 개장한 유골의 경우 최소 안치기간이 법적으로 정해져있는지 여부

회 시 내 용	[보건복지가족부 온라인 민원회신(2006. 10. 17)]

○ 분묘 개장 공고내용에 개장유골의 안치기간에 관한 사항이 누락되었다 하여 이를 무효인 공고로 판단하기는 어려울 것으로 사료됨

○ 한편, 개장한 유골을 납골할 경우 무연고 시체처리에 관한 동법 제11조 및 시행령 제7조의 규정을 준용하여 10년동안 안치하는 것이 타당할 것임

직계가족이 아닌 자가 개장신고 가능한지 여부

질 의 요 지	[보건복지가족부 인터넷 민원(2006. 9. 25)]

○ 묘지에 매장된 자의 직계가족이 아닌 사촌이 해당 분묘를 30년동안 계속 관리를 해왔으며, 분묘의 직계자녀들과는 연락이 끊어진지 30년정도 되고, 호적이 멸실이 되어 직계자녀를 찾을 수 있는 자료가 하나도 없는 경우 개장신고가 가능한지 여부

○ 본인이 관리를 하였다고 하였으나 묘를 확인해 보니 한 10년 정도는 관리를 하지 않은 것으로 보일 때 개장신고가 가능한지 여부

회 시 내 용	[보건복지가족부 온라인 민원회신(2006. 9. 25)]

○ 연고자가 분묘를 개장하고자 할 경우 장사 등에 관한 법률 제2조제9호의 규정에서 정하고 있는 순위(배우자, 자녀, 부모, 자녀를 제외한 직계비속, 부모를 제외한 직계존속, 형

재자매 등)에 따라 개장할 수 있음

○ 동조에서는 시체나 유골을 사실상 관리하는자도 연고자의 범위에 포함시키고 있으므로, 선순위 연고자를 확인할 수 없는 경우 분묘를 장기간 사실상 관리하여 온 자가 있다면(인근주민의 인우보증으로도 입증가능) 해당분묘를 개장할 수 있을 것으로 사료됨

○ 분묘에 대하여 연고관계를 주장하는 자가 분묘를 사실상 관리하여 왔는지 여부는 분묘의 관리상태, 인근주민들의 증언(인우보증) 등 제반사정을 종합적으로 검토하여 관할 관청에서 판단하여야 할 것임

분묘의 위치가 확인되지 않는 경우 개장허가 대상에 포함되는지 여부

질 의 요 지	[보건복지가족부 인터넷 민원(2006. 9. 20)]

○ 아파트 건설공사를 진행하기위하여 현장을 확인하는 과정에서 주변 원주민들과 대화도중에 무연고 분묘가 사업부지 내에 존재하고 있었다는 이야기를 전해 들었으나, 육안으로 봉분 등 어떠한 정황 증거도 확인할 수 없는 상태에서 이야기만 믿고 개장허가 절차를 거쳐야 하는 지 여부

회 시 내 용	[보건복지가족부 온라인 민원회신(2006. 9. 20)]

○ 장사 등에 관한 법률 제23조에 따른 타인이 승낙없이 설치한 분묘를 개장하고자 할 경우에는 토지소유자는 사전에 관할 관청의 개장허가를 받아야 함

○ 개장허가 절차를 진행하기 위해서는 최소한 분묘가 존재하고 있다는 사실 및 그 위치가 확인되어야 가능할 것으로 사료됨

개장허가 신청자의 명의

질 의 요 지	[보건복지가족부 민원(2006. 2. 27)]

○ 개장허가신청시 일부 관공서에서는 토지소유주만이 허가신청을 할 수 있다고 하여 여러모로 불편사항이 발생하는데 토지소유주 명의로만 해야 하는지 아니면 대행처리하여도 되는지 여부

○ 개장허가신청시 제출서류 중 분묘의 연고자를 알지 못하는 사유의 의미

회 시 내 용	[보건복지가족부 노인지원팀-716(2006. 3. 7)]

○ 장사 등에 관한 법률 제23조는 토지 소유자(점유자, 관리자 포함)의 승낙없이 설치한 분묘의 경우 「토지소유자」는 당해 분묘를 관할하는 시장·군수·구청장의 허가를 받아 분묘에 매장된 시체 또는 유골을 개장할 수 있다고 규정하고 있음. 따라서 개장허가 신청은 「토지소유자」명의로 하여야 하며, 대리인을 통해 개장허가신청을 할 경우에도 토지소유자의 명의로 신청하여야 할 것임

○ 개장허가 신청시 갖추어야 하는 서류 중 "분묘의 연고자를 알 수 없는 사유"에 대해서는 일정한 양식이 없으나 관할 관청이 개장요건을 확인하기 위해 필요한 서류를 요구할 수 있을 것임

1961년 이전에 설치된 묘지의 기득권 범위

질 의 요 지	[보건복지가족부 인터넷민원(2008. 1. 15)]

○ 선산의 묘지가 봉분이 훼손되어 사초를 하였는데 불법묘지로 신고되었습니다. 묘지 설치는 정확한 연도는 모르나 1960년 이전에 설치된것으로 알고 있습니다. 현재 묘지가 위치한 곳은 도시자연공원 지역으로 묘지설치가 불가한 곳이라 합니다. 61년도 이전에 설치된 묘지는 합법으로 인정한다고 하는데 봉분을 쌓고 잔디를 심은것도 불법에 해당하는지요?

회 시 내 용	[보건복지가족부 온라인 민원회신(2008. 1. 20)]

○ 종전 매장 및 묘지등에 관한 법률 부칙 제3조에서는 동법 시행전에 설치된 묘지는 적법한 묘지로 본다고 규정하고 있었으므로 1961.12.31 이전에 설치된 묘지의 경우 적법한 묘지로 인정되나 기존 묘지의 형상을 변경하지 않은 경우에 한할 것이며

○ 이와 관련, 기존의 묘지외의 지역에 잔디를 심어 묘지를 확장하거나 새롭게 시설물(분묘 포함)을 설치코자 한다면 현행 장사법의 규정에 적합하게 묘지설치(신고)허가를 득하여야 할 것입니다.

화장한 유골을 봉분없이 평장형식으로 매장하는 경우 분묘·묘지에 해당하는지 여부

질 의 요 지	[보건복지가족부 민원(2007. 1. 10)]

○ 납골당에 안치되어 있던 화장한 유골을 봉분없이 평장형식으로 매장하는 경우에도 해당 시설에 대하여 장사 등에 관한 법률 제17조의 분묘설치기간 제한 규정과 동법시행령 별표 2의 거리제한 규정이 적용되는지 여부

회 시 내 용	[보건복지가족부 노인지원팀-177(2007. 1. 17)]

○ 장사 등에 관한 법률 제2조에서는 "매장이라 함은 시체나 유골을 땅에 묻어 장사함을 말한다."고 규정하고 있으며, "분묘라 함은 시체 또는 유골을 매장하는 시설"로 정의하고 있으므로, 화장한 유골을 평장형태로 땅에 묻는 장사시설의 경우도 분묘·묘지에 해당될 것임

○ 따라서, 동법 제17조의 분묘의 설치기간 규정 및 동법시행령 제11조 별표2의 묘지설치 거리제한 규정이 적용됨

기존의 묘지에 합장할 경우 묘지설치 신고의무

질 의 요 지	[보건복지가족부 민원(2001. 4. 12)]

○ 기존에 설치된 분묘에 배우자의 화장한 유골을 평장하는 형태로 합장하고자 할 경우 묘지설치신고를 하지 않아도 가능한지 여부

회 시 내 용	[노인65230-387(2001. 4. 17)]

○ 화장한 유골을 임야(야산)에 평분의 형태로 그 연고자가 매장을 하고자 하는 경우에도 장사 등에관한법령 및 타법령에서 이를 금지하거나 제한하고 있지 아니하는 지역인 경우에 한하여 사설묘지 설치가 가능하다 할 것임

○ 기존의 묘지(분묘)가 종전의 법령에 의하여 합법적으로 설치된 것이라면 그 법령 소정의 설치면적 범위내에서는 부부합장을 위한 쌍분형태의 분묘를 설치하는 것은 가능하다 할 것이나, 그 묘지(분묘)가 불법적으로 설치된 것이라면 그 분묘 옆에 새로이 분묘를 설

치하고자 하는 경우에는 장사 등에 관한 법률 제13조의 규정에 의하여 관할 신고관청에 개인묘지설치 신고를 하여야만 그 설치가 가능하며, 그 점유면적 또한 부부합장 여부와 관계없이 30제곱미터를 초과하지 아니하는 범위내에서만 가능하다 할 것임

장사 등에 관한 법률이 적용되는 비석의 범위

질 의 요 지	[순천시 복지여성과-6028(2006. 3. 22)]

○ 장사 등에 관한 법률 시행령 제15조의 규정에 의한 비석의 범위가 분묘의 묘역내에 설치하게될 부대시설인 묘비(비석)만을 의미 하는 것인지 여부
○ 망자의 생존시 행적을 새겨놓은 공적비 등(송덕비, 기념비, 추념비, 문학비, 효자비, 열녀비, 망향비)도 동법 및 시행령의 비석 범위내에 포함되는지 여부
○ 망자의 분묘와 무관한 위치에 설치된 공적비 등도 장사 등에 관한 법률 및 동법시행령의 적용 대상이 되는지 여부
○ 장사 등에 관한법률 및 동법시행령의 적용을 받을 비석 이외의 종류와 형태에 대한 별도 예외의 범위가 있는지 여부

회 시 내 용	[보건복지가족부 노인지원팀-426(2006. 4. 26)]

○ 장사 등에 관한 법률 제16조제3항은 "분묘 1기당 설치할 수 있는 상석·비석 등 시설물의 종류 및 크기에 관한 사항은 대통령령으로 정한다."고 규정하고 있음. 이에 따라 동법 시행령 제15조는 "분묘 1기당 설치할 수 있는 비석은 1개, 높이는 지면으로부터 2미터 이내, 그 표면적은 3제곱미터 이내로 한다."고 규정하고 있음.
○ 동 법령의 적용대상이 되는 비석은 분묘와 연관되어 설치되는 경우에 한하며, 분묘와 연관이 없는 공적비 등의 경우는 장사 등에관한법령의 적용 대상에 해당되지 않음

종중묘지 설치 허가시 인·입도로를 꼭 확보하여야 되는지 여부

질 의 요 지	[보건복지가족부 인터넷민원(2006. 9. 28)]

○ 장사 등에 관한 법률시행령 제9조 3호와 관련하여 석축, 인·입도로의 설치에 관한사항

(가족묘지 및 문중·종중묘지에 한한다)은 설치변경허가사항으로 되어 있는바, 종중묘지 설치 허가시 인·입도로를 꼭 확보하여야 되는지 여부

○ 인·입도로 확보가 필요 없을시 주변 토지소유자의 출입통제시 조치사항은?

회 시 내 용	[보건복지가족부 온라인 민원회신(2006. 9. 20)]

○ 장사 등에 관한 법률 시행령 별표2의 사설묘지 설치기준에서는 개인, 가족, 종중·문중 묘지에 인입도로를 설치할 경우 붕괴의 우려가 없도록 하고 있으나, 인입도로를 별도로 확보하지 아니하여도 묘지설치가 가능함

○ 묘지에 출입하기 위해 주변의 타인 소유 토지를 이용하는 것과 관련된 사항은 당사자간의 협의 및 민법의 규정을 통해 해결하여야 할 것으로 사료됨

공중수시집합시설 관련

질 의 요 지	[보건복지부 인터넷민원(2007. 12. 27)]

○ 종중묘지를 설치시 장사 등에 관한 법률시행령 별표에서 ~~~ , 학교 그밖에 공중이 수시 집합하는 시설 또는 장소로부터 500미터 이상 떨어 진 곳에 설치하여야 한다. 로 되어 있는데 공중이 수시로 집합하는 시설이란 어떠한 것들을 말하는지 알고 싶습니다. 또한 퇴비사로서 비료를 만드는 공장으로 일하는 인원은 10명내외인 곳은 공중이 수시로 집합하는 시설에 포함되는지도 알고 싶습니다.

회 시 내 용	[보건복지부 온라인 민원회신(2007. 12. 27)]

○ 장사 등에 관한 법률시행령 별표에서 묘지는 도로·철도·하천 또는 그 예정지역으로부터 300미터 이상, 20호 이상의 인가가 밀집한 지역, 학교 그밖에 공중이 수시 집합하는 시설 또는 장소로부터 500미터 이상 떨어진 곳에 설치하여야 합니다. 다만, 토지나 지형의 상황을 감안하여 시장·군수·구청장이 정하는 경우에는 예외로 하도록 규정하고 있으며 귀하께서 질의하신 공중이 수시 집합하는 시설에 대하여 구체적으로 지정할 수 없으며, 비료를 만드는 공장의 공중수시집합시설여부에 대하여는 이용인원수 및 빈도, 정도 등을 종합적으로 고려하여 관할 시장, 군수, 구청장이 판단하여야 할 사항입니다.

묘지설치기준 중 "20호 이상 인가"의 의미

질 의 요 지	[경상남도 사천시(2001. 6. 13)]

○ 장사 등에 관한 법률시행령 제11조 "별표 1"의개인묘지설치기준 중 "20호 이상의 인가가 밀집한 지역"이라 함은 자연부락 전체인가를 인가가 밀집한 지역으로 보아 묘지와 가장 근접한 인가로부터 거리를 측정하는 것인지, 아니면 사회통념상 취락의 형태가 종·횡으로 연접된 인가의 집단을 말하는 것인지 여부와 경작지를 사이에 두고 1~10호의 인가가 따로 군데군데 모여 사는 경우도 마을 전체 인가의 합계를 인가가 밀집한 지역으로 볼 수 있는지 여부

회 시 내 용	[노인65230-604(2001. 6. 21)]

○ "20호 이상의 인가가 밀집한 지역"이라 함은 한마을 전체의 호수를 기준으로 하는 것이 타당하다 할 것이며, 그 거리는 묘지설치예정지로부터 가장 가까이 위치한 인가로부터 직선거리로 실측하여 그 적합여부를 판단하여야 할 것임.

"20호이상의 인가가 밀집한지역"의 의미

질 의 요 지	[무안군 사회복지과-23998(2006. 12. 18)]

○ 장사 등에 관한 법률시행령 제7조의 2 "별표1"의공설묘지 등의 설치기준 중 "20호이상의 인가가 밀집한지역"이라함은 한마을 전체의 호수를 기준으로 하는 것이 타당(노인65230-604,2001.6.21)하다고 회시하였으나 현재 부락과 마을이라는 명칭이 사용되지아니하고 "리"로 사용하는데 마을을 "○○1리,○○리"등으로 보아도 적법한지 여부

회 시 내 용	[노인지원팀-50(2007. 1. 5)]

○ 장사 등에 관한 법률 시행령 제7조의2 별표 1의 공설묘지 설치기준 중 "20호 이상의 인가가 밀집한 지역"이라 함은 "동, 리"등 행정구역단위와 반드시 일치하는 것은 아니며, 그 지역의 지형적 상황이나 생활의 유지관계, 취락의 형성 등 제반여건을 종합적으로 검토하여 관할 관청에서 해당 여부를 판단하는 것이 타당할 것임. 인가의 일부나 전부가

이주하여 20호미만으로 된 때에는 이상의 거리제한 규정이 적용되지 않을 것임.

"토지나 지형의 상황에 의하여 지장이 없는 경우"에 대한 조례제정 여부

질 의 요 지	[보건복지가족부 인터넷 민원(2006. 10. 25)]

○ 장사 등에 관한 법률시행령 별표 2의 사설묘지 설치기준에 의하면 "묘지는 도로, 철도, 하천 또는 예정지역으로부터 300m이상 떨어진 곳에 설치하여야 한다. 다만 토지나 지형의 상황에 의하여 지장이 없는 경우로 시장. 군수가 인정하는 경우에는 그러하지 아니하다."라고 명시되어 있는데, 이 경우 "토지나 지형의 상황에 의하여 지장이 없는 경우"에 대한 조례제정 여부에 관계없이 일선 실무진이 판단 가능한 지 여부

회 시 내 용	[보건복지가족부 온라인 민원회신(2006. 10. 25)]

○ 장사 등에 관한 법률 시행령 별표 2의 사설묘지 설치기준에서는 묘지는 도로, 철도, 하천, 20호 이상의 인가가 밀집한 지역으로부터 일정거리가 떨어진 곳에 설치하도록 규정하고 있으나 제한거리내라고 하더라도 토지나 지형의 상황을 감안하여 관할 시장, 군수, 구청장이 묘지 설치를 허가할 수 있는 바, 그 구체적인 내용에 대하여 별도의 조례가 제정되어 있지 않은 경우에도 관할 관청에서 개별사안별로 위 규정에 해당하는지 여부를 판단할 수 있을 것임.

개인묘지설치시 산림법 등 관련법령의 허가를 별도로 받아야 하는지 여부

질 의 요 지	[경기도 포천군(2001. 8. 22)]

○ 개인묘지를 설치하고자 하는 경우 산림법의 관련 규정에 의한 입목벌채허가나 농지법의 관련 규정에 의한 농지전용허가 등을 별도로 받아야 하는지 여부

회 시 내 용	[노인65230-827(2001. 9. 7)]

○ 입법목적을 달리하는 개별 법률들이 일정한 행위에 관한 요건을 각각 규정하고 있는 경우에는 어느 법률이 다른 법률에 우선하여 배타적으로 적용된다고 해석되지 않는 이상 그 행위에 관하여 각 법률의 규정에 따른 요건을 갖추어야 할 것인 바, 개인묘지를 설치함에 있어서 장사 등에 관한 법률에 따른 개인묘지설치 신고요건을 갖춘 경우라 할지라도 산림법 및 농지법 등 다른 법령 소정의 행위허가를 별도로 받아야 할 것임.

○ 따라서 산림법 및 농지법의 관계규정에 의한 산림형질변경허가 및 농지전용허가를 각각 별도로 받아야만 개인묘지 설치신고가 가능하다 할 것임

개인이 필지분할 후 불특정 다수인의 묘지를 설치할 수 있는지 여부

질 의 요 지	[서울시 강남구(2001. 8. 23)]

○ 임야 1만여평(1필지)을 가진 자가 당해 지역에 100~200여평씩 임야를 분할하여 친구 등 불특정 다수인의 가족묘지 등을 설치하고자 하는 경우 가능한지 여부

회 시 내 용	[노인65230-840(2001. 9. 10)]

○ 지적법상의 지목이 "묘지"라 함은 묘지의 설치·관리를 위한 용도로 사용되는 토지를 말하는 것으로 당해 토지의 소유자가 장사 등에 관한 법률 제13조 또는 제14조의 규정에 의하여 당해 토지소유자의 묘지 또는 납골묘 설치를 위한 경우가 아닌 불특정 다수인을 대상으로 묘지 또는 납골시설을 분양하고자 하는 경우에는 재단법인이나 종교단체(납골시설의 경우에 한함)에 한하여 가능하다 할 것임.

○ 따라서 재단법인이나 종교단체가 아닌 토지소유자가 일정한 토지를 분할하여 타인으로 하여금 묘지 또는 납골시설을 설치·관리하게 하는 경우에는 동법 제13조 또는 제14조의 규정에 위반되므로 이러한 토지에 묘지 또는 납골시설을 설치하는 경우 토지소유자에게 동법 제26조의 규정에 의한 시설폐쇄 등의 조치를 할 수 있다 할 것임.

묘지설치허가권의 승계여부

질 의 요 지	[서울특별시 노원구(2001. 12. 21)]

○ 토지소유자가 소유 토지내 사설묘지설치허가를 받은 후 동 사설묘지를 포함하여 당해 토지를 양도하는 경우 양수인에게 당해 묘지설치허가의 효력이 승계되는지 여부

회 시 내 용	[노인65230-1119(2001. 12. 22)]

○ 종전 매장및묘지등에관한법령 및 장사 등에관한법령의 관계규정에 의하여 관할관청으로부터 가족묘지 또는 종중·문중묘지 설치허가를 받은 경우 그 설치허가는 건축법상의 건축허가와 같은 단순한 대물적 허가로만 볼 수는 없다고 할 것임.

○ 따라서 그 허가의 효과가 사설묘지를 양수한 자에게 당연히 이전될 수는 없다 할 것이니 새로운 허가절차를 거쳐 사설묘지 설치허가를 받아야 할 것임.

묘지설치허가 이행통지의 효력

질 의 요 지	[보건복지가족부 인터넷 민원(2001. 5. 21)]

○ 묘지설치허가 이행통지문이 산림법시행령 제24조제1항7호 및 동법시행령 제24조제2항 1호 타목에 의한 매장 및 묘지등에 관한 법률(신법령 : 장사 등에 관한 법률)에 의하여 설치허가를 받은 묘지 및 화장시설, 납골당 등 그 부대시설 설치를 위하여 필요한 경우라 되어 있는 바 묘지설치허가 이행통지문이 산림법에서 지정한 묘지설치허가증과 동일한 효력으로 볼 수 있는지 여부

회 시 내 용	[보건복지가족부 온라인 민원회신(2001. 5. 25)]

○ 장사 등에 관한 법률 제13조의 규정에 의한 묘지설치허가 이행통지문이 산림법령의 관계규정에서 정하고 있는 사설묘지 설치허가증과 동일한 효력이 있다 할 것임.

법인묘지의 녹지공간조성 의무화 관련

질 의 요 지	[경기도 이천시(2001. 9. 27)]

○ 장사 등에 관한 법률시행령 제11조의 "별표 1"의 관련규정에 의하여 법인묘지의 경우 녹지공간을 20% 이상 확보하여야 하는 바, 이는 동법 개정이전에 실시계획인가를 받아 준공완료된 면적까지도 포함한 전체면적에 대하여 녹지공간 20% 이상을 확보하여야 하는 것인지 아니면, 실시계획인가를 득하지 않은 미시행잔여지에 대하여서만 녹지공간을 20% 이상 확보하면 되는지 여부

○ 녹지공간 20% 내에는 도시공원시설중 조경면적을 포함한 면적인지 아니면, 조경면적을 제외한 면적인지 여부

회 시 내 용	[노인65230-882(2001. 9. 19)]

○ 장사 등에 관한 법률 부칙 제3조의 규정에 의하여 동법 시행전에 설치된 묘지는 이 법에 의해 설치된 묘지로 볼 수 있으므로, 준공완료되어 묘지로 사용하고 있는 경우에는 그 적용이 없다 할 것이나,

– 실시계획인가를 받지 아니한 부지를 묘지로 사용하고자 하는 경우에는 동법 제13조의 규정에 의하여 새로이 묘지를 조성하고자 하는 면적 중 녹지공간을 20%이상 확보하여야 할 것임.

○ 또한, 장사 등에 관한 법률시행령 제11조 별표 1의 법인묘지 설치기준 제4호다목의 규정에 의한 "녹지"라 함은 도시공원법 제2조제3호의 규정에 의한 "녹지"의 개념과는 달리 묘지허가면적내에 자연발생적 또는 인공적인 녹지를 보존·조성토록 함으로써 묘지 또는 분묘의 무분별한 조성을 방지하고 묘지의 친환경성을 도모하고자 하려는 것이므로 이러한 취지에 부합될 수 있는 잔디밭·관상용 식수 등은 녹지로 볼 수 있을 것임.

분리된 법인묘지를 하나의 법인묘지로 볼 수 있는지 여부

질 의 요 지	[보건복지가족부 인터넷민원(2006. 9. 12)]

○ 법인묘지의 면적이 10만제곱미터가 되지 않을경우, 그 주변토지에 대하여 토지사용승락을 받아 10만제곱미터 이상이 되면 신청이 가능한지 여부

○ 또한 10만제곱미터라 함은 그면적이 연속적으로 이어져 있어야 하는지, 아니면 일정한 거리가 떨어져 있어도 신청이 가능한지 여부 (예: A지역 7만제곱미터, 그리고 A지역에서 300여미터 떨어진 B지역에 4만제곱미터 일경우 A, B지역을 합하여 10만제곱이상일 경우 신청이 가능한지 여부)

○ 묘지는 20호이상 인가 밀집지역으로부터 500미터 이상 떨어진 곳에 설치하여야 하는데, 500미터 이내인 경우 주변인가의 동의서를 받으면 설치가 가능한지 여부

회 시 내 용	[보건복지가족부 온라인 민원회신(2006. 9. 12)]

○ 장사 등에 관한 법률 시행령 제11조 별표2의 사설묘지 설치기준에 의하면 법인묘지의 면적은 10만제곱미터 이상이어야 함. 이때 묘지면적을 계산함에 있어서는 원칙적으로 단일한 구역의 면적이 10만제곱미터 이상이어야 하나, 묘지 구역이 분리되어 있더라도 상호 근접하여 전체적으로 하나의 법인묘지로 볼 수 있을 경우에는 각각의 묘지구역 면적을 합하여 10만제곱미터 이상이면 가능할 것임. 이에 대한 판단은 관할 관청에서 토지나 지형의 상황 등 제반사정을 감안하여 결정하여야 할 것임

○ 사설묘지설치기준에서는 묘지는 도로, 철도, 20호이상의 인가가 밀집한 지역 등으로부터 일정한 거리가 떨어진 곳에 설치하여야 하나, 토지나 지형의 상황에 의하여 지장이 없는 경우로 시장, 군수, 구청장이 인정하는 경우에는 제한거리 내라도 설치가 가능함. 그러나, 묘지설치기준에서는 주변인가의 동의를 요하는 규정은 없음

지목이 묘지인 장소에 묘지설치 가능 여부

질 의 요 지	[보건복지가족부 인터넷민원(2006. 9. 18)]

○ 지목이 묘지로 되어 있는 지역에 가족묘지 설치를 희망하고 있는데 해당지역이 도로와 300미터 이내에 위치해 있는 지역인 경우 장사 등에 관한 법률 시행령 별표 2의 묘지설치기준과 관련하여 묘지 설치가 부적합한지 아니면 지목상 묘지로 되어 있는 경우에는 이런 규정과 관계없이 설치가 가능한지 여부

회 시 내 용	[보건복지가족부 온라인 민원회신(2006. 9. 18)]

○ 장사 등에 관한 법률 시행령 제11조 별표2의 사설묘지 설치기준에 의하면 묘지설치시에는 “도로·철도·하천 또는 그 예정지역으로부터 300미터 이상, 20호 이상의 인가가 밀

집한 지역, 학교 그 밖에 공중이 수시 집합하는 시설 또는 장소로부터 500미터 이상 떨어진 곳에 설치하여야 한다. 다만, 토지나 지형의 상황에 의하여 지장이 없는 경우로 시장·군수·구청장이 인정하는 경우에는 그러하지 아니하다" 고 규정하고 있음

○ 그러나, 기존에 장사 등에 관한 법률(또는 종전 매장 및 묘지등에 관한 법률)에 의거 적법하게 묘지가 설치된 것으로 인정되는 장소에 분묘를 설치할 경우에는 이상의 거리제한 규정은 적용되지 않음

○ 이와 관련, 묘지설치 예정지역의 지목이 묘지인 것과 해당묘지가 장사 등에 관한 법률(또는 종전 매장 및 묘지등에 관한 법률)상 적법한 묘지인지 여부는 별개로 판단할 사항임.

묘지설치기준 관련

질 의 요 지	[경상남도 진주시, '01. 6. 15]

1. 장사 등에 관한 법률시행령 제11조의 "별표 1" 의 가족묘지설치기준 중 '도로로부터 300미터 이상 떨어진 곳' 이라고 할 때, 도로의 정의 및 측정기준

2. '토지나 지형의 상황에 의하여 지장이 없는 경우로 시장·군수가 인정하는 경우' 의 구체적인 사항

회 시 내 용	[노인65230-594, 2001. 6. 18]

1. "질의 1" 에 대하여

○ 장사 등에 관한 법률시행령 별표 1의 사설묘지의 설치기준에서 규정하고 있는 "도로" 라 함은 도로법 제2조 및 제11조 등의 규정에 의한 도로를 말한다 할 것이고, 도로로부터 이격거리 측량은 묘지와 도로사이의 최단 직선거리를 기준으로 하여야 할 것임.

2. "질의 2" 에 대하여

○ 동법시행령 별표 1의 2호바목 단서규정은 토지의 상황 즉, 지형의 형태에 의한 능고·차폐시설 등으로 묘지예정지가 인구밀집지역으로부터 가시권밖에 위치하게 되는 경우 등으로 구체적인 사항은 관할 시장·군수·구청장이 인정하는 경우라 할 것임.

장사시설의 설치·관리를 목적으로 하는 법인이 공익법인의설립·운영에관한법률의 규정에 의한 공익법인에 해당하는지 여부

질 의 요 지	[보건복지부 지원65230-302(2000. 4. 7)]

○ 민법 제32조 및 보건복지부장관및그소속청장의주관에속하는비영리법인의설립및감독에관한규칙의 규정에 의하여 사설묘지의 조성과 유지관리 등을 목적으로 설립된 재단법인이 공익법인의설립·운영에관한법률 제2조의 규정에 의한 공익법인의 범위에 포함되는지 여부

회 시 내 용	[법무부 법심61010-941(2000. 12. 14)]

1. 법무부 의견

○ 동 재단법인을 공익법인의설립·운영에관한법률의 적용대상으로 볼 수 없음.

2. 이 유

○ 장묘시설의 설치·관리를 목적으로 주무관청(시·도지사)의 허가를 받아 설립된 재단법인은 공익법인의 설립·운영에관한법률의 제2조에 의한 사회일반의 이익에 공여하기 위하여 학자금·장학금 또는 연구비의 보조나 지급, 학술·자선에 관한 사업을 목적으로 하는 법인으로서 동 법률 제4조에 의한 설립허가를 받았다고 볼 수 없음.

법인묘지의 녹지공간조성 의무화 관련

질 의 요 지	[경기도 이천시, '01. 9. 27]

○ 장사 등에 관한 법률시행령 제11조의 "별표 1"의 관련규정에 의하여 법인묘지의 경우 녹지공간을 20% 이상 확보하여야 하는 바, 이는 동법 개정이전에 실시계획인가를 받아 준공완료된 면적까지도 포함한 전체면적에 대하여 녹지공간 20% 이상을 확보하여야 하는 것인지 아니면, 실시계획인가를 득하지 않은 미시행잔여지에 대하여서만 녹지공간을 20% 이상 확보하면 되는지 여부

○ 녹지공간 20% 내에는 도시공원시설중 조경면적을 포함한 면적인지 아니면, 조경면적을 제외한 면적인지 여부

회 시 내 용	[노인65230-882, 2001. 9. 19]

○ 장사 등에 관한 법률 부칙 제3조의 규정에 의하여 동법 시행전에 설치된 묘지는 이 법에 의해 설치된 묘지로 볼 수 있으므로, 준공완료되어 묘지로 사용하고 있는 경우에는 그 적용이 없다 할 것이나 실시계획인가를 받지 아니한 부지를 묘지로 사용하고자 하는 경우에는 동법 제13조의 규정에 의하여 새로이 묘지를 조성하고자 하는 면적 중 녹지공간을 20%이상 확보하여야 할 것임.

○ 또한, 장사 등에 관한 법률시행령 제11조 별표 1의 법인묘지 설치기준 제4호다목의 규정에 의한 "녹지"라 함은 도시공원법 제2조제3호의 규정에 의한 "녹지"의 개념과는 달리 묘지허가면적내에 자연발생적 또는 인공적인 녹지를 보존·조성토록 함으로써 묘지 또는 분묘의 무분별한 조성을 방지하고 묘지의 친환경성을 도모하고자 하려는 것이므로 이러한 취지에 부합될 수 있는 잔디밭·관상용 식수 등은 녹지로 볼 수 있을 것임.

묘지 및 납골시설 설치관련

질 의 요 지	[경기도 군포시, '01. 2. 12]

1. 다수인의 개인묘지와 가족묘지를 일정지역에 집단적으로 공동설치하고자 묘지를 조성하는 경우에 묘지법인이 아닌 개인자격으로 집단공동묘지설치허가를 받을 수 있는지 여부
2. 재단법인이 납골시설을 설치하고자 하는 경우 10만제곱미터 이상의 토지를 확보하여야 하는지 여부
3. 종교단체가 아닌 다른 법률상의 등록단체(동창회, 친목단체 등)도 종교단체에 의제하여 납골시설을 설치할 수 있는지 여부
4. 기존 묘지관련 재단법인이 타 시·도에 약 1만평정도의 소규모로 묘지설치허가를 받아 사업을 시행할 수 있는지 여부

회 시 내 용	[노인65230-184, 2001. 2. 26]

1. "질의 1"에 대하여
   가. 장사 등에 관한 법률 제11조, 제13조 및 동법시행령 제11조의 규정에 의하여 개인 등이 설치할 수 있는 묘지는 그 종류와 설치면적 등의 설치기준의 제한을 받음.
   나. 따라서 개인묘지가 아닌 집단묘지로서 가족이나 종중·문중묘지가 아닌 집단묘지는 재단법인만이 설치할 수 있으며, 그 면적은 10만제곱미터 이상이어야 함.

2. “질의 2”에 대하여

- 동법 제14조제2항의 규정에 의하면 “유골 500구 이상을 안치할 수 있는 사설납골시설을 설치·관리하고자 하는 자는 민법에 의하여 납골시설의 설치·관리를 목적으로 하는 재단법인을 설립하여야 한다.”라고 규정하고 있으나 사설묘지의 설치 및 운영을 목적으로 하는 법인묘지와는 달리 사설납골시설의 설치 및 운영을 목적으로 하는 재단법인은 납골시설의 설치규모(면적)에 관한 제한규정이 없음.

3. “질의 3”에 대하여

- 동법 제14조제2항의 단서규정은 다른 법령에 특별한 규정이 없는 한 종교단체가 아닌 동창회 등에 대하여는 그 적용이 없음.

4. “질의 4”에 대하여

- 관할관청으로부터 기 설립허가를 받은 재단법인이 관할구역을 달리하여 묘지분양사업을 하고자 하는 경우에는 위 “질의 1”에 대한 회신내용과 같이 10만 제곱미터 이상의 면적을 확보하여 그 관할관청으로부터 사설묘지설치허가를 별도로 받아야 그 설치가 가능함.

기존의 재단법인 묘지내 납골시설을 설치할 경우 묘지설치변경허가를 받아야 하는지 여부 및 녹지 등 설치기준

질 의 요 지	[경기도 가정65230-11006(2002. 7. 2)]

○ 질의 “가”

- 기 허가받아 운영중인 법인묘지내 일정부분을 구획하거나 기 설치한 분묘를 개장하여 매장묘가 아닌 납골시설(묘, 탑)을 설치하고자 할 경우 그 처리절차와 관련, 장사 등에 관한 법률 제13조(사설묘지의 설치)제3항 및 동법시행령 제9조(가족묘지등의 설치변경허가) 제1호에는 “면적”에 관한 사항을 규정하고 있는 바, 이는 허가받을 당시 분묘설치가 가능한 면적이나 녹지공간 등이 납골시설을 설치하고자 하는 면적만큼 축소됨으로 묘지설치변경(면적축소)허가를 득하고 납골시설설치신고를 하여야 하는지, 아니면 별도의 묘지설치변경허가없이 납골시설설치신고만 하면 되는지 여부

○ 질의 “나”

- 현재 운영중인 법인묘지내에 추가로 납골묘지를 설치하고자 할 경우와 관련, 동법시행령 제13조(사설화장장 등의 설치기준)제1항 별표 3의 설치기준상 “묘지”등에 설치토록 되어 있어 신고수리는 가능하나 납골묘지 면적중 100분의 20이상을 녹지공간으로

확보토록 되어 있는 바, 이는 새로이 납골시설을 설치하고자 하는 면적에 대한 20퍼센트 이상을 확보하여야 하는지, 아니면 법인묘지로서 기 허가받을 당시 설치기준에 따라 분묘가 아닌 지역은 잔디·화초·수목 등으로 녹화되어 있으므로 전체(납골시설 설치장소 포함) 허가구역 대비 묘지설치기준상의 녹지공간을 확보하면 되는지 여부

- 또한, 신규 납골시설 설치장소만을 기준으로 녹지공간을 확보하여야 한다면, 설치하고자 하는 납골묘의 형태가 분묘형태일 경우 납골묘 상단의 잔디도 녹지공간으로 볼 수 있는지 여부

회 시 내 용	[노인65230-591, 2002. 7. 6]

1. "질의 가"에 대하여

장사 등에 관한 법률 제2조제6호의 규정에 의하여 "묘지"라 함은 분묘를 설치하는 구역을 말한다할 것이나, 동법 제14조 및 동법시행령 제13조 별표 3의 제2호의 규정에 의하여 납골시설을 "묘지"에 설치할 수 있다고 할 것이므로 납골시설의 설치가 동법 제13조제3항 및 동법시행령 제9조제1호의 규정에 의한 기존의 허가받은 법인묘지의 면적을 변동(감소)시키는 것은 아니라고 할 것임.

따라서, 납골시설을 새로이 설치하기 위하여 법인묘지의 면적을 증가시키는 경우 등이 아닌 경우에는 동법시행령 제9조제1호의 적용이 없다고 할 것임.

다만, 납골시설의 설치로 인하여 당초 법인묘지설치허가사항의 변경 및 법인의 기본재산의 변동 등을 초래하는 경우에는 이와 관련된 변경허가 등을 받은 후 설치하여야 할 것임.

2. "질의 나"에 대하여

장사 등에 관한 법률의 시행이후 새로이 납골묘나 납골탑을 설치하고자 하는 경우에는 납골묘지(납골묘를 설치하는 구역) 면적중 녹지공간을 100분의 20이상 확보하여야 할 것이고, 당초 법인묘지로 허가받은 전체 묘지면적중 녹지공간을 100분의 20이상 확보하여야 한다는 것은 아니라 할 것임. 아울러 공작물인 납골묘 자체는 녹지로 볼 수 없다 할 것임.

종교단체가 납골시설을 설치하고자 하는 경우 종교단체증빙서류

질 의 요 지	[부산광역시 동구, '01. 4. 19]

○ 교회에서 '종교단체가 설치하는 납골시설'을 설치하고자 하는 경우 "종교단체등록증"을 첨부하여야 하는 바, 이 경우 "종교단체등록증"의 의미

회 시 내 용	[노인65230-426, 2001. 4. 24]

○ 종교단체가 납골시설을 설치하는 경우 장사 등에 관한 법률시행규칙 별지 제8호서식에 종교단체등록증을 첨부하도록 한 취지는 묘지나 납골시설의 설치·관리는 그 시설의 공익성·안정성·영속성 및 전문성이 요구되는 것이므로 이에 부합할 수 있는 종교단체가 동 시설을 설치·관리하도록 하려는 것임.

○ 따라서 위 규정에 의한 종교단체등록증이라 함은 부동산등기법의 규정에 의한 등록번호등록증명서, 전통사찰보전법의 규정에 의한 전통사찰등록증, 문화관광부및문화재청소관비영리법인의설립및감독에관한규칙 등의 규정에 의하여 설립된 종교단체에 대하여 부여하는 법인설립허가증 등을 말한다 할 것임.

묘지사용료·관리비의 신고시 첨부서류

질 의 요 지	[경상남도 김해시(2001. 10. 19)]

○ 법인묘지의 사용료·관리비의 신고시 그 항목별 비용의 산출근거로 매년도 증빙서류 및 장부에 의해 세무사가 조정·계산한 조정계산서와 원가계산용역기관이 조사하여 작성하는 계산서가 있는데, 이중 어느 것을 첨부하여 신고하여야 하는지 여부

회 시 내 용	[노인65230-965(2001. 10. 22)]

○ 장사 등에 관한 법률 제21조 및 동법시행규칙 제13조의 규정에 의한 사용료 및 관리비의 항목별 비용의 산출근거라 함은 토지사용료, 묘지조성비의 이용요금 및 잔디조성비, 벌초 등 묘지사용과 직접적으로 관련된 사항의 비용을 산출함에 있어서 그 근거가 되는 항목별 시설설치비용 등을 말하며,

○ 그 관리비 등의 산출근거는 원가계산 및 물가 등을 고려한 합리적인 기준에 의하여야 할 것이므로, 예컨대 공인된 기관에 의한 원가계산서 분석자료 등을 기초로 사용료 및 관리비의 항목별 비용을 산출하여 그 요금을 관할관청에 신고할 수 있다 할 것임.

매장 및 묘지등에 관한 법률 부칙 제3조 단서규정이 행정적 훈시규정인지, 동조분문의 간주규정의 요건인지의 여부

질 의 요 지	[검찰청]

매장 및 묘지등에 관한 법률 제3조 단서의 해석에 있어 하기 양설중 어느 설이 타당한지 여부

〈갑설〉 동조 단서는 행정적 훈시규정이다.

이 유 : 1. 구법당시 소정절차를 밟아 취득한 기득권으로 보고 태만의 이유만으로 침해할 수 없다.

2. 동 보고 불이행으로 인하여 동법 제정목적 및 사회질서에 하등 영향이 없다. 도리어 동 단서를 그 본문의 간주규정의 요건으로 해석하면 기존질서가 문란해질 우려가 있다.

〈을설〉 동조 단서는 동조 본문의 간주규정의 요건이다.

이 유 : 1. 동조 단서는 동법 제8조 소정 서울특별시장, 도지사의 허가를 생략하기 위한 경우적 규정이다.

2. 문리상 동조 단서의 보고를 아니하는 경우 동조 본문의 간주규정을 배제한다고 해석된다.

회 시 내 용	('63. 5. 2)

갑설이 타당하다고 해석한다.

○ 매장 및 묘지등에 관한 법률 부칙 제3조제1항 단서규정은 그 설치자 또는 관리인은 이 법 시행일로부터 3월이내에 묘지, 화장장 또는 납골당의 소재지번과 위치를 서울특별시장 또는 도지사에게 보고하여야 한다고 규정하고 있는바, 동조 본문에 규정하고 있는 본법 시행전에 설치된 묘지, 화장장 또는 납골당은 본법에 의하여 설치된 것으로 본다. ………라고 함은 동법 시행이전인 '61.12.31 이전에 설치된 묘지, 화장장 또는 납골당은 동법 소정의 시설기준(제3조 참조)과 또한 동법에 의한 허가를 받지 아니한 것이라 하더라도 동 부칙 제3조제1항 본문의 경과규정에 의하여 동법에 의하여 설치된것으

로 간주되는 것이므로 동조 제1항단서에 규정하고 있는 보고는 동조본문의 간주규정의 요건이 아니고 동법 시행이전에 설치된 묘지, 화장장 또는 납골당의 소재지번과 위치를 파악하기 위한 행정상의 필요에 의한 훈시규정이라고 해석한다.(동법 제8조제1항에서는 사설묘지, 사설화장장 또는 사설납골당을 설치하고자 하는 자는 서울특별시장 또는 도지사의 허가를 받아야 하며, 이에 위반한 경우에는 동법 제19조제1호의 벌칙의 적용을 받게되나 동부칙 제3조제1항 단서의 보고를 하지 아니하는 경우의 벌칙규정이 없음도 이러한 취지에 입각한 것이라고 사료됨)

일제시 조선총독부령에 의거 사설묘지설치허가를 득한 경우 현재에도 허가가 유효한지 여부

질 의 요 지	[경기도 보건1438-2122호, '70.10. 2]

○ 구조선총독부령 123호 묘지, 화장장, 매장및화장취체규칙에 의하여 일제시 허가된 묘지로서 '62년도에 실시한 일제신고시에 신고하지 않고 근래에 당시 허가증 원본을 제시 묘지로서의 인정을 요구하고 있는바, 이를 매장 및 묘지등에 관한 법률('61.12.5 법률 제799호) 부칙 제3조제1항에 의한 신고를 접수하고 묘지로 인정하여야 할 것인지 또는 신규허가처리를 하여야 할 것인지 여부

회 시 내 용	[환경1438-25347호, '70.10.26]

○ 매장 및 묘지등에 관한 법률 부칙 제3조제1항('61.12.5)의 단서규정에 의한 보고를 이행하지 아니한 묘지일지라도 구법에 의거 허가된 묘지는 매장 및 묘지등에 관한 법률 부칙 제3조제1항('61.12.5) 및 동법 부칙 제2항의 경과규정('61.12.31)에 의하여 매장 및 묘지등에 관한 법률에 의거 설치한 것으로 인정됨.

기존묘지 내에 설치된 분묘를 개장하여 납골시설을 설치할 경우의 절차

질 의 요 지	장사 등에 관한 법률 제12조 내지 제14조 등 적용지침
	[노인지원과-465(2005. 2. 25)]

○ 종전 매장 및 묘지등에 관한 법률 제7조·제8조 등의 관계규정에 의하여 적법하게 조성되어 구획된 기존의 묘지 내에 설치된 분묘를 개장하여 납골묘·납골탑 등 납골시설을 설치하는 경우에는 관할관청으로부터 장사 등에 관한 법률 제13조제3항 및 동법시행령 제9조의 규정에 의한 가족묘지등의 설치 변경허가없이도 동법 제14조제1항의 규정에 의한 사설납골시설 설치신고(설치변경 신고 포함)만으로 가능함.

○ 장사 등에 관한 법률시행령 제7조관련 별표 1·제11조관련 별표 2·제13조관련 별표3의 설치기준 중 "공설묘지·공설납골묘(탑) 및 법인묘지·법인납골묘(탑)·종교단체 납골묘(탑)의 묘지 허가면적 및 납골묘지 면적 중 관계규정에서 정한 비율에 의한 녹지공간을 확보하여야 한다."는 규정은 장사 등에 관한 법률 시행일(2001. 1. 13)부터 신규로 조성하는 묘지·납골묘(탑)에 한하여 적용되고, 종전 매장 및 묘지등에 관한 법률의 관계규정에 의하여 조성되어 구획된 기존의 묘지 내에 설치된 분묘를 개장하여 납골묘(탑)를 설치하는 경우에는 적용되지 아니함.

○ 장사 등에 관한 법률시행규칙 제7조제1항제1호가목 내지 라목, 동조제1항제2호가목(2)·나목 (1) 내지 (6), 동조제1항제3호가목(1)·나목(2)·다목(1) 내지 (6)의 구비서류 및 별지 제4호서식의 구비서류 중 제1호의 구비서류, 별지 제5호서식의 구비서류 중 제1호가목·제2호나목·제3호가목 내지 바목의 구비서류 및 별지 제7호서식의 구비서류 중 제1호의 가목 내지 라목, 제2호가목(2)·나목 (1) 내지 (6)의 구비서류, 별지 제8호서식의 구비서류 중 제1호가목·제2호나목·제3호가목 내지 바목에서 정하고 있는 구비서류는 장사 등에 관한 법률 시행일(2001. 1. 13)부터 신규로 조성하는 시설 설치시에 적용되고, 종전 매장 및 묘지등에 관한 법률의 관계규정에 의하여 조성되어 구획된 기존의 묘지 내에 설치된 분묘를 개장하여 납골묘(탑)·납골당 등 장사시설을 설치하는 경우에는 적용되지 아니함.

※ 제1항 및 제2항의 업무를 시행함에 있어 장사시설을 묘지구역의 축대 등에 대한 별도의 보강조치 없이 급경사 지역에 무분별하게 설치하는 경우 산죽은 태아 위험에 노출되는 등 재해의 위험을 가중시킬 가능성이 크므로, 재해 방지대책을 강구한 후에 설치될 수 있도록 하여 주시기 바랍니다. 끝.

사설납골시설 설치시 입목벌채 등의 의제 여부

질 의 요 지	[보건복지가족부 민원(2005. 3. 16)]

○ 사설납골시설 설치시 장사 등에 관한 법률 제13조제5항의 규정과 같이 산림관계법령상의 입목법채 및 산지전용허가가 의제되는지 여부

회 시 내 용	[노인지원과-736(2005. 3. 21)]

○ 종전 매장및묘지등에법률 제8조의 규정에 의하여 관할관청으로부터 사설납골당 설치허가를 받았다 할지라도 사설납골당 설치허가는 사설묘지 설치허가와는 달리 의제처리규정이 없으므로, 산림법 제90조제1항의 규정에 의한 입목벌채등의 허가를 별도로 받아야 할 것임

납골시설 설치기준 관련

질 의 요 지	[충청남도 아산시(2001. 2. 26)]

1. 사설납골시설의 설치시 묘지설치와 같이 거리제한규정이 있는지 여부
2. "20호 이상의 인가가 밀집한 지역"의 의미
3. 재단법인이나 종교단체가 설치하는 사설납골시설에 유족편의시설을 설치하도록 하고 있는데, 편의시설의 종류·규모 및 기준 여부

회 시 내 용	[노인65230-252(2001. 3. 12)]

1. "질의 1"에 대하여

○ 사설납골시설의 설치기준은 사설묘지 설치기준과는 달리 사원·묘지·화장시설 그밖에 지방자치단체의 조례가 정하는 장소에 설치하여야 함.
 – 따라서 사설묘지설치시의 거리제한 규정의 적용은 달리 없다고 할 것임.

2. "질의 2"에 대하여

○ 20호 이상의 인가가 밀집한 지역이라 함은 마을전체의 호수를 기준으로 그 지역내의 지형적 상황이나 생활의 유지관계 및 취락의 형성 등을 고려하여 경험칙 또는 사회통념상 인가가 20호 이상 밀집된 지역으로 판단함이 타당하다 할 것이나 구체적인 상황은 허가권자가 주변의 지형과 여건 등을 종합 검토하여 결정할 사안이라 할 것임.

3. "질의 3"에 대하여

○ 재단법인이나 종교단체가 설치하는 사설납골시설의 경우 "유족편의시설"을 갖추도록 하였는데 유족편의시설이라 함은 휴게실, 안내실, 화장실 및 자동판매기 시설 등 유족이 사설납골시설을 이용하는데 편의를 도모할 수 있는 시설을 말하며, 이러한 시설의 설치규모와 기준은 장사 등에관한법령에 별도로 정하고 있는 것은 없음.

사설납골시설 설치시 거리제한 규정 적용 여부

질 의 요 지	[보건복지가족부 노인지원과-1018(2005. 4. 11)]

○ 현행 장사 등에관한법령의 관계규정에 따른 납골시설 설치시 납골시설의 설치기준이 아닌 시설묘지의 설치기준 중 거리제한규정(묘지는 도로·철도·하천 또는 그 예정지역으로부터 300미터 이상, 20호이상의 인가가 밀집한 지역 등으로부터 500미터 이상 떨어진 곳에 설치하여야 한다)이 준용 내지 적용되는지 여부 등

1) 위 규정에 따라 관할관청으로부터 사설묘지 설치허가나 설치신고를 하고 새로이 설치하는 묘지에 사설납골시설을 설치하는 경우 반드시 관할관청으로부터 사전에 개인묘지 설치신고 내지 가족묘지 등 집단묘지 설치허가를 득한 후에만 사설납골시설 설치신고가 가능한지 여부

2) 위와 같이 새로이 설치하는 묘지에 사설납골시설을 설치하는 경우에는 원칙적으로 거리제한규정의 적용을 받는지 여부

회 시 내 용	[법제처 사회문화법제국-650(2005. 6. 14)]

○ 회답

가. 새로이 설치하는 묘지에 사설납골시설(종교단체나 재단법인이 설치하는 납골당은 제외함)을 설치하고자 하는 경우 관할관청으로부터 사전에 사설묘지의 설치신고가 수리되거나 설치허가를 얻은 후에 사설납골시설의 설치신고가 수리될 수 있을 것임

나. 묘지에 사설납골시설(종교단체나 재단법인이 설치하는 납골당은 제외함)을 설치하는 경우 새로이 설치되는 묘지는 거리제한규정을 적용받아 설치될 것이므로 이러한 묘지에 설치하는 사설납골시설은 거리제한규정을 적용받게 될 것임.

○ 이유

1) 질의 1에 대하여

- 사설묘지를 새로이 설치하고자 하는 경우에는 법 제13조의 규정에 의하여 개인묘지의 경우에는 신고를, 가족묘지나 법인묘지 등의 경우에는 허가를 받아야 하되, 동조제6항의 규정에 의한 사설묘지의 설치기준에 맞게 설치하도록 되어 있고, 법 제26조의 규정에 의하여 가족묘지나 법인묘지 등이 설치기준에 위반하여 설치된 때에는 허가취소나 시설폐쇄 등을 할 수 있도록 되어 있으므로 사설묘지의 설치신고나 허가신청을 한 경우 행정관청은 당해 사설묘지가 그 기준에 맞게 설치되는 경우에 한하여 신고를 수리하거나 허가를 하게 될 것이고, 따라서 신고가 수리되거나 허가를 받아야 그 곳이 적법한 사설묘지로 인정될 것임
- 사설납골시설을 설치하고자 하는 경우에는 법 제14조제1항의 규정에 의하여 신고하도록 되어 있고, 이 경우 동조제3항의 규정에 의한 설치기준 등에 맞게 설치하여야 하는 바, 사설납골시설의 설치기준은 영 별표 3에 규정되어 있고 그에 의하면 사설납골시설중 종교단체나 재단법인이 설치하는 납골당을 제외한 납골묘, 납골탑 및 납골당은 사원·묘지·화장시설 그 밖에 지방자치단체의 조례로 정하는 장소에 설치하여야 하도록 되어 있음.
- 위 규정에서 말하는 묘지는 적법한 절차에 의하여 설치된 묘지이어야 할 것이고 묘지는 법 제13조의 규정에 의하여 묘지설치신고가 수리되거나 허가를 받아야 비로소 적법한 묘지로 볼 수 있기 때문에 이러한 절차를 완료하여야 사설납골시설의 설치가 가능할 것임. 다만, 종교단체나 재단법인이 설치하는 납골당은 설치가능 장소의 제한이 없으므로 묘지의 설치신고 수리전이나 설치허가 전이라도 그 설치가 가능함.

2) 질의 2에 대하여

- 거리제한규정은 영 별표2의 규정에 의한 사설묘지의 설치기준에 규정되어 있고 영 별표3의 사설납골시설의 설치기준에는 포함되어 있지 아니하므로 사설납골시설을 설치하는 경우에는 원칙적으로 거리제한규정이 적용되지 아니함. 다만, 묘지에 사설납골

시설을 설치하는 경우 새로이 설치되는 묘지는 거리제한규정을 적용받아 설치될 것이므로 이러한 묘지에 설치하는 사설납골시설은 거리제한규정을 적용받게 될 것임.

종교시설이 없는 500구 이상의 유골을 안치하는 종교단체 납골당 설치신고

질 의 요 지	[보건복지부 인터넷민원(2007. 11.19)]

○ 우리ㅇㅇ시 관내에 사설납골당(유골20,000기 연면적 3,145㎡) 건립과 관련하여 아래와 같이 질의합니다.

가. 장사 등에 관한 법률 제14조(사설화장장등의 설치) 및 동법시행규칙 제7조에 의거 화장장(납골당) 설치(변경)신고시에 종교시설이 없는 상태에서 개인이 사찰과 납골시설을 동시에 건립하여 종교단체 납골시설로 신고해도 가능한지?

나. 납골당 설치신고시 종교단체의 경우 종교단체등록증을 구비하도록 규정되어 있는데 신축할 사찰로서 신도수가 많지 않음에도 불구하고 시설규모가 유골 20,000기 정도의 납골시설 설치신고를 하여도 되는지?

다. 종교단체 납골시설에 해당 종교단체의 신도들 외에 불특정 다수인의 유골을 안치해도 되는지?

회 시 내 용	[보건복지부 온라인 민원회신(2007. 11. 24)]

○ 재단법인이 아닌 종교단체라 함은 "장로교 "나 "조계종" 등의 종파만을 의미하는 것이 아니라 마을의 교회나 사찰 등을 포함하는 개념이며 장사 등에 관한 법률 제14조제2항 단서조항에 따라 종교단체가 사설납골시설을 설치·관리하고자 하는 때에는 동법시행규칙 제7조제1항제2호 가목 등에서 규정하고 있는 바와 같이 종교단체등록증을 첨부하여 관할 시장·군수·구청장에게 제출하도록 하고 있습니다.

○ "종교단체등록증" 을 요구한 취지는 종교단체의 실체를 확인하기 위한 것으로 묘지나 납골시설의 설치·관리는 그 시설의 공익성·안정성·영속성 및 전문성이 요청되므로 이에 부합할 수 있는 종교단체가 동 시설을 설치·관리하도록 하려는 것이며 전통사찰보전법의 규정에 의한 전통사찰등록증, 문화관광부및문화재청소관비영리법인의설립및감독에관한규칙의 규정에 의하여 설립된 종교단체에 대하여 교부하는 법인설립허가증 등을 말한다고 할 것입니다.

○ 종교단체 중 「문화관광부 등 주무관청으로부터 인가를 받아 설립된 종교법인」과 「전통사찰보존법에 의하여 등록된 전통사찰」을 제외한 「비법인사단으로서의 종교단체」가 납골시설을 설치·관리하기 위하여는 실체적 요건으로 물적요소인 성당·교회·불당 등의 종교재산이 있고, 인적요소인 목사·주지 등과 상당수의 신도가 존재하며, 단체로서의 규약을 가지고 종교적 활동을 하여야 할 것입니다.

○ 위와 같은 요건을 갖춘 종교단체가 사설납골시설 설치시 부동산등기법 제42조의2 등 관계규정에 의한 등록번호등록증명서를 신고관청에 제출하였다면, 이를 장사 등에 관한 법률시행규칙 제7조의 규정에서 정한 종교단체등록증을 갖춘 것으로 볼 수 있을 것입니다.

○ 또한, 장사 등에 관한 법률 제14조제2항은 500구 이상의 유골을 안치하는 납골시설을 설치하고자 할 경우 민법에 의한 재단법인을 설립하여 운영하도록 하고 있으며 이는 납골시설의 경우 일반적인 건축물과 달리 유골을 장기간 안정적으로 관리하여야 하므로 대규모 납골시설의 경우 재단법인을 설립하여 운영하도록 한 것입니다.

○ 종교단체에 대하여는 예외를 인정하여 재단법인 설립 없이도 대규모 납골시설의 운영이 가능하도록 하고 있으나 이는 해당 종교단체의 신도들을 대상으로 운영하는 경우에 한하며 재단법인에 준하는 영속적인 관리가 가능한 것을 전제로 한 것이므로, 신도가 아닌 불특정 다수인을 대상으로 납골시설을 운영하고자 할 경우에는 민법상 납골시설의 설치·관리를 목적으로 하는 재단법인을 설립하여야 할 것입니다.

종교단체등록증의 의미

질 의 요 지	[경기도 포천시 사회복지과(2006. 1. 10)]

○ '종교단체가 설치하는 납골시설'을 설치하고자 하는 경우 제출하여야 하는 "종교단체등록증"에 부동산등기법의 규정에 의한 등록번호 등록증명서도 증명서류로 가능하다고 하나, 동 등록증명서상 유의사항에 "이 증명서는 단체의 실체를 증명하는 서류가 아니라 단체의 등록번호를 증명하는 서면으로 부동산 등기신청용으로만 사용할 수 있음"이라고 명시되어 있는 경우 이를 종교단체 등록증으로 볼 수 있는지 여부

회 시 내 용	[노인지원팀-219(2006 1. 17)]

○ 장사 등에 관한 법률 제14조제2항 단서조항에 따라 종교단체가 사설납골시설을 설치·관리하고자 하는 때에는 동법시행규칙 제7조제1항제2호 가목 등에서 규정하고 있는 바와 같이 종교단체등록증을 첨부하여 관할 시장·군수·구청장에게 제출하도록 하고 있음

○ 종교단체 중 「문화관광부 등 주무관청으로부터 인가를 받아 설립된 종교법인」과 「전통사찰보존법에 의하여 등록된 전통사찰」을 제외한 「비법인사단으로서의 종교단체」가 납골시설을 설치·관리하기 위하여는 실체적 요건으로 물적요소인 성당·교회·불당 등의 종교재산이 있고, 인적요소인 목사·주지 등과 상당수의 신도가 존재하며, 단체로서의 규약을 가지고 종교적 활동을 하여야 할 것임

○ 위와 같은 요건을 갖춘 종교단체가 사설납골시설 설치시 부동산등기법 제42조의2 등 관계규정에 의한 등록번호등록증명서를 신고관청에 제출하였다면, 이를 장사 등에 관한 법률시행규칙 제7조의 규정에서 정한 종교단체등록증을 갖춘 것으로 볼 수 있을 것임

○ 아울러, 위와같은 종교단체는 신도들을 위한 납골시설을 설치·관리할 수 있으며, 신도외에 불특정 다수인이 사용할 수 있는 납골시설을 설치·관리하고자 할 경우에는 장사시설의 설치·관리를 목적으로 하는 재단법인을 설립하여야 함

사설납골당을 경매로 낙찰받은 경우 설치·관리자 변경신고

질 의 요 지	[보건복지가족부 민원(2006. 10. 26)]

○ 종전 매장 및 묘지등에 관한 법률 시행 당시 설치허가를 받아 운영 중인 사설납골당을 경매로 낙찰받은 경우 설치·관리자 변경신고 대상에 해당하는지 여부 및 낙찰자들이 직접 변경신고 가능한지 여부

회 시 내 용	[노인지원팀-3795(2006. 10. 31)]

○ 종전 매장 및 묘지등에 관한 법률 시행당시 설치허가를 받아 운영중인 납골당을 경락받은 경우, 그 설치허가권이 소유권을 취득한 자에게 당연히 승계되지는 않으며 해당 납골시설을 운영하기 위해서는 현행 장사 등에 관한 법률의 사설납골당 운영관련 요건을 갖추어야 할 것임

○ 따라서, 해당 시설이 500구이상의 불특정 다수인의 유골을 안치하는 사설납골당일 경우 현행 장사 등에 관한 법률 제14조제2항의 요건에 부합하게 재단법인을 설립하거나, 종

교단체 납골당(해당 신도들을 대상으로 운영하는 경우)을 설치하여 운영하는 것이 타당할 것임

○ 이상의 요건에 해당할 경우, 종전 운영자와 새로이 해당시설을 운영하고자 하는 자가 공동으로 설치·관리자 명의 변경 신청하는 것이 타당할 것이나, 경매로 소유권이 이전된 경우에는 이를 입증할 수 있는 서류를 첨부하여 신규 운영자 단독으로 명의변경 신고하는 것이 가능할 것으로 사료됨

납골당 토지·건물 소유권 양도

질 의 요 지	[보건복지가족부 민원(2007. 1. 11)]

○ 종전 「매장 및 묘지등에 관한 법률」 시행당시 개인명의로 설치허가받아 완성하지 못하고 있는 납골당의 토지·건물 소유권 등이 종교단체로 양도되었으나, 구 권리자가 납골당 운영권 양도에 동의하지 않는 경우 현재 토지·건물에 대한 권리를 양도받은 종교단체가 신규로 종교단체납골당 설치신고를 할 수 있는지 여부

회 시 내 용	[노인지원팀-183(2007. 1. 18)]

○ 종전 「매장 및 묘지등에 관한 법률」 시행당시 허가받아 완공되지 않은 납골당의 토지·건물 소유권이 양도된 경우, 그 설치허가권이 소유권을 취득한 자에게 당연히 승계되지는 않으며 해당 납골시설을 운영하기 위해서는 현행 장사 등에 관한 법률의 사설납골당 운영관련 요건을 갖추어야 할 것임

○ 현행법의 요건에 부합할 경우, 종전 운영자와 새로이 해당시설을 운영하고자 하는 자가 공동으로 설치·관리자 변경을 신청하는 것이 타당할 것이나, 당사자간의 합의에 의하여 토지·건물에 대한 권리가 양도되었음에도 불구하고 기존 권리자가 납골당 허가의 변경에 협조하지 않는 경우에는 상호간의 민사소송에 의하여 처리하는 것이 타당한 것임

○ 납골당 설치·관리자와 토지·건물 소유권자가 상이하게 되어 상호 분쟁이 발생하는 경우 등 당초의 허가조건 및 해당시설의 설치·운영현황 등을 고려할 때 납골당의 정상적인 운영이 불가능하다고 관할 관청에서 판단할 경우에는 기존의 사설납골당 설치허가를 취소할 수도 있을 것으로 사료되나, 이와 관련한 구체적인 사항은 해당 관청에서 제반사정을 검토하여 결정·처리할 사항임

○ 납골당 신규 설치신고 가능 여부는 관할 관청에서 기존 허가권의 효력 지속 여부 및 신규 설치신고사항의 관계법령 적합여부 등을 검토하여 결정할 사항임

납골시설을 운영할 수 있는 재단법인의 범위

질 의 요 지	[서울특별시 성북구 가정복지과-20974(2006. 11. 7)]

○ 「민법」및 「문화관광부 및 문화재청 소관 비영리법인의 설립 및 감독에 관한 규칙」에 의거 설립된 재단법인의 정관에 "납골당설치 운영사업"이 있을 경우 「장사 등에 관한 법률」제14조2항에서 규정하고 있는 납골시설의 설치·관리를 목적으로 하는 재단법인으로 볼 수 있는지 여부.

○ 종교단체납골당이 아닌 법인납골당을 「건축법」상 종교시설인 "종교집회장" 내에 설치할 수 있는지 여부

회 시 내 용	[노인지원팀-13(2007. 1. 2)]

○ 주된 사업이 특정종교의 진흥, 포교, 교육 등 종교활동 관련 사업으로서 「민법」및 「문화관광부 및 문화재청 소관 비영리법인의 설립 및 감독에 관한 규칙」에 의거 종교법인(재단법인)으로 설립허가를 받았더라도, 정관에 "납골당 설치 운영사업" 이 포함되어 있을 경우에는 「장사 등에 관한 법률」제14조제2항의 "납골시설의 설치·관리를 목적으로 하는 재단법인"으로 볼 수 있을 것임

○ 「장사 등에 관한 법률」의 납골당 구분은 설치 및 이용주체에 관한 분류이고, 「건축법 시행령」의 납골시설 구분은 건축물의 용도상 구분으로 그 입법목적 및 시설구분 취지가 상이하므로, 각각의 법령에서 정하는 요건에 적합하다면 "종교집회장" 안에 재단법인납골당을 설치하는 것이 가능할 것으로 사료됨.

완공이 안 된 납골시설의 사전분양가능 여부

질 의 요 지	[서울시 서초구(2001. 8. 9)]

○ 장사 등에 관한 법률에 의하여 종교시설내에 납골당설치허가를 받아 현재 납골당시설이 완공되지 아니하고 설치이행통지사항 이행중인 상태에서 납골당 납골증서를 불특정 다수인에게 금원을 받고 사전에 분양할 수 있는지 여부

회 시 내 용	[노인65230-751(2001. 8. 16)]

○ 장사 등에 관한 법률 제26조에서 제21조의 규정에 의한 사용료 등의 신고의무, 가격게시 의무 또는 게시된 가격외의 금품징수금지 의무를 위반한 때에는 시설의 폐쇄, 시설의 전부·일부의 사용금지 또는 6월의 범위내의 업무정지 등을 명할 수 있도록 규정하고 있는 바, 이는 제21조의 규정에 의한 사용료 등의 신고의무, 가격게시 의무 또는 게시된 가격외의 금품징수금지 의무 규정이 실제로 사용할 수 있는 납골시설을 그 대상으로 하고 있는 것으로 보아야 할 것이므로 위 사용료 등의 신고는 당해 납골시설의 설치를 완료하여 실제로 사용할 수 있는 때에 할 수 있다 할 것임.

○ 따라서 설치가 완료된 사설납골시설을 분양하고자 하는 경우에는 당해 납골시설을 설치·관리하는 자가 납골시설의 사용료 등을 정하여 관할관청에 그 신고를 한 후에만 비로소 가능하다 할 것임.

사설납골시설의 사전분양관련

질 의 요 지	[인천광역시, 복지65230-882]

○ 불특정 다수인을 대상으로 하는 사설납골시설 설치자가 그 시설의 설치가 완료되지 아니한 상태에서 사용료·관리비 등의 가격신고시 신고수리가 가능한지 여부 또는 사용료 및 관리비를 신고하지 아니하고 사전 분양(예약)시 장사 등에 관한 법률 제26조제3항의 규정에 의한 행정처분 절차이행후 허가취소가 가능한지 여부

회 시 내 용	[노인65230-870, 2001. 9. 17]

○ 장사 등에 관한 법률 제26조에서 제21조의 규정에 의한 사용료 등의 신고의무, 가격게시 의무 또는 게시된 가격외의 금품징수금지 의무를 위반한 때에는 시설의 폐쇄, 시설의 전부·일부의 사용금지 또는 6월의 범위내의 업무정지를 명할 수 있도록 규정하고 있는 바, 이는 제21조의 규정에 의한 사용료 등의 신고의무, 가격게시 의무 또는 게시된 가격외의 금품징수금지 의무 규정이 실제로 사용할 수 있는 납골시설을 그 대상으로 하고 있는 것이므로 위 사용료 등의 신고는 당해 납골시설의 설치를 완료하여 실제로 사용할 수 있는 때에 할 수 있다 할 것임.

○ 따라서 동법 제21조제1항의 규정에 의한 사설납골시설의 사용료 및 관리비를 정하여 이를 분양하고자 하는 경우에는 동법 제14조의 규정에 의한 납골시설 설치완료후 납골시

설설치신고증을 교부받은 후에 그 사용권을 분양할 수 있다 할 것인 바, 관할관청으로부터 사설납골시설 설치허가를 받은 자가 그 시설설치를 완료하지 아니한 상태에서 불특정 다수인에게 사용료 및 관리비 명목으로 사용권을 분양하는 경우에는 관할관청은 동법 제26조의 규정에 의한 행정처분을 하여야 할 것임.

○ 그리고 종전 매장 및 묘지등에 관한 법률 제8조의 규정에 의한 사설납골당 설치허가를 한 행정청이 행정청의 허가, 특허 등과 같이 상대방에게 어떤 이익이 생기게 하는 소위 수익적 행정처분을 취소(철회)하거나 중지시키는 경우에는 이미 부여된 기득권을 침해하는 것이 되므로 비록 취소(철회) 등의 사유가 있다고 하더라도 그 취소권 등의 행사는 기득권의 침해를 정당화할 만한 중대한 공익상의 필요 또는 제3자의 이익보호의 필요나 상대방의 동의가 있는 때 등의 특별한 사유가 있는 경우에 한하여 상대방이 받는 불이익과 비교·형량하여 그 처분의 취소여부를 결정하여야 할 것임.

종교단체 납골당의 시설기준 및 이용관계

질 의 요 지	[대구광역시 남구, 사회65240-1354]

○ 종교단체가 설치하는 납골당의 설치기준 중 '관리사무실, 유족편의시설, 화장한 유골을 뿌릴 수 있는 시설, 그밖의 필요한 시설' 의 설치기준과 그밖의 필요한 시설의 종류

회 시 내 용	[노인65230-900(2001. 9. 25)]

○ 장사 등에 관한 법률 제14조 및 동법시행령 제13조의 규정에 의하여 종교단체가 납골당을 설치하고자 하는 경우에는 사전신고사항이나 납골당은 건축물이므로 건축법 등 관계법령의 규정에 적합하여야 할 것임.

○ 동법의 관계규정에 의하여 종교단체가 납골당을 설치할 수 있는 지역은 동법 제15조 및 동법시행령 제14조의 규정에 의한다고 할 것이며, 동법시행령 제13조 별표 2의 제2호다목 (2)의 (나)규정에 의한 "화장한 유골을 뿌릴 수 있는 시설" 이라 함은 보건위생상 위해우려가 없고, 유족 등이 고인을 위무하기에 적합한 시설을 의미하는 것이며, 동 시설의 위치여부는 납골당의 부대시설로서의 기능을 수행할 수 있는 장소에 설치하여야 할 것임.

○ 또한, "그밖의 필요한 시설" 이라 함은 납골당의 시설관리·운영에 필요한 시설 등을 의미한다고 할 것이며, 주차장은 납골당의 설치시 필요한 의무시설이므로 주차장법 등 관계법령등의 규정에 맞게 필요한 주차장을 마련하여야 할 것임. 다만, "기존 사찰의 경내에 설치하는 경우" 에는 다른 법령에 의한 관련규정이 있는 경우를 제외하고는 폭 5미터

이상의 진입로와 주차장을 마련하지 아니하여도 무방하다고 할 것임.

불법 납골시설에 대한 행정처분 중 「시설전부의 사용금지」 의미

질 의 요 지	[고양시 사회위생과-21977(2006. 8. 22)]

1) 장사 등에 관한 법률 제14조제1항의 사설납골당 설치변경신고의무 위반에 따라 행정처분기준 3차위반 규정에 의거 「시설 전부의 사용금지」 처분시 납골당업무 및 지방자치단체의 대응방안

2) 납골당 옥상에 설치된 안치단이 구조물(공작물)인지 또는 가구류인지 여부

회 시 내 용	[노인지원팀-3297(2006. 9. 20)]

○ 질의1에 대하여

- 이 건은 수차에 걸친 위법사항에 대한 시정 및 행정처분이 반복되고 있는 사항으로 행정처분기준에 따라 엄격히 처분할 필요가 있는 것으로 사료됨. 특히, 종교단체가 불특정 다수인을 대상으로 대규모 납골시설을 운영하는 것은 종교단체에 대한 특례를 인정한 입법취지(재단법인설립 의무 면제)와도 부합하지 않음.
- 납골시설의 전부사용금지는 시설폐쇄(신고업종)나 허가취소(허가업종)와 같이 전면적으로 영업을 할 수 없도록 하는 처분이므로 기존 시설이용자의 불이익을 방지할 수 있도록 안치된 유골을 일정기간내에 다른 시설로 이전하는 등 유골처리방안을 마련하여야 할 것으로 사료됨.

○ 질의2에 대하여

- 옥상 안치단이 구조물인지 가구인지의 여부는 건축관련 법령과 시설의 설치·시공형태 등을 종합적으로 검토하여 주무관청이 판단해야 할 사항인 것으로 사료됨.

"기존의 사원경내에 설치하는 경우" 의 의미

질 의 요 지	[금산군 복지여성과-16881(2005. 10. 19)]

○ 장사 등에 관한 법률 시행령 별표 3의 사설납골시설 설치기준에 의하면 "종교단체가 설

치하는 납골당은 폭 5m이상 진입로와 주차장을 마련해야 한다. 다만 기존의 사원경내에 설치하는 경우에는 그러하지 아니하다" 고 명시된 바, 2005. 9. 9 사찰로 건축물 관리대장에 등재 후 2005. 9. 15일 종교단체 납골당 설치신고를 경우 이를 기존의 사원경내에 납골당을 설치하는 것으로 볼 수 있는지 여부

○ 종교단체 납골당 설치신청시 사업계획서에 필수시설인 편의시설 주차장시설, 진입로 확보 계획등 을 사업계획서상에 포함 해야 하는지 여부

회 시 내 용	[노인지원과-3812(2005. 11. 11)]

○ 장사 등에 관한 법률 시행령 별표3에서는 종교단체가 납골당을 설치할 경우 폭 5미터 이상의 진입로와 주차장을 마련하도록 규정하고 있으나, 기존의 사원경내에 납골당을 설치할 경우에는 그러하지 아니하다고 규정하고 있는 바, "기존의 사원" 이란 원칙적으로 납골당 설치 신고시점 이전에 설치된 사원을 의미한다고 보아야 할 것임 다만, 질의 사안이 이에 해당하는지 여부는 건물의 건축경위, 구조 및 용도, 신청을 하게 된 경위 등을 고려하여 판단하여야 할 것임

○ 종교단체 납골당 설치신고시 갖추어야 할 서류에 사업계획서는 포함되어 있지 않으나 (장사 등에 관한 법률시행규칙 제8조), 설치기준 준수여부 등을 검토하기 위한 참고자료로 신청인에게 제출을 요구할 수도 있을 것이니, 그 범위와 내용은 귀 군에서 적의 판단하시기 바람.

종교단체 납골시설 사용료 관리비 신고의무

질 의 요 지	[강진군사회복지과-14836(2005. 9. 21)]

○ 종교단체가 사설납골당을 설치·관리하는 경우에도 수익행위로 보아 사용료 및 관리비 신고를 하여야 하는지 여부

회 시 내 용	[노인지원과-3458(2005. 10. 10)]

○ 사설납골당을 설치·관리하는 종교단체가 신도 등 이용자와 관계에서 당해시설 이용에 대한 대가로 시주금 등 명목으로 사용료를 받는 경우에는 유골 안치기수에 관계없이 관할관청에 사용료 및 관리비 신고를 하여야 할 것임

납골시설 사용료·관리비신고시 항목별 비용의 산출근거

질 의 요 지	[경상남도 김해시(2001. 10. 4)]

○ 장사 등에 관한 법률 제21조 및 동법시행규칙 제13조의 규정에 의한 사용료 및 관리비를 신고하고자 하는 경우 "항목별 비용의 산출근거"의 기준

회 시 내 용	[노인65230-948(2001. 10. 16)]

○ 장사 등에 관한 법률 제21조 및 동법시행규칙 제13조의 규정에 의한 사용료 및 관리비의 항목별 비용의 산출근거라 함은 납골시설의 이용요금 및 관리비를 산출함에 있어서 그 근거가 되는 항목별 시설설치비용 등을 말하며, 그 관리비 등의 산출근거는 원가계산 및 물가 등을 고려한 합리적인 기준에 의하여야 할 것이므로, 예컨대 공인된 기관에 의한 원가계산서 분석자료 등을 기초로 사용료 및 관리비의 항목별 비용을 산출하여 그 요금을 관할관청에 신고할 수 있다 할 것임.

행정청의 납골당설치허가반려처분의 위법판결후 법개정이 된 경우의 처분방법

질 의 요 지	[경상남도, 사회65230-10259, 사회65230-12476]

○ 구법인 매장 및 묘지등에 관한 법률의 관련규정에 의한 사설납골당설치허가반려처분이 위법하여 그 취소판결이 확정되었으나, 장사 등에 관한 법률로 법률이 개정되었을 경우 사설납골당설치허가 신청당시의 법률인 매장 및 묘지등에 관한 법률에 의하여 관련 처분을 하여야 하는지 여부

회 시 내 용	[노인65230-1066, 2001. 12. 1]

○ 종전 매장 및 묘지등에 관한 법률 제8조제2항의 규정에 의한 사설납골당 설치허가신청에 대한 허가관청의 반려처분이 위법하여 그 취소판결이 확정되었으므로 행정소송법 제30조제2항의 규정에 의하여 판결의 취지에 따라 다시 처분을 하여야 할 것이나, 그 사이에 동법이 장사 등에 관한 법률로 개정되었으며, 동법 제14조에 의하여 개인은 유골 500구 이상을 안치할 수 있는 사설납골시설을 설치할 수 없고 재단법인 등이 사설납골시설을 설치·관리하고자 하는 경우에는 그 설치신고를 하여야 하는 것으로 변경되고,

장사 등에 관한 법률의 부칙에서 동법 시행당시 사설납골시설의 설치허가신청을 한 자에 대하여는 종전의 규정에 의한다는 경과규정을 두고 있지 아니한 바,

○ 행정처분은 처분을 할 당시의 법령과 사실을 기준으로 판단하는 것이므로 당초의 신청에 대한 반려처분의 취소판결이 확정되었더라도 그 사이에 법령이 개정되어 허가제가 신고제로 변경되었으므로 종전 매장 및 묘지등에 관한 법률에 따라 허가신청에 대한 처분을 할 수 없으며, 사설납골시설에 관하여는 개정된 새로운 법령에 따라야 할 것임(대법원 결정 1998. 1. 7. 97두22 참조).

무연고 행려사망자의 처리 관청

질 의 요 지	[경상남도 양산시 사회복지과-16017, (2006. 6. 19)]

○ A시 소재의 병원에서 B시에 등록되어 있는 행려환자가 사망(병사)하여 B시에 사체 인수를 요청하였지만, B시에서는 발생지 기관에서 처리해야 한다며 사체인수를 거부하고 있음(B시에서 등록－행려번호 발급－하여 보호· 관리하여 옴).

○ 부랑인복지사업 안내 지침 및 의료급여사업안내에서는 무연고 행려자(변사자)에 대한 사항은 '발생지 기관에서 처리하여야 한다'라고 명시가 되어 있지만 등록된 행려환자가 타 시· 군· 구 소재 병원에서 병사할 경우의 처리지침이 명확히 명시되어 있지 않아 행려환자 등록 기관에서 사체 인수를 거부하는 경우가 발생하는데 상기와 같은 경우 사체 처리는 어느 기관에서 하여야 하는지 여부

회 시 내 용	[노인지원팀－2178(2006. 6. 27)]

○ 장사 등에 관한 법률 제11조제1항에서는 시장·군수·구청장은 관할 구역안에 소재하는 시체로서 연고자가 없거나 연고자를 알 수 없는 시체에 대하여는 일정기간 이를 매장하거나 화장하여 납골하여야 한다고 규정하고 있으므로, 연고자가 있는 경우에는 그 연고자가 시체를 처리하여야 할 것임

○ 시체 또는 유골에 대한 연고자의 범위에 대하여는 동법 제2조제9호에서 배우자, 자녀, 부모, 자녀를 제외한 직계비속, 부모를 제외한 직계존속, 형제자매의 순으로 규정하고 있으며, 동법 제2조제9호사목에서는 이상에 해당되지 않는 경우에도 시체 또는 유골을 사실상 관리하는 자는 장사 등에 관한 법률상의 연고자로 규정하고 있음

○ 이와 관련, 특정 지방자치단체에서 행려자를 등록하여 거처를 제공하거나, 입원시 동의 및 의료비를 지급하는 등 사실상 보호·관리하여 왔다면 해당 지방자치단체를 행려사망자의 장사법상 연고자로 볼 수 있을 것으로 판단됨.

종교단체 자연장지 설치기준

질 의 요 지	제주시, 사회복지과-44351(2010.10.08)

○ 자연장지 조성 허가구역 외에 관리사무실, 주차장 등을 설치하여 운영할 수 있는지 여부

회 시 내 용	[노인지원과-2048(2010. 11. 08]

○ 「장사 등에 관한 법률 시행령」[별표 4]의 종교단체가 조성하는 자연장지 설치기준에서는 관리사무실, 유족편의시설, 공동분향단, 그 밖의 필요한 시설과 폭 5미터 이상의 진입로 및 주차장을 마련하도록 규정하고 있을 뿐 자연장지 조성허가 구역내에 설치하도록 규정하고 있지는 않습니다.
○ 따라서, 다른 법령에 위반되지 않는다면 자연장지 조성 허가구역 외에 관리사무실, 주차장 등을 설치하여 운영할 수 있을 것입니다.

토지를 분할하여 타인에게 집단자연장지 조성

질 의 요 지	영월군, 사회복지과-27486(2010.07.09)

○ 허가받지 아니한 토지소유자가 일정한 토지를 분할하여 사용료 등을 받고 타인으로 하여금 집단 자연장지를 조성·관리할 수 있는지 여부

회 시 내 용	[노인지원과-1028(2010. 07. 13]

○ 불특정 다수인을 대상으로 자연장지를 분양할 수 있는 경우는 종교단체자연장지 또는 법인자연장지로 허가를 받아 운영하는 경우에 한하여 가능하다 할 것입니다.
○ 따라서, 허가받지 아니한 토지소유자가 일정한 토지를 분할하여 사용료 등을 받고 타인으로 하여금 집단 자연장지를 조성·관리하게 하는 경우에는 「장사 등에 관한 법률」제16조(자연장지의 조성 등) 위반으로 동법 제40조제4호 및 제31조제3호에 따른 처분의 대상이 될 것입니다.

부록 11. 장사 등에 관한 법률

3단비교표 (법률–시행령–시행규칙)

「장사 등에관한 법률」

장사 등에 관한 법률 [법률 제13108호, 2015.1.28., 일부개정]	장사 등에 관한 법률 시행령 [대통령령 제25532호, 2014.8.6., 타법개정]	장사 등에 관한 법률 시행규칙 [보건복지부령 제283호, 2015.1.5., 타법개정]
제1장 총칙		
제1조(목적) 이 법은 장사(葬事)의 방법과 장사시설의 설치·조성 및 관리 등에 관한 사항을 정하여 보건위생상의 위해(危害)를 방지하고, 국토의 효율적 이용과 공공복리 증진에 이바지하는 것을 목적으로 한다.	제1조(목적) 이 영은 「장사 등에 관한 법률」에서 위임된 사항과 그 시행에 필요한 사항을 규정함을 목적으로 한다.	제1조(목적) 이 규칙은 「장사 등에 관한 법률」 및 같은 법 시행령에서 위임된 사항과 그 시행에 필요한 사항을 규정함을 목적으로 한다.
제2조(정의) 이 법에서 사용하는 용어의 뜻은 다음과 같다. 〈개정 2015.1.28〉 1. "매장"이란 시신(임신 4개월 이후에 죽은 태아를 포함한다. 이하 같다)이나 유골을 땅에 묻어 장사(葬事)하는 것을 말한다. 2. "화장"이란 시신이나 유골을 불에 태워 장사하는 것을 말한다. 3. "자연장(自然葬)"이란 화장한 유골의 골분(骨粉)을 수목·화초·잔디 등의 밑이나 주변에 묻어 장사하는 것을 말한다. 4. "개장"이란 매장한 시신이나 유골을 다른 분묘 또는 봉안시설에 옮기거나 화장 또는 자연장하는 것을 말한다.	제2조(연고자) 「장사 등에 관한 법률」(이하 "법"이라 한다) 제2조제16호사목에서 "사망하기 전에 치료·보호 또는 관리하고 있었던 행정기관 또는 치료·보호기관의 장"이란 다음 각 호의 어느 하나에 해당하는 기관의 장을 말한다. 〈개정 2012.8.3〉 1. 「의료급여법 시행령」 제2조제1호에 해당하는 자에 대하여 의료급여를 실시하는 특별자치도지사·시장·군수·구청장(자치구의 구청장을 말하며, 이하 "시장등"이라 한다)	제4조(무연고 시체 등의 처리 공고) ① 시장등은 법 제12조에 따라 무연고 시체 등을 처리하였을 때에는 다음 각 호의 사항을 중앙일간신문(「신문 등의 자유와 기능 보장에 관한 법률」 제12조제1항제6호에 따라 전국을 보급지역으로 등록한 일간신문으로서 같은 법 제2조제2호가목에 해당하는 신문을 말한다. 이하 같다)을 포함한 둘 이상의 일간신문 또는 관할 특별시·광역시·도·특별자치도(이하 "시·도라 한다) 및 시·군·구(자치구를 말한다. 이하 같다) 인터넷 홈페이지와 하나 이상의 일간신문에 공고하여야 한다.

5. “봉안” 이란 유골을 봉안시설에 안치하는 것을 말한다.
6. “분묘” 란 시신이나 유골을 매장하는 시설을 말한다.
7. “묘지” 란 분묘를 설치하는 구역을 말한다.
8. “화장시설” 이란 시신이나 유골을 화장하기 위한 화장로 시설(대통령령으로 정하는 부대시설을 포함한다)을 말한다.
9. “봉안시설” 이란 유골을 안치(매장은 제외한다)하는 다음 각 목의 시설을 말한다.
가. 분묘의 형태로 된 봉안묘
나. 「건축법」 제2조제1항제2호의 건축물인 봉안당
다. 탑의 형태로 된 봉안탑
라. 벽과 담의 형태로 된 봉안담
10. 삭제 〈2015.1.28〉
11. 삭제 〈2015.1.28〉
12. 삭제 〈2015.1.28〉
13. “자연장지(自然葬地)” 란 자연장으로 장사할 수 있는 구역을 말한다.
14. “수목장림” 이란 「산림자원의 조성 및 관리에 관한 법률」 제2조제1호에 따른 산림에 조성하는 자연장지를 말한다.
15. “장사시설” 이란 묘지 · 화장시설 · 봉안시설 · 자연장지 및 제29조에 따른 장례식장을 말한다.
16. “연고자” 란 사망한 자와 다음 각 목의 관계에 있는 자를 말하며, 연고자의 권리 · 의무는 다음 각 목의 순서로 행사한다. 다만, 순위가 같은 자녀 또는 직계비속이 2명 이상이면 최근친(最近親)의 연장자가 우선 순위를 갖는다.
가. 배우자
나. 자녀

2. 「노숙인 등의 복지 및 자립지원에 관한 법률」 제16조제1항제1호부터 제4호까지의 규정에 따른 노숙인복지시설의 장
3. 「노인복지법」 제31조에 따른 노인복지시설 중 노인주거복지시설 및 노인의료복지시설의 장
4. 「장애인복지법」 제58조제1항제1호에 따른 장애인 생활시설의 장
5. 「정신보건법」 제10조에 따른 정신요양시설의 장
6. 「아동복지법」 제52조제1항제1호부터 제3호까지의 규정에 따른 아동복지시설의 장

1. 인적사항 : 사망자의 등록기준지(「가족관계의 등록 등에 관한 법률」 제10조에 따른 등록기준지를 말한다) · 주소 · 성명 · 성별 · 연령 · 사망일 · 사망원인과 얼굴사진 또는 시체의 특징에 관한 사항
2. 시체의 발생상황: 발생 장소, 발견 경위, 사망 당시의 착용 복장
3. 매장 · 화장 · 봉안의 장소, 시기 및 기간
4. 연락처

② 시장등은 제1항에 따른 공고사항을 10년 이상 보존하여야 한다.

다. 부모 라. 자녀 외의 직계비속 마. 부모 외의 직계존속 바. 형제 · 자매 사. 사망하기 전에 치료 · 보호 또는 관리하고 있었던 행정기관 또는 치료 · 보호기관의 장으로서 대통령령으로 정하는 사람 아. 가목부터 사목까지에 해당하지 아니하는 자로서 시신이나 유골을 사실상 관리하는 자		
제3조(국가가 설치 · 운영하는 장사시설에 관한 적용 배제) 국가가 설치 · 운영하는 장사시설(자연장지는 제외한다)에 대하여는 이 법을 적용하지 아니한다. 〈개정 2015.1.28〉 [제목개정 2015.1.28]		
제4조(국가와 지방자치단체의 책무) ① 국가와 지방자치단체는 묘지 증가에 따른 국토 훼손을 방지하기 위하여 화장 · 봉안 및 자연장의 장려를 위한 시책을 강구 · 시행하여야 한다. ② 지방자치단체는 지역주민의 화장에 대한 수요를 충족할 수 있는 화장시설을 갖추어야 한다.	제3조(국가와 지방자치단체의 책무) ① 법 제4조제2항에 따라 지방자치단체가 갖추어야 하는 화장시설에 관한 기준은 보건복지부장관이 지역별 인구, 사망자수, 화장수요 등을 고려하여 고시로 정한다. 〈개정 2010.3.15〉 ② 국가는 다음 각 호의 구분에 따라 「택지개발촉진법」에 따른 택지개발계획에 해당 장사시설(葬事施設)의 설치 · 조성에 관한 사항이 포함되도록 노력하여야 한다. 1. 330만 제곱미터 이상의 택지개발계획: 봉안시설 및 자연장지 설치 · 조성 2. 990만 제곱미터 이상의 택지개발계획: 화장시설 설치	

	③ 지방자치단체는 지역주민과 협의 등을 통하여 화장시설, 봉안시설 또는 자연장지의 설치·조성에 관한 사업이 원활히 추진된 경우에는 해당 장사시설 등의 운영을 지역주민에게 우선적으로 맡기는 등 지역주민을 지원할 수 있다. ④ 지방자치단체는 화장시설, 봉안시설 또는 자연장지를 설치·조성하는 사업을 원활하게 추진하기 위하여 필요한 경우에는 조례로 기금을 설치하여 지역주민을 지원할 수 있다. 제5조(매장 및 화장의 시기) 법 제6조 단서에서 "그 밖에 대통령령으로 정하는 시체"란 다음 각 호의 어느 하나에 해당하는 시체를 말한다. 〈개정 2010.12.29, 2011.5.30〉 1. 「감염병의 예방 및 관리에 관한 법률」 제2조에 따른 감염병으로 사망한 시체(시장등이 감염병의 확산을 방지하기 위하여 긴급한 조치가 필요하다고 인정하는 경우만 해당한다) 2. 「장기등 이식에 관한 법률」 제18조에 따라 뇌사판정을 받은 후 같은 법 제4조제1호에 따른 장기등의 적출(摘出)이 끝난 시체	
제5조(묘지 등의 수급계획 수립) ① 보건복지부장관은 묘지·화장시설·봉안시설 및 자연장지의 수급에 관한 종합계획을 5년마다 수립하여야 한다.	제4조(묘지 등의 수급계획 수립) ① 보건복지부장관이 법 제5조제1항에 따라 수립하여야 하는 장사시설의 수급(需給)에 관한 종합계획(이하 "종합계획"이라 한다)에는 다음 각 호의 사항이 포함되어야 한다. 〈개정 2010.3.15〉	

② 특별시장·광역시장·특별자치시장·도지사·특별자치도지사(이하 "시·도지사"라 한다)와 시장·군수·구청장(자치구의 구청장을 말한다. 이하 같다)은 제1항의 종합계획에 따라 관할 구역 안의 묘지·화장시설·봉안시설 및 자연장지의 수급(需給)에 관한 지역수급계획을 수립하여야 한다. 〈개정 2015.1.28〉

③ 시·도지사 및 시장·군수·구청장은 제2항에 따른 지역수급계획의 전부 또는 일부를 다른 시·도지사 또는 시장·군수·구청장과 공동으로 수립할 수 있다. 〈개정 2015.1.28〉

④ 시장·군수·구청장은 제2항에 따라 수립된 지역수급계획을 특별시장·광역시장·도지사에게, 시·도지사는 이를 보건복지부장관에게 각각 보고하여야 한다. 〈개정 2015.1.28〉

⑤ 보건복지부장관은 제4항에 따라 보고받은 지역수급계획 중 지역간 장사시설의 수급조정, 장사시설의 공동설치 및 장사시설에 관한 지역간 갈등조정 등이 필요한 사항에 대하여는 관계 중앙행정기관의 장과의 협의를 거쳐 이를 확정하여야 한다. 〈개정 2015.1.28〉

⑥ 제1항 및 제2항에 따른 계획 수립의 기간·범위·내용 등에 필요한 사항은 대통령령으로 정한다.

1. 종합계획의 기본목표 및 추진 방향
2. 장사시설의 수요 변동 추세와 공급 전망
3. 장사시설의 확충계획 및 재정 투자계획
4. 장사문화의 개선을 위한 기본 방향 및 중·장기계획
5. 지역 간 장사시설의 수급계획 및 관리운영계획
6. 그 밖에 장사정책 및 장사시설 수급 등에 필요한 사항

② 보건복지부장관은 종합계획을 수립한 후 법 제5조제2항에 따른 중·장기계획의 수립에 관한 지침을 작성하여 특별시장·광역시장·도지사·특별자치도지사(이하 "시·도지사"라 한다)와 시장·군수·구청장(자치구의 구청장을 말한다. 이하 같다)에게 알려야 한다. 〈개정 2010.3.15〉

③ 시·도지사와 시장·군수·구청장은 법 제5조제2항에 따라 관할 구역의 장사시설의 수급에 관한 중·장기계획(이하 "중장기계획"이라 한다)을 5년마다 수립하여야 하고, 중장기계획에는 다음 각 호의 사항이 포함되어야 한다.

1. 중장기계획의 기본방향
2. 관할 구역의 연도별 출생자 수와 사망자 수 및 그 변동 추세에 관한 사항
3. 연도별 매장자 수, 화장자 수, 봉안자 수 및 자연장자 수와 그 변동 추세에 관한 사항
4. 장사시설의 설치·조성 및 관리에 관한 사항

5. 기존의 장사시설 등의 정비계획 또는 확충계획과 그에 따른 재정에 관한 사항
6. 법 제11조에 따른 분묘의 일제 조사와 법 제28조에 따른 무연분묘의 처리에 관한 사항
7. 지역 간 장사시설의 수급 조정, 장사시설의 공동 설치 및 장사시설에 관한 갈등 조정 등에 필요한 사항

④ 시·도지사와 시장·군수·구청장은 제2항에 따른 중장기계획의 수립 지침에 따라 중장기계획을 작성하여야 한다.

⑤ 시·도지사가 중장기계획을 수립할 때에는 관할 구역별 장사시설의 수급계획에 대하여 미리 관할 시장·군수·구청장의 의견을 들어야 한다.

⑥ 보건복지부장관은 법 제5조 제5항에 따른 협의를 거쳐 협의 사항을 확정하여 관계 중앙행정기관의 장 및 시·도지사에게 알려야 한다. 〈개정 2010.3.15〉

⑦ 보건복지부장관은 종합계획의 추진 실적을 평가한 결과 필요하다고 인정하는 경우에는 종합계획을 변경하거나 그 결과를 다음 종합계획의 수립에 반영하여야 한다. 이 경우 시·도지사와 시장·군수·구청장은 변경된 종합계획에 따라 중장기계획을 변경하여야 한다. 〈개정 2010.3.15〉

⑧ 보건복지부장관은 제7항에 따라 종합계획의 추진 실적을 평가하기 위하여 필요한 경우 중장기계획의 연도별 추진 실적을 시·도지사와 시장·군수·구청장으로 하여금 제출하게 할 수 있다. 이 경우 시·

	도지사와 시장 · 군수 · 구청장은 특별한 사유가 없으면 이에 따라야 한다. 〈개정 2010.3.15〉 ⑨ 보건복지부장관은 제8항에 따라 받은 중장기계획의 연도별 추진 실적 평가 결과를 고려하여 법 제36조에 따른 비용의 보조에 반영할 수 있다. 〈개정 2010.3.15〉 ⑩ 이 영에서 정한 사항 외에 종합계획의 수립 · 변경에 관한 사항은 보건복지부장관이 정하고, 중장기계획의 수립 · 변경에 관한 사항은 시 · 도지사와 시장 · 군수 · 구청장이 정한다. 〈개정 2010.3.15〉	
제2장 매장 · 화장 · 개장 및 자연장의 방법 등		
제6조(매장 및 화장의 시기) 사망 또는 사산한 때부터 24시간이 지난 후가 아니면 매장 또는 화장을 하지 못한다. 다만, 다른 법률에 특별한 규정이 있거나 임신 7개월이 되기 전에 죽은 태아, 그 밖에 대통령령으로 정하는 시신의 경우에는 그러하지 아니하다. 〈개정 2015.1.28〉	**제5조(매장 및 화장의 시기)** 법 제6조 단서에서 "그 밖에 대통령령으로 정하는 시체"란 다음 각 호의 어느 하나에 해당하는 시체를 말한다. 〈개정 2010.12.29, 2011.5.30〉 1. 「감염병의 예방 및 관리에 관한 법률」 제2조에 따른 감염병으로 사망한 시체(시장등이 감염병의 확산을 방지하기 위하여 긴급한 조치가 필요하다고 인정하는 경우만 해당한다) 2. 「장기등 이식에 관한 법률」 제18조에 따라 뇌사판정을 받은 후 같은 법 제4조제1호에 따른 장기등의 적출(摘出)이 끝난 시체	

제7조(매장 및 화장의 장소) ① 누구든지 제13조 또는 제14조에 따른 묘지 외의 구역에 매장을 하여서는 아니 된다. ② 누구든지 화장시설 외의 시설 또는 장소에서 화장을 하여서는 아니 된다. 다만, 대통령령으로 정하는 경우로서 보건위생상의 위해가 없는 경우에는 그러하지 아니하다.	**제6조(화장시설 외의 시설 등에서의 화장)** 법 제7조제2항 단서에서 "대통령령으로 정하는 경우"란 다음 각 호의 어느 하나에 해당하는 경우를 말한다. 1. 사찰 경내에서 다비의식으로 화장을 하는 경우 2. 화장시설이 설치되지 아니한 도서지역(島嶼地域)에서 제5조제1호에 따른 시체를 화장하는 경우	
제8조(매장·화장 및 개장의 신고) ① 매장을 한 자는 매장 후 30일 이내에 매장지를 관할하는 특별자치시장·특별자치도지사·시장·군수·구청장(이하 "시장등"이라 한다)에게 신고하여야 한다. 〈개정 2015.1.28〉 ② 화장을 하려는 자는 화장시설(제7조제2항 단서의 경우에는 화장을 하는 시설 또는 장소를 말한다)을 관할하는 시장등에게 신고하여야 한다. ③ 개장을 하려는 자는 다음 각 호의 구분에 따라 시신 또는 유골의 현존지(現存地) 또는 개장지를 관할하는 시장등에게 각각 신고하여야 한다. 〈개정 2015.1.28〉 1. 매장한 시신 또는 유골을 다른 분묘로 옮기거나 화장하는 경우 : 시신 또는 유골의 현존지와 개장지 2. 매장한 시신 또는 유골을 봉안하거나 자연장하는 경우 : 시신 또는 유골의 현존지 3. 봉안한 유골을 다른 분묘로 옮기는 경우 : 개장지	**제40조의2(민감정보 및 고유식별정보의 처리)** 보건복지부장관, 그 밖의 중앙행정기관의 장 또는 지방자치단체의 장(해당 권한이 위임·위탁된 경우는 해당 권한을 위임·위탁받은 자를 포함한다)은 다음 각 호의 사무를 수행하기 위하여 불가피한 경우 「개인정보 보호법 시행령」 제18조제1호 또는 제2호에 따른 유전정보 또는 범죄경력자료에 해당하는 정보, 같은 영 제19조제1호 또는 제4호에 따른 주민등록번호 또는 외국인등록번호가 포함된 자료를 처리할 수 있다. 1. 법 제8조에 따른 매장·화장 및 개장의 신고에 관한 사무 2. 법 제11조에 따른 묘지의 일제 조사에 관한 사무 3. 법 제12조에 따른 무연고 시체 등의 처리에 관한 사무 4. 법 제14조에 따른 사설묘지의 설치 등에 관한 사무 5. 법 제15조에 따른 사설화장시설 등의 설치에 관한 사무 6. 법 제16조에 따른 자연장지의 조성 등에 관한 사무	**제2조(매장 등의 신고)** ① 「장사 등에 관한 법률」(이하 "법"이라 한다) 제8조제1항에 따라 매장신고를 하려는 자는 별지 제1호서식(죽은 태아의 경우에는 별지 제2호서식)의 신고서를 매장지를 관할하는 특별자치도지사·시장·군수·구청장(자치구의 구청장을 말하며, 이하 "시장등"이라 한다)에게 제출하여야 한다. ② 법 제8조제2항에 따라 화장신고를 하려는 자는 별지 제1호서식(죽은 태아의 경우에는 별지 제2호서식)의 신고서에 「의료법 시행규칙」 별지 제6호서식의 사망진단서(시체검안서) 또는 읍·면·동장의 확인서(죽은 태아의 경우는 제외한다)를 첨부하여 관할 시장등에게 제출하여야 한다. ③ 법 제8조제3항에 따라 개장신고를 하려는 자는 별지 제3호서식에 기존 분묘의 사진을 첨부하여 관할 시장등에게 제출하여야 한다.

④ 제13조제1항에 따른 공설묘지·공설화장시설·공설봉안시설 또는 공설자연장지를 이용하는 경우에는 해당 공설묘지·공설화장시설·공설봉안시설 또는 공설자연장지를 설치·조성 또는 관리하는 시·도지사 또는 시장·군수·구청장에게 제1항부터 제3항까지의 규정에 따른 신고를 하여야 한다. ⑤ 시·도지사 또는 시장·군수·구청장은 제1항부터 제4항까지의 규정에 따른 신고를 받은 때에는 신고증명서를 내주어야 한다. ⑥ 제1항부터 제5항까지의 규정에 따른 신고 및 신고증명서의 교부에 관하여 필요한 사항은 보건복지부령으로 정한다.	7. 법 제19조에 따른 분묘의 설치기간 연장 등에 관한 사무 8. 법 제20조에 따른 설치기간이 종료된 분묘의 처리에 관한 사무 9. 법 제22조에 따른 묘적부의 기록·관리에 관한 사무 10. 법 제23조, 제23조의2 및 제24조에 따른 공설묘지 등의 사용료 또는 관리비에 관한 사무 11. 법 제26조에 따른 장사시설의 폐지 등에 관한 사무 12. 법 제27조에 따른 타인의 토지 등에 설치된 분묘 등의 처리 등에 관한 사무 13. 법 제28조에 따른 무연분묘의 처리에 관한 사무 14. 법 제29조에 따른 장례식장 영업에 관한 사무 15. 법 제29조의2에 따른 장례지도사에 관한 사무 [본조신설 2014.8.6] [종전 제40조의2는 제40조의3으로 이동〈2014.8.6〉]	⑤ 제3항(제4항에 따라 개장신고를 하는 경우를 포함한다)에 따라 신고서를 받은 시·도지사 또는 시장·군수·구청장은 「전자정부법」 제36조제1항에 따른 행정정보의 공동이용을 통하여 토지(임야)대장과 토지등기부등본을 확인하여야 한다. 〈개정 2010.9.1〉 ⑥ 제1항부터 제4항까지의 규정에 따른 매장·화장 또는 개장의 신고를 받은 시·도지사와 시장·군수·구청장은 각각 별지 제1호서식부터 별지 제3호서식까지에 따른 신고증명서를 발급하여야 한다.
제9조(매장·화장 및 개장의 방법 등) ① 매장하려는 자가 시신에 대하여 약품처리를 하려면 보건복지부령으로 정하는 기준에 따라 위생적으로 처리하여야 한다. 〈개정 2015.1.28〉 ② 매장·화장 및 개장을 하려는 자는 공중위생에 해를 끼치지 아니하도록 하여야 하며, 매장 깊이와 시신이나 유골의 소각 정도 및 종전 분묘의 처리 등 그 구체적인 방법 및 기준에 관하여 필요한 사항은 대통령령으로 정한다. 〈개정 2015.1.28〉	**제7조(매장·화장 및 개장의 방법 등)** 법 제9조제2항에 따른 매장·화장 및 개장의 방법과 기준은 다음 각 호와 같다. 1. 매장 가. 시체 또는 화장하지 아니한 유골은 위생적으로 처리하여야 하며, 매장 깊이는 지면으로부터 1미터 이상이어야 한다. 나. 화장한 유골을 매장하는 경우 매장 깊이는 지면으로부터 30센티미터 이상이어야 한다.	**제3조(시체의 약품처리기준)** 법 제9조제1항에 따른 매장하려는 시체에 대한 약품처리의 기준은 별표 1과 같다.

	2. 화장 가. 시체 또는 화장하지 아니한 유골은 공중위생에 해를 끼치지 아니하도록 완전히 태워야 한다. 나. 화장할 때 관 속에는 화학합성섬유, 비닐제품 등 환경오염 발생물질 및 화장로의 작동 오류나 폭발 위험의 원인이 되는 물질(휴대 전화, 심박조율기, 병 등의 금속·유리·탄소제품을 포함한다)을 넣어서는 아니 된다. 3. 개장 제1호에 따른 매장과 제2호에 따른 화장의 방법과 기준을 따르되, 개장으로 인한 종전의 분묘는 시체 또는 유골을 처리한 후 파묻어야 한다.	
제10조(자연장의 방법) ① 자연장을 하는 자는 화장한 유골을 묻기에 적합하도록 분골하여야 한다. ② 제1항에 따라 유골을 분골하여 용기에 담아 묻는 경우 그 용기는 생화학적으로 분해가 가능한 것이어야 한다. ③ 제1항 및 제2항에 따른 묻는 방법, 사용하는 용기의 기준 등에 관하여 필요한 사항은 대통령령으로 정한다	제8조(자연장의 방법과 용기 기준) ① 법 제10조제3항에 따른 자연장의 방법은 다음 각 호와 같다. 1. 지면으로부터 30센티미터 이상의 깊이에 화장한 유골의 골분(骨粉)을 묻되, 용기를 사용하지 아니하는 경우에는 흙과 섞어서 묻어야 한다. 2. 화장한 유골의 골분, 흙, 용기 외의 유품(遺品) 등을 함께 묻어서는 아니 된다. ② 법 제10조제3항에 따라 자연장에 사용하는 용기의 재질은 다음 각 호의 어느 하나에 해당하는 것이어야 한다. 1. 「자원의 절약과 재활용촉진에 관한 법률」 제2조제11호에 따른 생분해성수지제품 2. 전분 등 천연소재로서 생화학적으로 분해가 가능한 것 ③ 제2항의 용기의 크기는 가	

	로, 세로, 높이가 각각 30센티미터 이하여야 한다	
제11조(묘지의 일제 조사) 보건복지부장관, 시·도지사 또는 시장·군수·구청장은 제5조제1항에 따른 묘지 등 수급계획의 수립 또는 제28조에 따른 무연분묘(無緣墳墓)의 정리 등을 위하여 필요하다고 인정하면 일정한 기간 및 구역을 정하여 분묘에 대한 일제 조사를 할 수 있다.	**제4조(묘지 등의 수급계획 수립)** ① 보건복지부장관이 법 제5조제1항에 따라 수립하여야 하는 장사시설의 수급(需給)에 관한 종합계획(이하 "종합계획"이라 한다)에는 다음 각 호의 사항이 포함되어야 한다. 〈개정 2010.3.15〉 1. 종합계획의 기본목표 및 추진방향 2. 장사시설의 수요 변동 추세와 공급 전망 3. 장사시설의 확충계획 및 재정투자계획 4. 장사문화의 개선을 위한 기본방향 및 중·장기계획 5. 지역 간 장사시설의 수급계획 및 관리운영계획 6. 그 밖에 장사정책 및 장사시설 수급 등에 필요한 사항 ② 보건복지부장관은 종합계획을 수립한 후 법 제5조제2항에 따른 중·장기계획의 수립에 관한 지침을 작성하여 특별시장·광역시장·도지사·특별자치도지사(이하 "시·도지사"라 한다)와 시장·군수·구청장(자치구의 구청장을 말한다. 이하 같다)에게 알려야 한다. 〈개정 2010.3.15〉 ③ 시·도지사와 시장·군수·구청장은 법 제5조제2항에 따라 관할 구역의 장사시설의 수급에 관한 중·장기계획(이하 "중장기계획"이라 한다)을 5년마다 수립하여야 하고, 중장기계획에는 다음 각 호의 사항이 포함되어야 한다.	

	1. 중장기계획의 기본방향 2. 관할 구역의 연도별 출생자 수와 사망자 수 및 그 변동 추세에 관한 사항 3. 연도별 매장자 수, 화장자 수, 봉안자 수 및 자연장자 수와 그 변동 추세에 관한 사항 4. 장사시설의 설치·조성 및 관리에 관한 사항 5. 기존의 장사시설 등의 정비계획 또는 확충계획과 그에 따른 재정에 관한 사항 6. 법 제11조에 따른 분묘의 일제 조사와 법 제28조에 따른 무연분묘의 처리에 관한 사항 7. 지역 간 장사시설의 수급 조정, 장사시설의 공동 설치 및 장사시설에 관한 갈등 조정 등에 필요한 사항 ④ 시·도지사와 시장·군수·구청장은 제2항에 따른 중장기계획의 수립 지침에 따라 중장기계획을 작성하여야 한다. ⑤ 시·도지사가 중장기계획을 수립할 때에는 관할 구역별 장사시설의 수급계획에 대하여 미리 관할 시장·군수·구청장의 의견을 들어야 한다. ⑥ 보건복지부장관은 법 제5조 제5항에 따른 협의를 거쳐 협의 사항을 확정하여 관계 중앙행정기관의 장 및 시·도지사에게 알려야 한다. 〈개정 2010.3.15〉 ⑦ 보건복지부장관은 종합계획의 추진 실적을 평가한 결과 필요하다고 인정하는 경우에는 종합계획을 변경하거나 그 결과를 다음 종합계획의 수립에 반영하여야 한다.	

이 경우 시·도지사와 시장·군수·구청장은 변경된 종합계획에 따라 중장기계획을 변경하여야 한다. 〈개정 2010.3.15〉

⑧ 보건복지부장관은 제7항에 따라 종합계획의 추진 실적을 평가하기 위하여 필요한 경우 중장기계획의 연도별 추진 실적을 시·도지사와 시장·군수·구청장으로 하여금 제출하게 할 수 있다. 이 경우 시·도지사와 시장·군수·구청장은 특별한 사유가 없으면 이에 따라야 한다. 〈개정 2010.3.15〉

⑨ 보건복지부장관은 제8항에 따라 받은 중장기계획의 연도별 추진 실적 평가 결과를 고려하여 법 제36조에 따른 비용의 보조에 반영할 수 있다. 〈개정 2010.3.15〉

⑩ 이 영에서 정한 사항 외에 종합계획의 수립·변경에 관한 사항은 보건복지부장관이 정하고, 중장기계획의 수립·변경에 관한 사항은 시·도지사와 시장·군수·구청장이 정한다. 〈개정 2010.3.15〉

제40조의2(민감정보 및 고유식별정보의 처리) 보건복지부장관, 그 밖의 중앙행정기관의 장 또는 지방자치단체의 장(해당 권한이 위임·위탁된 경우는 해당 권한을 위임·위탁받은 자를 포함한다)은 다음 각 호의 사무를 수행하기 위하여 불가피한 경우 「개인정보 보호법 시행령」 제18조 제1호 또는 제2호에 따른 유전정보 또는 범죄경력자료에 해당하는 정보 제1호 또는

	제4호에 따른 주민등록번호 또는 외국인등록번호가 포함된 자료를 처리할 수 있다. 1. 법 제8조에 따른 매장·화장 및 개장의 신고에 관한 사무 2. 법 제11조에 따른 묘지의 일제 조사에 관한 사무 3. 법 제12조에 따른 무연고 시체 등의 처리에 관한 사무 4. 법 제14조에 따른 사설묘지의 설치 등에 관한 사무 5. 법 제15조에 따른 사설화장시설 등의 설치에 관한 사무 6. 법 제16조에 따른 자연장지의 조성 등에 관한 사무 7. 법 제19조에 따른 분묘의 설치기간 연장 등에 관한 사무 8. 법 제20조에 따른 설치기간이 종료된 분묘의 처리에 관한 사무 9. 법 제22조에 따른 묘적부의 기록·관리에 관한 사무 10. 법 제23조, 제23조의2 및 제24조에 따른 공설묘지 등의 사용료 또는 관리비에 관한 사무 11. 법 제26조에 따른 장사시설의 폐지 등에 관한 사무 12. 법 제27조에 따른 타인의 토지 등에 설치된 분묘 등의 처리 등에 관한 사무 13. 법 제28조에 따른 무연분묘의 처리에 관한 사무 14. 법 제29조에 따른 장례식장 영업에 관한 사무 15. 법 제29조의2에 따른 장례지도사에 관한 사무 [본조신설 2014.8.6] [종전 제40조의2는 제40조의3으로 이동 〈2014.8.6〉]	

제12조(무연고 시신 등의 처리) ① 시장등은 관할 구역 안에 있는 시신으로서 연고자가 없거나 연고자를 알 수 없는 시신에 대해서는 일정 기간 매장하거나 화장하여 봉안하여야 한다. 다만, 다른 법률에 특별한 규정이 있는 경우에는 그러하지 아니하다. 〈개정 2015.1.28〉 ② 시장등은 제1항에 따라 무연고 시신(無緣故 屍身) 등을 처리한 때에는 보건복지부령으로 정하는 바에 따라 지체 없이 공고하여야 하며, 공고한 사항을 보건복지부령으로 정하는 기간 동안 보존하여야 한다. 〈개정 2015.1.28〉 ③ 제1항에 따른 매장 또는 봉안의 기간과 그 기간이 끝난 후의 처리 방법 등에 관하여 필요한 사항은 대통령령으로 정한다.[제목개정 2015.1.28]	**제9조(무연고 시체 등의 처리)** ① 법 제12조제1항에 따른 무연고 시체 등에 대한 매장 또는 봉안의 기간은 10년으로 한다. ② 시장등은 제1항에 따른 매장 또는 봉안의 기간이 끝났을 때에는 일정한 장소에 집단으로 매장하거나 자연장하여야 한다. 이 경우 무연고 시체 등을 화장하지 아니하고 매장 또는 봉안한 경우에는 화장을 하여야 한다. **제40조의2(민감정보 및 고유식별정보의 처리)** 보건복지부장관, 그 밖의 중앙행정기관의 장 또는 지방자치단체의 장(해당 권한이 위임·위탁된 경우는 해당 권한을 위임·위탁받은 자를 포함한다)은 다음 각 호의 사무를 수행하기 위하여 불가피한 경우 「개인정보 보호법 시행령」 제18조제1호 또는 제2호에 따른 유전정보 또는 범죄경력자료에 해당하는 정보, 같은 영 제19조제1호 또는 제4호에 따른 주민등록번호 또는 외국인등록번호가 포함된 자료를 처리할 수 있다. 1. 법 제8조에 따른 매장·화장 및 개장의 신고에 관한 사무 2. 법 제11조에 따른 묘지의 일제 조사에 관한 사무 3. 법 제12조에 따른 무연고 시체 등의 처리에 관한 사무 4. 법 제14조에 따른 사설묘지의 설치 등에 관한 사무 5. 법 제15조에 따른 사설화장시설 등의 설치에 관한 사무 6. 법 제16조에 따른 자연장지의 조성 등에 관한 사무	**제4조(무연고 시체 등의 처리 공고)** ① 시장등은 법 제12조에 따라 무연고 시체 등을 처리하였을 때에는 다음 각 호의 사항을 중앙일간신문(「신문 등의 자유와 기능 보장에 관한 법률」 제12조제1항제6호에 따라 전국을 보급지역으로 등록한 일간신문으로서 같은 법 제2조제2호가목에 해당하는 신문을 말한다. 이하 같다)을 포함한 둘 이상의 일간신문 또는 관할 특별시·광역시·도·특별자치도(이하 "시·도"라 한다) 및 시·군·구(자치구를 말한다. 이하 같다) 인터넷 홈페이지와 하나 이상의 일간신문에 공고하여야 한다. 1. 인적사항 : 사망자의 등록기준지(「가족관계의 등록 등에 관한 법률」 제10조에 따른 등록기준지를 말한다)·주소·성명·성별·연령·사망일·사망원인과 얼굴사진 또는 시체의 특징에 관한 사항 2. 시체의 발생상황: 발생 장소, 발견 경위, 사망 당시의 착용 복장 3. 매장·화장·봉안의 장소, 시기 및 기간 4. 연락처 ② 시장등은 제1항에 따른 공고사항을 10년 이상 보존하여야 한다.

	7. 법 제19조에 따른 분묘의 설치기간 연장 등에 관한 사무 8. 법 제20조에 따른 설치기간이 종료된 분묘의 처리에 관한 사무 9. 법 제22조에 따른 묘적부의 기록·관리에 관한 사무 10. 법 제23조, 제23조의2 및 제24조에 따른 공설묘지 등의 사용료 또는 관리비에 관한 사무 11. 법 제26조에 따른 장사시설의 폐지 등에 관한 사무 12. 법 제27조에 따른 타인의 토지 등에 설치된 분묘 등의 처리 등에 관한 사무 13. 법 제28조에 따른 무연분묘의 처리에 관한 사무 14. 법 제29조에 따른 장례식장 영업에 관한 사무 15. 법 제29조의2에 따른 장례지도사에 관한 사무 [본조신설 2014.8.6] [종전 제40조의2는 제40조의3으로 이동 〈2014.8.6〉]	
제3장 묘지·화장시설 봉안시설·자연장지		
제13조(공설묘지 등의 설치) ① 시·도지사 및 시장·군수·구청장은 공설묘지·공설화장시설·공설봉안시설 및 공설자연장지를 설치·조성 및 관리하여야 한다.	제10조(공설자연장지의 고시) 산림청장, 다른 중앙행정기관의 장 또는 지방자치단체의 장이 법 제13조제4항에 따라 수목장림이나 그 밖의 자연장지를 조성하였을 때에는 다음 각 호의 사항을 고시하여야 한다.	제13조(분묘 설치기간의 연장 신청 등) ① 법 제19조제1항에 따른 설치기간이 지난 분묘의 연고자가 법 제19조제2항에 따라 분묘의 설치기간을 연장하려는 경우에는 분묘의 설치기간이 끝나는 날부터 3개월 이내에 별지 제19호서식의 연장신청서에 묘지소재지를 파악할 수 있는 위치도(약도) 또는 사진을 첨부하여 다음 각 호의 구분에 따른 자에게 신청하여야 한다.

② 시·도지사 또는 시장·군수·구청장은 제1항에 따른 공설묘지·공설화장시설·공설봉안시설 및 공설자연장지의 전부 또는 일부를 다른 시·도지사 또는 시장·군수·구청장과 공동으로 설치·조성 및 관리할 수 있다. 〈개정 2015.1.28〉 ③ 산림청장 또는 다른 중앙행정기관의 장은 국유림 등 국유지에 수목장림이나 그 밖의 자연장지를 조성·관리할 수 있다. ④ 산림청장, 다른 중앙행정기관의 장 또는 지방자치단체의 장이 수목장림이나 그 밖의 자연장지를 조성한 때에는 그 명칭, 위치, 지번, 면적 등 대통령령으로 정하는 사항을 고시하여야 한다. ⑤ 제1항부터 제3항까지의 규정에 따른 공설묘지·공설화장시설·공설봉안시설의 설치기준과 수목장림 등 자연장지의 조성기준 등에 관하여 필요한 사항은 대통령령으로 정한다.	1. 명칭 2. 행정구역, 지번 및 위치를 나타내는 약도 3. 전체 면적과 수목장림이나 그 밖의 자연장지의 규모 4. 사용료와 관리비 등 이용 방법 및 절차 5. 그 밖에 수목장림이나 자연장지의 운영에 필요한 사항 **제11조(공설묘지 등의 설치기준)** 법 제13조제5항에 따른 공설묘지·공설화장시설·공설봉안시설과 수목장림 등 공설자연장지의 설치 및 조성기준은 별표 1과 같다.	1. 법 제13조에 따른 공설묘지에 설치된 분묘 : 관할 시·도지사 또는 시장·군수·구청장 2. 법 제14조에 따른 사설묘지(법인묘지의 경우는 제외한다)에 설치된 분묘 : 관할 시장등 3. 법인묘지에 설치된 분묘 : 해당 법인묘지의 설치·관리인 ② 제1항에 따라 분묘 설치기간의 연장신청을 받은 자는 별지 제19호서식의 분묘 설치기간 연장증명서를 발급하여야 한다. ③ 법인묘지의 설치·관리인은 제2항에 따라 분묘 설치기간 연장증명서를 내어준 경우에는 14일 이내에 시장등에게 그 사실을 알려야한다.
제14조(사설묘지의 설치 등) ① 국가, 시·도지사 또는 시장·군수·구청장이 아닌 자는 다음 각 호의 구분에 따른 묘지(이하 "사설묘지"라 한다)를 설치·관리할 수 있다. 1. 개인묘지 : 1기의 분묘 또는 해당 분묘에 매장된 자와 배우자 관계였던 자의 분묘를 같은 구역 안에 설치하는 묘지	**제12조(개인묘지의 변경 신고)** 법 제14조제2항 후단에서 "대통령령으로 정하는 사항"이란 다음 각 호의 어느 하나에 해당하는 사항을 말한다. 1. 개인묘지의 면적에 관한 사항 2. 개인묘지 관련 시설물의 설치에 관한 사항 3. 분묘의 형태에 관한 사항	**제5조(개인묘지의 설치 신고 및 변경 신고)** ① 개인묘지를 설치한 자는 법 제14조제2항 전단에 따라 별지 제4호서식의 신고서에 다음 각 호의 서류를 첨부하여 관할 시장등에게 제출하여야 한다. 1. 삭제 〈2010.9.1〉 2. 평면도 3. 묘지 소재지를 파악할 수 있는 위치도(약도) 또는 사진

2. 가족묘지 : 「민법」에 따라 친족관계였던 자의 분묘를 같은 구역 안에 설치하는 묘지
3. 종중·문중묘지 : 종중이나 문중 구성원의 분묘를 같은 구역 안에 설치하는 묘지
4. 법인묘지 : 법인이 불특정 다수인의 분묘를 같은 구역 안에 설치하는 묘지

② 개인묘지를 설치한 자는 보건복지부령으로 정하는 바에 따라 묘지를 설치한 후 30일 이내에 해당 묘지를 관할하는 시장등에게 신고하여야 한다. 신고한 사항 중 대통령령으로 정하는 사항을 변경한 경우에도 또한 같다.

③ 가족묘지, 종중·문중묘지 또는 법인묘지를 설치·관리하려는 자는 보건복지부령으로 정하는 바에 따라 해당 묘지를 관할하는 시장등의 허가를 받아야 한다. 허가받은 사항 중 대통령령으로 정하는 사항을 변경하려는 경우에도 또한 같다.

④ 시장등은 묘지의 설치·관리를 목적으로 「민법」에 따라 설립된 재단법인에 한정하여 법인묘지의 설치·관리를 허가할 수 있다.

⑤ 시장등이 제3항에 따른 가족묘지, 종중·문중묘지 또는 법인묘지의 설치·관리를 허가한 때에는 「산지관리법」 제14조·제15조에 따른 산지전용허가 및 산지전용신고, 같은 법 제15조의 2에 따른 산지일시사용허가·신고와 「산림자원의 조성 및 관리에 관한 법률」 제36조제1항·제4항에 따른 입목벌채 등의 허

제13조(가족묘지 등의 변경 허가) 법 제14조제3항 후단에서 "대통령령으로 정하는 사항"이란 다음 각 호의 어느 하나에 해당하는 사항을 말한다.
1. 가족묘지, 종중·문중묘지 또는 법인묘지(이하 "가족묘지등"이라 한다)의 면적에 관한 사항
2. 석축(石築)과 인입도로의 설치에 관한 사항(가족묘지 및 문중·종중묘지만 해당한다)
3. 가족묘지등의 설치·관리인에 관한 사항

제14조(입목벌채허가 등 의제가 제한되는 묘지) 법 제14조제5항 단서에서 "대통령령으로 정하는 면적"이란 80제곱미터를 말한다.

제15조(사설묘지의 설치기준) 법 제14조제6항에 따른 사설묘지의 설치 면적, 분묘의 형태, 설치장소 등 설치기준은 별표 2와 같다.

제40조의2(민감정보 및 고유식별정보의 처리) 보건복지부장관, 그 밖의 중앙행정기관의 장 또는 지방자치단체의 장(해당 권한이 위임·위탁된 경우는 해당 권한을 위임·위탁받은 자를 포함한다)은 다음 각 호의 사무를 수행하기 위하여 불가피한 경우 「개인정보 보호법 시행령」 제18조제1호 또는 제2호에 따른 유전정보 또는 범죄경력자료에 해당하는 정보, 같은 영 제19조제1호 또는 제4호에 따른 주민등록번호 또는 외국인등록번호가 포함된 자료를 처리할 수 있다.

4. 묘지 또는 토지소유자의 사용승낙서(타인 소유의 묘지 또는 토지에 설치하는 경우만 해당한다)

② 제1항에 따라 신고서를 받은 시장등은 「전자정부법」 제36조제1항에 따른 행정정보의 공동이용을 통하여 토지(임야)대장, 토지등기부 등본, 토지이용계획확인서, 지적도 및 임야도를 확인하여야 한다. 〈개정 2010.9.1〉

③ 「장사 등에 관한 법률 시행령」(이하 "영"이라 한다) 제12조 각 호의 사항을 변경한 자는 별지 제4호서식의 변경신고서에 변경도면을 첨부하여 관할 시장등에게 제출하여야 한다.

④ 시장등은 제1항과 제3항에 따라 개인묘지의 설치(변경)신고를 받으면 별지 제4호서식의 설치(변경)신고증명서를 발급하여야 한다.

제6조(가족묘지등의 설치 허가 및 변경 허가) ① 가족묘지, 종중·문중묘지 또는 법인묘지(이하 "가족묘지등"이라 한다)의 설치허가를 받으려는 자는 법 제14조제3항 전단에 따라 별지 제5호서식의 신청서에 다음 각 호의 구분에 따른 서류를 첨부하여 관할 시장등에게 제출하여야 한다. 이 경우 시장등이 「전자정부법」 제36조제1항에 따른 행정정보의 공동이용을 통하여 첨부서류에 대한 정보를 확인할 수 있는 경우에는 그 확인으로 첨부서류를 갈음한다. 〈개정 2010.9.1〉

가·신고가 있는 것으로 본다. 다만, 대통령령으로 정하는 면적 이상의 묘지의 경우에는 그러하지 아니하다.〈개정 2010.5.31〉

⑥ 사설묘지의 설치면적, 분묘의 형태, 설치장소, 그 밖의 설치기준 등에 관하여 필요한 사항은 대통령령으로 정한다.

1. 법 제8조에 따른 매장·화장 및 개장의 신고에 관한 사무
2. 법 제11조에 따른 묘지의 일제 조사에 관한 사무
3. 법 제12조에 따른 무연고 시체 등의 처리에 관한 사무
4. 법 제14조에 따른 사설묘지의 설치 등에 관한 사무
5. 법 제15조에 따른 사설화장시설 등의 설치에 관한 사무
6. 법 제16조에 따른 자연장지의 조성 등에 관한 사무
7. 법 제19조에 따른 분묘의 설치기간 연장 등에 관한 사무
8. 법 제20조에 따른 설치기간이 종료된 분묘의 처리에 관한 사무
9. 법 제22조에 따른 묘적부의 기록·관리에 관한 사무
10. 법 제23조, 제23조의2 및 제24조에 따른 공설묘지 등의 사용료 또는 관리비에 관한 사무
11. 법 제26조에 따른 장사시설의 폐지 등에 관한 사무
12. 법 제27조에 따른 타인의 토지 등에 설치된 분묘 등의 처리 등에 관한 사무
13. 법 제28조에 따른 무연분묘의 처리에 관한 사무
14. 법 제29조에 따른 장례식장 영업에 관한 사무
15. 법 제29조의2에 따른 장례지도사에 관한 사무

[본조신설 2014.8.6]
[종전 제40조의2는 제40조의3으로 이동〈2014.8.6〉]

1. 가족묘지
가. 삭제〈2010.9.1〉
나. 평면도
다. 개별 분묘 및 묘지소재지를 파악할 수 있는 위치도(약도) 또는 사진
라. 사용할 묘지 또는 토지가 허가신청인의 소유임을 증명하는 서류나 묘지 또는 토지 소유자의 사용승낙서
마. 「가족관계의 등록 등에 관한 법률」 제15조제1항제1호의 가족관계증명서(이하 "가족관계증명서"라 한다)

2. 종중·문중묘지
가. 종중·문중묘지 설치에 관한 종약(宗約) 또는 종중·문중의 의사임을 증명하는 서류
나. 삭제〈2010.9.1〉
다. 실측도
라. 개별 분묘 및 묘지 소재지를 파악할 수 있는 위치도(약도) 또는 사진
마. 사용할 묘지 또는 토지가 종중·문중 소유임을 증명하는 서류

3. 법인묘지
가. 법인의 정관, 재산목록 및 임원명부
나. 삭제〈2010.9.1〉
다. 실측도 및 토질조사서
라. 사용할 묘지 또는 토지가 법인 소유임을 증명하는 서류
마. 묘지 조성사업비, 자금조달계획서 및 재해 대책을 포함한 관리운영계획서
바. 상하수도, 조경, 전기통신, 도로, 방재설비 등 기반시설계획서

사. 묘지 조성 및 공정계획서, 묘지 안의 주요 시설물 설치계획서(배치도·평면도 및 구조도를 포함한다)

② 제1항에 따라 신청서를 받은 시장등은 「전자정부법」 제36조제1항에 따른 행정정보의 공동이용을 통하여 토지(임야)대장, 토지등기부 등본, 토지이용계획확인서, 지적도 및 임야도를 확인하여야 한다. 〈개정 2010.9.1〉

③ 영 제13조 각 호의 사항을 변경하려는 자는 별지 제5호서식의 변경허가신청서에 변경계획 및 변경도면을 첨부하여 관할 시장등에게 제출하여야 한다.

④ 시장등은 제1항과 제3항에 따라 가족묘지등의 설치(변경)허가의 신청을 받으면 해당 신청인에게 신청사항을 이행할 것을 알린 후 신청사항의 이행 여부를 확인하여야 하고, 설치 공사가 완료되었음을 확인한 후 별지 제6호서식에 따른 설치(변경)허가증을 발급하여야 한다.

제13조(분묘 설치기간의 연장신청 등) ① 법 제19조제1항에 따른 설치기간이 지난 분묘의 연고자가 법 제19조제2항에 따라 분묘의 설치기간을 연장하려는 경우에는 분묘의 설치기간이 끝나는 날부터 3개월 이내에 별지 제19호서식의 연장신청서에 묘지소재지를 파악할 수 있는 위치도(약도) 또는 사진을 첨부하여 다음 각 호의 구분에 따른 자에게 신청하여야 한다.

		1. 법 제13조에 따른 공설묘지에 설치된 분묘 : 관할 시·도지사 또는 시장·군수·구청장 2. 법 제14조에 따른 사설묘지(법인묘지의 경우는 제외한다)에 설치된 분묘 : 관할 시장등 3. 법인묘지에 설치된 분묘 : 해당 법인묘지의 설치·관리인 ② 제1항에 따라 분묘 설치기간의 연장신청을 받은 자는 별지 제19호서식의 분묘 설치기간 연장증명서를 발급하여야 한다. ③ 법인묘지의 설치·관리인은 제2항에 따라 분묘 설치기간 연장증명서를 내어준 경우에는 14일 이내에 시장등에게 그 사실을 알려야한다.
제15조(사설화장시설 등의 설치) ① 시·도지사 또는 시장·군수·구청장이 아닌 자가 화장시설(이하 "사설화장시설"이라 한다) 또는 봉안시설(이하 "사설봉안시설"이라 한다)을 설치·관리하려는 경우에는 보건복지부령으로 정하는 바에 따라 그 사설화장시설 또는 사설봉안시설을 관할하는 시장·군수·구청장에게 신고하여야 한다. 신고한 사항 중 대통령령으로 정하는 사항을 변경하려는 경우에도 또한 같다. ② 사설봉안시설의 시공자는 제1항에 따른 봉안시설 신고 여부를 확인하여야 한다.	제16조(사설화장시설 등의 변경 신고) 법 제15조제1항 후단에서 "대통령령으로 정하는 사항"이란 다음 각 호의 어느 하나에 해당하는 사항을 말한다. 1. 사설화장시설 또는 사설봉안시설의 설치·관리인에 관한 사항 2. 화장로 또는 봉안시설에 관한 사항 제17조(공공법인의 범위) 법 제15조제3항 단서 및 제16조제5항제2호에서 "대통령령으로 정하는 공공법인"이란 다음 각 호의 어느 하나에 해당하는 공공법인을 말한다. 〈개정 2009.9.21, 2010.3.15, 2012.7.31〉	제7조(사설화장시설 등의 설치 신고 및 변경 신고) ① 사설화장시설 또는 사설봉안시설의 설치신고를 하려는 자는 법 제15조제1항 전단에 따라 별지 제7호서식의 신고서 또는 별지 제8호서식의 신고서에 다음 각 호의 구분에 따른 서류를 첨부하여 관할 시장등에게 제출하여야 한다. 이 경우 시장등이 「전자정부법」 제36조제1항에 따른 행정정보의 공동이용을 통하여 첨부서류에 대한 정보를 확인할 수 있는 경우에는 그 확인으로 첨부서류를 갈음한다. 〈개정 2010.9.1, 2012.8.2〉 1. 사설화장시설 가. 삭제 〈2010.9.1〉 나. 실측도 및 구적도(求積圖)

③ 유골 500구 이상을 안치할 수 있는 사설봉안시설을 설치·관리하려는 자는 「민법」에 따라 봉안시설의 설치·관리를 목적으로 하는 재단법인을 설립하여야 한다. 다만, 대통령령으로 정하는 공공법인 또는 종교단체에서 설치·관리하는 경우이거나 「민법」에 따라 친족관계였던 자 또는 종중·문중의 구성원 관계였던 자의 유골만을 안치하는 시설을 설치·관리하는 경우에는 그러하지 아니하다.

④ 사설화장시설 또는 사설봉안시설을 설치·관리하는 자는 화장 또는 봉안에 관한 상황을 보건복지부령으로 정하는 바에 따라 기록·보관하여야 한다. 〈신설 2015.1.28〉

⑤ 사설화장시설 및 사설봉안시설의 면적, 설치장소, 그 밖의 설치기준 등에 관하여 필요한 사항은 대통령령으로 정한다. 〈개정 2015.1.28〉

1. 「국민연금법」에 따른 국민연금공단
2. 「공무원연금법」에 따른 공무원연금관리공단
3. 「산림조합법」에 따른 산림조합
4. 「농업협동조합법」에 따른 농업협동조합
5. 「한국토지주택공사법」에 따른 한국토지주택공사
6. 그 밖에 장사문화의 개선 및 공공복리 증진을 위하여 보건복지부장관이 정하여 고시하는 기관

제18조(사설화장시설 등의 설치기준 등) ① 법 제15조제4항에 따른 사설화장시설과 사설봉안시설의 면적, 설치장소 등 설치기준은 별표 3과 같다.

② 사설화장시설 및 사설봉안시설의 설치·관리인은 화장 및 봉안에 관한 상황을 보건복지부령으로 정하는 바에 따라 기록·보관하여야 한다. 〈개정 2010.3.15〉

제22조(묘지 등의 설치 제한지역) ① 법 제17조제1호에서 "녹지지역 중 대통령령으로 정하는 지역"이란 국토의 계획 및 이용에 관한 법령에 따라 묘지·화장시설·봉안시설·자연장지의 설치·조성이 제한되는 지역을 말한다.

다. 화장시설 건립사업비, 자금조달계획서 및 재해 대책을 포함한 관리운영계획서

라. 상하수도, 조경, 전기통신, 도로, 방재설비 등 기반시설 계획서

마. 화장시설 건립계획 및 공정계획서, 주요 시설물 설치계획서(배치도·평면도 및 구조도를 포함한다)

2. 사설봉안당

가. 가족, 종중·문중 또는 종교단체의 봉안당

(1) 종중·문중은 봉안당 설치에 관한 종약 또는 종중·문중의 의사임을 증명하는 서류, 종교단체는 종교단체임을 증명하는 서류

(2) 삭제 〈2010.9.1〉

(3) 실측도 및 구적도

(4) 가족봉안당은 사용할 봉안당 건물 및 토지가 친족의 소유임을 증명하는 서류 또는 건물·토지소유자의 사용승낙서

(5) 종중·문중 또는 종교단체의 봉안당은 해당 종중·문중 또는 종교단체의 소유임을 증명하는 서류

6) 가족관계증명서(가족봉안당만 해당한다)

나. 법인봉안당

(1) 법인의 정관, 재산목록 및 임원명부

(2) 삭제 〈2010.9.1〉

(3) 실측도 및 구적도

(4) 사용할 봉안당 건물 및 토지가 법인 소유임을 증명하는 서류

(5) 봉안당 건축사업비, 자금조달계획서 및 재해 대책을 포함한 관리운영계획서

	② 법 제17조제2호 단서에서 "대통령령으로 정하는 지역 주민이 설치하거나 조성하는 일정규모 미만의 개인, 가족 및 종중·문중의 봉안시설 또는 자연장지"란 「수도법」에 따른 상수원보호구역 내에 거주하는 주민으로서 다음 각 호의 어느 하나에 해당하는 자가 설치·조성하는 10제곱미터 미만의 봉안시설 또는 20제곱미터 미만의 자연장지를 말한다. 1. 상수원보호구역으로 지정되기 이전부터 해당 구역 내에 계속 거주하여 온 자 2. 상수원보호구역으로 지정할 당시에 해당 구역 내에 거주하고 있던 자로서 생업이나 그 밖의 사유로 3년 이내의 기간 동안 해당 구역 밖에 거주한 자 3. 상수원보호구역으로 지정할 당시에 해당 구역 내에 거주하고 있던 자로서 생업이나 그 밖의 사유로 그 구역 밖에 거주하던 중 상속으로 인하여 해당 구역 안에 거주하고 있던 자의 가업(家業)을 승계한 자 ③ 법 제17조제3호 단서에서 "대통령령으로 정하는 규모"란 3만 제곱미터를 말한다. 〈개정 2012.10.29〉 ④ 법 제17조제4호에서 "그 밖에 대통령령으로 정하는 지역"이란 다음 각 호의 어느 하나에 해당하는 지역 또는 구역을 말한다. 〈개정 2008.9.22, 2010.3.9, 2012.7.20, 2013.6.17, 2014.7.14〉	(6) 상하수도, 조경, 전기통신, 도로, 방재설비 등 기반시설 계획서 (7) 봉안당 건축 및 공정계획서, 주요 시설물 설치계획서(배치도·평면도 및 구조도를 포함한다) 3. 사설봉안묘[봉안탑과 봉안담(벽과 담의 형태로 된 봉안시설을 말한다)을 포함한다] 가. 개인 또는 가족봉안묘 (1) 삭제 〈2010.9.1〉 (2) 평면도 (3) 봉안묘의 소재지를 파악할 수 있는 위치도(약도) 또는 사진 (4) 사용할 봉안묘의 토지가 신고인의 소유임을 증명하는 서류 또는 토지소유자의 사용승낙서 (5) 가족관계증명서(가족봉안묘만 해당한다) 나. 종중·문중 또는 종교단체의 봉안묘 (1) 종중·문중은 봉안묘의 설치에 관한 종약 또는 종중·문중의 의사임을 증명하는 서류, 종교단체는 종교단체임을 증명하는 서류 (2) 삭제 〈2010.9.1〉 (3) 실측도 및 구적도 (4) 봉안묘의 소재지를 파악할 수 있는 위치도(약도) 또는 사진 (5) 사용할 봉안묘의 토지가 종중·문중, 종교단체의 소유임을 증명하는 서류 다. 법인봉안묘 (1) 법인의 정관, 재산목록 및 임원명부 (2) 삭제 〈2010.9.1〉 (3) 실측도 및 구적도 (4) 사용할 봉안묘의 토지가 법인 소유임을 증명하는 서류

1. 「국토의 계획 및 이용에 관한 법률」 제36조제1항제1호가목부터 다목까지의 규정에 따른 주거지역·상업지역 및 공업지역. 다만, 다음 각 목의 어느 하나에 해당하는 지역은 제외한다.
가. 화장시설, 봉안시설 및 자연장지의 경우: 국토의 계획 및 이용에 관한 법령에 따라 해당 시설을 설치·조성할 수 있는 지역
나. 법 제16조제1항제1호에 따른 개인·가족자연장지의 경우: 「국토의 계획 및 이용에 관한 법률 시행령」 제30조제1호의 주거지역 중 일반주거지역·준주거지역, 같은 조 제2호의 상업지역 중 일반상업지역·근린상업지역·유통상업지역 및 같은 조 제3호의 공업지역 중 일반공업지역·준공업지역
2. 다음 각 목의 수변구역 또는 특별대책지역
가. 「한강수계 상수원수질개선 및 주민지원 등에 관한 법률」 제4조, 「낙동강수계 물관리 및 주민지원 등에 관한 법률」 제4조, 「금강수계 물관리 및 주민지원 등에 관한 법률」 제4조, 「영산강·섬진강수계 물관리 및 주민지원 등에 관한 법률」 제4조에 따라 지정·고시된 수변구역
나. 「환경정책기본법」 제38조에 따라 지정·고시된 특별대책지역[상수원 수질보전을 위한 지역에 공설묘지·법인묘지, 법 제15조제3항에 따른 재단법인이 설치하는 10만 제곱미터 이상의 봉안묘·봉안탑

(5) 봉안묘 조성사업비, 자금조달계획서 및 재해 대책을 포함한 관리운영계획서
(6) 상하수도, 조경, 전기통신, 도로, 방재설비 등 기반시설 계획서
(7) 봉안묘 조성 및 공정계획서, 주요 시설물 설치계획서(배치도·평면도 및 구조도를 포함한다)

② 제1항에 따라 신고서를 받은 시장등은 「전자정부법」 제36조제1항에 따른 행정정보의 공동이용을 통하여 건축물대장, 토지(임야)대장, 토지등기부 등본, 토지이용계획확인서, 지적도 및 임야도를 확인하여야 한다. 〈개정 2010.9.1〉

③ 영 제16조 각 호의 사항을 변경하려는 자는 별지 제7호서식 또는 별지 제8호서식의 변경신고서에 변경계획과 변경도면을 첨부하여 관할 시장등에게 제출하여야 한다.

④ 시장등은 제1항과 제3항에 따라 사설화장시설과 사설봉안시설의 설치(변경)신고를 받으면 별지 제9호서식 또는 별지 제10호서식의 설치(변경)신고증명서를 발급하여야 한다.

	·봉안담(벽과 담의 형태로 된 봉안시설을 말한다. 이하 같다) 또는 이 영 제21조에 따라 법인이 10만 제곱미터 이상의 자연장지를 새로 설치·조성하는 경우만 해당한다] 3. 「도로법」 제40조에 따라 지정·고시된 접도구역 4. 「하천법」 제10조에 따라 지정·고시된 하천구역 5. 「농지법」 제28조에 따라 지정된 농업진흥지역 6. 「산림보호법」 제7조에 따른 산림보호구역과 「산림자원의 조성 및 관리에 관한 법률」 제19조, 제47조 및 제48조에 따른 채종림등, 시험림 및 특별산림보호구역 7. 「국유림의 경영 및 관리에 관한 법률」 제16조제1항제1호에 따른 요존국유림(要存國有林). 다만, 자연장지는 요존국유림 내에 조성할 수 있다. 8. 「백두대간보호에 관한 법률」 제6조에 따라 지정·고시된 백두대간보호지역 9. 「사방사업법」 제4조에 따라 지정·고시된 사방지(砂防地) 10. 「군사기지 및 군사시설 보호법」 제4조에 따라 지정된 군사기지 및 군사시설 보호구역과 「군사기밀보호법」 제5조에 따라 설정된 군사보호구역. 다만, 국방부장관의 인정을 받거나 관할 부대장의 승인을 받은 경우에는 그러하지 아니하다.	

	11. 붕괴·침수 등으로 보건위생상 위해를 끼칠 우려가 있는 지역으로서 지방자치단체의 조례로 정하는 지역 제40조의2(민감정보 및 고유식별정보의 처리) 보건복지부장관, 그 밖의 중앙행정기관의 장 또는 지방자치단체의 장(해당 권한이 위임·위탁된 경우는 해당 권한을 위임·위탁받은 자를 포함한다)은 다음 각 호의 사무를 수행하기 위하여 불가피한 경우 「개인정보 보호법 시행령」 제18조제1호 또는 제2호에 따른 유전정보 또는 범죄경력자료에 해당하는 정보, 같은 영 제19조제1호 또는 제4호에 따른 주민등록번호 또는 외국인등록번호가 포함된 자료를 처리할 수 있다. 1. 법 제8조에 따른 매장·화장 및 개장의 신고에 관한 사무 2. 법 제11조에 따른 묘지의 일제 조사에 관한 사무 3. 법 제12조에 따른 무연고 시체 등의 처리에 관한 사무 4. 법 제14조에 따른 사설묘지의 설치 등에 관한 사무 5. 법 제15조에 따른 사설화장시설 등의 설치에 관한 사무 6. 법 제16조에 따른 자연장지의 조성 등에 관한 사무 7. 법 제19조에 따른 분묘의 설치기간 연장 등에 관한 사무 8. 법 제20조에 따른 설치기간이 종료된 분묘의 처리에 관한 사무 9. 법 제22조에 따른 묘적부의 기록·관리에 관한 사무	

	10. 법 제23조, 제23조의2 및 제24조에 따른 공설묘지 등의 사용료 또는 관리비에 관한 사무 11. 법 제26조에 따른 장사시설의 폐지 등에 관한 사무 12. 법 제27조에 따른 타인의 토지 등에 설치된 분묘 등의 처리 등에 관한 사무 13. 법 제28조에 따른 무연분묘의 처리에 관한 사무 14. 법 제29조에 따른 장례식장 영업에 관한 사무 15. 법 제29조의2에 따른 장례지도사에 관한 사무 [본조신설 2014.8.6] [종전 제40조의2는 제40조의3으로 이동 〈2014.8.6〉]	
제16조(자연장지의 조성 등) ① 국가, 시·도지사 또는 시장·군수·구청장이 아닌 자는 다음 각 호의 구분에 따라 수목장림이나 그 밖의 자연장지(이하 "사설자연장지"라 한다)를 조성할 수 있다. 1. 개인·가족자연장지 : 면적이 100제곱미터 미만인 것으로서 1구의 유골을 자연장하거나 「민법」에 따라 친족관계였던 자의 유골을 같은 구역 안에 자연장할 수 있는 구역 2. 종중·문중자연장지 : 종중이나 문중 구성원의 유골을 같은 구역 안에 자연장할 수 있는 구역 3. 법인등자연장지 : 법인이나 종교단체가 불특정 다수인의 유골을 같은 구역 안에 자연장할 수 있는 구역	제19조(개인·가족자연장지 및 종중·문중자연장지의 변경 신고사항) ① 법 제16조제2항 후단에서 "대통령령으로 정하는 사항"이란 다음 각 호의 어느 하나에 해당하는 사항을 말한다. 〈개정 2012.7.31〉 1. 개인·가족자연장지의 면적에 관한 사항 2. 개인·가족자연장지의 표지(標識)에 관한 사항 3. 가족자연장지의 조성·관리인에 관한 사항 ② 법 제16조제3항 후단에서 "대통령령으로 정하는 사항"이란 다음 각 호의 어느 하나에 해당하는 사항을 말한다. 〈신설 2012.7.31〉 1. 종중·문중자연장지의 면적에 관한 사항	제11조(개인·가족자연장지의 조성신고) ① 개인·가족자연장지를 조성한 자는 법 제16조제2항 전단에 따라 별지 제16호서식의 신고서에 다음 각 호의 서류를 첨부하여 관할 시장등에게 제출하여야 한다. 이 경우 시장등이 「전자정부법」 제36조제1항에 따른 행정정보의 공동이용을 통하여 첨부서류에 대한 정보를 확인할 수 있는 경우에는 그 확인으로 첨부서류를 갈음한다. 〈개정 2010.9.1〉 1. 삭제 〈2010.9.1〉 2. 평면도 3. 자연장지 소재지를 파악할 수 있는 위치도(약도) 또는 사진 4. 사용할 자연장지의 토지가 신고인의 소유임을 증명하는 서류 또는 토지소유자의 사용승낙서

② 개인·가족자연장지를 조성한 자는 자연장지의 조성을 마친 후 30일 이내에 보건복지부령으로 정하는 바에 따라 관할 시장등에게 신고하여야 한다. 신고한 사항 중 대통령령으로 정하는 사항을 변경하는 경우에도 또한 같다.

③ 종중·문중자연장지를 조성하려는 자는 보건복지부령으로 정하는 바에 따라 관할 시장등에게 신고하여야 한다. 신고한 사항 중 대통령령으로 정하는 사항을 변경하는 경우에도 또한 같다. 〈신설 2012.2.1〉

④ 법인등자연장지를 조성하려는 자는 대통령령으로 정하는 바에 따라 시장등의 허가를 받아야 한다. 허가받은 사항을 변경하고자 하는 경우에도 또한 같다. 〈개정 2012.2.1〉

⑤ 시장등은 다음 각 호의 어느 하나에 해당하는 자에 한하여 법인등자연장지의 조성을 허가할 수 있다. 〈개정 2012.2.1〉

1. 자연장지의 조성·관리를 목적으로 「민법」에 따라 설립된 재단법인
2. 대통령령으로 정하는 공공법인 또는 종교단체

⑥ 사설자연장지를 조성·관리하는 자는 자연장에 관한 상황을 보건복지부령으로 정하는 바에 따라 기록·보관하여야 한다. 〈신설 2015.1.28〉

⑦ 자연장지에는 사망자 및 연고자의 이름 등을 기록한 표지와 편의시설 외의 시설을 설치하여서는 아니 된다. 〈개정 2012.2.1, 2015.1.28〉

2. 종중·문중자연장지의 표지에 관한 사항
3. 종중·문중자연장지의 조성·관리인에 관한 사항

[제목개정 2012.7.31]

제20조(법인등자연장지의 허가 및 변경 허가) ① 법 제16조제4항에 따라 법인등자연장지의 조성 허가를 받으려는 자는 보건복지부령으로 정하는 바에 따라 다음 각 호의 구분에 따른 서류를 첨부하여 시장등에게 제출하여야 한다. 이 경우 시장등은 「전자정부법」 제36조제1항에 따른 행정정보의 공동이용을 통하여 지적도 또는 임야도를 확인하여야 한다. 〈개정 2012.7.31〉

1. 종교단체 자연장지의 경우 다음 각 목의 서류

가. 종교단체임을 증명하는 서류
나. 사용할 자연장지의 토지가 종교단체의 소유임을 증명하는 서류
다. 실측도 및 토질조사서
라. 산림공학기술자 또는 산림기사, 토목기사, 측량 및 지형공간정보기사 이상의 자격증 소지자가 작성한 평균경사도 조사서
마. 자연장지 조성사업비, 자금조달계획서 및 재해 대책을 포함한 관리운영계획서

2. 법인자연장지의 경우 다음 각 목의 서류

가. 법인의 정관, 재산목록 및 임원명부
나. 사용할 자연장지의 토지가 법인의 소유임을 증명하는 서류

5. 가족관계증명서(가족자연장지만 해당한다)

② 제1항에 따라 신고서를 받은 시장등은 「전자정부법」 제36조제1항에 따른 행정정보의 공동이용을 통하여 토지(임야)대장, 토지 등기사항증명서, 토지이용계획확인서, 지적도 및 임야도를 확인하여야 한다. 〈개정 2010.9.1, 2012.8.2〉

③ 영 제19조제1항 각 호의 사항을 변경한 자는 별지 제16호서식의 변경신고서에 변경계획과 변경도면을 첨부하여 관할 시장등에게 제출하여야 한다. 〈개정 2012.8.2〉

④ 시장등은 제1항과 제3항에 따라 개인·가족자연장지 조성(변경)신고를 받으면 별지 제16호서식의 조성(변경)신고증명서를 발급하여야 한다.

제11조의2(종중·문중자연장지의 조성신고) ① 종중·문중자연장지를 조성하려는 자는 법 제16조제3항 전단에 따라 별지 제16호의2서식의 신고서에 다음 각 호의 서류를 첨부하여 관할 시장등에게 제출하여야 한다. 이 경우 시장등이 「전자정부법」 제36조제1항에 따른 행정정보의 공동이용을 통하여 첨부서류에 대한 정보를 확인할 수 있는 경우에는 그 확인으로 첨부서류를 갈음한다.

1. 종중·문중자연장지 조성에 관한 종약 또는 종중·문중의 의사임을 증명하는 서류
2. 실측도

⑧ 제1항에 따른 사설자연장지의 종류별 면적, 제7항에 따라 자연장지에 설치하는 표지의 규격, 사설자연장지에 설치가 허용되는 편의시설의 종류 및 설치기준 등에 관하여 필요한 사항은 대통령령으로 정한다. 〈개정 2012.2.1, 2015.1.28〉	다. 상하수도, 조경, 전기통신, 도로, 방재설비 등 기반시설 계획서 라. 자연장지 조성 및 공정계획서, 자연장지의 주요 시설물 설치계획서(배치도·평면도 및 구조도를 포함한다) 마. 제1호다목부터 마목까지의 서류 ② 법 제16조제4항 후단에 따라 법인등자연장지의 조성변경 허가를 받으려는 자는 보건복지부령으로 정하는 바에 따라 변경계획과 변경도면을 첨부하여 시장등에게 제출하여야 한다. 〈개정 2010.3.15, 2012.7.31〉 ③ 시장등은 제1항과 제2항에 따라 법인등자연장지의 조성 허가 신청을 받으면 법인등자연장지의 조성 허가 신청사항을 이행할 것을 신청인에게 알리고 그 이행 여부를 확인하여야 하며, 해당 자연장지의 조성 공사가 완료되었음을 확인한 후 자연장지 조성허가증을 내주어야 한다. 법인등자연장지의 조성변경 허가를 하는 경우에도 또한 같다. 〈개정 2012.7.31〉 ④ 법 제16조제4항 후단에 따른 법인등자연장지의 조성변경 허가 사항은 다음 각 호와 같다. 〈개정 2012.7.31〉 1. 법인등자연장지의 면적에 관한 사항 2. 법인등자연장지의 표지에 관한 사항 3. 법인등자연장지의 조성·관리인에 관한 사항 [제목개정 2012.7.31]	3. 종중·문중자연장지의 소재지를 파악할 수 있는 위치도(약도) 또는 사진 4. 사용할 자연장지의 토지가 종중·문중의 소유임을 증명하는 서류 ② 제1항에 따라 신고서를 받은 시장등은 「전자정부법」 제36조제1항에 따른 행정정보의 공동이용을 통하여 토지(임야)대장, 토지 등기사항증명서, 토지이용계획확인서, 지적도 및 임야도를 확인하여야 한다. ③ 영 제19조제2항 각 호의 사항을 변경하려는 자는 별지 제16호의2서식의 변경신고서에 변경계획과 변경도면을 첨부하여 관할 시장등에게 제출하여야 한다. ④ 시장등은 제1항과 제3항에 따라 종중·문중자연장지 조성 신고 또는 변경신고를 받으면 별지 제16호의3서식의 조성(변경)신고증명서를 발급하여야 한다. [본조신설 2012.8.2]

제21조(사설자연장지 등의 설치기준) ① 법 제16조제7항에 따른 사설자연장지(사설수목장림은 제외한다)의 종류별 면적, 표지의 규격, 편의시설의 종류 및 설치기준은 별표 4와 같다. 〈개정 2012.7.31〉

② 법 제16조제7항에 따른 사설수목장림의 면적, 표지의 규격, 편의시설의 종류 및 설치기준은 별표 5와 같다. 〈개정 2012.7.31〉

③ 사설자연장지의 조성·관리인은 자연장에 관한 상황을 보건복지부령으로 정하는 바에 따라 기록·보관하여야 한다. 〈개정 2010.3.15〉

제22조(묘지 등의 설치 제한지역) ① 법 제17조제1호에서 "녹지지역 중 대통령령으로 정하는 지역"이란 국토의 계획 및 이용에 관한 법령에 따라 묘지·화장시설·봉안시설·자연장지의 설치·조성이 제한되는 지역을 말한다.

② 법 제17조제2호 단서에서 "대통령령으로 정하는 지역주민이 설치하거나 조성하는 일정규모 미만의 개인, 가족 및 종중·문중의 봉안시설 또는 자연장지"란 「수도법」에 따른 상수원보호구역 내에 거주하는 주민으로서 다음 각 호의 어느 하나에 해당하는 자가 설치·조성하는 10제곱미터 미만의 봉안시설 또는 20제곱미터 미만의 자연장지를 말한다.

1. 상수원보호구역으로 지정되기 이전부터 해당 구역 내에 계속 거주하여 온 자

2. 상수원보호구역으로 지정할 당시에 해당 구역 내에 거주하고 있던 자로서 생업이나 그 밖의 사유로 3년 이내의 기간 동안 해당 구역 밖에 거주한 자
3. 상수원보호구역으로 지정할 당시에 해당 구역 내에 거주하고 있던 자로서 생업이나 그 밖의 사유로 그 구역 밖에 거주하던 중 상속으로 인하여 해당 구역 안에 거주하고 있던 자의 가업(家業)을 승계한 자

③ 법 제17조제3호 단서에서 "대통령령으로 정하는 규모"란 3만 제곱미터를 말한다. 〈개정 2012.10.29〉

④ 법 제17조제4호에서 "그 밖에 대통령령으로 정하는 지역"이란 다음 각 호의 어느 하나에 해당하는 지역 또는 구역을 말한다. 〈개정 2008.9.22, 2010.3.9, 2012.7.20, 2013.6.17, 2014.7.14〉

1. 「국토의 계획 및 이용에 관한 법률」 제36조 제1항 제1호가목부터 다목까지의 규정에 따른 주거지역·상업지역 및 공업지역. 다만, 다음 각 목의 어느 하나에 해당하는 지역은 제외한다.
   가. 화장시설, 봉안시설 및 자연장지의 경우: 국토의 계획 및 이용에 관한 법령에 따라 해당 시설을 설치·조성할 수 있는 지역

	나. 법 제16조제1항제1호에 따른 개인·가족자연장지의 경우: 「국토의 계획 및 이용에 관한 법률 시행령」 제30조제1호의 주거지역 중 일반주거지역·준주거지역, 같은 조 제2호의 상업지역 중 일반상업지역·근린상업지역·유통상업지역 및 같은 조 제3호의 공업지역 중 일반공업지역·준공업지역 2. 다음 각 목의 수변구역 또는 특별대책지역 가. 「한강수계 상수원수질개선 및 주민지원 등에 관한 법률」 제4조, 「낙동강수계 물관리 및 주민지원 등에 관한 법률」 제4조, 「금강수계 물관리 및 주민지원 등에 관한 법률」 제4조, 「영산강·섬진강수계 물관리 및 주민지원 등에 관한 법률」 제4조에 따라 지정·고시된 수변구역 나. 「환경정책기본법」 제38조에 따라 지정·고시된 특별대책지역[상수원 수질보전을 위한 지역에 공설묘지·법인묘지, 법 제15조제3항에 따른 재단법인이 설치하는 10만 제곱미터 이상의 봉안묘·봉안탑·봉안담(벽과 담의 형태로 된 봉안시설을 말한다. 이하 같다) 또는 이 영 제21조에 따라 법인이 10만 제곱미터 이상의 자연장지를 새로 설치·조성하는 경우만 해당한다] 3. 「도로법」 제40조에 따라 지정·고시된 접도구역 4. 「하천법」 제10조에 따라 지정·고시된 하천구역 5. 「농지법」 제28조에 따라 지정된 농업진흥지역	

	6. 「산림보호법」 제7조에 따른 산림보호구역과 「산림자원의 조성 및 관리에 관한 법률」 제19조, 제47조 및 제48조에 따른 채종림등, 시험림 및 특별산림보호구역 7. 「국유림의 경영 및 관리에 관한 법률」 제16조제1항제1호에 따른 요존국유림(要存國有林). 다만, 자연장지는 요존국유림 내에 조성할 수 있다. 8. 「백두대간보호에 관한 법률」 제6조에 따라 지정·고시된 백두대간보호지역 9. 「사방사업법」 제4조에 따라 지정·고시된 사방지(砂防地) 10. 「군사기지 및 군사시설 보호법」 제4조에 따라 지정된 군사기지 및 군사시설 보호구역과 「군사기밀보호법」 제5조에 따라 설정된 군사보호구역. 다만, 국방부장관의 인정을 받거나 관할 부대장의 승인을 받은 경우에는 그러하지 아니하다. 11. 붕괴·침수 등으로 보건위생상 위해를 끼칠 우려가 있는 지역으로서 지방자치단체의 조례로 정하는 지역 제40조의2(민감정보 및 고유식별정보의 처리) 보건복지부장관, 그 밖의 중앙행정기관의 장 또는 지방자치단체의 장(해당 권한이 위임·위탁된 경우는 해당 권한을 위임·위탁받은 자를 포함한다)은 다음 각 호의 사무를 수행하기 위하여 불가피한 경우 「개인정보 보호법 시행령」 제18조제1호 또는 제2호에 따른 유전정보 또는 범죄경력자료에	

	해당하는 정보, 같은 영 제19조제1호 또는 제4호에 따른 주민등록번호 또는 외국인등록번호가 포함된 자료를 처리할 수 있다. 1. 법 제8조에 따른 매장·화장 및 개장의 신고에 관한 사무 2. 법 제11조에 따른 묘지의 일제 조사에 관한 사무 3. 법 제12조에 따른 무연고 시체 등의 처리에 관한 사무 4. 법 제14조에 따른 사설묘지의 설치 등에 관한 사무 5. 법 제15조에 따른 사설화장시설 등의 설치에 관한 사무 6. 법 제16조에 따른 자연장지의 조성 등에 관한 사무 7. 법 제19조에 따른 분묘의 설치기간 연장 등에 관한 사무 8. 법 제20조에 따른 설치기간이 종료된 분묘의 처리에 관한 사무 9. 법 제22조에 따른 묘적부의 기록·관리에 관한 사무 10. 법 제23조, 제23조의2 및 제24조에 따른 공설묘지 등의 사용료 또는 관리비에 관한 사무 11. 법 제26조에 따른 장사시설의 폐지 등에 관한 사무 12. 법 제27조에 따른 타인의 토지 등에 설치된 분묘 등의 처리 등에 관한 사무 13. 법 제28조에 따른 무연분묘의 처리에 관한 사무 14. 법 제29조에 따른 장례식장 영업에 관한 사무 15. 법 제29조의2에 따른 장례지도사에 관한 사무 [본조신설 2014.8.6] [종전 제40조의2는 제40조의3으로 이동 〈2014.8.6〉]	

제17조(묘지 등의 설치 제한) 다음 각 호의 어느 하나에 해당하는 지역에는 묘지·화장시설·봉안시설 또는 자연장지를 설치·조성할 수 없다. 〈개정 2015.1.28〉 1. 「국토의 계획 및 이용에 관한 법률」 제36조제1항제1호라목에 따른 녹지지역 중 대통령령으로 정하는 지역 2. 「수도법」 제7조제1항에 따른 상수원보호구역. 다만, 기존의 사원 경내에 설치하는 봉안시설 또는 대통령령으로 정하는 지역주민이 설치하거나 조성하는 일정규모 미만의 개인, 가족 및 종중·문중의 봉안시설 또는 자연장지인 경우에는 그러하지 아니하다. 3. 「문화재보호법」 제27조 및 제70조제3항에 따른 보호구역. 다만, 대통령령으로 정하는 규모 미만의 자연장지로서 문화재청장의 허가를 받은 경우에는 그러하지 아니하다. 4. 그 밖에 대통령령으로 정하는 지역	제22조(묘지 등의 설치 제한지역) ① 법 제17조제1호에서 "녹지지역 중 대통령령으로 정하는 지역"이란 국토의 계획 및 이용에 관한 법령에 따라 묘지·화장시설·봉안시설·자연장지의 설치·조성이 제한되는 지역을 말한다. ② 법 제17조제2호 단서에서 "대통령령으로 정하는 지역주민이 설치하거나 조성하는 일정규모 미만의 개인, 가족 및 종중·문중의 봉안시설 또는 자연장지"란 「수도법」에 따른 상수원보호구역 내에 거주하는 주민으로서 다음 각 호의 어느 하나에 해당하는 자가 설치·조성하는 10제곱미터 미만의 봉안시설 또는 20제곱미터 미만의 자연장지를 말한다. 1. 상수원보호구역으로 지정되기 이전부터 해당 구역 내에 계속 거주하여 온 자 2. 상수원보호구역으로 지정할 당시에 해당 구역 내에 거주하고 있던 자로서 생업이나 그 밖의 사유로 3년 이내의 기간 동안 해당 구역 밖에 거주한 자 3. 상수원보호구역으로 지정할 당시에 해당 구역 내에 거주하고 있던 자로서 생업이나 그 밖의 사유로 그 구역 밖에 거주하던 중 상속으로 인하여 해당 구역 안에 거주하고 있던 자의 가업(家業)을 승계한 자 ③ 법 제17조제3호 단서에서 "대통령령으로 정하는 규모"란 3만 제곱미터를 말한다. 〈개정 2012.10.29〉	

④ 법 제17조제4호에서 "그 밖에 대통령령으로 정하는 지역" 이란 다음 각 호의 어느 하나에 해당하는 지역 또는 구역을 말한다. 〈개정 2008.9.22, 2010.3.9, 2012.7.20, 2013.6.17, 2014.7.14〉

1. 「국토의 계획 및 이용에 관한 법률」 제36조제1항제1호가목부터 다목까지의 규정에 따른 주거지역·상업지역 및 공업지역. 다만, 다음 각 목의 어느 하나에 해당하는 지역은 제외한다.

가. 화장시설, 봉안시설 및 자연장지의 경우: 국토의 계획 및 이용에 관한 법령에 따라 해당 시설을 설치·조성할 수 있는 지역

나. 법 제16조제1항제1호에 따른 개인·가족자연장지의 경우: 「국토의 계획 및 이용에 관한 법률 시행령」 제30조제1호의 주거지역 중 일반주거지역·준주거지역, 같은 조 제2호의 상업지역 중 일반상업지역·근린상업지역·유통상업지역 및 같은 조 제3호의 공업지역 중 일반공업지역·준공업지역

2. 다음 각 목의 수변구역 또는 특별대책지역

가. 「한강수계 상수원수질개선 및 주민지원 등에 관한 법률」 제4조, 「낙동강수계 물관리 및 주민지원 등에 관한 법률」 제4조, 「금강수계 물관리 및 주민지원 등에 관한 법률」 제4조, 「영산강·섬진강수계 물관리 및 주민지원 등에 관한 법률」 제4조에 따

	라 지정 · 고시된 수변구역 나. 「환경정책기본법」 제38조에 따라 지정 · 고시된 특별대책지역[상수원 수질보전을 위한 지역에 공설묘지 · 법인묘지, 법 제15조제3항에 따른 재단법인이 설치하는 10만 제곱미터 이상의 봉안묘 · 봉안탑 · 봉안담(벽과 담의 형태로 된 봉안시설을 말한다. 이하 같다) 또는 이 영 제21조에 따라 법인이 10만 제곱미터 이상의 자연장지를 새로 설치 · 조성하는 경우만 해당한다] 3. 「도로법」 제40조에 따라 지정 · 고시된 접도구역 4. 「하천법」 제10조에 따라 지정 · 고시된 하천구역 5. 「농지법」 제28조에 따라 지정된 농업진흥지역 6. 「산림보호법」 제7조에 따른 산림보호구역과 「산림자원의 조성 및 관리에 관한 법률」 제19조, 제47조 및 제48조에 따른 채종림등, 시험림 및 특별산림보호구역 7. 「국유림의 경영 및 관리에 관한 법률」 제16조제1항제1호에 따른 요존국유림(要存國有林). 다만, 자연장지는 요존국유림 내에 조성할 수 있다. 8. 「백두대간보호에 관한 법률」 제6조에 따라 지정 · 고시된 백두대간보호지역 9. 「사방사업법」 제4조에 따라 지정 · 고시된 사방지(砂防地)		

제18조(분묘 등의 점유면적 등) ① 공설묘지, 가족묘지, 종중·문중묘지 또는 법인묘지 안의 분묘 1기 및 그 분묘의 상석(床石)·비석 등 시설물을 설치하는 구역의 면적은 10제곱미터(합장하는 경우에는 15제곱미터)를 초과하여서는 아니 된다. ② 개인묘지는 30제곱미터를 초과하여서는 아니 된다. ③ 봉안시설 중 봉안묘의 높이는 70센티미터, 봉안묘의 1기당 면적은 2제곱미터를 초과하여서는 아니 된다. ④ 분묘, 봉안묘 또는 봉안탑 1기당 설치할 수 있는 상석·비석 등 시설물의 종류 및 크기 등에 관한 사항은 대통령령으로 정한다.	10. 「군사기지 및 군사시설 보호법」 제4조에 따라 지정된 군사기지 및 군사시설 보호구역과 「군사기밀보호법」 제5조에 따라 설정된 군사보호구역. 다만, 국방부장관의 인정을 받거나 관할 부대장의 승인을 받은 경우에는 그러하지 아니하다. 11. 붕괴·침수 등으로 보건위생상 위해를 끼칠 우려가 있는 지역으로서 지방자치단체의 조례로 정하는 지역 **제23조(분묘, 봉안묘 또는 봉안탑 1기당 시설물 설치기준)** ① 법 제18조제4항에 따른 분묘, 봉안묘 또는 봉안탑 1기당 설치할 수 있는 시설물은 다음과 같다. 1. 비석 1개(높이는 지면으로부터 2미터 이내, 그 표면적은 3제곱미터 이하로 한다) 2. 상석 1개 3. 그 밖의 석물은 1개 또는 1쌍(높이는 지면으로부터 2미터 이내로 한다). 다만, 인물상은 설치할 수 없다. ② 제1항에 따른 시설물은 묘지, 봉안묘지 또는 봉안탑 외의 구역에 설치하여서는 아니 된다.	
제19조(분묘의 설치기간) ① 제13조에 따른 공설묘지 및 제14조에 따른 사설묘지에 설치된 분묘의 설치기간은 15년으로 한다.	**제40조의2(민감정보 및 고유식별정보의 처리)** 보건복지부장관, 그 밖의 중앙행정기관의 장 또는 지방자치단체의 장(해당 권한이 위임·위탁된 경우는 해당 권한을 위임·위탁받은 자를 포함한다)은 다음 각 호의 사무를 수행하기 위하여 불가피한 경우 「개인정보 보호법 시행령」 제18조제1호 또는 제2호에 따른 유전정보 또는 범죄경력자료에 해당하는 정보, 같은 영 제	**제13조(분묘 설치기간의 연장신청 등)** ① 법 제19조제1항에 따른 설치기간이 지난 분묘의 연고자가 법 제19조제2항에 따라 분묘의 설치기간을 연장하려는 경우에는 분묘의 설치기간이 끝나는 날부터 3개월 이내에 별지 제19호서식의 연장신청서에 묘지소재지를 파악할 수 있는 위치도(약도) 또는 사진을 첨부하여 다음 각 호의 구분에 따른자에게 신청하여야 한다.

② 제1항에 따른 설치기간이 지난 분묘의 연고자가 시·도지사, 시장·군수·구청장 또는 제14조제3항에 따라 법인묘지의 설치·관리를 허가받은 자에게 그 설치기간의 연장을 신청하는 경우에는 한 번에 15년씩 3회에 한정하여 그 설치기간을 연장하여야 한다. ③ 제1항 및 제2항에 따른 설치기간을 계산할 때 합장 분묘인 경우에는 합장된 날을 기준으로 계산한다. ④ 제2항에도 불구하고 시·도지사 또는 시장·군수·구청장은 관할 구역 안의 묘지 수급을 위하여 필요하다고 인정되면 조례로 정하는 바에 따라 5년 이상 15년 미만의 기간 안에서 제2항에 따른 분묘 설치기간의 연장 기간을 단축할 수 있다. ⑤ 제2항에 따른 분묘 설치기간의 연장 신청에 관하여 필요한 사항은 보건복지부령으로 정한다.	19조제1호 또는 제4호에 따른 주민등록번호 또는 외국인등록번호가 포함된 자료를 처리할 수 있다. 1. 법 제8조에 따른 매장·화장 및 개장의 신고에 관한 사무 2. 법 제11조에 따른 묘지의 일제 조사에 관한 사무 3. 법 제12조에 따른 무연고 시체 등의 처리에 관한 사무 4. 법 제14조에 따른 사설묘지의 설치 등에 관한 사무 5. 법 제15조에 따른 사설화장시설 등의 설치에 관한 사무 6. 법 제16조에 따른 자연장지의 조성 등에 관한 사무 7. 법 제19조에 따른 분묘의 설치기간 연장 등에 관한 사무 8. 법 제20조에 따른 설치기간이 종료된 분묘의 처리에 관한 사무 9. 법 제22조에 따른 묘적부의 기록·관리에 관한 사무 10. 법 제23조, 제23조의2 및 제24조에 따른 공설묘지 등의 사용료 또는 관리비에 관한 사무 11. 법 제26조에 따른 장사시설의 폐지 등에 관한 사무 12. 법 제27조에 따른 타인의 토지 등에 설치된 분묘 등의 처리 등에 관한 사무 13. 법 제28조에 따른 무연분묘의 처리에 관한 사무 14. 법 제29조에 따른 장례식장 영업에 관한 사무 15. 법 제29조의2에 따른 장례지도사에 관한 사무 [본조신설 2014.8.6] [종전 제40조의2는 제40조의3으로 이동 〈2014.8.6〉]	1. 법 제13조에 따른 공설묘지에 설치된 분묘 : 관할 시·도지사 또는 시장·군수·구청장 2. 법 제14조에 따른 사설묘지(법인묘지의 경우는 제외한다)에 설치된 분묘 : 관할 시장등 3. 법인묘지에 설치된 분묘 : 해당 법인묘지의 설치·관리인 ② 제1항에 따라 분묘 설치기간의 연장신청을 받은 자는 별지 제19호서식의 분묘 설치기간 연장증명서를 발급하여야 한다. ③ 법인묘지의 설치·관리인은 제2항에 따라 분묘 설치기간 연장증명서를 내어준 경우에는 14일 이내에 시장등에게 그 사실을 알려야한다.

제20조(설치기간이 종료된 분묘의 처리) ① 제19조에 따른 설치기간이 끝난 분묘의 연고자는 설치기간이 끝난 날부터 1년 이내에 해당 분묘에 설치된 시설물을 철거하고 매장된 유골을 화장하거나 봉안하여야 한다.

② 공설묘지 또는 사설묘지의 설치자는 연고자가 제1항에 따른 철거 및 화장·봉안을 하지 아니한 때에는 해당 분묘에 설치된 시설물을 철거하고 매장된 유골을 화장하여 일정 기간 봉안할 수 있다.

③ 공설묘지 또는 사설묘지의 설치자는 제2항에 따른 조치를 하려면 미리 기간을 정하여 해당 분묘의 연고자에게 알려야 한다. 다만, 연고자를 알 수 없으면 그 뜻을 공고하여야 한다.

④ 제3항에 따른 통보 및 공고의 기간·방법·절차 등에 관하여 필요한 사항은 보건복지부령으로 정한다.

⑤ 제2항에 따른 봉안에 관하여는 제12조제3항을 준용한다.

제24조(설치기간이 지난 분묘 또는 무연분묘의 봉안) ① 법 제20조제5항과 법 제28조제4항에 따른 봉안기간은 10년으로 한다.

② 공설묘지·사설묘지의 설치자, 시·도지사 또는 시장·군수·구청장은 제1항에 따른 봉안기간이 끝났을 때에는 일정한 장소에 집단으로 매장하거나 자연장하여야 한다.

제40조의2(민감정보 및 고유식별정보의 처리) 보건복지부장관, 그 밖의 중앙행정기관의 장 또는 지방자치단체의 장(해당 권한이 위임·위탁된 경우는 해당 권한을 위임·위탁받은 자를 포함한다)은 다음 각 호의 사무를 수행하기 위하여 불가피한 경우 「개인정보 보호법 시행령」 제18조제1호 또는 제2호에 따른 유전정보 또는 범죄경력자료에 해당하는 정보, 같은 영 제19조제1호 또는 제4호에 따른 주민등록번호 또는 외국인등록번호가 포함된 자료를 처리할 수 있다.

1. 법 제8조에 따른 매장·화장 및 개장의 신고에 관한 사무
2. 법 제11조에 따른 묘지의 일제 조사에 관한 사무
3. 법 제12조에 따른 무연고 시체 등의 처리에 관한 사무
4. 법 제14조에 따른 사설묘지의 설치 등에 관한 사무
5. 법 제15조에 따른 사설화장시설 등의 설치에 관한 사무
6. 법 제16조에 따른 자연장지의 조성 등에 관한 사무
7. 법 제19조에 따른 분묘의 설치기간 연장 등에 관한 사무

9조(매장신고 등의 관리대장) ① 시·도지사 또는 시장·군수·구청장은 다음 각 호의 어느 하나에 해당하는 경우에는 별지 제11호서식의 묘적부 및 별지 제12호서식의 관리대장을 작성·보관하여야 한다.

1. 제2조제6항에 따라 신고증명서를 발급한 경우
2. 제13조제2항에 따른 분묘 설치기간 연장증명서를 발급한 경우. 다만, 법인묘지의 경우에는 법인묘지의 설치·관리인이 별지 제11호서식의 묘적부를 작성·보관하여야 한다.
3. 제18조제3항에 따라 개장허가증을 발급한 경우
4. 법 제20조제2항에 따라 공설묘지의 분묘에 설치된 시설물을 철거하고 매장된 유골을 화장하여 봉안한 때
5. 법 제28조제1항에 따라 무연분묘를 처리한 때

② 시·도지사 또는 시장·군수·구청장은 다음 각 호의 어느 하나에 해당하는 경우에는 별지 제13호서식의 관리대장을 작성·보관하여야 한다.

1. 제5조제4항에 따라 신고증명서를 발급한 경우
2. 제6조제4항에 따라 허가증을 발급한 경우
3. 제7조제4항에 따라 신고증명서를 발급한 경우
4. 제11조제4항에 따라 신고증명서를 발급한 경우
5. 제12조제4항에 따른 허가증을 발급한 경우

8. 법 제20조에 따른 설치기간이 종료된 분묘의 처리에 관한 사무
9. 법 제22조에 따른 묘적부의 기록·관리에 관한 사무
10. 법 제23조, 제23조의2 및 제24조에 따른 공설묘지 등의 사용료 또는 관리비에 관한 사무
11. 법 제26조에 따른 장사시설의 폐지 등에 관한 사무
12. 법 제27조에 따른 타인의 토지 등에 설치된 분묘 등의 처리 등에 관한 사무
13. 법 제28조에 따른 무연분묘의 처리에 관한 사무
14. 법 제29조에 따른 장례식장 영업에 관한 사무
15. 법 제29조의2에 따른 장례지도사에 관한 사무

[본조신설 2014.8.6]
[종전 제40조의2는 제40조의3으로 이동〈2014.8.6〉]

제14조(설치기간이 지난 분묘의 처리방법) ① 법 제20조제3항에 따른 공설묘지 또는 사설묘지의 설치자가 설치기간이 지난 분묘의 처리를 하는 경우 그 통보 및 공고기간·방법·절차 등은 다음 각 호와 같다.

1. 묘지의 연고자를 알고 있는 경우 : 법 제20조제2항에 따른 조치를 하기 3개월 전에 다음 각 목의 사항을 문서로 표시하여 해당 분묘의 연고자에게 알릴 것
   가. 묘지 또는 분묘의 위치 및 장소
   나. 개장사유, 개장 후 안치 장소 및 기간
   다. 공설묘지 또는 사설묘지 설치자의 성명·주소 및 연락방법
   라. 그 밖에 개장에 필요한 사항
2. 묘지의 연고자를 알 수 없는 경우: 법 제20조제2항에 따른 조치를 하기 3개월 전에 중앙일간신문을 포함한 둘 이상의 일간신문 또는 관할 시·도 및 시·군·구 인터넷 홈페이지와 하나 이상의 일간신문에 제1호 각 목의 사항을 2회 이상 공고하되, 두 번째 공고는 첫 번째 공고일부터 1개월이 지난 후 다시 할 것

② 사설묘지의 설치자가 법 제20조제2항에 따라 설치기간이 끝난 분묘를 처리하기 위하여 제2조제3항에 따른 개장신고를 하려는 경우에는 제1항에 따른 통보문 또는 공고문을 첨부하여야 한다.

제21조(묘지의 사전 매매 등의 금지) 제13조에 따라 공설묘지를 설치·관리하는 시·도지사와 시장·군수·구청장 또는 제14조에 따라 사설묘지를 설치·관리하는 자는 매장될 자가 사망하기 전에는 묘지의 매매·양도·임대·사용계약 등을 할 수 없다. 다만, 70세 이상인 자가 사용하기 위하여 매매 등을 요청하는 경우 등 대통령령으로 정하는 경우에는 그러하지 아니하다.	**제25조(묘지의 사전 매매 등)** 법 제21조 단서에서 "대통령령으로 정하는 경우"란 다음 각 호의 어느 하나에 해당하는 경우를 말한다. 〈개정 2011.5.30〉 1. 70세 이상인 자의 묘지용으로 사용하기 위한 경우 2. 「장기등 이식에 관한 법률」 제4조제5호에 따른 뇌사자의 묘지용으로 사용하기 위한 경우 3. 질병 등으로 6개월 이내에 사망이 예측되는 자의 묘지용으로 사용하기 위한 경우(의사의 진단서를 첨부한 경우만 해당한다) 4. 합장(合葬)을 하기 위한 경우(매장된 자의 배우자에 한정한다) 5. 공설묘지의 수급을 위하여 지방자치단체의 조례로 정하는 경우	
제22조(묘적부의 기록·관리) ① 시장등은 보건복지부령으로 정하는 바에 따라 관할 구역 안의 묘지 현황에 대한 묘적부(墓籍簿)를 작성·관리하여야 한다. ② 제1항에 따른 묘적부는 전자적 처리가 불가능한 특별한 사유가 있는 경우를 제외하고는 전자적 방법에 의하여 작성·관리하여야 한다.	**제40조의2(민감정보 및 고유식별정보의 처리)** 보건복지부장관, 그 밖의 중앙행정기관의 장 또는 지방자치단체의 장(해당 권한이 위임·위탁된 경우는 해당 권한을 위임·위탁받은 자를 포함한다)은 다음 각 호의 사무를 수행하기 위하여 불가피한 경우 「개인정보 보호법 시행령」 제18조제1호 또는 제2호에 따른 유전정보 또는 범죄경력자료에 해당하는 정보, 같은 영 제19조제1호 또는 제4호에 따른 주민등록번호 또는 외국인등록번호가 포함된 자료를 처리할 수 있다.	**제8조(묘적부)** 법 제22조에 따른 묘적부(墓籍簿)는 별지 제11호서식에 따른다.

	1. 법 제8조에 따른 매장·화장 및 개장의 신고에 관한 사무 2. 법 제11조에 따른 묘지의 일제 조사에 관한 사무 3. 법 제12조에 따른 무연고 시체 등의 처리에 관한 사무 4. 법 제14조에 따른 사설묘지의 설치 등에 관한 사무 5. 법 제15조에 따른 사설화장시설 등의 설치에 관한 사무 6. 법 제16조에 따른 자연장지의 조성 등에 관한 사무 7. 법 제19조에 따른 분묘의 설치기간 연장 등에 관한 사무 8. 법 제20조에 따른 설치기간이 종료된 분묘의 처리에 관한 사무 9. 법 제22조에 따른 묘적부의 기록·관리에 관한 사무 10. 법 제23조, 제23조의2 및 제24조에 따른 공설묘지 등의 사용료 또는 관리비에 관한 사무 11. 법 제26조에 따른 장사시설의 폐지 등에 관한 사무 12. 법 제27조에 따른 타인의 토지 등에 설치된 분묘 등의 처리 등에 관한 사무 13. 법 제28조에 따른 무연분묘의 처리에 관한 사무 14. 법 제29조에 따른 장례식장 영업에 관한 사무 15. 법 제29조의2에 따른 장례지도사에 관한 사무 [본조신설 2014.8.6] [종전 제40조의2는 제40조의3으로 이동 〈2014.8.6〉]	

제23조(공설묘지 등의 사용료·관리비의 부과) ① 지방자치단체의 장이 공설묘지·공설화장시설·공설봉안시설 또는 공설자연장지를 사용하는 자에게 부과하는 사용료 또는 관리비의 금액과 부과방법, 사용료 또는 관리비의 용도, 그 밖에 필요한 사항은 당해 지방자치단체의 조례로 정한다. 이 경우 사용료 및 관리비의 금액은 토지가격, 시설물 설치·조성비용, 지역주민 복지증진 등을 고려하여 정하여야 한다. ② 제1항에 따라 사용료 또는 관리비를 부과함에 있어서는 당해 지역의 주민과 다른 지역의 주민을 구분하여 달리 부과할 수 있다. ③ 산림청장이나 그 밖의 중앙행정기관의 장은 국유림이나 그 밖의 국유지에 자연장지를 조성·관리하는 경우에는 사용자에게 부과하는 사용료 또는 관리비의 부과금액과 부과방법, 사용료 또는 관리비의 용도, 그 밖에 필요한 사항을 미리 정하여 고시하여야 한다.	**제40조의2(민감정보 및 고유식별정보의 처리)** 보건복지부장관, 그 밖의 중앙행정기관의 장 또는 지방자치단체의 장(해당 권한이 위임·위탁된 경우는 해당 권한을 위임·위탁받은 자를 포함한다)은 다음 각 호의 사무를 수행하기 위하여 불가피한 경우 「개인정보 보호법 시행령」 제18조제1호 또는 제2호에 따른 유전정보 또는 범죄경력자료에 해당하는 정보, 같은 영 제19조제1호 또는 제4호에 따른 주민등록번호 또는 외국인등록번호가 포함된 자료를 처리할 수 있다. 1. 법 제8조에 따른 매장·화장 및 개장의 신고에 관한 사무 2. 법 제11조에 따른 묘지의 일제 조사에 관한 사무 3. 법 제12조에 따른 무연고 시체 등의 처리에 관한 사무 4. 법 제14조에 따른 사설묘지의 설치 등에 관한 사무 5. 법 제15조에 따른 사설화장시설 등의 설치에 관한 사무 6. 법 제16조에 따른 자연장지의 조성 등에 관한 사무 7. 법 제19조에 따른 분묘의 설치기간 연장 등에 관한 사무 8. 법 제20조에 따른 설치기간이 종료된 분묘의 처리에 관한 사무 9. 법 제22조에 따른 묘적부의 기록·관리에 관한 사무 10. 법 제23조, 제23조의2 및 제24조에 따른 공설묘지 등의 사용료 또는 관리비에 관한 사무 11. 법 제26조에 따른 장사시설의 폐지 등에 관한 사무	

	12. 법 제27조에 따른 타인의 토지 등에 설치된 분묘 등의 처리 등에 관한 사무 13. 법 제28조에 따른 무연분묘의 처리에 관한 사무 14. 법 제29조에 따른 장례식장 영업에 관한 사무 15. 법 제29조의2에 따른 장례지도사에 관한 사무 [본조신설 2014.8.6] [종전 제40조의2는 제40조의3으로 이동 〈2014.8.6〉]	
제23조의2(공설화장시설의 사용료에 대한 특례) 지방자치단체의 장은 다음 각 호의 어느 하나에 해당하는 사람이 사망하여 공설화장시설을 사용하는 경우에는 사용자에게 부과하는 사용료를 전액 면제한다. 1. 「국민기초생활 보장법」에 따른 수급자 2. 「국가보훈 기본법」에 따른 희생·공헌자 [본조신설 2012.2.1]		
제24조(법인묘지 등의 사용료·관리비의 신고) ① 법인묘지·사설화장시설·사설봉안시설 또는 사설자연장지를 설치·조성 또는 관리하는 자는 그 법인묘지·사설화장시설·사설봉안시설 또는 사설자연장지의 사용료 및 관리비를 정하면 보건복지부령으로 정하는 바에 따라 관할 시장등에게 신고하여야 한다. 신고한 사항을 변경한 때에도 또한 같다.		제15조(사용료·관리비의 신고 등) ① 법 제24조제1항에 따른 법인묘지·사설화장시설·사설봉안시설 또는 사설자연장지(이하 "법인묘지등"이라 한다)의 사용료와 관리비는 다음 각 호와 같다. 1. 사용료 : 토지사용료, 묘지조성비 및 사설화장시설·사설봉안시설·사설자연장지의 이용 요금

<table>
<tr>
<td>② 법인묘지·사설화장시설·사설봉안시설 또는 사설자연장지를 설치·조성 또는 관리하는 자는 제1항에 따라 신고한 사용료 및 관리비와 상석·비석 등의 시설물 및 장례용품의 품목별 가격을 표시한 가격표를 이용자가 보기 쉬운 곳에 게시하여야 한다.
③ 법인묘지·사설화장시설·사설봉안시설 또는 사설자연장지를 설치·조성 또는 관리하는 자는 다음 각 호의 어느 하나에 해당하는 행위를 하여서는 아니 된다. 〈개정 2015.1.28〉
1. 제2항제1호 및 제2호에 따라 게시한 사용료·관리비와 시설물·장례용품의 가격 외의 금품을 받는 것
2. 시설물 또는 장례용품의 구매 또는 사용을 강요하는 것</td>
<td></td>
<td>2. 관리비 : 잔디 조성비, 벌초 등 묘지·사설봉안시설·사설자연장지의 사용과 직접적으로 관련된 사항의 비용, 사설화장시설·사설봉안시설·사설자연장지의 관리 비용
② 법인묘지등을 설치(조성)·관리하는 자는 제1항에 따른 사용료와 관리비를 정하면 그 항목별 비용의 산출 근거를 첨부하여 시장등에게 신고하여야 한다. 신고한 사항을 변경한 경우에도 또한 같다.
③ 제2항에 따라 신고한 법인묘지등의 사용료·관리비, 상석·비석 등의 시설물 및 장례용품의 품목별 가격의 게시는 별지 제20호서식의 가격표에 따른다.</td>
</tr>
<tr>
<td>제25조(사설묘지 등에 대한 관리금의 적립) ① 사설묘지·사설봉안시설 또는 사설자연장지 중 대통령령으로 정하는 시설을 설치·조성 및 관리하는 자는 그 묘지·봉안시설·자연장지의 재해에 대비하여 시설물의 유지·관리 및 개·보수에 필요한 관리금을 시설물별로 적립하여야 한다.
② 제1항에 따라 적립된 관리금은 해당 장사시설의 보존·관리·재해예방 및 개수·보수를 위한 용도로만 사용하여야 한다. 〈신설 2015.1.28〉</td>
<td>제26조(사설묘지 등에 대한 관리금의 적립) 법 제25조제1항에서 “대통령령으로 정하는 시설“ 이란 다음 각 호의 어느 하나에 해당하는 장사시설을 말한다.
1. 법인이 설치(조성)·운영하는 사설묘지, 사설봉안시설, 사설자연장지
2. 종교단체가 운영하는 유골 500구 이상을 안치할 수 있는 사설봉안시설 또는 사설자연장지
3. 그 밖에 불특정 다수인을 대상으로 운영되는 사설묘지 또는 사설봉안시설</td>
<td>제16조(사설묘지 등에 대한 관리금의 적립) ① 법 제25조 및 영 제26조에 따른 사설묘지·사설봉안시설 또는 사설자연장지를 설치(조성)·관리하는 자는 제15조제1항에 따른 사용료 및 관리비 연간 총수입의 100분의 5에 해당하는 금액을 관리금으로 매년 적립하여야 한다. 다만, 제2항에 따라 적립하여야 하는 금액을 한꺼번에 적립하거나 해당 금액을 보상받을 수 있는 보험에 가입한 경우에는 그러하지 아니하다.</td>
</tr>
</table>

③ 제1항에 따른 관리금의 적립금액, 관리금의 적립시기·절차 및 방법 등에 관하여 필요한 사항은 보건복지부령으로 정한다. 이 경우 관리금의 적립금액은 시설물별 설치·조성비용, 재해의 위험율 및 연간 관리비 징수액 등을 고려하여 정하여야 한다. 〈개정 2015.1.28〉		② 제1항에 따라 적립하여야 하는 관리금은 해당 묘지·봉안시설·자연장지의 재산세 과세표준액(종교단체는 재산세 과세표준액에 상당하는 금액)의 100분의 5에 해당하는 금액에 이를 때까지 적립하여야 한다. ③ 제1항 본문에 따른 사설묘지·사설봉안시설 또는 사설자연장지의 설치(조성)·관리인은 매 회계연도 결산이 끝나는 즉시 별지 제21호서식의 관리금 적립 금액과 사용 내역을 시장 등에게 제출하여야 하고, 별지 제22호서식의 관리금 적립 및 사용 대장을 작성하여 갖춰 놓아야 한다. ④ 제1항 단서에 따른 사설묘지·사설봉안시설 또는 사설자연장지의 설치(조성)·관리인은 시장 등과 협의하여 정한 금융기관에 관리금을 적립한 사실 또는 관리금을 보상받을 수 있는 보험계약을 체결한 사실을 증명하는 서류를 관할 시장등에게 지체 없이 제출하여야 한다. 보험계약 기간이 끝난 후 보험계약을 다시 체결한 경우에도 또한 같다. ⑤ 제1항과 제2항에 따른 관리금은 해당 장사시설의 보존과 관리 등 재해 예방과 보수를 위한 용도로만 사용할 수 있다.

제26조(장사시설의 폐지 등) 제14조제3항 또는 제16조제3항·제4항에 따라 신고하거나 허가받은 사설묘지 또는 사설자연장지 및 제15조제1항에 따라 신고된 사설화장시설·사설봉안시설을 폐지하려는 자는 관할 시장등에게 신고하여야 한다. 〈개정 2012.2.1〉	**제40조의2(민감정보 및 고유식별정보의 처리)** 보건복지부장관, 그 밖의 중앙행정기관의 장 또는 지방자치단체의 장(해당 권한이 위임·위탁된 경우는 해당 권한을 위임·위탁받은 자를 포함한다)은 다음 각 호의 사무를 수행하기 위하여 불가피한 경우 「개인정보 보호법 시행령」 제18조제1호 또는 제2호에 따른 유전정보 또는 범죄경력자료에 해당하는 정보, 같은 영 제19조제1호 또는 제4호에 따른 주민등록번호 또는 외국인등록번호가 포함된 자료를 처리할 수 있다. 1. 법 제8조에 따른 매장·화장 및 개장의 신고에 관한 사무 2. 법 제11조에 따른 묘지의 일제 조사에 관한 사무 3. 법 제12조에 따른 무연고 시체 등의 처리에 관한 사무 4. 법 제14조에 따른 사설묘지의 설치 등에 관한 사무 5. 법 제15조에 따른 사설화장시설 등의 설치에 관한 사무 6. 법 제16조에 따른 자연장지의 조성 등에 관한 사무 7. 법 제19조에 따른 분묘의 설치기간 연장 등에 관한 사무 8. 법 제20조에 따른 설치기간이 종료된 분묘의 처리에 관한 사무 9. 법 제22조에 따른 묘적부의 기록·관리에 관한 사무 10. 법 제23조, 제23조의2 및 제24조에 따른 공설묘지 등의 사용료 또는 관리비에 관한 사무 11. 법 제26조에 따른 장사시설의 폐지 등에 관한 사무	**제17조(장사시설의 폐지 등)** ① 법 제26조에 따라 사설묘지, 사설화장시설, 사설봉안시설 또는 사설자연장지를 폐지하려는 자는 별지 제23호서식의 폐지신고서(전자문서로 된 신고서를 포함한다)에 다음 각 호의 서류를 첨부하여 관할 시장등에게 제출하여야 한다. 1. 해당 장사시설 폐지사유서(법인의 경우에는 폐지를 결의한 이사회의 회의록 사본) 2. 기존 사설묘지, 사설봉안시설 또는 사설자연장지에 매장·안치 또는 자연장된 시체·유골이나 유골의 골분(骨粉)에 대한 조치계획서 3. 기존 장사시설의 설치·조성(변경)허가증 또는 신고증명서 ② 제1항에 따라 해당 장사시설을 폐지하려는 자는 매장·안치 또는 자연장된 시체·유골이나 유골의 골분의 연고자 또는 해당 장사시설의 사용계약을 한 자에게 해당 장사시설이 폐지된다는 사실을 미리 알려야 한다. ③ 제1항에 따른 장사시설을 폐지한 자는 폐지된 날부터 1개월 이내에 시장등에게 그 사실을 알려야 한다.

	12. 법 제27조에 따른 타인의 토지 등에 설치된 분묘 등의 처리 등에 관한 사무 13. 법 제28조에 따른 무연분묘의 처리에 관한 사무 14. 법 제29조에 따른 장례식장 영업에 관한 사무 15. 법 제29조의2에 따른 장례지도사에 관한 사무 [본조신설 2014.8.6] [종전 제40조의2는 제40조의3으로 이동 〈2014.8.6〉]	
제4장 무연분묘의 처리 등		
제27조(타인의 토지 등에 설치된 분묘 등의 처리 등) ① 토지 소유자(점유자나 그 밖의 관리인을 포함한다. 이하 이 조에서 같다), 묘지 설치자 또는 연고자는 다음 각 호의 어느 하나에 해당하는 분묘에 대하여 보건복지부령으로 정하는 바에 따라 그 분묘를 관할하는 시장등의 허가를 받아 분묘에 매장된 시신 또는 유골을 개장할 수 있다. 〈개정 2015.1.28〉 1. 토지 소유자의 승낙 없이 해당 토지에 설치한 분묘 2. 묘지 설치자 또는 연고자의 승낙 없이 해당 묘지에 설치한 분묘 ② 토지 소유자, 묘지 설치자 또는 연고자는 제1항에 따른 개장을 하려면 미리 3개월 이상의 기간을 정하여 그 뜻을 해당 분묘의 설치자 또는 연고자에게 알려야 한다. 다만, 해당 분묘의 연고자를 알 수 없으면 그 뜻을 공고하여야 한다.	제40조의2(민감정보 및 고유식별정보의 처리) 보건복지부장관, 그 밖의 중앙행정기관의 장 또는 지방자치단체의 장(해당 권한이 위임·위탁된 경우는 해당 권한을 위임·위탁받은 자를 포함한다)은 다음 각 호의 사무를 수행하기 위하여 불가피한 경우 「개인정보 보호법 시행령」 제18조제1호 또는 제2호에 따른 유전정보 또는 범죄경력자료에 해당하는 정보, 같은 영 제19조제1호 또는 제4호에 따른 주민등록번호 또는 외국인등록번호가 포함된 자료를 처리할 수 있다. 1. 법 제8조에 따른 매장·화장 및 개장의 신고에 관한 사무 2. 법 제11조에 따른 묘지의 일제 조사에 관한 사무 3. 법 제12조에 따른 무연고 시체 등의 처리에 관한 사무 4. 법 제14조에 따른 사설묘지의 설치 등에 관한 사무 5. 법 제15조에 따른 사설화장시설 등의 설치에 관한 사무	제18조(타인의 토지 등에 설치된 분묘의 처리) ① 법 제27조제1항에 따라 토지소유자(점유자나 그 밖의 관리인을 포함한다. 이하 이 조에서 같다), 묘지 설치자 또는 연고자는 매장된 시체나 유골을 개장하려는 경우에는 별지 제3호서식의 개장 허가신청서에 다음 각 호의 서류를 첨부하여 관할 시장등에게 신청하여야 한다. 이 경우 시장등이 「전자정부법」 제36조제1항에 따른 행정정보의 공동이용을 통하여 첨부서류에 대한 정보를 확인할 수 있는 경우에는 그 확인으로 첨부서류를 갈음한다. 〈개정 2010.9.1〉 1. 기존 분묘의 사진 2. 분묘의 연고자를 알지 못하는 사유 3. 묘지 또는 토지가 개장 허가신청인의 소유임을 증명하는 서류

③ 제1항 각 호의 어느 하나에 해당하는 분묘의 연고자는 해당 토지 소유자, 묘지 설치자 또는 연고자에게 토지 사용권이나 그 밖에 분묘의 보존을 위한 권리를 주장할 수 없다.

④ 토지 소유자 또는 자연장지 조성자의 승낙 없이 다른 사람 소유의 토지 또는 자연장지에 자연장을 한 자 또는 그 연고자는 당해 토지 소유자 또는 자연장지 조성자에 대하여 토지사용권이나 그 밖에 자연장의 보존을 위한 권리를 주장할 수 없다.

⑤ 제2항에 따른 통보 및 공고에 관하여 필요한 사항은 보건복지부령으로 정한다.

6. 법 제16조에 따른 자연장지의 조성 등에 관한 사
7. 법 제19조에 따른 분묘의 설치기간 연장 등에 관한 사무
8. 법 제20조에 따른 설치기간이 종료된 분묘의 처리에 관한 사무
9. 법 제22조에 따른 묘적부의 기록·관리에 관한 사무
10. 법 제23조, 제23조의2 및 제24조에 따른 공설묘지 등의 사용료 또는 관리비에 관한 사무
11. 법 제26조에 따른 장사시설의 폐지 등에 관한 사무
12. 법 제27조에 따른 타인의 토지 등에 설치된 분묘 등의 처리 등에 관한 사무
13. 법 제28조에 따른 무연분묘의 처리에 관한 사무
14. 법 제29조에 따른 장례식장 영업에 관한 사무
15. 법 제29조의2에 따른 장례지도사에 관한 사무

[본조신설 2014.8.6]
[종전 제40조의2는 제40조의3으로 이동 〈2014.8.6〉]

4. 「부동산등기법」 등 관계 법령에 따라 해당 토지 등의 사용에 관하여 해당 분묘 연고자의 권리가 없음을 증명하는 서류
5. 제4항에 따른 통보문 또는 공고문

② 제1항에 따라 신청서를 받은 시장등은 「전자정부법」 제36조제1항에 따른 행정정보의 공동이용을 통하여 토지(임야)대장과 토지등기부 등본을 확인하여야 한다. 〈개정 2010.9.1〉

③ 시장등은 제1항에 따른 개장허가신청을 받으면 별지 제3호서식의 개장허가증을 발급하여야 한다.

④ 토지소유자, 묘지 설치자 또는 연고자가 타인의 토지 또는 묘지에 설치된 분묘를 처리하는 경우 법 제27조제5항에 따른 통보 및 공고의 방법은 다음 각 호와 같다.

1. 분묘의 연고자를 알고 있는 경우 : 제14조제1항제1호 각 목의 사항을 문서로 표시하여 분묘의 연고자에게 알릴 것
2. 분묘의 연고자를 알 수 없는 경우 : 중앙일간신문을 포함한 둘 이상의 일간신문 또는 관할 시·도 및 시·군·구 인터넷 홈페이지와 하나 이상의 일간신문에 제14조제1항제1호 각 목의 사항을 2회 이상 공고하되, 두 번째 공고는 첫 번째 공고일부터 1개월이 지난 후에 다시 할 것

제28조(무연분묘의 처리) ① 시·도지사 또는 시장·군수·구청장은 제11조에 따른 일제 조사 결과 연고자가 없는 분묘(이하 "무연분묘"라 한다)에 매장된 시신 또는 유골을 화장하여 일정 기간 봉안할 수 있다. 〈개정 2015.1.28〉

② 시·도지사 또는 시장·군수·구청장은 제1항에 따른 조치를 하려면 보건복지부령으로 정하는 바에 따라 그 뜻을 미리 공고하여야 한다.

③ 시·도지사 또는 시장·군수·구청장은 제1항에 따라 봉안한 유골의 연고자가 확인을 요구하면 그 요구에 따라야 한다.

④ 제1항에 따른 봉안에 관하여는 제12조제3항을 준용한다.

제4조(묘지 등의 수급계획 수립) ① 보건복지부장관이 법 제5조제1항에 따라 수립하여야 하는 장사시설의 수급(需給)에 관한 종합계획(이하 "종합계획"이라 한다)에는 다음 각 호의 사항이 포함되어야 한다. 〈개정 2010.3.15〉

1. 종합계획의 기본목표 및 추진방향
2. 장사시설의 수요 변동 추세와 공급 전망
3. 장사시설의 확충계획 및 재정투자계획
4. 장사문화의 개선을 위한 기본방향 및 중·장기계획
5. 지역 간 장사시설의 수급계획 및 관리운영계획
6. 그 밖에 장사정책 및 장사시설 수급 등에 필요한 사항

② 보건복지부장관은 종합계획을 수립한 후 법 제5조제2항에 따른 중·장기계획의 수립에 관한 지침을 작성하여 특별시장·광역시장·도지사·특별자치도지사(이하 "시·도지사"라 한다)와 시장·군수·구청장(자치구의 구청장을 말한다. 이하 같다)에게 알려야 한다. 〈개정 2010.3.15〉

③ 시·도지사와 시장·군수·구청장은 법 제5조제2항에 따라 관할 구역의 장사시설의 수급에 관한 중·장기계획(이하 "중장기계획"이라 한다)을 5년마다 수립하여야 하고, 중장기계획에는 다음 각 호의 사항이 포함되어야 한다.

제9조(매장신고 등의 관리대장) ① 시·도지사 또는 시장·군수·구청장은 다음 각 호의 어느 하나에 해당하는 경우에는 별지 제11호서식의 묘적부 및 별지 제12호서식의 관리대장을 작성·보관하여야 한다.

1. 제2조제6항에 따라 신고증명서를 발급한 경우
2. 제13조제2항에 따른 분묘 설치기간 연장증명서를 발급한 경우. 다만, 법인묘지의 경우에는 법인묘지의 설치·관리인이 별지 제11호서식의 묘적부를 작성·보관하여야 한다.
3. 제18조제3항에 따라 개장허가증을 발급한 경우
4. 법 제20조제2항에 따라 공설묘지의 분묘에 설치된 시설물을 철거하고 매장된 유골을 화장하여 봉안한 때
5. 법 제28조제1항에 따라 무연분묘를 처리한 때

② 시·도지사 또는 시장·군수·구청장은 다음 각 호의 어느 하나에 해당하는 경우에는 별지 제13호서식의 관리대장을 작성·보관하여야 한다.

1. 제5조제4항에 따라 신고증명서를 발급한 경우
2. 제6조제4항에 따라 허가증을 발급한 경우
3. 제7조제4항에 따라 신고증명서를 발급한 경우
4. 제11조제4항에 따라 신고증명서를 발급한 경우
5. 제12조제4항에 따른 허가증을 발급한 경우

1. 중장기계획의 기본방향
2. 관할 구역의 연도별 출생자 수와 사망자 수 및 그 변동 추세에 관한 사항
3. 연도별 매장자 수, 화장자 수, 봉안자 수 및 자연장자 수와 그 변동 추세에 관한 사항
4. 장사시설의 설치·조성 및 관리에 관한 사항
5. 기존의 장사시설 등의 정비계획 또는 확충계획과 그에 따른 재정에 관한 사항
6. 법 제11조에 따른 분묘의 일제 조사와 법 제28조에 따른 무연분묘의 처리에 관한 사항
7. 지역 간 장사시설의 수급 조정, 장사시설의 공동 설치 및 장사시설에 관한 갈등 조정 등에 필요한 사항

④ 시·도지사와 시장·군수·구청장은 제2항에 따른 중장기계획의 수립 지침에 따라 중장기계획을 작성하여야 한다.

⑤ 시·도지사가 중장기계획을 수립할 때에는 관할 구역별 장사시설의 수급계획에 대하여 미리 관할 시장·군수·구청장의 의견을 들어야 한다.

⑥ 보건복지부장관은 법 제5조제5항에 따른 협의를 거쳐 협의 사항을 확정하여 관계 중앙행정기관의 장 및 시·도지사에게 알려야 한다. 〈개정 2010.3.15〉

⑦ 보건복지부장관은 종합계획의 추진 실적을 평가한 결과 필요하다고 인정하는 경우에는 종합계획을 변경하거나 그 결과를 다음 종합계획의 수립에 반영하여야 한다. 이 경우 시·도지사와 시장·군수·구청장은 변경된 종합계획에

제19조(무연분묘의 개장 공고) ① 시·도지사 또는 시장·군수·구청장은 무연분묘에 매장된 시체나 유골을 화장하여 봉안하려는 경우에는 법 제28조제2항에 따라 다음 각 호의 사항을 공고하여야 한다.

1. 제14조제1항제1호가목 및 나목
2. 연락처, 열람 등 개장에 필요한 사항

② 시·도지사 또는 시장·군수·구청장은 제1항의 공고를 무연분묘에 매장된 시체나 유골을 화장하여 봉안하기 2개월 전에 중앙일간신문을 포함한 둘 이상의 일간신문 또는 관할 시·도 및 시·군·구의 인터넷 홈페이지와 하나 이상의 일간신문에 2회 이상 하되, 두 번째 공고는 첫 번째 공고일부터 1개월이 지난 후에 다시 하여야 한다.

	따라 중장기계획을 변경하여야 한다. 〈개정 2010.3.15〉 ⑧ 보건복지부장관은 제7항에 따라 종합계획의 추진 실적을 평가하기 위하여 필요한 경우 중장기계획의 연도별 추진 실적을 시·도지사와 시장·군수·구청장으로 하여금 제출하게 할 수 있다. 이 경우 시·도지사와 시장·군수·구청장은 특별한 사유가 없으면 이에 따라야 한다. 〈개정 2010.3.15〉 ⑨ 보건복지부장관은 제8항에 따라 받은 중장기계획의 연도별 추진 실적 평가 결과를 고려하여 법 제36조에 따른 비용의 보조에 반영할 수 있다. 〈개정 2010.3.15〉 ⑩ 이 영에서 정한 사항 외에 종합계획의 수립·변경에 관한 사항은 보건복지부장관이 정하고, 중장기계획의 수립·변경에 관한 사항은 시·도지사와 시장·군수·구청장이 정한다. 〈개정 2010.3.15〉 **제24조(설치기간이 지난 분묘 또는 무연분묘의 봉안)** ① 법 제20조제5항과 법 제28조제4항에 따른 봉안기간은 10년으로 한다. ② 공설묘지·사설묘지의 설치자, 시·도지사 또는 시장·군수·구청장은 제1항에 따른 봉안기간이 끝났을 때에는 일정한 장소에 집단으로 매장하거나 자연장하여야 한다.	

	제40조의2(민감정보 및 고유식별정보의 처리) 보건복지부장관, 그 밖의 중앙행정기관의 장 또는 지방자치단체의 장(해당 권한이 위임·위탁된 경우는 해당 권한을 위임·위탁받은 자를 포함한다)은 다음 각 호의 사무를 수행하기 위하여 불가피한 경우 「개인정보 보호법 시행령」 제18조제1호 또는 제2호에 따른 유전정보 또는 범죄경력자료에 해당하는 정보, 같은 영 제19조제1호 또는 제4호에 따른 주민등록번호 또는 외국인등록번호가 포함된 자료를 처리할 수 있다. 1. 법 제8조에 따른 매장·화장 및 개장의 신고에 관한 사무 2. 법 제11조에 따른 묘지의 일제 조사에 관한 사무 3. 법 제12조에 따른 무연고 시체 등의 처리에 관한 사무 4. 법 제14조에 따른 사설묘지의 설치 등에 관한 사무 5. 법 제15조에 따른 사설화장시설 등의 설치에 관한 사무 6. 법 제16조에 따른 자연장지의 조성 등에 관한 사무 7. 법 제19조에 따른 분묘의 설치기간 연장 등에 관한 사무 8. 법 제20조에 따른 설치기간이 종료된 분묘의 처리에 관한 사무 9. 법 제22조에 따른 묘적부의 기록·관리에 관한 사무 10. 법 제23조, 제23조의2 및 제24조에 따른 공설묘지 등의 사용료 또는 관리비에 관한 사무 11. 법 제26조에 따른 장사시설의 폐지 등에 관한 사무	

	12. 법 제27조에 따른 타인의 토지 등에 설치된 분묘 등의 처리 등에 관한 사무 13. 법 제28조에 따른 무연분묘의 처리에 관한 사무 14. 법 제29조에 따른 장례식장 영업에 관한 사무 15. 법 제29조의2에 따른 장례지도사에 관한 사무 [본조신설 2014.8.6] [종전 제40조의2는 제40조의3으로 이동 〈2014.8.6〉]	
제5장 장례식장영업		
제29조(장례식장영업) ① 시장·군수·구청장은 관할 구역 안에 장례의식을 하는 장소(이하 "장례식장"이라 한다)를 제공하는 것을 업으로 하는 자(이하 "장례식장영업자"라 한다)의 사업자등록 현황에 관한 자료를 유지·관리하여야 한다. ② 장례식장영업자는 장례식장 안에 시체를 보관하는 때에는 보건복지부령으로 정하는 바에 따라 시체를 위생적으로 관리하여야 한다. ③ 장례식장영업자는 장례식장 임대료와 장례에 관련된 수수료 및 장례용품의 품목별 가격을 표시한 가격표를 이용자가 보기 쉬운 곳에 게시하여야 한다. 이 경우 임대료는 오전 12시부터 다음 날 오전 12시까지를 1일로 계산한다. ④ 장례식장영업자는 다음 각 호의 어느 하나에 해당하는 행위를 하여서는 아니 된다. 〈개정 2015.1.28〉	제40조의2(민감정보 및 고유식별정보의 처리) 보건복지부장관, 그 밖의 중앙행정기관의 장 또는 지방자치단체의 장(해당 권한이 위임·위탁된 경우는 해당 권한을 위임·위탁받은 자를 포함한다)은 다음 각 호의 사무를 수행하기 위하여 불가피한 경우 「개인정보 보호법 시행령」 제18조제1호 또는 제2호에 따른 유전정보 또는 범죄경력자료에 해당하는 정보, 같은 영 제19조제1호 또는 제4호에 따른 주민등록번호 또는 외국인등록번호가 포함된 자료를 처리할 수 있다. 1. 법 제8조에 따른 매장·화장 및 개장의 신고에 관한 사무 2. 법 제11조에 따른 묘지의 일제 조사에 관한 사무 3. 법 제12조에 따른 무연고 시체 등의 처리에 관한 사무 4. 법 제14조에 따른 사설묘지의 설치 등에 관한 사무 5. 법 제15조에 따른 사설화장시설 등의 설치에 관한 사무	제20조(시체의 위생적 관리 등) ① 장례식장영업자는 법 제29조제2항에 따라 장례식장 안의 시체를 다음 각 호의 방법에 따라 위생적으로 관리하여야 한다. 1. 시체실과 염습실(殮襲室)을 설치할 것 2. 시체실과 염습실은 실내공기를 깨끗하게 유지하기 위한 환기시설 및 상하수도시설을 갖출 것 3. 별표 1 제2호에 따른 시체약품처리실과 약품보관실을 설치할 것(시체에 약품처리를 하는 경우만 해당한다) 4. 염습실 또는 시체약품처리실에 출입하는 자의 세면·목욕 등에 필요한 세척시설을 설치할 것 5. 시체실·염습실 또는 시체약품처리실은 매주 1회 이상 청소 및 소독을 하고 이를 기록한 대장을 갖춰 놓을 것

1. 제3항에 따라 게시한 장례식장 임대료·수수료 및 장례용품의 품목별 가격 외의 금품을 받는 것 2. 장례용품의 구매 또는 사용을 강요하는 것	6. 법 제16조에 따른 자연장지의 조성 등에 관한 사무 7. 법 제19조에 따른 분묘의 설치기간 연장 등에 관한 사무 8. 법 제20조에 따른 설치기간이 종료된 분묘의 처리에 관한 사무 9. 법 제22조에 따른 묘적부의 기록·관리에 관한 사무 10. 법 제23조, 제23조의2 및 제24조에 따른 공설묘지 등의 사용료 또는 관리비에 관한 사무 11. 법 제26조에 따른 장사시설의 폐지 등에 관한 사무 12. 법 제27조에 따른 타인의 토지 등에 설치된 분묘 등의 처리 등에 관한 사무 13. 법 제28조에 따른 무연분묘의 처리에 관한 사무 14. 법 제29조에 따른 장례식장 영업에 관한 사무 15. 법 제29조의2에 따른 장례지도사에 관한 사무 [본조신설 2014.8.6] [종전 제40조의2는 제40조의3으로 이동 〈2014.8.6〉]	6. 시체로부터 질병이 전염될 우려가 있는 경우에는 시체실·염습실 또는 시체약품처리실을 출입하는 사람에게 미리 감염 방지에 관한 기본적인 정보를 제공하는 교육을 실시하고, 시체의 연고자에게 그 사실을 알릴 것 7. 시체실·염습실 또는 시체약품처리실에 출입하는 사람의 감염 예방을 위하여 보호마스크, 보호장갑 및 위생복을 착용하는 등의 필요한 조치를 할 것 8. 감염성 질병으로 사망한 시체를 보관 또는 운송하는 경우에는 관련 시설 및 운송장비를 소독할 것 9. 시체실, 염습실에서 배출된 폐기물은 「폐기물관리법」 제2조제5호에 따른 의료폐기물에 준하여 관리할 것 ② 법 제29조제3항에 따른 장례식장의 임대료·수수료 및 장례용품의 품목별 가격표의 게시는 별지 제20호서식에 따른다.
제29조의2(장례지도사) ① 시·도지사는 시신의 위생적 관리와 장사업무에 관한 전문지식과 기술을 가진 사람에게 장례지도사 자격을 부여할 수 있다. 〈개정 2015.1.28〉 ② 장례지도사가 되려는 사람은 제29조의3에 따른 장례지도사 교육기관에서 교육과정을 마쳐야 한다.	**제40조의2(민감정보 및 고유식별정보의 처리)** 보건복지부장관, 그 밖의 중앙행정기관의 장 또는 지방자치단체의 장(해당 권한이 위임·위탁된 경우는 해당 권한을 위임·위탁받은 자를 포함한다)은 다음 각 호의 사무를 수행하기 위하여 불가피한 경우 「개인정보 보호법 시행령」 제18조제1호 또는 제2호에 따른 유전정보 또는 범죄경력자료에 해당하는 정보, 같은 영 제19조제1호 또는 제4호에 따른	**제20조의2(장례지도사 교육과정 및 자격검정 기준)** ① 법 제29조의2제2항에 따라 장례지도사가 되려는 사람이 마쳐야 하는 교육과정은 별표 2와 같다. ② 법 제29조의2제3항에 따른 장례지도사 자격의 검정기준은 다음 각 호와 같다. 1. 제1항에 따른 교육과정을 이수하였을 것 2. 법 제29조의4에 따른 결격사유에 해당하지 아니할 것 [본조신설 2012.8.2]

③ 시·도지사는 제2항에 따라 장례지도사 교육과정을 마친 사람에게 장례지도사의 자격을 무시험검정하고 자격증을 교부하여야 한다.

④ 장례지도사의 자격검정 기준, 교육과정 및 자격증 교부 등에 관하여 필요한 사항은 보건복지부령으로 정한다.

⑤ 시·도지사는 제3항에 따라 장례지도사 자격증을 교부 및 재교부받고자 하는 사람에게 보건복지부령으로 정하는 바에 따라 수수료를 납부하게 할 수 있다.
[본조신설 2011.8.4]

주민등록번호 또는 외국인등록번호가 포함된 자료를 처리할 수 있다.

1. 법 제8조에 따른 매장·화장 및 개장의 신고에 관한 사무
2. 법 제11조에 따른 묘지의 일제 조사에 관한 사무
3. 법 제12조에 따른 무연고 시체 등의 처리에 관한 사무
4. 법 제14조에 따른 사설묘지의 설치 등에 관한 사무
5. 법 제15조에 따른 사설화장시설 등의 설치에 관한 사무
6. 법 제16조에 따른 자연장지의 조성 등에 관한 사무
7. 법 제19조에 따른 분묘의 설치기간 연장 등에 관한 사무
8. 법 제20조에 따른 설치기간이 종료된 분묘의 처리에 관한 사무
9. 법 제22조에 따른 묘적부의 기록·관리에 관한 사무
10. 법 제23조, 제23조의2 및 제24조에 따른 공설묘지 등의 사용료 또는 관리비에 관한 사무
11. 법 제26조에 따른 장사시설의 폐지 등에 관한 사무
12. 법 제27조에 따른 타인의 토지 등에 설치된 분묘 등의 처리 등에 관한 사무
13. 법 제28조에 따른 무연분묘의 처리에 관한 사무
14. 법 제29조에 따른 장례식장 영업에 관한 사무
15. 법 제29조의2에 따른 장례지도사에 관한 사무

[본조신설 2014.8.6]
[종전 제40조의2는 제40조의3으로 이동 〈2014.8.6〉]

제20조의3(장례지도사 자격증 발급 및 재발급 등) ① 법 제29조의2제3항에 따라 장례지도사 자격증을 발급받으려는 사람은 별지 제23호의2서식의 장례지도사 자격증 발급신청서(전자문서로 된 신청서를 포함한다)에 다음 각 호의 서류(전자문서를 포함한다)를 첨부하여 신청인이 제20조의2에 따른 교육과정을 마친 장례지도사 교육기관(법 제29조의3에 따른 장례지도사 교육기관을 말한다. 이하 같다)을 관할하는 시·도지사에게 제출하여야 한다. 다만, 신청인의 주소지를 관할하는 시·도에 장례지도사 교육기관이 없는 경우에는 신청인의 주소지를 관할하는 시·도지사에게 제출할 수 있다.

1. 별지 제23호의3서식의 장례지도사 교육과정 수료증명서 1부
2. 「고등교육법」 제2조에 따른 대학 또는 전문대학(이하 "대학등"이라 한다)의 장례지도 관련 학과 졸업증명서 1부(별표 2 제1호나목에 따른 전공자 교육과정을 마친 사람만 해당한다)
3. 별지 제23호의4서식의 현장실습확인서 1부
4. 법 제29조의4제2호 및 제3호에 따른 결격사유에 해당하지 아니함을 증명하는 의사의 진단서 1부

5. 사진(제출일 기준 6개월 이내에 모자를 벗은 상태에서 배경 없이 촬영된 상반신 컬러사진으로 규격은 가로 3센티미터, 세로 4센티미터로 한다. 이하 같다) 2장

② 시·도지사는 제1항에 따른 신청이 제20조의2제2항에 따른 기준에 적합한 경우에는 신청을 받은 날부터 30일 이내에 별지 제23호의5서식의 장례지도사 자격증을 발급하고, 별지 제23호의6서식의 장례지도사 자격증 발급대장에 적어야 한다.

③ 제2항에 따라 자격증을 발급받은 사람이 그 자격증을 분실 또는 훼손하거나 그 자격증의 기재사항 변경 등의 사유로 이를 재발급받으려는 경우에는 별지 제23호의2서식의 장례지도사 자격증 재발급 신청서(전자문서로 된 신청서를 포함한다)에 다음 각 호의 서류(전자문서를 포함한다)를 첨부하여 제2항에 따른 자격증을 발급한 시·도지사에게 제출하여야 한다.

1. 자격증(훼손되거나 기재사항의 변경이 필요한 경우만 해당한다)
2. 사진 2장
3. 기재사항을 변경할 필요가 있음을 증명하는 서류(기재사항 변경의 경우만 해당한다) 1부

④ 제1항 및 제3항에 따라 자격증을 발급 또는 재발급받으려는 사람은 1만원의 수수료를 내야 한다.
[본조신설 2012.8.2]

제29조의3(장례지도사 교육기관의 설치) ① 장례지도사를 교육하는 기관을 설치하려는 자는 보건복지부령으로 정하는 기준을 갖추고 시·도지사에게 신고하여야 한다. ② 장례지도사 교육기관의 신고절차 등에 관하여 필요한 사항은 보건복지부령으로 정한다. [본조신설 2011.8.4]		**제20조의3(장례지도사 자격증 발급 및 재발급 등)** ① 법 제29조의2제3항에 따라 장례지도사 자격증을 발급받으려는 사람은 별지 제23호의2서식의 장례지도사 자격증 발급신청서(전자문서로 된 신청서를 포함한다)에 다음 각 호의 서류(전자문서를 포함한다)를 첨부하여 신청인이 제20조의2에 따른 교육과정을 마친 장례지도사 교육기관(법 제29조의3에 따른 장례지도사 교육기관을 말한다. 이하 같다)을 관할하는 시·도지사에게 제출하여야 한다. 다만, 신청인의 주소지를 관할하는 시·도에 장례지도사 교육기관이 없는 경우에는 신청인의 주소지를 관할하는 시·도지사에게 제출할 수 있다. 1. 별지 제23호의3서식의 장례지도사 교육과정 수료증명서 1부 2. 「고등교육법」 제2조에 따른 대학 또는 전문대학(이하 "대학등"이라 한다)의 장례지도 관련 학과 졸업증명서 1부(별표 2 제1호나목에 따른 전공자 교육과정을 마친 사람만 해당한다) 3. 별지 제23호의4서식의 현장실습확인서 1부 4. 법 제29조의4제2호 및 제3호에 따른 결격사유에 해당하지 아니함을 증명하는 의사의 진단서 1부

5. 사진(제출일 기준 6개월 이내에 모자를 벗은 상태에서 배경 없이 촬영된 상반신 컬러사진으로 규격은 가로 3센티미터, 세로 4센티미터로 한다. 이하 같다) 2장

② 시·도지사는 제1항에 따른 신청이 제20조의2제2항에 따른 기준에 적합한 경우에는 신청을 받은 날부터 30일 이내에 별지 제23호의5서식의 장례지도사 자격증을 발급하고, 별지 제23호의6서식의 장례지도사 자격증 발급대장에 적어야 한다.

③ 제2항에 따라 자격증을 발급받은 사람이 그 자격증을 분실 또는 훼손하거나 그 자격증의 기재사항 변경 등의 사유로 이를 재발급받으려는 경우에는 별지 제23호의2서식의 장례지도사 자격증 재발급 신청서(전자문서로 된 신청서를 포함한다)에 다음 각 호의 서류(전자문서를 포함한다)를 첨부하여 제2항에 따른 자격증을 발급한 시·도지사에게 제출하여야 한다.

1. 자격증(훼손되거나 기재사항의 변경이 필요한 경우만 해당한다)
2. 사진 2장
3. 기재사항을 변경할 필요가 있음을 증명하는 서류(기재사항 변경의 경우만 해당한다) 1부

④ 제1항 및 제3항에 따라 자격증을 발급 또는 재발급받으려는 사람은 1만원의 수수료를 내야 한다. [본조신설 2012.8.2]

제20조의4(장례지도사 교육기관의 설치기준) 법 제29조의3제1항에서 "보건복지부령으로 정하는 기준"이란 별표 3의 장례지도사 교육기관 설치기준을 말한다.
[본조신설 2012.8.2]

제20조의5(장례지도사 교육기관의 설치신고 등) ① 법 제29조의3제1항에 따라 장례지도사 교육기관 설치신고를 하려는 자는 별지 제23호의7서식의 장례지도사 교육기관 설치신고서(전자문서로 된 신고서를 포함한다)에 다음 각 호의 서류(전자문서를 포함한다)를 첨부하여 관할 시·도지사에게 제출하여야 한다.

1. 정관 1부(법인인 경우만 해당한다)
2. 별표 2 제2호나목2)에 따른 현장실습기관과의 현장실습 실시 연계에 관한 사항을 증명할 수 있는 서류 1부
3. 시설의 구조별 면적이 표시된 평면도와 시설 및 설비의 목록[별표 3 제2호에 따른 학습교구(敎具) 목록을 포함한다] 1부
4. 시설을 설치할 토지 및 건물의 소유권 또는 사용권을 증명할 수 있는 서류(시·도지사가 「전자정부법」 제36조제1항에 따른 행정정보의 공동이용을 통하여 소유권 또는 사용권에 대한 정보를 확인할 수 있는 경우에는 그 확인으로 첨부서류를 갈음한다) 각 1부
5. 사업계획서 1부

		6. 별표 3 제3호에 따른 인력의 명단과 그 자격 및 경력을 증명하는 서류 ② 제1항에 따라 신고서를 제출받은 시·도지사는 「전자정부법」 제36조제1항에 따른 행정정보의 공동이용을 통하여 법인 등기사항증명서(법인인 경우만 해당한다)를 확인하여야 한다. ③ 시·도지사는 제1항에 따른 신고가 제20조의4에 따른 기준에 적합한 경우에는 별지 제23호의8서식의 장례지도사 교육기관 설치신고 확인증을 신고인에게 발급하여야 한다. [본조신설 2012.8.2]
제29조의4(장례지도사의 결격사유) 다음 각 호의 어느 하나에 해당하는 사람은 장례지도사가 될 수 없다. 〈개정 2015.1.28〉 1. 피성년후견인 2. 「정신보건법」 제3조제1호에 따른 정신질환자. 다만, 정신건강의학과 전문의가 장례지도사로서 적합하다고 인정하는 사람은 그러하지 아니하다. 3. 마약·대마 또는 향정신성의약품 중독자 4. 금고 이상의 형을 선고받고 그 형의 집행이 종료되지 아니하거나 집행이 면제되지 아니한 자 [본조신설 2011.8.4]		제20조의2(장례지도사 교육과정 및 자격검정 기준) ① 법 제29조의2제2항에 따라 장례지도사가 되려는 사람이 마쳐야 하는 교육과정은 별표 2와 같다. ② 법 제29조의2제3항에 따른 장례지도사 자격의 검정기준은 다음 각 호와 같다. 1. 제1항에 따른 교육과정을 이수하였을 것 2. 법 제29조의4에 따른 결격사유에 해당하지 아니할 것 [본조신설 2012.8.2] 20조의3(장례지도사 자격증 발급 및 재발급 등) ① 법 제29조의2제3항에 따라 장례지도사 자격증을 발급받으려는 사람은 별지 제23호의2서식의 장례지도사 자격증 발급신청서(전자문서로 된 신청서를 포함한다)에 다음 각 호의 서류(전자문서를 포함한다)를

첨부하여 신청인이 제20조의2에 따른 교육과정을 마친 장례지도사 교육기관(법 제29조의3에 따른 장례지도사 교육기관을 말한다. 이하 같다)을 관할하는 시·도지사에게 제출하여야 한다. 다만, 신청인의 주소지를 관할하는 시·도에 장례지도사 교육기관이 없는 경우에는 신청인의 주소지를 관할하는 시·도지사에게 제출할 수 있다.

1. 별지 제23호의3서식의 장례지도사 교육과정 수료증명서 1부
2. 「고등교육법」 제2조에 따른 대학 또는 전문대학(이하 "대학등"이라 한다)의 장례지도 관련 학과 졸업증명서 1부(별표 2 제1호나목에 따른 전공자 교육과정을 마친 사람만 해당한다)
3. 별지 제23호의4서식의 현장실습확인서 1부
4. 법 제29조의4제2호 및 제3호에 따른 결격사유에 해당하지 아니함을 증명하는 의사의 진단서 1부
5. 사진(제출일 기준 6개월 이내에 모자를 벗은 상태에서 배경 없이 촬영된 상반신 컬러사진으로 규격은 가로 3센티미터, 세로 4센티미터로 한다. 이하 같다) 2장

② 시·도지사는 제1항에 따른 신청이 제20조의2제2항에 따른 기준에 적합한 경우에는 신청을 받은 날부터 30일 이내에 별지 제23호의5서식의 장례지도사 자격증을 발급하고, 별지 제23호의6서식의 장례지도사 자격증 발급대장

		에 적어야 한다. ③ 제2항에 따라 자격증을 발급받은 사람이 그 자격증을 분실 또는 훼손하거나 그 자격증의 기재사항 변경 등의 사유로 이를 재발급받으려는 경우에는 별지 제23호의2서식의 장례지도사 자격증 재발급 신청서(전자문서로 된 신청서를 포함한다)에 다음 각 호의 서류(전자문서를 포함한다)를 첨부하여 제2항에 따른 자격증을 발급한 시·도지사에게 제출하여야 한다. 1. 자격증(훼손되거나 기재사항의 변경이 필요한 경우만 해당한다) 2. 사진 2장 3. 기재사항을 변경할 필요가 있음을 증명하는 서류(기재사항 변경의 경우만 해당한다) 1부 ④ 제1항 및 제3항에 따라 자격증을 발급 또는 재발급받으려는 사람은 1만원의 수수료를 내야 한다. [본조신설 2012.8.2]
제29조의5(장례지도사의 자격 취소 등) ① 시·도지사는 장례지도사가 다음 각 호의 어느 하나에 해당하는 경우에는 그 자격을 취소하거나 6개월의 범위에서 자격의 정지를 명할 수 있다. 다만, 제1호 및 제2호에 해당하는 경우에는 그 자격을 취소하여야 한다. 1. 거짓이나 그 밖에 부정한 방법으로 자격증을 교부받은 경우 2. 제29조의4 각 호의 어느 하나에 해당하게 된 경우 3. 장례지도사 자격증을 대여한 경우		제20조의7(장례지도사에 대한 행정처분기준 등) ① 법 제29조의5제1항에 따른 장례지도사에 대한 행정처분기준은 별표 4와 같다. ② 장례지도사는 법 제29조의5에 따라 자격이 취소 또는 정지되었을 때에는 자격증을 지체 없이 시·도지사에게 반납하여야 한다. [본조신설 2012.8.2]

4. 「형법」 제158조를 위반하여 징역 이상의 형의 선고를 받은 때 ② 제1항에 따른 자격의 취소 및 정지 처분에 대한 기준은 보건복지부령으로 정한다. [본조신설 2011.8.4] 제29조의6(청문) 시·도지사는 제29조의5제1항에 따라 자격의 취소 또는 정지를 명하려면 청문을 하여야 한다. [본조신설 2011.8.4]		
제6장 장사시설 정비·제한명령 및 시정명령 등		
제30조(장사시설 등의 정비 및 제한명령) 시·도지사 또는 시장·군수·구청장은 다음 각 호의 어느 하나에 해당하는 장사시설의 설치·조성자 또는 관리자에 대하여 그 시설의 안전관리를 위한 정비·개선명령을 하거나 그 전부 또는 일부의 사용을 제한할 수 있다. 〈개정 2009.12.29〉 1. 감염병의 전파 등으로 인하여 보건위생상 위해를 주거나 줄 우려가 있는 때 2. 풍수해 등의 재해로 토사유출, 지반붕괴 등의 위험이 발생하여 인근지역에 피해를 주거나 줄 우려가 있는 때		
제31조(사설묘지 설치자 등에 대한 처분) 시장등은 사설묘지·사설화장시설·사설봉안시설 및 사설자연장지의 연고자 또는 설치·조성자가 다음 각 호의 어느 하나에 해당하면 보건복지부령으로 정하는 바에 따라 그 연고자 또는 설치·조성자에게 묘지·화장		제21조(행정처분 등) ① 법 제31조에 따른 행정처분의 기준은 별표 5와 같다. 〈개정 2012.8.2〉 ② 시장등은 법 제31조에 따른 행정처분을 하였을 때에는 별지 제24호서식의 행정처분대장에 그 내용을 기록하고 이를 갖춰 놓아야 한다.

시설·봉안시설 또는 자연장지의 이전·개수, 허가취소, 시설의 폐쇄, 시설의 전부·일부의 사용 금지 또는 6개월의 범위 내에서 업무의 정지를 명할 수 있다. 〈개정 2015.1.28〉 1. 제14조제3항 또는 제6항, 제17조 또는 제18조를 위반하여 사설묘지를 설치한 경우 2. 제15조 또는 제17조를 위반하여 사설화장시설 또는 사설봉안시설을 설치한 경우 3. 제16조 또는 제17조를 위반하여 자연장지를 조성한 경우 4. 제24조제1항에 따른 신고 또는 변경신고를 하지 아니한 경우 4의2. 제24조제2항에 따른 게시를 하지 아니하거나 거짓으로 게시한 경우 4의3. 제24조제3항제1호를 위반하여 금품을 받거나 같은 항 제2호를 위반하여 구매 또는 사용을 강요한 경우 5. 제25조제1항에 따른 관리금을 적립하지 아니하거나 같은 조 제2항을 위반하여 용도대로 사용하지 아니한 경우		
제32조(장례식장영업자에 대한 시정명령 등) ① 시장등은 장례식장영업자가 다음 각 호의 어느 하나에 해당하면 보건복지부령으로 정하는 바에 따라 일정한 기간을 정하여 그 시정을 명할 수 있다. 〈개정 2015.1.28〉 1. 제29조제1항에 따른 신고와 달리 시설·설비 또는 안전기준을 위반하여 장례식장을 설치·운영한 경우		**제22조(장례식장영업자에 대한 시정명령 등)** ① 법 제32조제1항에 따른 시정명령의 기간은 다음 각 호와 같다. 1. 법 제32조제1항제1호의 경우 : 2개월 이내 2. 법 제32조제1항제2호의 경우 : 10일 이내 ② 법 제32조제2항·제3항에 따른 행정처분의 기준은 별표 5와 같다. 〈개정 2012.8.2〉

1의2. 제29조제2항에 따른 시신의 위생적 관리 의무를 위반한 경우 2. 제29조제3항 또는 제4항에 따른 가격표 게시 의무 또는 게시된 가격 외의 금품징수금지 의무를 위반한 경우 3. 제29조제4항제1호를 위반하여 금품을 받거나 같은 항 제2호를 위반하여 구매 또는 사용을 강요한 경우 ② 시장등은 장례식장영업자가 제1항에 따른 시정명령을 받고 그 기간 안에 이행하지 아니하면 보건복지부령으로 정하는 바에 따라 6개월의 범위 내에서 기간을 정하여 그 영업의 정지를 명할 수 있다. ③ 시장등은 장례식장영업자가 제2항에 따른 영업정지처분 기간 중에 영업을 하면 해당 장례식장의 폐쇄를 명할 수 있다.		③ 시장등은 법 제32조제2항 · 제3항에 따른 행정처분을 하였을 때에는 별지 제24호서식의 행정처분대장에 그 내용을 기록하고 이를 갖춰 놓아야 한다.
제33조(청문) 시장등은 제31조 또는 제32조에 따른 허가의 취소, 시설의 폐쇄명령 또는 장례식장의 폐쇄명령을 하려면 청문을 하여야 한다.		
제34조(역사적 보존가치가 있는 묘지 등에 관한 특례) ① 보존묘지 또는 보존분묘(역사적 보존가치 등이 있는 묘지 또는 분묘를 말한다. 이하 같다)의 지정을 심의하기 위하여 보건복지부에 국가보존묘지심사위원회를, 특별시 · 광역시 · 특별자치시 · 도 · 특별자치도에 시 · 도보존묘지심사위원회를 둔다. 〈신설 2015.1.28.〉	제27조(보존묘지심사위원회의 구성) ① 법 제34조에 따라 보건복지부에 국가보존묘지심사위원회를, 특별시 · 광역시 · 도 · 특별자치도(이하 "시 · 도 "라 한다)에 시 · 도보존묘지심사위원회를 둔다. 〈개정 2010.3.15〉	제23조(국가보존묘지등의 지정기준) 영 제35조제3항에 따른 국가보존묘지등의 지정기준은 다음 각 호와 같다. 〈개정 2010.3.19〉 1. 「국장 · 국민장에 관한 법률」 제3조에 따른 국장 및 국민장 대상자의 묘지 또는 분묘

② 보건복지부장관 또는 시·도지사는 다음 각 호의 어느 하나에 해당하는 묘지 또는 분묘에 대하여 국가보존묘지심사위원회 또는 시·도보존묘지심사위원회(이하 "보존묘지심사위원회"라 한다)의 심의를 거쳐 보존묘지 또는 보존분묘로 지정할 수 있다. 〈개정 2011.5.30., 2015.1.28〉 1. 역사적·문화적으로 보존가치가 있는 묘지 또는 분묘 2. 애국정신을 기르는 데에 이바지하는 묘지 또는 분묘 3. 국가장·사회장 등을 하여 국민의 추모 대상이 되는 사람의 묘지 또는 분묘 ③ 제2항에 따라 지정된 묘지 또는 분묘에는 제18조 및 제19조를 적용하지 아니한다. 〈개정 2015.1.28.〉 ④ 제2항에 따라 지정된 묘지 또는 분묘를 이전하거나 개장한 경우 그 지정 취지가 남아있는 한 지정의 효력이 상실되지 아니한다. 〈개정 2015.1.28.〉 ⑤ 보건복지부장관 또는 시·도지사는 제2항에 따라 지정한 보존묘지 또는 보존분묘가 지정기준에 맞지 아니하거나 지정 사유가 소멸한 경우에는 보존묘지심사위원회의 심의를 거쳐 지정을 해제하거나 그 범위를 조정하여야 한다. 〈신설 2015.1.28.〉 ⑥ 보존묘지심사위원회의 구성·운영, 보존묘지 또는 보존분묘의 지정기준·지정절차·지정해제·관리 등에 필요한 사항은 대통령령으로 정한다. 〈개정 2015.1.28.〉	② 제1항에 따른 국가보존묘지심사위원회와 시·도보존묘지심사위원회(이하 "심사위원회"라 한다)는 각각 위원장 1명과 부위원장 1명을 포함한 15명 이내의 위원으로 구성한다. ③ 국가보존묘지심사위원회의 위원장은 보건복지부차관이 되고, 부위원장은 위원 중에서 호선(互選)하며, 위원은 관계 행정기관의 공무원, 학식과 덕망이 있는 자 및 시민단체(「비영리민간단체 지원법」 제2조에 따른 비영리민간단체를 말한다)에서 추천한 자 중에서 보건복지부장관이 임명 또는 위촉한다. 〈개정 2010.3.15〉 ④ 시·도보존묘지심사위원회의 구성에 필요한 사항은 시·도의 조례로 정한다.	2. 사회장 대상자 등의 묘지 또는 분묘로서 법 제34조제1항제1호부터 제3호까지의 규정에 따른 묘지 또는 분묘에 해당하는 것으로 보건복지부장관이 인정하는 묘지 또는 분묘

제35조(과징금 처분) ① 시장등은 제31조 또는 제32조에 따라 법인묘지·사설화장시설·사설봉안시설 또는 사설자연장지의 설치·조성자와 장례식장영업자에 대한 처분을 하려는 경우로서 그 처분이 이용자에게 큰 불편을 주거나 그 밖에 현저하게 공익을 해칠 우려가 있으면 그 처분을 대신하여 3천만원 이하의 과징금을 부과할 수 있다. 다만, 제24조제3항제2호 또는 제29조제4항제2호를 위반한 행위로 인하여 「독점규제 및 공정거래에 관한 법률」 제24조의2에 따라 과징금을 부과받은 경우(조사 중이거나 과징금 부과예정인 경우를 포함한다)에는 이 법에 따른 과징금(과징금으로 갈음할 수 있는 업무정지 또는 영업정지 처분을 포함한다)을 부과할 수 없다. 〈개정 2015.1.28〉 ② 시장등은 제24조제3항제2호 또는 제29조제4항제2호를 위반한 행위에 대하여 과징금을 부과하려는 경우에는 그 대상자, 위반행위의 내용 및 부과예정일을 미리 공정거래위원회에 알리고 그 의견을 들어야 한다. 〈신설 2015.1.28〉 ③ 제1항에 따른 과징금을 부과하는 위반행위의 종류·정도에 따른 과징금의 금액과 그 밖에 필요한 사항은 대통령령으로 정한다. 〈개정 2015.1.28〉	**제38조(과징금을 부과할 위반행위의 종별과 과징금의 금액)** 법 제35조제2항에 따라 과징금을 부과하는 위반행위의 종별과 과징금의 금액은 별표 6과 같다. **제39조(과징금의 부과 및 납부)** ① 시장등이 법 제35조제1항에 따라 과징금을 부과할 때에는 위반행위의 종별과 해당 과징금의 금액 등을 명시하여 이를 낼 것을 서면으로 알려야 한다 ② 제1항에 따른 통지를 받은 자는 통지를 받은 날부터 20일 이내에 과징금을 시장등이 정하는 수납기관에 내야 한다. 다만, 천재지변이나 그 밖의 부득이한 사유로 그 기간에 과징금을 낼 수 없을 때에는 그 사유가 없어진 날부터 7일 이내에 내야 한다. ③ 제2항에 따라 과징금의 납부를 받은 수납기관은 영수증을 납부자에게 내주어야 한다. ④ 과징금의 수납기관은 제2항에 따라 과징금을 수납하면 지체 없이 그 사실을 시장등에게 알려야 한다. ⑤ 과징금은 분할하여 납부할 수 없다.	**제24조(과징금 및 과태료의 징수절차)** 법 제35조에 따른 과징금 또는 법 제42조에 따른 과태료의 징수절차에 관하여는 「국고금관리법 시행규칙」을 준용한다. 이 경우 납입고지서에 이의제기방법 및 이의기간 등을 명시하여야 한다.

④ 시장등은 제1항에 따른 과징금을 내야 하는 자가 납부기한까지 내지 아니하면 「지방세외수입금의 징수 등에 관한 법률」에 따라 징수한다. 〈개정 2013.8.6, 2015.1.28〉		
제36조(비용의 보조) ① 국가는 공설묘지 · 공설화장시설 · 공설봉안시설 또는 공설자연장지의 설치 · 조성 및 관리에 드는 비용을 보조할 수 있다. ② 국가 또는 지방자치단체는 화장 · 봉안 및 자연장의 확산, 묘지 면적의 축소, 그 밖에 장례문화 개선을 위한 조사 · 연구 등을 하는 자에게 예산의 범위 안에서 그 경비를 보조할 수 있다.	제4조(묘지 등의 수급계획 수립) ① 보건복지부장관이 법 제5조제1항에 따라 수립하여야 하는 장사시설의 수급(需給)에 관한 종합계획(이하 "종합계획"이라 한다)에는 다음 각 호의 사항이 포함되어야 한다. 〈개정 2010.3.15〉 1. 종합계획의 기본목표 및 추진방향 2. 장사시설의 수요 변동 추세와 공급 전망 3. 장사시설의 확충계획 및 재정투자계획 4. 장사문화의 개선을 위한 기본방향 및 중 · 장기계획 5. 지역 간 장사시설의 수급계획 및 관리운영계획 6. 그 밖에 장사정책 및 장사시설 수급 등에 필요한 사항 ② 보건복지부장관은 종합계획을 수립한 후 법 제5조제2항에 따른 중 · 장기계획의 수립에 관한 지침을 작성하여 특별시장 · 광역시장 · 도지사 · 특별자치도지사(이하 "시 · 도지사"라 한다)와 시장 · 군수 · 구청장(자치구의 구청장을 말한다. 이하 같다)에게 알려야 한다. 〈개정 2010.3.15〉 ③ 시 · 도지사와 시장 · 군수 · 구청장은 법 제5조제2항에 따라 관할 구역의 장사시설의 수급에 관한 중 · 장기계획(	

	이하 "중장기계획"이라 한다)을 5년마다 수립하여야 하고, 중장기계획에는 다음 각 호의 사항이 포함되어야 한다. 1. 중장기계획의 기본방향 2. 관할 구역의 연도별 출생자 수와 사망자 수 및 그 변동 추세에 관한 사항 3. 연도별 매장자 수, 화장자 수, 봉안자 수 및 자연장자 수와 그 변동 추세에 관한 사항 4. 장사시설의 설치·조성 및 관리에 관한 사항 5. 기존의 장사시설 등의 정비계획 또는 확충계획과 그에 따른 재정에 관한 사항 6. 법 제11조에 따른 분묘의 일제 조사와 법 제28조에 따른 무연분묘의 처리에 관한 사항 7. 지역 간 장사시설의 수급 조정, 장사시설의 공동 설치 및 장사시설에 관한 갈등 조정 등에 필요한 사항 ④ 시·도지사와 시장·군수·구청장은 제2항에 따른 중장기계획의 수립 지침에 따라 중장기계획을 작성하여야 한다. ⑤ 시·도지사가 중장기계획을 수립할 때에는 관할 구역별 장사시설의 수급계획에 대하여 미리 관할 시장·군수·구청장의 의견을 들어야 한다. ⑥ 보건복지부장관은 법 제5조 제5항에 따른 협의를 거쳐 협의 사항을 확정하여 관계 중앙행정기관의 장 및 시·도지사에게 알려야 한다. 〈개정 2010.3.15〉		

	⑦ 보건복지부장관은 종합계획의 추진 실적을 평가한 결과 필요하다고 인정하는 경우에는 종합계획을 변경하거나 그 결과를 다음 종합계획의 수립에 반영하여야 한다. 이 경우 시·도지사와 시장·군수·구청장은 변경된 종합계획에 따라 중장기계획을 변경하여야 한다. 〈개정 2010.3.15〉 ⑧ 보건복지부장관은 제7항에 따라 종합계획의 추진 실적을 평가하기 위하여 필요한 경우 중장기계획의 연도별 추진 실적을 시·도지사와 시장·군수·구청장으로 하여금 제출하게 할 수 있다. 이 경우 시·도지사와 시장·군수·구청장은 특별한 사유가 없으면 이에 따라야 한다. 〈개정 2010.3.15〉 ⑨ 보건복지부장관은 제8항에 따라 받은 중장기계획의 연도별 추진 실적 평가 결과를 고려하여 법 제36조에 따른 비용의 보조에 반영할 수 있다. 〈개정 2010.3.15〉 ⑩ 이 영에서 정한 사항 외에 종합계획의 수립·변경에 관한 사항은 보건복지부장관이 정하고, 중장기계획의 수립·변경에 관한 사항은 시·도지사와 시장·군수·구청장이 정한다. 〈개정 2010.3.15〉	
제37조(검사 및 보고) ① 시장 등은 필요하다고 인정하면 관계 공무원에게 법인묘지·사설화장시설·사설봉안시설·사설자연장지 또는 장례식장에 출입하여 서류나 그 밖의 물건을 검사하게 하거나 법인		제25조(법인묘지 설치자 등의 보고) ① 법 제37조제1항에 따라 법인묘지, 사설화장시설, 사설봉안시설(종교단체 및 법인이 설치하는 봉안시설만 해당한다), 사설자연장지(종교단체 및 법인이 조성하

묘지 · 사설화장시설 · 사설봉안시설 · 사설자연장지의 설치 · 조성자 또는 장례식장영업자에게 필요한 보고를 하게 할 수 있다. ② 법인묘지 · 사설화장시설 · 사설봉안시설 · 사설자연장지의 설치자 · 조성자 · 관리자 또는 장례식장영업자는 보건복지부령으로 정하는 바에 따라 매장, 화장, 봉안, 자연장의 상황 또는 장례식장의 관리 · 운영상황 등을 관할 시장등에게 보고하여야 한다. 〈신설 2015.1.28〉 ③ 제1항에 따라 법인묘지 등에 출입하는 공무원은 그 권한을 나타내는 증표를 지니고 이를 관계인에게 내보여야 한다. 〈개정 2015.1.28〉		는 자연장지만 해당한다)의 설치 · 조성자 또는 관리인은 반기별로 매장, 화장, 봉안 또는 자연장의 상황을 매 반기가 끝난 후 10일 이내에 관할 시장등에게 별지 제25호서식에 따라 보고하여야 한다. ② 법 제37조제1항에 따라 장례식장영업자는 반기별로 장례식장의 관리 · 운영상황을 매 반기가 끝난 후 10일 이내에 관할 시장등에게 별지 제26호서식에 따라 보고하여야 한다.
제38조(권한의 위임 및 위탁) ① 시 · 도지사는 대통령령으로 정하는 바에 따라 이 법에 따른 권한의 전부 또는 일부를 시장 · 군수 · 구청장에게 위임할 수 있다. ② 중앙행정기관의 장 또는 지방자치단체의 장은 제13조제1항 · 제3항에 따른 수목장림이나 그 밖의 자연장지의 조성 · 관리에 관한 업무의 전부 또는 일부를 대통령령으로 정하는 바에 따라 그 중앙행정기관의 장 또는 지방자치단체의 장이 지정하는 공공법인이나 그 밖의 비영리법인에 위탁할 수 있다. 〈개정 2015.1.28〉	**제40조(수탁기관 지정의 기준 및 방법)** 산림청장이나 그 밖의 중앙행정기관의 장이 법 제38조제2항에 따라 수목장림이나 그 밖의 자연장지의 조성 · 관리에 관한 업무를 공공법인이나 그 밖의 비영리법인에게 위탁하려는 경우에는 공개 모집을 통하여 수탁자를 지정하되, 수탁자의 재정적 능력, 공신력, 사업수행능력 등을 종합적으로 고려하여 지정하여야 한다.	

제7장 벌칙		
제39조(벌칙) 다음 각 호의 어느 하나에 해당하는 자는 2년 이하의 징역 또는 2천만원 이하의 벌금에 처한다. 〈개정 2015.1.28〉 1. 제14조제3항에 따른 허가 또는 변경 허가를 받지 아니하고 가족묘지, 종중·문중묘지 또는 법인묘지를 설치한 자 2. 제17조를 위반하여 금지구역 안에 묘지·화장시설·봉안시설 또는 자연장지를 설치·조성한 자 3. 제30조에 따른 장사시설 등의 정비·개선명령이나 사용제한 명령을 이행하지 아니한 자		
제40조(벌칙) 다음 각 호의 어느 하나에 해당하는 자는 1년 이하의 징역 또는 1천만원 이하의 벌금에 처한다. 〈개정 2012.2.1, 2015.1.28〉 1. 제6조를 위반하여 사망 또는 사산한 후 24시간 이내에 매장 또는 화장을 한 자 2. 제7조를 위반하여 묘지 외의 구역에 매장을 하거나 화장장 외의 시설·장소에서 화장을 한 자 3. 제9조제2항 및 제10조에 따른 매장·화장·자연장 또는 개장의 방법 및 기준을 위반하여 매장·화장·자연장 또는 개장을 한 자 4. 제16조제4항에 따른 허가 또는 변경허가를 받지 아니하고 법인등자연장지를 조성한 자		

5. 제18조에 따른 면적기준 또는 시설물의 설치기준을 위반하여 분묘·묘지 또는 시설물을 설치한 자 6. 제20조제1항을 위반하여 설치기간이 끝난 분묘에 설치된 시설물을 철거하지 아니하거나 화장 또는 봉안하지 아니한 자 7. 제21조를 위반하여 묘지의 매매·양도·임대·사용계약을 한 자 8. 제27조제1항을 위반하여 허가를 받지 아니하고 개장을 한 자 9. 제31조에 따른 묘지·화장시설·봉안시설 또는 자연장지의 이전·개수명령·시설의 폐쇄·사용금지 명령 또는 업무의 정지 명령을 이행하지 아니한 자 10. 제32조제3항에 따른 장례식장의 폐쇄명령을 이행하지 아니한 자		
제41조(양벌규정) 법인의 대표자나 법인 또는 개인의 대리인, 사용인, 그 밖의 종업원이 그 법인 또는 개인의 업무에 관하여 제39조 또는 제40조의 위반행위를 하면 그 행위자를 벌하는 외에 그 법인 또는 개인에게도 해당 조문의 벌금형을 과(科)한다. 다만, 법인 또는 개인이 그 위반행위를 방지하기 위하여 해당 업무에 관하여 상당한 주의와 감독을 게을리하지 아니한 경우에는 그러하지 아니하다. [전문개정 2015.1.28]		
제42조(과태료) ① 다음 각 호의 어느 하나에 해당하는 자에게는 300만원 이하의 과태료를 부과한다.		

다만, 제35조제1항에 따라 과징금(과징금으로 갈음할 수 있는 업무정지 또는 영업정지 처분을 포함한다)을 부과받은 자의 경우에는 그러하지 아니하다. 〈개정 2012.2.1, 2015.1.28〉 1. 제8조제1항부터 제4항까지의 규정에 따른 신고를 하지 아니한 자 2. 제9조제1항에 따른 기준을 위반하여 시신에 약품처리를 한 자 3. 제14조제2항에 따른 신고 또는 변경신고를 하지 아니한 자 4. 제15조제1항에 따른 신고 또는 변경 신고를 하지 아니한 자 5. 제15조제1항에 따른 신고 또는 변경 신고를 하지 아니한 봉안시설을 설치한 시공자 5의2. 제15조제4항 또는 제16조제6항에 따른 기록·보관을 하지 아니한 자 6. 제16조제2항 및 제3항에 따른 신고 또는 변경신고를 하지 아니한 자 7. 제20조제3항에 따른 통보 또는 공고를 하지 아니하고 같은 조 제2항에 따른 조치를 한 사설묘지 설치자 8. 제24조제2항 또는 제3항을 위반하여 가격표를 게시하지 아니하거나 게시한 금액 외의 금품을 받은 자 8의2. 제24조제3항제1호를 위반하여 금품을 받은 자 8의3. 제24조제3항제2호를 위반하여 구매 또는 사용을 강요한 자 (「독점규제 및 공정거래에 관한 법률」 제67조제2호에 따른 벌칙을 받는 경우는 제외한다)	제41조(과태료의 부과기준) 법 제42조제1항에 따른 과태료의 부과기준은 별표 7과 같다. [전문개정 2011.4.22]	제24조(과징금 및 과태료의 징수절차) 법 제35조에 따른 과징금 또는 법 제42조에 따른 과태료의 징수절차에 관하여는 「국고금관리법 시행규칙」을 준용한다. 이 경우 납입고지서에 이의제기방법 및 이의기간 등을 명시하여야 한다.

9. 제26조에 따른 신고를 하지 아니한 자 10. 제27조제2항에 따른 통보 또는 공고를 하지 아니하고 개장을 한 자 11. 제29조제2항에 따른 시신의 위생적 관리 의무를 위반한 자 12. 제29조제3항 또는 제4항을 위반하여 임대료를 산정하거나 가격을 게시하지 아니한 자 또는 산정·게시한 금액 외의 금품을 받은 자 12의2. 제29조제4항제1호를 위반하여 금품을 받은 자 12의3. 제29조제4항제2호를 위반하여 구매 또는 사용을 강요한 자(「독점규제 및 공정거래에 관한 법률」 제67조제2호에 따른 벌칙을 받는 경우는 제외한다) 13. 제37조제1항 및 제2항에 따른 관계 공무원의 검사를 거부·방해·기피한 자 또는 필요한 보고를 하지 아니하거나 거짓으로 보고한 자 ② 제1항에 따른 과태료는 대통령령으로 정하는 바에 따라 시·도지사 또는 시장·군수·구청장이 부과·징수한다. 〈개정 2015.1.28〉 ③ 삭제 〈2015.1.28〉 ④ 삭제 〈2015.1.28〉 ⑤ 삭제 〈2015.1.28〉		
제43조(이행강제금) ① 시장등은 다음 각 호의 어느 하나에 해당하는 자에게 500만원의 이행강제금을 부과한다. 1. 제17조 또는 제18조를 위반하여 묘지·화장시설·봉안시설·자연장지를 설치·조성한 자		

2. 제20조제1항을 위반하여 설치기간이 끝난 분묘에 매장된 유골을 화장 또는 봉안하지 아니한 자 3. 제31조에 따른 묘지·봉안시설·자연장지의 이전 또는 개수명령을 받고 이행하지 아니한 해당 묘지·봉안시설·자연장지의 연고자 ② 시장등은 제1항에 따른 이행강제금을 부과하기 전에 이행강제금을 부과·징수한다는 뜻을 문서로써 미리 알려야 한다. ③ 시장등은 제1항에 따른 이행강제금을 부과하는 경우에는 이행강제금의 금액·부과사유·납부기한·수납기관·이의제기방법 및 이의제기기관 등을 명시한 문서로써 하여야 한다. ④ 시장등은 최초의 이전 또는 개수명령이 있은 날을 기준으로 하여 그 명령이 이행될 때까지 1년에 2회의 범위 안에서 반복하여 제1항에 따른 이행강제금을 부과·징수할 수 있다. ⑤ 시장등은 제31조에 따른 이전 또는 개수명령을 받은 자가 그 명령을 이행하면 새로운 이행강제금의 부과를 즉시 중지하되, 이미 부과된 이행강제금은 징수하여야 한다. ⑥ 시장등은 제1항에 따라 이행강제금 부과처분을 받은 자가 이행강제금을 기한 내에 납부하지 아니한 때에는 「지방세외수입금의 징수 등에 관한 법률」에 따라 징수한다. 〈개정 2008.3.28, 2013.8.6〉		

부록 12. 주요 자치법규(조례)

서울특별시 장사 등에 관한 조례

[시행 2013.3.28.] [서울특별시조례 제5455호, 2013.3.28., 일부개정]

서울특별시 (어르신복지과) 02-2133-7431

제1장 총칙

제1조(목적) 이 조례는 「장사 등에 관한 법률」및 같은 법 시행령에서 위임한 사항과 시립장사시설의 설치 및 관리에 관하여 필요한 사항을 정함을 목적으로 한다.(개정 2008.11.13)

제2조(정의) 이 조례에서 사용하는 용어의 정의는 다음과 같다.

1. "시립장사시설"이란 서울특별시(이하 "시"라 한다)가 설치 또는 관리하는 묘지·화장시설·봉안시설·자연장지를 말한다.(개정 2008.11.13)
2. "조성분묘"란 개선된 형태로 매장할 수 있도록 미리 일정구역에 단지를 조성하여 설치하는 분묘를 말한다.(개정 2008.11.13)
3. (삭제, 2008.11.13)
4. (삭제2008.11.13)
5. "사용자"란 시립장사시설의 사용허가를 받은 자 및 그 상속인을 말한다. 이 경우 상속인의 순위는 「민법」에 따른다.(개정 2008.11.13)

제2장 장사문화개선 및 보존묘지등의 지정

제3조(장사문화 개선 등) ① 서울특별시장(이하 "시장"이라 한다)은 묘지의 증가로 인한 국토의 훼손을 방지하기 위하여 화장 및 봉안·자연장의 확산을 장려하기 위한 시책을 강구·시행하여야 한다.(개정 2008.11.13)

② 시장은 자치구의 공설화장시설·공설봉안시설 및 공설자연장지의 설치·관리 등에 소요되는 비용을 보조할 수 있다.(개정 2008.11.13)

③ 시장은 시립장사시설의 원활한 설치 및 운영을 위하여 기금을 설치하여 장사시설 설치지역 주민을 지원할 수 있다.(신설 2008.11.13)

제4조(보존묘지심사위원회의 구성) ① 「장사 등에 관한 법률」(이하 "법"이라 한다) 제34조 및 같은 법 시행령(이하 "영"이라 한다) 제27조에 따른 서울특별시 보존묘지심사

위원회(이하 "심사위원회"라 한다)는 위원장 1명과 부위원장 1명을 포함하여 15명 이내의 위원으로 구성한다.(개정 2008.11.13)

② 위원은 회의 개최 때마다 관계공무원, 전문가 및 시민단체 등에서 추천한 자 중에서 시장이 임명 또는 위촉하되, 서울특별시공무원이 아닌 위원이 과반수가 되도록 한다.(개정 2009.03.18)

③ 위원은 해당 회의종료와 함께 해촉된다.(개정 2009.03.18)

제5조(시 보존묘지등의 지정)(개정 2008.11.13) ① 시장은 영 제36조에 따라 묘지소유자 또는 관리인(이하 "묘지소유자 등"이라 한다)이 묘지소재지 관할 구청장의 검토의견을 첨부하여 서울특별시 보존묘지 또는 보존분묘(이하 "시 보존묘지등"이라 한다)의 지정을 신청하는 때에는 관계부서의 의견을 들은 후 심사위원회의 심의를 거쳐 시 보존묘지등으로 지정할 수 있다.(개정 2008.11.13)

② 시장은 제1항에 따라 시 보존묘지등을 지정한 때에는 그 취지를 시보에 게재하고, 해당 묘지소유자 등에게 시 보존묘지등 지정서를 교부한다.(개정 2008.11.13)

③ (삭제2008.11.13)

제5조의2(시 보존묘지등의 지정기준 등)(신설 2008.11.13) ① 시장이 시 보존묘지등으로 지정할 수 있는 묘지 또는 분묘는 다음과 같다.(신설 2008.11.13)

1. 향토사적·문화적으로 보존가치가 있는 묘지 또는 분묘(신설 2008.11.13)
2. 지역발전에 현저한 공로가 있거나 범 시민적 추모의 대상이 되는 자의 묘지 또는 분묘(신설 2008.11.13)

② 시장은 필요하다고 인정하는 경우 제1항의 시 보존묘지등 이외에 이에 준하는 봉안된 유골을 지정하여 보존할 수 있다. 이 경우 지정에 관한 절차·방법 등은 시 보존묘지등의 예에 따른다.(신설 2008.11.13)

제3장 시립장사시설의 설치·관리 등(개정 2008.11.13)

제6조(시립장사시설의 사용허가)(개정 2008.11.13) ① 시립장사시설을 사용하고자 하는 자는 시장의 허가를 받아야 한다.(개정 2008.11.13)

② 시장은 시립장사시설의 수급상황을 고려하여 우선 사용대상을 규칙으로 정할 수 있다.(개정 2008.11.13)

제7조(사용료의 징수 및 감면 등) ① 시립장사시설을 사용하고자 하는 자는 사용료 및 관리비를 납부하여야 한다.

② 시장은 『국가보훈기본법』에 따른 희생·공헌자 및 『국민기초생활보장법』에 따른 수급자에 대하여 화장시설 사용료를 전액 감면하며, 서울특별시민과 다른 지역 주민을 구분하여 사용료·관리비를 달리 정할 수 있다.

③ 시장은 주민등록이 말소된 자 중 최종 주소지가 서울특별시(고양시, 파주시 주민 포

함)인 경우 서울특별시민 사용요금으로 한다.

④ 시립장사시설의 사용료 및 관리비는 별표와 같다.

⑤ 제1항에 따른 사용료 및 관리비는 현금(신용카드 등 포함) 수입증지 또는 수입증지 요금계기를 이용하여 납부할 수 있다.

[전문개정 2013.3.28]

제8조(사용자의 신고의무) 시립묘지·시립봉안시설·시립자연장지의 사용자는 다음 각 호의 어느 하나에 해당하는 사유가 발생하는 경우에는 그 사유가 발생한 날부터 30일 이내에 시장에게 신고하여야 한다.(개정 2008.11.13)

1. 사용자의 주소가 변경된 경우
2. 상속으로 인하여 사용권을 승계한 경우

제9조(사용기간 제한) ① 시립묘지·시립봉안시설의 사용기간은 15년으로 한다.(개정 2008.11.13)

② 시장은 제1항의 사용기간이 경과한 시립묘지·시립봉안시설의 사용자가 사용기간의 연장을 신청하는 때에는 한 번에 5년씩 3회에 한하여 연장한다. 다만, 규칙에서 정하는 자에 대하여는 추가 연장할 수 있다.(개정 2008.11.13)

③ 신청기간 내에 사용기간의 연장을 신청하지 않은 시립묘지·시립봉안시설의 처리는 법 제28조를 준용한다.(신설 2008.11.13)

④ 시립자연장지의 사용기간은 40년으로 한다.(신설 2008.11.13)

제10조(사용권의 소멸 및 양도금지 등)(개정 2008.11.13)

① 시립묘지·시립봉안시설에서 시체 또는 유골을 반출한 경우에는 그 시설의 사용권은 소멸된다. 다만, 시립자연장지에 묻힌 골분의 반출은 허용하지 아니한다.(개정 2008.11.13)

② 시립장사시설의 사용권은 시장으로부터 사용권 허가를 받은 자 및 그 상속인에게 주어지고, 매매·양도·임대 등의 대상이 될 수 없다.(개정 2008.11.13)

③ 제2항의 규정에도 불구하고 다음 각 호의 어느 하나에 해당하는 경우에는 매매·양도로 보지 아니한다.(신설 2008.11.13)

1. 법 제2조제16호에서 정한 연고자 간의 명의변경(신설 2008.11.13)
2. 법 제2조제16호의 가목부터 바목까지의 규정에 해당하지 않는 사용자를 법 제2조 제16호의 가목부터 바목까지의 규정에 해당하는 자로의 명의변경(신설 2008.11.13)

제11조(사용허가의 취소 등) ① 시장은 다음 각 호의 어느 하나에 해당하는 경우에는 시립묘지·시립봉안시설·시립자연장지의 사용허가를 취소할 수 있다.(개정 2008.11.13)

1. 관계법령이나 이 조례 제6조·제8조·제13조·제14조·제14조의2 및 제16조의 규정을 위반한 경우(개정 2008.11.13)
2. 사용료 또는 관리비를 납부기한이 경과한 날부터 6개월 이내에 납부하지 아니한 경우(개정 2008.11.13)
3. 해당 시설의 신·증설·재배치 또는 개선을 위하여 필요한 경우(개정 2008.11.13)

4. 재해의 예방·복구 등이 필요한 경우(개정 2008.11.13)

② 시장은 제1항제1호·제2호의 규정에 해당하는 사유로 인하여 사용허가를 취소하고자 하는 때에는 사전에 사용자에게 통지하여야 하며, 상당한 기간을 정하여 의견진술 기회를 주어야 한다.

③ 시장은 제1항 및 제2항에 따라 사용허가를 취소한 때에는 사용자에게 통지하여야 한다.(개정 2008.11.13)

제12조(수거 및 개장명령) ① 사용자는 제11조제3항에 따라 사용허가 취소통지를 받은 날부터 1년 이내에 유골을 수거하거나 분묘를 개장하여야 한다. 다만, 시립자연장지의 사용자는 그러하지 아니하다.(개정 2008.11.13)

② 시장은 제1항의 기간 내에 사용자가 유골을 수거하거나 분묘를 개장하지 아니하는 때에는 해당 유골을 수거하거나 분묘를 개장하여 일정한 장소에 집단으로 매장할 수 있다.(개정 2008.11.13)

제13조(묘지의 사용면적) 시립묘지의 1기당 사용면적은 다음 각 호와 같다.

1. 조성묘지 : 5제곱미터 이내(개정 2008.11.13)
2. 비조성분묘 : 10제곱미터 이내(개정 2008.11.13)
3. (삭제2008.11.13)

제14조(분묘의 구조 등) ① 시립분묘의 구조는 평장(봉분과 비석이 지상에 돌출되지 아니하는 분묘를 말한다)을 원칙으로 한다.

② 제1항의 분묘형태를 변경하거나 분묘에 비석 등의 시설물을 설치 하고자 하는 사용자는 사전에 시장의 승인을 받아야 한다.

③ 제1항의 분묘를 설치하는 경우에는 시장이 정하는 바에 따라 비석을 설치하고 사망자 및 연고자의 성명 등을 표시하여야 한다.(개정 2008.11.13)

제14조의2(자연장의 방법 등)(신설 2008.11.13) ① 시립자연장지에 자연장을 하는 경우에는 용기를 사용하지 아니하며, 화장한 골분은 흙과 섞어 묻는다.(신설 2008.11.13)

② 시립자연장지 내에서는 규칙이 정하는 바에 따라 표지를 설치할 수 있다.(신설 2008.11.13, 개정 2010.04.22)

제14조의3(자연장지의 훼손방지 등)(신설 2008.11.13) 시장은 집중호우 또는 화재 등으로 인한 자연장지의 훼손방지에 대한 대책을 강구하여야 한다.(신설 2008.11.13)

제15조(분묘의 관리책임) ① 시립묘지 안의 분묘의 관리책임은 다음 각 호와 같다.

1. 조성분묘 : 시장(개정 2008.11.13)
2. 비조성분묘 : 사용자 (2008.11.13)

② 시립조성묘지 등에 관한 시장의 관리책임 범위는 규칙으로 정한다.(신설 2008.11.13)

제16조(원상회복 및 실비변상) 시장은 사용자가 시립장사시설의 시설물을 훼손한 때에는 시설물의 원상복구를 명령하거나 원상복구에 소요되는 실비변상 명령을 할 수 있다.(개정 2008.11.13)

제4장 시립장사시설의 운영위탁 및 지도감독 등 (개정 2008.11.13)

제17조(운영위탁) ① 시장은 시립장사시설의 설치 및 관리운영(이하 "운영"이라 한다)에 관한 업무를 공공시설물의 관리를 전문으로 하는 법인 또는 민간단체에 위탁할 수 있다. (개정 2008.11.13)

② 수탁기관에서는 운영의 효율과 시민편의 증진 등에 필요하다고 인정되는 경우에 시장의 승인을 받아 위탁받은 시설의 일부를 다시 위탁할 수 있다.

제18조(운영지원) 시장은 제17조에 따라 시립장사시설의 운영을 위탁한 경우에는 운영을 위탁받은 자(이하 "수탁자"라 한다)에게 그 운영에 필요한 자재 또는 경비를 지원할 수 있다. (개정 2008.11.13)

제19조(수탁자의 의무) ① 수탁자는 위탁운영기간 중 선량한 관리자로서의 주의의무를 다하여 관리하여야 한다.

② 수탁자는 제18조에 따른 지원금 등을 위탁받은 시설의 운영에만 사용하여야 한다. (개정 2008.11.13)

③ 수탁자는 관계법령 및 이 조례에 따른 준수사항과 시장의 업무상 지시사항을 준수하여야 한다. (개정 2008.11.13)

제20조(위탁의 취소 등) 시장은 다음 각 호의 어느 하나에 해당하는 경우에는 시정명령 및 위탁을 취소하는 등의 조치를 할 수 있다. (개정 2008.11.13)

1. 수탁자가 제19조에 따른 의무를 위반하였을 경우 (개정 2008.11.13)
2. 수탁자에게 운영능력이 없다고 인정되는 경우
3. (삭제2008.11.13)

제21조(지도 · 감독) ① 시장은 필요한 경우 수탁자에 대하여 위탁 업무에 관한 처리지침을 시달하고, 이의 이행 여부를 감독할 수 있으며 수탁자에게 업무상의 필요한 명령을 할 수 있다.

② 시장은 수탁자에 대하여 위탁업무의 수행과 관련하여 보고서를 제출하게 하거나 소속 공무원으로 하여금 위탁업무의 운영사항과 장부 · 서류 · 시설 등을 검사하게 할 수 있다.

③ 제2항에 따라 검사를 하는 공무원은 그 권한을 표시하는 증표를 지니고 관계인에게 보여야 한다. (개정 2008.11.13)

제22조(규칙) 이 조례의 시행에 관하여 필요한 사항은 규칙으로 정한다.

부 칙 〈제5455호, 2013.3.28〉

이 조례는 공포한 날로부터 시행한다

대구광역시 장사시설의 설치 및 운영 조례

[시행 2011.10.10.] [대구광역시조례 제4283호, 2011.10.10., 일부개정]

대구광역시 (사회복지여성국 저출산고령사회과) 053-803-0114

제1장 총칙

제1조(목적) 이 조례는 「장사 등에 관한 법률」에 따라 대구광역시가 설치한 장사시설의 사용 및 관리운영에 관한 사항을 규정함을 규정함을 목적으로 한다.
[전문개정 2009. 10. 12 조례 제4081호](개정 2011.10.10 조례 제4283호)

제2조(정의) 이 조례에서 사용하는 용어의 정의는 다음과 같다.

1. "장사시설"이라 함은 법 「장사 등에 관한 법률」(이하 "법"이라 한다)에 따라 대구광역시(이하 "시"라 한다)가 설치한 묘지, 화장시설, 봉안시설, 자연장지 및 장례식장 등을 말한다.(개정 2008. 5. 13 조례 제3938호)(개정 2009. 10. 12 조례 제4081호)(개정 2011.10.10 조례 제4283호)
2. "사용권"이라 함은 장사시설 사용신청서 제출과 동시에 별표 2에 의한 사용료등을 납부한 경우에 가지는 권리를 말하며, "사용권자"라 함은 사용권을 득한 자를 말한다.
3. "사산아"라 함은 임신 4개월 이후에 죽은 태아를 말한다.(개정 2008. 5. 13 조례 제3938호)

제3조(명칭 및 소재지) 장사시설의 종류별 명칭 및 소재지는 별표 1과 같다.

제3조의2(장사문화개선 등) ① 대구광역시장(이하 "시장"이라 한다)은 묘지증가에 따른 국토 훼손을 방지하기 위하여 화장·봉안 및 자연장의 장려를 위한 시책을 강구·시행하여야 한다.

② 시장은 법 제5조 및 같은 법 시행령 제4조에 따른 장사시설의 수급에 관한 중장기 계획을 수립하기 위하여 필요한 경우 전문연구기관 등에 기초자료의 수집·연구·분석 등을 의뢰 할 수 있다. [전문신설 2009. 10. 12 조례 제4081호]

제2장 장사시설의 관리·운영

제4조(시설 사용신청) ① 장사시설을 사용하고자 하는 자는 제7조의 규정에 의한 연고권자가 시장 또는 시사무위임조례에 의거 위임받은 구청장·군수 및 제9조의 규정에 의한 수탁자(이하 "시설관리자"라 한다)에게 사용신청을 하여야 한다.(개정 2009. 10. 12 조례 제4081호)

② 사용신청에 관한 세부절차 등은 규칙으로 정한다.

제5조(사용료 등) ① 장사시설의 사용신청자는 시설별로 별표 2에 의한 사용료 및 관리비(이하 "사용료등"이라 한다)를 미리 납부하여야 한다.(개정 2011.10.10 조례 제4283호)

② 제1항의 규정에 의하여 납부한 사용료등은 반환하지 아니한다. 다만, 시장이 필요에 의하여 사용권을 취소하거나 과오납이 발생하여 환급하는 경우에는 그러하지 아니하다.(개정 2011.10.10 조례 제4283호)

③ 공설묘지와 공설봉안당의 사용기간을 연장하고자 하는 자는 별표 2의 규정에 의한 사용료 등을 납부하여야 한다.(개정 2008. 5. 13 조례 제3938호)(개정 2011.10.10 조례 제4283호)

④ 분묘의 조성, 시설물의 설치 등은 공설묘지 사용신청자의 부담으로 하여야 한다.

제6조(사용료등의 감면) ① 시장은 다음 각호의 1에 해당하는 경우에는 장사시설 사용료등을 면제할 수 있다. 다만, 「장기 등 이식에 관한 법률」제16조의 규정에 의한 뇌사판정자중 장기를 적출하였거나 「시체해부 및 보존에 관한 법률」제12조 및 제15조의 규정에 의한 시체는 그러하지 아니하다.

1. 삭제〈2011.10.10 조례 제4283호〉
2. 삭제〈2011.10.10 조례 제4283호〉
3. 「대구광역시 시민상 조례」의 규정에 의한 대구광역시자랑스러운시민상 수상자
4. 시 관할구역안에서 사망한 무연고 시체

② 시 관할구역안에 주민등록이 되어 있는 국가유공자(그 배우자 포함) 및 기초생활 수급자와 「국민기초생활 보장법」제2조제11호에 의한 차상위계층에 대하여는 사용료 등의 1/2을 감경할 수 있다.[신설 2005. 8. 10 조례 제3721호](개정 2008. 5. 13 조례 제3938호)(개정 2011.10.10. 조례 제4283호)

③ 기타 시장은 필요하다고 인정하는 경우에는 장사시설 사용료 등을 감면할 수 있다.(개정 2005. 8. 10 조례 제3721호)

제7조(사용권의 행사 등) ① 장사시설의 사용권은 다음 각호의 순으로 행사하되, 동순위의 자녀 또는 직계비속이 2인이상인 때에는 최근친의 연장자를 선순위자로 한다.

1. 배우자
2. 자녀
3. 부모
4. 자녀를 제외한 직계비속
5. 부모를 제외한 직계존속
6. 형제자매
7. 제1호 내지 제6호에 해당하지 아니하는 자로서 시체 또는 유골을 사실상 관리하는 자

② 사용권자의 주소가 변경되거나 사용권자가 변경될 때에는 그 사유발생일부터 1월이내에 시설관리자에게 사용권변경신청을 하여야 한다.

제8조(사용권의 취소 등) ① 시장은 다음 각호의 1에 해당하는 경우에는 사용권을 취소하거나 개장 또는 원상회복을 명할 수 있다.

1. 제18조·제19조 및 제25조의 규정에 의한 기간내에 사용하지 아니하거나 연장신청을 하지 아니한 경우
2. 사용권을 득한 묘지(가족봉안묘를 포함한다)를 타인에게 양도하거나 매매한 경우(개정 2008. 5. 13 조례 제3938호)
3. 분묘의 구조를 임의로 변경하거나 분묘에 다른 공작물을 설치한 경우
4. 삭제 〈2008. 5. 13 조례 제3938호〉

② 시장은 제1항제1호 내지 제3호의 규정에 해당하는 경우에는 법 제27조 및 제28조의 규정에 따라 처리한다.(개정 2008. 5. 13 조례 제3938호)

제9조(관리·운영의 위탁 등) ① 시장은 필요하다고 인정할 경우에는 장사시설의 전부 또는 일부를 비영리법인이나 시에서 출자한 법인에게 관리·운영을 위탁할 수 있다.

② 시장은 제1항의 규정에 의하여 관리·운영을 위탁받아 운영하는 자(이하 "수탁자"라 한다)에게 운영비 등 필요한 비용을 예산의 범위안에서 보조할 수 있다.

③ 위탁기간은 5년 이내로 하고 기간 만료시에는 연장할 수 있다. 다만, 시에서 출자한 법인인 경우에는 그 기간을 정하지 아니할 수 있다.(개정 2011.10.10 조례 제4283호)

④ 위탁이 종료되거나 취소된 때에는 장사시설의 관리·운영에 사용하던 묘적부 등 모든 장부·서류와 장비·비품 및 부대시설 등은 시에 무상귀속한다.

제10조(수탁자의 의무) 수탁자는 다음 각호의 사항을 준수하여야 한다.

1. 수탁자는 위탁받은 모든 시설물을 선량한 관리자로서의 주의의무를 다하여 관리하여야 한다.
2. 수탁자가 장사시설에 새로운 시설물을 증·개축하거나 내부시설을 변경하고자 하는 때에는 사전에 시장의 승인을 받아야 하며, 신·증축된 시설물은 준공과 동시에 이를 시에 기부채납 하여야 한다.
3. 수탁자는 관계법령 및 이 조례의 규정에 의한 시장의 지시사항이나 처분 등을 이행하여야 한다.
4. 수탁자는 묘지 또는 봉안당 사용자의 관리를 위하여 매년 1회이상 사용권자의 주소지 관할 구청장·군수에게 조회하여 사용자명부를 정비하여야 한다.(개정 2008. 5. 13 조례 제3938호)

제11조(구·군의 협조) 제10조제4호의 규정에 의하여 사용자명부의 주소확인을 의뢰받은 구청장·군수는 이에 협조하여야 한다.

제12조(위탁의 취소) 시장은 다음 각호의 1에 해당하는 사유가 발생한 때에는 그 위탁을 취소할 수 있다.

1. 수탁자가 협약내용을 위반한 경우
2. 수탁자가 관리·운영능력이 없다고 판단되는 경우

3. 공익상 위탁운영할 수 없는 사유가 발생한 경우

제13조(감독) ① 시장은 관계공무원으로 하여금 수탁자의 관리·운영사항을 조사하게 하거나 장부 기타 서류 등을 검사하게 할 수 있으며 수탁자는 이에 응하여야 한다.

② 시장은 제1항의 조사 또는 검사결과 시정하여야 할 사항이 있는 경우에는 관계규정에 따라 필요한 조치를 하여야 한다.

제14조(금지행위) 장사시설 이용자는 그 구역안에서 다음 각호의 행위를 하여서는 아니된다.

1. 안치된 유골을 모독하는 행위
2. 제사 및 참배를 방해하거나 지장을 주는 행위
3. 고성방가 또는 난동행위
4. 시설 및 기물을 손괴하거나 오물을 투기하는 행위
5. 법령, 조례 또는 공서양속에 위반하는 행위

제15조(원상복구 및 변상) 사용권자 또는 관람자가 장사시설의 기물을 손괴하거나 훼손하였을 때에는 시설관리자는 원상복구를 명하거나 그에 필요한 실비의 변상을 요구할 수 있다.

제3장 공 설 묘 지

제16조(매장의 대상) 공설묘지에의 매장대상은 다음 각호의 1과 같다.

1. 시 관할구역안에 「주민등록법」에 의한 주소를 두고 1월이상 경과된 자 중 사망자. 다만, 사망 전에 거주를 목적으로 전세대가 전입(재등록 포함)한 때에는 그러하지 아니하다. 이 경우 전입 및 거주사실은 거주지 읍·면·동장의 사실 조사에 의한다.
2. 시 관할구역안에 소재한 분묘의 개장에 의한 유골
3. 시 관할구역안에 「사회복지사업법」에 의하여 설립된 사회복지시설 수용자중 사망자
4. 시 관할구역안에서 사망한 외국인 및 무연고 시체
5. 기타 재난 등으로 인하여 특별한 사유가 있다고 시장이 인정하는 사망자

제17조(가족봉안묘(개정 2008. 5. 13 조례 제3938호)) ① 대구광역시동명가족묘지에는 가족봉안묘를 설치할 수 있다.(개정 2008. 5. 13 조례 제3938호)

② 가족봉안묘에의 수장(收臟)대상은 다음 각호의 1과 같다.(개정 2008. 5. 13 조례 제3938호)

1. 시 관할구역안에 「주민등록법」에 의한 주소를 두고 1월이상 경과된 자 중 사망자
2. 제3조 별표 1의 공설묘지에 안치된 분묘를 개장한 유골 또는 공설봉안당에 안치된 유골(개정 2008. 5. 13 조례 제3938호)
3. 시 관할구역안에 소재한 분묘의 개장에 의한 유골

제18조(사용권의 반환) 공설묘지의 사용권자가 사용권을 득한 후 1월이내에 분묘를 설치하지 아니하거나 개장으로 인하여 분묘의 사용이 필요하지 아니한 경우에는 지체없이

당해 분묘를 시에 반환하여야 한다. 다만, 개장을 한 경우에는 당해 분묘의 사용권은 시에 반환된 것으로 본다.

제19조(분묘의 설치기간 등) ① 공설묘지에 설치된 분묘의 설치기간은 15년으로 하되 설치기간이 경과한 분묘의 사용권자가 당해 설치기간의 연장을 신청하는 경우에는 10년씩 3회에 한하여 설치기간을 연장할 수 있다.

② 제1항의 규정에 의하여 분묘의 설치기간을 연장하고자 하는 경우에는 분묘의 설치기간 만료일부터 3월이내에 시설관리자에게 분묘설치기간연장신청서를 제출하여야 한다.

③ 제2항의 규정에 의한 분묘설치기간연장신청에 관하여는 법 시행규칙 제13조의 규정에 의거 처리하여야 한다.(개정 2011.10.10 조례 제4283호)

제20조(설치기간이 종료된 분묘의 처리) ① 사용권자는 분묘의 설치기간이 종료된 날부터 1년이내에 당해 분묘에 설치된 시설물을 철거하고 매장된 유골을 화장 또는 봉안하여야 한다.(개정 2008. 5. 13 조례 제3938호)

② 시장은 사용권자가 제1항의 규정에 의한 철거 및 화장·봉안을 하지 아니한 때에는 당해 분묘에 설치된 시설물을 철거하고 매장된 유골을 화장하여 일정기간 이를 공설봉안당에 안치할 수 있다.(개정 2008. 5. 13 조례 제3938호)

③ 시장은 제2항의 규정에 의한 조치를 하고자 하는 때에는 법 시행규칙 제14조의 규정에 의한 절차에 따라 처리하여야 한다.(개정 2011.10.10 조례 제4283호)

제21조(분묘 등의 면적) ① 분묘 등의 1기당 면적은 다음 각호와 같다.

1. 대구광역시공원묘지 : 5제곱미터이내
2. 대구광역시동명가족묘지 : 10제곱미터이내
3. 대구광역시동명공동묘지, 대구광역시성서공동묘지 : 6.6제곱미터이내
4. 가족봉안묘 : 30제곱미터이내(개정 2008. 5. 13 조례 제3938호)

② 제1항제2호 및 제3호의 경우 합장시 2분의 1의 범위안에서 가산할 수 있다.

제22조(분묘 등의 설치기준) 공설묘지 분묘 등의 구조 및 시설물 규격은 제21조의 규정에 의한 면적의 범위안에서 규칙으로 정한다.

제4장 공설봉안당 및 공설화장장(개정 2008. 5. 13 조례 제3938호)

제23조(납골의 대상) ① 공설봉안당의 안치대상은 다음 각호의 1과 같다.(개정 2008. 5. 13 조례 제3938호)

1. 공설봉안당의 사용 신청당시 시 관할구역안에 주민등록이 되어있는 자 중 사망자.(개정 2008. 5. 13 조례 제3938호)
2. 시 관할구역안에 「사회복지사업법」에 의하여 설립된 사회복지시설 수용자중 사망자
3. 시 관할구역안에서 사망한 외국인 및 무연고 시체
4. 시 관할구역안에 소재한 분묘의 개장에 의한 유골

5. 경상북도 칠곡군 지천면 낙산리에 「주민등록법」에 의한 주소를 두고 1월이상 경과된 자 중 사망자
6. 기타 재난 등으로 인하여 특별한 사유가 있다고 시장이 인정하는 사망자

② 안치하는 유골은 반드시 화장한 후 분골된 것이라야 한다.

제23조의1(봉안시설 사용제한) ① 시장은 봉안시설의 수급상황 등 부득이 한 경우 봉안대상을 제한할 수 있다.

② 제1항의 경우에도 불구하고 국가유공자 및 기초생활수급자 등 저소득층의 봉안대책은 별도로 마련하여야 한다.

③ 봉안시설의 사용을 제한할 경우에는 3개월 이상 사전에 공고하여야 한다.

[전문신설 2011.10.10. 조례 제4283호]

제24조(화장의 대상) ① 공설화장장의 화장대상은 다음 각호의 1과 같다.

1. 사망당시 시 관할구역안에 주민등록이 되어있는 시체
2. 시 관할구역안에서 사망한 외국인 및 무연고자
3. 시 관할구역안에 소재한 분묘의 개장에 의한 유골
4. 시 관할구역안에 주민등록이 되어있는 임산부의 사산아
5. 기타 재난 등으로 인하여 특별한 사유가 있다고 시장이 인정하는 사망자

② 시장은 화장장의 수급에 지장이 없다고 인정될 경우에는 시 관할구역외로서 제1항 각호의 1에 해당하는 경우에도 화장을 허용할 수 있다.

[전문개정 2008. 5. 13 조례 제3938호]

제25조(봉안당의 사용기간 (개정 2008. 5. 13 조례 제3938호)**)** ① 공설봉안당의 사용기간은 10년으로 하되 10년 단위로 두 차례에 한정하여 연장할 수 있다. 다만, 무연고 유골의 안치기간은 10년으로 한다.(개정 2008. 5. 13 조례 제3938호)(개정 2011.10.10 조례 제4283호)

② 제1항의 규정에 의하여 사용기간을 연장하고자 하는 자는 사용기간 만료 일부터 3월 이내에 시설관리자에게 연장신청을 하여야 한다. 이 경우 별표 2에 의한 관리비를 납부하였을 경우에는 연장된 것으로 본다.

③ 사용기간이 만료된 후 제2항의 규정에 의한 사용기간을 연장하지 아니한 때에는 법 시행령 제7조제2항의 규정에 의한 절차에 따라 처리하여야 한다.

제26조(공설봉안당의 시설물 기준 (개정 2008. 5. 13 조례 제3938호)) 공설봉안당의 시설물 설치기준은 규칙으로 정한다.(개정 2008. 5. 13 조례 제3938호)

제5장 자치단체 재정지원 및 민간자본 유치

제27조(시비 보조) 시장은 구청장·군수가 법 제5조에 의거 효율적인 장사시설 수급을 위하여 관할구역안에 공설묘지·공설봉안시설·공설자연장지를 설치 및 관리·운영할 사업 중 다음 각호의 1에 해당하는 사업을 하고자 할 때에는 필요한 경비의 일부를 보조할 수 있다.

1. 공설봉안시설의 설치 및 개·보수
2. 공설묘지의 설치 및 공설묘지재개발사업
3. 장사문화 개선을 위한 교육 및 홍보활동
4. 공설자연장지의 설치 및 개·보수

[전문개정 2009. 10. 12 조례 제4081호]

제28조(민간자본 유치) ① 시장은 장사시설의 효율적인 설치·관리를 위하여 필요하다고 판단될 경우에는 민간자본을 유치할 수 있다.

② 제1항에 의거 민간자본을 유치하는 경우 민간자본투자자와 투자금액, 투자비율 및 장사시설 설치공사 준공 후 시설관리 등에 관한 구체적인 협약서를 작성하여야 한다.

③ 기타 민간자본유치에 필요한 사항은 관계법규에 따라 시장이 따로 정한다.

제6장 보존묘지등의 지정 등

제29조(보존묘지심사위원회) ① 시장은 법 제34조의 규정에 의하여 대구광역시 보존묘지심사위원회(이하 "심사위원회"라 한다)를 설치·운영한다.(개정 2008. 5. 13 조례 제3938호)

② 심사위원회의 기능은 대구광역시시정조정위원회에서 대행한다.

제30조(심사위원회의 기능) 심사위원회는 다음 각호의 사항을 심의한다.

1. 국가보존묘지 또는 국가보존분묘의 지정 신청에 관한 사항
2. 시 보존묘지 또는 시 보존분묘(이하 "시보존묘지등"이라 한다)의 지정과 그 해제에 관한 사항
3. 시보존묘지등의 보존·관리 및 활용에 관한 사항
4. 그밖에 시보존묘지등의 관리에 관하여 위원장이 부의하는 사항

제31조(시보존묘지등의 지정기준) 시장은 다음 각호의 1에 해당하는 묘지 또는 분묘에 대하여는 심사위원회의 심의를 거쳐 시보존묘지등으로 지정할 수 있다.

1. 역사적·문화적으로 보존가치가 있는 묘지 또는 분묘
2. 애국정신의 함양에 이바지하는 묘지 또는 분묘
3. 국장·국민장·사회장 등을 거행하여 국민적 추모의 대상이 되는 사람의 묘지 또는 분묘

4. 기타 시정발전에 기여한 공적이 뚜렷한 사람의 묘지 또는 분묘

제32조(시보존묘지등의 지정) ① 시장은 법 제34조의 규정에 의하여 묘지 소유자 등이 묘지 소재지 관할 구청장·군수의 검토의견을 첨부하여 시보존묘지등의 지정을 신청한 경우에 관계전문가의 의견을 들은 후 심사위원회의 심의를 거쳐 시보존묘지등으로 지정할 수 있다. (개정 2008. 5. 13 조례 제3938호)

② 시장은 제1항의 규정에 의하여 시보존묘지등을 지정한 때에는 그 취지를 시 공보에 공고하고, 당해 묘지소유자 등에게 시보존묘지등지정서를 교부하여야 한다.

③ 시보존묘지등 지정에 관한 세부사항은 규칙으로 정한다.

제33조(시보존묘지등의 지정해제 등) ① 시장은 지정한 보존묘지등이 보존가치를 상실하거나 지정이 적당하지 아니하다고 판단되는 등 특별한 사유가 있는 때에는 심사위원회의 심의를 거쳐 그 지정을 해제하거나 그 범위를 조정하여야 한다.

② 시장은 제1항의 규정에 의하여 지정이 해제되거나 그 범위가 조정된 경우에는 지체없이 이를 시 공보에 공고하고 당해 묘지소유자 등에게 그 사실을 통지하여야 하며, 묘지소유자 등은 해제통지를 받은 날부터 15일이내에 시보존묘지등지정서를 시장에게 반납하여야 한다.

제34조(시행규칙) 이 조례의 시행에 관하여 필요한 사항은 규칙으로 정한다.

부 칙 〈제4283호, 2011.10.10〉

이 조례는 공포한 날부터 시행한다. 다만, 별표 2의 장사시설별 사용료 등은 2012년 1월 1일부터 시행한다.

대전광역시 장사시설의 설치 및 관리·운영조례

[시행 2011.4.8.] [대전광역시조례 제3950호, 2011.4.8., 일부개정]

대전광역시 (노인복지과) 042-600-3114

제1조(목적) 이 조례는 「장사 등에 관한 법률」에서 위임된 사항과 그 시행에 필요한 사항을 규정함을 목적으로 한다.

제2조(장사문화 개선 등) ① 대전광역시장(이하 "시장"이라 한다)은 묘지증가에 따른 국토훼손을 방지하기 위하여 화장·봉안 및 자연장지 등의 장려를 위한 시책을 강구·시행하여야 한다.

② 시장은 「장사 등에 관한 법률」(이하 "법"이라 한다) 제5조 및 「장사 등에 관한 법률 시행령」 제4조에 따른 장사시설의 수급에 관한 중·장기계획을 수립하기 위하여 필요한 경우 전문 연구기관 등에 기초자료의 수집·연구·분석 등을 의뢰할 수 있다.

③ 제2항에 따라 기초자료의 수집·연구·분석 등을 행하는 자에게는 예산의 범위안에서 이에 소요되는 경비를 보조 또는 지원할 수 있다.

제3조(비용의 보조) 시장은 자치구청장이 효율적인 장사시설의 수급을 위하여 관할구역 안에 다음 각 호의 사업을 하고자 할 경우 소요비용의 일부를 보조할 수 있다.

1. 화장시설·봉안시설의 설치 및 개·보수
2. 공설묘지의 설치 및 묘지의 재개발사업
3. 장사문화 개선을 위한 교육 및 홍보활동

제4조(명칭과 위치) 대전광역시(이하 "시"라 한다)에서 관리하는 장사시설의 명칭과 위치는 별표 1과 같다.

제5조(시설사용 허가신청) 장사시설을 사용하고자 하는 자는 시장에게 사용 허가신청을 하여야 한다.

제6조(사용허가) ① 공설묘지의 사용허가는 이미 설치된 분묘의 배우자를 합장하는 경우에 한한다.

② 공설화장시설의 사용허가 대상은 다음 각 호의 어느 하나와 같다.

1. 관내에 주민등록이 되어 있는 사망자
2. 관내에서 사망한 외국인 또는 무연고자
3. 시장이 화장시설의 처리능력에 지장이 없다고 인정하는 범위에서의 관외거주 사망자

③ 공설봉안당의 안치대상은 다음 각 호의 어느 하나와 같다.

1. 사망당시 관내에 1개월 이상 주민등록이 되어 있던 자의 유골
2. 관내에 소재한 분묘의 개장에 따른 유골
3. 사망당시 관내에 주민등록이 있던 자 중 관외지역 묘지에서 개장된 유골
4. 관외거주 사망자의 유골(개장유골은 제외한다). 이 경우 사망당시 부모, 자녀 또는

배우자가 관내에 6개월 이상 주민등록이 되어 있는 경우에 한한다.

5. 부부 중 1명이 기존시설에 봉안되어 있는 경우 그 배우자의 유골
6. 그 밖에 시장이 특별한 사유가 있다고 인정하는 자의 유골

④ 시장은 장사시설의 수급에 지장이 있는 경우 제1항부터 제3항까지에도 불구하고 사용허가를 하지 아니할 수 있다. [본조개정 2011. 04. 08]

제6조의2(위치이동) 이미 허가된 장사시설 내에서의 위치이동은 불허한다. 다만, 부부합장을 위한 경우에는 그러하지 아니하다. [본조신설 2011. 04. 08]

제7조(사용료 납부) 장사시설의 사용신청자는 시설별로 별표 2에 따른 사용료를 납부하여야 한다. 이 경우 사용료는 사용신고시 신용카드 또는 현금으로 구입한 수입증지로 납부하여야 한다.〈개정 2011. 04. 08〉

제8조(사용료 반환) ① 제5조에 따라 장사시설의 사용허가를 받은 자가 중도에 사용을 중지하는 경우 잔여기간에 대한 사용료는 반환하여야 한다. 다만, 제14조제1항제2호와 제3호의 경우에는 그러하지 아니하다.

② 사용료의 반환기준은 별표 3과 같다. [본조개정 2011. 04. 08]

제9조(사용료 면제) 시장은 다음 각 호의 어느 하나에 해당하는 경우에는 장사시설의 사용료를 면제할 수 있다. 다만, 제2호 및 제3호의 대상자가 관외거주자에 해당하는 경우 관외사용료의 100분의 50을 경감한다.〈개정 2011. 04. 08〉

1. 관내에 주민등록이 되어있는 「국민기초생활 보장법」에 따른 수급자. 다만, 관외거주 수급자는 관외사용료를 적용한다.〈개정 2011. 04. 08〉
2. 「국가유공자 등 예우 및 지원에 관한 법률」에 따른 국가유공자
3. 「독립유공자예우에 관한 법률」에 따른 독립유공자
4. 무의탁 사회복지시설 입소자
5. 연고자가 없는 행여 사망자
6. 그 밖에 천재 · 지변 등의 사유로 사용료를 납부할 능력이 없다고 인정 되는 자

제10조(사용기간) 공설봉안당의 사용기간 및 사용기간 연장 등에 관하여는 법 제19조 및 제20조의 공설묘지에 관한 규정을 준용하되, 연장횟수의 제한을 두지 않는다.

제11조(사용면적) ① 공설묘지의 1기당 면적은 6.6제곱미터 이하로 한다. 다만, 봉안묘지는 10제곱미터 이하로 한다.

② 봉안묘지를 제외한 분묘 1기당 면적중 합장할 경우에는 2분의 1의 범위 안에서 분묘의 면적을 가산할 수 있다.

제12조(사용권의 승계) 장사시설의 사용권은 법 제2조제16호의 연고자순에 따른다.

제13조(사용권의 소멸 및 양도금지) ① 법 제19조제2항에 따른 연장신청을 하지 않거나 공설묘지 · 공설봉안당에서 시체 또는 유골을 반출한 경우에는 그 시설의 사용권은 소멸된다.

② 공설묘지 · 공설봉안당의 사용권은 시장으로부터 사용허가를 받은 자 및 그 연고자에게 주어지고, 매매 · 양도 · 임대 등을 할 수 없다.

제14조(사용허가의 취소 등) ① 시장은 다음 각 호의 어느 하나에 해당하는 경우에는 장사시설의 사용허가를 취소하거나 개장 또는 원상회복을 명할 수 있다.

1. 법 제19조제2항에 따른 기간 내에 연장신청을 하지 않은 경우
2. 사용권을 득한 묘지를 타인에게 양도하거나 매매한 경우
3. 분묘의 구조를 임의로 변경하거나 분묘에 다른 공작물을 설치한 경우
4. 그 밖에 시장이 공익상 필요하다고 인정하는 경우 〈신설 2011. 04. 08〉

② 사용자는 사용허가가 취소된 경우에는 취소통지를 받은 날부터 6개월이내에 유골을 수거하거나 개장하여야 한다.

③ 시장은 제2항의 기간 내에 사용자가 유골을 수거하거나 개장하지 아니하는 때에는 법 제20조에 따라 처리하여야 한다.

제15조(원상복구 및 변상) 시장은 사용자가 장사시설을 손괴하거나 훼손하였을 경우에는 원상복구를 명하거나 실비변상을 요구할 수 있다.

제16조(위탁관리운영 등) ① 시장은 장사시설의 관리·운영을 위탁할 수 있다.

② 시장은 위탁운영을 하는 자(이하 "수탁자"라 한다)에게 운영비 등 필요한 비용을 예산의 범위안에서 보조할 수 있다.

제17조(수탁자의 의무) ① 수탁자는 위탁받은 모든 시설물을 선량한 관리자로서의 주의의무를 다하여 관리하여야 한다.

② 수탁자는 제16조의 규정에 따라 보조받은 예산은 위탁받은 시설의 관리·운영 외에 사용할 수 없다.

제18조(위탁의 취소) 시장은 다음 각 호의 어느 하나에 해당하는 사유가 발생한 때에는 그 위탁을 취소할 수 있다.

1. 수탁자가 협약내용을 위반한 경우
2. 수탁자가 관리·운영능력이 없다고 판단되는 경우
3. 그 밖에 공익상 위탁운영이 부적당하다고 인정되는 경우

제19조(지도·감독) 시장은 관계공무원으로 하여금 수탁자의 관리·운영상황 서류를 검사하게 하는 등 위탁업무의 이행여부를 지도·감독 할 수 있으며 수탁자는 이에 응하여야 한다.

제20조(보존묘지심사위원회 구성) ① 시장은 법 제34조에 따라 대전광역시 보존 묘지심사위원회를 구성·운영한다.

② 대전광역시 보존묘지심사위원회의 기능은 대전광역시 노인복지정책개발위원회에서 대행한다.

제21조(시 보존묘지등의 지정) ① 시장은 「장사 등에 관한 법률 시행령」 제36조에 따라 묘지소유자 또는 관리인이 묘지 소재지 관할 자치구청장의 검토의견을 첨부하여 시 보존묘지 또는 보존분묘(이하 "시 보존묘지등"이라 한다)의 지정을 신청하는 때에는 관계부서의 의견을 들은 후 대전광역시 보존묘지심사위원회의 심의를 거쳐 시 보존묘지

등으로 지정할 수 있다.

② 시장은 제1항에 따라 시 보존묘지등을 지정하는 때에는 그 취지를 공보에 게재하고 시 보존묘지지정서를 교부하여야 한다.

③ 시 보존묘지등의 지정기준은 다음 각 호와 같다.

1. 향토사적·문화적으로 보존가치가 있는 묘지 또는 분묘
2. 지역발전에 현저한 공로가 있거나 범시민적 추모의 대상이 되는 자의 묘지 또는 분묘
3. 「대전광역시 시민장에 관한 조례」제2조에 따른 시민장대상자의 묘지 또는 분묘
4. 그 밖에 시장이 필요하다고 인정하는 경우

제22조(시행규칙) 이 조례의 시행에 관하여 필요한 사항은 규칙으로 정한다.

부 칙 〈제3950호, 2011.4.8〉

이 조례는 공포한 날부터 시행한다. 다만, 별표 2 제3호의 개정규정은 2011년 5월 1일부터 적용한다.

부산광역시 장사 등에 관한 조례

[시행 2011.10.22.] [부산광역시조례 제4673호, 2011.9.21., 일부개정]

부산광역시 (복지건강국 고령화대책과) 051-120-000

제1조(목적) 이 조례는 「장사 등에 관한 법률」 및 「장사 등에 관한 법률 시행령」에서 위임된 사항과 부산광역시가 설치하는 장사시설의 운영에 필요한 사항을 규정함을 목적으로 한다.

제2조(공설장사시설의 명칭 및 소재지) 부산광역시(이하 "시"라 한다)가 설치·운영하는 장사시설(이하 "공설장사시설"이라 한다)의 명칭 및 소재지는 별표 1과 같다.

제3조(공설장사시설의 사용허가 등) ① 공설장사시설을 사용하려는 자는 부산광역시장(이하 "시장"이라 한다)의 사용허가를 받아야 한다. 허가받은 사항을 변경하려는 때에도 또한 같다.

② 제1항에 따라 허가받은 사용기간을 연장하려면 그 기간이 끝나기 60일 전까지 연장허가를 신청하여야 한다.

③ 제1항에 따라 허가받은 사용권을 승계하려는 연고자(「장사 등에 관한 법률」 제2조제16호에 따른 연고자를 말한다)는 승계를 증명하는 관련서류를 갖추어 시장에게 신고하여야 한다.

④ 공설가족봉안묘 및 공설봉안담을 사용할 수 있는 자는 사용허가 신청일 3개월 전부터 시 또는 경상남도 양산시 동면 여락리·법기리 및 개곡리에 주소를 둔 자(이하 이 조에서는 "신청자"라 한다)로 하며, 그 봉안대상은 다음 각 호와 같다.

1. 신청자와 그 배우자
2. 신청자의 직계혈족 및 그 배우자
3. 신청자의 4촌 이내의 혈족 및 그 배우자
4. 신청자의 배우자의 직계혈족 및 형제자매

⑤ 제4항에 따른 공설봉안담의 봉안대상은 봉안하려는 개인 또는 부부 중 1명이 사망 당시 시 또는 경상남도 양산시 동면 여락리·법기리 및 개곡리에 주소를 둔 자로 한다.

⑥ 공설묘지, 공설화장장, 공설장례식장을 사용할 수 있는 자는 사망 당시 시에 주소를 두고 사망한 자를 매장·화장하거나 장례하려는 자로 하되, 시설의 수급상 지장이 없으면 시외 거주자와 외국인 사망자를 매장·화장하거나 장례하려는 자에 대하여도 사용을 하게 할 수 있다.

⑦ 공설봉안당을 사용할 수 있는 자는 사망 당시 시에 주소를 두고 사망한 자를 봉안하려는 자로 한다. 이 경우 다음 각 호에 해당하는 자가 사망하면 공설봉안당의 수급상황 등을 고려하여 공설봉안당을 우선 사용하게 할 수 있다.

1. 「국민기초생활 보장법」 제2조제2호에 따른 수급자

2. 「국가유공자 등 예우 및 지원에 관한 법률」의 적용을 받는 국가유공자
3. 「참전유공자예우에 관한 법률」의 적용을 받는 참전유공자

⑧ 제6항 및 제7항에도 불구하고 다음 각 호에 해당하면 그 공설장사시설을 사용하게 할 수 있다.

1. 사망 당시 경상남도 양산시 동면 여락리·법기리 및 개곡리에 주소를 두고 사망한 자를 부산추모공원 봉안당에 봉안하려는 경우
2. 「출입국관리법」제10조에 따른 영주의 체류자격을 취득한 외국인으로서 「출입국관리법」제31조에 따라 등록을 하는 국내체류지를 시로 하여 3년 이상 거주하다가 사망한 자를 부산영락공원 화장장에 화장하거나 부산추모공원 봉안당에 봉안하려는 경우

⑨ 시장은 공설봉안시설의 사용허가를 받은 자가 봉안된 유골을 다른 봉안시설에 봉안하려고 유골을 넘겨 줄 것을 요구하면 이에 응할 수 있다.

제4조(공설장사시설의 사용허가 취소 등) ① 시장은 다음 각 호의 어느 하나에 해당하면 제3조에 따라 사용허가를 받은 자(이하 "사용자"라 한다)에 대하여 공설장사시설의 사용허가를 취소하거나 개장 또는 원상복구를 명할 수 있다.

1. 사용허가의 변경 또는 연장허가를 받지 아니하는 경우
2. 공설장사시설의 시설 및 기물을 파손하거나 훼손하는 경우
3. 공설장사시설의 신설·증설·재배치 또는 개선을 위하여 필요한 경우
4. 공설장사시설의 설치지역에 대한 재해의 예방 및 복구를 위하여 필요한 경우
5. 공설가족봉안묘 또는 공설봉안담의 사용자가 이민이나 그 밖에 부득이한 사유로 사용허가를 받은 가족봉안묘 또는 봉안담에 봉안하지 아니한 경우
6. 사용허가를 받은 총 사용기간이 지난 경우
7. 사용허가를 받은 공설묘지 또는 공설봉안시설을 다른 자에게 양도하는 경우
8. 분묘 또는 공설봉안시설의 구조를 임의로 변경하거나 다른 공작물을 설치하는 경우
9. 관계법령 또는 이 조례의 규정을 위반하는 경우

② 시장은 제1항제1호부터 제4호까지의 규정에 해당하는 사유로 사용허가를 취소하려면 미리 사용자에게 서면으로 통지하고, 제1항제1호 및 제2호에 해당하면10일 이상의 기간을 정하여 구술 또는 서면(전자문서를 포함한다)으로 의견을 진술할 수 있는 기회를 주어야 한다. 이 경우 지정된 기일까지 의견진술이 없는 때에는 의견이 없는 것으로 본다.

③ 개장 또는 원상복구의 명령을 받거나 사용허가의 취소 통지를 받은 자는 명령이나 통지를 받은 날부터 6개월 이내에 개장 또는 원상복구를 하거나 유골을 뿌릴 수 있는 시설을 갖춘 장소에 유골을 뿌려야 한다.

④ 시장은 제3항에 따라 명령을 받거나 통지를 받은 자가 그 의무를 이행하지 아니하는 경우에는 「행정대집행법」제3조부터 제6조까지의 규정을 준용하여 지정된 장소에 집단으로 매장할 수 있다.

⑤ 제1항 및 제2항에 따른 개장 또는 원상복구의 명령이나 사용허가의 취소 통지의 방식에 관해서는 「행정절차법」 제14조를 준용한다.

제5조(공설장사시설 사용료등의 징수) ① 시장이 사용자로부터 징수하는 공설장사시설의 종류별 사용료 및 관리비(이하 "사용료등"이라 한다)는 별표 2와 같다.

② 제1항에 따른 사용료등은 사용허가와 함께 징수하되, 사용기간에 해당하는 사용료등을 일시에 전액 납부하여야 한다.

③ 제1항에도 불구하고 제3조제8항 각 호에 해당하면 부산광역시민에 대한 사용료등을 적용한다.

제6조(공설장사시설 사용료등의 감면) ① 시장은 사망한 자가 다음 각 호의 어느 하나에 해당하면 사용료등을 면제한다.

1. 「국민기초생활 보장법」 제2조제2호에 따른 수급자
2. 「국가유공자 등 예우 및 지원에 관한 법률」의 적용을 받는 국가유공자
3. 연고자가 없는 부랑인 및 노숙인

② 시장은 사망한 자가 다음 각 호의 어느 하나에 해당하면 사용료등의 50퍼센트를 경감한다.

1. 「참전유공자예우에 관한 법률」의 적용을 받는 참전유공자
2. 부산영락공원 장사시설의 경우 금정구 남산동·청룡노포동·선두구동 주민
3. 부산추모공원 봉안당의 경우 기장군 정관면 주민

③ 제1항 및 제2항에도 불구하고 공설가족봉안묘 및 공설봉안담을 사용하려는 자에게는 사용료등의 감면을 하지 아니한다.

제7조(공설장사시설 사용료등의 반환) ① 시장은 제4조제1항제3호부터 제5호까지의 사유로 사용허가를 취소하는 경우 그 사용기간의 남은 기간에 해당하는 사용료등을 반환하여야 한다.

② 제1항에 따른 사용료등의 반환에 관해서는 「공유재산 및 물품 관리법」 제82조를 준용한다. 〈개정 2009. 10. 28〉

제8조(공설장사시설에서의 화장유골의 조치) 공설화장장에서 화장한 유골은 공설봉안시설에 봉안하거나 유골을 뿌릴 수 있는 시설을 갖춘 장소에 뿌려야 한다. 다만, 유족이 다른 봉안시설에 유골을 봉안하려고 넘겨 줄 것을 요구하면 이에 응할 수 있다.

제9조(공설봉안시설의 사용기간) ① 공설봉안당의 사용기간은 15년으로 하되, 그 기간의 연장을 신청하면 한 번에 5년씩 3회에 한정하여 연장할 수 있다. 다만, 무연고 봉안당의 사용기간은 10년으로 한다.

② 공설가족봉안묘의 사용기간은 15년으로 하되, 그 기간의 연장을 신청하면 한 번에 5년씩 다음 각 호에 해당하는 총 사용기간 내에서 연장할 수 있다.

1. 6위용 가족봉안묘(2.45제곱미터)의 총 사용기간: 70년
2. 12위용 가족봉안묘(4.90제곱미터)의 총 사용기간: 100년

③ 공설봉안담의 사용기간은 15년으로 하되, 그 기간의 연장을 신청하면 한 번에 5년씩 다음 각 호에 해당하는 총 사용기간 내에서 연장할 수 있다.

1. 개인단의 총 사용기간: 35년
2. 부부단의 총 사용기간: 50년

④ 제1항에서 제3항까지의 공설봉안시설 사용기간은 공설장사시설의 소재지와 종류에 관계없이 각각의 공설봉안시설에서 사용한 기간을 모두 합산하여 산정한다.〈신설 2011. 9. 21〉

⑤ 시장은 제1항부터 제4항까지의 규정에 따라 사용기간이 끝나는 공설봉안시설에 관해서는 「장사 등에 관한 법률 시행규칙」제14조를 준용한다.〈개정 2011. 9. 21〉

제10조(공설묘지 및 공설가족봉안묘의 사용면적 등) ① 공설묘지의 1기당 사용면적은 4.95제곱미터 이하로 하고, 공설가족봉안묘의 1기당 사용면적은 4.90제곱미터 이하로 한다.

② 공설묘지 및 공설가족봉안묘의 1기당 설치할 수 있는 시설물의 구조 등은 별표 3과 같다.

제11조(공설장사시설의 위탁운영) 시장은 공설장사시설의 효율적인 운영을 위하여 「지방공기업법」에 따라 시가 설립한 공사·공단이나 공설장사시설의 설치·관리를 목적으로 「민법」에 따라 설립된 재단법인에 공설장사시설의 관리·운영을 위탁할 수 있다.

제12조(공설장사시설의 음식물 반입 금지) 누구든지 공설장사시설에서는 조문객 또는 장제에 종사하는 자에게 제공하는 음식물을 공설장사시설 밖으로부터 반입하여서는 아니된다. 다만, 장제에 직접 사용하는 음식물은 그러하지 아니하다.

제13조(부산영락공원의 진입로) 부산영락공원 장사시설을 사용하기 위한 장의자동차는 경부고속도로를 거쳐 부산영락공원 장의자동차 전용진입로를 이용하여야 한다.

제14조(공설봉안묘의 설치장소) 「장사 등에 관한 법률 시행령」(이하 "영"이라 한다) 별표 1 제3호가목에서 "지방자치단체의 조례로 정하는 장소"란 공설봉안당이 설치되는 장소를 말한다.

제15조(묘지 등의 설치제한지역) 영 제22조제4항제11호에서 "지방자치단체의 조례로 정하는 지역"이란 다음 각 호의 어느 하나를 말한다.

1. 「자연재해대책법」제12조에 따라 자연재해위험지구로 지정·고시된 지역
2. 「재해위험 개선사업 및 이주대책에 관한 특별법」 제6조에 따라 재해위험 개선사업지구로 지정·고시된 지역

제16조(분묘의 설치기간 연장) 시장은 「장사 등에 관한 법률」제19조제4항에 따라 분묘의 설치기간을 한 번에 10년씩 3회에 한정하여 연장할 수 있다.

제17조(묘지의 사전 매매 등) 영 제25조제5호에서 "지방자치단체의 조례로 정하는 경우"란 다음 각 호의 어느 하나를 말한다.

1. 「공익사업을 위한 토지 등의 취득 및 보상에 관한 법률」제4조 각 호의 어느 하나에 해당하는 공익사업의 수행을 위하여 분묘를 이장하여야 하는 경우

2. 천재지변이나 그 밖에 부득이한 사유로 인하여 유실된 묘지를 복구하는 경우

제18조(보존묘지심사위원회) 영 제27조에 따라 두는 부산광역시보존묘지심사위원회(이하 "위원회"라 한다)는 위원장을 복지건강국장으로 하고, 부위원장은 위원 중에서 호선하며, 위원은 다음 각 호의 자 중에서 시장이 임명 또는 위촉한다.

1. 시 소속 4급 이상 공무원
2. 부산광역시의회에서 추천하는 자
3. 학식과 덕망을 갖춘 장사관련분야 전문가
4. 시민단체(「비영리민간단체지원법」 제2조에 따른 비영리민간단체를 말한다)에서 추천하는 자

제19조(시 보존묘지 등의 지정기준) 영 제36조제3항에 따른 시 보존묘지 등의 지정기준은 다음 각 호의 어느 하나와 같다.

1. 향토사적·문화적으로 보존가치가 있는 묘지 또는 분묘
2. 애향정신의 함양에 이바지한 자의 묘지 또는 분묘
3. 지역발전에 현저한 공로가 있거나 시민의 추모대상이 되는 자의 묘지 또는 분묘

부 칙 〈제4673호, 2011.9.21〉

이 조례는 공포 후 1개월이 경과한 날부터 시행한다.

인천광역시 장사시설에 관한 조례

[시행 2011.11.17.] [인천광역시조례 제5022호, 2011.11.17., 일부개정]

인천광역시 (여성가족국 노인정책과) 032-440-2114

제1장 총칙

제1조(목적) 이 조례는 「장사 등에 관한 법률」 및 같은 법 시행령에서 조례로 정하도록 위임한 사항 및 그 시행에 필요한 사항과 인천광역시가 설치한 장사시설의 사용 및 관리운영에 필요한 사항을 규정함을 목적으로 한다. 〈개정 2008-08-04〉

제2조(정의) 이 조례에서 사용하는 용어의 정의는 다음과 같다.

1. "장사시설"이란 「장사 등에 관한 법률」(이하 "법"이라 한다) 제13조에 따라 인천광역시장(이하 "시장"이라 한다)이 설치한 공설묘지·화장시설·봉안시설, 자연장지, 유택동산 및 이에 부속된 시설을 말한다. [전문개정 2008-08-04] 〈개정 2009-10-05〉 〈개정 2011-11-17〉
2. "조성묘지"란 장사시설로 사전에 체계적으로 일정구역에 단지를조성하여 사용하고 있는 공설묘지를 말한다. 〈개정 2011-11-17〉
3. "비조성묘지"란 장사시설로 사전에 체계적으로 조성하지 않고 자연발생적으로 무질서하게 사용하고 있는 공설묘지를 말한다. 〈개정 2011-11-17〉
4. "묘지재개발"이라 함은 만장되거나 관리상태가 부실한 별표1의 비조성묘지의 유연 및 무연 분묘를 개장하여 체계적으로 재배치하여 봉안시설등 새롭게 개선된 장사시설과 공원시설등을 설치하는 것을 말한다. 〈개정 2008-08-04〉
5. 〈삭제 2009-10-05〉
6. "평장"이라함은 분묘 및 봉안시설을 설치함에 있어 봉분과 비석이 지상에 돌출 되지 않도록 조성된 분묘 및 봉안시설을 말한다. 〈개정 2008-08-04〉
7. 〈삭제 2011-11-17〉
8. 〈삭제 2008-08-04〉
9. "자연장지"란 화장한 유골을 자연장(수목장, 화초장, 잔디장 등)으로 장사 할 수 있는 구역을 말한다. 〈신설 2008-08-04〉 〈개정 2011-11-17〉
10. "유택동산"이란 자연환경을 보존하기 위하여 화장 후 유골을 집단으로 안치 또는 산골(散骨)하는 장소로 가족공원 내에 실치되어 있는 시설을 말한다. 〈신설 2008-08-04〉 〈개정 2011-11-17〉
11. "관내주민"이란 다음 각 호의 자를 말한다. 〈신설 2010-03-29〉

   가. 인천광역시(이하 "시"라한다)관할구역에서 「주민등록법」에 따라 주소를 두고 6

개월 이상 계속하여 거주하다 사망한 자 [전문개정 2011-11-17]

나. 시·관할구역에서 「주민등록법」에 따라 주소를 두고 거주하다 사망한 「국민기초생활보장법」에 따른 수급자, 「국가유공자 등 예우 및 지원에 관한 법률」에 따른 국가유공자, 「의사상자 등 예우 및 지원에 관한 법률」에 따른 의사자 및 「참전유공자 예우 및 단체 설립에 관한 법률」에 따른 참전유공자 〈개정 2011-11-17〉

다. 「출입국관리법」제34조에 따라 시 외국인등록대장에 등재된 외국인으로서 사망한 자 [전문개정 2011-11-17]

제3조(군수 및 구청장의 책무) 군수 및 구청장은 묘지 증가의 억제와 화장·봉안·자연장의 확산을 위해 다음 각 호의 시책을 강구하여야 한다. 〈개정 2008-08-04〉 〈개정 2011-11-17〉

1. 개인·가족·종중 (문중)묘지의 신설을 억제하면서 화장시설·봉안시설·자연장지를 조성하도록 노력하여야 한다. 〈개정 2008-08-04〉
2. 장사문화의 확산과 주민들의 인식전환을 위한 교육·홍보활동을 다각적으로 전개하여야 한다. 〈개정 2008-08-04〉 〈개정 2011-11-17〉
3. 분묘규모의 최소화(10제곱미터이하) 및 평장을 유도하여야 한다.
4. 묘지부족난으로 인한 주민불편을 해소하기 위한 자체 중장기 묘지 등(공설묘지·화장시설·봉안시설 및 자연장지를 말한다. 이하 같다) 수급계획을 수립 추진하여야 하며 필요한 경우 관할구역내 비조성묘지를 재개발 또는 재정비하여 장사시설 등의 안정적인 공급에 노력하여야 한다. 〈개정 2008-08-04〉 〈개정 2011-11-17〉
5. 장사시설의 체계적인 운영관리를 위해 필요할 경우에는 관리인부(상용인부)를 두고 시설관리를 철저히 하여야 한다. 〈개정 2008-08-04〉 〈개정 2011-11-17〉

제4조(묘지 등의 수급계획 <개정 2009-10-05>) ① 시장은 법 제5조 및 「장사 등에 관한 법률 시행령」(이하 "시행령"이라 한다) 제4조에 따른 묘지등의 중장기 수급계획 수립을 위하여 필요하다고 판단할 경우 전문연구기관 등에 기초자료의 수집·연구·분석 등을 의뢰할 수 있다. 〈개정 2008-08-04, 2009-10-05〉 〈개정 2011-11-17〉

② 시장은 묘지 등의 중장기수급계획 수립 후 여건이 변동될 경우 관할 군수 및 구청장의 의견을 수렴한 후 이를 수정 또는 보완하여야 한다. 〈개정 2009-10-05〉

③ 군수·구청장은 시장이 수립한 묘지 등의 중장기수급계획에 맞추어 자체 묘지수급계획을 수립하여야 한다. 〈개정 2009-10-05〉

제2장 장사시설의 설치 및 관리

제1절 설치 및 관리 등

제5조(명칭과 위치) 장사시설의 명칭과 위치는 별표1과 같다.

제6조(사용자의 자격 등 <개정 2008-08-04>) ① 장사시설 사용자의 자격 및 범위는 다음 각 호와 같다. 〈개정 2008-08-04〉

1. 봉안시설 : 관내주민, 기존에 안치된 배우자와 합골하는 다른 배우자, 관외 거주 사할린 한인 영주귀국동포 사망자 및 인천가족공원 안의 분묘에서 개장한 유골 또는 시 관할 구역 안에서 도시계획사업 등에 따라 발생한 연고자가 없는 유골(이하 "무연고 유골"이라 한다) 〈개정 2008-08-04〉 〈개정 2009-10-05〉 〈개정 2010-03-29〉 〈개정 2011-11-17〉
2. 화장시설 : 관내주민 및 관외주민 〈개정 2008-08-04, 2009-10-05, 2010-03-29〉
3. 자연장지 : 관내주민, 기존에 안치된 배우자와 합골하는 다른 배우자, 관외 거주 사할린 한인 영주귀국동포 사망자 또는 인천가족공원 안의 분묘에서 개장한 유골 〈개정 2008-08-04, 2010-03-29〉
4. 조성묘지 : 합장 제한 (단, 합장이 허가된 분묘는 제외하며 이 경우에는 부부임을 증명하는 서류를 시장에게 제출하여야 한다) 〈개정 2008-08-04〉
5. 비조성묘지 : 합장 제한 〈개정 2008-08-04〉

② 기타 장사시설의 수급상황을 고려하여 시장은 시설의 수급상 지장이 없는 범위안에서 법 제2조 제9호의 규정에 의한 연고자, 타시·도 거주자 및 외국인 등에게도 사용을 허가할 수 있으며, 허가범위는 규칙으로 정한다.

③ 인천가족공원 금마총의 안치대상 유골은 다음과 같다.

1. 인천가족공원 공설묘지내 묘지재개발등에 따라 발생하는 연고가 없는 유골(이하 "무연고 유골"이라 한다) 다만, 안치장소의 여유가 있을 때에는 연고가 있는 유골(이하 "유연고 유골"이라 한다)도 연고자 요구에 의하여 안치할 수 있다.
2. 시 관할 구역안에서 도시계획사업 시행 등으로 발생한 무연고 유골.
3. 제13조제4항 및 제16조제3항에 의한 유골

제7조(사용허가 등) ① 장사시설을 사용하고자 하는 자는 시장의 허가를 받아야 한다. 〈개정 2008-08-04〉 〈개정 2011-05-09〉 〈개정 2011-11-17〉

② 장사시설의 사용허가를 받은 자(이하 "사용권자"라 한다) 시장이 지정한 장소에 한해 사용하여야 한다. [전문개정 2008-08-04] 〈개정 2011-11-17〉

③ 장사시설의 사용권자는 주소 등 변경 사유가 발생하는 경우에는 30일이내에 시장에게 신고하여야 한다. [전문개정 2011-11-17]

④ 〈삭제 2011-11-17〉

⑤ 봉안시설 및 자연장지의 사용허가신청은 화장시설 사용일로부터 그 다음날까지 하여야 한다. 다만, 다른 지역의 화장시설을 이용한 경우에는 30일 이내에 하여야 한다. 〈신설 2011-11-17〉

제8조(사용료 및 관리료등) ① 장사시설의 사용료 및 관리료(이하 "사용료 등"이라 한다)는 별표2와 같다.

② 〈삭제 2008-08-04〉

③ 사용료등은 장사시설의 조성 및 관리사업 등에 사용하여야 한다. 〈개정 2011-11-17〉

④ 제7조에 따라 장사시설의 사용권자가 중도에 사용을 포기하고 그 시설을 반납하는 경우 잔여기간에 대한 사용료 등을 반환하여야 한다. 다만, 자연장지의 경우에는 제외한다. 〈신설 2007-01-08〉 〈단서신설 2008-08-04〉 〈개정 2011-11-17〉

⑤ 시장은 사용료 등을 사용허가 또는 신고와 동시에 징수하고 사용료등의 징수 및 반환방법은 규칙으로 정한다.〈개정 2007-01-08〉

제9조(사용료 등의 감면) 〈개정 2009-10-05〉 ① 관내주민에 대한 장사시설의 사용료 등 감면기준은 다음과 같다. 〈개정 2011-11-17〉

1. 「국민기초생활 보장법」에 의한 수급자 : 화장시설 전액면제, 그 밖의 장사시설 50퍼센트 감면 〈개정 2008-08-04〉 〈개정 2011-11-17〉
2. 「국가유공자 등 예우 및 지원에 관한 법률」에 의한 국가유공자 및 「의사상자 등 예우 및 지원에 관한 법률」에 의한 의사자, 「참전유공자예우 및 단체 설립에 관한 법률」제3조의 규정에 의한 참전유공자 : 장사시설(관외주민 포함) 50퍼센트 감면 〈개정 2008-08-04〉 〈개정 2009-10-05〉 〈개정 2011-11-17〉
3. 무연고 행여 사망자, 「사회복지사업법」에 의한 사회복지시설 입소자중 무연 고자, 기타 재난 등으로 인해 특별한 사유가 있다고 시장이 인정한 자 : 장사시설 전액 면제(다만, 사용기간 연장은 그러하지 아니한다) 〈개정 2008-08-04〉 〈개정 2011-11-17〉
4. 인천가족공원 안의 분묘를 개장하여 화장 및 봉안시설 또는 자연장지에 안치하는 경우 다음 각 목에 따라 감면(다만, 보상분묘는 제외한다.) 〈신설 2010-03-29〉 〈개정 2011-11-17〉
   가. 화장시설 : 면제 〈개정 2011-11-17〉
   나. 봉안시설 : 최초 10년 면제 〈개정 2011-11-17〉
   다. 자연장지 : 최초 20년 면제 〈개정 2011-11-17〉
5. 인천가족공원 안의 봉안시설 또는 자연장지에 부부합골 안치하는 경우 : 1위만 징수 〈신설 2010-03-29〉 〈개정 2011-11-17〉
6. 사망일 기준 만90세 이상자로 화장시설 및 자연장지를 사용하는 경우 전액면제(사용기간 연장은 제외) 〈신설 2011-11-17〉
7. 그 밖에 시장이 필요하다고 인정하는 경우 장사문화홍보관에 부속된 시설물의 사용료 전액 또는 일부를 감면할 수 있다. 〈신설 2011-05-09〉 [제6호에서 이동 2011-

11-17]

② 사용권자가 제1항에 따라 사용료 등을 감면 받고자 할 때에는 관련 증명서류를 사용허가 신청시 시장에게 제출하여야 한다. 〈개정 2011-11-17〉

제10조(시설의 관리자) 장사시설의 관리자는 시장으로 하되, 인천가족공원 공설묘지, 인천가족공원 조성묘지, 서구왕길조성묘지를 제외한 기타 공설묘지는 관할 군수·구청장으로 한다.

제11조(시설관리위탁운영) ① 시장이 필요하다고 인정할 때에는 장사시설의 관리운영에 관하여 시설의 전부 또는 일부를 비영리법인이나 시에서 출자한 출자법인 및 지방공기업에 위탁관리 할 수 있다.

② 제1항의 규정에 의하여 위탁 관리하는 경우 시장은 필요한 비용을 위탁받아 운영하는 자(이하 "수탁자"라 한다)에게 보조할 수 있다.

③ 수탁자는 보조받은 예산은 위탁받은 시설의 관리·운영에만 사용하여야 한다. 〈신설 2011-11-17〉

④ 시설관리운영에 필요한 사항은 규칙으로 따로 정한다. [제3항에서 이동 2011-11-17]

⑤ 제1항의 규정에 의한 위탁기간은 3년으로 한다. 〈신설 2007-06-18〉 [제4항에서 이동 2011-11-17]

제12조(사용권의 승계) ① 시장으로부터 허가 받아 장사시설을 사용하는 권리(이하 "사용권"이라 한다)는 법 제2조제16호에 따른 연고자 우선 순위로 하며, 이를 승계 할 수 있다. [전문개정 2011-11-17]

② 사용권을 승계 받고자 하는 자는 승계권자임을 증명하는 서류를 시장에게 제출하여야 한다.

③ 사용권자가 변경된 경우에는 사유가 발생한 날부터 30일 이내에 연고자가 시장에게 신고하여야 한다. [전문개정 2011-11-17]

제13조(사용허가의 취소 등) ① 시장은 다음 각호의 어느 하나에 해당하는 경우 장사시설의 사용허가를 취소하거나 개장을 명할 수 있다. 〈개정 2008-08-04〉 〈개정 2011-05-09〉 〈개정 2011-11-17〉

1. 사용권을 타인에게 양도하거나 매매 및 임대 등하였을 경우, 단 상속에 의한 경우에는 제외한다. 〈개정 2011-11-17〉
2. 시장이 지정한 장소를 묘지로 사용하지 아니하였을 경우
3. 분묘의 형태 또는 구조를 임의로 변경하거나 다른 공작물을 설치하였을 경우
4. 시장이 사용허가한 공설묘지·봉안시설·자연장지를 장사관련 시설의 설치, 묘지재개발 등으로 사용하고자 할 경우 〈개정 2008-08-04〉 〈개정 2011-11-17〉
5. 사용권자가 허가장소를 사용하지 않고 전부 반납하였을 경우 〈개정 2008-08-04〉 〈개정 2011-11-17〉

6. 봉안시설 및 자연장지의 사용권자가 30일 이내 사용하지 아니한 경우 [전문개정 2011-11-17]
7. 〈삭제 2009-10-05〉
8. 장사시설의 사용권자가 관계법령 및 이 조례의 준수사항과 시장의 지시를 위반하였을 경우 [전문개정 2011-11-17]
9. 법 제11조에 따른 묘지의 일제조사에 따른 연고자가 없는 분묘(이하 "무연분묘"라 한다)인 경우 [전문개정 2011-11-17]
10. 그 밖에 사용을 제한할 필요가 있다고 시장이 인정하는 경우 〈신설 2011-05-09〉

② 사용허가가 취소된 경우 이미 납입한 사용료 등은 이를 반환하지 아니한다. 다만, 제1항제5호 및 제6호의 경우에는 그러하지 아니한다.

③ 제1항제2호·제3호·제4호 및 제8호에 해당하는 경우 시장은 연고자가 있는 분묘는 60일간의 기간내에 개장 또는 원상복구할 것을 서면으로 통지하고 무연분묘는 법 제28조에 따라 처리한다. [전문개정 2011-11-17]

④ 제3항에 따른 개장 또는 원상복구하지 않을 경우에 시장은 무연분묘로 간주하고, 법 제28조에 따라 처리할 수 있다. [전문개정 2011-11-17]

⑤ 시장은 제1항에 따라 사용허가를 취소한 경우에는 사용권자에게 통지하여야 한다. 〈신설 2011-11-17〉

제14조(원상복구 및 변상) 장사시설의 사용권자, 수탁자 및 이용자가 시설과 기물 등을 손괴하거나 훼손하였을 경우에는 시장은 원상복구를 명하거나 그에 필요한 실비의 변상을 요구할 수 있다. 〈개정 2009-10-05〉 〈개정 2011-11-17〉

제2절 공설묘지

제15조(묘지의 구분) 공설묘지는 조성묘지와 비조성묘지로 구분한다.

제16조(분묘의 사용기간 등) ① 분묘의 사용기간은 법 제19조제1항 및 제2항을 적용한다. 〈개정 2008-08-04〉

② 분묘의 사용기간을 연장할 때에는 기간만료 30일 전까지 연장 신청하여 제8조에 의한 사용료 등을 납부한 경우 연장이 허가된 것으로 본다. 〈개정 2009-10-05〉

③ 사용권자가 공설묘지 사용료 등을 6개월 이내에 납부하지 않을 경우에 시장은 30일이내에 납부할 것을 최고하고, 그 기간이 경과한 후에도 납부하지 않을 때에는 법 제28조에 따라 처리할 수 있다. [전문개정 2011-11-17]

④ 분묘를 개장하여 이장할 때는 종전위치에서의 설치기간과 이장위치에서의 설치기간을 합산하여 계산한다.

제17조(무연분묘에 대한 사용기간 등) 분묘의 사용기간 등은 제16조에도 불구하고 법 제27조 및 법 제28조에 따라 무연분묘로 확인된 시체 또는 유골은 화장하여 봉안당에 안치할 수 있다. 이때 사용기간은 10년으로 하고 사용기간이 경과한 후에는 일정한

장소에 집단으로 매장하거나 유택동산에서 산골(散骨) 등 하여야 한다. 〈개정 2008-08-04〉 〈개정 2011-11-17〉

제18조(분묘의 사용면적 등) ① 분묘의 1기당 면적은 다음 각호와 같다.

1. 공설묘지 : 4.95제곱미터 이내(단 합장의 경우 10제곱미터이내)
2. 공설묘지내 가족납골묘지 : 10제곱미터 이내

② 분묘와 시설물의 형태, 구조 및 규격은 시장이 따로 정한다.

제18조의2(분묘의 관리책임) 분묘의 관리책임은 다음 각 호와 같다.

1. 인천가족공원 조성묘지 : 시장
2. 인천가족공원 비조성묘지 및 서구왕길조성묘지 : 사용권자 및 연고자 〈개정 2011-11-17〉 [본조신설 2008-08-04]

제3절 장사시설의 관리 등 〈개정 2008-08-04〉 〈개정 2011-11-17〉

제19조(봉안시설 유골안치 등 <개정 2008-08-04>) ① 유골은 반드시 화장한 후 안치하여야 한다.

② 연고자가 안치되어 있는 유골을 인도요구 할 때에는 연고관계를 확인한 후 인도하여야 한다. [전문개정 2011-11-17]

③ 무연고 유골을 안치할 때에는 묘지 또는 분묘의 위치, 장소 등 기타 필요한 사항 등을 기록·관리하여야 한다. 〈개정 2009-10-05〉

④ 안치단 안에 봉안할 수 있는 내용물은 시장이 따로 정한다. 〈신설 2011-11-17〉

제20조(봉안시설 안치기간 <개정 2008-08-04>) ① 봉안시설의 최초 안치기간은 10년으로 하고, 재사용은 10년 단위로 3회에 한해 연장 사용허가 할 수 있으며, 무연고 유골은 연장하지 아니한다. 다만, 인천가족공원 가족봉안묘는 제외한다. 〈개정 2008-08-04〉 〈개정 2011-11-17〉

② 제1항의 규정에 의한 안치기간 연장은 안치기간 만료 30일 전까지 제8조에 의한 사용료 등을 납부함으로써 연장허가 된 것으로 본다. 〈개정 2009-10-05〉

제21조(봉안안치기간이 경과된 유골의 처리 등) <개정 2008-08-04, 2009-10-05> ① 제20조의 규정에서 정한 기간을 경과한 무연고 유골은 일정한 장소에 집단으로 매장하거나 유택동산에서 산골(散骨)등을 하여야 한다. [전문개정 2011-11-17]

② 연고가 있는 유골은 사용권자로부터 봉안 인수의 요구가 없거나 연장신청 및 계속 사용허가에 따른 사용료 등을 6개월 이내 납부하지 아니하였을 경우 시장은 30일이내에 납부할 것을 최고하고, 그 기간이 경과한 후에는 무연고 유골로 간주하여 법 제28조에 따라 처리하며, 10년간 봉안시설내의 일정장소에 안치 후 제1항에 따라 처리한다. [전문개정 2011-11-17]

제21조의2(자연장지의 사용기간) 자연장지의 사용기한은 20년으로 하고, 재사용은 20년 단위로 1회에 한해 연장 사용허가 할 수 있다. 〈개정 2011-11-17〉 [본조신설 2008-

08-04]

제21조의3(자연장의 방법) ① 자연장의 방법은 다음 각 호와 같다.

1. 자연으로 빠른 회귀를 위하여 용기를 사용하지 않는 경우 골분과 부드러운 흙(마사토 등)으로 혼합하여 매골하여야 한다. 〈개정 2009-10-05〉
2. 매골은 추모목을 중심으로 0.5m 이상 이격하여 깊이 0.5m 이상의 구덩이를 판 후 묻어야 한다. 〈개정 2009-10-05〉
3. 용기를 사용하는 경우 생분해성 수지제품 및 생화학적 분해가 가능한 용기를 사용하여야 하며 용기내에 분골된 유골과 흙(마사토 등)으로 채워서 매골하여야 한다.
4. 연고자의 이름 등을 기록한 개인 식별용 명패의 설치는 허용하지 않으며 시장이 설치한 합동 개인 표식 표찰단을 이용하여야 한다.
5. 생분해가 가능한 천연소재의 용기 설치기준은 시장이 따로 정할 수 있다.

② 시장은 재해 등으로 추모목의 사용이 불가할 때에는 주변에 새로운 추모목을 식재하여야 한다.

③ 제1항 및 제2항에 따른 추모목의 식재에 대하여 자연장지 사용권자는 이의를 제기할 수 없다. 〈개정 2011-11-17〉 [본조신설 2008-08-04]

제22조(금지행위) 장사시설의 사용권자 및 이용자는 다음 각호의 행위를 하여서는 아니된다. 〈개정 2011-11-17〉

1. 안치된 유골을 모독하는 행위
2. 제사 및 참배를 방해하거나 지장을 주게 하는 행위
3. 고성방가 또는 난동행위
4. 시설 및 기물을 손괴하거나 오물을 투기하는 행위
5. 자연장지의 경우 지정된 장소가 아닌 장소에 매골하거나 묘비·추모비 설치, 장식물, 추모물품 헌정 및 촛불 등 설치 행위 〈신설 2008-08-04〉 〈개정 2011-11-17〉
6. 법령, 조례 및 시장이 정한 사항을 위반하는 행위 [전문개정 2011-11-17]

제3장 장사시설의 재정 지원 및 민간자본유치

제23조(시비 보조) 시장은 군수·구청장이 효율적인 묘지수급계획을 통해 장사시설 관리사업에 필요한 경비를 일부 시비로 보조할 수 있다. 〈개정 2008-08-04, 2009-10-05〉

제24조(민간자본 유치) ① 시장은 장사시설의 효율적인 설치·관리를 위해 필요하다고 판단 될 때에는 민간자본을 유치할 수 있다.

② 제1항에 의거 민간자본을 유치하는 경우 민간자본투자자와 투자금액 및 비율, 장사시설 설치공사, 준공 후 시설관리 등에 관한 구체적인 협약서를 작성·보관하여야 한다.

③ 기타 민간자본 유치에 필요한 사항은 관계법령에 따라 정한다. 〈개정 2009-10-05〉

제4장 보존묘지심사위원회 구성 · 운영 등

제25조(심사위원회 구성) ① 시행령 제27조제1항의 규정에 의거 시에 인천광역시 보존묘지심사위원회(이하 "심사위원회"라 한다)를 두며, 위원장 1인과 부위원장 1인을 포함한 15인 이내의 위원으로 구성한다. 〈개정 2008-08-04〉

② 심사위원회의 위원장은 업무소관 부시장이 되고, 부위원장은 위원중에서 호선하며, 위원은 시 관계공무원, 학식과 덕망이 있는 자 및 시민단체 (「비영리민간단체지원법」 제2조의 규정에 의한 비영리단체를 말한다)에서 추천한 자중에서 시장이 임명 또는 위촉한다.

③ 시행령 제32조에 의한 심사위원회의 간사는 장사문화담당사무관이 된다. 〈개정 2008-08-04〉

제26조(심사위원회 운영 등) 심사위원회 운영과 관련하여 법령, 조례에서 정하지 않은 사항은 규칙으로 정한다.

제27조(보존묘지 등의 지정기준) 시행령 제36조제3항의 규정에 의한 시 보존묘지 등의 지정기준은 다음 각호와 같다. 〈개정 2008-08-04〉

1. 향토사적 · 문화적으로 보존가치가 있는 묘지 또는 분묘
2. 애향정신의 함양에 이바지하는 묘지 또는 분묘
3. 지역발전에 현저한 공로가 있거나 시민적 추모의 대상이 되는 사람의 묘지 또는 분묘

제5장 보칙

제28조(권한위임) 시장은 다음 각 호의 권한을 군수 · 구청장에게 위임한다. 〈개정 2009-10-05〉

1. 제5조에 의한 공설묘지(인천가족공원 공설묘지, 인천가족공원 조성묘지, 서구왕길조성묘지 제외)의 관리 및 운영에 관한 권한 전부
2. 군수 · 구청장이 관할구역내 비조성묘지에 대해 자체묘지수급계획에 의거 시행 하는 묘지재개발 사업 전반. 이 경우 군수 · 구청장은 시장에게 하고자 하는 사업에 대해 사전에 보고하여야 한다.

제29조(시행규칙) 이 조례 시행에 관하여 필요한 사항은 규칙으로 정한다.

부 칙 〈제5022호, 2011.11.17〉

제1조(시행일)이 조례는 공포한 날부터 시행한다.

제2조(사용료 등에 관한 적용례)이 조례 시행 당시 종전 규정에 따라 사용허가를 받아 사용 중인 장사시설의 사용료 등에 대하여는 2012년 1월 1일부터 적용한다. 다만, 조례 시행 전 사용허가를 받아 안치된 추모의 집에 대하여는 연장신청부터 적용한다.

제3조(경과조치)이 조례 시행 당시 종전의 규정에 의하여 행하여진 허가 · 신고 및 각종 처분이나 기타의 행위 등에 대하여는 종전의 규정에 의한다.

강원도 장사 등에 관한 조례

[시행 2011.7.29.] [강원도조례 제3502호, 2011.7.29., 일부개정]

강원도 (사회복지과) 033-254-2011

제1조(목적) 이 조례는 「장사 등에 관한 법률」 및 같은 법 시행령에서 위임된 사항과 장사시설의 설치 및 관리에 필요한 사항을 규정함을 목적으로 한다.〈개정 2007.5.4, 2011.7.29〉

제2조(정의) 이 조례에서 사용하는 용어의 뜻은 다음과 같다.〈전문개정 2008.12.29, 2011.7.29〉

1. "장사시설"이란 「장사 등에 관한 법률」(이하 "법"이라 한다) 제2조제15호에 따른 묘지·화장시설·봉안시설·자연장지와 법 제29조에 따른 장례식장을 말한다.〈개정 2011.7.29〉
2. "봉안시설"이란 법 제2조제9호에 따른 봉안묘·봉안당·봉안탑등 유골을 안치(매장은 제외한다)하는 시설을 말한다.〈개정 2011.7.29〉
3. "봉안묘"란 법 제2조제10호에 따른 분묘의 형태로 된 봉안시설을 말한다.〈개정 2011.7.29〉
4. "봉안당"이란 「건축법」 제2조제1항제2호에 따른 건축물인 봉안시설을 말한다.〈개정 2011.7.29〉
5. "봉안탑"이란 법 제2조제12호에 따른 탑의 형태로 된 봉안시설을 말한다.〈개정 2011.7.29〉
6. "자연장지"란 자연장으로 장사할 수 있는 구역을 말한다.
7. "수목장림"이란 「산림자원의 조성 및 관리에 관한 법률」 제2조제1호에 따른 산림에 조성하는 자연장지를 말한다.

제3조(묘지 등의 수급계획) ① 강원도지사(이하 "도지사"라 한다)는 법 제5조 및 법 시행령 제4조에 따라 묘지 등 장사시설에 대한 수급계획(이하 "묘지 등 수급계획"이라 한다)을 수립할 때에는 필요한 경우 전문연구 기관에 기초자료의 수집·조사 및 분석 등을 의뢰할 수 있으며, 예산의 범위에서 이에 소요되는 경비를 지급할 수 있다.〈개정 2007.5.4, 2008.12.29, 2011.7.29〉

② 시장·군수는 강원도(이하 "도"라 한다)의 묘지 등 수급계획에 따라 관할 구역의 중·장기 묘지 등 수급계획의 수립·변경 등을 도지사에게 보고하여야 한다.〈개정 2011.7.29〉

제4조(보존묘지심사위원회) ① 도의 보존묘지 지정 등의 심의를 위하여 도지사 소속으로 강원도보존묘지심사위원회(이하 "심사위원회"라 한다)를 둔다.〈개정 2011.7.29〉

② 심사위원회는 위원장 1명과 부위원장 1명을 포함한 15명 이내의 위원으로 구성한

다.〈개정 2011.7.29〉

③ 위원장은 보건복지여성국장이 되고, 부위원장은 위원 중에서 호선(互選)하며, 위원은 관계 공무원, 학식과 덕망이 있는 사람 및 관련기관·단체에서 추천한 사람 중에서 도지사가 임명 또는 위촉한다.〈개정 2011.7.29〉

④ 위촉위원의 임기는 2년으로 한다. 다만, 위원의 사임 등으로 인하여 새로 위촉된 위원의 임기는 전임위원 임기의 남은 기간으로 한다.〈신설 2011.7.29〉

⑤ 위원장은 위원회를 대표하고 위원회의 업무를 총괄하며, 위원장이 부득이한 사유로 직무를 수행할 수 없을 때에는 부위원장이 그 직무를 대행한다.〈신설 2011.7.29〉

⑥ 심사위원회의 회의는 재적위원 과반수의 출석으로 개의(開議)하고, 출석위원 과반수의 찬성으로 의결한다.〈신설 2011.7.29〉

⑦ 심사위원회의 사무를 처리할 간사 1명을 두되, 간사는 장사업무담당이 된다.〈신설 2011.7.29〉

⑧ 회의에 출석한 위원에게는 「강원도 각종 위원회 구성 및 운영 등에 관한 조례」에 따라 수당과 여비를 지급할 수 있다.〈신설 2011.7.29〉

⑨ 심사위원회는 필요하다고 인정할 때에는 묘지 소유자나 관계 공무원 등을 회의에 출석하게 하여 의견을 들을 수 있다.〈신설 2011.7.29〉

제4조의2(보존묘지 등의 지정기준) ① 도지사는 도 내에 설치되어 있는 역사적 보존가치가 있는 묘지 등에 대하여 심사위원회의 심의를 거쳐 도 보존묘지 등으로 지정할 수 있다.〈신설 2011.7.29〉

② 법 시행령 제36조제3항에 따른 도 보존묘지 등의 지정기준은 다음 각 호의 어느 하나와 같다.〈신설 2011.7.29〉

1. 향토사적·문화적으로 보존가치가 있는 묘지 또는 분묘
2. 애향정신을 기르는 데 이바지하는 묘지 또는 분묘
3. 지역발전에 현저한 공로가 있거나 주민의 추모대상이 되는 묘지 또는 분묘

제5조(도비의 보조) ① 도지사는 공설장사시설의 효율적인 설치·관리 등을 위하여 소요되는 비용을 해당 시·군에 보조할 수 있다.〈개정 2011.7.29〉

② 제1항에 따라 다음 각 호의 어느 하나에 해당되는 사업에 도비를 지원할 수 있다. 〈개정 2008.12.29〉

1. 공공화장시설 설치 및 개·보수 〈개정 2008.12.29〉
2. 공설자연장지 조성〈개정 2008.12.29〉
3. 공설봉안시설 설치〈개정 2008.12.29〉
4. 그 밖에 도지사 필요하다고 인정하는 사업〈개정 2008.12.29〉

제6조(시행규칙) 이 조례의 시행에 필요한 사항은 규칙으로 정한다.〈개정 2011.7.29〉

부 칙 〈제3502호, 2011.7.29〉

이 조례는 공포한 날부터 시행한다.

제주특별자치도 장사 등에 관한 조례

[시행 2011.6.29.] [제주특별자치도조례 제751호, 2011.6.29., 일부개정]

제주특별자치도 (노인장애인복지과) 062-613-2114

제1장 총칙

제1조(목적) 이 조례는 「제주특별자치도 설치 및 국제자유도시 조성을 위한 특별법」제342조의10 및 「장사 등에 관한 법률」에서 조례로 정하도록 한 사항과 「지방자치법」제144조에 따라 공설장사시설의 설치·조성 및 애향묘지 등의 사용·관리운영에 필요한 사항 등을 정함을 목적으로 한다.

제2조(정의) 이 조례에서 사용하는 용어의 뜻은 다음과 같다.

1. "공설장사시설"이란 제주특별자치도(이하 "제주자치도"라 한다)에서 설치·조성·관리 하는 공설묘지, 애향묘지, 화장시설, 봉안시설, 자연장지 등을 말한다.
2. "사용권"이란 공설장사시설 사용신청과 동시에 제7조에 따른 사용료를 납부한 경우에 사용자가 가지는 권리를 말한다.
3. "사용자"란 사용허가를 받은 자 및 연고자를 말한다.
4. "유택동산"이란 자연환경을 보존하기 위하여 화장한 유골을 다른 유골 등과 함께 집단으로 산골(합골) 하는 장소로 양지공원 내 설치되어 있는 시설을 말한다.

제2장 공설장사시설의 사용·관리·운영 등

제3조(묘역설치) ① 제주특별자치도지사(이하 "도지사"라 한다)는 공설묘지 또는 애향묘지의 지형 및 수용할 분묘의 수 그 밖에 필요에 따라 적정규모의 봉분묘역, 평장묘역, 봉안묘역으로 구분하여 설치할 수 있다. 이 경우 봉분묘와 평장묘의 설치기준은 각각 제20조와 제21조를 따른다. 〈개정 2011.6.29〉

② 공설자연장지는 잔디형, 화초형, 정원형, 수목형으로 구분 설치한다. 〈신설 2011.6.29〉

제4조(명칭과 소재지) 공설장사시설의 종류별 명칭과 소재지는 별표 1과 같다.

제5조(사용허가 등) ① 공설장사시설을 사용하려는 자는 도지사의 허가를 받아야 한다. 묘지 내 시체나 유골을 개장하기 위하여 분묘나 봉안묘를 해체하려고 할 때와 봉안된 유골을 반환 하고자 할 때에도 또한 같다.

② 제1항에 따라 사용허가를 받은 자가 허가받은 사항을 변경하려는 때에는 그 사유 발생일부터 3개월 이내에 변경신고를 하여야 한다.

③ 공설장사시설의 사용허가 등에 관한 세부절차 등은 규칙으로 정한다.

제6조(사용의 제한) 도지사는 다음 각 호의 어느 하나에 해당하는 경우에는 공설장사시설의 사용을 제한할 수 있다.

1. 제주자치도 관할구역 밖에 위치한 분묘를 개장하여 매장하는 경우
2. 공설장사시설의 수급 조절상 제한이 필요한 경우
3. 그 밖에 공설장사시설의 관리 · 운영상 특별한 사정이 있는 경우

제7조(사용료 등) ① 공설장사시설의 사용료는 별표 2와 같다. 〈개정 2011.6.29〉

② 도지사는 사용허가와 동시에 사용료를 징수한다. 〈개정 2011.6.29〉

③ 제2항에 따라 징수된 사용료는 천재지변 등 불가피한 경우와 도지사가 공익상 필요에 의하여 사용허가를 취소한 경우에는 반환할 수 있다. 〈개정 2011.6.29〉

④ 제2항에 따라 징수된 사용료는 공설봉안당에 안치된 유골을 인도받거나 사용료 등을 반환받으려는 자는 별지 제10호서식의 반환신청서에 반환권자임을 증명하는 서류를 첨부하여 도지사에게 제출하여야 한다. 〈신설 2011.6.29〉

⑤ 사용료 등에 대한 반환금액은 1년 단위로 산출하며, 기간별 반환액은 별표 3과 같다. 〈신설 2011.6.29〉

제8조(사용료의 면제) ① 도지사는 사용자가 공설묘지를 제외한 애향묘지 · 공설화장장 · 공설봉안시설 · 공설자연장지를 사용하려는 경우, 사망자가 다음 각 호의 어느 하나에 해당하는 경우에는 사용료를 면제할 수 있다. 〈개정 2011.6.29〉

1. 「국민기초생활 보장법」에 따른 수급자
2. 「국가유공자 등 예우 및 지원에 관한 법률」에 따른 국가유공자
3. 「5 · 18민주유공자예우에 관한 법률」에 따른 민주화 유공자
4. 「고엽제후유의증 환자 지원 등에 관한 법률」에 따른 적용대상자
5. 「제주4 · 3사건 진상규명 및 희생자명예회복에 관한 특별법」에 따라 희생자로 결정된 자.
6. 「재해구호법」에 따른 재해 발생으로 인한 사망자
7. 「한부모가족지원법」에 따른 보호대상자
8. 「제주특별자치도 의사상자 예우 및 지원에 관한 조례」에 따른 적용대상자
9. 제주자치도 관할구역 안에서 사망한 무연고 시체
10. 그 밖에 도지사가 필요하다고 인정한 자

② 제1항에 따라 사용료 등을 면제받으려는 경우에는 그 사실을 증명하는 서류를 허가신청 시 · 도지사에게 제출하여야 한다. 〈개정 2011.6.29〉 [제목개정 2011.6.29]

제9조(사용기간 등) ① 공설장사시설의 사용기간은 15년으로 한다. 다만, 애향묘지내 봉안묘의 경우에는 그 기간에 제한을 두지 아니한다.

② 도지사는 제1항의 사용기간이 경과하여 사용자가 사용기간의 연장을 신청할 때에는 15년 단위로 3회에 한하여 연장할 수 있다.

③ 제2항에 따라 사용기간을 연장하려는 경우에 사용자는 사용기간 이 끝나는 날부터 3개월 이내에 사용 연장허가 신청을 하여야 한다. 이 경우에 제7조에 따른 사용료를 납부해야 한다. 〈개정 2011.6.29〉

④ 도지사는 사용자가 정당한 사유 없이 제3항에 따라 사용연장허가신청을 하지 아니한 때에는 「장사 등에 관한 법률」(이하 "법"이라 한다) 제20조 및 제28조를 준용하여 일정한 장소에 집단으로 매장하거나 자연장 등 임의처분 할 수 있다.

제10조(사용허가의 취소 등) ① 도지사는 다음 각 호의 어느 하나에 해당하는 경우에는 공설장사시설의 사용허가를 취소하거나 개장 또는 원상회복을 명할 수 있다. 〈개정 2011.6.29〉

1. 법 또는 이 조례의 규정을 위반한 경우
2. 공설장사시설 사용권을 다른 사람에게 매매·양도·임대·사용계약 등을 한 경우
3. 공설장사시설의 형태 및 구조를 임의로 변경하거나 공작물을 설치한 경우
4. 그 밖에 도지사가 공익상 필요하다고 인정하는 경우

② 사용자는 사용허가가 취소된 경우에는 취소통지를 받은 날부터 1년 이내에 시체나 유골을 개장하거나 수거하여야 한다.

③ 도지사는 제2항의 기간 내에 사용자가 시체나 유골을 수거하거나 개장하지 않을 때에는 제9조제4항에 따라 처리할 수 있다.

④ 도지사는 제1항의 이유로 사용허가를 취소하고자 할 경우 사전에 사용자에게 통보하여야 하며 의견진술 기회를 주어야 한다.

제11조(사용권의 소멸) 다음 각 호의 어느 하나에 해당하는 경우에는 공설장사시설 사용권이 소멸된다.

1. 제9조에 따른 연장신청을 하지 아니한 경우 또는 공설장사시설 사용기간이 종료된 경우
2. 공설장사시설에서 시체 또는 유골을 개장한 경우

제12조(원상회복 및 비용청구) 공설장사시설 사용자·관람자·출입자 등이 공설장사시설의 시설물 또는 기물을 손괴하거나 훼손하였을 경우에 도지사는 원상회복을 명하거나 필요한 실비의 변상을 요구할 수 있다.

제13조(공설묘지·애향묘지의 사용방법) ① 분묘는 이미 그 사용을 허가받은 장소에 접속하여 순차적으로 설치한다.

② 제5조제1항에 따라 개장허가를 받은 자가 분묘나 봉안묘를 해체하였을 때에는 즉시 원상 복구하여야 한다.

제14조(공설봉안시설의 사용방법) ① 유골의 봉안은 사용허가를 받은 위치에 순차적으로 안치하되, 유족이 원할 경우 부부의 유골에 한하여 하나의 유골함에 합장(合葬)할 수 있다.

② 이미 봉안된 유골의 위치는 변경하지 못한다. 다만, 도지사가 필요하다고 인정하는 경우에는 그러하지 아니하다.

③ 도지사는 봉안시설 사용자가 봉안된 유골의 인도를 요구하거나 무연고 유골의 연고자가 유골의 인도를 요구한 경우에는 관계사실을 확인한 후 유골을 반환해야 한다.

제3장 공설장사시설의 위탁관리운영 및 지도·감독

제15조(위탁관리운영 등) ① 도지사는 필요하다고 인정하는 경우 공설장사시설의 전부 또는 일부를 「제주특별자치도 사무의 민간위탁 조례」에 따라 관리·운영을 위탁할 수 있다.

② 도지사는 제1항에 따라 관리·운영을 위탁받아 운영하는 자(이하 "수탁기관"이라 한다)에게 운영비 등 필요한 비용을 예산의 범위에서 지원할 수 있다.

제16조(수탁기관의 의무) 수탁기관은 다음 각 호의 사항을 준수하여야 한다.

1. 수탁기관은 위탁받은 모든 시설물을 선량한 관리자로서 주의의무를 다하여 관리하여야 한다.
2. 수탁기관은 관계법령 및 이 조례에 따른 도지사의 지시사항이나 처분 등을 이행하여야 한다.

제17조(위탁의 취소) ① 도지사는 다음 각 호의 어느 하나에 해당하는 사유가 발생한 경우에는 그 위탁을 취소할 수 있다.

1. 수탁기관이 협약내용을 위반한 경우
2. 수탁기관이 관리·운영능력이 없다고 판단한 경우
3. 공익상 위탁운영을 할 수 없는 사유가 발생한 경우

② 도지사는 제1항에 따라 위탁을 취소하려 하는 경우에는 「행정절차법」에 따라 청문을 실시하여야 한다.

제18조(지도·감독) ① 도지사는 필요한 경우 수탁기관에 대하여 위탁업무의 이행 여부를 감독할 수 있으며 수탁기관에 필요한 명령을 할 수 있다.

② 도지사는 관계 공무원으로 하여금 수탁기관의 관리·운영사항을 조사하게 하거나 장부 그 밖의 서류 등을 검사하게 할 수 있으며 수탁기관은 이에 응하여야 한다.

③ 도지사는 제2항의 조사 또는 검사결과 시정하여야 할 사항이 있는 경우에는 필요한 조치를 할 수 있다.

제4장 애향묘지

제19조(안장대상) 애향묘지에는 다음 각 호의 어느 하나에 해당하는 자의 시체 또는 유골(수장된 자 그 밖에 시체를 찾을 수 없는 자의 모발을 포함한다. 이하 같다)을 안장한다.

1. 제주자치도에서 출생한 재외동포 및 그 배우자
2. 제주자치도에 거주하는 자 중 군사분계선 이북지역에서 출생한 자(이하 "이북도민"

이라 한다) 및 그 배우자

제20조(분묘 · 봉안묘의 설치) ① 분묘 · 봉안묘는 지정묘역안에 정조식으로 설치하며, 분묘의 형태는 평분이나 평장으로 한다.

② 시체인 경우는 평분으로 하고, 화장한 유골은 평장 또는 봉안묘로 안장하여야 한다.

제21조(분묘 · 봉안묘의 형태와 묘비 규격) 분묘 · 봉안묘의 형태와 묘비 규격은 별표 4와 같다. 〈개정 2011.6.29〉

제22조(분묘 · 봉안묘의 묘비설치 비용부담) 분묘 · 봉안묘의 묘비 설치에 소요되는 비용은 설치자가 부담한다. 다만, 제8조 각 호의 어느 하나에 해당하는 자의 분묘 및 묘비에 대하여는 도지사가 부담한다.

제23조(묘지관리) ① 도지사는 항상 묘지경내의 청결과 공중위생에 유의하여야 하며, 관리상 필요한 조치를 강구하여야 한다.

② 재외동포묘역은 도지사가 관리하고 이북도민묘역은 연고자가 자체 관리한다.

제24조(참배 · 성묘 등) 묘지에는 누구든지 자유로이 참배 · 성묘 · 제사나 위령에 관한 행사를 할 수 있다. 다만, 묘지관리상 지장이 있다고 인정할 때에는 이를 제한하거나 금지할 수 있다.

제25조(합동위령제) 도지사는 매년 1회 합동위령제를 실시하여야 한다.

제4의2장 공설자연장지〈신설 2011.6.29〉

제25조의2(사용기간) ① 공설자연장지의 사용기한은 40년으로 하되, 사용기한이 만료되는 즉시 모든 권한은 제주자치도에 귀속된다.

② 자연장지에 안장된 골분은 사용기한에 관계없이 반환 또는 반출할 수 없다. [본조신설 2011.6.29]

제25조의3(사용방법 등) ① 자연장을 하려는 경우 분골해야 하며, 별도의 용기를 사용하지 않고 30센티미터 이상의 깊이에 흙과 섞어 땅속에 묻어야 한다. 〈개정 2011.6.29〉

② 골분의 자연장은 사용허가를 받은 위치에 순차적으로 안치한다.

③ 이미 자연장이 완료된 골분의 위치는 변경하지 못한다.

④ 자연장의 유형 중 잔디형과 화초형은 1평방미터 면적에 4기의 골분을 안치하고, 수목형은 목중심에서 1미터의 거리에 8기의 골분을 안치하며, 정원형은 1묘역당 12기의 골분을 안치한다.

⑤ 자연장지 표지는 개별적으로 하되, 개별표지의 면적은 150제곱센티미터 · 높이는 10센티미터 이하로 한다.

⑥ 도지사는 분묘 위치를 유족이 쉽게 확인할 수 있도록 전산시스템으로 기록 유지하여야 한다. [본조신설 2011.6.29]

제25조의4(자연장의 형태와 규격) 자연장의 형태와 규격은 별표 5와 같다.

[본조신설 2011.6.29]

제5장 사설장사시설의 설치기준 등

제26조(개인묘지의 설치 신고 및 변경 신고) ① 법 제14조제2항에 따라 개인묘지를 설치한 자는 별지 제1호서식의 신고서에 다음 각 호의 서류를 첨부하여 도지사에게 제출하여야 한다.

1. 지적도 또는 임야도
2. 평면도
3. 묘지 소재지를 파악할 수 있는 위치도(약도) 또는 사진
4. 묘지 또는 토지소유자의 사용승낙서(타인 소유의 묘지 또는 토지에 설치하는 경우만 해당한다)

② 제1항에 따라 신고서를 받은 담당 공무원은 「전자정부법」 제36조제1항에 따른 행정정보의 공동이용을 통하여 토지(임야)대장, 토지등기부등본 및 도시계획에 관한 확인서(토지이용계획 확인서)를 확인하여야 한다. 〈개정 2011.6.29〉

③ 제1항에 따라 신고한 자가 신고한 사항 중 다음 각 호의 사항을 변경한 자는 별지 제1호서식의 변경신청서에 변경도면을 첨부하여 도지사에게 제출하여야 한다.

1. 개인묘지의 면적에 관한 사항
2. 개인묘지 관련 시설물의 설치에 관한 사항
3. 분묘의 형태에 관한 사항

④ 도지사는 제1항과 제3항에 따라 개인묘지의 설치(변경)신고를 받으면 별 지 제1호서식의 설치(변경)신고증명서를 발급하여야 한다.

제27조(가족묘지등의 설치 허가 및 변경 허가) ① 법 제14조제3항에 따라가족묘지, 종중·문중묘지 또는 법인묘지(이하 "가족묘지등"이라 한다)의 설치허가를 받으려는 자는 별지 제2호서식의 신청서에 다음 각 호의 구분에 따른 서류를 첨부하여 도지사에게 제출하여야 한다. 다만, 「전자정부법」 제36조제1항에 따른 행정정보의 공동이용을 통하여 첨부서류에 대한 정보를 확인할 수 있는 경우에는 그 확인으로 첨부서류를 갈음할 수 있다. 〈개정 2011.6.29〉

1. 가족묘지
   가. 지적도 또는 임야도
   나. 평면도
   다. 개별 분묘 및 묘지소재지를 파악할 수 있는 위치도(약도) 또는 사진
   라. 사용할 묘지 또는 토지가 허가신청인의 소유임을 증명하는 서류나 묘지 또는 토지 소유자의 사용승낙서
   마. 「가족관계의 등록 등에 관한 법률」 제15조제1항제1호의 가족관계증명서(이하 "가족관계증명서"라 한다)
2. 종중·문중묘지

가. 종중·문중묘지 설치에 관한 종약(宗約) 또는 종중·문중의 의사임을 증명하는 서류
나. 지적도 또는 임야도
다. 실측도
라. 개별 분묘 및 묘지 소재지를 파악할 수 있는 위치도(약도) 또는 사진
마. 사용할 묘지 또는 토지가 종중·문중 소유임을 증명하는 서류
3. 법인묘지
가. 법인의 정관, 재산목록 및 임원명부
나. 지적도 또는 임야도
다. 실측도 및 토질조사서
라. 사용할 묘지 또는 토지가 법인 소유임을 증명하는 서류
마. 묘지 조성사업비, 자금조달계획서 및 재해 대책을 포함한 관리운영계획서
바. 상하수도, 조경, 전기통신, 도로, 방재설비 등 기반시설계획서
사. 묘지 조성 및 공정계획서, 묘지 안의 주요 시설물 설치계획서(배치도·평면도 및 구조도를 포함한다)

② 제1항에 따라 신청서를 받은 담당 공무원은 「전자정부법」 제36조제1항에 따른 행정정보의 공동이용을 통하여 토지(임야)대장, 토지등기부등본 및 도시계획에 관한 확인서(토지이용계획 확인서)를 확인하여야 한다. 〈개정 2011.6.29〉

③ 제1항에 따라 허가받은 사항 중 다음 각 호의 사항을 변경하려는 자는 별지 제2호서식의 변경허가신청서에 변경계획 및 변경도면을 첨부하여 도지사에게 제출하여야 한다.
1. 가족묘지 등의 면적에 관한 사항
2. 석축(石築)과 인입도로의 설치에 관한 사항(가족묘지 및 문중·종중묘지만 해당한다)
3. 가족묘지등의 설치·관리인에 관한 사항

④ 도지사는 제1항과 제3항에 따라 가족묘지등의 설치(변경)허가의 신청을 받으면 해당 신청인에게 신청사항을 이행할 것을 알린 후 신청사항의 이행 여부를 확인하여야 하고, 설치 공사가 완료되었음을 확인한 후 별지 제3호서식에 따른 설치(변경)허가증을 발급하여야 한다.

제28조(입목벌채허가 등 의제가 제한되는 묘지) 법 제14조제5항 단서에서 "대통령령으로 정하는 면적"이란 80제곱미터를 말한다.

제29조(사설묘지의 설치기준) 법 제14조제6항에 따른 사설묘지의 설치 면적, 분묘의 형태, 설치장소 등 설치기준은 별표 6과 같다. 〈개정 2011.6.29〉

제30조(사설화장시설 등의 설치 신고 및 변경 신고) ① 법 제15조제1항에 따라 사설화장시설 또는 사설봉안시설의 설치신고를 하려는 자는 별지 제4호서식의 신고서 또는 별지 제5호서식의 신고서에 다음 각 호의 구분에 따른 서류를 첨부하여 도지사에게 제출하여야 한다. 다만, 「전자정부법」 제36조제1항에 따른 행정정보의 공동이용을 통하여 첨부서류에 대한 정보를 확인할 수 있는 경우에는 그 확인으로 첨부서류를 갈음할 수

있다. 〈개정 2011.6.29〉

1. 사설화장시설
  가. 지적도 또는 임야도
  나. 실측도 및 구적도(求積圖)
  다. 화장시설 건립사업비, 자금조달계획서 및 재해 대책을 포함한 관리운영계획서
  라. 상하수도, 조경, 전기통신, 도로, 방재설비 등 기반시설계획서
  마. 화장시설 건립계획 및 공정계획서, 주요 시설물 설치계획서(배치도·평면도 및 구조도를 포함한다)
2. 사설봉안당
  가. 가족, 종중·문중 또는 종교단체의 봉안당
  (1) 종중·문중은 봉안당 설치에 관한 종약 또는 종중·문중의 의사임을 증명하는 서류, 종교단체는 종교단체 등록증
  (2) 지적도 또는 임야도
  (3) 실측도 및 구적도
  (4) 가족봉안당은 사용할 봉안당 건물 및 토지가 친족의 소유임을 증명하는 서류 또는 건물·토지소유자의 사용승낙서
  (5) 종중·문중 또는 종교단체의 봉안당은 해당 종중·문중 또는 종교단체의 소유임을 증명하는 서류
  (6) 가족관계증명서(가족봉안당만 해당한다)
  나. 법인봉안당
  (1) 법인의 정관, 재산목록 및 임원명부
  (2) 지적도 또는 임야도
  (3) 실측도 및 구적도
  (4) 사용할 봉안당 건물 및 토지가 법인 소유임을 증명하는 서류
  (5) 봉안당 건축사업비, 자금조달계획서 및 재해 대책을 포함한 관리운영계획서
  (6) 상하수도, 조경, 전기통신, 도로, 방재설비 등 기반시설계획서
  (7) 봉안당 건축 및 공정계획서, 주요 시설물 설치계획서(배치도·평면도 및 구조도를 포함한다)
3. 사설봉안묘[봉안탑과 봉안담(벽과 담의 형태로 된 봉안시설을 말한다)을 포함한다]
  가. 개인 또는 가족봉안묘
  (1) 지적도 또는 임야도
  (2) 평면도
  (3) 봉안묘의 소재지를 파악할 수 있는 위치도(약도) 또는 사진
  (4) 사용할 봉안묘의 토지가 신고인의 소유임을 증명하는 서류 또는 토지소유자의 사용승낙서

(5) 가족관계증명서(가족봉안묘만 해당한다)

나. 종중·문중 또는 종교단체의 봉안묘

(1) 종중·문중은 봉안묘의 설치에 관한 종약 또는 종중·문중의 의사임을 증명하는 서류, 종교단체는 종교단체 등록증

(2) 지적도 또는 임야도

(3) 실측도 및 구적도

(4) 봉안묘의 소재지를 파악할 수 있는 위치도(약도) 또는 사진

(5) 사용할 봉안묘의 토지가 종중·문중, 종교단체의 소유임을 증명하는 서류

다. 법인봉안묘

(1) 법인의 정관, 재산목록 및 임원명부

(2) 지적도 또는 임야도

(3) 실측도 및 구적도

(4) 사용할 봉안묘의 토지가 법인 소유임을 증명하는 서류

(5) 봉안묘 조성사업비, 자금조달계획서 및 재해 대책을 포함한 관리운영계획서

(6) 상하수도, 조경, 전기통신, 도로, 방재설비 등 기반시설계획서

(7) 봉안묘 조성 및 공정계획서, 주요 시설물 설치계획서(배치도·평면도 및 구조도를 포함한다)

② 제1항에 따라 신고서를 받은 담당 공무원은 「전자정부법」 제36조제1항에 따른 행정정보의 공동이용을 통하여 건축물대장등본, 토지(임야)대장, 토지등기부등본 및 도시계획에 관한 확인서(토지이용계획 확인서)를 확인하여야 한다. 〈개정 2011.6.29〉

③ 제1항 따라 다음 각 호의 사항을 변경하려는 자는 별지 제4호서식 또는 별지 제5호서식의 변경신고서에 변경계획과 변경도면을 첨부하여 도지사에게 제출하여야 한다.

1. 사설화장시설 또는 사설봉안시설의 설치·관리인에 관한 사항
2. 화장로 또는 봉안시설에 관한 사항

④ 도지사는 제1항과 제3항에 따라 사설화장시설과 사설봉안시설의 설치(변경)신고를 받으면 별지 제6호서식 또는 별지 제7호서식의 설치(변경)신고증명서를 발급하여야 한다.

제31조(사설화장시설 등의 설치기준 등) ① 법 제15조제4항에 따른 사설화장시설과 사설봉안시설의 면적, 설치장소 등 설치기준은 별표 7과 같다. 〈개정 2011.6.29〉

② 사설화장시설 및 사설봉안시설의 설치·관리인은 화장 또는 봉안을 한 경우에는 별지 제8호서식의 시체(죽은 태아, 개장 유골) 화장·봉안 증명서를 신고인 또는 신청인에게 발급하여야 하고, 별지 제9호서식의 화장·봉안 관리대장을 작성하여 관리하여야 한다.

제32조(묘지 등의 설치 제한 지역) 법 제17조제4호에서 "그 밖에 대통령령으로 정하는 지역"이란 다음 각 호의 어느 하나에 해당하는 지역 또는 구역을 말한다.

1. 「국토의 계획 및 이용에 관한 법률」 제36조제1항제1호가목부터 다목까지의 규정에

따른 주거지역·상업지역 및 공업지역. 다만, 화장시설, 봉안시설 및 자연장지의 경우에는 국토의 계획 및 이용에 관한 법령에 따라 해당 시설을 설치·조성할 수 있는 지역은 제외한다.
2. 「도로법」제49조에 따라 지정·고시된 접도구역
3. 「하천법」제10조에 따라 지정·고시된 하천구역
4. 「산림자원의 조성 및 관리에 관한 법률」제19조, 제43조, 제47조 또는 제48조에 따라 지정·고시된 채종림 등, 보안림, 산림유전자원보호림 등, 특별산림보호구역
5. 「국유림의 경영 및 관리에 관한 법률」 제16조 제1항 제1호에 따른 요존국유림 (要存國有林). 다만, 자연장지는 요존국유림 내에 조성할 수 있다.
6. 「사방사업법」제4조에 따라 지정·고시된 사방지(砂防地)
7. 「군사시설보호법」 제4조에 따라 설정된 군사시설 보호구역과 「군사기밀보호법」 제5조에 따라 설정된 군사보호구역. 다만, 국방부장관의 인정을 받거나 관할 부대장의 승인을 받은 경우에는 그러하지 아니하다.
8. 붕괴·침수 등 재해발생으로 보건위생상 위해를 끼칠 우려가 있는 지역으로서 국가 또는 도지사가 지정·관리하는 지역과 재해가 자주 발생하여 항구적인 안전대책 수립이 필요한 지역

제6장 보존묘지심사위원회 등

제33조(보존묘지심사위원회) ① 도지사는 법 제34조제4항 및 「장사 등에 관한 법률 시행령」(이하 "영"이라 한다) 제27조에 따라 제주특별자치도 보존묘지심사위원회(이하 "심사위원회"라 한다)를 두되, 위원장 1명과 부위원장 1명을 포함한 15명 이내의 위원으로 구성한다.
② 심사위원회의 위원장과 부위원장은 위원 중에서 호선하며, 위원은 관계공무원, 학식과 덕망이 있고 문화재 등에 조예가 깊은 자 및 민간단체에서 추천한 자, 제주특별자치도의회 의원 2명 중에서 도지사가 임명 또는 위촉한다.
③ 심사위원회의 사무를 처리하기 위하여 심사위원회에 간사 1명을 두되, 간사는 장사업무 담당과장이 된다.
④ 심사위원회의 운영 등에 관하여 필요한 사항은 위원회의 의결을 거쳐 위원장이 정한다.

제34조(보존묘지 지정기준 등) ① 영 제36조제3항에 따른 제주자치도 보존묘지 등의 지정기준은 다음 각 호와 같다.
1. 향토사적, 향토문화사적으로 보존가치가 있는 묘지 또는 분묘
2. 애향정신의 함양에 이바지하는 묘지 또는 분묘
3. 지역사회에 크게 이바지하여 제주자치도민의 추모대상이 되는 자의 묘지 또는 분묘

② 도지사는 묘지 소유자 및 관리인이 보존묘지의 지정을 신청하는 때에는 묘지 소재지

관할 행정시장의 검토의견을 들은 후 심사위원회의 심의를 거쳐 보존묘지로 지정할 수 있다.

③ 도지사는 제2항에 따라 보존묘지 등을 지정한 때에는 그 취지를 제주특별자치도 도보에 게재하고, 해당 묘지 소유자 등에게 보존묘지 지정서를 교부한다.

제35조(시행규칙) 이 조례 시행에 관하여 필요한 사항은 규칙으로 정한다.

부 칙 〈제751호, 2011.6.29〉

이 조례는 공포한 날부터 시행한다.

참 고 문 헌

국립민속박물관, 「한국 상장례」, 미진사, 1990.

국민건강보험공단, 「국민건강보험법 해설」, 2011.

국회 보건복지위원회, 「장사 등에 관한 법률 일부개정법률안」 검토보고서 · 심사참고자료, 2014.

김성호외, 「산지 소유와 묘지제도 연구」, 농촌경제연구원, 1990.

김열규, 「메멘토 모리, 죽음을 기억하라」, 궁리, 2001.

김현준, 「장사 등에 관한 법률 총론」, 2002.

법무부, 「질서위반행위규제법 해 설집」, 2012.

법제처, 「과태료 · 과징금 합리화 방안(3)」, 법제 통권 634호(2010.10), PP.65~66.

법제처, 「2014년 제3기 법령입안 기본과정(공공)」, 2014.

법제처, 홈페이지, http://wwww.moleg.go.kr/main.html

보건복지부, 장사업무안내」, 각 년도.

보건복지부, 「보도(내부)자료」, 각 년도

보건복지부, 「장사 등에 관한 법률 개정법률안」, 규제영향분석서, 각 년도.

신광철, 「죽음, 그리고 남은 자들의 삶 - 영화 축제를 중심으로」, 『종교연구』 제20집, 2000.

이필도, 고덕기, 「시군 단위 묘지실태조사 모형개발」, 한국보건사회연구원, 1999.

장철수, 「옛무덤의 사회사」, 웅진출판사 1995

장태주, 「행정법개론」, 현암사, 2007.

정종수, 「우리나라 묘제」, 『영원한 만남 한국 상장례』, 국립민속박물관, 1990.

조선일보, 조용헌 살롱, 2007.10.1.

통계청, 「사망원인 통계분석」, 2014.

佐藤 昌 譯著, 「西洋墓地史 Ⅰ」, 社團法人 日本公園綠地協會, 1988.

찾 아 보 기

한국어

ㄱ

ㄴ

ㄷ

ㅅ

ㅇ

ㅈ

▶ 저 자

고덕기(高德基)
現 보건복지부 행정사무관
가톨릭대학교 대학원 보건학 박사

주요저서

장례지도사 입문(공저), 대학서림
화장문화 정착방안, 보건복지포럼, 한국보건사회연구원
장사제도 개선방안 연구(공저), 보건복지부 · 한국보건사회연구원 등

감 수 **정선우(鄭善友)**
前 건강보험심사평가원 변호사
고려대학교 법학과 졸업
제49회 사법시험 합격
사법연수원 39기 수료

감 수 **박미라(朴美羅)**
現 보건복지부 서기관
고려대학교 법무대학원, 변호사
제43회 사법시험 합격
사법연수원 33기 수료

장사 등에 관한 법률 총론

정 가 / 25,000원

2015년 4월 30일 초판 발행
저 자 / 고 덕 기
발행인 / 윤 진 영
발행소 / 도서출판 대학서림

(110-530) 서울시 종로구 혜화로 2길 8 (혜화동 78-2)
전 화 / (02) 763-1220, 744-2811
FAX / (02) 744-1210
등 록 / 1965. 1. 20
번 호 / 1-88
ISBN / 978-89-6940-093-2 93380
www.daihaks.com